Ullstein

ÜBER DAS BUCH:

Dieses große Dokument der Erinnerung, die Autobiographie Han Suyins aus den Jahren 1938 bis 1948, gibt einen Ausschnitt der Weltgeschichte aus der Sicht einer Frau, die sich durch Geburt und Erziehung zwei Welten, zwei Sonnen - Europa und China - verbunden weiß. Han Suyin schildert, warum sie sich einst für China entschied, warum sie nach Ausbruch des Japanisch-Chinesischen Kriegs von Brüssel aus in die Heimat zurückfuhr. Sie wollte helfen, nichts als helfen - ein aussichtsloses Vorhaben: Eine Frau gilt im feudalistischen China Tschiang Kai-scheks genausowenig wie die Liebe oder soziale Gerechtigkeit. Als Medizinerin lernt Han Suyin das chinesische Volk in seiner unvorstellbaren Armut kennen und lieben. Allmählich wendet sich ihre Sympathie Mao Tse-tung zu, von dessen Aufstieg sie erzählt.

DIE AUTORIN:

Han Suyin (Pseudonym für Chou Elizabeth Kuanghu), am 12. September 1917 in Honan/China als Tochter einer Belgierin und eines chinesischen Ingenieurs geboren. Kindheit in Peking, Medizinstudium in Brüssel und London. Rückkehr nach China, Heirat mit P. H. Tang, einem General Tschiang Kai-scheks. Seit Veröffentlichung ihres berühmten Romans *Alle Herrlichkeit auf Erden* als freie Schriftstellerin zeitweilig in Malaysia, Hongkong, seit 1967 in der Schweiz.

Han Suyin

Zwischen zwei Sonnen

Schicksalsjahre in China

Ullstein

ein Ullstein Buch
Nr. 23170
im Verlag Ullstein GmbH,
Frankfurt/M – Berlin
Titel der Originalausgabe:
BIRDLESS SUMMER
Aus dem Englischen übertragen
von Siglinde Summerer
und Gerda Kurz

Ungekürzte Ausgabe

Umschlagentwurf:
Hansbernd Lindemann
Foto: Cliff Feulner –
The Image Bank

Taschenbuchausgabe mit
freundlicher Genehmigung
des Bechtle Verlags

Printed in Germany 1993
Druck und Verarbeitung:
Ebner Ulm
ISBN 3 548 23170 5

Oktober 1993
Gedruckt auf alterungs-
beständigem Papier mit
chlorfrei gebleichtem Zellstoff

Die Deutsche Bibliothek –
CIP-Einheitsaufnahme

Han, Suyin:
Zwischen zwei Sonnen: Schicksalsjahre in China / Han Suyin. [Aus dem Engl. übertr. von Siglinde Summerer und Gerda Kurz]. – Ungekürzte Ausg. – Frankfurt/M; Berlin: Ullstein, 1993
(Ullstein-Buch; Nr. 23170)
Einheitssacht.: Birdless summer <dt.>
ISBN 3-548-23170-5
NE: GT

Von derselben Autorin
in der Reihe
der Ullstein Bücher:

Der Flug des Drachen (22906)

Erster Teil 1938-1942

1

1967, Marseille – ich stehe auf der Canebière und werde wieder zu dem unsympathischen, eigensüchtigen, schrecklich unreifen Mädchen von einundzwanzig Jahren, Rosalie Tschu, das 1938, Tränen auf dem vom sandigen Mistral gepeitschten Gesicht, genau an derselben Stelle stand. Gespenstisches Schluchzen, Geisterwind, der vom Gestern ins Heute umschlug, als wieder einmal unter dem wohltätigen Mummenschanz des Erfolgs die Forderung nach der rauhen Wirklichkeit aufbrach. Und doch auch kein Zufall, diese Verquickung von gestern und heute, denn wieder stehen wir an der Schwelle eines Krieges, nur von weit größeren Ausmaßen. Heute ist der Osten rot, die Zukunft hat schon begonnen, hat unsere Gegenwart, lange ehe sie angebrochen ist, umgeformt. Die Welt führt fort, was gestern in China seinen Anfang nahm. Der Mistral singt seinen Namen, und sein Name ist Revolution. Selbst der Papst weiß es und ermahnt die Reichen, den gewaltigen Hunger nach Gerechtigkeit, der zwei Drittel der Menschheit zum Kampf treibt, mit den knausrigen Krümeln der Nächstenliebe einzudämmen. Das Grollen des Donners in Vietnam begeistert Lateinamerika zu weiteren Vietnams, und die Marschlieder der dreißig Millionen Rotgardisten in China lassen die Erde erbeben und machen die geheiligte Ordnung zu einem Pandämonium der Jugend. Wieder einmal habe ich auf zahllosen Tribünen gestanden, in den Vereinigten Staaten, in Europa, auf hundert Tribünen in den letzten zwei Jahren, und habe über die unheimlichen Anzeichen dieses Veitstanzes gesprochen, der die Welt erschüttert. Und während ich nun auf der Canebière dem Lied des Mistrals lausche, spüre ich, wie gleich um die Ecke ein Neubeginn wartet. Das Leid jenes seltsamen Wesens, das ich 1938 war, ist im Laufe der Zeit auf die lächerliche Grimasse des Selbstmitleids zusammengeschrumpft, über die die Augen, die mehr und mehr zu einem Spiegel der Welt werden, gleichgültig hinweggleiten.

Noch eine andere Erscheinung taucht aus dem Gewirr der Marseiller Straßen auf, als wir – Rosalie Tschu von gestern, Han Suyin von heute – so erstarrt dastehen, verloren in der schmalen Spalte zwischen den Zeiten ohne Ende und Anfang. Ein hochgewachsener Chinese mit Adlerprofil, den ich wiedererkenne, Raymond Wu, von 1935 bis 1938 Student wie ich an der Universität Brüssel. Wieder sehe ich hinter seinem sanften Blick diese geschickt versteckte boshafte Zufriedenheit darüber aufleuchten, daß er es schaffte, sieben Jahre lang von einem Stipendium zu leben, ohne auch nur eine einzige Prüfung abzulegen. Ich denke wieder daran, wie er sich vor seiner eigenen Unzulänglichkeit in einen perversen Rassismus flüchtete, den er mit Vorliebe an mir ausließ, war ich doch als europäisch-asiatischer Mischling ein geradezu ideales Opfer.

Als er mit einemmal, von der Menge mitgespült, auf mich zukommt, fühle ich mich keineswegs überrascht; es erstaunt mich längst nicht mehr, Gestalten aus meinen Büchern zu begegnen. Habe ich nicht erst vor zwei Monaten, auf einer Vortragstour durch die Vereinigten Staaten, in einem chinesischen Restaurant Robert Pang wiedergetroffen, der 1933 wie ich Student an der Yenching Universität in Peking war und heute Besitzer dieses Lokals ist? Damals war er ein patriotischer Eiferer; heute serviert er amerikanischen GI's, die auf dem Weg von den kalifornischen Camps nach Vietnam in Monterey bei ihm einkehren, lächelnd und ohne mit der Wimper zu zucken, ihre Chop Suey. Bin ich nicht auf den Straßen von Peking, Paris, Singapur, London zahllosen anderen begegnet, so vielen, daß ihre Taten und Abenteuer, ihre Existenz schließlich Rahmen und Rankenwerk zu meinem eigenen Leben abgaben?

Raymond Wu spricht mich an: »Aber das ist doch Rosalie Tschu oder vielmehr Han Suyin. Was hat es denn mit deinem neuen Namen auf sich?«

»Mein Schriftstellerpseudonym.«

»Gehst du tatsächlich nach China zurück?«

»Ja, ich war sogar schon öfters dort.«
»Und dabei ist dir nie etwas passiert?«
»Nein, nie.«
Er schweigt, ungläubig. Nun ist die Reihe, Fragen zu stellen, an mir.
»Du bist nie nach China zurückgekehrt?«
»Ich habe es oft vorgehabt.«
»Dabei hast du früher viel von Patriotismus, von der Rettung des Vaterlands geredet . . .«
»Es schien günstiger, die Reise noch etwas aufzuschieben . . . alles ging drunter und drüber . . . dann fielen die Deutschen in Belgien ein, und Falkenhausen, der deutsche Militärgouverneur von Belgien, wies uns alle aus, alle chinesischen Studenten . . . das war 1940 . . . ich kam hierher nach Marseille, ein paar fuhren zurück . . .«
»Soll das heißen, daß du jetzt seit fast dreißig Jahren in Marseille bist?«
»Ich bin jetzt Kaufmann. Eigentlich wollte ich heuer nach China zurück, besuchsweise . . . und ich fahre auch, wenn man mir garantiert, daß man mich nach Marseille zurückläßt.«
Ich traue meinen Ohren nicht. »Du bist wohl nicht ganz bei Trost. Die chinesische Regierung läßt sich von keinem etwas vorschreiben.«
»Aber wieso hältst du dann Vorträge über China, wenn du gar keine Beziehungen zu ihr hast, keinen Einfluß auf sie? Warum, wenn du nichts dafür bekommst . . .«
Ich schüttle ärgerlich den Kopf, lasse ihn einfach stehen, von neuem erstaunt über die Unfähigkeit so vieler, zu begreifen, daß ein Mensch aus persönlicher Überzeugung handelt und nicht aus Gewinn- oder Ehrsucht oder auch nur, weil er sich Verständnis erhofft. Raymond Wu kommt mir nach, spöttisch lächelnd, fast überzeugt davon, meine schwache Stelle entdeckt zu haben.
»Sehr mutig! Die anderen hüten sich, über China oder die Kulturrevolution zu reden . . . der Westen hat regelrecht Angst davor . . . Warum hältst du den Kopf hin, wenn du nicht unter

einer Decke mit ihnen steckst? Außerdem werden sie dich angreifen. Erst vor einem Monat hat eine chinesische Zeitung deine Bücher verrissen. Und die Kulturrevolution, die du überall zu erklären versuchst, hat deine Schriften kritisiert, dich angegriffen und keinen guten Faden an dir gelassen . . .«

Er ist nicht abzuschütteln, kommt mir immer noch nach, auf dem Kopfsteinpflaster hinter mir hallen seine Schritte wider. »Gib mir deine Adresse . . . Ich möchte dir einmal schreiben . . .«

Ich antworte nicht, und endlich läßt er von mir ab. Aber alte Wunden sind wieder aufgebrochen, und während ich weitergehe, steigt bitter der Schmerz auf.

Am nächsten Tag ergießt sich das Sonnenlicht wie ein kleiner Fluß über die Stadt, wäscht die Giebeldächer, fließt an den gelben Häuserfronten herunter. Die von den Pflastersteinen abprallenden Querschläger des Mistral lassen die Markisen flattern. Die Bäume biegen sich flehend landeinwärts. Revolution, Revolution; die ganze Welt beugt sich unter dem Wind der Zukunft . . .

›Sie wollen nichts von dir wissen, die die Welt von morgen gestalten, von der du träumst . . . dieses Morgen ist nicht für dich da, du gehörst zur Klasse der Ausbeuter, daran kannst du nichts ändern . . .‹ – ›Weiter, weiter‹, dröhnt der Wind.

Mir kommen alle Schwankenden, alle Abtrünnigen in den Sinn. Das lächelnde, angenehme Gesicht Swetlana Stalins in den Zeitungen, zunehmend von einem Heiligenschein umstrahlt . . . Eine Million Dollar für ein Buch über ihren Vater, den großen, schrecklichen Stalin!

Ein anderes Gespenst aus der Vergangenheit taucht auf, diesmal in Brüssel, wo ich an meiner alten Universität Vorlesungen über China halte: Leila, damals eine Studienkameradin und Kommunistin, heute eine achtbare Bürgerin. Früher verhöhnte sie mich wegen meiner politischen Unwissenheit, kanzelte mich ab, weil ich in der Politik nicht Partei ergriff, mich nicht ›engagierte‹. »Du Feigling.« Heute wo sie ein abgeschirmtes Leben wie die Perle in der Auster führt, kritisiert sie mein Engagement: »Du bist harmlos in politischen Dingen«; tadelt mich, weil ich meine Meinung über Vietnam, China, Asien unverblümt geäußert habe. »Vor allem brauchen wir Frieden – wir wollen keinen Krieg ...« – »Aber in Asien sind wir mitten drin«, antworte ich – und mit einemmal geht mir auf, daß *ihr* ›Wir‹ nicht *mein* ›Wir‹ ist. Sie redet von den Wohlhabenden, ich von den anderen. Für Leila gibt es keinen Krieg, wenn sie nicht persönlich darunter zu leiden hat, und wenn die ganze Welt blutet.

Ihr Hauptargument heißt: »Ich lasse mich nicht noch einmal erwischen.« In Belgien hatten die Nazis sie gefaßt und zwei Jahre lang im Konzentrationslager in Ravensbrück eingesperrt. Sie redet nicht über diese schreckliche Zeit. Überhaupt reden nicht viele über ihr Leben im Konzentrationslager, sie versuchen das Schreckliche, das Entsetzliche zu vergessen. Leila verdammt heute die Vergangenheit in Bausch und Bogen, kommt mir aber ganz ungeniert mit ihrer neuen Weisheit, denn sie glaubt jetzt ebenso fest, daß es richtig ist, sich aus allem herauszuhalten, wie sie vor dreißig Jahren vom Gegenteil überzeugt war.

»Begreifst du denn nicht, ich lebe in dieser Gesellschaft, ich bin von ihr abhängig. Wozu also politisch aktiv sein? Heute ist sowieso alles ganz anders. Seit es die Atomwaffen gibt, ist das beste, was man tun kann, sich ruhig halten ...«

Vielleicht werde auch ich eines Tages Gründe ausgraben, mich ruhig zu halten. Schließlich bin ich keine geborene Revolutionärin; ich bin eher ängstlich, unsicher, lasse mich leicht ins Bockshorn jagen; ich neige überhaupt nicht dazu, mich einzumischen, ich gehöre heute noch keiner politischen Partei an und kann mir auch nicht vorstellen, daß ich je einer beitrete ... Aber ich höre den Wind, den Großen Wind von morgen, höre sein schreckliches Lied und weiß, daß wir uns wieder einmal aufmachen, uns entscheiden müssen, Rosalie Tschu von gestern, Han Suyin von heute.

Und dabei hatte das Rosalie-Ich gehofft, irgendwie, irgendwann, am Ende der letzten Reise (welcher Reise mit welchem Ziel?) in einem Haus, in ihrem Haus mit den zwei Türen, in

dem Haus, das sie schon als Kind gemalt hatte, Sicherheit und Geborgenheit und Zufriedenheit zu finden.
Heute habe ich die beiden Türen aufgemacht, weit aufgemacht auf den schrecklichen Horizont hinaus. Hinter ihnen gibt es keine Bleibe, kein Versteck, keine Wände noch Fenster noch ein Dach, nichts, was einem Ruhe oder Rast gönnte; nur den Meerwind mit seinem Lied: Revolution, Revolution; heute in Vietnam, morgen in Bolivien oder Brasilien oder Indien; und keiner wird entkommen, nicht einer, auch Leila nicht, so still und ruhig sie sich auch halten mag.
Obwohl es mir immer schwerer fällt, mich einzusetzen, obwohl ich eher zögere, mich abzuplagen, weil ich schon hunderttausendmal den falschen Weg gegangen bin und weiß, daß die Sterne nicht auf uns herunterschauen; obwohl schon viele und viel Begabtere als ich den Mut verloren oder irre wurden, kann ich trotz des Zeitungslächelns von Swetlana Stalin vor mir doch nur sagen: »Wie schön und breit ist die Straße des klugen Verhaltens, Leila, aber weder du noch ich werden das Ende der Nacht erleben. Du willst mir erzählen, ich müsse das Meer pflügen und die See bestellen, du zählst diejenigen auf, die gestorben sind, seit Jahrzehnten im Gefängnis verrotten oder, wie du, weise geworden sind und sich für erwachsen halten, weil sie aufgegeben haben. Ich aber muß weiter, denn ich habe den Gesang des Windes vernommen und kann mich weder hinter den Vögeln des Sommers verbergen noch hinter Müdigkeit oder Faulheit.«*
In einem billigen orangefarbenen Aktendeckel finden sich die Briefe, die ich, den Blick rückwärts gewandt, im September 1938 auf dem französischen Dampfer *Jean Laborde* bei der Überfahrt von Marseille nach China an den einzigen Menschen schrieb, von dem ich mir damals Verständnis erhoffte: Joseph Hers, den Mentor meiner Jugend, der Vaterstelle an mir vertrat. Er hatte mir, obwohl er persönlich das Vorhaben mißbilligte, ein Stipendium in Belgien verschafft und nun auch das

* Les oiesaux ne sont plus un abri suffisant
Ni la paresse ni la fatique. Paul Eluard

Geld für die Rückreise nach China gegeben, denn China war im Krieg, und ich konnte es nicht ertragen, nicht mit dabei zu sein, ich mußte einfach zurück. Ich mußte meine Studien, meinen Großvater, meinen Verlobten und die ›glänzende Karriere‹ aufgeben, die mir alle prophezeiten.
Den abgegriffenen Aktendeckel übergab mir Hers' Sohn im April 1966 an einem Osterwochenende in Brüssel. Im Dezember 1965 war Joseph Hers gestorben. Die Gesellschaft, für die er sechzig Jahre lang gearbeitet hatte, seit er 1905 zum erstenmal chinesischen Boden betrat, hatte ihn vor die Tür gesetzt. Einige Wochen vor seinem Tod war der hagere Achtzigjährige auf einer Verwaltungsratssitzung in aller Form mit der Begründung entlassen worden, in seinem Alter solle sich ein Mann von den Geschäften zurückziehen und von seinen Ersparnissen leben. »Ich habe keine Arbeit und keine Pension – warum bin ich nicht schon lange gestorben? Ich lebe jetzt vom Verkauf meiner Bücher und Wertgegenstände. Ich besitze keine Ersparnisse.« Diesen bitteren Brief über seinen erzwungenen Rücktritt bewahre ich heute noch auf. Ich schickte ihm etwas Geld, und durch ein Rundschreiben an seine Freunde versuchte er mehr aufzubringen. In seinen letzten Stunden, schon halb bewußtlos, glaubte er sich nach China zurückversetzt und murmelte: »Beeilt euch, sonst versäumen wir den Sonnenuntergang.«
Der Aktendeckel, den mir sein Sohn gab, war einer von vielen. Hers hob alle Briefe der Studenten auf, denen er wie mir ein Stipendium vom Boxer-Entschädigungsfonds verschafft hatte, und dazu Durchschläge seiner Antworten.
An die Innenseite des Aktendeckels war eine maschinengeschriebene Notiz vom Dezember 1952 geklammert, die von Hers selbst stammte. Angeblich eine Zusammenfassung meines Lebens, allerdings eine reichlich seltsame Zusammenfassung mit vielen Irrtümern und Verzerrungen.

1934 sagte Dr. J. Heng Liu, der Präsident der medizinischen Fakultät der Universität Peking zu mir: »Ich habe in meinem Büro eine junge Angestellte, Fräulein Rosalie Tschu,

> ein höchst intelligentes Mädchen. Können Sie nicht dafür sorgen, daß sie ein Stipendium bekommt?«

In Wirklichkeit war es 1932 und nicht 1934, und außerdem traf mich Joseph Hers erstmals vor dem Hauptportal der St. Michaelskirche in Peking ... wozu also Dr. J. Heng Liu ins Spiel bringen?
Was veranlaßte Hers, sich zu verteidigen und zu rechtfertigen, wo es doch gar nichts zu verteidigen gab? Warum verfaßte er diesen Lebenslauf im Dezember 1952 und nicht schon früher? Ich weiß, daß er vorhatte, seine Autobiographie zu schreiben, denn er sagte einmal: »Ich habe da einiges zusammengestellt«, daß er aber nie dazu kam, obwohl er tatsächlich viel zusammengetragen hatte, so auch Briefe seiner Mutter von 1905 an bis zu ihrem Tod in den dreißiger Jahren; er hatte diese Briefe gesammelt und in verschiedenen Heften gebunden.
Vielleicht war sein Motiv ganz banal; vielleicht fühlte er sich für mein Schicksal verantwortlich und wollte die Schuld von sich abwälzen. Aber dadurch, daß er einer harmlosen ehrbaren Beziehung einen soliden Anstrich geben zu müssen glaubte, warf er ein etwas schiefes Licht auf all unsere spielerischen Streitereien, auf unsere einzigartige, platonische Freundschaft. Und diese bizarre Verdrehung von Daten und Fakten behielt er bis zum Ende bei; er verzerrte die Geschichte meines Lebens ins Erbauliche, Phantastische. In der Notiz heißt es weiter:

> Daraufhin sprach ich mit dem jungen Mädchen und seinem Vater. Der Vater, Herr Tschu Jentung, war 1886 in Tschengtu, der Hauptstadt der Provinz Szetschuan, China, geboren und hatte eine Belgierin geheiratet. Tschu Jentung hatte von 1904 bis 1913 in Belgien studiert und sich zum Ingenieur ausgebildet, war anschließend mit seiner Frau nach China zurückgekehrt und arbeitete bei der Eisenbahn. Seine erste Anstellung bei der Lunghai-Eisenbahn hatte ich ihm verschafft. Aus der Ehe gingen vier Kinder hervor. Die älteste Tochter wollte studieren, aber die Eltern waren da-

gegen. Sie hätten eine Eheschließung mit einem US-Unteroffizier an der amerikanischen Botschaft in Peking vorgezogen.

So hat er, auf einen Satz zusammengekürzt, die Ambitionen meiner Mutter für ihre Töchter umschrieben, für die seltsame Rosalie (mich), die liebliche Tiza, die hübsche Marianne. »Ein Amerikaner, und ihr habt ausgesorgt. Die Amerikaner sind alle reich . . .« Ich sehe meine Mutter noch heute bei dem Gedanken, ihre Töchter könnten Amerikaner heiraten, lächeln, den Mund voller Zahnlücken und eingefallen, die braunen Augen verschleiert vor Freude über so viel Geborgenheit und Sicherheit. Sie selbst ist heute auf einem Friedhof in Arizona begraben; auf ihrem Grabstein steht nichts von meinem Schmerz, denn selbst über den Tod hinaus wollte die eigensinnige Frau nicht vergeben. Ich habe das Grab, die Beerdigung und die feierlichen Trauerzeremonien bezahlt und kann doch erst jetzt, da sie tot ist, allmählich eine fast kindliche Zuneigung zu der harten, unseligen Frau fassen, erst jetzt die abgrundtiefe Abneigung, die uns trennte, durch späte Nachsicht mildern. Ohne Kummer entdecke ich, daß ich viel von ihr geerbt habe, ihre physische Zähigkeit, ihre Halsstarrigkeit . . . auch ein gut Teil ihrer Beschränktheit.

Das junge Fräulein Tschu bestand jedoch darauf, zu studieren, und schließlich willigten ihre Eltern ein.
Da das Chinesisch des jungen Mädchens zu wünschen übrigließ, verbrachte es zunächst zwei Jahre an der Yenching Universität. 1935 fuhr sie mit der transsibirischen Eisenbahn nach Brüssel . . .

1935. Sommer in Peking. Die Japaner rollen in die abweisende, unfreundliche Stadt . . . im kiesbestreuten Hof des Pekinger Grand Hotels steigt der japanische General in Schaftstiefeln, den überlangen Säbel auf dem Kies nachschleppend, aus einer dürr und wölfisch aussehenden schwarzen Limousine und streckt dem fetten chinesischen General in schwarzen Stiefeln und weißen Handschuhen, der Habachtstellung einnimmt, einen weißen Handschuh hin ...

> 1938 traf ich sie in Brüssel wieder. Sie machte erstaunliche Fortschritte in ihren Studien, widmete aber fast ihre ganze Zeit der Gesellschaft zur Förderung der chinesisch-belgischen Freundschaft, wo sie patriotische Vorträge hielt.

Ich weiß noch gut, wie Hers mich hochnahm: »Glaubst du wirklich, der Krieg läßt sich dadurch aufhalten, daß du dich auf eine Tribüne stellst und Gemeinplätze von dir gibst? Was weißt du schon von China, was weißt du schon vom Krieg?«
Mittlerweile sind dreißig Jahre vergangen, und wieder stehe ich auf Tribünen und halte Vorträge über China, nicht, weil ich glaube, dadurch den Krieg aufhalten zu können, denn wir sind schon mittendrin, sondern weil ich es für ein Verbrechen halte, zu schweigen, ein unverzeihliches Verbrechen all derer, die eine Stimme haben, um zu sprechen ...

> Sie stand vor der Eheschließung mit einem jungen belgischen Rechtsanwalt, hielt es aber für ihre Pflicht, nach China zurückzukehren.

So wird Louis in einem Satz abgetan, Louis ist eine angenehme Erinnerung, denn er hielt sich nicht zurück, er schwieg nicht.

> Auf dem Schiff von Marseille nach China lernte sie einen jungen chinesischen Offizier kennen. Sie heirateten in Wuhan ... die Ehe war nicht immer glücklich. Schon bald nach ihrer Ankunft in China streuten einige aus Europa zurückgekehrte Studenten Gerüchte über sie aus, was sie so verdroß, daß sie uns schrieb, sie wolle mit keinem von uns mehr etwas zu tun haben ...

Das wohlwollende, aber verfälschte Bild gerät zum Klischee, ebenso die größere Szenerie, jene Zeit des Untergangs und Zusammenbruchs, des millionenfachen Sterbens und der Verzweiflung, aber auch der Hoffnung und des Triumphes, die Jahre von 1938 bis 1948.

Über diese Zeit möchte ich schreiben; über diesen Krieg und was er für China bedeutete. Ich mußte damals all meine bisherigen Vorstellungen über Bord werfen, sie wie ein schlechtes Theaterstück abtun und verdammen; es war ein Augenblick der Wahrheit ohne Illusionen, eine Demarkationslinie; alles nahm eine so völlig unerwartete Wendung, wie wenn ein Schauspieler auf der Bühne unvermutet wirklich stirbt. Die Zeit glich einem langen trockenen Sommer, in dem kein Vogel singt und dennoch hinter der undurchdringlichen Mauer der Hitze schon der erste Hauch des Seewinds zu ahnen ist, den ersehnten Regen verheißend ...

Brief an Joseph Hers

7. September 1938 *Port Said*

Lieber Onkel Joseph,

da bin ich also auf der *Jean Laborde* gelandet; das Essen ist gut, das Schiff vollgepfropft, die Hitze groß. Außer mir kehren noch rund zwanzig nach China zurück. Viele kommen von deutschen Militärakademien und bilden sich wer weiß was ein. Dr. Yu ist auch an Bord; er sagt er habe Dir von Marseille aus geschrieben und läßt Dich vielmals grüßen. Er will nach Schanghai zu seinem Vater.

Natürlich ist das Ganze ein großes Wagnis, ich will mich bestimmt nicht in den Vordergrund drängen. Von den Chinesen scheint allerdings außer Dr. Yu keiner zu begreifen, was ich, ein Mädchen, heute in China zu suchen habe ... alle tippen mehr oder minder auf ›schlichte Gewinnsucht‹. Manchmal kommt es mir fast so vor, als hätte ich eine Dummheit begangen, meine medizinische Laufbahn aufs Spiel zu setzen, aber wenn alles schief geht, kann ich doch wahrscheinlich zurückkommen und weiterstudieren und Dir dann das Geld zurückzahlen ... Ich habe zu Dir mehr Vertrauen als zu irgendeinem anderen, und hoffe, daß auch Du zu mir ein bißchen hast.

O Schiff, armselige Zufluchtsstätte, wie mühst du dich ab, ein paar lausige Meilen zu bezwingen. Wieder einmal bin ich auf der ruhelosen See, umgeben von rastlos anrollenden Wellen, eingehüllt in den salzigen Duft der auf- und abwogenden Wassermassen, der Abendkühle an Deck, in den Geruch von Maschinenöl, Teer und Schweiß. Denn wenn uns das Gedächtnis auch im Stich läßt, Gerüche behalten doch ihre Macht, versetzen uns in die Vergangenheit zurück und lassen uns den Augenblick noch einmal mit bestürzender Klarheit durchleben. In der dritten Klasse sind vierzig chinesische Arbeiter so eng zusammengepfercht, daß keine Nadel zu Boden fallen könnte, wenn sie halb nackt auf ihren hölzernen Planken liegen. In der zweiten Klasse sind wir zwar nur zu viert in einer Kabine, aber es riecht trotzdem nicht zum Besten. Der böige Wind macht mich seekrank, und Dr. Yu stattet mir einen Besuch ab. Ohne anzuklopfen reißt er die Tür auf und prallt herein, allem voran seine vorquellenden Augen mit den dicken Brillengläsern. Miß Moss, die Engländerin, eine damenhafte alte Jungfer, die Schlüpfer bis zum Knie trägt (und uns morgens bei schönem Wetter, Taschentücher schwenkend und auf den Boden aufstampfend, in die Morris-Tänze einführt), springt aus ihrer Koje, stößt Dr. Yu hinaus und schlägt krachend die Tür hinter ihm zu. »Das ist doch die Höhe ... Ich dulde nicht, daß Ihre Freunde einfach in meine Kabine stürmen ... Das gehört sich nicht ...« Sie hat graue Haare und einen hüpfenden Gang, bevorzugt Sandalen und handgewebte, gefältelte Bauernröcke vom Balkan und ist auf dem Weg nach Indien, wo sie Morris-Tänze und englische Phonetik unterrichten wird. Außerdem ist da noch eine Gruppe Juden, sechzehn alles in allem, die täglich das kleine Schwimmbecken mit Beschlag belegen; sie sind den Ghettos in Deutschland, der Tschechoslowakei und Polen entronnen, reisen jetzt nach Bombay und schreien und lachen und schwimmen und tummeln sich den ganzen Tag in einer geradezu rührenden Lebensfreude. Und schließlich ist noch eine andere Eurasierin an Bord, Hélène Gi, die sich in Hongkong mit ihrem Verlobten, einem gewissen Doktor Huang treffen will.

Hélène ist achtzehn, ein zierliches, wohlgerundetes Persönchen mit einer ausgesprochen schönen Haut, chinesisch geschlitzten, aber grünen Augen, lockigem Haar; ihr Vater, ein Gastwirt in Frankreich, war Chinese, ihre Mutter Französin. Während ihrer Schwesternausbildung in einem Pariser Hospital lernte sie Dr. Huang kennen. Sie spricht kein Wort Chinesisch, schwärmt aber nichtsdestoweniger für ein China, das sie nie gesehen hat und nur aus Dr. Huangs Schilderungen kennt. Dr. Yu wirft sich zu ihrem Beschützer auf (»sie ist so jung und ahnungslos, und die anderen könnten ihre Unschuld ausnutzen«) und trichtert ihr Morgen für Morgen in einem Winkel im Salon der zweiten Klasse chinesische Schriftzeichen ein.
Die sieben Chinesen in der ersten Klasse, samt und sonders Kadetten, kehren entweder aus Deutschland oder England zurück. Unter ihnen befindet sich auch Tang Paohuang, der mich wiedererkennt, kaum hat die *Jean Laborde* Europa als grauen, verschwommenen Nebel hinter sich gelassen, und kaum ist Louis, der mich bis zum Kai begleitete, zu einem anonymen Punkt ohne jede Bedeutung erstarrt. Tang Paohuang hängt ebenfalls an Deck herum und winkt Bekannten zu. Er ist der einzige von den chinesischen Studenten, der meinen Entschluß billigt. »Sie kehren nach China zurück . . . das ist recht so, gerade für eine Frau.« In den darauffolgenden Tagen läßt er sich nicht blicken, während die anderen um mich herumstreichen. Sie kommen aufs Deck der zweiten Klasse herunter und wollen wissen, warum ich an Bord bin. Ich gebe meine Geschichte zum besten, sehe aber, so naiv ich auch bin, daß sie mir nicht glauben, und das verletzt mich. Später geht mir auf, daß sie nur auf Zeitvertreib aus sind.
Die Passagiere der ersten Klasse dürfen wohl die zweite Klasse besuchen, aber nicht umgekehrt – mit Ausnahme von Dr. Yu, dem der Schiffsarzt einen Gefallen unter Kollegen erweisen wollte. In der zweiten Klasse reist auch eine unzertrennliche Familie – ein chinesischer Kaufmann mit seiner jungen Frau und zwei Kindern. Als die junge Frau bei einem Sturm eine Fehlgeburt hat, läßt sie mich holen; ihr Mann will nicht, daß

ihr der Schiffsarzt oder Dr. Yu helfen, weil sie Männer sind. Außerdem haben wir drei Auslandschinesen, Kaufleute, die nach Saigon zurückkehren, und verschiedene Vietnamesen an Bord. Die üblichen Affären spinnen sich an, ein Schiffsoffizier hat ein Techtelmechtel mit der blonden Frau eines französischen Geschäftsmannes, der nach Saigon zurückreist, der Doktor mit einer anderen. Dr. Yu, stets auf Draht, so winzig er auch ist, weiß alles und kolportiert es Hélène und mir, die Augen, unnatürlich groß und indigniert, hinter den scharfen Brillengläsern, die Stimme voll moralischer Salbung. Oft redet er auch von dem Opfer, das wir China bringen müssen, verspricht, mir zu helfen. »Ich habe überall in China Beziehungen und kann Ihnen sicher behilflich sein, eine Anstellung an einem Krankenhaus zu finden.«

Fast einen ganzen Tag lang fahren wir durch den Suezkanal; auf beiden Seiten ducken sich pastell- und beigefarbene Sanddünen wie lauernde Kentauren; Kamele, älter als der Sand der Wüste, betrachten unser Schiff. In Port Said begleitet Dr. Yu Hélène und mich an Land. Hier schlagen Frauen das Tamburin, andere krümmen und winden sich vor uns, rufen, schreien; bettelnde Kinder, die Augenlider unter Fliegen, hängen sich an uns, um uns eine Münze abzujagen, Leute packen uns beim Arm, um uns in einen Basar zu ziehen. Später erzählt Dr. Yu, daß sich die Chinesen vom Schiff Bauchtänze und dergleichen angeschaut hätten. Abscheu steht auf seinem Gesicht geschrieben. »Ich habe Achtung vor der Frau.«

Langsam treibt unser Schiff über das heiße Rote Meer, das zu meiner Enttäuschung gar nicht rot ist. Dr. Yu trägt Shorts und geht am Vormittag mit Hélène an Deck spazieren. Wir haben auch zwei Priester an Bord; einer will nach Tientsin, wo er am selben College eine Lehrstelle übernehmen soll, an dem früher mein Bruder unterrichtete. Er fragt mich, warum ich nicht ebenfalls nach Tientsin, zu meinen Eltern, zurückkehre. »Aber Nordchina ist doch von den Japanern besetzt, und ich möchte nicht unter den Japanern leben.« Wir liegen in Liegestühlen an Deck und unterhalten uns über den Krieg, und als der Priester sagt: »Sie werden sehen, Japan und China finden schon einen Weg«, fällt mir etwas auf den Kopf. Ein Buch. Über mir, auf dem Deck der ersten Klasse, steht Tang Paohuang, die Hände ausgestreckt: »Verzeihen Sie, mein Buch ist hinuntergefallen . . .« (Ein paar Wochen später gesteht er mir, daß er es absichtlich hat fallen lassen, um meine Aufmerksamkeit auf sich zu ziehen.) Ich steige die Treppe hinauf, um es ihm wiederzugeben – und das war der Anfang. Pao redet von unserer Begegnung in London, als er Kadett in Sandhurst war. »Erinnern Sie sich noch an das Essen, bei dem irgendwer über den Frieden sprach?« – »Ja, ich erinnere mich, Sie sagten damals: ›Wir mögen unsere Feinde lieben, aber zuerst müssen wir sie bekämpfen.‹ Trotzdem sollten Sie nicht mit Büchern nach Leuten werfen, Bücher sind kostbar.« – »Ich habe Sie reden hören, mit dem weißen Priester dort. Und da dachte ich mir, Sie unterhalten sich besser mit mir.«

Das war der Anfang einer Beziehung, die mir mehr Leid brachte, als ich je für möglich gehalten hätte; aber auch Freude, fröhliche Augenblicke und Tage, wie die lächelnden Photographien bezeugen; verlogene Photographien, wenn man die Summe aus all jenen Jahren zieht, aber doch wahr, wenn man die sonnigen Augenblicke aus ihrem dunklen Zusammenhang nimmt; denn gibt es nicht selbst von den unseligsten Paaren glückliche Schnappschüsse? Die fundamentale Doppelpoligkeit unserer Beziehung, die heftigen Ausbrüche von Haß, Leidenschaft, Liebe und Grausamkeit, dieses Nicht-voneinander-Loskommen, machten mir lange Zeit zu schaffen. Aber im Grunde sind alle Gefühlsbindungen widersprüchlich, spiegeln sich in ihnen doch die verschiedenen Seiten unseres Wesens, und kein noch so genauer Bericht vermag aufzudecken, wo Liebe in Haß umschlägt, wo Groll durch Reue zu Hingabe wird oder wieviel Tyrannei und Selbstverleugnung hinter der glatten Fassade häuslicher Zufriedenheit stecken. Wer versucht, eine Situation mit sämtlichen Schattierungen und Nuancen zu erfassen, wird alle Beschreibungen unzulänglich finden.

Noch heute hat mich die Spannung jener Jahre in ihren Klauen, läßt mich hektisch auf irgendwelche Trivialitäten reagieren, die durch eine bestimmte Erinnerung, eine bestimmte Szene ausgelöst werden. Die Nerven sind ähnlich angeschlagen wie bei ehemaligen KZ-Häftlingen, die damals erworbene bedingte Reflexe auf gewisse Situationen nur schwer überwinden. Oft schon habe ich mich gefragt, ob es diejenigen, die es über sich gewannen, einen Bericht über ihr Leben im Konzentrationslager zu geben, wohl wie Hers mit seinen Notizen hielten: manches beschönigten und anderes ausschmückten; die ihnen angetane, unerträgliche Schmach übergingen; was sinnlos schien, zurechtstutzten, bis es einen Sinn ergab und auf diese Weise Widersprüchliches und Gestaltloses zu etwas Logischem, Kontinuierlichem umdeuteten. Gewiß mußten sie so unvorstellbare Demütigungen hinnehmen, daß es äußerste Distanz erforderte, sie zu berichten. Schlimmer, peinigender aber als die Erinnerung an erlittene Grausamkeit muß der Gedanke an die eigene Feigheit, an Kriecherei und Speichelleckerei, an den kleineren oder größeren Selbstverrat sein, den man letztlich so wenig schlucken kann wie Augespienes; die Erinnerung daran, daß man sich unmenschlich verhalten hat, um nicht selbst unmenschlich behandelt zu werden, mitschuldig wurde, indem man sich in die von den Wachtposten erzwungene Lagerordnung fügte und unter dem Druck der Verhältnisse den Kerkermeistern schöntat; daß man das Entsetzen und die Unmenschlichkeit als Überlebensbedingung akzeptierte ... Nur die ganz Tapferen, die allen Gefahren trotzen, oder die ganz Phantasielosen, die alles vergessen können, vermögen einen mehr oder minder genauen Bericht zu überleben; denn wenn wir auch wortlose Verbrechen in uns begraben können, sie beim Namen zu nennen, tötet uns ...

Auf dem Schiff, der *Jean Laborde*, in den Tagen zwischen dem, was war, und dem, was kommen sollte, nahm alles seinen Anfang. Tang Paohuang und Dr. Yu, Hélène und ich gingen an Deck auf und ab, lachend, redend, einer hoffnungsfrohen, unbekannten Zukunft entgegen. Pao zeigte sich ebenso hilfsbereit wie Dr. Yu, nur daß er es mit seinen Versprechen offensichtlich ernster meinte; das Leben schien mir zu lachen oder Gott oder wer sonst über dem menschlichen Schicksal wachen mag, hatte ich doch einen aufrichtigen, geistvollen Freund gefunden, der keine zweideutigen Bemerkungen machte und überdies ein leidenschaftlicher Patriot und echter Chinese war. So schnell wurde ich also für meine guten Absichten belohnt – jedenfalls war ich geneigt, es so zu betrachten. Schon damals sprach Pao von Pflicht, von seiner Bereitschaft, auf dem Schlachtfeld seinen Mann zu stehen. »Ich gehe geradenwegs nach Wuhan, um mich zu melden ... Ich bin jederzeit zum Sterben bereit ... Wer nicht bereit ist, das letzte Opfer zu bringen, ist kein Patriot und kein Mann ... Es gibt nichts Ruhmvolleres als im Kampf gegen die Invasoren sein Leben für das Vaterland zu lassen ...« Diese Worte, die sich in dem Seewind so großartig ausnahmen und mein Herz höher schlagen ließen, habe ich noch heute im Ohr. Ich hoffte nur, Pao möchte nicht allzu bald fallen, nicht jedenfalls, ehe ich nicht ebenfalls etwas vollbracht und mich nützlich gemacht und bewiesen hatte, daß auch ich eine echte Chinesin war, bereit für China zu sterben. Manchmal freilich spürte ich ganz tief in mir einen Stich bei dem Gedanken, daß ich für viele ein europäisch-asiatischer Mischling war und als solcher nicht in allem akzeptabel. Aber Pao schien nicht so zu denken. »Du hast chinesisches Blut in den Adern; das Blut kommt vom Vater, die Mutter ist lediglich das Gefäß, das es empfängt.« Ich lächelte über seine vorwissenschaftlichen Vorstellungen, war ihm aber dankbar, daß er nicht auf mich herabschaute.

Auf dem von Delphinen umspielten Schiff in Träume eingelullt, überquerten wir den Indischen Ozean und sprachen von China und Pao, bis Pao für mich schließlich China verkörperte.

In Saigon wollte sich Pao mit mir verloben, aber ich lehnte ab. Ich erzählte ihm, daß ich fast einen jungen Belgier geheiratet, ihn dann aber verlassen hätte, um nach China zurückzukehren. Vielleicht verstand Pao nicht, was ich damit sagen wollte, nämlich, daß ich keine Jungfrau mehr war. Ohne zu begreifen (und ich wußte damals noch nicht, daß er es gar nicht begreifen konnte), nickte er bedächtig: »Das freut mich ... chinesische Mädchen sollten keine Ausländer heiraten.«

Ich suchte Dr. Yu auf und fragte ihn um Rat. »Großartig«, sagte Dr. Yu. »Lassen Sie doch die Vergangenheit ruhen wie ich und schauen Sie in die Zukunft. Tang Paohuang ist ein sehr schätzenswerter junger Mann und stammt aus bester, wirklich aus allerbester Familie.« Danach zog er mich ein paar Schritte an Deck entlang von den anderen Passagieren weg, wohl um die Bedeutung seines Geständnisses zu unterstreichen: Hélène Gi und er hatten sich ineinander verliebt und miteinander geschlafen, und Hélène wollte ihre Verlobung mit Dr. Huang lösen, sobald das Schiff in Hongkong einlief. »Dr. Huang ist noch zu jung, um sie zu verstehen. Nun möchte ich Sie bitten, Miß Tschu, mir zu helfen.«

28. September *Auf See an Bord der Jean Laborde*

Lieber Onkel Joseph,
gestern haben wir Saigon hinter uns gelassen und nehmen jetzt Kurs auf Hongkong. Sicher stellst Du alle möglichen Mutmaßungen an, warum ich meine Route geändert habe. Du hast mir geraten, über Saigon nach Hanoi und von dort weiter nach Kunming zu gehen, und den Bischof des dortigen katholischen Hospitals bereits gebeten, sich meiner ein bißchen anzunehmen. Voraussichtlich werde ich zwei Tage in Hongkong bleiben und danach mit der Bahn landeinwärts nach Wuhan fahren. Ich weiß wohl, daß Du mir Kunming empfohlen hast, weil es da sicher ist, aber ich möchte nicht in dem Flüchtlingsstrom untergehen, der sich in diese Stadt ergießt. Die chinesischen Zeitungen von Saigon warnen vor der Raumnot dort. Außerdem möchte ich möglichst nahe an die Front, und die ist in Wuhan. Dort wird eine große Schlacht geschlagen. Und ich möchte dabei sein.
Aber jetzt noch zu etwas ganz anderem. Wir haben an Bord ein junges Mädchen, Hélène Gi, mit einem gewissen Dr. Huang verlobt, der vergangenes Jahr von Europa nach Hongkong zurückkehrte. Fräulein Gi nun hat sich unterwegs umbesonnen. Sie will neuerdings nach Schanghai und Dr. Yu heiraten. In Hongkong möchte sie ihren Entschluß Dr. Huang

mitteilen, dem sie allerdings zehntausend Francs für die Überfahrt schuldet. Dr. Yu kann ihr das Geld nicht geben, und Hélène selbst besitzt auch nichts. Vermutlich wird sie in Schwulitäten geraten, sie ist ahnungslos wie ein kleines Kind, und Yu sieht nur noch einen Ausweg – daß Du sie im Französischen Hospital in Schanghai, wo Du ja einigen Einfluß hast, als Krankenschwester empfiehlst. Sie ist schon fast neunzehn, aber noch ein richtiges Kind. Ich mache mir ihretwegen ein bißen Sorgen, denn Dr. Yu kann sie erst in ein paar Monaten heiraten ... Diesmal ist sie fest entschlossen. Auch Dr. Yu scheint es ernst zu meinen. Aber was Du auch von ihm hältst, sie jedenfalls ist noch so sehr Kind, daß man sie in Schutz nehmen sollte ... und sie kann kein Wort Chinesisch ... bitte, bleib mit meinem Großvater in Verbindung und sag ihm, daß es mir gut geht.

Voller Erstaunen lese ich diesen Brief wieder; darüber fällt mir ein, daß ich Louis, meinem Verlobten in Belgien, ein allereinziges Mal geschrieben habe, eine Postkarte von Port Said; danach habe ich nichts mehr von mir hören lassen, als hätte die Fahrt durch den Suezkanal jede Verbindung zwischen uns durchtrennt. Meinem Großvater schickte ich immer wieder kurze Briefe oder Postkarten des Inhalts, daß es mir gut gehe ... Ich konnte einfach nicht lange stillsitzen und ausführlich schreiben, denn alles, was mit Europa zusammenhing, war so unwirklich geworden, verschwamm, aber ebensowenig konnte ich erklären, was mit mir geschah oder was um mich herum vorging, denn rings um mich war Asien, ein Asien, das sich nicht mit aufgeregter Touristenbegeisterung beschreiben ließ, das zu nah da war, allzu nah ... Louis war weit weg; ja, ich fragte mich, ob ich sein Gesicht erkennen würde, wenn ich ihn wieder träfe. Während ich für ihn diejenige blieb und bleiben würde, die er kannte, hatte er sich für mich in grauen Nebel aufgelöst, als er, einer unter vielen wie einer der Bäume am Kai von Marseille, dem auslaufenden Schiff nachschaute.

Nicht nur Hélène Gi, auch ich hatte mich verändert; begonnen hatte diese Entwicklung allerdings schon, ehe ich Europa den Rücken wandte. Meinem Großvater fühlte ich mich sehr verpflichtet, aber als ich ihm schließlich mitteilte, daß ich geheiratet hatte und in China zu bleiben gedachte, wollte er nichts mehr von mir wissen. Und dann brach in Europa der Krieg aus, und 1940 starb er.

Als wir in Hongkong anlegten, kam eine weinende Hélène in meine Kabine gestürzt, wo ich gerade beim Packen war. »Hilf mir, hilf mir.« Sie war regelrecht aufgeblüht, seit sie sich in ›Papa Yu‹, wie sie Dr. Yu nannte, verliebt hatte, und glich einem wogenden Anemonenbusch. Während ich versuchte, mich aus der Umklammerung ihrer feuchten Hände zu befreien, tauchte Dr. Huang, der Ex-Verlobte, der an Bord gekommen war, um sie zu begrüßen, in meiner Kabine auf (Fräulein Moss war zum Glück gerade nicht anwesend), versuchte Hélène an sich zu reißen, wobei er mich anstarrte, als sei ich ihr Verführer. »Fräulein Tschu, Fräulein Tschu, Sie *müssen* es mir sagen, was ist mit Hélène los?« – »Es tut mir leid, Dr. Huang, aber ich weiß nicht, wie es gekommen ist ...« – »Aber sie gehört mir, sie ist meine Verlobte«, schrie Dr. Huang in Herzensnot, »Sie müssen mir sagen, wie es geschehen ist.« Hélène stieß »Papa Yu, Papa Yu« hervor, und ergriff, noch immer schluchzend, die Flucht. Ich ging, gefolgt von Dr. Huang, an Deck, wo ich Dr. Yu gegen die Reling gelehnt fand. Blaß starrte er auf die grauen Hongkonger Berge. »Sie schulden Dr. Huang eine Erklärung, Dr. Yu.« – »Ja, natürlich übernehme ich die volle Verantwortung.« Dr. Huang kam herüber, und beide verbeugten sich förmlich. »Dr. Huang, Dr. Yu ...« Ich ließ sie allein. Pao meinte später, es sei Hélènes Schuld. »Eine Frau, eine Frau, die etwas auf sich hält, wird nicht anderen Sinnes.« Ich sagte nichts dazu, war ich doch auch anderen Sinnes geworden.

1940 sollte ich Dr. Yu noch einmal kurz in einem Restaurant in Tschungking sehen. Er trug eine Uniform mit dem Abzeichen einer Sanitätseinheit am Arm. Auch er erkannte mich wieder, nickte in meine Richtung und drückte sich schnell hinaus, denn wie jeder Zivilist fürchtete er Tschiang Kai-scheks Militär, vor allem Offiziere wie Pao, Absolventen der Militärakademie von Whangpu, die Tschiang Kai-scheks Elitekorps bildeten und allerlei Macht besaßen. Yu hatte Angst, Pao könnte die Affäre mit Hélène gegen ihn ausspielen, denn um für die Korruption und Vetternwirtschaft in seiner Regierung einen gewissen Ausgleich zu schaffen, ordnete Tschiang Kai-schek von Zeit zu Zeit eine »geistige Mobilmachung«, einen »moralischen Feldzug« oder eine »Säuberungsaktion« an, und »Aktionen« dieser Art konnten Leute wie einen Dr. Yu, der weder Reichtümer noch Einfluß besaß, zu Fall bringen ...

Jahre später erfuhr ich, daß Dr. Yus Liebe zu Hélène genau ein halbes Jahr währte; er hatte bereits eine Frau, deren Existenz er fünfzehn Jahre lang schlicht und einfach vergessen hatte. Er meldete sich zum Chinesischen Roten Kreuz und kam nach Tschungking; wie es dann weiterging, weiß ich nicht; aber ich kann mir irgendwie nicht vorstellen, daß er heute noch in China ist. Nun, schließlich ist alles möglich, vielleicht ist er sogar einem kommunistischen Kader beigetreten.

Was Hélène angeht, so blieb sie bis 1942 als Krankenschwester am Französischen Hospital in Schanghai, fuhr dann mit dem Schiff nach Europa zurück, wo sie sich verheiratete und beteuerte, nie hätte sie Frankreich verlassen, hätte sie nur entfernt geahnt, wie schlecht die Chinesen ihre Frauen behandeln. All das beschwört jener Brief herauf, der von vergangener Liebe und Berechnung spricht, flüchtiges Zeugnis der Vergangenheit, die einen nicht losläßt und obwohl sie mittlerweile Lügen von gestern gleicht, heute noch die Wahrheit über meine abgetragene Jugend enthält.

2

In Hongkong wohnten Pao und ich im Hotel, und das Leben wurde uns leicht gemacht durch seine Freunde. Wo immer er hinkam, waren Freunde; durch die Zugehörigkeit zur selben Klasse, durch Familienvorrechte, durch die Absolvierung derselben Schule bzw. der Militärakademie bildeten sie eine fest zusammenhaltende herrschende Schicht, der auch er angehörte. Stets auf Machtzuwachs bedacht, überdauern die herrschenden Eliten, stark und biegsam zugleich, fast unheimlich in ihrer Anpassungsfähigkeit, selbst Revolutionen, tauchen im Untergrund unter, bis ihre Stunde wieder schlägt.
Tang Paohuang war ein Produkt der herrschenden militaristischen Großgrundbesitzerklasse, der Warlords. Das war die feudale Elite, die durch ihren Verwaltungsapparat, das Mandarinat, in China bis 1949 die Macht innehatte. Kaum war Pao in Hongkong eingetroffen, nahmen sie ihn als einen der Ihren auf; überall fand er Unterstützung, Hilfe, Schutz, überall stieß er auf Ehrerbietung und Achtung. Freunde suchten uns auf, um uns willkommen zu heißen, Freunde kamen, um uns zum Mittag- oder Abendessen auszuführen, um ihm Geld zu leihen, um uns zum Einkaufen mitzunehmen. Ich, die ich bis dahin nirgendwo hin gehört hatte – die Einsame, die trotzig Verstockte, die Ausgestoßene – war nicht länger allein, nicht länger in der Defensive. Nichts schmeichelt einem so sehr wie das Gefühl, einer Gruppe anzugehören, *akzeptiert* zu werden. Das nun erlebte ich jetzt und zwar dank Pao. Sicherheit ölte mein Bewußtsein, seit ich nicht mehr angezweifelt wurde, glättete die Aufregung und Unruhe, die mich sonst nie verließen. Und da ich keine Ahnung vom Klassenaufbau hatte, stellte ich mir ganz China wie die Gruppe vor, die nun, über Pao, ohne weiteres bereit schien, mich aufzunehmen. Heute kenne ich die Versuchungen derer, die sich von einer wirklichen oder eingebilde-

ten Minderwertigkeit befreit haben und schließlich doch noch »etwas geworden« sind. Wie süß ist es für sie, in diesem Gefühl schwelgend, ausrufen zu können: »Jetzt werden selbst Fürstinnen mich umarmen«, und auszukosten, daß sie es »geschafft« haben! Wie oft hat China in der Vergangenheit die gerissenen Söhne der Armen auf diese Weise hochkommen lassen, um durch sie den hierarchischen Einfluß des herrschenden Mandarinats zu stärken! Durch den persönlichen Erfolg verführt, verrieten sie ihre Herkunft, denn der Parvenü übt die Laster und Tugenden der Gruppe, in die er aufgestiegen ist, eifriger, stützt ihre Autorität nachdrücklicher als diejenigen, die in sie hineingeboren sind.

Auch ich erlag damals, ohne es zu wissen, diesem Mechanismus. Pao war Chinese; als seine Verlobte wurde ich (so erschien es mir zumindest) endlich von China anerkannt, und Chinas wegen, nicht einem Mann zuliebe, hatte ich Europa verlassen. Doch ich täuschte mich.

Wir kamen am selben Tag in Hongkong an, an dem in Europa das Münchner Abkommen bekanntgegeben wurde, und obwohl die englischsprachigen Hongkonger Zeitungen in den Schlagzeilen »Frieden in unserer Zeit« verkündeten, wagte ich die Prognose: »Nächstes Jahr wird in Europa der Krieg ausbrechen«, und Pao stimmte mir zu. »Wir werden«, sagte er, »keinen Tag länger in Hongkong bleiben als erforderlich. Wir gehen nach Wuhan, um das Vaterland zu retten ... Der Führer ist dort; auch wir müssen dorthin, um uns zu opfern. Wir werden Widerstand leisten bis zum letzten ...« Wie unendlich edel, heldenhaft und ruhmreich erschien er mir, wenn sein junges, noch wenig ausgeprägtes Gesicht in Entschlossenheit und Festigkeit erstarrte, von der Zukunft Profil entlieh! Pao war attraktiv, seine grenzenlose Zuversicht, seine Loyalität, schienen genau das, was jetzt im Krieg gebraucht wurde, um den Angriff der Japaner aufzuhalten. Daß er nicht dem chinesischen Volk, sondern einer einzelnen Person, Tschiang Kai-schek, ergeben war, daß seine Einstellung nicht aus Liebe zum Vaterland erwuchs, sondern ein Produkt seiner Erziehung und Klasse war, daß er nicht von wahrem Opfer, sondern von feudalistischem Cliquengeist angetrieben wurde, ging mir damals nicht auf. Er hob sich so vorteilhaft von denen ab, die ewig zögerten, sich nicht entschließen mochten, tausend Bedenken hatten! Und so verkörperte er für mich lange Zeit Chinas beste Seite, war er doch zurückgekehrt, um für sein Vaterland zu kämpfen; aus diesem Grund verliebte ich mich auch in ihn und wäre ihm überallhin gefolgt, besonders begeistert aber natürlich nach Wuhan, wo sich die größte Schlacht vorbereitete ...

In den nächsten Wochen machte sich Pao daran, mich zur »Loyalität« zu erziehen. Bis dahin hatte ich nur eine ganz unbestimmte Vorstellung von Tschiang Kai-schek, nicht gerade eine Aversion, aber bestimmt auch keine Zuneigung. Ich hatte so meine Zweifel an ihm nach allem, was ich als Kind über seinen blutigen Weg zur Macht gehört hatte; auf der anderen Seite aber standen meine Kommunistenangst und die Berichte über stalinistische Greuel, die mir während meiner drei Brüsseler Studienjahre zu Ohren gekommen waren. Nun kämpfte Tschiang, obwohl er sich lange geweigert hatte, schließlich doch gegen Japan und war zum Symbol des Widerstands geworden. Außerdem klärte mich Pao auf, daß China längst ein starkes, gedeihliches Land wäre, hätten die Kommunisten nicht ständig Unruhe gestiftet, es verheert und ins Elend gestürzt. Nach seiner Darstellung wollten die Kommunisten das Land an Rußland verkaufen und nahmen von Moskau Befehle entgegen, weswegen Tschiang sie jahrelang hatte bekämpfen müssen. Aus diesem Grund war er einem Krieg mit den Japanern aus dem Weg gegangen; das aber hatte ihm den ungerechten Vorwurf eingetragen, den Japanern nachzugeben, wo er doch nur Zeit auf Kosten von Raum zu gewinnen suchte, um den Krieg gegen sie vorbereiten zu können. Unwiderleglicher Beweis dafür und »Rechtfertigung« für Tschiangs Scharfblick, behauptete Pao, war die Geheimansprache, in der Tschiang Kai-schek 1932 vor ausgewählten Offizierskadetten der Militärakademie von Whangpu sowie vor Beamten seine Strategie darlegte. In Wirklichkeit jedoch war die Ansprache nicht nur eine antijapanische

Vorlesung gewesen, sondern auch ein Sammelruf zu einem weiteren antikommunistischen Feldzug, denn Tschiang Kai-schek hoffte so, diejenigen Mitglieder seiner eigenen Kuomintang-Partei mundtot zu machen, die für ein träges Hinnehmen des japanischen Angriffs und für seine gewaltigen »Roten Vernichtungskampagnen« nichts übrig hatten und halblaut Kritik zu üben wagten. Aber ich hielt Politik damals für ermüdend und belanglos und wußte überhaupt viel zu wenig, um nicht brav alles zu schlucken, was mir Pao vorerzählte. »Wir leisten Japan Widerstand bis zum letzten Mann . . . Das hat der Große Führer gesagt.« Solche Worte und seine junge, einzigartig klare und schöne Stimme überzeugten mich, daß Tschiang der einzige war, der China gegen die japanische Aggression verteidigte. Welch große Persönlichkeit mußte er sein, wenn er einen so edlen jungen Mann mit solcher Begeisterung und Loyalität erfüllte! Eine derartige Hingabe, die alles einfach erscheinen ließ und geradezu ansteckend wirkte, hatte etwas Aufregendes, auch etwas Rührendes an sich. Überdies konnte mich Pao um so leichter überzeugen, als ich ihm meine Staatsangehörigkeit zu verdanken hatte. Daß ich lediglich ein Anhängsel der mächtigen Militärkaste, der Whangpu-Elite, der Hauptstütze von Tschiang Kai-scheks Macht, wurde, ging mir zu diesem Zeitpunkt nicht auf.

»Wuhan wird sich nicht ergeben«, verkündeten die chinesischen Zeitungen in Hongkong großsprecherisch. Nachdem wir uns fast drei Tage in der Stadt aufgehalten, Einkäufe gemacht und uns mit Paos Freunden befaßt hatten, gelang es uns, Fahrkarten für den Blauen Expreß zu beschaffen, und in der Hoffnung, die große Schlacht noch mitzuerleben, rüsteten wir uns zum Aufbruch nach Wuhan.

In Hongkong mußte ich auch der Belgischen Bank einen Besuch abstatten, denn Hers hatte mir die Adresse eines Freundes, Pierre Mardulyn, gegeben, der dort arbeitete. Ich übergab Pierre einen kleinen Zettel an Hers, in dem ich ihm mitteilte, daß ich nach Wuhan wollte.

Dreißig Jahre später fand ich Pierre Mardulyn noch immer in

Hongkong, noch immer an der Belgischen Bank, noch immer freundlich, hilfsbereit und stattlich. Unverändert.

»Natürlich erinnere ich mich noch an jenen Nachmittag«, sagte Pierre. »Sie hatten ein chinesisches Kleid an aus jenem schwarzen Ölzeug, das die Kulifrauen im Sommer in Kanton tragen. Sie waren eher ärmlich angezogen, ich weiß es noch genau.«

»Ich war auf dem Weg in den Krieg.«

»Und Sie weinten. Und wie Sie weinten. Sie vergossen Ströme von Tränen, wie ein kleines Kind.«

Warum ich weinte, daran erinnerte er sich nicht mehr. Ich hatte ihm erzählt, daß ich Belgien verlassen, meine Studien und Louis aufgegeben hatte (genau in dieser Reihenfolge), und daß Hers mir den Vorschlag machte, nach Kunming in der Provinz Jünnan, also weit weg von der Front zu gehen und dort in einem katholischen Krankenhaus zu arbeiten; daß ich aber beschlossen hatte, statt dessen nach Wuhan, der Hauptstadt des Freien China, zu gehen und Tang Paohuang heiraten wollte, weil er so patriotisch, so idealistisch und aufrichtig war; daß ich nie zuvor einen Menschen wie ihn getroffen hatte. Dann fragte ich Pierre: »Glauben Sie, daß China den Krieg verliert?« worauf er antwortete: »Schon möglich ... Ich halte die Japaner für sehr stark ... Jedenfalls wird Wuhan fallen ...« Hier war ich in jene Tränenströme ausgebrochen. Wenn China den Krieg verlor, wenn wir uns den Japanern ergeben mußten – wie sollte ich das überleben! Pierre schlug mir eine Spazierfahrt in seinem Wagen vor, und das half, zusammen mit dem Taschentuch, das er mir in die Hand drückte. »Es steht schlecht um China. Keine Lazarette, keine Medizin für das Heer ... statt dessen Schikane und Korruption ... und die Bonzen in Tschiangs Regierung machen Geld. Fragen Sie nur einmal das Internationale Rote Kreuz hier; eine gewisse Hilda Selwyn-Clarke bemüht sich, Arzneien zu beschaffen, aber in China blüht der Schwarzmarkt mit Drogen ... natürlich sollte man das nicht weitererzählen; es würde China im Ausland sehr schaden ...« Dann gab mir Pierre die Adresse von Dr. R. K. S. Lim, dem Leiter des Roten

Kreuzes in Wuhan, während das Auto der Straße folgte, die sich rings um die Insel Hongkong zieht und die Berge hinaufklettert. Blicklos schaute ich auf die schöne Landschaft hinaus; hinter den buckligen, kahlen Hügeln lag China, Wuhan, wo die große Schlacht geschlagen wurde.

Auf der sechstägigen Reise von Hongkong nach Wuhan setzte Pao meine moralische Erziehung fort und legte damit die Art unserer Beziehung fest, und so wenig ich anfangs daran auszusetzen fand, so heftig lehnte ich mich später dagegen auf.

»Unser Führer, Generalissimus Tschiang Kai-schek, führt Tagebuch. Auch die Studenten an den Militärakademien im Ausland führen eins, um ihre Gedanken niederzuschreiben und ihre moralische Selbsterziehung zu vervollkommnen. Du solltest dir das auch zur Gewohnheit machen.« In Paos Koffer fand sich ein leeres Exemplar (sie gingen ihm nie aus), und ich schrieb meinen Namen darauf. Pao lachte über meine ungeübte Handschrift. »Du hast eine Schrift wie ein kleines Kind.« Gekränkt antwortete ich: »Das kommt nur daher, daß man mich nicht lernen ließ«, und nahm mir insgeheim vor, die Schönschreibeübungen möglichst bald wieder aufzunehmen. Wie ich mir das an der Front vorstellte, weiß ich allerdings selber nicht.

Im feudalistischen China und in Japan führten Intellektuelle, Gelehrte und Professoren sowie Politiker, Staatsmänner und Lehrer ein Tagebuch, das von vornherein für fremde Augen, das heißt für die Inspektion als Beweis der eigenen Aufrichtigkeit gedacht war.

Als in den siebziger, achtziger Jahren des letzten Jahrhunderts die ersten chinesischen Studenten ins Ausland geschickt wurden, erhielten sie den Befehl, ein Tagebuch zu führen und es allmonatlich dem jeder Botschaft beigegebenen Aufsichtsbeamten für das Bildungswesen vorzulegen. Unter den Universitätsstudenten hatte sich dieser Brauch nach der Revolution von 1911 zwar gelockert, bei den Offizierskadetten der Militärakademie von Whangpu dagegen wurde nach wie vor streng darauf geachtet. Die Idee, der Oligarchie dadurch seine unverbrüchliche Loyalität zu beweisen, daß man seine konformistischen Gefühle niederschrieb, diente gleichzeitig als Mittel, »schädliche Einflüsse«, das heißt politische Abweichungen zu überwachen, alle Debatten im Keim zu ersticken, jede Diskussion zu verhindern. Nach dieser Niederschrift, die man im vollen Bewußtsein anfertigte, daß andere sie lesen würden, bemaß sich auch die »Aufrichtigkeit« der Gefühle. Und wie Tschiang Kai-schek und die jungen Offiziere dieses Wort liebten, »Aufrichtigkeit«! Überdies wurde die Praxis, wenn auch nicht offiziell, von einigen Mitgliedern der Kommunistischen Partei Chinas fortgesetzt und war noch vor wenigen Jahren an den chinesischen Universitäten üblich. Voller Bewunderung brachte man lange Auszüge aus den Tagebüchern der neuen Helden der Neuen Ära. Mao Tse-tung selbst allerdings führt keines, vielleicht weil er diese Art geistiger Buchführung durchschaut hat. 1966 schließlich bereitete die Kulturrevolution dieser scheinheiligen Gewohnheit, die sich aus dem selbst im heutigen China noch weitverbreiteten moralistischen Hang herleitet, die Menschen nach ihren *Worten* zu beurteilen, ein Ende. Trotzdem wurde ich sogar noch im Herbst 1966 bei einem Chinabesuch aufgefordert, meine »Gefühle unverstellt« ins Gästebuch einzutragen, und es war schwer, den bürokratisch denkenden Beamten begreiflich zu machen, daß die Lobeserhebungen der Besucher von Fabriken, Denkmälern oder sonstigen Sehenswürdigkeiten vielfach nichts als Weihrauch sind und auf einer Stufe mit den Tagebüchern stehen, denen man – das war ausdrücklich festgelegt – nur erhabene, edle Gedanken anvertrauen durfte.

Aber mir wollten keine erbaulichen Maximen für das kleine, blau eingebundene Tagebuch einfallen, das mir Pao gegeben hatte. Ich hatte keine hochtrabenden Phrasen parat, woraus mir noch ernste Schwierigkeiten erwachsen sollten. Wie oft überflog Pao in den folgenden Monaten meine Eintragungen, verzweifelt bestrebt, irgendeinen Ausgleich für meine »unverbesserlichen Fehler« zu finden – ohne etwas zu entdecken, was auf lobenswerte geistige Qualitäten hätte schließen lassen oder ihn überzeugen können, daß meine charakterliche Erziehung, die er so entschieden in die Hand genommen hatte, Fortschritte machte. Er war nämlich zu dem Schluß gekommen, daß vor allem mein Charakter gebildet werden mußte. Schon zu Beginn unserer Bekanntschaft hatte er beschlossen, die »Ausländerin« in mir auszurotten, und dazu sah er nur einen Weg, mich zu den konfuzianischen Traditionen des feudalistischen China zurückzuführen.

Als mich 1966 kurz vor der Kulturrevolution ein anderer Bekannter, ein Kommunist, ebenfalls wegen Mangel an »Selbsterziehung« kritisierte und noch dazu fast mit denselben Worten wie die Kuomintang-Bürokraten, fühlte ich mich schlagartig in die Vergangenheit zurückversetzt. Zwei Tage lang konnte ich mich von dem Gefühl der Angst nicht befreien, die Benommenheit und das Entsetzen nicht abschütteln, das in mir aufgestiegen war, als ich die Oligarchie der Vergangenheit, die feudalistischen Mandarin-Beamten in der Verkleidung eines kommunistischen Kaders wiederauferstehen sah oder zu sehen vermeinte. Es war derselbe herrische Ton, dieselbe Pose absoluter Rechtschaffenheit, dieselbe moralistische Salbung; dieselben Phrasen über »Gesicht wahren«, derselbe Tadel an meinem »Eigensinn«, an meinem Mangel an protokollarischer Höflichkeit und Ehrerbietung gegenüber den »Genossen Beamten« – dieselben fast kabbalistischen Phrasen, nur diesmal mit marxistischer Verbreitung. Eben diese Haltung aber, diese Rückkehr zur scheinheiligen, als »Selbsterziehung« ausgegebenen konfuzianischen Tradition suchte die von Mao Tse-tung angeführte Kulturrevolution auszurotten, und darin liegt ihre Bedeutung. Zwei Jahrtausende lang hat das Mandarinat den Geist der Jugend durch die Tradition unterworfen und geknebelt. Mit einem Male revoltierten die Jungen, argumentierten, debattierten. *Nicht* blinder Gehorsam, *nicht* Unterwerfung und Fügsamkeit gegenüber Älteren und Lehrern – das ist die Kulturrevolution.

Ich füllte mein Tagebuch mit öden, von Pao übernommenen Sentenzen, die von Widerwillen zeugten; dabei bewunderte ich seinen erhabenen Glauben, der keine Zweifel kannte, seine beredten Maximen, seine hochtrabenden Worte: »Gehorsam ist

eine Tugend . . .« – »Vor allem ist es des Sohnes Pflicht, Ehrerbietung zu bezeigen . . .« Ich dagegen mußte mit mir kämpfen, brauchte Gründe, um mir über richtig oder falsch klar zu werden, mußte ständig jenen ewigen Zweifel niederringen, der geradezu ein Teil meines Selbst ist. Ich beschloß auch, meine Schwäche, meine Fehler zu bezwingen. Aber auf irgendwelchen Papierfetzen schrieb ich auf, was ich wirklich empfand, was mich wirklich beschäftigte – die Farbe des Himmels, der Luftangriff auf den Bahnhof von Jotschou, die zunehmende Lebensmittelknappheit und vor allem das Volk, das unerschrockene, großartige chinesische Volk, das aus den verlassenen, zerbombten Städten strömte, die Kinder auf dem Rücken, geduldig und für alle Ewigkeit geschlagen und getreten, nach außen unterwürfig und letztlich doch siegreich. »Du mußt etwas über den Krieg, über unseren Führer schreiben.« Schwach protestierte ich: »Aber wir sind ja noch gar nicht an der Front, und den Generalissimus habe ich auch noch nicht zu Gesicht bekommen.« (Ich vermied das Wort Führer, das in meinen Ohren einen häßlichen Klang hatte.) Worauf Pao nur meinte: »Du hast zu lange im Ausland gelebt . . . du mußt durch und durch chinesisch werden, und diesen Entschluß mußt du aufschreiben . . . den Entschluß, eine echte, tugendhafte Chinesin zu sein.«
Ich schrieb ihn auf – allerdings ohne zu ahnen, welche Erniedrigung mit den Worten »echte, tugendhafte Chinesin« verbunden war. Ich war ganz durchdrungen von dem sehnlichen Wunsch, dem festen Vorsatz, es recht zu machen. Natürlich wollte ich – wie vor langer Zeit mein Bruder – Chinese sein. Er hatte aufgegeben; ich aber würde nicht aufgeben. Natürlich wollte ich edle Gedanken haben. Und da nun begannen Schuldgefühle in mir aufzusteigen, geweckt durch die konfuzianische Moral, verstärkt durch die katholische Religion, Schuldgefühle, die mich umklammert hielten und mein Denken beherrschten, bis sich nach Jahren endlich mein ganzes Wesen dagegen aufbäumte und sich in einem Akt der Verzweiflung davon befreite. An langen Abenden oder nachts, wenn ich aufwache, ja sogar angesichts schöner Landschaften wird die abgestandene alte

Angst aus dieser lähmenden Zeit wieder lebendig. Stinkend und weich wie Filz hüllt sie mich ein, wenn mich irgendwelche Vorfälle, der Ton einer Stimme an die Vergangenheit erinnern.
Über all das, was ich mit solch kindischem Eifer, mit solcher Begeisterung anstrebte, konnte ich jahrelang nicht sprechen. Zeuge meiner Torheit in jenen verängstigten Tagen war nur mein eigener Selbstbetrug.
Und doch blieb in dieser Zeit eines – die eindrucksvolle Umgebung, das wunderschöne chinesische Land, das chinesische Volk, ungebrochen trotz seiner Leiden, heruntergekommen und verlaust und arm und von der eigenen herrschenden Klasse aufs barbarischste behandelt und doch so großartig, daß mir das Herz vor so viel Größe schwoll und ich in aufwallender Liebe begriff, wie nichtig meine Ängste und Kümmernisse neben den so stoisch ertragenen Fluten von Leid waren. Dank dieser gewaltigen Lebenskraft, die sich durch Schutt und Geröll und das Chaos jener Jahre einen Weg bahnte, überlebte auch ich; und schließlich entpuppte sich das ganze Geschwätz von der »Weisheit« der Tradition, von konfuzianischer Loyalität, hochgehalten von denjenigen, die Mumien lebendigen Menschen vorzogen, als fauler Zauber.
Auf der Bahnfahrt nach Wuhan wußte ich es plötzlich trotz des Mangels an tagebuchwürdigen Empfindungen: Ich war zurückgekehrt, ich roch es, ich fühlte es, alles war vertraut, alles lieb und teuer, lebendig, so lebendig, die Leute, das Volk, die schrecklichen Bahnhöfe voller Bettler und Flüchtlinge, die ausgemergelten Soldaten, gelb vor Malaria, schwach vor Hunger, die mit schweren Schritten in einen Krieg stapften, in dem mehr durch Krankheit und schlechte Behandlung umkamen als durch Feindeshand; und überall diese Weite, diese ungeheure Großräumigkeit, die für China so kennzeichnend ist, die einem Herz, Augen und Ohren öffnet, und dazu die Menschen und der von den Feldern aufsteigende Geruch der großen Erde und die vertraute Schönheit, so erdhaft und so menschlich – all das brachte mein Herz zum Springen. Ich war zurückgekehrt.
Nach einer sechstägigen Bahnfahrt kamen wir nach Wuhan,

wie die drei am Großen Fluß gelegenen Städte Hankau-Hanjang-Wutschang genannt werden. Die berühmte und wegen ihrer Revolutionen von 1911 und 1926 als Stadt schlimmer Aufstände und grausamer Ausbeutung berüchtigte Metropole galt im Oktober 1938 als Bastion gegen die japanischen Invasoren. Welche Enttäuschung, entdecken zu müssen, daß diese heldenhafte Stadt, die den Zeitungsmeldungen zufolge um jeden Preis gehalten werden sollte, von fieser, stinkender Korruption verseucht war! Ich schrieb Hers mit dem unbestechlichen Blick eines Kindes einen Brief, der den Nagel auf den Kopf traf; später, zunehmend eingeschüchtert und daher immer vorsichtiger, hatte ich keine Augen mehr für das, was ich an jenem ersten Tag in Wuhan sah.

9. Oktober 1938 *Wuhan*

Lieber Onkel Joseph,
sind schließlich, nachdem wir am 3. von Hongkong abgefahren sind, gestern, am 8. abends hier eingetroffen. Wurden einmal unterwegs durch einen Luftangriff aufgehalten. In Hongkong war das Leben schrecklich teuer, wie heutzutage überall in China. Ein Zimmer 75 Dollar im Monat und nichts darin. Die Hotels waren überfüllt, der CVJM ebenfalls, überall Flüchtlinge aus China, vor allem reiche. Ich kann jetzt entweder hierbleiben oder anderswo arbeiten, was vielleicht das beste wäre, da die Lazarette zum größten Teil bereits verlegt sind. Wuhan ist eine wahrhaft entsetzliche Stadt, alle Welt will sich nur amüsieren, überall werden völlig ungeniert Sexartikel verkauft ... da heute, Sonntag, und morgen, am 10. Oktober, das Mondfest gefeiert wird, stopfen sich alle voll ... trotzdem bin ich froh, daß ich hier bin ... mit Leuten aller Art in Berührung komme ... eine Menge dazulerne.

Die sechzig Pfund Sterling, die mir Hers vor meiner Abreise gegeben hatte, waren in Hongkong hängengeblieben, für die Hotelrechnung für Pao und mich, für Einkäufe; bei unserer

Ankunft in Wuhan hatten wir noch etwa zehn Pfund. Ich war fest entschlossen, Pao nicht auf die Tasche zu fallen. Ich wollte in einem Lazarett arbeiten, meinen Lebensunterhalt selbst verdienen.

Noch am Abend unserer Ankunft lockte uns der Vollmond zu einem Spaziergang hinaus; der Große Fluß glitzerte, und viele Familien promenierten in der Nacht, fast als gäbe es keinen Krieg. Pao erzählte von seinem edlen Vater und zeigte mir später, im Hotelzimmer, ein Photo von seiner Mutter. Ich glaubte ihm aufs Wort, obwohl die Frauen in meiner Kindheit anders ausgesehen hatten, und heute weiß ich auch, daß er mich angelogen hat, daß es nicht seine Mutter war, sondern eine Hofdame der Kaiserinmutter Tsu Hsi. Sein Vater war einst ein Revolutionär, ein Freund von Sun Yat-sen gewesen. Ebenso sein Onkel, General Tang, den wir besuchen sollten. Aber dann war sein Vater durch den Reichtum verführt, dem Wohlleben verfallen, und nun rauchte er Opium und hielt sich Konkubinen; allerdings ermahnte er den Sohn, nicht seinem Beispiel zu folgen.

Als Student hatte sich Pao ebenfalls einer Zelle der Revolution angeschlossen und war bei einer Razzia mit knapper Not entkommen; ein junger Lehrer dagegen, so scheu, so bescheiden, so gut, war eines Tages als Kommunist, als echter, verhaftet und erschossen worden...

»Daran erkennt man die Kommunisten. Sie wirken ehrlich, halten sich ruhig, studieren viel, lesen ununterbrochen... Selbst an der Militärakademie von Whangpu verdächtigten wir jeden, der zu viel las, keine Fehler hatte, er hätte leicht Kommunist sein können. Sie ziehen diese Schau ab, um das Volk für sich zu gewinnen, arbeiten aber in Wirklichkeit für ein fremdes Land ... Unser Führer sagt, China hat zwei Erbfeinde, England und Rußland...« Dabei starrte Pao wild auf den Mond, als sähe er in dem schimmernden Licht besagte Feinde zum Kampf bereit.

Ich ahnte damals nicht, daß die Bücherliebe später auch gegen mich ausgespielt werden sollte; jahrelang mußte ich verheim-

lichen, daß ich nicht nur die Werke las, die Pao zum Zweck der moralischen Umerziehung für mich »ausgewählt« hatte. Alles was ich im Oktober 1938 in Wuhan am Erntemondfest wußte, war, daß wir heiraten und beide für China tätig sein wollten.
In dem kalten, klaren Sonnenlicht ragten die im englischen Kolonialstil errichteten hohen Ziegelbauten am »Bund« in der ehemaligen britischen Konzession arrogant in den Himmel. An die Mauern geheftete oder über die Straßen gespannte Spruchbänder und Banner verkündeten: WUHAN WIRD GEHALTEN. Die Menge mit den lachenden, plappernden Kindern flößte mir ein Gefühl der Sicherheit ein; es herrschte heitere Gelassenheit, und die Wasser des Jangtsekiang, des Großen Flusses, strömten silbern im Mondlicht dahin. Gewiß doch, Wuhan würde den Invasoren widerstehen. Am 10. Oktober Paraden, Banner, Trompetengeschmetter, marschierende Freiwilligenverbände und Tschiang Kai-schek und Beifall, jubelnder, brausender Beifall, weil WUHAN BIS ZUM ÄUSSERSTEN VERTEIDIGT WIRD. All das entflammte meine Begeisterung, nur zu gern ließ ich mich mitreißen. Tschiang Kai-schek war ein Held! Und Pao, sein würdiger Gefolgsmann, ebenfalls! Wie pries ich mich glücklich, in diesen stolzen Tagen in Wuhan zu sein, dieser heroischen Stadt, die dem Angriff widerstand, eine von all den vielen, die ihre Vaterlandsliebe, ihre Bereitschaft, bis zum letzten Atemzug zu kämpfen, hinausschrien, brüllten! Ich weinte vor Freude und tobte am lautesten mit.
Abends besuchten wir Bekannte von Pao, einen spindeldürren Kommandeur namens Wu und dessen Frau, eine Szetschuanerin, die an einer tuberkulösen Fistel am Unterleib litt, die sie mit einem völlig verschmutzten Pflaster überklebt hatte. Sie erkundigte sich, was sie gegen die Fistel machen solle und erzählte mir dann, ihr Mann habe sie mit einer Krankheit angesteckt, die er sich vom vielen »Blumenherz« (Verkehr mit Huren) geholt habe. Kommandeur Wu seinerseits versprach, mir »fast sofort« zu einer Anstellung an einem Hospital zu verhelfen; immerhin hatte er die Oberaufsicht über die Feldlazarette der Umgebung, so auch über das Kuomintang-Lazarett für

verwundete Soldaten, von dem mir allerdings am nächsten Tag abgeraten wurde. In solchen Hospitälern waren die Krankenschwestern in erster Linie zur Unterhaltung der Offiziere da. »In Wirklichkeit gibt es diese Feldlazarette überhaupt nicht«, erklärte mir ein Auslandschinese, ein Ingenieur, den ich einige Tage später kennenlernte. Und nachdem er mir noch einiges über diese »Hospitäler« angedeutet hatte, empfahl er mir: »Aber sagen Sie es nicht weiter, wir haben eine Zensur. Arbeiten Sie lieber in einem Rotkreuz-Krankenhaus. Aber verraten Sie niemand, daß dieser Tip von mir stammt.«

10. Oktober – Brief an Hers

... Ich werde nun bald in einem Krankenhaus eine Anstellung finden. Aber eins muß ich Dir unbedingt noch sagen: Man trifft hier junge Leute, die alles aufgegeben haben, um sich für China einzusetzen... junge Männer aus Amerika, aus Singapur; auch sie fühlen sich ein bißchen fremd, wollen aber wie ich Chinesen sein. Außerdem gibt es völlig reinrassige Chinesen, die zupacken, ohne einen Pfennig dafür zu verlangen, allerdings nicht viele. Jedenfalls bin ich keineswegs enttäuscht, im Gegenteil, ich bin nach wie vor davon überzeugt, daß ich recht daran getan habe, hierher zu kommen.

Das war eine Fortsetzung des Streites mit Hers, der prophezeit hatte, daß ich bald die Nase voll haben würde: »Die Chinesen denken nur ans Geld, Geld ist für sie alles, sie sind keine Patrioten... dein Patriotismus ist unchinesisch...« Jedesmal, wenn ich auf einen stieß, der aus Vaterlandsliebe handelte, stieg das Barometer meines eigenen Eifers. Und tatsächlich traf ich immer wieder solche Menschen, sogar im verderbten Wuhan.

11. Oktober

Habe mich beim Internationalen Roten Kreuz um Arbeit beworben, werde wohl morgen eine Antwort erhalten. Habe meinerseits ein Angebot von einem rein chinesischen Krankenhaus für verwundete Soldaten, aber die Verhältnisse dort sind für eine Frau untragbar... alles dreht sich um Sex, es ist widerlich, und außerdem ist dieses Lazarett nicht hier, sondern bereits nach Hengschan verlegt, irgendwo auf dem Land... vielleicht gehe ich auch anderswo hin, wenn ich meine zweimonatige Ausbildung beim hiesigen Roten Kreuz abgeschlossen habe...

Übrigens riet mir der Leiter des Roten Kreuzes, Dr. R. K. S. Lim, höchstpersönlich davon ab, in einem chinesischen Feldlazarett zu arbeiten. Ich weiß noch, wie ich ihn an jenem Nachmittag, vor Aufregung zitternd, in seinem Büro aufsuchte. Ich ahnte damals noch nicht, wie viele Sorgen sich hinter dem energischen, bronzefarbenen Gesicht verbargen. Denn Dr. Lim stand vor einer schwerwiegenden Entscheidung; sollte er an seine Karriere denken oder aufdecken, wie es in Wirklichkeit um die Feldlazarette bestellt war, das heißt, die Wahrheit über die Bestechlichkeit und Korruption der Offiziere und Beamten enthüllen? Kritik üben wurde nämlich »Verrat« genannt, und Dr. Lim war sowieso schon der »Untreue« bezichtigt worden, da er in einem privaten Gespräch angedeutet hatte, in China stürben mehr Soldaten an brutaler Behandlung von seiten ihrer Kuomintang-Offiziere als auf dem Schlachtfeld. Mir gegenüber jedoch gab er sich selbstsicher, war ganz der tüchtige Leiter des Roten Kreuzes und Koordinator aller Hospitäler in China ... »Sie wollen arbeiten? Das ist großartig, nur verlegen wir unsere Lazarette gerade nach Tschangscha und in andere Städte...« Dann schlug er mir das Missionskrankenhaus des Internationalen Roten Kreuzes vor. »Dort gibt es genug zu tun, falls Sie eine Zeitlang hier bleiben.«
»China ist im Krieg, China kämpft um Sein oder Nichtsein...« – was soll da Kritik? Selbst die Missionare am Krankenhaus des Internationalen Roten Kreuzes, an das ich mich nun wandte, stellten diese Frage. Wie kann man in Kriegszeiten Mängel überhaupt nur wahrnehmen oder gar darüber schreiben? Ein englischer Missionar fand dafür die Formel: »Es ist sowieso

schon schwierig genug, von außen Hilfe zu bekommen... wenn wir nun das Maul auch noch zur falschen Seite hin aufreißen, hört alle Hilfe auf. Und außerdem ist es in China immer so gewesen... seit eh und je dieselbe alte Schweinerei...«
Als ich Pao meine Zweifel eingestand, wußte er auf der Stelle eine Antwort. Natürlich lag in China alles im argen, natürlich war es eine Schweinerei, gewiß gab es schlechte Menschen, korrupte Menschen; gerade deshalb aber mußte man dem Führer nachfolgen, nur dann würde mit alledem aufgeräumt. Das Offizierskorps von Whangpu, Tschiangs Elitestudenten, junge Männer wie Pao, würden schon dafür sorgen. Das klang nach König Artus und den Rittern von der Tafelrunde – nach einer Bruderschaft von Rittern ohne Fehl und Tadel, hochgemut, edel und treu und jederzeit bereit, auszuziehen, den bösen Drachen zu schlagen. Die Schweinerei und die Korruption, die Gemeinheit, die Scheinheiligkeit – all das war ein Erbe der Vergangenheit und mußte beseitigt werden. Momentan gingen wir fast darin unter. »Aber wir müssen uns reinhalten.« Um sich reinzuhalten, mußte man die großen, erhabenen Tugenden der Vorväter üben, »nur sie können China retten«.

Lieber Onkel,
wie ich Dir bereits schrieb, hat man mir Arbeit in einem staatlichen Militärlazarett angeboten, aber die Verhältnisse dort sind für eine Frau unzumutbar...
Es gibt keine »Krankenschwestern«, sondern nur Prostituierte, und zwar lediglich für die Offiziere, nicht für die Soldaten. Die Soldaten sterben wie die Fliegen. Es gibt weder Medizin noch Ärzte noch irgendeine Betreuung...
Ich könnte Dir noch viel mehr erzählen ... bitte beruhige meinen Großvater und sage ihm, daß es mir hier gut geht...
All das ist für meine Ausbildung höchst wertvoll...

In Wuhan bekommt man in den Restaurants mit der Speisekarte automatisch noch eine andere Karte: ein Blatt Papier mit dicht gesetzten Reihen kleiner, numerierter Photos, die alle das Gesicht eines Mädchens zeigen. Man sucht sich eines aus, nennt dem Kellner die Nummer, woraufhin sich das Mädchen mit an den Tisch setzt. Eine ähnliche Einrichtung wurde später auch in Tschungking eingeführt, nur daß hier gleich noch Name, Vorzüge und Preis mitgenannt wurden.

In der Nacht zum 11. Oktober erfahren Pao und ich, daß Wuhan trotz aller Parolen, trotz des Aufmarschs, der patriotischen Reden, des ganzen Geglitzers der Fackelzüge und des gewaltigen Beifalls vom Vortag, trotz der feierlichen Regierungserklärungen nicht verteidigt werden soll...

Ich schreie auf: »Das darf nicht wahr sein, das darf nicht wahr sein. Wuhan muß verteidigt werden...« Habe ich doch erst gestern die Umzüge gesehen, die Spruchbänder: HALTET WUHAN, WIDERSTAND BIS ZUM LETZTEN, und heute noch überall den Spruch gelesen: WER GELD HAT, GEBE GELD; WER KRAFT HAT, KRAFT. Und in den Demonstrationszügen Schulkinder, Ladenbesitzer, Kaufleute, Wagen, Feuerwerk, schreiende Menschen, und heute Freiwillige, zu Hunderten, die an die Front marschierten... Es ist nicht möglich, daß all das nichts zu bedeuten hat... Und doch ist es so.

Die Neuigkeit stammt von Paos Onkel, General Tang, einem ruhigen, zusammengeschrumpften, reservierten Mann mit schmalem Gesicht und Adlernase. Später sollte dieser Mann seelisch gebrochen und infolge einer beginnenden Nervenkrankheit steif und unbeweglich in seinem Büro in Tschungking am Schreibtisch sitzen und an nichts mehr Anteil nehmen. Durch seine Ehrlichkeit verscherzte er sich Tschiang Kai-scheks Gunst zusehends und geriet dadurch immer mehr ins Hintertreffen. Schon damals hatte er insgeheim alle Hoffnung aufgegeben, war vom Untergang dieses Regimes überzeugt; dennoch fand er sich im Gegensatz zu einigen seiner Vorgesetzten nicht bereit, sein Vaterland um japanisches Geld zu verkaufen. Immer mehr in die Enge getrieben, bar jeder persönlichen Habgier und auch nicht willens, sich unlauterer Mittel zu bedienen, mußte er schließlich scheitern. Eines Tages zog ihn Tschiangs Geheimpolizei wegen »Mangel an Loyalität« zur Verantwortung, was nichts anderes hieß, als daß ein anderer seinen Posten wollte und daß er abgesägt werden sollte. 1941 war Pao einflußreicher als sein Onkel Tang, der General, der den »Blauhemden«, der Geheimpolizei, nicht genehm war. Abgeschoben in einer aus den Fugen geratenen Zeit, geriet er mehr und mehr in Vergessenheit, bis er 1965 im Neuen China zum stellvertretenden Provinzgouverneur ernannt wurde, da ein Mann nun nicht mehr nach seiner Fähigkeit, Intrigen zu spinnen, beurteilt wird. Eben dieser General Tang brummte im Oktober 1938 in Wuhan, den Blick versonnen in die Ferne gerichtet, daß »es vielleicht nicht nötig sein wird, Wuhan zu halten«.

Am 15. Oktober werden Pao und ich von Hochwürden Kent, gleichfalls Rot-Kreuz-Mitglied, getraut. Als Trauzeugen fungieren ein Flieger, ein Auslandschinese namens Ah Huang, trotz eines kaum eben erst überstandenen Malariaanfalls *spiritus rector* der Veranstaltung, und ein Offizier in schwarzem Anzug mit Filzhut, ein gewisser Oberst Pei, klein und dick, den ich später hassen lerne, da er der Geheimpolizei angehört. Doch an jenem Tag gehen alle Zweifel in der Aufwallung des Gefühls unter; in all der Verwüstung rings um uns, in all der Korruption, in all dem Schrecklichen werden Pao und ich zusammenhalten, gemeinsam werden wir all das bekämpfen. Es ist nur eine momentane Phase, eine Auswirkung des Krieges... es gibt auch *gute* Menschen, man muß nur glauben. Und dann erfahre ich, daß auch Kanton »ohne Bedeutung« ist. Genau wie Wuhan »ohne Bedeutung« ist, um den Krieg fortzuführen. Kanton wird fallen.

Am 12. Oktober war die Offensive der Japaner gegen Kanton angelaufen; am 21. fiel die Stadt – trotz der dort stationierten zweihunderttausend chinesischen Soldaten, die sich auf Tschiang Kai-scheks Anordnung kampflos zurückzogen.

Die Japaner griffen zu Land und zu Wasser an; dreißig Kriegsschiffe fuhren die Bocca Tigris hinauf, zwanzigtausend Mann landeten. Auf chinesischer Seite meldeten sich 43 000 Kantonesen freiwillig zur Verteidigung ihrer Stadt, aber die Beamten flohen, und niemand war da, der Waffen ausgegeben hätte. Die

Straßenbrücke über den Perlfluß wurde unter Beschuß genommen, und am 21. nachmittags drangen die ersten motorisierten Einheiten der Japaner in Kanton ein. (Drei Jahre später unternahmen sie von hier aus einen Vorstoß auf die britische Kronkolonie Hongkong.)
Laut Kommentar der Wuhaner Zeitung leiteten die Japaner mit diesem Schritt den Krieg in Südostasien ein, aber niemand kümmerte sich weiter darum, am wenigsten die Briten. Sie fühlten sich absolut sicher, waren sie doch nicht nur eine Großmacht, sondern sogar eine Weiße Großmacht, und Japan hatte alle Hände voll in China zu tun... nie würde es so wahnsinnig sein, das Empire anzugreifen...
Rückblickend erscheint es seltsam, daß ich im Missionskrankenhaus mit der Arbeit begann, während Pao Wuhan verließ. Die Bestätigung seiner Ernennung in den Generalstab war durchgekommen, und so schloß er sich an, als dieser am 16. Oktober per Schiff in Richtung Tschangscha aufbrach. Schon am 15., am Tag unserer Hochzeit, hatten sich viele Rot-Kreuz-Einheiten nach Tschangscha abgesetzt.
Am Tag nach unserer Heirat blieb ich also allein zurück, Pao fuhr ab... was selbst heute noch unwahrscheinlich klingt. Aber ich konnte damals einfach nicht glauben, daß Wuhan aufgegeben werden sollte, vielleicht, weil noch immer Spruchbänder die Bevölkerung ermahnten, bis zum letzten Blutstropfen zu kämpfen, weil die Leute immer noch da waren. Der Generalstab verließ die Stadt, Pao verließ die Stadt, gewiß, aber Freiwillige zogen durch die Straßen, Stöcke in der Hand (sie hatten keine Gewehre und wurden an der Front, unbewaffnet wie sie waren, reihenweise niedergemäht), und große Fahnen flatterten im Wind: WUHAN MUSS BIS ZUM ÄUSSERSTEN VERTEIDIGT WERDEN. Ich weiß noch, daß ich protestierte: »Aber die Leute wissen ja gar nicht, daß sich der Kommandostab zurückzieht... die Regierung kann das Volk doch nicht einfach im Stich lassen... jedenfalls nicht ohne jede Warnung...«
»Es ist gewarnt worden«, entgegnete Pao. Aber das stimmte nicht; vor dem 18. sickerte nichts durch; und so ging ich nicht,

sondern blieb, obwohl Pao ging, ich arbeitete, lief durch die Straßen, schaute mir die Stadt an und beobachtete, wie die Zahl der Fahrzeuge ständig abnahm. Was noch an Lastwagen, Kippern, Karren und Schubkarren vorhanden war, wurde von den niederen Offiziersdienstgraden und Bürokraten requiriert, die sich und ihre Familie in Sicherheit bringen wollten. Ein gespenstischer Anblick, eine sich entleerende Stadt. Und doch gingen abends die Familien immer noch mit ihren Kindern spazieren und redeten und lachten. Der Fluß führte viel Wasser und glitzerte gelblich bei Tag, und auf den Docks häuften sich Ballen, Kisten, Maschinen.

In den paar Tagen im Krankenhaus lernte ich nicht viel über die Behandlung von Verwundeten. Wie schlecht war ich geeignet, sie zu pflegen, hatte ich doch kaum eine Ahnung von Krankenpflege. Nie werde ich ihre Gesichter vergessen, vor allem nicht das jenes Mannes, dessen Verband ich so ungeschickt anlegte, daß er wieder aufging und der Arm herunterhing, und wie er mich deswegen auslachte.

Am 17. brachten die Zeitungen Leitartikel über die heldenhafte Schlacht von Tai Ertschuang, in der General Li Tsungjen Anfang Frühjahr 1938 die Japaner besiegt hatte, und prophezeiten einen zweiten Tai Ertschuang-Sieg in Wuhan...

»China ist erledigt... es hält höchstens noch ein Vierteljahr durch... Wuhan bedeutet das Ende...«, prophezeien, wenn auch insgeheim und leise, die Missionare im Rot-Kreuz-Hospital... Wir haben uns zum Tee versammelt; die hiesigen Mitglieder des Internationalen Roten Kreuzes haben im Grunde mit dem Internationalen Roten Kreuz in Genf nichts zu tun; es sind in erster Linie ausländische, in Ortskomitees organisierte Missionare, Briten, Amerikaner, Kanadier. Deshalb ist das Missionskrankenhaus, an dem ich arbeite, auch gut versorgt; es verfügt über genügend Arzneimittel und ist auch sonst nicht schlecht ausgerüstet. Die Zuwendungen des Auslands gehen nämlich prinzipiell an die christlichen Missionsspitäler; das Chinesische Rote Kreuz und die chinesischen Lazarette erhalten nichts...

Die Unterhaltung ist freundlich, nett, vorsichtig. . . keine Kritik. Beim Heer wütet die Malaria. . . aber schließlich hat sie heutzutage jeder. »Vergessen Sie nur nie Ihr Moskitonetz, Mrs. Tang« (das bin ich, ich bin jetzt Mrs. Tang). Die Malaria fordert viele Opfer unter den Soldaten, die Ruhr auch, am schlimmsten aber ist, daß »sie nicht genug zu essen kriegen«. »Noch ein Stückchen Kuchen, Mrs. Tang?« Auf dem schwarzen Markt gäbe es Chinin. Wir streifen das Thema nur. Schließlich hat kein Mensch das Recht, in Kriegszeiten allzu streng Kritik zu üben, so etwas kommt eben vor. . . Der indische Nationalkongreß hat fünf indische Ärzte geschickt, irgendwo im Norden arbeitet ein kanadischer, Norman Bethune, aber schnell spricht man von etwas anderem, denn Norman Bethune ist ein Kommunist und bei der Roten Armee, und die Auslandsmissionen weigern sich, ihm Nachschub zu schicken, weil er »rot« ist. . . Es ist gefährlich, von dieser anderen Seite, von der anderen Front im Nordwesten zu sprechen. . . Vor einiger Zeit ist hier ein Neuseeländer namens Rewi Alley durchgekommen, der in Schanghai Aufseher in einer Fabrik war. »Er ist überzeugt, daß die Industriegenossenschaften im Inneren eine Zukunft haben«, sagt irgend jemand, der sich bemüht, mich über Genossenschaften aufzuklären. »Und dann war noch diese Agnes Smedley hier, die vor zwei Tagen nach Tschangscha fuhr. . . am Tag Ihrer Hochzeit, Mrs. Tang.« Für die medizinische Betreuung des gesamten chinesischen Heeres steht alles in allem nur ein Dutzend gut qualifizierter Ärzte zur Verfügung; Dr. K. R. S. Lim tut sein Bestes, tut was er kann, aber es fehlt einfach an Medizin und an Lebensmitteln; die Soldaten sterben wie Fliegen. . .

Einer der Missionare meint, wenn Wuhan aufgegeben werde, sei alles vorbei. Aber die Vorsteherin macht weiter, ruhig, großartig, fest, ungebrochen, duldet keinen Unsinn. »Ich muß wieder an die Arbeit.«

Und wieder einmal gehe ich die Kais entlang und schaue mir die kilometerlangen Schlangen an, die auf die Fährschiffe warten. Nacht für Nacht und Tag für Tag warten die Leute hier.

Die Karten sind für Wochen ausgebucht. Die Motorfahrzeuge wurden mittlerweile alle beschlagnahmt; mit kleinen Möbelbergen, dem Privatbesitz der Regierungsbeamten, holpern die letzten Lastwagen aus der Stadt. Für das Volk gibt es keine Autos, das Volk muß laufen. Am 18. begann der Exodus der kleinen Leute, und seitdem ziehen sie in einem unabsehbaren Zug aus der Stadt. Mit trockenem Geklapper rasseln Rolläden herunter, und auf einmal herrscht auf den taghellen Straßen nächtliche Stille. Etwas unruhig werde ich jetzt trotz allem... und wenn Wuhan nun doch fiele (ich kann es zwar noch immer nicht glauben), was geschähe dann mit mir? Ich möchte nicht gern in einer japanischen Besatzungszone leben... Als ich das der Vorsteherin andeutete, meinte sie: »Trinken Sie noch eine Tasse Tee.« Ihr kann es ja auch egal sein. England ist mit Japan nicht im Krieg.

Ich ging auf die Station, wo zwei Mädchen von der Front eingeliefert worden waren; einer hatte es das Bein zerfetzt... Sie lächelte; die runden Augen in dem runden Gesicht waren so voller Leben... Was wohl aus ihnen geworden ist? Gewöhnlich erstachen die Japaner Verwundete, wenn sie ihnen in die Hände fielen, mit dem Bajonett. Das hatten sie in Nanking gemacht, wo sie in den Krankenhäusern alle niedermachten, die Verwundeten, aber auch die chinesischen Krankenschwestern und die chinesischen Ärzte.

Als ich am 18. nachmittags wieder einmal zum Hafen ging, traf ich Ah Huang, den Unterhaltungskünstler von unserer Hochzeit, der die Verladung von Maschinen auf einen Flußdampfer überwachte; damals wurden nämlich ganze Fabriken demontiert und verschifft. »Wo fahren Sie denn hin?« – »Nach Itschang, Tschungking, in die Provinz Szetschuan und immer weiter nach Westen.« Als er hörte, daß Pao schon fort war, starrte er mich mit seinen Malariaaugen, bei denen sich wie bei einem Vogel die braune Iris von der gelblichen Hornhaut kaum abhob, erstaunt an. Wahrscheinlich dachte er: Was erwartet sie sich eigentlich? Anscheinend hat er sie genommen und damit aus und Ende. Aber er blieb höflich. »Nun... wenn ich eine Frau hätte, ich würde sie mitnehmen. Hier wird's bald verdammt ungemütlich werden. . .«

Ich kaufte die Zeitung vom 18. Oktober 1938, die *Ta Kung Pao*. Sie brachte eine rührende Botschaft »für die Soldaten« und verhieß »Widerstand bis zum Ende«. Innen kündigte sie an, daß die Druckpresse nach Tschungking in der Provinz Szetschuan verlegt werden sollte und daß dies die letzte Ausgabe aus Wuhan sei.

Als ich die Vorsteherin darauf hinweise, wird sie ziemlich ärgerlich. »Der Generalissimus und Madame Tschiang Kaischek sind jedenfalls noch da«, entgegnet sie . . . »erst gestern habe ich mit Madame Tee getrunken; es besteht also kein Grund zur Aufregung.«

Alles schön und gut für sie, denke ich; das sind die Bonzen, sie können jederzeit ein Flugzeug oder dergleichen requirieren. . . und die Vorsteherin ist Europäerin, die Briten und die Amerikaner sind nicht im Krieg. Sie sind neutral. Sie können sich mindestens für den Augenblick sicher fühlen. Aber ich bin Chinesin. Ich weiß, was in Nanking passiert ist. Und ich glaube nicht an den Schutz der Weißen. Ich bin erst aus Europa zurückgekommen und habe doch selbst erlebt, wie sie Spanien aufsitzen ließen. Die jungen Offiziere wie Pao verdrießt es vor allem, daß die Briten und Amerikaner ganz offen mit den Japanern Geschäfte machen.

Die Vereinigten Staaten sahen offensichtlich keinen Grund, den Verkauf von Waffen, Alteisen, Benzin und Maschinen an Japan einzustellen; sie erklärten sich in dem japanisch-chinesischen Konflikt schlicht und einfach für »neutral«. . . Tschiang selbst macht mit den Japanern Geschäfte, nicht einmal besonders geheim, aber die jungen Offiziere konzentrieren ihren Ärger auf die Ausländer.

»Eines Tages werden wir mit Japan Freundschaft schließen und die Weißen samt und sonders aus Asien hinauswerfen.« - »Warum sollten wir Japan bekämpfen? England und Rußland sind unsere Feinde. . .« Solche und ähnliche Reden bekomme ich von den Offizieren zu hören, sogar in jenen Tagen in Wuhan.

Ich suche Dr. Kent auf, den Geistlichen, der uns getraut hat. »Ich denke nicht daran hier zu bleiben, wenn die Japaner kommen. . . Schließlich bin ich nicht nach China zurückgekehrt, um mein Leben in einer von den Japanern besetzten Stadt zuzubringen.«

Und Dr. Kent weiß tatsächlich Rat. Er zieht Erkundigungen ein und kann mir schließlich sogar eine Schlafstelle auf dem Schiff des Internationalen Roten Kreuzes beschaffen, das von einer Regierungsorganisation beschlagnahmt worden ist und am 22. nach Tschangscha auslaufen soll. Es ist das letzte Schiff.

»Erst wenn ich mit eigenen Augen sehe, wie die Häuser in die Luft fliegen, damit sie nicht den Japanern in die Hände fallen, glaube ich, daß Wuhan aufgegeben wird. . .« Aber die Häuser werden nicht in die Luft fliegen; die britischen und amerikanischen Geschäftsleute, die zurückbleiben und nach der Eroberung mit den Japanern Geschäfte machen wollen, rücken keinen Sprengstoff heraus.

Am 21. weckt mich jemand nach Mitternacht in meinem Zimmer im Krankenhaus auf: Pao ist zurückgekehrt, um mich zu holen. Schlagartig ist ihm aufgegangen, was wir in unserer Harmlosigkeit angestellt haben. »Du bist ja verrückt«, sagte General Tang, sein Onkel, als er ihn ohne mich auf dem Generalstabs-Schiff nach Tschangscha traf. »Wuhan wird aufgegeben, die Japaner werden es nehmen, das ist doch der Rückzug.« Da wurde Pao mit einem Male klar, daß er mich in Wuhan zurückgelassen hatte und daß es nur noch eine Frage von Tagen war, bis die Japaner dort einrückten. »Haltet das Schiff an!« schrie er, aber es hatte schon vom Ufer abgelegt und konnte nicht mehr anhalten. Zwei Tage später, als es den ersten Flußhafen anlief, ging er an Land und kam nach Wuhan zurück. Und diese Tollkühnheit – denn das war es –, die er mir zuliebe beging, bewies wieder einmal, was für ein wunderbarer, großartiger Kerl er war; kein zweiter hätte den Mut gehabt, sein Leben aufs Spiel zu setzen, um mich zu holen. . . Ich hatte es auch gar nicht erwartet. Ich hatte damit gerechnet, mich allein durchschlagen zu müssen. So gingen wir in der Nacht vom 22.

gemeinsam an Bord des Rot-Kreuz-Schiffes, das als letztes auslief, ehe die Sperre über den Fluß gelegt wurde, um »die Japaner aufzuhalten«. Nur daß sich die Japaner nicht aufhalten ließen.

Das Rot-Kreuz-Schiff war vom Jugendkorps der »Drei Prinzipien«, einer Regierungsorganisation, beschlagnahmt worden, und Madame Tschiang überwachte die Einschiffung einer Schar junger Mädchen höchst persönlich. Damals verehrte ich sie noch, sah in ihr eine Heldin; das war 1938. 1967 stellte sie auf einer Vortragsreise durch Amerika die Forderung, ihr eigenes Land zu bombardieren, ihr eigenes Volk zu vernichten.

Am 25. Oktober marschierten die Japaner in Wuhan ein. Ein buntgewürfelter Haufe von Überläufern, Prostituierten und anderen begrüßte sie mit Blumen und Fahnen. Die Häuser waren nicht gesprengt worden, die Stadt fast unbeschädigt, und die Japaner machten sich auf der Stelle ans Werk; sie riefen eine »Regierung« aus und jagten Kommunisten.

Auf dem Land dagegen kamen die roten Guerillas aus ihren Verstecken, gruben ihre Waffen aus, organisierten das Volk... so umstellte das Land die verräterischen Städte, zingelte sie ein, um sie schließlich zu besiegen...

3

Brief an Hers vom 28. Oktober 1938

Nanyu bei Hengschan in der Provinz Hunan

Am 21. wurde es in Wuhan kritisch, ich blieb noch bis zum 22. In der Nacht vom 22. ließ Madame Tschiang Kai-schek das Jugendkorps der »Drei Prinzipien« evakuieren; zusammen mit ihnen fuhren wir auf einem Schiff des Internationalen Roten Kreuzes nach Tschangscha in der Provinz Hunan. In den letzten zwei Tagen gab es weder Licht noch etwas zu essen an Bord. In Tschangscha gingen die Luftangriffe Tag für Tag weiter; wir blieben nicht lange dort und werden uns hier wahrscheinlich auch nicht länger als einen Monat aufhalten... Das Oberkommando liegt in Hengschan und teilweise auch hier in Nanyu... einem nur ein paar Kilometer von Hengschan entfernten kleinen Gebirgsort... ohne elektrisches Licht, ohne Telefon, ohne Eisenbahn, tief im Gebirge, aber in einer wunderschönen Umgebung ...

Am 22., am Tag unserer Abreise aus Wuhan, flatterten die Fahnen noch immer über den ausgestorbenen, abweisenden Straßen, riefen mit ihren törichten Parolen wie »HALTET WUHAN«, »SCHWÖRT, WUHAN BIS ZUM ÄUSSERSTEN ZU VERTEIDIGEN« zu den Waffen; noch immer marschierten »Freiwillige« an die »Front«, in den Tod, lagen die Verwundeten in ihren Betten, wurden nicht auf dem Rot-Kreuz-Schiff evakuiert. Hinter dem Schlurfen der Füße war förmlich die Stille, die Ungewißheit zu hören; dem Schlurfen und Scharren der Füße unabsehbarer Kolonnen von Trägern, die sich, den Bambusstecken mit dem rechts und links herunterbaumelnden Bündel auf dem Rücken, aus der Stadt wälzten, sich wiegten in dem ewigen, den Trägern in ganz China eigenen Rhythmus, Schultern, Muskeln und Knochen im Takt der auf und ab wippenden Last bewegten, sich wie Wasser, wie Ströme unbarmherzig, unaufhaltsam, unersättlich über das Land ergossen. Rikschas gab es nicht. Eine nach der anderen wurden die Flaggen auf den Gebäuden eingeholt.
Das Schiff brauchte dreieinhalb Tage bis nach Tschangscha, der Hauptstadt der Provinz Hunan am Hsiang. Als wir im Hafen anlegten, war alles ein einziges Durcheinander. Der Verlust von Wuhan hatte eine regelrechte Panik ausgelöst; die Flüchtlinge, die sich eine Zeitlang in Tschangscha aufgehalten hatten, machten sich wieder auf den Weg und stießen mit jenen zusammen,

die von Wuhan nach Tschangscha kamen. Diese hielten an und fragten: »Was nun?«, worauf jene erwiderten: »Tschangscha ist auch nicht sicher, zieht weiter, weiter nach Westen...« Ganze Familien lagen, erschöpft vom Marsch, mit ihren Bündeln auf den überfüllten Straßen oder am Ufer, tauchten an einem Stock festgebundene Handtücher in den Fluß und fuhren sich übers Gesicht; soweit der Blick reichte, säumten sie Straßen und Flußufer. Und doch konnte man inmitten dieses Chaos nach einer Weile ein Pulsieren, ein Drängen in eine bestimmte Richtung erkennen. Trotz all derer, die am Wegrand saßen, warteten, haltgemacht hatten, die im Sterben lagen oder nur vor Müdigkeit nicht weiter konnten, trotz all derer, die in die entgegengesetzte Richtung zogen, wälzte sich ein Riesenwurm von ungeheuren Ausmaßen dahin, unaufhaltsam, Tag und Nacht. Millionen waren auf den Straßen, auf dem Weg aus der Stadt, aufs Land, nach Westen.

Meinen Schätzungen nach müssen es an die zwanzig Millionen Menschen gewesen sein, die die Japaner mit Maschinengewehren und Bordwaffen unter Beschuß nahmen, genau wie die Deutschen im Mai 1940 in Frankreich die mit Menschen verstopften Straßen beschossen.

Und inmitten des Klapperns und Rumpelns der sich absetzenden Jeeps und Lastwagen das beharrliche Schweigen des Volkes, das, seine schwankende Bürde geschultert, in unüberschaubarer Zahl zurückflutet, weiterlebt, Widerstand leistet. Und wie auch in Zukunft die Generale und Offiziere als erste die Flucht ergreifen und alles, was Räder hat, beschlagnahmen werden, so wird das Volk weiterhin den Schluß bilden und zu Fuß gehen müssen, werden sich zu allen Zeiten Freiwilligenverbände finden, um den Kampf weiterzuführen...

Die Abendluft war so voller Staub, daß man fast daran erstickte, daß er sich einem auf Haut, Lippen und Haar legte. Wir nahmen vom Landeplatz aus eine Rikscha zum Bahnhof, aber der Sonderzug, der den Generalstab in sein neues Hauptquartier in den Bergen, nach Nanyu und Hengschan bringen sollte, war bereits am Nachmittag abgefahren. Pao hätte eigentlich diesen

Zug nehmen sollen, aber da war er umgekehrt, um mich zu holen, und mußte er nun selbst zusehen, wie er sich dem Generalstab wieder anschließen konnte. »Heute abend geht ein Zug«, sagte der Bahnhofsvorstand, nur daß es keine Fahrkarten mehr gab. Der ganze Bahnhof war ein einziges Flüchtlingslager; Familien, die seit Tagen auf einen Zug warteten, belagerten die Bahnsteige; der Platz reichte gerade nur zum Sitzen, nicht zum Liegen; aber immerhin bestand Aussicht, daß der für vorgestern angekündigte Zug noch heute nacht einlaufen würde – was dann allerdings doch nicht der Fall war. Nachdem wir gut zwei Stunden gewartet hatten, gingen wir in die Stadt zurück. Die Straßen waren aufgepflügter Schlamm und Dreck. Männer, denen die Stricke in die Schultern schnitten, kamen mit Karren vorüber; Lastwagen, vollgeladen mit Bettzeug, Möbeln und Waschschüsseln in Netzen, rollten und schaukelten vorbei; Busse, die so überfüllt waren, daß sie umkippten; und Menschen, immer wieder Menschen, die sich mühselig dahinschleppten und ihre Kinder trugen, ein Handtuch, einen Trinkbecher und eine Decke. Natürlich hatte Pao auch hier einen Freund, den wir herausklingelten und der uns mit einem anderen Freund bekannt machte, den wir ebenfalls aufweckten und der uns versprach, uns am nächsten Morgen in aller Frühe von einem Heereslastwagen mitnehmen zu lassen.
Rückblickend möchte ich fast meinen, daß all diese Freunde, all diese »wohlwollenden Brüder« (wie Pao sie nannte), Untergrundagenten der Blauhemden, des Geheimdienstes, waren. Sicher werde ich das allerdings nie wissen, und damals fragte ich natürlich nicht; aber selbst wenn ich gefragt hätte, hätte mir Pao gewiß bloß gesagt, es handle sich um seine »Brüder«, das heißt um ehemalige Schulkameraden, Angehörige derselben sozialen Schicht. Aber für mich war Pao ein Held, der umgekehrt war, um mich zu holen und nicht gezögert hatte, sein Leben für mich aufs Spiel zu setzen. Wenn ich nur daran dachte, traten mir schon die Tränen in die Augen; so viel hatte noch nie jemand für mich getan... So folgte ich ihm überglücklich auf dem Weg, den die Bruderschaft der Whangpu-Clique oder

die Blauhemden von Tschiangs Geheimdienst für uns ebneten. Viele – nahezu dreihunderttausend – blieben auch später im Land, um die Revolution von 1949 zu sabotieren.
Unsere Rikschas brachten uns zu einem Hotel. Ein kleiner, schmutziger Raum und eine riesige Garderobe und dahinter ein brauner glasierter Tonkrug mit einem Holzdeckel, die Toilette. Außerdem gab es ein Bett mit einer schmutzigen rosa Satindekke und einem dicken Moskitonetz, aus dessen Falten, als wir es ausschüttelten, ganze Wolken von Staub und singenden Moskitos aufstiegen. Um fünf Uhr morgens wurden wir geweckt; vor dem Hotel hupte ein Lastwagen, und gleich darauf erschien der Kellner, um uns zu holen. Es war ein Heereslastwagen mit olivgrünen Planen gegen die alles durchdringende Feuchtigkeit; innen Munition – Kisten voller Kugeln, Stapel von Granaten – und vier große Männer. Wir zwängten uns hinauf, und von da an begann ich nach und nach mein Gepäck abzustoßen. Einige Kleider und Bücher hatte ich schon in Europa zurückgelassen, und Pao hatte seinerseits vier Koffer mit persönlichen Habseligkeiten in der Bank von China in Hongkong deponiert. Nun hatte ich noch zwei Koffer bei mir, deren Inhalt für die Flucht vor der näherrückenden japanischen Armee allerdings reichlich ungeeignet war. Als Flüchtling hätte ich eine kleine emaillierte Waschschüssel gebraucht, zwei Handtücher, ein Stück Seife, eine kleine leichte Decke und ein Stück Öltuch als Regenmantel, und um meine Besitztümer hineinzurollen oder um es als Decke auf dem Boden auszubreiten, einen Strick, um das Ganze zusammenzubinden oder ein großes Netz, etwas Wäsche zum Wechseln, zwei Paar Tennisschuhe, einen Zinnbecher (zum Trinken und Zähneputzen) und natürlich eine Rolle gelbes Strohpapier für die Toilette; all das zu einem Bündel zusammengeschnürt, nicht schwerer als 20 Pfund, das eine Person, in diesem Fall ich, hätte tragen können. Statt dessen besaß ich zwei Wollkostüme, ein feines Baumwollkleid, in Hongkong gekaufte Unterwäsche, einen Badeanzug (wozu nahm ich den eigentlich mit?) ein ebenfalls in Hongkong erstandenes chinesisches Kleid aus dem in Kanton üblichen Öltuch, mein blausei-

denes Hochzeitskleid, zwei blaue Baumwollkleider, die ich mir in Wuhan von einem chinesischen Schneider hatte machen lassen, der zu einem Kleid nur vier Stunden braucht; Strümpfe; Lederschuhe... Stück um Stück ließ ich diese Schätze in den nächsten paar Wochen unterwegs oder in den Hotels zurück. Den Anfang machte ich mit dem Badeanzug, den der Kellner mit einem schläfrigen, erstaunten Lächeln in Empfang nahm, da er auch nicht wußte, was er mit ihm sollte. Genausogut könnte man einem verhungernden Bauern ein Paar Stöckelschuhe oder einem napalmverbrannten Kind Bonbons geben – idiotische Geste, alptraumhaft in ihrer Verständnislosigkeit und Beweis für jene Stumpfheit, der wir so leicht verfallen.

Es gibt hier im Gebirge um Nanyu so viele Tempel. *Höchste* Offiziere *meditieren* darin! Allmählich ist der Ort recht überfüllt. Ich habe das gewaltige Glück, ein allerdings nicht gerade billiges Hotelzimmer zu erwischen. Obwohl es weder elektrisches Licht noch fließendes Wasser hat, fühle ich mich wie eine Prinzessin, kampiert doch einer der *Allerobersten* in einem Tempel und reißen sich selbst Generale um ein Dorfquartier. Es ist ein großartiges Spektakel, und Du würdest Dir eins lachen, wenn Du's sähest und denken: »Gut so«; all diese Leute, die in Nanking und Schanghai Häuser und weiß Gott was alles besaßen, und jetzt hin- und herrennen, auf dem Land leben, sich um das lausigste Zimmer streiten... Und ihre Frauen? Die Frauen der obersten Dienstgrade lassen sich zum größten Teil nicht sehen, weil sie es, so wohlerzogen wie sie sind, hier gar nicht aushalten könnten, sie sind nicht gewöhnt, »Bitternis zu essen«. Nur die Frauen der unteren Ränge und die Konkubinen sind hier... Mit einem Extratrinkgeld kann man sich sogar zweimal täglich heißes Wasser beschaffen. Zum Waschen habe ich zwei Schüsseln. Außerdem habe ich weißen Stoff für Betttücher und blauen für eine Decke gekauft und die Schneider da gehabt. Es geht mir blendend... das Wetter ist schön, die Umgebung großartig...

Ja, Nanyu war tatsächlich schön.

An der großen, mit gewaltigen Kalksteinblöcken gepflasterten nordsüdlich führenden Kaiserstraße gelegen, war es jahrhundertelang Durchgangsort für die Reiter des Kaisers und die Wagen der Beamten auf ihrem Weg von Kanton im Süden zu den Städten am Jangtsekiang – und darüber hinaus auch noch ein beliebter Wallfahrtsort. Über die eindrucksvolle Brücke aus der Zeit der Sung-Dynastie, die sich über den von rasch dahinströmenden Gebirgsbächen gespeisten schönen Fluß spannt, waren Salz- und Korntribute und Seide aus den fruchtbaren Provinzen Zentralchinas an den Kaiserhof nach Peking gebracht worden; über diese Brücke waren zu allen Zeiten Krieger und Flüchtlinge gezogen; auf diesem Weg waren vor einem Jahrhundert beim T'ai-p'ing-Aufstand die aufrührerischen Bauernhorden über Nanyu nach Tschangscha und weiter nach Wuhan marschiert. Südlich von Nanyu ragt das gezackte Hengschan-Gebirge mit seinen heiligen Gipfeln auf, darunter dem heiligsten, dem Tu Yun Feng. Große wohlproportionierte Buddhistentempel mit roten Mauern und goldenen Dächern glühen purpurn und bernsteinfarben hinter jahrhundertealten Bäumen, und man staunte stets aufs neue über den Gegensatz zwischen dieser Pracht und dem winzigen, armen Dorf Nanyu. Der Tempel am Fuß der Hänge war unter der Ming-Dynastie restauriert worden und diente den Militärs nun als Ausbildungszentrum. In Hengschan, einer größeren, einige Kilometer entfernten Stadt, unterhielt das chinesische Reisebüro eine weiße, saubere Herberge, die neuerdings mit Ministern, Abteilungsleitern und Spitzenbeamten belegt war. Der »Alleroberste«, wie ich Tschiang Kai-schek in meinem Brief an Hers genannt hatte, die Würdenträger seiner Regierung und der Generalstab lebten in den Bergtempeln. Und wir, Pao und ich, priesen uns glücklich, daß wir im Tal am Fuß der Berge, im Grand Hotel Nanyu einem Haufen wackliger Holzhäuser an einem Fluß, über dem die öffentliche Bedürfnisanstalt errichtet war, ein Zimmer erwischt hatten. Die heiteren Herbsttage und die glitzernden Fluten entschädigten mich für den Schmutz. Das

Zimmer war regelrecht verdreckt; wie oft habe ich es in den drei Wochen, die wir darin zubrachten, sauber gemacht, denn stets treibt mich eine Art von gelindem Sauberkeitsfanatismus zu neuen und immer neuen Ausfällen gegen den Schmutz, gerade als ob die Fronarbeit der Hausfrau in der Welt so etwas wie Ordnung schaffen könnte. Aber so sind viele Frauen; sie finden in den mechanischen Arbeiten des Putzens und Scheuerns ihren Seelenfrieden wieder. Weit weniger vom Putzteufel besessen zeigten sich die Frauen der unteren Dienstgrade und die Konkubinen. Voller Erstaunen betrachteten sie das in ihren Augen geradezu unfaßliche Schauspiel, wie ich mein Zimmer saubermachte und es dann gar noch mit Topfblumen schmückte, mit Fuchsien und Chrysanthemen, wo doch jeder wußte, daß wir bald, sehr bald, vielleicht nächste Woche, vielleicht aber auch schon morgen, wieder weiter mußten. Das brachte mir einen zweifelhaften Ruhm ein; man fand mein Verhalten »ausländisch« und »seltsam«. Außerdem verrichtete ich körperliche Arbeit, und das untergrub mein Ansehen von vornherein ... ich war doch nicht etwa das Kind von Dienstboten? Die Selbstachtung dieser Frauen war nämlich genaugenommen gerade ihre Fähigkeit, in Dreck und Speck zu leben. Völlig ungerührt ließen sie Berge von abgezausten Hühnerknochen auf dem Tisch liegen, und ganze Fliegenschwärme, die ihnen ihre Litanei um die Köpfe summten, konnten sie nicht von den Freuden der Unterhaltung ablenken. Orangenschalen und ausgekaute Früchte warfen sie einfach auf den Boden und leiteten ihre Kinder an, ihr Geschäft auf der Veranda zu verrichten. Kurz, sie rührten keinen Finger, und wenn es etwas zu tun gab, riefen sie ihre Dienstboten. Und da kam ich daher und putzte sogar die Fensterbretter und nagelte eine Zeitung in die leeren Rahmen. Die Frauen guckten und spielten Mah-Jongg; sie spuckten aus und lachten und zeigten mich ihren Kindern. Aber der junge Kellner, der anfangs auch gegrinst hatte, war jetzt mein Freund und brachte uns heißes Wasser und Eier und erschlug manchmal sogar ein paar Fliegen. Ich ließ sie lachen, maß ihrem Getuschel kein Gewicht bei und lebte auf meine Art und Weise, kaufte getrost Blumen statt etwas zum Essen. Aber Pao lachte nicht, und bald verging es mir auch.

(ohne Datum) *Nanyu, Hengschan*

Lieber Onkel,

Allmählich begreife ich voller Bitterkeit, daß wir durch Stümperei, Verrat, Feigheit den Krieg verloren haben, und daß Leute mit gutem Willen *(sic)* wie ich hier nichts ausrichten... Kein Mädchen wagt sich in ein Lazarett. Kein Mädchen heute, außer den Kommunistinnen, an die Front... Und Soldaten gibt es auch keine mehr, nur noch Pöbelhaufen ... die Soldaten sind tot... alle reißen aus... Kein Spital unter chinesischer Verwaltung leistet ordentliche Arbeit. Das Rote Kreuz bemüht sich zwar, das Los der Flüchtlinge zu erleichtern, aber das ist ein Tropfen auf einen heißen Stein ... China braucht richtig ausgebildetes Personal am richtigen Ort... heutzutage ist doch jeder an der falschen Stelle...

Aber schon am nächsten Tag schlug die Stimmung um.

Eigentlich erwartete ich, daß ich mich nach dem dreijährigen Auslandsaufenthalt doch etwas fremd fühlen würde, aber ich fühle mich, vor allem hier auf dem Land, so sehr daheim wie nie zuvor... Es geht mir ausgezeichnet... will versuchen, rechtzeitig zurückzukommen, um kein Semester zu verlieren. Ich kann für China nichts Besseres tun als studieren; Pao hat gesagt, daß Madame Tschiang Kai-schek alle, die können, bittet, China zu verlassen... Richte Deinen Brief an Mrs. Tang, wenn Du schreibst. Aber vielleicht schreibst Du besser gar nicht...

So bizarr diese Stimmungsschwankungen und vornehmlich die letzten Worte anmuten, sie spiegeln nur die Verwirrung in Nanyu.

Denn in dem schönen Nanyu begann sich mein Leben mit Pao in einer direkt schizophrenen Weise zu spalten. Wir waren gerade beim Essen, das das Hotel stellte. Ich weiß nicht mehr, worüber wir redeten, jedenfalls sagte Pao völlig unvermittelt: »Frauen sollten nicht streiten. Du darfst nicht mit mir streiten. Du mußt mir zuhören. Und trumpf nicht immer auf.« Ich starrte ihn an. Hatten wir denn gestritten? Mir war es gar nicht so vorgekommen...

Dann folgte ein langer Monolog. Ich sei zu europäisch, müsse mich bemühen, chinesischer zu werden. Die Leute redeten schon über mich, nennten mich »Mischling«. Das Land könne nur durch die Alten Tugenden gerettet werden. Tschiang Kaischek habe das gesagt. Auch ich müsse diese Alten Tugenden lernen, und eine davon heiße Gehorsam. »Eine begabte Frau ist keine tugendhafte Frau.« Ich müsse danach streben, »eine tugendhafte Frau und vorbildliche Mutter« zu werden. Und deshalb dürfe ich ihm nie und unter keinen Umständen widersprechen. »Seinem Mann widersprechen ist ein Zeichen von Unmoral.«–»Unmoral? Aber der Major Soundso, der gestern da war und seine sechzehnjährige Nichte mitbrachte... du hast mir doch selbst gesagt, daß sie seine vierte Konkubine ist; so etwas nenne ich Unmoral.«

Pao, der mir gegenüber am Tisch saß, schlug mir ins Gesicht. »Du hast es gerade nötig, über andere zu reden. Schau dich doch nur selber an. Du wagst es, mir herauszugeben, du wagst es, mir zu widersprechen!« Überrascht sagte ich: »Du hast mich geschlagen, du hast mir wehgetan!« – »Und du«, entgegnete er, »du hast mir auch wehgetan oder glaubst du, es macht mir Spaß, daß ich eine Frau geheiratet habe, die keine Jungfrau mehr war?«

Ich fühlte mich beschämt und schuldig und wurde ärgerlich. Es ist schwierig für eine Frau, sich in einem solchen Fall nicht schuldig zu fühlen – trotz allem Gerede von sexueller Freiheit und Gleichberechtigung. Natürlich wußte ich, daß der Verlust der Jungfräulichkeit vor der Eheschließung als etwas Schändliches galt, außer bei Fabrikarbeiterinnen, die sich von den Vormännern beliebig vergewaltigen lassen mußten; außer bei den Mädchen in Bordellen, wie sie jetzt auch in Hengschan eröffnet wurden, in denen Achtjährige die Kunden bedienten, darunter auch die Generale des Stabs. Und diese doppelte Moral – Keuschheit für die Frauen und Hurerei für die Männer – nannte sich Tugend unserer Vorfahren.

Und je größer das Geschrei um die Tugend, desto größer der Andrang in den Bordellen. Für die von den Bauern gekauften Sklavinnen und die »geborgten Frauen« der Offiziere im Quartier galt die Forderung nach Keuschheit, nach Tugend nicht...

»Aber du hast es doch gewußt, Pao. Du hast gewußt, daß ich keine Jungfrau mehr bin, ehe wir heirateten. Wir waren ja vor unserer Hochzeit wochenlang zusammen, und ich habe dir gesagt...«

»Ja, du hast es mir gesagt! Du hattest die Stirn, darüber zu reden; mit mir darüber zu reden, als ob es das Normalste von der Welt wäre, daß ein *chinesisches* Mädchen etwas mit einem Weißen, mit einem ›Ausländer‹ hat! Schau dich nur an, du schlägst die Augen nicht nieder, wenn du einen Mann siehst! Gestern abend, als Major Tschang und Hauptmann Wang bei uns zu Besuch waren, hast du mit ihnen geplaudert und gelacht, als ob du nicht wüßtest, was für ein Unterschied zwischen Mann und Frau besteht...«

»Aber sie sind doch deine Freunde...«

»Meine Freunde, natürlich sind sie meine Freunde, aber ihre Frauen benehmen sich auch nicht so...«

»Das stimmt... ihre Frauen brüllen die Dienstboten an und schreien und rühren selber keinen Finger und spielen den ganzen Tag lang Mah-Jongg.« Ich war wütend. »Außerdem hast du selber gesagt, daß die Hälfte nur ›geliehen‹ ist, Frauen auf Zeit!«

»Aber sie haben nie etwas mit einem *Ausländer*, mit einem *Weißen* gehabt... Meinetwegen hättest du mit zehn Ministern und zwanzig hohen Beamten eine Affäre haben können, wenn es nur Chinesen gewesen wären. Aber mit einem Ausländer, ausgerechnet mit einem Ausländer...« Fremdenhaß in Reinkultur, das war für die jungen Whangpu-Offiziere, ja für

Tschiang Kai-schek selbst, ebenso bezeichnend wie das Besitzdenken im Zusammenhang mit Frauen. Die Erinnerung an all die Demütigungen, Plünderungen und Massaker, die Asien durch den Westen erlitten hatte, war bei der chinesischen Oberschicht in einen Rassenkomplex umgeschlagen; und dieser Haß manifestierte sich vor allem auf sexuellem Gebiet, wo die Frau als Besitz des Mannes galt. Bei Pao und den jungen Offizieren kam allerdings noch etwas anderes hinzu; für sie war der Fremdenhaß gleichzeitig eine Bequemlichkeitslösung, lieferte er ihnen doch Sündenböcke für ihr eigenes Versagen und erlaubte ihnen, »nationale Rettung« im Sinne eines tief eingefleischten, krankhaften Rassismus zu predigen.

Im Hof ergingen sich mucksmäuschenstill und mit gespitzten Ohren müßige Frauen. Das Hotel war so lumpig gebaut, in den Bretterwänden und zwischen den Fußbodenplanken klafften solche Spalten, daß man alles hören konnte. Ich mochte mich bemühen, wie ich wollte, wie die Frauen in meiner Umgebung konnte ich einfach nicht sein; daran war nichts zu ändern. Dafür putzte ich viel zu gern, ging viel zu gern allein spazieren, las zu gern, wollte in einem Krankenhaus arbeiten. Damit jedoch war der Gang meines Lebens für die nächsten sieben Jahre in groben Umrissen vorgezeichnet. Zu der Qual zwischen Pao und mir kamen noch all die vielen kleinen Stiche und verstohlenen Bosheiten, das ganze unaufhörliche, unbarmherzige Summen der Moskitos, die nur darauf warteten, über mich herzufallen, bis Pao selbst den Auftakt zu endlosen Grausamkeiten aller Art gab.

Erst nachdem er begann, mich vor anderen zu beschimpfen und zu mißhandeln, wagten auch zwei aus Europa zurückgekehrte Studenten, die mich mit Louis gesehen hatten, ihr Gift zu verspritzen. Wer hätte schon Mitleid mit mir haben können oder sollen? Viele mußten geradezu den Eindruck gewinnen, daß ich Pao hereingelegt hatte. Ich bot ihm an, ihn freizugeben, ich flehte ihn an, mich gehen zu lassen, ich verzichtete auf alle Forderungen, ich wollte nur fort. Aber er dachte nicht daran, einzuwilligen. »Ich begreife dich nicht«, stieß ich unter Tränen hervor. »Warum läßt du mich nicht gehen, wenn du mich für so schlecht hältst?« Aber es half alles nichts.

Daraufhin ging ich ins Dorf, nach Nanyu, stieg die Anhöhen hinauf, schaute den Arbeitern zu, wollte weg von den boshaften »Brüdern Offizieren« und ihren Frauen auf Zeit, lieber zu den Tischlern und Schneidern und den Maurern und Trägern und Wasserträgern und Fuhrleuten; und da war noch der junge Kellner, der sich so rührend bemühte, es uns behaglich zu machen, und der schwergebaute ältere Mann, der den Hof fegte und durch die Zähne sang:

Erhebt euch, die ihr keine Sklaven sein wollt,
Laßt uns mit unserem Fleisch und Blut
Eine neue große Mauer bauen...

Und die Männer, die die Straßen ausbesserten, saßen, kleine Berge von Steinen zwischen den Beinen, auf der Fahrbahn und der Widerhall der Hämmer füllte die warme, helle Luft. Sie lachten mich nicht aus, sie warfen mir einen Blick zu und wandten sich dann wieder ihrer Arbeit zu. Bei ihnen hatte ich nicht das Gefühl von Bosheit. Und was sie sangen, war wohl kaum die Art Lied, die den wohlwollenden Brüdern Offizieren gefallen hätte. Wenn ich von meinen Spaziergängen zurückkam, spielten die Offiziersfrauen noch immer Mah-Jongg, starrten mich an, spuckten aus und grinsten höhnisch.

Am Tag nach diesem Ausbruch war Pao charmant; es war ein Samstag, und Hand in Hand liefen wir in den goldenen Nachmittag. Ich fühlte mich noch ein klein wenig benommen, aber dann gewann meine natürliche Lebhaftigkeit die Oberhand, und Vergessen legte sich, elastisch wie eine neue Haut, über das schmerzhafte Ereignis. Wozu auch lange über etwas brüten, sich in Sorgen verzehren, wo es doch so viel zu lernen, zu tun gab und ich seit eh und je voran wollte, lieber in die Zukunft schaute. Doch ein paar Tage später fing alles wieder von vorn an, dauerte länger, war noch schlimmer, flaute aber schließlich auch wieder ab, und traurig sprach Pao davon, daß er mich verlassen, daß er Soldaten in den Kampf führen müsse. Bitter redete er von Aufgebenmüssen. »Es gibt keine Soldaten mehr.«

Damals fand in Nanyu eine wichtige militärische Konferenz statt. Pao konnte nach seinen eigenen Aussagen jederzeit aufs Schlachtfeld gerufen werden... und mein Herz flog dem Helden zu, der für sein Land litt, dem die Niederlage und Demütigung seines Volkes Schmerzen bereitete. Einem so jungen, so guten, so entschlossenen Mann mußte man doch einfach vergeben. Was machte es schon, wenn er sich manchmal etwas grob aufspielte? So viele hatten gelitten, während ich mir in Belgien eine schöne Zeit machte... und was die Jungfräulichkeit betraf, aber ja, das war meine Schuld, ausschließlich meine Schuld. Selbstverständlich war es das, warum hatte ich schließlich nicht gewartet, bis Pao kam und mich heiratete? Nun, ich würde alles tun, um das wieder gutzumachen, um überhaupt gut zu werden und mich nicht beschweren.

Ein andermal empfahl mir Pao, nach Belgien zurückzukehren und mein Studium wieder aufzunehmen. Madame Tschiang hatte in einer Ansprache allen, die die Möglichkeit dazu hätten, geraten, ins Ausland zu gehen und zu studieren, um sich so auf die »Rückeroberung« des Landes vorzubereiten. Einige Mitglieder ihrer Familie waren zu diesem Behuf sogar bereits nach Amerika abgereist. Pflichtschuldig schrieb ich Hers, daß ich, da China besiegt sei und Madame Tschiang allen, die eine Möglichkeit dazu sähen, geraten habe, ins Ausland zu gehen und zu studieren und sich vorzubereiten, womöglich auch zurück käme, um weiterzustudieren. Möglicherweise wurde auch Pao ins Ausland geschickt, um dort den geeigneten Zeitpunkt abzuwarten und mittlerweile den Vergeltungsschlag vorzubereiten... Aber am nächsten Tag wurde alles wieder abgeblasen. Wir sollten hier bleiben, weitermachen... und so sollten wir von Tag zu Tag etwas anderes, je nachdem, wie die Hohe Konferenz die Lage gerade beurteilte, und Pao, Sprachrohr der vom Generalstab in Umlauf gesetzten Gerüchte, hielt mir jeden Tag wieder eine andere Rede.

Nach einem Picknick auf dem Tu Yun Feng, dem höchsten und heiligsten der heiligen Berge, kam es erneut zu einem Zusammenstoß. Eines schönen Tages machten wir uns auf den Weg, um dem Kloster auf dem Gipfel einen Besuch abzustatten, und stiegen die ausgetretenen Steinstufen des Pilgerwegs hinauf. Die Luft war so rein und hell, daß es ein Vergnügen war, sie einzuatmen. Wir hatten Orangen dabei. Der Himmel stand hoch und hellblau über uns, und im Laufe des Tages vertiefte sich das Blau, bis sich schließlich die violetten Schatten der Nacht über die Hänge legten. Noch in der Erinnerung schlägt mir das Herz höher über so viel Schönheit.

Wir machten diesen Ausflug in Gesellschaft einer Miß Lu und deren Verlobten, einem Major Tschang, sowie anderer, die im Generalstab arbeiteten. Auf dem Berg angekommen, nahmen wir, während uns der Abt einen Vortrag hielt, im Buddhistenkloster ein vegetarisches Abendessen ein und hörten die ganze Nacht über den Wind um die Gipfel heulen. Nach einem prachtvollen Sonnenaufgang trafen wir auf dem Rückweg General Fêng Yü-siang, stellvertretenden Vorsitzenden des Militärrats und Teilnehmer der Hohen Konferenz, der sich, begleitet von zwei Leibwächtern, zwischen zwei Sitzungen nach seiner Gewohnheit in den Bergen erging.

Da bekam Pao wieder einen Anfall; unvermittelt legte er los und schimpfte mich wegen meines Verhaltens aus. Was war mir eingefallen, mit dem Abt und den anderen Männern zu reden? »Nimm Miß Lu. Sie sagte kein einziges Wort. Sie benahm sich züchtig wie eine keusche Frau.«–»Aber sie schläft mit ihrem Verlobten«, entgegnete ich. »Den sie heiraten wird«, schrie Pao. »In ihrem Leben wird es jedenfalls keinen anderen Mann geben.« (Es sollte anders kommen; Miß Lus Verlobter besann sich um, und sie wurde mit einem anderen Ehemann glücklich.) Paos Schimpferei hatte mir die Tränen in die Augen getrieben, als ein im Getöse der Gebirgsbäche zunächst kaum hörbares Dröhnen die Luft erzittern ließ und sich der Himmel mit japanischen Bombern überzog. Während wir noch rannten, um uns in Sicherheit zu bringen, warfen sie bereits ihre silbrige Last ab, und röhrend hallte der Donner der Explosionen in den Bergen wider. Wir gingen in Deckung, wo es sich gerade traf, ja einer versteckte sich sogar in einer öffentlichen Latrine. Als die Bomber wieder weg waren, sahen wir eine Wolke von Staub und Rauch über Nanyu aufsteigen. Ein Volltreffer hatte den großen Tempel, der als Ausbildungslager für Soldaten diente, schwer beschädigt: eingestürzte Dächer, zertrümmerte, gelbe Dachziegel, zersplitterte Bäume, Tote. Als wir den Abhang hinunter auf ihn zugingen, hing der Staub noch in dicken Schwaden in der Luft, und unablässig ertönten gellende Schreie und barsche Befehle. Ohne mir etwas zu denken, sagte ich: »Vielleicht können wir beim Transport der Verwundeten helfen.« Da brüllte mich Pao an, weiß vor Zorn: »Du bist verrückt... eine anständige Frau rast nicht so... bist du so scharf auf Männer, daß du sie nicht aus den Fingern lassen kannst... du läufst ihnen ja nach! Aber dein Platz ist an meiner Seite, deine Aufgabe ist es, für deinen Mann zu kochen – für deinen Mann.«

Also gingen wir ins Hotel. In unserem Zimmer sah es übel aus, denn die Bombenexplosion hatte das ganze Gebäude erschüttert. Ich lieh mir den Besen des Kellners aus und kehrte auf. Pao schmiß sich aufs Bett. Später ging er hinaus. Ich schneuzte den Docht der Öllampe. Aus den anderen Zimmern drang das scharfe, harte Klappern der Mah-Jongg-Steine und das Geschrei und Gelächter der anderen Frauen herüber.

Am nächsten Tag hieß es, der Generalstab solle nach Kueilin in der Provinz Kuangsi verlegt werden, da Nanyu nicht mehr sicher sei. Und tatsächlich wurde die Nanyu-Konferenz abgebrochen.

Am 12. November wurde ein großer Teil von Tschangscha durch Feuer zerstört und zwar nicht von den Japanern, sondern von der Kuomintang selbst. Mit ihrer absurden Politik der »verbrannten Erde«, all den unnötigen Verheerungen, die ihrem eigenen Volk mehr schadeten als dem Feind, stiftete sie ungeheures Unheil und Leid. So waren im Frühjahr 1938 die Dämme des Gelben Flusses auf Geheiß Tschiang Kai-scheks durchbrochen worden, um das Land unter Wasser zu setzen und die Japaner aufzuhalten. Die Japaner rückten zwar weiter vor, aber das Land stand wirklich unter Wasser, und eine Million chinesischer Bauern ertranken.

Und nun wieder diese abwegige, militärisch sinnlose »strategische Vernichtung«. Tschiang befahl, Tschangscha niederzubrennen, und ein großer Teil wurde niedergebrannt, und Hunderte kamen ums Leben und Tausende verloren ihr Heim. Später zog man einen Mann namens Hsu Peiken dafür zur Verantwortung. Er hatte nämlich den großen Fehler begangen, die Kraftstoffvorräte auf dem Flughafen mit in die Luft zu jagen, statt sie in Sicherheit zu bringen. Das aber versetzte Tschiang Kai-schek in maßlose Wut; der Treibstoff für sein Flugzeug, mit dem er sich gern befördern ließ, war ihm weit wichtiger als Menschenleben. Hsu Peiken wurde entlassen, kam aber, als Schützling von Tang Tsung, der Nummer zwei im Geheimdienst, noch einmal mit dem Schrecken davon. Der ganze Stab war in Aufregung, vornehmlich allerdings wegen Tschiangs Wut, fürchteten sie doch, er könne ein paar von ihnen erschießen lassen, um ein »Exempel zu statuieren«. Hsu Peiken selbst wurde vorübergehend eingesperrt, aber in Tschungking sollte ich ihn noch oft sehen, klein und dick, die Augen rollend und mit lautem Räuspern ausspuckend.
In Wirklichkeit wurde Tschangscha niedergebrannt, weil es in der Stadt eine aktive kommunistische Untergrundbewegung gab; man munkelte auch, die Geheimpolizei habe Tschu En-lai töten wollen, der sich zu diesem Zeitpunkt gerade hier aufhielt. In der ganzen Gegend wimmelte es von heimlichen Guerillas; Tschangscha war einige Jahre lang das Hauptquartier der kommunistischen Untergrundpartei gewesen, und Mao Tse-tung hatte hier eine ganze Reihe von Leuten ausgebildet.
Ich wußte damals nicht, daß nur wenige Kilometer von Nanyu entfernt, jenseits des Flusses die Grafschaft Tschaling lag, wo Mao Tse-tung die erste rote Ortsverwaltung eingesetzt hatte. Und hinter Tschaling im Tschingkangschan-Massiv, auf dem Quellenberg, war im Oktober 1927 die erste rote Basisgruppe gegründet worden. Kein Wunder also, daß der Mann beim Fegen des Hofes sang:
»Erhebt euch, die ihr keine Sklaven sein wollt . . .«
Ebensowenig wußte ich, was nun wirklich Thema der Militär-

konferenz in Nanyu gewesen war. Offiziell hieß es, Tschiang habe damals den Entschluß gefaßt, den »Kampf fortzusetzen«, den Gerüchten nach jedoch gingen die Friedensverhandlungen mit Japan weiter.
Nach dem Fall von Schanghai und Nanking, dann Wuhan und Kanton hatte die Kuomintang in Westchina nur noch zwei große Bastionen, die Städte Tschungking und Sian. Die Küste war bereits gänzlich in der Hand der Japaner. Was also kam als nächstes, Kapitulation oder Verhandlungen?
Über das, was Tschiang Kai-schek und seine Frau, Fêng Yü-siang, T. V. Sung, H. H. Kung, Ho Yingtschin, ein Dutzend Minister und sechzig Generale in Nanyu berieten, liefen die widersprüchlichsten Gerüchte um. Nur eins ließ sich mit Sicherheit sagen: Der Streit ging weiter. Aber warum drängte Madam Tschiang Kai-schek alle, die sich dazu imstande sahen, »ins Ausland zu gehen und zu studieren«? Und warum war Wuhan nahezu kampflos aufgegeben worden, obwohl man noch einmal fünfzigtausend Freiwillige zusammengezogen und ohne Waffen und Verpflegung an die Front geschickt hatte? Stimmte es, was einige »wohlwollende Brüder« andeuteten und was Pao eines Tages in die salbungsvollen Worte kleidete: »Immer noch besser die Japaner als die Kommunisten« – waren tatsächlich Verhandlungen mit Japan im Gang?
Paos Erzählungen fehlte der Zusammenhang; er warf lieber mit Andeutungen um sich, wie etwa: »Wir müssen jetzt alle bereit sein, auf dem Schlachtfeld zu sterben, und ich bin es auch.« Daraus konnte ich entnehmen, daß diejenigen in der Kuomintang-Partei, die einen Frieden mit Japan befürworteten, im Augenblick nicht viel zu sagen hatten, während Fêng Yüsiang für eine Fortführung des Widerstandes plädierte. Verkündete Pao dagegen: »Immer noch besser die Japaner als die Kommunisten«, so bedeutete das, daß die, die sich für Verhandlungen mit Japan einsetzten, an Einfluß gewannen. Japan aber stellte unter dem Deckmantel einer »antikommunistischen Allianz« harte Bedingungen; genau besehen wollte es China zu seinem permanenten Satelliten machen. Das chinesische Volk

jedoch wollte, das spürte ich, weiterkämpfen; es dachte nicht im Traum daran, einen »Frieden« mit Japan anzunehmen. Als ich das Pao sagte, lachte er: »Was verstehst du denn schon von solchen Dingen? Kümmere dich lieber ums Hauswesen statt deine Nase in die Politik zu stecken«, und hielt mir eine Predigt über meine Unmoral und Untugenden. »Eine unbegabte Frau ist eine tugendhafte Frau. Nimm nur die Geschichte. Immer wenn Frauen am Ruder waren, erlebte das Kaiserreich einen Niedergang.«

Außer den Militärs und den höchsten Regierungsbeamten nahm an der Konferenz in Nanyu auch der brillante, aber unzuverlässige Wang Tsching-wei teil, der den ehrenvollen Posten eines Vizepräsidenten innehatte. Begonnen hatte er seine Karriere als Revolutionär bereits 1909, als er, noch Student, auf den Regenten der Tsching-Dynastie eine Bombe warf. Als dann 1911 die Revolution ausbrach, schloß er sich Sun Yat-sen an, dessen Reden (allerdings nur zum Teil) und Testamentsniederschrift von ihm stammen sollen. Deshalb galt er, als Sun Yat-sen 1925 starb, als dessen »Lieblingsschüler«. Aus persönlichem Ehrgeiz, nicht aus Gründen des Prinzips, stellte er sich gegen die wachsende militärische Macht Tschiang Kai-scheks, der ebenfalls ein »Schüler« Sun Yat-sens war. Deshalb gab er sich in den zwanziger Jahren linksorientiert und schloß sich dem linken Flügel der Kuomintang-Regierung in Wuhan an, die sich Tschiang Kai-scheks Staatsstreich vom März/April 1927 widersetzte. Bald nach den von Tschiang arrangierten Massakern in Schanghai und anderen Städten jedoch kapitulierte Wang und stimmte nun seinerseits für die Massakrierung der Kommunisten, ja wurde schließlich womöglich noch antikommunistischer als der Großteil seiner Kollegen vom rechten Flügel. Trotzdem blieb er aufgrund seines Ehrgeizes unberechenbar, stets zu Intrigen und Verschwörungen geneigt. Die Schmeicheleien der japanischen Militaristen, die zur Eroberung Chinas ausholten, behagten ihm; seiner opportunistischen Ader folgend, erklärte er, schon Sun habe auf eine solche Verständigung hingearbeitet.

1938/39 propagierte die japanische Regierung die Verdrängung der Weißen aus Asien und die Errichtung einer chinesisch-japanischen »Gemeinschafts«verwaltung. Wang griff diesen Vorschlag auf und befürwortete auf der Nanyu-Konferenz ein Bündnis mit Japan.

Nach dem Oktober 1938 bereiteten die Japaner nämlich die Eroberung Südostasiens vor und brauchten deshalb Ruhe an der langen chinesischen Front. Nach dem Fall von Wuhan und Kanton zeigten sie sich zu Verhandlungen bereit und verhielten sich ihrerseits friedlich in der Hoffnung, China auf ihre Seite ziehen und so ihren Traum von der Eroberung Asiens wesentlich schneller verwirklichen zu können. Aber sie verlangten einen zu hohen Preis für den »Frieden« – letztlich eine bedingungslose Übergabe. Und obwohl sich Wang Tsching-wei und Ho Ying-tschin sowie viele andere nachdrücklich für den Friedensschluß einsetzten, begriff Tschiang Kai-schek, daß die Annahme dieser Bedingungen seinen Sturz bedeutete. Denn das chinesische Volk würde, wie ihm Fêng Yü-siang versicherte, die japanischen Bedingungen seinerseits bestimmt nicht akzeptieren.

Das Volk nämlich unterstützte den Verteidigungskrieg gegen Japan mit allen Kräften. Selbst Tschiang mußte in seinen Reden in Anlehnung an Mao Tse-tung zugeben: »Das ist ein Krieg des chinesischen Volkes... diesen Krieg führt das Volk.« Die Freiwilligen waren nicht bestellt; sie meldeten sich tatsächlich aus eigenem Antrieb zur Verteidigung der Städte; dahinter steckte keinesfalls die Kuomintang, schon eher die Einheitsfront, die Kommunisten. Ein Friedensschluß mit Japan hätte unter den angebotenen Bedingungen eine Dreiteilung Chinas bedeutet: in die Mandschurei (seit 1931 unter japanischer Kontrolle und in Mandschukuo umbenannt), in Nord- und Südchina; eine japanische Besatzung in allen größeren chinesischen Städten und die Überwachung der Inseln Hainan und Formosa durch die Japaner. »Wenn ich darauf einginge, würde mein Name zehntausend Jahre stinken«, sagte Tschiang. »Die japanischen Forderungen sind absoluter Wahnsinn.« Und einige seiner Generale stimmten ihm zu. Tschiang mußte nämlich bei Verhandlungen mit Japan auch die andere Front in Rechnung setzen, die von den Kommunisten organisierte Widerstandsbewegung mit dem Mittelpunkt in Jenan.

Diese Gruppe aber dachte nicht daran, den Widerstand gegen die Japaner aufzugeben, und da sie außerdem soziale Reformen forderte, stellte sich die Bevölkerung hinter sie. In dem Augenblick, in dem Tschiang vor Japan kapitulierte, würde das chinesische Volk seine ganze Hoffnung auf Mao Tse-tung setzen, in ihm seinen einzigen Retter sehen.

Die Kuomintang-Front war völlig zusammengebrochen: in Nanking im Dezember 1937, obwohl Tschiang Widerstand bis zum äußersten befohlen und zum ersten- und letztenmal eigene Elitetruppen eingesetzt (und verloren) hatte; in Wuhan im Oktober 1938, obwohl auch hier Widerstand bis zum letzten verheißen worden, die Stadt dann aber sang- und klanglos aufgegeben worden war. Und nun hatten die Japaner die ganze Küste, sämtliche Bahnlinien, alle bedeutenden Städte in der Hand, fast ganz China, mit Ausnahme der Provinzen im fernen Westen und der Stützpunkte der Roten Armee.

Auf kommunistischer Seite war man nach einer anderen Strategie verfahren. Zwar hatten auch die Kommunisten offene Schlachten ausgetragen, im großen und ganzen aber hatten sie Mao Tse-tungs Rezept befolgt: Guerillakrieg, hinhaltende Kriegführung. Ihnen war es zu verdanken, daß der Krieg in Nordchina eine andere Wendung nahm. Durch den Sieg bei Ping Hsing Kuan im Herbst 1937 konnte Lin Piao den Vormarsch der Japaner aufhalten und so weite Gebiete im Nordwesten vor ihnen schützen. Hier wurden auch auf lange Sicht die Grundlagen für einen Infiltrationsplan, für den Aufbau roter Stützpunkte auf dem Land hinter den japanischen Linien geschaffen. In dem nach Beendigung des Zweiten Weltkriegs ausbrechenden Bürgerkrieg sollte die Mandschurei eine strategische Schlüsselposition einnehmen.

Schon Ende 1938 war Jenan, der große rote Stützpunkt, mehr als ein militärischer Vorposten, bereits damals war es ein Sammelpunkt vaterländischer Begeisterung und zog Studenten und Intellektuelle aus ganz China an... Hätte Tschiang den japanischen Forderungen nachgegeben, ganz China hätte sich auf Jenans Seite gestellt.

Am 7. Juli 1937 hatten die Japaner, die spürten, daß sich der Widerstand verhärtete, das nur neun Kilometer von Peking entfernte Lukuotschiao angegriffen. Die 29. Armee schlug aus eigener Initiative zurück, während Tschiang noch tagelang zögerte und in einem Gebirgsort mit seinem Kommandostab und seinen Regierungsbeamten die Frage erörterte, ob sie den Kampf aufnehmen sollten oder nicht. Im roten Stützpunkt Jenan dagegen waren alle zum Verteidigungskrieg bereit, und ganz China forderte volle militärische Unterstützung für die 29. Armee, forderte eine Vereinigte Front mit der Roten Armee in Jenan. Diesmal sollten die chinesischen Truppen, die gegen Japan kämpften, nicht wieder wie 1931, 1932 und 1933 von ihrem eigenen Oberbefehlshaber Tschiang Kai-schek sabotiert werden. Tatsächlich gab Tschiang am 17. Juli eine Vier-Punkte-Erklärung ab, in der er erklärte, die »Endphase« sei gekommen und China müsse »bis zum äußersten kämpfen oder es werde für immer untergehen«. Diese Feststellung wurde von Mao Tse-tung als »die erste zutreffende Erklärung über die Außenpolitik« bezeichnet, die Tschiang seit Jahren abgegeben habe. Aber die Bildung der Vereinigten Front kam, obwohl die Kommunisten schon ein Jahr zuvor einen ähnlichen Vorschlag gemacht hatten und das ganze Volk dafür eingetreten war, erst am 22. September zustande. Im August 1937 wurde die Rote Armee der 8. Armee eingegliedert, und 30 000 von den 40 000 Mann verließen Jenan, um gegen die Japaner zu kämpfen.

So verbündeten sich zwei gegnerische Mächte im Krieg gegen Japan: die von Mao Tse-tung aufgebaute und durch den Großen Marsch gestählte Rotchinesische Armee, die immer mehr zum Symbol der Einheit des Landes, des Widerstands gegen Japan und eines sozialen Umschwungs wurde – und Tschiang Kai-scheks Regierung, gestützt auf die Kuomintang-Partei, eine Ansammlung von Bankiers, Grundbesitzern und Militärs, durch die Umstände zur Führungsschicht zusammengeschlossen, die über große Truppenkontingente und eine immer verzweigtere Geheimpolizei verfügte.

Von allem Anfang an gab es zwei Fronten, zwei Schlachtfelder. Die zwei Heere stellten sich den japanischen Invasoren in verschiedenen Teilen des Landes entgegen und schlugen, ihrer unterschiedlichen Zusammensetzung, politischen Tradition und militärischen Erfahrung entsprechend, verschiedene taktische Wege ein. Nach Beendigung des Krieges gab es immer noch zwei Heere, zwei Fronten, zwei Schlachtfelder, nur daß sich die Machtverhältnisse auf Kosten Tschiang Kai-scheks zugunsten der Roten Armee verschoben hatten.

Die Losung der roten Guerillas lautete: »Im Rücken des Feindes den Nachschub abschneiden, die Massen organisieren, ihr politisches Bewußtsein wecken, so daß die Guerillas unter dem Volk leben wie Fische im Wasser und der Feind keinem mehr trauen kann.« Die von 1937 bis 1945 gegen die Japaner angewandte Strategie und Taktik hat Mao Tse-tung in seinen Essays »Hinhaltende Kriegführung« und »Der Widerstandskrieg gegen Japan« beschrieben.

Lin Piaos Sieg bei Ping Hsing Kuan bahnte nicht nur der Guerillainfiltration und dem Widerstand des Volkes hinter den japanischen Linien den Weg, er stoppte nicht nur den Vormarsch der Japaner im Nordwesten, sondern führte auch zu einer Konsolidierung der Vereinigten Front, mindestens nach außen; ein paar Monate lang hätte es sich die projapanische Gruppe um Tschiang nicht erlauben können, auf Verhandlungen mit Japan zu drängen. Kommunistisch ausgebildete Kader wurden in das vom Feind besetzte Gebiet eingeschleust, kamen von Jenan, um auf dem Land Bauern, Studenten, Kaufleute, Frauen und Kinder zu antijapanischen Gruppen zu organisieren, junge Männer zu Guerillaverbänden und ältere Männer sowie Heranwachsende zu einer Selbstverteidigungsmiliz zusammenzufassen; »so frei wie Fische im Meer bewegen wir uns unter dem Volk und sondern durch Organisierung und Ausbildung des Volkes Verräter aus; wir sind im Herzen des Volkes«.

Im Oktober 1938 band die 8. Armee bereits zwanzig japanische Divisionen in ihren Operationen.

Der Fortbestand der Vereinigten Front war ständig bedroht. Acht Monate nach ihrer Gründung mußten sich alle progressiven Jugendverbände eintragen; im Juli 1938 wurden viele verboten und sämtlichen Studenten zur Auflage gemacht, den am 16. Juni ins Leben gerufenen antikommunistischen »Drei-Prinzipien«-Jugend-Korps beizutreten. Tschiang hielt einen Vortrag über die Verantwortung der chinesischen Jugend, und das Ministerium für Bildung und Erziehung verkündete, Universitätsstudenten seien als Kanonenfutter zu schade, sie müßten sich »für den nationalen Wiederaufbau bereithalten«. Das lief im Grunde auf eine Mobilmachung der Jungen hinaus, um dem kommunistischen Einfluß entgegenzuwirken.

Mitte Oktober 1938 flog Tschu Te, der Kommandant der Roten Armee, zusammen mit Tschu En-lai nach Wuhan, um eine »bessere Durchführung der Vereinigten Front zu erzielen«. Doch da Tschiang für seinen Militärrat eine größere Befehlsgewalt über die kommunistische 8. Armee forderte, scheiterten die Gespräche.

Im November 1938 hielt Mao Tse-tung seine berühmte Ansprache über die Notwendigkeit bewaffneter Wachsamkeit und warnte vor der Kuomintang; sie beabsichtige Verrat, habe sie doch hintertrieben, daß die Vereinigte Front eine durchführbare Organisationsform annehme:

> Seit 1911 haben sich die Warlords mit ganzer Seele an ihre Truppen geklammert, denn sie halten große Stücke von dem Grundsatz: Wer Truppen hat, hat Macht. Auch Tschiang Kai-schek liebt die Truppen wie sein eigenes Leben, er hat eine riesige Armee für konterrevolutionäre Zwecke aufgestellt. Unbeirrbar handelt er nach diesem wichtigen Prinzip, daß wer Truppen hat, Macht hat, und daß der Krieg alles und jedes entscheidet ... in dieser Hinsicht können wir etwas von ihm lernen ...

Das war die Frage: Bürgerkrieg gegen die Kommunisten oder Fortsetzung des Widerstands gegen Japan? Im November 1938 traten in Nanyu viele für eine Bekämpfung der Kommunisten und einen Frieden mit Japan beziehungsweise für eine große antikommunistische Allianz ein. »In hundert Jahren werden Japan und China nur noch ein einziges Land sein, und dann werden wir auch die wahren Herren von Asien werden«, echoten Ho Ying-tschin und Wang Tsching-wei den japanischen Militaristen nach.

Aber Japan würde zweifelsohne seinen treuen Schüler Wang Tsching-wei begünstigen ... andererseits konnte Tschiang den Widerstand gegen Japan nicht allein Mao Tse-tung überlassen, ohne ihn dadurch zum Helden des Volkes zu machen. Aus diesem Dilemma gab es nur einen Ausweg: Der Verteidigungskrieg mußte scheinbar fortgesetzt, gleichzeitig aber bereits eine Internationalisierung des Konflikts vorbereitet werden, wobei man außerdem zusehen mußte, die Früchte des Sieges für sich zu buchen, indem man die roten Truppen noch mehr zermürbte, ja Mao Tse-tungs Stützpunkt in Jenan womöglich sogar ganz zerstörte ...

Daher die Losung, Zeit für Raum einzuhandeln. Das heißt, nach außen hin weiterzukämpfen, ohne doch die Verhandlungen mit Japan deshalb abzubrechen und gleichzeitig dafür zu sorgen, daß die Macht der Roten Armee nicht weiter zunahm.

Diese Entscheidung wurde am 12. November in Nanyu getroffen. Am 13. November flogen Tschiang und seine Frau zusammen mit den höheren Beamten in die neue Bastion, Tschungking, die »Hauptstadt des Freien China«, während der Generalstab am 14. November nach Kueilin abreiste, um von dort nach Tschungking weiterzufahren. Berauscht vor Begeisterung über den vermeintlichen Entschluß weiterzukämpfen, schrieb ich: »Solange Chinesen leben, die wie Tschiang Kai-schek sagen: ›Wir werden uns keiner bewaffneten Macht beugen, ja, wir weigern uns, eine solche Macht anzuerkennen‹ ... kann uns keine Macht der Welt etwas anhaben ... wird China frei bleiben ...«

Damals ahnte ich nicht, daß dieser Entschluß nichts mit Heldenmut zu tun hatte, sondern das Ergebnis einer Reihe sorgfältiger Kalkulationen und wohl durchdachter Perfidien war ... Meine Freude erwuchs aus einer Täuschung, einem Irrtum, den viele teilten, denn viele glaubten, Tschiang wolle wirklich kämpfen.

Wang Tsching-wei, mit seinem Friedensvorschlag offensichtlich abgeblitzt, begab sich nach Tschungking, eine Rolle in Tschiang Kai-scheks Schatten zu spielen, reizte ihn nicht. Als er im Dezember 1938 eine Einladung erhielt, an der Militärakademie von Kunming einen Vortrag zu halten, wurde ihm sogar ein Flugzeug zur Verfügung gestellt. Tai Li, Oberhaupt der Blauhemden und Tschiangs Graue Eminenz, fand sich auf dem Flugplatz ein, um ihm »Gute Reise« zu wünschen. Wang wurde die Flucht also erstaunlich leicht gemacht; er floh nach Kunming und von dort nach Hanoi, wohin ihm Tschiang einen Geheimagenten nachschickte, offensichtlich mit dem Auftrag, ihn zu liquidieren. Aber dieser erwischte statt dessen nur Wangs Sekretär. Wang selbst ging von Hanoi nach Schanghai. Die Japaner nahmen ihn freundlich auf und setzten ihn 1940 als Regierungspräsidenten des besetzten Südchina mit der Hauptstadt Nanking ein. Für die besetzten Gebiete in Nordchina mit der Hauptstadt Peking hatten sie einen anderen Strohmann, Ying Jukeng. Und in der Mandschurei, seit 1934 der selbständige Staat Mandschukuo, regierte Pu-i, der letzte der letzten chinesischen Kaiserdynastie, der während der Revolution 1911 abgesetzt worden war.

Wang Tschings-weis »Flucht« wurde von einigen westlichen Beobachtern als Kriegslist aufgefaßt, als ein Manöver Tschiangs, Wang auf die japanische Seite zu schaffen und ihm so die ganze Last des »Verrats« aufzubürden. Denn durch Wang und seine Freunde konnte das Oberhaupt der Geheimpolizei Tai Lee nun Kontakt mit Nanking und Schanghai halten ... Doch wie dem auch sei, jedenfalls landete der brillante Opportunist, der skrupellose Wang Tsching-wei schließlich bei den Japanern. Ein Photo zeigt ihn, wie er vom japanischen General Toyama begrüßt wird; im europäischen Cut mit glänzendem Zylinder und weißen Handschuhen nimmt er einen Degen entgegen.

An dem von Tschiang Kai-scheks Truppen gehaltenen Frontabschnitt rührte sich in den folgenden drei Jahren nicht viel. Bis 1944 starteten die Japaner keine größere Offensive. Zwar kam es gelegentlich zu Scharmützeln mit irgendwelchen Provinztruppen, aber nie zu einem Kampf zwischen Tschiangs sorgfältig geschonten Divisionen und größeren japanischen Einheiten. Im allgemeinen konzentrierten sich die Japaner auf die kommunistische Front, mit dem großen Stützpunkt Jenan.
Trotz des Abkommens, die 8. Armee mit Waffen, Geld und anderen Vorräten zu versorgen, begann die Kuomintang bereits 1939 alle Nachschublieferungen zu sperren. Schon 1935 hatte Tschiang den Offizier Hu Tsungnan, von dem er sich am meisten versprach, in die Nordwestprovinz Kansu entsandt. 1937 erhielt Hu Tsungnan den Oberbefehl über den ganzen Nordwesten, und von 1939 bis 1945 errichtete er eine gewaltige Blockade um Jenan, mit Schützengräben, Befestigungen und Blockhäusern, eine regelrechte Maginot-Linie. Die beste Ausrüstung, die besten Divisionen (500 000 Mann), der beste (zuerst von Sowjetrußland, später von Amerika gelieferte) Proviant waren für Hu Tsungnan bestimmt, für den einzigen Krieg, an dem Tschiang etwas lag, den Krieg gegen Mao Tse-tung. Mit Japanern kamen Hu Tsungnans Truppen überhaupt nicht in Berührung.
Die Konferenz in Nanyu, bei der diese langfristigen Pläne entworfen wurden, vereinfachte auch die Befehlsübermittlung, die sich als zu umständlich erwiesen hatte. Dadurch kamen mehr junge Offiziere, Geheimdienstleute und Blauhemden an die Macht, was sich wiederum unmittelbar auf die Karriere von Leuten wie Pao auswirkte, die nun viel schneller befördert wurden als unter normalen Umständen.
Wieder hob eine Treibjagd auf die Progressiven an. Anfang 1939 wurde die politische Abteilung des nationalen Militärrats, die die Aufgabe hatte, alle Patrioten zu »vereinen«, gesäubert, das Dritte Büro oder die Propagandaabteilung, die mit einigen

linksorientierten Intellektuellen, so auch dem Schriftsteller Kuo Mojo, zusammenarbeitete, geschlossen. Tschu En-lai, zu dieser Zeit Verbindungsoffizier der Kommunisten beim Militärrat, wurde aller wichtigen Funktionen entkleidet und Geheimanweisungen erteilt, wie »Verräter mit gefährlichen Gedanken« isoliert werden sollten. Wieder einmal begannen Razzien in Buchläden ... Im März 1939 wurden einige Offiziere der Neuen Vierten (kommunistischen) Armee gefangengenommen und lebendig begraben, die Familien kommunistischer Offiziere in Szetschuan von Geheimdienstleuten umgebracht ... die Pressezensur zunehmend verschärft. Mit anderen Worten, die Vereinigte Front existierte nur noch dem Namen nach.

Für China zeichneten sich zwei Wege ab, die zu vereinen jedoch unmöglich war, da sie einander automatisch ausschlossen: China konnte entweder den vorrückenden japanischen Heeren wirklich Widerstand leisten; die Vorstellung, sich den Aggressoren zu unterwerfen und in Frieden mit ihnen zu leben, fahren lassen; alle Land-, See- und Luftstreitkräfte sowie das ganze Volk in einem Volkskrieg mobilmachen und im Vertrauen auf die Kraft des chinesischen Volkes den Endsieg zu erzwingen versuchen – oder der Entscheidung ausweichen, mit Japan einen Kompromiß schließen, Zugeständnisse machen; auf die Hilfe der Westmächte hoffen; die herrschenden Gruppen mit ihren kapitalistischen Interessen am Ruder lassen und in einem Bürgerkrieg den »Kommunismus ausrotten«. Tschiang Kai-schek entschied sich für letztere Möglichkeit.
Bis zum Dezember 1938 hatten die Kommunisten im Norden bereits vier große und zwei kleinere antijapanische Stützpunkte eingerichtet, die später weiter ausgebaut werden sollten.
In Nordchina waren nach Lin Piaos Sieg bei Ping Hsing Kuan zwei große Basen in der Provinz Schansi und im Tai-Hang-Gebirge dazugekommen.
In Zentralchina war der Stützpunkt der Neuen Vierten Armee bereits fertiggestellt, wenn er auch erst später besondere Bedeutung erlangen sollte.

Im Süden bildete sich nach dem Fall von Kanton im Oktober 1938 eine antijapanische Guerillatruppe, das sogenannte Perlfluß-Detachement. Ihr Kern setzte sich aus Guerillas der Roten Armee zusammen, die elf Jahre früher (1927) in den heroischen Tagen, als Tschu En-lai, Yeh Ting, Tschu Te und andere so tapfer gegen eine erdrückende Übermacht gekämpft hatten, bei der Kanton-Kommune dabeigewesen waren. Die Kuomintang hatte schreckliche Vergeltungsmaßnahmen ergriffen, trotzdem waren einige der Kanton-Kämpfer entkommen, untergetaucht, »zur Erde gegangen« und so am Leben geblieben. Nun kamen sie wieder zum Vorschein, und gleich schlossen sich ihnen Studenten, Arbeiter und Auslands-Chinesen aus Hongkong an, aber auch Versprengte der Kuomintang-Truppen, die Kanton den Japanern überlassen hatten, und Freiwillige aus der Stadt selbst. Sie gruben versteckte Waffen aus, nahmen den zurückweichenden Soldaten die Gewehre ab und stellten das Perlfluß-Detachement auf. Anfangs verfügten sie nur über acht brauchbare Gewehre, was sie indes nicht davon abhielt, die Japaner anzugreifen. Ende 1938 war ihre Truppe bereits fünftausend Mann stark, und Ende 1939 hatten sie ein Gebiet mit zweihunderttausend Menschen befreit.
Auch auf der Insel Hainan hatte sich ein Roter Kern gebildet und den ganzen Krieg hindurch gehalten. Zwar erlitt er nach der Invasion der Japaner am 10. Februar 1939 beträchtliche Verluste, aber den Kampf gab er nicht auf.
Die Kraftprobe zwischen den beiden Auffassungen, den beiden Ideologien dauerte von 1939 bis 1945. Dabei zeigte sich deutlich, was das Volk vermag, wenn es mobilisiert, geschult, politisch erzogen, wenn es »das Wasser« für den Guerilla-»Fisch« ist, wenn Männer, Frauen und Kinder mitkämpfen: In einem Volkskrieg vollbringt es die reinsten Wunder.
Diese Kraft besingt das in jenen Jahren entstandene Guerillalied:

Wir alle können mit dem Gewehr umgehen,
Jede Kugel trifft einen Feind,

Wir sind ein geflügeltes Heer,
Fürchten nicht Berge noch Flüsse.

Im Gestrüpp und Dickicht überall
sind die Unterstände unserer Kameraden,
Auf den höchsten Gipfeln und Graten
Sind unsere Brüder ohne Zahl.

Wir haben weder Essen noch Kleidung,
Doch der Feind gibt uns Nahrung und Rock,
Kein Gewehr in der Hand und keine Kugeln –
Der Feind liefert sie uns gebrauchsfertig.

Wir sind das Volk, das hier geboren,
Jeder Zoll Boden ist unser,
Wer immer versucht einzudringen,
Wird bis zum Tode bekämpft.

Als ich, eine von mehreren hundert Frauen, mit Tschiang Kaischeks Generalstab in dem üblichen Durcheinander von Waffen, Munition, Möbeln, Akten und Wäsche aus Nanyu abzog und wir einer betrunkenen, vom Schluckauf geplagten Horde von Landstreichern gleich den Ort verließen, war von den Guerillas nichts zu sehen. Diejenigen, die zurückblieben, sind mir heute viel lebhafter in Erinnerung als all die Obersten, Brigadegenerale, Generale, und ich wüßte gern, was aus ihnen geworden ist – aus dem stets so hilfsbereiten und arglosen jungen Kellner und dem nicht ganz so harmlosen Mann, der beim Fegen des Hofes sang: »Erhebt euch . . .« Vielleicht waren sie Guerillas? Jedenfalls, hoffe ich, wurden sie es, als die Japaner 1944 Nanyu schließlich doch noch einnahmen.

4

Lieber Joseph Hers,
nachdem japanische Flugzeuge ein paar Bomben abgeworfen hatten, verließen wir Nanyu am 16. November und fuhren per Bahn nach Kueilin. Wir waren recht lange unterwegs, hatten aber dann hier in Kueilin großes Glück und bekamen ein kleines Zimmer. Alle Welt scheint sich hier versammelt zu haben. Die Leute sagen: »Schauen Sie sich die chinesische Geschichte an, und Sie wissen den nächsten Schritt.« Was heißt das? Die Provinz Szetschuan? Ziehen wir als nächstes nach Szetschuan, das heißt nach Tschungking ... Hier kann man nirgends hin, der Verkehr ist lahmgelegt, aber ich habe zu essen, bin gesund und lerne mein Land und mein Volk kennen. Das Gepäck stellt ein Problem dar, ich muß noch mehr Kleider abstoßen. In der Freizeit studiere ich ...

Wie entmutigend das Chaos auf der Fahrt von Nanyu nach Hengschan und weiter nach Kueilin samt all den kleineren Schrecken, die sich zu einem Bild von Not und Elend summierten! Erschreckend, wieviel Raum das Gepäck der Offiziere und ihrer Angehörigen beanspruchte, während sich im Regen auf dem Dach Flüchltinge drängen oder vor Erschöpfung betäubt, herunterfallen oder heruntergestoßen werden, weil sie an Typhus oder Malaria starben oder auch nur, weil sie eine falsche Bewegung gemacht und sich nicht hatten festhalten können. Und auf jedem Bahnhof wieder dieselbe unabsehbare Menge, Kopf an Kopf, dichtgedrängt vor der Sperre, die sich in Bewegung setzt, um die Plattformen zu stürmen und auf die Waggons zu klettern, die mit Knüppeln verjagt, geschlagen wird und doch in immer neuen Wellen heranbrandet. Die tausendfüßige Prozession der Träger, die riesige Körbe voller Akten und Papiere des Generalstabs an Bambusstecken geschultert

fortschaffen. Langsam kriecht der Zug dahin, bleibt stunden-, tagelang stehen. Vier Tage und vier Nächte verbringen wir in der Scheune eines reichen Bauern (allerdings nur für chinesische Begriffe reich, und das bedeutet im Grunde keine großen Schätze), und Ratten laufen über uns weg, während wir schlafen. Doch das ist nur ein nebensächliches Detail, eins unter Millionen, und dabei gehören wir zu den Privilegierten, die sicher sein können, nicht auf der Straße zu sterben. Dazu der Regen, rauhe, böige Regengüsse, letztlich aber geradezu ein Segen, denn nun werden die täglichen Bombenangriffe wohl aufhören. Die ganzen vier Tage auf dem Bauernhof hatten Pao und ich keinen Streit, aber wir waren noch keine Stunde im Zug – der schließlich doch noch kam und den wir zusammen mit Tausenden und Abertausenden, die zum Teil auf die Dächer kletterten und sich an den Fenstern anklammerten, im Sturm nahmen – als Pao mich unerachtet aller Zuhörer anzuschreien begann. Jedermann sah und hörte alles; und so, zu zweit auf eine der schmalen Holzbänke gezwängt, zwei gegenüber, insgesamt zu siebenundachtzig im Waggon, ging es fünf Tage lang weiter ohne jede Möglichkeit, sich auch nur für einen Augenblick zurückzuziehen.
Warum machte mir Pao unter solchen Umständen Szenen? Später suchte er sich mit Vorliebe Restaurants, Parks und andere öffentliche Stätten aus, um mich anzuschreien und sogar zu schlagen. Im Zug beklagte er sich laut, meine Unmoral und Unkeuschheit sowie der Umstand, daß ich Eurasierin sei, schade seiner Laufbahn, nur ich – erklärte er den fünfundachtzig anderen – gefährde seine Karriere. Dann zählte er sämtliche Tugenden auf: Höflichkeit, Rechtschaffenheit, Lauterkeit, Schamgefühl, Treue, Brüderlichkeit; sie würden China als Nation retten. Das Ganze war phantastisch und schon damals leicht lächerlich, nur daß mir nicht nach Lachen zumute war. Darauf versicherte er, Herren wie er seien loyal, und China brauche mehr von seiner Art; ich dagegen habe »Chinas Gesicht weggeworfen«. Leute wie ich hätten China in seine gegenwärtige bedrohte Lage gebracht.
Nachdem er seiner Wut ein paar Stunden lang Luft gemacht

hatte, urinierte ein Flüchtling auf dem Dach, und der Urin tropfte auf mich herunter. »Da hast du dein Volk, da auf dem Dach«, schrie ich, und Pao wurde zornig und stieg hinaus und schlug sie – und ich kam mir wie eine Verbrecherin vor.

In Anbetracht von Paos späterem meteorhaften Aufstieg erwies sich alles als grober Unfug; aber ich verkörperte für ihn nun einmal alles, was er fürchtete und mißbilligte, meine Person, Leib und Seele, und doch kam er nicht los, quälten ihn Haß und Liebe gleichermaßen, reagierte er in leidenschaftlichen Aufwallungen und Haßausbrüchen. Er litt selbst darunter, schrecklich, unerbittlich, unnötig, im Stil der großen viktorianisch-konfuzianischen Tragödie; doch da er nicht einen Funken Humor besaß, konnte er sich von dem unergründlichen Drama seiner Liebe und seines Abscheus nicht freimachen. Wenn ich mich nach einem solchen Wutanfall ausgeweint hatte und in Lachen ausbrach, fühlte er sich tief verletzt, während er mir trotz all meines Unglücks oft pathetisch vorkam und mir meine Lage selbst lächerlich erschien! Ihn dagegen verletzte nichts so sehr wie Lachen.

Er war äußerst rassebewußt, und ich erinnerte ihn ständig an die Demütigung seines Volkes, das seinen Stolz jetzt durch eine Umkehrung des Rassismus der Weißen wiederzufinden suchte. So bot ich Pao die großartige Gelegenheit, seine Komplexe an mir abzureagieren und Tschiang Kai-scheks feudalistisches Rezept an mir auszuprobieren, das heißt, mich mit Hilfe jener abgedroschenen Gemeinplätze zu ändern, die einst auch das Land retten sollten. Er nahm es auf sich, aus mir eine andere, ein Muster an all jenen trüben Tugenden zu machen, die nur in ihrem Wortschatz existierten, und versuchte jahrelang, von Ehrgeiz getrieben, mir meine Verderbtheit, Unmoral und Fremdartigkeit durch Moralpredigten und politische Schulung auszutreiben.

Loyalität, unbedingter, blinder Gehorsam gegenüber dem Führer; »das Verhältnis von Mann und Frau ist das von Vorgesetztem und Untergebenem, von Herrn und Diener« – sagt Konfuzius; und all diese kindischen Erniedrigungen, vom patriarchalischen Feudalismus Chinas zu Tugenden erhoben, sollten, wenn sie nur fromm geübt wurden, China vor allen drohenden Gefahren erretten. Unaufhaltsam rollte der Zug nach Kueilin, unaufhaltsam verrannen die Stunden, unaufhaltsam erging sich Pao über Tugend und Tradition, steigerte sich selbst immer mehr hinein, bis er schließlich vor lauter Erschöpfung verstummte.

Doch das war erst der Anfang meiner Qual. Als wir fünf Tage später in Kueilin ankamen, taumelten wir aus dem Zug, ich in einer Art Betäubung, und Pao endlich still, wenn auch nicht für lange. Dann folgten zwei Wochen in dem schönen Kueilin, der Hauptstadt der Provinz Kuangsi, in der schönsten Umgebung der Welt mit den unvermittelt aus der Ebene aufsteigenden höhlenreichen Bergen; dem außergewöhnlichen smaragd- und saphirgrünen Fluß, der über Felsen dahinrauscht, den fischenden Kormoranen; und seinen Miao-Menschen, den arbeitenden, kräftigen Frauen mit den silbernen Armbändern und Ketten und den schmucken Männern mit den Silberknöpfen an der Weste. Kuangsi galt als »Musterprovinz«; verwaltet wurde es von Li Tsungjen und Pai Tschungsi, zwei militärischen Funktionären, die mit Tschiang Kai-schek oft über Kreuz gerieten, ihn momentan aber des Krieges wegen unterstützten. Die Miao stellten einen großen Anteil der Bevölkerung; ihre Frauen waren, da ihnen Konfuzius nicht im Rücken saß, nicht so geknebelt wie die der Han-Chinesen. Gleich nach unserer Ankunft starteten die Japaner einen Bombenangriff auf Kueilin; die Menge lief, von Panik erfaßt, über die Brücke, um sich in den Berghöhlen in Sicherheit zu bringen, ich kam zu Fall und wäre, wenn Pao mich nicht gerettet hätte, in den Fluß gestürzt.

So war ich also wieder gefangen, wieder in seiner Schuld; gebunden durch meine eigene beginnende Verwirrung, gefesselt durch Paos qualvolle »Beweisführungen«, bei denen nur eins zählte, Tschiang Kai-scheks Richtlinien logisch weiterzudenken; gekettet an Pao durch Patriotismus, Dankbarkeit, durch Ehe und Liebe.

Ich lief durch die Straßen von Kueilin, kaufte ein paar alte

Bücher und brachte sie mit nach Hause; Poesie, *Die drei Königreiche* ... Außerdem machte ich mich über Schönschreibübungen. »Ich bin dabei, meine eigene Sprache zu lernen«, schrieb ich an Hers. Pao nahm mir die Gedichtbände weg: »Das ist nichts für dich ... du bist sowieso schon zu romantisch«, und ließ mir nur die *Drei Königreiche*, die er natürlich in- und auswendig kannte; ja, oft identifizierte er sich sogar mit dem einen oder anderen Helden, vor allem, was die Treue dem Lehnsherrn gegenüber anging.

Nach unserer ersten Woche in Kueilin kamen die japanischen Bomber jeden Tag; zum Glück boten die Berge mit ihren Höhlen in der Umgebung der Stadt einen natürlichen Schutz. Aber vor Paos Vorträgen, vor seinen unnachgiebigen Predigten, seiner wachsenden Brutalität schützte mich nichts. Ich sollte, ich mußte geändert werden, aber obwohl ich nachgab und mich fügte und weinte und zerknirscht war und er unbarmherzig nachdrückte, erklärte, predigte – ein pausenlos redender Lautsprecher, den ich nicht abdrehen konnte – war letzten Endes alles vergebens, ich konnte mich nicht ändern.

25. November *Kueilin*

Lieber Onkel,

ich habe meinem Großvater geschrieben, Louis dagegen werde ich nicht schreiben, und ich will Dir auch sagen, warum. Ich möchte weiterstudieren und Ärztin werden und China dienen, aber als Chinesin hätte ich die Finger von einem Ausländer lassen sollen. In China hat eine alleinstehende Frau keinerlei Chancen, zumal im Krieg. Du hattest keine Ahnung, auf was ich mich eingelassen habe. Jetzt habe ich, sagt Pao, eine Chance, meinen guten Ruf wiederzugewinnen. Pao gehört nicht zu den modernen jungen Leuten, er hat in England in Woolwich und Sandhurst studiert und ist vorher im alten Stil erzogen worden. Er glaubt an die Tugend und hat eine altmodische Familie mit einer langen Moraltradition. Er besitzt Willensstärke und ist extra aus England zurückgekommen, um an diesem Abschnitt der Geschichte teilzuhaben, übrigens, genau wie ich, gegen den Willen seiner Vorgesetzten ... er tut sein Bestes und ich auch. Er kennt meine ganze Vergangenheit, meine Irrtümer, meine Verfehlungen. Wir können arbeiten, wir sind jung, China braucht uns. Er sagt, China braucht uns, und unsere Herzen sind rein, egal, was wir auch falsch gemacht haben. Er möchte mich ändern, ich soll lernen ... alte Bücher, Geschichte lesen. Er hat kein Geld, dafür aber gute Aussichten. Er sagt, wir müssen Pläne machen, und ich soll Ärztin werden, und wir werden viel Bitteres schlucken müssen, aber letzten Endes werden wir es schaffen. Er ist auch ehrgeizig; wenn alles so weitergeht wie bisher, sagt er, werden Leute wie wir in China zermalmt und dann ist alles aus, aber wenn wir zusammenhalten, gibt es noch eine Hoffnung ... Die chinesische Jugend braucht Führer, und er kann einer von ihnen werden, wenn er nur eine Chance bekommt. Pao möchte mich aus Gründen der Sicherheit nach Europa zurückschicken, aber ich möchte nicht fort; ich muß noch so viel über mein Land lernen ... Natürlich sind wir momentan gestrandet ... wir hausen mit einer ganzen Reihe von Leuten zusammen, Fahrgelegenheit gibt es keine, möglicherweise müssen wir zu Fuß nach Tschungking marschieren, aber ich habe keine Angst. Ich bin stark. Pao sagt, ein Mädchen mit meinem Aussehen und meiner Vergangenheit hat in China keinerlei Chancen ohne einen Beschützer, es muß unter die Räder geraten. Pao liebt mich sehr und möchte mich beschützen. Auch ich kann ihm eine große Hilfe sein, weil er eine Frau braucht, die fremde Sprachen spricht und mit der er sich in der Gesellschaft sehen lassen kann ... er sagt, er braucht jemand, der ihm hilft, Chinas zukünftige Armeen aufzubauen und den chinesischen Soldaten und Bauern Trost und Stärkung zu sein. Wir müssen mit unserem Beispiel vorangehen ... es wird mir schwer werden, sehr schwer ... Ich habe meinem Großvater geschrieben, aber bis jetzt noch keine Antwort erhalten ... Fehlt ihm denn etwas? ...

Dieser wirre Brief mit seinen hundert widersprüchlichen, aber ins Bild passenden Einzelheiten enthüllt die geheime Wurzel von Paos Ehrgeiz, deckt auf, warum er mich letztlich nicht verstoßen hat; heute weiß ich, was damals in ihm vorging, warum er mich zu einem gelehrigen, gefügigen Werkzeug zurechtzubiegen gedachte, um mich seinen ehrgeizigen Plänen dienstbar zu machen, heute wundert mich meine Verwirrung, meine Bestürzung von damals nicht mehr.

Anfang Dezember verließen wir Kueilin. Mit dem Bus fuhren wir durch die Provinzen Kuangsi und Kweitschou übers Gebirge nach Szetschuan. »Mein Vater ist aus Szetschuan«, erklärte ich Pao. »Ich habe dort noch heute Angehörige.« Unsere Fahrt führte uns durch das chinesische Hinterland, das die meisten aus den Küstenstädten noch nicht kannten. In vielen Gebieten stießen wir auf nationale Minderheiten, die Miaos und die Huais, die Yis und die Lobos, Jäger, keine Reispflanzer, große, rotbackige Menschen mit festem direkten Blick, die sich von Buchweizen nähren, einige stehen auf einer ziemlich primitiven Stufe, andere wieder haben noch Überreste des Matriarchats bewahrt. Sie leben in den unermeßlichen Weiten Südwestchinas auf Hochplateaus und leben nicht selten mit den Bewohnern der Ebene in Streit. Die Armut dieser Gegend ist so schrecklich, daß sie uns unmittelbar wie ein physischer Schlag traf; selbst Pao mußte soviel Elend und Erniedrigung anerkennen; allerdings schrieb er es einem »Mangel an Tugend« zu. Menschliche Wracks, herrenlose Dörfer in den Bergen, von der Gewalt reißender Gebirgsbäche zerstört, und überall Opium.
Auf dieser Fahrt begannen Paos Freunde, ihn mit mir aufzuziehen. Wenn wir nachts haltmachten, unterhielten sie sich laut über mein Äußeres ... »Sie hat fremdes Blut in den Adern, das sieht man doch ...«
»Keineswegs«, entgegnete Pao, »es ist rein chinesisch.« Als ob es mir nicht ins Gesicht geschrieben wäre, daß ich Eurasierin bin! Zwar konnte ich mich mittlerweile beherrschen und widersprach ihm nicht mehr, trotzdem aber wurde er bei solchen Ge-

legenheiten wütend auf mich, gerade als ob mein Gesicht mein Fehler wäre. »Warum lügst du auch immer?« fragte ich. »Wäre es nicht besser, du würdest ihnen empfehlen, sich um ihre eigenen Angelegenheiten zu kümmern?« Doch davon wollte Pao nichts wissen. Er vergaß völlig, daß er durch seine Szenen in aller Öffentlichkeit selbst den Auftakt zu der Quälerei gegeben hatte. Mein Gesicht. Mein Aussehen. Aber die Fahrt war so anstrengend, daß man gar nicht die Kraft aufbrachte, sich lange über die gezielten Bosheiten der Mitreisenden zu grämen. Man hatte genug damit zu tun, bei dem Geschüttele und Gerumpele des Busses auf den abschüssigen, sich bergauf, bergab windenden und krümmenden Straßen überhaupt am Leben zu bleiben. Dennoch besserte sich mein Aussehen, denn ich war jung, in einem Alter, in dem Dramen noch keine Runzeln hinterlassen, und wenn ich mich ausgeweint hatte, blühte mein Gesicht wieder auf; schließlich gab es so viel zu sehen, zu lernen ... Widerstrebend sagte mir eine Frau, ich hätte eine feine Haut und feines Haar; bestimmt schürte das den Klatsch noch.

Paos »wohlwollende Brüder« waren trotz allem Gerede von Bruderschaft im Grund Rivalen, bestrebt, einander hineinzureiten, um selber aufzusteigen. »Es gibt nur zwei Wege zum Erfolg«, lautete eine weitverbreitete Devise: »Entweder man macht sich selber einen Namen, oder man gräbt den anderen eine Grube, in die sie hineinfallen, so daß man als einziger ohne Fehler erglänzt. Einfacher ist ohne Zweifel die zweite Möglichkeit.« Sich selbst in einen guten Ruf zu bringen (*min yu*) und die anderen in einen schlechten, das heißt dafür zu sorgen, daß sie das Gesicht verlieren (*tiu lin*) – das galt als das A und O der Kunst, sich in Gesellschaft zu bewegen, zu Macht zu gelangen, als Kernstück sämtlicher Kriegslisten und Verzögerungstaktiken im Rennen um die Laufbahn. Welchen Eifer entfalteten die wohlwollenden Brüder bei der Verbreitung abträglicher Geschichten über ihre abwesenden Mitbrüder! Wenn Pao in das Gelächter mit einstimmte, mußte ich immer denken: »Was mögen sie wohl über ihn, über mich sagen, wenn er nicht dabei ist ...« Mein Aussehen und der Umstand, daß ich als »zurückgekehrte« Studentin Pao nützlich sein konnte, bestärkte sie wohl noch darin, uns aus dem Hinterhalt aufs Korn zu nehmen. Im Bus selbst schlug uns, wie ein übler Mundgeruch, von allen Seiten eine scheinheilige Freundlichkeit entgegen, ein witzereißender Stumpfsinn, Stecken und Stab des mitmenschlichen Umgangs. Das benahm mir vollends die Sinne, so daß mir alles ganz unwirklich vorkam; einzig das schöne, gewaltige, zugrundegerichtete Land, durch das wir fuhren, war ohne Arglist, während in dem dahinscheppernden Vehikel berechnende Bosheit ihre kleinen schmerzhaften Spitzen und Sticheleien sehr wohl in Worte zu kleiden wußte. Wenn mir abends ein freundliches Wort hingeworfen wurde, klammerte ich mich daran. Warum halfen wir denn einander nicht, ich konnte es einfach nicht begreifen, aber schon im Zug hatten wir uns durch unverantwortlichen Eigennutz gegenseitig das Leben schwer gemacht, bei der Benutzung der Toilette, indem wir Knochen und Schalen einfach auf den Boden warfen und liegenließen, indem jeder nur an sich selbst, nie an die anderen dachte. Und jetzt war es genau dasselbe. Nur wenigen kam die Idee, den anderen etwas zuliebe zu tun. Im Gegenteil, die meisten vertrieben sich die Zeit damit, Hiebe auszuteilen, Pao und mich zu rupfen. Durch Freundlichkeit animierten mich die Frauen zum Reden. Ich gab meine Meinung zum besten, und scheinbar voller Wohlwollen hörten sie mir zu, nur um dann zum tödlichen Schlag auszuholen ... Wie konnte eine Frau bloß soviel *fremde Erfahrung* besitzen ... Mit diesem abscheulichen Satz machten sie mich fertig, und Pao besorgte den Rest.

Seit jener Zeit weiß ich, was es heißt, geistig ausgesaugt zu werden, auch wenn ich es nur in bescheidenem Ausmaß erlebte; aber die Wirkung war verhältnismäßig stark, dem steten, Stunde um Stunde auf die Stirn herunterfallenden Wassertropfen oder der Folterung mit Nadelstichen vergleichbar; und deshalb verstehe ich heute auch die Agonie derer, die sich Stunde um Stunde, Tag um Tag, Woche um Woche der Kritik der Masse stellen müssen und schließlich Selbstmord begehen. Nach den ersten paar Tagen empfanden alle im Bus ein so starkes leibliches Unbehagen, daß keiner imstande war, Gefühlsausbrüche lange hinzuspinnen. Pao befiel eine heftige Übelkeit, sobald er die Augen aufmachte. Abends in den Gasthäusern aber hielt er mir vor dem Einschlafen stundenlange Moralpredigten und beschimpfte mich. Ich dachte, in Szetschuan wird alles besser ... in Szetschuan habe ich Angehörige.

Unterwegs übergab ich mich manchmal zum Busfenster hinaus, vor allem aber litt ich seit unserer Abfahrt von Nanyu immer wieder unter Blutungen. Trotzdem sah ich gut aus und dachte, wenn ich auf die in der Morgensonne gleißenden Berge hinausschaute, wie großartig China doch war, wie wunderbar, und daß eines Tages alles in Ordnung kommen würde. Nur, wer sollte die Ordnung herstellen?

Eines Abends stießen wir auf die jungen Offiziere, die mit ihren Habseligkeiten vor uns nach Tschungking aufgebrochen waren und nun im Nieselregen neben ihrem umgekippten Lastwagen auf der Straße standen. Der Fahrer war nach Art aller Fahrer wie ein Betrunkener dahingerast, die Berge hinauf- und in die Dörfer in den Tälern hinuntergeschossen; in einer verschmutzten Kurve mit einem tiefen Schlagloch hatte es das Vehikel dann aus der Bahn geschleudert. Ernstliches war nicht passiert; die jungen Offiziere waren lediglich tüchtig durchgeschüttelt worden, ein Teil des irdenen Geschirrs zu Bruch gegangen, ein paar Körbe mit Haushaltsgeräten umgestürzt ... dennoch erfaßte sie eine Kollektivwut. Sie empfanden es als beschämend, so durcheinandergewürfelt worden zu sein, glaubten, Gesicht verloren zu haben, was ihre streitbare Würde nicht hinnehmen konnte. So stürzten sie sich auf die Steine und das Geröll, das von der verwitterten Felswand heruntergerollt war, und steinigten den Fahrer zu Tod. Da lag nun die Leiche, ein erschlaffter, ruhiger Haufen, auf Stein gebettet und von Stein zugedeckt und der Lastwagen, noch immer umgekippt, wie ein ungeschlachtes totes Monstrum, während die jungen Offiziere auf uns warteten. Wir konnten nur einige von ihnen mitnehmen: die anderen mußten weiter warten.

Zum Glück war das nächste Dorf nur zwei oder drei Kilometer

entfernt, ein entsetzliches Dorf, voll von Opiumrauchern, heruntergekommenen Hütten, wandelnden Skeletten. Die Leiche in den Bergen hatte Pao aufgerührt, nachdenklich gestimmt; mit einem Male wandte er sich mir wild und liebend zu, wurde aber durch das schrille Gelächter einer neugierigen Frau unterbrochen. Und das bedeutete für ihn so viel wie das Gesicht verlieren. Aus dem Regen und der Dunkelheit, der großen Nacht über den Bergen stieg ein weißer, nebliger Dunst auf. Und dieser Dunst verwandelte sich in meinem Traum in den gesteinigten Fahrer, der im Opiumrauch um uns schwebte – ein Alptraum, der durchaus in Einklang stand mit der ganzen phantastischen, schrecklichen Fahrt in den Untergang, auf der wir uns alle befanden. Noch heute wache ich gelegentlich an diesem Nachtmahr auf, der mich an den Bergabhang in jener kalten Nacht zurückversetzt, zu den törichten Mördern und ihrem Gekicher. Wie eine Beschwörung wiederholte ich an den folgenden Tagen wieder und wieder: »Alles wird besser, sobald wir nach Tschungking kommen . . . alles wird besser . . .«

Dann, eines schönen Nachmittags, fünf Wochen nach unserer Abfahrt aus Kueilin, kamen wir zum Großen Fluß, zum König der Ströme, zum Jangtsekiang, einer mächtigen, schnellen und gewaltigen Flut, dessen Wellen bronzefarben zwischen den eineinhalb Kilometer auseinanderliegenden Klippen dahinschießen. Auf einer Felsterrasse, hoch über der Stelle, an der die beiden Flüsse zum Großen Strom zusammenfließen, ragt steil und arrogant Tschungking auf, die »Stadt des wiedergefundenen Frohsinns«: an den nahezu senkrecht abstürzenden Hängen klammern sich, wie Muscheln an einen Stein, etwa sechzig Meter über dem Wasserspiegel eine Unzahl von unscheinbaren, düsteren Hütten mit ihren Stelzen an den Fels. Grau, in nebligen Rauch eingehüllt, lag die Stadt im Nachmittagsdunst in ihrem Winternest, ein Mythos, ein Traum, ein riesiger Stein auf einer riesigen Leiche. »Wir haben es geschafft . . . wir sind da.« Jedermann war froh darüber und glücklich. Ein paar Männer sangen, die Frauen seufzten vor Erleichterung auf, zeigten sich von ihrer liebenswürdigen Seite, fuhren sich mit ihrem kleinen Handtuch übers Gesicht, herzten ihre Kinder und wischten sich Erbrochenes und den Durchfall der Kinder vom Kleid. »Jetzt wird alles besser.« Auch ich säuberte mir das Gesicht von Staub und Dreck und fegte auch gleich noch die ganze aufgespeicherte Bitterkeit mit weg. Natürlich wurde jetzt alles besser. Es gab hier ein Krankenhaus, Arbeit . . . Auch Pao würde arbeiten und besserer Laune sein . . . Ich wollte meine Angehörigen aufsuchen, meine vielen Verwandten in Szetschuan . . . möglicherweise war ich ihnen ebenfalls nicht willkommen, aber ich wollte mein Bestes tun, nichts unversucht lassen. Ihre Welt wollte ich erobern, ich wußte ja nun, wie schwer es war. Warum sollte es mir diesmal nicht gelingen?

Groß und eindrucksvoll zeichnete sich Tschungking in der Dunkelheit ab, als wir auf die Felsterrasse hinaufstiegen, vierhundertachtzig Steinstufen bis zu dem Punkt, wo die Straßen beginnen; von den Steinen schien neuer Mut auszuströmen. Das also war der Sammelpunkt des Widerstands gegen Japan, eine edle, belagerte Stadt. Hoffnung erfüllte mich beim Hinaufgehen, ich biß die Zähne zusammen. »Soll doch kommen, was will, ich beiß' mich durch.« Denn ich war damals noch jung und voller Leben und lernte gerade, nicht locker zu lassen, mich fest anzuklammern, so fest wie jene Hütten am fast senkrecht abstürzenden Fels. Nein, ich würde nicht locker lassen.

Selbst heute, mit fünfzig Jahren, bedauere ich nicht, daß ich mich anklammerte wie Muscheln, wie jene trost- und hoffnungslosen Hütten am Fels, nicht einmal aus dem Wissen heraus, wie sehr ich in all den Jahren betrogen wurde, wie sehr ich mich selbst betrogen hatte.

Tschungking war eine Phantasmagorie, ein Monstrum, eine scheußliche Schimäre, unwirklich, ein aufgelegter Schwindel; eine Festung, deren hauchdünner Boden über dem Fels keine Bäume trug; eine vor Dreck und Schmutz starrende Stadt mit einem völlig unmöglichen Klima, ein Hochofen im Sommer, im Winter ein Nebelloch; und trotzdem, trotz des ganzen Drecks, trotz der Ratten, des Elends, trotz all der Trostlosigkeit und der

unvorstellbaren Grausamkeiten eine großartige, von Leben pulsierende Stadt, erfüllt von der Vorahnung des Triumphs ihrer Million Einwohner, die, obwohl ihre Leiden ohne Zahl und Ende schienen, doch den Mut nicht verloren und die schreiende Ungerechtigkeit zäh und geduldig ertrugen und so die Flammen noch zügelten, die eines Tages über dem ganzen Bauwerk des Bösen zusammenschlagen sollten.
Am 2. Januar, also im tiefsten Winter, kamen wir in Tschungking an. Dichte Nebelschwaden hüllten den grotesken Hüttenverhau ein, der, durch Verfall und Dreck stark mitgenommen, an alle möglichen sich zäh anklammernden Dinge erinnerte, an Pilze, Klauen, Moos. Der Große Fluß führte der Jahreszeit entsprechend wenig Wasser; die lang hingezogene Sandbank Schuang Hu Pa in der Mitte, die das halbe Jahr über als Landepiste für Flugzeuge diente, verschwand fast im gelblichen Dunst. Für das von graugelbem Qualm eingekreiste Felsplateau gab es keine Sonne. Tatsächlich wußten wir in den ersten Tagen nicht, wann es Zeit war, aufzustehen, teils weil wir die Tageszeit nicht bestimmen konnten, teils weil wir von der Fahrt noch so erschöpft waren und ich außerdem, weil ich immer wieder plötzlich losweinte. Haar und Haut fühlten sich ständig feucht und fettig an. Da ich einen Gutteil meiner Kleider unterwegs hatte liegenlassen und nun kaum noch etwas zum Anziehen besaß, fror mich die meiste Zeit. Die Blutungen, die mich wohltätig gegen mein Elend abgestumpft hatten, hatten mich andererseits auch geschwächt, und so war ich der Kälte schutzlos ausgeliefert.
Die ersten vierzehn Tage kampierten wir in einem Hotel, in dem nachts Horden von Ratten in vollem Galopp über die Treppen setzten und selbst bei Tag ganze Rudel von Huren eintrudelten. An das Spucken und Räuspern, das Gurgeln und Ausspeien, die rauhen Schreie, das Gelächter und Gekeife, das Wimmern und Jammern der Kinder, das nicht-enden-wollende Geklapper des Mah-Jongg und die Nachteimer vor den Türen gewöhnte ich mich bald; nicht anfreunden dagegen konnte ich mich mit den verdreckten Krügen, die, jeweils einer pro Stock-

werk, als Frauentoilette dienten, große glasierte Tonkrüge mit einem Holzdeckel, vor allem weil die Huren sie auch benutzten, und Syphilis und Tripper in Tschungking dank der »tugendsamen« Einstellung der Stadt grassierten.

Ich zog die öffentliche Bedürfnisanstalt vor; dort hatte man auch nicht gleich den Eindruck, ersticken zu müssen, denn durch das verrottende Mattendach und die luftdurchlässigen Wände aus geflochtenem, mit Lehm beworfenem Bambus drang der Nebel herein. Zwar konnte man hier nicht vor neugierigen Gaffern sicher sein, aber das war man im Hotel auch nicht. Zu allem Überfluß aber plagte mich damals teils infolge Unterernährung, teils aufgrund der durch Paos Wutausbrüche bedingten nervlichen Belastung ein so heftiger Durchfall, daß ich morgens nicht selten zwanzigmal und öfter laufen mußte, bis ich schließlich so schwach auf den Beinen war, daß ich fürchtete, auf dem glitschigen Boden des Aborts auszurutschen und in der Senkgrube darunter zu landen.

Wir waren erst fünf Tage in Tschungking, da hatte mich Pao bereits zweimal in aller Öffentlichkeit geschlagen, einmal im Park und einmal in einem Restaurant.

Die Szene im Restaurant war mehr als peinlich; sogar die Kellner versuchten sich einzumischen, allerdings nur einen Augenblick lang, denn als Pao auf sie losfuhr und schrie: »Ich lasse euch erschießen«, setzten sie eine unbeteiligte, gleichgültige Miene auf und wandten sich ab. Und im Park, einer Anlage mit steilen Stufen und einem lächerlichen Monument in der Mitte, sammelte sich im Handumdrehen eine schaulustige Menge um uns, die sich jedoch schleunigst zerstreute, als sie Paos Uniform bemerkte. »Was gafft ihr denn so«, riefen die Mütter ihren Kindern zu, »da gibt es doch gar nichts zu sehen, nichts . . .«, und stießen und schoben und bugsierten ihre Sprößlinge fort.

3. Januar 1939 *Tschungking*

Lieber Onkel,

ich hoffe, Du hast meinen letzten Brief erhalten . . . Verheiratet sein ist gleichzeitig entsetzlich und wunderbar . . . Pao kannte meine Vergangenheit, als er mich heiratete, und doch macht sie uns jetzt das Leben zur Hölle; er sagt, er komme sich ständig betrogen vor und habe keinerlei Auftrieb mehr ... Es tut mir leid, ich wünschte, es wäre nicht passiert ... Paos Familie ist nach allem, was er sagt, außergewöhnlich tugendhaft; er selbst hat eine glänzende Zukunft, Energie, Intelligenz, was aber in seinen Augen alles dadurch zerstört wird, daß ich eine Liebesaffäre mit einem Ausländer gehabt habe. Er kann sich von der Idee nicht freimachen. Auf der anderen Seite will er sich aber auch nicht scheiden lassen. Ich habe ihm angeboten, zu gehen oder Selbstmord zu begehen, aber er sagt, das würde doch nichts ändern. Außerdem fürchtet er, daß man ihm, falls er einmal zu Rang und Namen kommen sollte, meine Vergangenheit vorhalten könnte. Ein Chinese, meint er, würde ja noch hingehen, aber ein Ausländer wie Louis sei schlimmer als alles andere ...

Lieber Onkel, ich werde nicht nach Europa zurückkehren. Pao will mich bestrafen und hält es für die beste Bestrafung, mich mit einem Kind anzubinden und mir keine andere Beschäftigung zu erlauben. Er beschuldigt mich, das Gesicht Chinas zerstört zu haben ... er kannte doch mein Leben, ehe wir geheiratet haben, aber jetzt macht es ihn auf einmal ganz krank und er sagt, er wird noch aus Kummer darüber sterben, weil er die Vorstellung einfach nicht abschütteln kann. Ich muß also mindestens den Versuch machen, alles in Ordnung zu bringen. Nach Paos Meinung kann ich mich nicht selbst mit Arbeit durchbringen und Geld verdienen. Aber ich wollte ja auch nie Geld verdienen, ich wollte ja nur für mein Land arbeiten, und Pao sagt, das kann ich nur mit ihm. Natürlich fällt mir das schwer, aber ich will es versuchen, wenn es die einzige Möglichkeit ist. Gleichzeitig muß ich noch so viel über China lernen ...

Ich muß mich jetzt entscheiden, und ich entscheide mich für China, trotz alledem. Ich habe wohl in Europa studiert und Musik gehört und Bücher gelesen und Freundschaften geschlossen, und ich weiß, daß mich hier manch schwere Stunde erwartet, aber ich darf jetzt nicht abspringen. Vielleicht wird dieses Opfer, der Dienst an meinem Land mit reinen Händen, China eines Tages helfen ... Vielleicht muß es mir so schwer fallen, damit ich schließlich besser dienen lerne ... Ich weiß es nicht. Ich weiß es nicht. Vielleicht werde ich auch ein Kind haben, das all das tun wird und kann, was ich versäumt habe. Jedenfalls werden wir ein elendes Leben führen, sagt Pao, weil es das Leben eines Soldaten ist, aber ich habe mir nie besonders viel aus Essen und Kleidung gemacht. Ich weiß, Du verstehst mich ... Nur darf niemand erfahren, daß ich ausländisches Blut in den Adern habe, sagt Pao. Mag China auch schlimme Fehler gemacht haben, aber um der Jugend, um all der Leiden und der unzähligen dahingegebenen Leben willen, muß man doch ebenfalls sein kleines Opfer darbringen, oder? Jedenfalls will ich mich redlich bemühen.

Bei der Lektüre dieses Briefes, den ich 1965 zurückerhalten habe, steigt mir ein müder Ekel über eine solche Erpressung auf. Pao nutzte meine Gefühle für China und meine europäisch-asiatische Abstammung aus; außerdem schlug er mich und schüchterte mich ein und unterzog mich Gehirnwäschen – und das alles ohne Sinn und Verstand; ja, dieses alberne, innerhäusliche Martyrium, von dem auch nur zu sprechen müßig und widerlich ist, füllte mich voll und ganz aus, hemmte mich durch kleinliche Kümmernisse, während ringsum überall zupackende Hände gebraucht wurden. Man erträgt viel für eine Sache, die man für edel hält, an die man glaubt und die einem der Mühe wert scheint, zumal wenn sie von der Gruppe unterstützt wird, der man sich eingegliedert hat. Aber dieses dumpfe Wüten und Schäumen diente keinem vernünftigen Zweck. Anfangs sagte ich noch zu Pao: »Wie kannst du dich nur über den Zustand des Landes aufregen und ständig davon reden, daß wir uns alle zusammentun und etwas unternehmen müssen, um China zu helfen, und dann stunden- und tagelang hier herumsitzen und dein Schicksal beklagen, das mich dir zur Frau gab, und mich schlagen und mir Vorträge halten?« Aber da solche Reden seine

Wut nur noch schürten, gewöhnte ich mir an, den Mund zu halten und ließ alles, Schläge und Schimpferei, stumm und eigensinnig und widerspenstig über mich ergehen. Die Auswirkung spürte ich dreißig Jahre später noch. Als bei Ausbruch der Großen Proletarischen Kulturrevolution wieder Töne eines bis zum Wahnsinn übersteigerten Moraldenkens angeschlagen wurden, brachte mich das an den Rand eines Nervenzusammenbruchs.

Ich träume heute oft von jenem freudlosen Sommer meines Lebens; höre die Angstschreie, die ich damals hörte ... das Kreischen der zwangsausgehobenen Rekruten in den Ausbildungslagern, jener, die zu Tode geprügelt wurden; das Keuchen der Männer, die flüchtige Soldaten mit dem Schrei *»t'ao pin, t'ao pin«* (flüchtiger Soldat, flüchtiger Soldat) jagten, durch die Büsche brachen und mit ihren Taschenlampen das Ungeheuer Nacht beäugten; ich träume von der seltsam schwebenden Leiche des gesteinigten Fahrers und vielen anderen; und ich bin froh, daß die Revolution gekommen ist und die Menschen diesen Himalaja an Leid, neben dem mein persönliches Leid zur Bedeutungslosigkeit zusammenschrumpft, nicht umsonst ertragen haben.

Aber die Vergangenheit ist tief und fest verwurzelt; selbst im Neuen China bin ich, bis man die Hintergründe dieses unsinnigen Tugendgedankens nach der Kulturrevolution schließlich durchschaute, noch oft, wenn auch unter neuen Vorzeichen, auf die moralisierende Haltung der feudalistischen Mandarinzeit gestoßen; mochten die Maximen einander auch absolut widersprechen, Ton und konfuzianischer Absolutheitsanspruch waren die gleichen geblieben. Und ich bin froh, daß die Revolution den Menschen, angefangen beim Chinesen, von Grund auf umwandeln und von den aus vorgeschichtlichen Zeiten überkommenen Denkbahnen losreißen will. Das wird nicht leicht sein; unlängst erst hat mir ein kommunistisches Kadermitglied in China gesagt: »Bei einem Gesicht wie dem Ihren würde es jedes *chinesische* Kind mit der Angst zu tun bekommen.« Und ein Bekannter bediente sich bei seiner Kritik derselben Worte, desselben

Tons wie einst Pao: »Sie sind zu eigensinnig, Sie passen sich nicht an, Sie müssen lernen, sich anzupassen.« Schlagartig versetzen mich solche Worte in jenes alptraumhafte Land zurück, in jene lange Nacht auf der Straße, jene Stunden und Tage, in denen nichts wirklich war außer der Vision einer fernen Stadt, nebliger Rauch, die Vision einer Leiche am Straßenrand.
Oberst Pang taucht in der Erinnerung auf, einer der wohlwollenden Brüder, groß, gutaussehend, höflich, der im Hotel in Kueilin das Zimmer neben uns hatte und mit uns im Bus nach Tschungking gefahren war. Er hatte eine kleine, gedrungene Frau, eine bescheidene, scheue Person, die den Mund nicht aufzumachen wagte und ihm vier Söhne geboren hatte; trotzdem stieß er sie mit den Füßen und schlug sie fast jede Woche einmal bis zur Bewußtlosigkeit. Wir konnten es hören, wenn er über sie herfiel, es klang, als klatschte er auf eine Matratze, nur daß die Matratze ab und an wimmerte. All das erzählte er uns auch selbst, während er adrett auf dem Stuhl saß, ein eleganter Herr in seiner (in Deutschland angefertigten) Uniform.
»Ich weiß selber nicht, warum ich es mache. Sie ist eine gute Frau; sie hat mir vier Söhne geboren, gibt mir nie eine freche Antwort, wartet mit dem Essen immer auf mich, sogar wenn ich außer Hause speise und erst sehr spät heimkomme. Trotzdem packt mich manchmal eine solche Wut, daß ich sie schlagen muß oder ich ersticke. Dabei gibt sie mir nie frech heraus.«
Ich höre ihm zu; er hat eine angenehme Stimme und runzelt, während er den Tee trinkt, seine feingezogenen Augenbrauen, anscheinend doch etwas beunruhigt über diesen winzigen charakterlichen Schönheitsfehler.
Pao lacht und deutet in meine Richtung: »Kein Grund zur Aufregung, Bruder Pang. Mir geht es genauso mit ihr. Und dabei gibt sie mir auch nie eine freche Antwort.«
Und dann ist da noch die Geschichte von dem anderen wohlwollenden Bruder, die mir Pao so oft und mit so viel Genuß erzählt hat, daß sie mir wahrhaft unvergeßlich ist. Die Frau dieses Mannes hatte ein Kind und ging mit diesem für ein paar Tage auf Besuch zu ihrer Familie. In ihrer Vaterstadt suchte sie zu-

sammen mit einer Cousine, deren Mann und drei Kindern das Theater auf. In der Pause brachte die Cousine die Kinder auf die Toilette und ließ ihren Mann und die Frau ein paar Minuten allein.

Bald darauf breitete sich das Gerücht aus, die Frau sei mit dem Mann allein ins Theater gegangen, und in wenigen Wochen war der schönste Skandal fertig.

Eines Abends, als der Offizier seinen wohlwollenden Brüdern beim Mah-Jongg viel Geld abgewann, sagte einer seiner Freunde zu ihm: »Du hast Glück im Spiel, aber weißt du auch, daß dir ein grüner Hut auf dem Kopf sitzt?« – »Was willst du damit sagen?« – »Wie, er ahnt wohl gar nicht, wie gern seine Frau ins Theater geht?« Lautes Gelächter.

Als der Offizier nach Hause kommt, zerrt er seine Frau am Haar, schlägt ihr die Zähne ein und sperrt sie nackt in einen Käfig. Diese Holzkäfige aus Bambusstecken und Stacheldraht waren gerade groß genug, daß ein Mann darin stehen konnte. Sie wurden in Konzentrationslagern für die Kommunisten benutzt und von feudalen Großgrundbesitzern für Bauern, die die Pacht nicht bezahlen konnten. Lehnte sich der Häftling an die Gitterstäbe, drang ihm der darum gewundene Stacheldraht ins Fleisch. In einen solchen Käfig sperrte er seine Frau und stellte ihn dann auf die Straße, damit auch alle sie sehen konnten. Nach einigen Tagen verhungerte die Frau; niemand wagte, ihr zu helfen, niemand wagte, ihr etwas zu essen zu bringen; sie durfte auch ihr Kind nicht mehr sehen, das bei seiner Amme im Zimmer bleiben mußte. Zwar versuchte ihre Familie vor Gericht zu gehen, aber sie war weder wohlhabend noch einflußreich. »Sie ist nur eine geborgte Frau«, sagte der Offizier, »und hat mein Gesicht weggeworfen.«

Auch mich erwartete in den nächsten drei Jahren eine wachsende Terrorisierung und zunehmende physische Gewaltanwendung. Paos Anfälle brachen wie der Wirbelwind über mich herein. Aber ich lernte solche Stunden roher Bestialität durchzustehen; ich zählte, holte tief Atem, zählte: »Vierhundert Millionen Menschen leben in China, eins, zwei, drei, vier, fünf ...

er wird müde werden ... er muß einmal müde werden.« Selbst wenn es sich hinzieht, sechs, sieben, zehn Stunden oder gar noch länger dauert und ich nichts essen und trinken kann, sondern zusammengekauert auf dem Boden auf die Schläge warte und nur aufpasse, daß er mich nicht blind prügelt oder entstellt, und mich ganz in mich zusammenziehe, wiederhole ich mir, wie eine Litanei: »Er wird müde werden ... er wird müde werden ... es dauert nicht mehr lange... nur noch eine Stunde, zwei Stunden ... er muß müde werden ...« Manchmal werde ich darüber ganz schwach, vor allem, wenn ich nichts esse, aber das hat auch seine Vorteile, denn dann habe ich das Gefühl, zu schweben und höre die laute Stimme nicht mehr, die all die Tugenden herzählt, die mir unverzeihlicherweise fehlen, jene mir ständig vorgegaukelte »moralische Lauterkeit und Rechtschaffenheit« des feudalistischen China, die laut dem Führer, Tschiang Kai-schek, allein China von allen Übeln erretten kann ... (später schlug Pao stets bei dem Wort »Der Führer« die Hacken zusammen).

An einen Vorfall dieser Art erinnere ich mich besonders gut. Er ereignete sich 1940, ein Jahr nach unserer Ankunft in Tschungking. Pao kam nachmittags nach Hause, und ich konnte schon sehen, daß irgend etwas nicht stimmte. »Komm her«, sagte er. Ich ging zu ihm hinüber. Er hatte sich aufs Bett geworfen.

»Ist deine Mutter eine Jüdin?«

»Eine Jüdin? Nein, meine Mutter ist keine Jüdin. Sie ist Flämin und katholisch.« Mama eine Jüdin – allein der Gedanke brachte mich zum Lachen, und die dem Lachen eigene Unbeschwertheit und Unbekümmertheit riß mich mit fort. Ohne Witterung für die Gefahr fuhr ich fort: »Manchmal *wünschte* ich, ich wäre eine Jüdin, dann wäre ich so viel klüger, brillanter ...«

»Was sagst du da?« Die Augen aufgesperrt, das Hemd aufgerissen, sprang Pao mit einer jener jähen Bewegungen auf, die er in letzter Zeit angenommen hatte, und die mich jedesmal erschreckten. »Du *möchtest* eine Jüdin sein? Du, du billiges Ding, du, du möchtest wohl gar kein Gesicht, du hast wohl gar keine

Selbstachtung, du möchtest eine Jüdin sein?« Er krempelte die Hemdsärmel hoch.
»Wieso, was hast du gegen die Juden? Sie sind Menschen wie wir . . .«
»Halt den Mund oder ich schlag dich tot. Du, die Frau eines chinesischen Offiziers, *wagst* es, zu sagen, du wärest gern eine Jüdin?«
Und so ging es weiter; es läßt sich nicht wiederholen, was die Juden alles sein sollten, schmutzig, verderbt, sexuell pervers, seit eh und je nur darauf aus, Mädchen aus guter Familie zu schänden . . . und ich mußte ja eine Menge mit ihnen zu tun gehabt haben . . . Es war entsetzlich, unglaublich, lächerlich. Mein Atem ging schwer; ich hatte große Angst. »Heute behauptete einer, du wärst eine Jüdin, deine Mutter wäre eine polnische Jüdin.«
»Sie ist keine Jüdin.«
Am nächsten Tag brachte er mir ein Exemplar von *Mein Kampf*, das den Offizieren und dem Jugendkorps zusammen mit Tschiangs Reden zur Lektüre empfohlen wurde. »Lies das . . . dann weißt du alles über die Juden. Wirklich, du mußt es lesen.«
Aber da ich Bücher sehr liebe und dieses Buch als Schandfleck empfand, weigerte ich mich: »Ich werde es nicht lesen. Du kannst mich umbringen, aber das Buch eines Ungeheuers werde ich nicht lesen. Und ich halte Hitler für ein Ungeheuer und einen perversen Menschen.«
Das war mein erster, kleiner, erbärmlicher Sieg, aber er kam mich teuer zu stehen; monatelang versuchte Pao, mir das Buch aufzudrängen: »Letztlich werde ich gewinnen, ich lasse mich doch von dir nicht an der Nase herumführen, warte nur, ich werde deinen Widerstand schon brechen«, schrie er. Aber ich las *Mein Kampf* nicht. Dann las mir Pao Abend für Abend daraus vor, streute Reden des Führers und moralische Betrachtungen von Tseng Ku-ofan und Auszüge aus einem *Die Tausend Tugendhaften und Keuschen Witwen* betitelten Werk mit ein. Das letztgenannte war ein Sammelwerk über tausend Frauen, die

sich erhängt, zu Tode gehungert oder ihrem Leben auf andere Weise ein Ende gesetzt hatten, um sich der Gefahr der Verführung, Wiederverheiratung oder Vergewaltigung zu entziehen, wobei zwischen den drei Möglichkeiten keinerlei Unterschied gemacht wurde. Durch ihren Tod hatten ihre Familien und Bezirke Gesicht erhalten und ließen ihnen zu Ehren Gedenkbögen errichten, weil sie der Schande den Tod vorgezogen hatten. Ich dagegen hatte nicht nur nichts dergleichen getan, sondern mich *vorsätzlich* in eine Liebesaffäre verwickeln lassen und noch dazu von *Ausländern* . . .

An diesen Vorfall wurde ich viele Jahre später, 1954, auf einer Gesellschaft auf dem Malaiischen Archipel wieder erinnert. Mr. Fenner, der Leiter des britischen Sonderkommandos, später Polizeibevollmächtigter in Malaia, und ein anderer Offizier des Sonderkommandos zogen mich geschickt in eine Ecke, um mich auszufragen:

»Sind Sie schon einmal in Rußland gewesen?«

»Rußland, nein, nie . . . halt, doch, mit neunzehn bin ich mit dem Transsibirienexpreß durchgekommen . . .«

»Aha.« Die zwei Männer vom Sonderkommando schauten sich bedeutsam an. »Haben Sie die Fahrt in Warschau unterbrochen?«

»In Warschau, warum?« Ich konnte mir nicht denken, worauf sie hinauswollten.

Monate später ging mir ein Licht auf; in den Akten des Sonderkommandos war meine Mutter als polnische Jüdin geführt und ich selbst wegen dieser Abstammung als suspekt – woraus erhellte, daß das Britische Sonderkommando, zumindest auf dem malaiischen Archipel, die alten (und fehlerhaften) Unterlagen der Kuomintang-Geheimpolizei zugrunde legte.

7. Januar 1939

Lieber Onkel,

ich habe das Gesicht von China zerstört, weil ich mich, die ich zu den besten Elementen von Chinas Zukunft zähle und ein Beispiel geben sollte, zu einer Affäre mit einem Ausländer habe verleiten lassen ... Ich werde nie imstande sein, selbständig für mein Land zu arbeiten, wie ich es möchte, sondern kann es nur dadurch verwirklichen, daß ich für Pao arbeite ... wenn er vielleicht einmal ein großer Mann wird, kann ihn meine Vergangenheit, fürchtet er, vollständig ruinieren; kein Chinese, sondern ein Ausländer, etwas Schlimmeres gibt es nicht ... Ich muß meine vertane Jugend wiedergutmachen ...

Die heftig hervorgestoßenen Worte: »China hat Gesicht verloren durch das, was du getan hast«, schmerzten, schmerzten damals wirklich; und ich schrieb: »Ich muß meine vertane Jugend wiedergutmachen«, als wäre ich einundvierzig statt einundzwanzig, als wäre es meine Schuld, daß ich nicht als beschütztes, umsorgtes Kind aufgewachsen war, als hätte ich, höchst persönlich, China ins Chaos gestürzt ...
Einen Ausweg aber gab es nicht und schon gar nicht in Tschungking. In den Pausen zwischen den Schreien und Schlägen lief ich, den Kopf leicht vor Schmerzen und Hunger, den Magen vor Krämpfen zusammengezogen, durch die steilen Leiterstufenstraßen der Stadt auf und ab, auf und ab, mit zitternden Knien und benebelten Sinnen. Auf den rund um die Stadt, das heißt um die Felsterrasse sich windenden Straßen waren Beamtenautos, ein paar klapprige Busse unterwegs und *Huakan*-Bambus- oder Flechtwerkstühle, von zwei Männern, einem vorn und einem hinten, auf der Schulter getragen. Und es war meine Schuld, einzig meine Schuld, daß diese unhaltbaren Zustände herrschten ...
Ringsum Schmutz, Brutalität, Bettelei und das nicht abreißende Ha ha he he der Kulis, die, obwohl Menschen, wie Tiere schleppen und sich ins Zeug legen müssen, die den Krieg und die stinkende Korruption ihrer Herren auf dem Buckel tragen, deren Fleisch unter dieser mörderischen Schinderei verrottet, denen die Muskeln vorquellen und die Augen aus den Höhlen treten, die keuchend Atem holen in dem erbarmungslosen kannibalischen Nebel, dem Ausfluß ihres Schweißes, in dem ihr Leben

langsam davonrinnt, ha ha he he. Und die verlausten Lumpen, in die sie gehüllt sind, unbeschreiblich widerlich selbst für einen, der, wie ich, an Fetzen gewöhnt ist, und oft so zerlöchert, daß der Hintern herausschaut, von Läusen und Wunden übersät, als würde ihnen in diesen Lumpen die Haut abgezogen. Und wenn sie dann im Zuge der »geistigen Mobilmachungsaktionen« wegen »Unanständigkeit« ins Gefängnis geworfen werden, glaubt man an unterdrückter Wut über den Wahnsinn des ganzen Systems ersticken zu müssen. Ich habe in all jenen Jahren keinen einzigen Kuli gesehen, dessen Gewand nicht zerschlissen gewesen wäre, nur ausgemergelte Gesichter, verfaulte Zahnstummel, entstellte Körper, dicke, krumme Beine, das Zeichen lebenslänglichen Elends, und das Zeichen von Opiumgenuß, unbestimmte, langsame Gesten und keuchende Flanken, denn Opium lindert ihre Schmerzen, und gierig rauchen sie die Rückstände in ihren kurzen Bambuspfeifen.
War ein bedeutender Gast zu Besuch angemeldet, sperrte die Polizei gewisse Straßen ab, um die Bettler zurückzudrängen, denn die Hauptstraßen mußten von zweifelhaften Elementen saubergehalten werden; und die Kinder, die in Schmutztunnels aus den Hütten herauskrochen, waren so grau wie die Ratten, die nachts scharenweise die Bürgersteige belagerten und Kleinkinder, räudige Katzen und sogar Erwachsene anfielen.
Und trotzdem, trotz alledem, welch unermeßliche Kraft ging von dem grauen, wimmelnden, sich abmühenden, abplagenden Leben aus; sogar in den ersten vierzehn Tagen, sogar trotz Pao spürte ich die Wildheit des Volkes, die Halsstarrigkeit der Stadt – eine aufgestaute Kraft, der des riesigen Flusses vergleichbar, der, jetzt im Winter friedlich und wenig Wasser führend, im Frühling steigen und anschwellen würde, vierzig, sechzig, siebzig Meter und auf seinen eilig dahintanzenden Wellen die Dschunken mit ihren zerfetzten großen Segeln ins Flachland flußabwärts mitnehmen würde. Und die herrenlosen Hütten würde er ebenso mit fortspülen wie die großen Dreck- und Unrathaufen, die sich am Wall der Stadt angesammelt hatten. Ihm schien mir damals das Volk zu gleichen, und um dieser ungreif-

bar greifbaren Kraft willen, die mir in klaren Augenblicken nur wie ein Traum erschien, die mich aber doch durch dicke Schichten der Unwissenheit und Angst und Täuschung hindurch im tiefsten Inneren ergriff, war ich bereit, mich ins Schicksal des Menschen zu fügen. Und eines Tages sagte ich zu Pao: »Irgend etwas wird geschehen und all das in Ordnung bringen«, mit einer Stimme, die weit weg klang. Aber vielleicht hat er es gar nicht gehört.
Unermüdlich stiegen sie die Treppen von Tschungking, der Stadt des wiedererlangten Frohsinns, hinauf, die sogenannten Kulis, das arbeitende Volk, eine bittere Kraft. Ein unabsehbarer Zug von Füßen, durchgetreten und schmerzend, und ein Keuchen und Schleppen, Arbeitstiere ohne Zahl, die auf ihren menschlichen Schultern Unmenschliches trugen, Baumwollballen, Paraffindosen, Möbel, Körbe voller Gemüse und Mist, Fäkalien in Eimern für die Felder, aber auch andere Menschen, Beamte, Offiziere, Diplomaten, Menschen mit dicken Köpfen und schweren Bäuchen, die sich auf den Schultern von ihresgleichen die Treppenstraßen von Tschungking hinauf- und hinuntertragen ließen. Auf den Schultern bildeten sich gewaltige Höcker, Schwielen so groß wie eine geballte Faust, und in den Hosen, falls die zerfetzten Lumpen diesen Namen verdienten, quoll bei vielen ein Bruch heraus, den sie mit einem Strohgürtel zu halten versuchten.

In den nächsten drei Jahren in Tschungking wurden Pao und ich Teil des Regimes, der Regierung Tschiang Kai-scheks. Um die nun folgenden Ereignisse verständlich zu machen, zunächst ein paar Worte zum Aufbau des ganzen Apparates.
Tschiangs Macht stützte sich auf zwei Namen: Hu Tsungnan, Führer der jungen Offiziersclique von Whangpu, und Tai Lee, Oberhaupt der Geheimpolizei. Diese beiden bildeten das Rückgrat einer allgegenwärtigen faschistischen Organisation, der sogenannten Blauhemden, die öffentlich und heimlich unter den verschiedensten politischen und militärischen Formen und Namen auftrat.

Die Moralphilosophie des faschistischen Elitekorps wird gewöhnlich Tschen Lifu zugeschrieben, einem Rechtsextremen, 1938 Bildungsminister und Kuomintang-Partei-»Philosoph«, dessen Ideen und Persönlichkeitskult später Ngo Din Diem übernahm. Entstanden ist die Organisation der Blauhemden bereits am 1. April 1932, als sich dreizehn der engsten Mitarbeiter Tschiang Kai-scheks, darunter Tschen Lifu und sein Bruder Tschen Kuofu, zusammentaten, um eine Körperschaft zur »geistigen Erneuerung« zu gründen. Ein Teil dieser Kerntruppe bestand aus Offizieren von der Whangpu-Akademie und gehörte einem Jugendverband an, der sich 1926/27 revolutionär gebärdet hatte, später aber konterrevolutionär geworden war. Zu den dreizehn zählte auch Tai Li, ebenfalls ein ehemaliger Zögling der Whangpu-Akademie.

Im Laufe der Zeit bauten die faschistischen Blauhemden ein ganzes Netz von Organisationen, Körperschaften, Institutionen auf, während die Leitung immer eindeutiger an Tai Li überging, der gleich nach Tschiang Kai-schek kam und sonst niemandem Verantwortung schuldete.

Die Clique der jungen Whangpu-Offiziere bildete, obwohl Tai Li nicht offiziell unterstellt, die militärische Sektion der Blauhemdenbewegung und verließ sich, was die »politischen Säuberungsaktionen« in den militärischen und paramilitärischen Körperschaften anging, vor allem, nachdem in Nanyu der Beschluß gefaßt worden war, die Kommunisten zu bekämpfen, gänzlich auf ihn und seine Organisationen. 1942 hielt diese Clique zwei Drittel, 1945 drei Viertel aller Stellen im militärischen Verwaltungsapparat besetzt.

Die Organisation der Blauhemden zerfiel im wesentlichen in drei »Ringe«: in die Kerntruppe, die dreizehn Gründungsmitglieder; in die Clique der Whangpu-Militärs oder den inneren Ring; und in einen äußeren Ring oder die Fu Hsing- oder Auferstehungsgesellschaft. Fu Hsing zeichnete sich durch die Anwerbung von Studenten und Intellektuellen aus und schuf so eine breite, buntgewürfelte Mitgliederbasis, aus der dann die als »Führungskräfte« Geeigneten ausgesucht wurden. Seine Gesellschaft suchte die Universitäten in Europa auf und rekrutierte die Studenten unter den verschiedensten Vorwänden, ja oft ahnten diese nicht einmal, daß sie angeworben worden waren. 1942 saßen an allen Mittelschulen, an allen Universitäten in Tschiangs Herrschaftsbereich die Agenten der Blauhemden; Schüler und Studenten wurden in Lastwagen zu einem Versammlungsplatz gebracht und dort zwangsmäßig in die Fu Hsing-Gesellschaft aufgenommen. 1943 zählte diese nominell fünf Millionen »Mitglieder«.

Eine andere Einrichtung dieser vielseitigen Organisation, das »Drei Prinzipien«-Jugendkorps, kümmerte sich ausschließlich um die Anwerbung und Manipulation von Jugendlichen (unter neunzehn Jahren). Dieses Jugendkorps war 1938 von Tschiang in Hankau ins Leben gerufen worden, denn die Jungen waren Feuer und Flamme für die Rote Armee und brannten in hellen Scharen von den Schulen durch, um sich nach Jenan durchzuschlagen; man brauchte also eine Gegenorganisation, um sie in Schach zu halten. 1939 organisierte Tai Li einen Sonderdienst mit der Aufgabe, Schüler und Studenten davon abzubringen, nach Jenan zu gehen; und da der Weg dorthin über Sian, das Hauptquartier von Hu Tsungnan, der die Blockade der Roten Basis befehligte, führt, mußten sie in Sian Spießruten vor der Polizei und vor Militäragenten laufen. Was Wunder also, daß sich in und um diese Stadt eine besonders große Anzahl von Konzentrationslagern für die Jungen fand.

Einen maßgeblichen Einfluß auf die Entwicklung der Blauhemden übten Hitlers Sturmtruppen und Braunhemden aus, wodurch faschistisches Ideengut in Hülle und Fülle hereinkam. *Mein Kampf* wurde zur Pflichtlektüre des »inneren Rings«, Tschiang Kai-scheks Leibgarde, erhoben und erst 1943 von Tschiangs eigenem Buch, *Chinas Schicksal*, von seinem Platz verdrängt.

Die besonders »vielversprechenden«, zur Führung bestimmten jungen Whangpu-Offiziere wurden mit dem Faschismus direkt bekannt gemacht und nach Hitler-Deutschland geschickt, Tschiang Kai-scheks zweiter Sohn, Tschiang Wei-kuo, für ein paar Monate und die jungen Offiziere wie Pao für einen sechswöchigen »Urlaub«. Jahrelang bewahrte Pao in seinem Photoalbum einen Schnappschuß von sich und Tschiang Wei-kuo in Berlin auf. Alles in allem wurden zwischen 1934 und 1938 mindestens sechzig Kadetten auf diese Art und Weise mit den Nazi-Doktrinen und -methoden bekannt gemacht. Nicht weiter erstaunlich, daß sie Hitler bewunderten; doch das tat vor 1939 auch so mancher »demokratische Bürger« Europas.

Die Tüchtigkeit, Sauberkeit und der nationale Fanatismus der Deutschen sprachen den verletzten Stolz und den gedemütigten Chauvinismus dieser jungen Offiziere so sehr an, daß sie den in China völlig unbegründeten Antisemitismus von *Mein Kampf* stracks mit übernahmen (die einzige chinesisch-jüdische Gemeinde in Kaifeng stammte aus dem 6. Jahrhundert und war längst assimiliert worden).

Die Blauhemden unterhielten nach allen Seiten vielfältige und verwirrende Verbindungen. So waren Tai Li und Tschiang Kai-schek sowie die beiden Brüder Tschen Lifu und Tschen Kuofu Mitglied chinesischer Geheimgesellschaften wie der Triaden. Tschiang war in seiner Jugend in Schanghai vom Oberhaupt der größten Schanghaier Geheimgesellschaft als Enkel adoptiert worden, und der Vater der beiden Tschen, ebenfalls ein bedeutender Boß einer Geheimgesellschaft, hatte ihn in die Schanghaier Unterwelt eingeführt. So konnte Tschiang auf die Unterstützung von Gangstertruppen rechnen; und Tai Lee, ebenfalls Mitglied einer Geheimgesellschaft, blieb den ganzen Krieg über mit den Triaden in dem von den Japanern besetzten Schanghai in Fühlung. Tschiang hatte die Gangster der Triadengesellschaft schon früher, bei der Massakrierung der Arbeiter im April 27 in Schanghai und noch einmal bei der blutigen Niederwerfung der Kantoner Kommune im Dezember desselben Jahres eingesetzt. Für seine Dienste bei der Abschlachtung der Arbeiter verlieh er Tu Yü-seng, dem Schanghaier Obergangster, den Titel »Menschenfreund«, ehrte ihn durch Auszeichnungen und verschaffte ihm einen Sitz im Ausschuß des Chinesischen Roten Kreuzes. Letztlich aber gab er ihm damit die Möglichkeit, einen ausgedehnten, einträglichen Handel mit Arzneimitteln wie Chinin zu treiben und einen florierenden Opium- und Heroinhandel aufzuziehen. Während die Soldaten scharenweise an Malaria starben, lagerte in unterirdischen Magazinen Chinin, das Tu Yü-sengs Gangster auf dem schwarzen Markt verkauften, und Lager wie Transaktionen standen unter dem Schutz von Tai Lees Geheimpolizei. Tu Yü-seng begleitete Tschiang nach Tschungking und förderte die Infiltration der Blauhemden in die ortsansässige Geheimgesellschaft, die Kelao oder Älteren Brüder, denen die Neuankömmlinge ein Dorn im Auge waren, bedeutete doch ihre Ankunft Konkurrenz im Opiumhandel und im Bordellgeschäft in ihren angestammten Szetschuaner Jagdgründen.

Eine Synthese aus den Bruderschaftsriten der Geheimgesellschaften aus konfuzianischer Loyalität zwischen Lehrer und Schüler und einer faschistischen, von der Reinheit der Rasse ausgehenden Ideologie – so etwa stellte sich Tschiang eine persönliche Organisation vor. Er selbst war das absolute Oberhaupt, während Tai Lee das Ganze zusammenhielt.

Im Gegensatz zu Hitler erkannte Tschiang die Organisation der Blauhemden nie offiziell an, schließlich handelte es sich ja um eine »Geheim«bruderschaft. Aber um in der Hierarchie der Macht voranzukommen, *mußte* man ein Blauhemd sein, Tai Lee hinter sich haben, und für manchen jungen Soldaten wie Pao führte der Weg zu Tai Lee über Hu Tsungnan in Sian.

Hu Tsungnan nämlich war das unumstrittene Oberhaupt des inneren Rings der jungen Whangpu-Offiziere. Viele sahen in ihm sogar den Erben von Tschiangs Militärdiktatur, bezeichneten ihn die Schmeichler als den »jungen ritterlichen Führer«. »Hus Weg gehen«, hieß an die Macht gelangen.

Tai Li und Hu Tsungnan liebten einander mehr als Brüder. Tai Li stand zwar nicht im Ruf eines Homosexuellen (seine vielen Frauengeschichten und seine Gewohnheit, die Männer seiner Geliebten am Schwarz-Markt-Geschäft zu beteiligen, waren allzu bekannt), aber Hu Tsungnan galt als solcher. Wenn sie einander trafen, verbrachten sie ganze Nächte im Gespräch, und waren sie getrennt, unterhielten sie einen regen Briefwechsel. Niemand wagte, sich dazwischenzuschieben oder einen Keil in diese Freundschaft zu treiben. Als Tai Lee zu Ohren kam, Hu Tsungnan werde womöglich die zweite Tochter des Finanzministers H. H. Kung heiraten, brach er in Tränen aus und eilte nach Sian, um Hu diesen Plan auszureden. Das zweite Fräulein Kung war in Tschungking wegen ihrer Pistolenausrüstung und sonstigen Heldentaten ortsbekannt. Sie kleidete sich wie ein Mann und streunte, Pistole auf der Hüfte, Peitsche in der Hand, von Wolfshunden begleitet, durch die Straßen. Ihr Mißfallen äußerte sie angeblich ohne alle Umschweife, und die Bevölkerung vermied es, ihr in den imponierenden Villenstraßen des Süduferviertels zu begegnen, wo die Minister, Botschafter, obersten Militärs und Tschiang Kai-schek selbst wohnten. Tai Lee hielt das Heiratsprojekt für katastrophal – trotz der Kungschen Millionen und trotz der Verschwägerung mit Tschiangs Familie (H. H. Kung, der Finanzminister, war Tschiangs Schwager). Aus diesem Grund heuerte er, wie es heißt, ein Fräulein Yeh an, die für den Geheimdienst arbeitete und progressive Studenten an der Universität Tschengtu anzeigte, indem sie sich selbst als progressive Hörerin der politischen Wissenschaften ausgab. Dieses Fräulein Yeh schickte er Hu Tsungnan als Geschenk. Es blieb zwar unbekannt, ob sie Erfolg hatte oder nicht, jedenfalls aber heiratete Hu Tsungnan Fräulein Kung nicht.

Tai Lee und Hu Tsungnan verbündeten sich gegen die Tschen-Brüder und deren Anhänger, obwohl diese die Blauhemden mitgegründet hatten. Solche Rivalitäten machte sich Tschiang geschickt zunutze, wie er auch dem japanfreundlichen Verteidigungsminister, Ho Ying-tschin, die Stange hielt, den Tai und Hu ebenfalls nicht leiden konnten. Auf diese Art und Weise blieb Tschiang Herr der Lage; er brauchte die Untergebenen nur gegeneinander auszuspielen; selbst Hu Tsungnan, Tschiangs bewährtester General, konnte nichts gegen Ho Yingtschin ausrichten.

Um die 600 000 oder 610 000 Blauhemdenagenten aller Art bezahlen zu können, betrieb Tai Lee mit Hilfe von 50 000 Sonderbeauftragten einen florierenden Rauschgifthandel – Opium und Heroin – mit den Japanern. Er sorgte dafür, daß die Heroinfabriken der von den Japanern besetzten Städte Schanghai, Tientsin und Nanking ihre Produkte im nicht besetzten Teil Chinas absetzen konnten und daß ihnen der Rohstoff für die Opiumherstellung nicht ausging.
Nach dem Fall von Wuhan ergossen sich die Blauhemden in die Provinz Szetschuan, nunmehr Bollwerk von Tschiangs Macht, und rissen den Handel mit Gebrauchsartikeln, auch mit Nahrungsmitteln, sowie die Lenkung des Verkehrs in der Luft, zu Land und Wasser an sich.
Um Tai Lees Bäume nicht in den Himmel wachsen zu lassen, schaltete sich Ho Ying-tschin, der Verteidigungsminister, mittels seiner Privatgangster ebenfalls in den Handel mit dem Heeresnachschub ein. Das führte dazu, daß ganze Divisionen erkrankten und verhungerten, während die Offiziere Nahrungsmittel und Kleidung auf dem schwarzen Markt verschacherten. Ho selbst scharrte durch den Verkauf von Kommandoposten und die Führung nichtvorhandener Divisionen, für die er Sold und Verpflegung bezog, beträchtliche Reichtümer zusammen; Stoffe, Reis, Leder und Petroleum sowie die Arzneimittelvorräte für die Truppe schlug er auf dem schwarzen Markt los.
Als Tschungking zu Tschiangs Hauptstadt aufrückte, kam es zu einem Zusammenstoß zwischen den Blauhemdorganisationen, der einheimischen Geheimgesellschaft der Kelao und den militärischen Befehlshabern der Provinz Szetschuan. Tai Lees Banden und die Kelao trugen regelrechte Kämpfe aus, und die feudalen Großgrundbesitzer und Landadligen der Gegend versuchte der Geheimdienstchef durch Erpressung auszuschalten. 1939 rief Tschiang zur »Ausrottung des Opiums« in Szetschuan auf und setzte von da an in regelmäßigen Abständen Kampagnen zur »Hebung der Volksmoral« an. Auf diese Weise sollte es Tai Lee ermöglicht werden, den Funktionären von Szetschuan die Opiumdistrikte abzujagen, indem er sie bei der Mo-

ral packte, erpreßte. Das brachte die Kelao so sehr auf, daß sie drohten, Tai Lees Agenten die Leber herauszuschneiden und sie zu essen, falls er sie zwingen sollte, das Opium aufzugeben. Aber 1943 hatten ihnen die Blauhemden bereits eine Reihe der Opiumdistrikte abgenommen.
Tschiang aber wußte sehr wohl, daß er, um seine Macht aufrechtzuerhalten, der Unterstützung der Jugend bedurfte. So saßen an allen Universitäten und höheren Schulen die Werber der Blauhemden, und 1940 wurden an sämtlichen Schulen und Universitäten Szetschuans Ausbildungskurse für Lehrer zur »Hebung der Moral« abgehalten. Vom Lehrplan wurden Themen wie Kommunismus, Inflation sowie jede Untersuchung »korrupter Praktiken« oder der »Mißstände in der Landwirtschaft« verbannt. Unter dem Namen »Familienreformstätten« wurden für die von den Blauhemden auf dem Weg nach Jenan erwischten Studenten und Intellektuellen Konzentrationslager eingerichtet, wo sie »gebessert« werden sollten und mit Ideologie, Gymnastik und Schlägen traktiert wurden. Die Bekehrten setzte man dann als Agenten ein. 1937 begannen die Blauhemden, ihren Einfluß auf die Auslandsbotschaften auszudehnen, 1939 hatte Tai Lee überall einen Mann sitzen, der über die »Gedanken« des Botschafters und seines Stabes Bericht erstattete. Und nach der Nanyu-Konferenz und der Festigung der Macht der Whangpu-Clique bedurfte die Ernennung eines Militärattachés im Ausland eo ipso Tai Lees Billigung.

Die *crème de la crème*, die Spitze von Tschiangs Machtpyramide, war der »Gehorche und Diene«-Dienst, eine Mikroregierung mit nahezu absoluter Machtvollkommenheit. Diese Organisation setzte sich weitgehend aus dem »inneren Ring« zusammen – aber nicht ausschließlich, da Tschiang selbst hier für Rivalitäten sorgte, indem er Ho Ying-tschins Clique und der proamerikanischen Gruppe um T. V. Sung und H. H. Kung ebenfalls einige Stellen überließ, angeblich aus Gründen der Unparteilichkeit, in Wirklichkeit aber, um die gegenseitige Überwachung zu sichern und seine eigene Macht zu festigen.

Die Gehorche und Diene-Mitglieder hielten es in der Mehrzahl mit den Achsenmächten, mit Deutschland, und als die Deutschen im Sommer 1941 in Rußland einfielen, trugen die zugehörigen Whangpu-Kadetten den Kopf hoch. Nach Pearl Harbour jedoch wuchs die Vorliebe für Amerika, da nun immer mehr Amerikaner mit Militärmissionen nach China kamen und Tschiang in immer größere Abhängigkeit von den Vereinigten Staaten geriet.

1942 richtete das *Office of Strategic Services* (OSS) unter Major Miles, einem Nachrichtenoffizier der amerikanischen Marine, in Tschungking eine Niederlassung ein, aus der bald das *Sino-American Co-operation Office* (SACO) hervorging mit Tai Lee als Oberhaupt und Miles als »Hauptberater«. Damit war der Grundstock für die heutige CIA gelegt, und der chinesische Stab, Tai Lee-Agenten, erhielt Informationen über verdächtige Chinesen. So lernten amerikanische »Sonder«offiziere, die später die CIA mitbegründeten, allerlei Kniffe und Raffinessen von den Blauhemden.

Das SACO schuldete, genau wie die Blauhemden und die CIA, keiner Behörde Rechenschaft über seine Ausgaben. Wie die CIA einzig dem Präsidenten der Vereinigten Staaten untersteht, war Tai Lees Blauhemden-Organisation nur Tschiang Kai-schek verantwortlich.

Ihren höchsten Ausdruck in der Exekutive fand diese Organisationsform im Gehorche und Diene, dessen Verdikte mehr galten als die Stimmen aller Ministerien; im Verlaufe des Krieges konnte diese Einrichtung ihren Einfluß beim Heer unter Tai Lee weiter festigen und in jedem Divisionsstab ihre Agenten unterbringen.

Nach 1944 fielen sogar die Import- und Exportabschlüsse über Tungöl, Baumwolle, Nahrungsmittel und Mineralien sowie das ganze Transportwesen in ihren Kompetenzbereich. Aber nur ein Teil der Gehorche und Diene-Mitglieder hatte im Ausland studiert, und lediglich sie hatten Aussicht auf den sehr begehrten Posten eines Militärattachés im Ausland; Tai Lee entsandte schließlich nicht irgendwen als »Auge und Ohr« in die Welt.

Aufgabe der Gehorche und Diene-Beamten war es, im Inland Nachforschungen über die »kommunistische Subversion« anzustellen; mit den ausländischen Nachrichtendiensten und Missionen Verbindung zu unterhalten; »Intellektuelle mit gefährlichen Anschauungen« zu entlarven; alle Personen, die bei Tschiang Kai-schek vorgelassen wurden, zu kontrollieren sowie alle für ihn bestimmten Sendungen zu durchsuchen; die Akten der Tausende von Lehrern, Studenten, Intellektuellen und anderen, die in Konzentrationslagern gefangengehalten wurden, zu bearbeiten; das Personal der Auslandsbotschaften und der verschiedenen Staatsämter in China zu überwachen; Minister, Abteilungsleiter, Kommandanten und Generale, Auslandskorrespondenten und Missionare zu bespitzeln. Außerdem verfügten sie über ein Korps von »Spezialagenten«, zum Beispiel zur Beseitigung unerwünschter Elemente. Kurz, sie waren die Prätorianergarde Tschiang Kai-scheks und wußten, »was der Führer dachte«, ehe es die Öffentlichkeit erfuhr.

Bei Militärkonferenzen, wenn Tschiang Ansprachen an seine Whangpu-Offiziere hielt, trat der Gehorche und Diene-Stab gestiefelt und gespornt an, den Notizblock in der Hand, damit keines der Worte »Des Führers« verlorenging. In ihrer Uniform mit den weißen Handschuhen wie aus dem Ei gepellt, wirkten sie schon rein äußerlich wie die Prätorianergarde einer Tyrannei.

Da Tschiang Kai-schek China durch eine Rückkehr zu mittelalterlichen Moralgrundsätzen zu retten hoffte, ersetzte hochtrabendes Geschwätz über Tugendregeln jeden wirklich praktischen Gedanken.

»Der Weg von Vater und Sohn, Mann und Frau, älterem und jüngerem Bruder, und Freund; die Ordnung von hoch und niedrig, Übergeordneten und Untergeordneten, Mann und Frau, alt und jung.« Eine »natürliche Hierarchie« mit bedingungslosem Gehorsam. Eine Rückkehr zur absoluten Autoritätsgläubigkeit im Privatleben wie in der Öffentlichkeit; eine stark nazistisch eingefärbte feudale »Loyalität«. Kein Wunder, daß den Frauen, wie in Deutschland oder Italien, »absoluter Gehorsam gegenüber dem Vater in der Jugend und gegenüber dem Mann in der Ehe« gepredigt und der Witwe »der Selbstmord als Beweis der Treue und Keuschheit« empfohlen wurde.

Ich hatte gehofft, in Tschungking würde alles besser werden; hatte geglaubt, die Streitereien gingen lediglich auf die Beschwerlichkeiten der Reise zurück; war überzeugt gewesen, daß wir in der Stadt zur Ruhe kommen würden und ich mich durch irgendeine Arbeit nützlich machen könnte. Aber nur allzubald sollte sich zeigen, wie sehr ich mich täuschte.

Denn Pao ging ganz in seinem Ehrgeiz auf; der Firnis von Sandhurst platzte nach seiner Rückkehr mehr und mehr ab; das korrupte System, in dem er sich verfangen hatte, zerstörte seine Persönlichkeit; je aktiver er sich in seiner »Loyalität« für Tschiang einsetzte, desto unentwirrbarer verstrickte er sich in Lug und Trug. Sein Ehrgeiz diktierte ihm den Aufstieg, immer höher, über den »inneren Ring« zum Gehorche und Diene, an die Spitze ...

Ich ahnte damals nicht, was ich heute weiß ... daß ich auf der falschen Seite, an der falschen Front war; daß weder ich noch irgend jemand sonst etwas Sinnvolles oder Brauchbares hätte tun können, obwohl sich viele, genau wie ich, an die irrige Hoffnung klammerten, mit dem China Tschiang Kai-scheks, mit dem Tschungking Tschiang Kai-scheks müßte es, so verfahren alles auch war und so chaotisch es auch zuging schließlich doch noch ein gutes Ende nehmen.

5

Am 12. Januar 1939 erhielt ich einen Brief von meinen Eltern aus Tientsin. Ich hatte ihnen von Kueilin aus geschrieben, wir kämen nun bald nach Szetschuan, nach Tschungking, und ihnen Paos offizielle Adresse, Postfach 132, Tschungking, angegeben, denn jede militärische Abteilung und Dienststelle hatte ihre Postfachnummer. Außerdem hatte ich ihnen meine Heirat mitgeteilt und meinen Vater um die Adresse unserer Verwandten in Szetschuan gebeten. Mein Vater unterhielt einen regelmäßigen Briefwechsel mit seiner Familie in Tschengtu, erzählte uns aber nur sehr wenig von ihr. Diesen Teil seines Lebens klammerte er sorgfältig von unserem Leben in Peking aus; denn meine Mutter empfand alles, was mit der Tschu-Familie in Szetschuan zusammenhing, als unangenehm, fürchtete sie doch, Vater könnte zurückkehren.

Meine Eltern lebten im Krieg unter japanischer Besatzung in Tientsin und Peking. 1937 war mein Vater von den Japanern ein paar Tage lang eingesperrt, dann aber wieder freigelassen und auf seinen Arbeitsplatz bei der Eisenbahn zurückgeschickt worden. Unter seinen Notizbüchern fand ich später eines mit japanischen Wörtern, denn die Japaner zwangen die ganze Bahnbelegschaft, Japanisch zu lernen. Zwischen der japanischen Besatzungszone und Tschungking riß die Postverbindung während des ganzen Krieges nicht ab. Die Beamten der einen Zone brachten die Post in eigens dafür bestimmte Städte der anderen Zone, wo sich ihrer dann die Beamten des »feindlichen Regimes« annahmen – in Anbetracht des regen Güteraustausches und Narkotikahandels zwischen den beiden Zonen und des nie abreißenden Kontakts zwischen den hohen Tschungkinger Beamten und den Japanern übrigens keineswegs eine erstaunliche Abmachung.

Insgesamt liefen – mit der stillschweigenden Billigung, ja auf Anordnung von Tschiang und Tai Lee, – zweiundvierzig Generale, siebzig hohe Offiziere und eine halbe Million Soldaten der Kuomintang-Truppen zu den Japanern über. Das war ein Zug in dem doppelten Spiel, das Tschiang trieb, indem er die Roten bekämpfte und mit Japan verhandelte, darüber hinaus aber auch ein machiavellistisch raffinierter Einfall, die Unterhaltskosten für das Heer spürbar zu reduzieren. So mußten die Japaner einen Teil der chinesischen Truppen ernähren, bezahlen und ausrüsten. 1942 und 1943 stieg die Desertationsrate noch, also just zu der Zeit, als der von der US-Regierung nach China abgeordnete amerikanische Kommandeur Joe Stilwell im Anschluß an Pearl Harbour die chinesischen Streitkräfte insgesamt reorganisieren und mit ihrer Hilfe eine Landinvasion in Japan vorbereiten wollte. Tschiang aber, der sich durch die Vereinigten Staaten in seiner Machtstellung bedroht fühlte, schickte eine halbe Million Soldaten auf japanische Seite, um sie dem amerikanischen Zugriff zu entziehen, durchkreuzte so die Pläne der Amerikaner, China zu einem amerikanischen Arsenal zu machen, und erwies gleichzeitig den Japanern einen Dienst, die in Südostasien unter einem schweren Mangel an Menschenpotential litten.
Nach 1942 setzten die Japaner diese chinesischen Strohtruppen zu bestimmten Operationen an der chinesischen Front ein, aber nur am kommunistischen Frontabschnitt, während sich Tschiang seinerseits strikt an die bereits erprobte Rückzugstaktik hielt. 1944 kämpften achtundneunzig Prozent der Marionettentruppen gegen die 8. und die neue 4. kommunistische Armee und nur zwei Prozent nominell gegen die Kuomintang. Nach dem Waffenstillstand wollte Tschiang diese Truppen, die er den Japanern freundlicherweise geliehen hatte, zusammen mit seinen eigenen Verbänden gegen die Kommunisten führen, das heißt, die Stützpunkte der Roten in einer großen Zangenbewegung von Norden und Süden her umzingeln.
Eine solche Rechnung war typisch für Tschiang – wie überhaupt die ganze seltsame Übereinkunft, dank derer Briefe, Wa-

ren, Kosmetika und Narkotika unter der Ägide der »Handelsorganisationen« der Blauhemden, der Monopolunternehmen Ming Hua und Fu Hsing, von einer Seite auf die andere zirkulierten. Den ganzen Krieg hindurch blieb der japanische Außenminister mit chinesischen Beamten des Gehorche- und Diene-Dienstes und damit auch mit Tschiang Kai-schek selbst in Fühlung. Unter diesen Umständen war es also nicht weiter verwunderlich, daß ich schon bald eine Antwort von meinen Eltern aus dem von den Japanern besetzten Tientsin erhielt.

Der Brief meines Vaters klang glücklich. Offensichtlich hatte er sich gefreut; er gab mir die Geschäftsadresse meines Dritten Onkels, seines jüngeren Bruders, in Tschungking, und die Heimatanschrift der Familie in Tschengtu. Ihm selbst, versicherte er, gehe es gut, ich brauchte mir in diesem Punkt keine Sorgen zu machen. Am meisten aber staunte ich, daß meine Mutter einen kurzen, aber freundlichen Zettel des Inhalts beigelegt hatte, wie froh sie sei, ihren Bekannten »endlich« mitteilen zu können, daß ich geheiratet hätte! Die Heirat schien sie mit mir auszusöhnen, ihr Leben zu rechtfertigen. »Endlich«, schrieb sie, »konnte ich *ihnen* allen sagen, daß meine Tochter jetzt *verheiratet* ist.« Dabei hatte sie die beiden Wörter unterstrichen, ohne näher zu erklären, wer die »sie« waren. Es waren die anderen, die »sie«, die »ihnen«, die meine Mutter ständig im Munde führte, darin tausend anderen gleich, die ebenfalls von mysteriösen »Ihnen« reden, wenn sie mit sich und der Welt zerfallen sind.

Außerdem hatten meine Eltern Familienphotos beigelegt: ich als Kind; mit meiner Mutter neben meinem Pferd Balthasar; mit meiner Schwester und meiner Mutter, die ihr letztes Kind in den Armen hält; meine Eltern ...

Ein paar Wochen später zog mir Pao auf einem Spaziergang zu den Heißen Quellen von Peip'ei, einem Kurort bei Tschungking, wohin er mich in einer Aufwallung von Zärtlichkeit ausgeführt hatte, eben diese Photos aus der Tasche, kratzte auf allen das Gesicht meiner Mutter aus, zerriß sie und ließ mich schwören, jede Verbindung zu meinen Eltern abzubrechen. Dann schrieb er meinem Vater, obwohl ich weinte, denn ich wollte meinem Vater nicht wehtun. Ich habe nie erfahren, was er ihm schrieb, und mein Vater hat nie geantwortet.

Gleich am nächsten Tag, nachdem ich meines Vaters Brief erhalten hatte, suchte ich den Dritten Onkel an der angegebenen Adresse, in der Meifeng Bank, auf.

Die Meifeng Bank war ein stattliches, achtstöckiges Gebäude mit messinggefaßten Glastüren und einem großen, geschäftigen Schalterraum. Gegenüber erhob sich die Szetschuaner Salzbank, ebenfalls ein imposantes Bauwerk. Zusammen verwalteten die beiden Banken den größten Teil des Kapitals des Szetschuaner Landadels, der neuerdings unter die Geschäftsleute und Kapitalisten gegangen war. Vor 1921 war die Meifeng Bank in den Händen der *American Oriental Banking Corporation* gewesen, aber als die Amerikaner nach den Aufständen von 1923 und 1925 ihr Geld aus dem Land zogen, übernahmen die Szetschuaner Geschäftsleute die Bank selbst.

Als ich 1956 wieder nach Tschungking kam, waren beide Banken verstaatlicht worden; die Meifeng war nun die Tschungkinger Zweigstelle der Volksbank und die Szetschuaner Salzbank die Volkseigene Landwirtschaftsbank.

Als ich um neun Uhr morgens bei der Meifeng Bank ankam, zögerte ich zunächst, hineinzugehen. Ich blieb vor dem Haupteingang stehen und lugte verstohlen durch die Tür. Dann schlich ich mich doch in die Schalterhalle. Ein Bankdiener trat auf mich zu und fragte mich, was ich wolle. Herrn Tschu Kiensan sprechen, antwortete ich. Im selben Augenblick kam ein Mann herein, der meinem Vater sehr ähnlich sah, nur daß er selbstsicherer und straffer ging und die Backenknochen weiter vorsprangen. Er trug ein langes, pelzbesetztes, braunes Seidengewand und schwarze Samtschuhe und hatte helle, zuversichtliche Augen. Ich starrte ihm nach, und der Bedienstete machte ein paar Schritte in seine Richtung, aber da drehte sich Dritter Onkel (denn er war es) bereits um, weil er gespürt hatte, daß ihm jemand nachschaute, und fixierte mich nun seinerseits. Da sagte ich: »Dritter Onkel.« Und er sagte: »Du bist meine Nichte.« Ich verbeugte mich und antwortete: »Ja.« Darauf er: »Ich dachte es mir schon, du gleichst ein bißchen deinem Vater, aber auch deiner Schwester Mondorchidee ... Du weißt doch, daß sie vor etwa zwei Jahren hier war?« – »Nein«, entgegnete ich, »das habe ich nicht gewußt.« Niemand hatte mir gesagt, daß Marianne, meine jüngste Schwester, nach Szetschuan gekommen war.

Dritter Onkel drehte sich um und führte mich mit raschen, federnden Schritten, unhörbar in seinen Tuchschuhen, zu seinem Büro. Er öffnete eine Tür, und wir betraten einen Raum mit großen Ledersesseln aus der Zeit des amerikanischen Einflusses von vor zwanzig Jahren, geschnitzten Szetschuan-Tischen, einem Wandschirm und Schriftrollen an den Wänden. Er schickte nach kochendem Wasser, ging zu einem großen Schrank mit weißseidenen Vorhängen hinter den Glastüren, in dem sich zahllose Dosen reihten, zylindrische, rechteckige, achteckige, Bambuskästchen, Lackschachteln, Zinnbüchsen, für jede Sorte eine andere, denn Dritter Onkel war ein Teekenner und gab, während der Diener das kochende Wasser in eine Kanne goß, mit aufgerollten Ärmeln die erforderliche Menge Teeblätter zu. Nebenher erklärte er, wo diese spezielle Sorte herstammte, wie sie gepflückt wurde, in welcher Jahreszeit, an welchem Tag und was sie kostete; zwischendurch stellte er mir Fragen über mein Tun und Treiben und was ich in Tschungking wolle und warf mir kurze, prüfende Blicke zu, um dann, wenn ich antwortete, wegzuschauen, auf die gegenüberliegende Wand, als sei es unhöflich, einen anzuschauen, wenn man redet. Ich erzählte ihm, daß ich verheiratet sei, nannte ihm Paos Namen und schrieb ihn für ihn auf, und er sagte: »Ihr müßt zu mir ziehen, in mein Haus hier in Tschungking; ihr sollt nicht im Hotel bleiben.«

Als Pao nachmittags vom Generalstabshauptquartier, wo er arbeitete, zurückkam, erzählte ich ihm von der Begegnung mit meinem Onkel und von seiner Einladung und nahm ihn gleich zu Drittem Onkel mit. Als wir in der Holzhackergasse vor einem großen schwarzgelackten Tor aus unseren Huakans ausstiegen, vor dem Tor von meines Onkels Haus, gab sich Pao einen Ruck und setzte eine seriöse, verantwortungsvolle Miene auf, um Drittem Onkel mit den guten Manieren seiner tugendhaften Familie Eindruck zu machen.

Das Tor führte auf einen ersten Hof, dieser auf einen zweiten und dieser wiederum in einen dritten; das Haus meines Onkels gehörte zu den besseren in Tschungking, es war bei der sonst vorherrschenden Armut geradezu luxuriös, obwohl es nach westlichen Maßstäben als kalt, ungemütlich und nur mittelgroß gegolten hätte. Das Wohnzimmer war ein langgestreckter Raum und hatte, wie alle anderen Zimmer, einen Steinboden; die in weiße Überzüge gehüllten Stühle waren, wie es im Winter üblich ist, mit Fellen belegt, Schneeleopard aus Szetschuan mit Schmetterlingszeichnung; auf dem Boden lagen Bären- und Ziegenfelle. Vom Schreibtisch strömte ein schwacher Duft von Winterorchideen aus – in der kalten Stille außerordentlich angenehm.

Dritter Onkel übte sich, gerade weil er in seiner Jugend kein Gelehrter geworden war, täglich im Schönschreiben; auch jetzt saß er über seinem selbstauferlegten Pensum. Er war ein Sauberkeitsfanatiker, konnte Schmutz und Unordnung in seiner Umgebung nicht ausstehen; hatte alles, einschließlich seiner zahllosen Teedosen, fein säuberlich aufgereiht und beschriftet, bewahrte in der Schublade stets ein weiches Tuch auf und staubte in seiner Studierstube selber ab. Er machte mit einem Wedel im ganzen Haus auf den Staub Jagd und hielt Verwandten und Dienerschaft lange Vorträge über Hygiene, Gesundheit und Sauberkeit. Er hatte auch ein Auto gekauft, eine schwarze Fordlimousine, das er aber im Eingangshof stehen ließ und nie benutzte. Trotzdem stattete er seinem Wagen tagtäglich einen Besuch ab, polierte die Kotflügel mit einem Tuch und wedelte mit einem eigens dafür angefertigten Federbusch den Staub von Türen und Dach. Alle Welt wußte von seinem Auto, aber wenn er damit aufgezogen wurde, antwortete er: »Lacht, soviel ihr wollt, ich lasse mich doch nicht erpressen, nur weil ich ein

Auto habe.« Wir faßten im ersten Augenblick unserer Begegnung Zuneigung zueinander, wobei jeder die Schwächen des anderen wohl sah, sich dadurch aber nicht beeinträchtigen ließ.
Dritter Onkel begrüßte uns mit dem Ausruf: »Außergewöhnliche Gäste, welch außergewöhnliche Gäste!« und strahlte Pao an. Wieder gab es Tee, und während Dritter Onkel Pao ausführlich musterte, der sich in seiner englischen Maßuniform (von denen er acht besaß) gut ausnahm, machte er ihm bereits blumige Komplimente. Offensichtlich war er mit meiner Wahl zufrieden. Immerhin hatte ich keinen Ausländer geheiratet, was den gesellschaftlichen Umgang sehr erschwert hätte. Ich hatte einen chinesischen Offizier genommen. Ausgezeichnet, dachte Dritter Onkel, und betrachtete Pao wohlwollend, während er Geburtsort und Abstammung aus ihm herausholte. Dabei fiel ihm ein, daß er Paos Vater auf der Militärakademie von Paoting kennengelernt hatte, was ihn noch mehr entzückte.
Dritter Onkel wußte die Vorzüge einer solchen Heirat in diesen unruhigen Zeiten wohl zu schätzen. Rund vierzig Millionen »Ausländer« waren in Szetschuan eingefallen, niedriggestellte Leute von flußabwärts, von der Ostküste, Leute, für die die Szetschuaner in ihrer stolzen Abkapselung und Abgeschiedenheit nur Verachtung übrig hatten – eine Verachtung, die die weltläufigen Schanghaier und Nankinger Beamten von Herzen erwiderten, die die Szetschuaner nur »Szetschuanratten« nannten. Die einheimische Oberschicht fürchtete die Macht der nun zugezogenen Zentralregierung ... vielleicht war es günstig, jemand zu kennen, der persönliche Beziehungen zur Zentralregierung besaß; der Druck, den die Kuomintang ausübte, machte sich bereits in allen Gesellschaftsschichten spürbar.
In Szetschuan zählten Familienbeziehungen, wie überall in China, sehr viel; vielleicht war das Unternehmertum in der abgekapselten Binnenprovinz sogar noch enger mit den feudalen Klan- und Blutsbindungen verknüpft, von der überall gegenwärtigen regionalen Geheimgesellschaft, den Älteren Brüdern, den Kelao, ganz zu schweigen.
In der Meifeng Bank zum Beispiel, der Dritter Onkel damals

als Generaldirektor vorstand, waren drei der Direktoren Brüder, der vierte ein Vetter. Dritter Onkel selbst war wegen seines Rufes als Finanzexperte, den er sich als Finanzberater von Szetschuans mächtigstem Warlord, Liu Hsiang, erworben hatte, in die Bank aufgenommen worden. Die wichtigsten Posten, Kasse, Buchhaltung usw., waren mit Söhnen, Töchtern, Neffen, Vettern und anderen Verwandten der Direktoren besetzt. Auch Dritter Onkel hatte eine ganze Reihe seiner Neffen und Nichten in der Bank untergebracht, in Tschungking, Tschengtu, Neitschiang und anderen Kleinstädten. Selbst heute nach der Verstaatlichung der Bank haben diese Angestellten, meine Verwandten, noch ihre Posten inne, sind sie noch im selben Büro bei der gleichen Arbeit anzutreffen wie vor dreißig Jahren.

Am Tag nach dieser Begegnung zogen Pao und ich um. Dritter Onkel gab uns ein sehr schönes Zimmer mit Seidenvorhängen rings um das riesige, geschnitzte Bett mit den federleichten, mit Seidenresten gefüllten und mit Blumen und Vögeln verzierten Bettdecken. Außerdem wies er uns ein Badezimmer mit einer großen glasierten Badewanne an, in die die Dienstboten allabendlich heißes Wasser zum Baden gossen. Die Toiletten waren tadellos sauber gehalten; jedesmal, wenn einer von uns sie benutzt hatte, tauchten Dienstboten auf, um sie zu putzen. Und jedesmal, wenn Pao an das schwarzlackierte Tor kam, verkündete der Pförtner laut: »Ehrenwerter Dritter Juniorherr kommt«, oder »Ehrenwerter Dritter Juniorherr geht.« Stets war frischer, wohlriechender Tee vorhanden; die Böden waren blank, die Spucknäpfe aus geblümtem Porzellan (die wir zwar nicht benutzten, aber stehen ließen) wurden täglich mit frischem Wasser gefüllt, die Lackmöbel sorgfältig abgestaubt. Die Vorhänge am Fenster waren aus reiner weißer Seide. Es war das beste Zimmer im ganzen Haus, Dritter Onkel verwöhnte uns regelrecht.

Darüberhinaus gab er eine ganze Reihe von Abendeinladungen, um Pao und mich in die Szetschuaner Gesellschaft einzuführen; er lud die K'ang-Familie ein, die Tsch'en-Familie, die Teng-Familie und noch viele andere mehr. Bei diesen Gelegenheiten waren die Höfe festlich erleuchtet, die runden Tische bogen sich unter den besten Gerichten, die die Provinz zu bieten hatte, und Dritter Onkel erklärte die Zubereitung der Speisen, aß mit Genuß und kommentierte schmunzelnd unseren Appetit. Ich erhielt von allen Seiten Geschenke, ganze Stöße von bestickten Bettbezügen, Dutzende seidener Kleiderstoffe. »Dritter Onkel behandelt dich wie seine leibliche Tochter«, meinte Pao beeindruckt.

Zehn Tage lang war Pao reizend; er brachte etliche seiner »wohlwollenden Brüder« mit, um mit meiner Familie zu renommieren. Sie gab ihm großes »Gesicht«, erweckte aber auch Neid. Ich erinnere mich noch an einen Abend, an dem er einen Offizierskameraden mit seiner Verlobten eingeladen hatte. Der junge Offizier platzte fast vor Stolz auf seine Braut, ein hübsches Mädchen aus Nanking, dessen Vater in irgendeinem Ministerium arbeitete und über allerlei Beziehungen verfügte. Mit welcher Genugtuung erfüllte es Pao, demonstrieren zu können, daß ich aus einer mindestens ebenso guten Familie stammte! Zwar hatte mir das andere Mädchen den gelinden Vorzug voraus, aus einer Bankiersfamilie von der Küste zu kommen, während ich nur der »rückständigen« Szetschuaner Oberschicht angehörte. Dafür aber konnten sich nur wenige der zugezogenen Beamten der Beziehungen zu dieser Klasse rühmen, die sich vornehmlich im Hinblick auf Unterkunft und Dienstboten, Grunderwerb und lokale Geschäftsbeziehungen als vorteilhaft erwiesen. »Du hast die Probleme des Hotellebens gelöst«, sagte der junge Offizier und ließ seine Augen im Zimmer herumspazieren. Aber sofort beeilte er sich hinzuzufügen, der Vater seiner Verlobten habe dank seiner Stellung Grund kaufen können und gedenke nun selbst in der privilegierten Süduferenklave zu bauen. Beiläufig erwähnte er, zu diesem Zweck hätte sein zukünftiger Schwiegervater an die zwanzig Häuser räumen und das Szetschuaner Gesindel vor die Tür setzen lassen. Das brauchte keine Angabe zu sein; Zwangsräumungen kamen tatsächlich vor und trugen nicht wenig zur Erbitterung der Einheimischen bei. Möglicherweise waren die armen Teufel, die ihre Schulden nicht bezahlen konnten, wirklich von Heim und Herd vertrieben worden, damit sich die Neuankömmlinge ein »großes Haus« hinstellen konnten.

Die Braut verdroß es offensichtlich, daß ihr eine andere den Rang ablief; denn ich war im Ausland gewesen, hatte im Westen studiert, und das mußte bei der Betrachtungsweise, die Menschen wie Dinge in Aktiva und Passiva einteilte, als Aktivposten gewertet werden. Aber sie fand etwas, mir einen kleinen Hieb zu versetzen. Beim Aufbruch warf sie, auf einen glasierten Topf mit ein paar Gänseblümchen deutend, hin: »Weiße Blumen ... wie ausländisch!« Denn es waren Gänseblümchen, billige Blumen, und keine Orchideen oder Pflaumenblüten. Mir hatten es ihre sonnigen Blütensterne angetan, die so tapfer in jene sonnenlosen Tage hineinstrahlten. Deshalb hatte ich sie in einen großen, billigen, blauen, glasierten Tontopf gestellt, den ich um ein paar Pfennige auf dem Markt aufgetrieben hatte. Und nun vergrößerten sie die Kluft zwischen mir und den anderen.

Pao war ärgerlich, nicht über sie, sondern über mich. Ich mußte die Gänseblümchen wegwerfen, aber den Topf behielt ich, ja er wurde für mich zum Symbol des Widerstandes, und trotzig benutzte ich ihn, bis ich ausgebombt wurde. Er bedeutete mir schließlich mehr, als er wert war. Aber die Vorsehung, falls es eine gibt, rächte mich ein paar Monate später. Im folgenden Winter erschien in der Zeitung eine Anzeige von der Familie der Verlobten:

Aufhebung des Verlöbnisses

Herr X, der sich durch Vorspiegelung falscher Tatsachen einschmeichelte und indem er vorgab, eine Person von guten Sitten und unbescholtenem Ruf zu sein, sich den Verlöbniskontrakt mit Fräulein Y erschlich, einem Mädchen aus guter adliger Familie, dessen tugendsame, untadelige Lebensführung allen ihres Alters und ihrer Herkunft als Vorbild dienen kann, wurde dieses Vertrauens für unwürdig befunden, und so wird hiermit das Verlöbnis aufgelöst.

Den Anlaß zu diesem schwerwiegenden Schritt gab der Umstand, daß Herr X am 13. November zu einer ungebührlichen Nachtzeit in der Gesellschaft einer Person weiblichen Geschlechts und niedriger Abstammung in einem Hotel getroffen wurde. Auf Befragen gestand er unumwunden und ohne jede Scham, daß diese Person niedriger Abstammung seine Geliebte sei, die ihm nach Tschungking folgte, und daß er mehrere Monate lang unerlaubte Beziehungen zu ihr unterhalten habe.

Von nun an mache Herr X keinerlei Ansprüche gegenüber der Familie geltend, der er solches Unrecht zufügte. Mit der Veröffentlichung dieser Anzeige sind alle Beziehungen abgebrochen.

Pao selbst machte mich auf diese öffentliche Verstoßung aufmerksam, die so ganz in der Linie der Zeit lag. Vielleicht bereitete auch ihm der Ausgang dieser vielgepriesenen vorbildhaften Romanze eine gewisse Genugtuung. »Nein«, meinte ich, »das Mädchen wird schon einen anderen finden.« – »Aber sie ist jetzt befleckt«, rief er. »Sie ist nicht mehr rein wie ein unbeschriebenes Blatt Papier, und deshalb wird sie sich schwer tun, einen anständigen Mann aufzutreiben . . .« Aber Pao machte entweder sich selbst oder mir etwas vor, jedenfalls heiratete das Mädchen schon innerhalb des nächsten halben Jahres ein ähnlich würdiges Subjekt von guten Sitten und unbescholtenem Ruf. Als die Revolution ausbrach, setzte er sich in die Vereinigten Staaten ab und ließ sie mit den beiden Kindern auf Taiwan (Formosa) sitzen. Da sie kaum Aussichten hatte, sich noch einmal zu verehelichen, arrangierte ihre Familie eine Scheinheirat mit einem amerikanischen G.I. für sie. Dieses Manöver kostet US $ 5000, aber dafür konnte sie nach Amerika. Es ist nämlich gar nicht so einfach, eine Ausreiseerlaubnis aus Formosa zu erhalten, und wenn ein Ehemann in irgendeiner Mission ins Ausland geschickt wird, muß er Frau und Kinder zurücklassen, gewissermaßen als Unterpfand seiner Rückkehr. Trotzdem schaffen es jedes Jahr etliche junge Frauen, und einer der Wege dazu ist eben, einen amerikanischen G.I. zu »heiraten«. Ist dann in Amerika selbst die Aufenthaltsgenehmigung beschafft, wird die »Scheidung« eingeleitet, wiederum gegen ein bißchen Bargeld. Immerhin hat man nun einen amerikanischen Paß in der Tasche, und alles ist in Ordnung . . .

Zum chinesischen Neujahrsfest, das in den Monat Februar fiel, nahm Dritter Onkel mich und seine Konkubine Yao Niang (die in Tschungking den Haushalt führte, während seine Frau, meine Dritte Tante, den Haushalt in Tschengtu besorgte) mit nach Tschengtu. Dritter Onkel flog jährlich mindestens drei- bis viermal nach Tschengtu, und in den nächsten drei Jahren begleitete ich ihn oft, da es relativ einfach war, sich über die Meifeng Bank eine Flugkarte zu beschaffen. Der Verkehr unterstand nämlich den Blauhemden, und die Banken hatten ihre Spezialbestechungsagenten, die die zuständigen Blauhemden zum Tee einluden.

Pao kam nicht mit nach Tschengtu; ich sollte meiner Familie vorgestellt werden und ihr, wie Dritter Onkel an traditionelle Gepflogenheiten anknüpfend, sagte: »den Rückkehrbesuch der frischgebackenen jungen Frau« abstatten. Pao blieb, von einer Schar von Dienern umsorgt, im Haus meines Onkels in Tschungking zurück. Die Frühmaschine nach Tschengtu startete; bald hatten wir den Nebel unter uns gelassen und flogen in den klaren Vorfrühlingshimmel hinein. Die Terrassenberge unter uns schienen sich zu drehen und zu bewegen, und dann waren wir schon über der Tschengtu-Ebene, und die Sonne schien und alles glitzerte in der klaren, kalten Luft.

Den Neujahrsbesuch bei meiner Familie habe ich schon in einem früheren Buch beschrieben. Trotzdem möchte ich an dieser Stelle noch einmal wiederholen, daß ich mich in der neuentdeckten feudalistischen Großfamilie wohlfühlte, auch wenn man so etwas in dem revolutionären China von heute nicht mehr zugeben darf. Natürlich stellte sich in den folgenden Monaten heraus, daß sie wie alle Familien ihre nichterzählbaren Geschichten, undurchsichtigen Rivalitäten, verschwiegenen Intrigen, Fehden, Leidenschaften und Streitereien hatte, daß sie nach heutigem Maßstab zur ausbeutenden Klasse gehörte, aber wie leicht lebte es sich mit ihnen, fern von Pao, und das allein genügte schon für mich, alle miteinander großartig und wunderbar zu finden. Sie waren auch wirklich gut zu mir, besonders Dritte Tante; aber auch die anderen versuchten nach Kräften, mich zu unterhalten, mein Interesse zu wecken, mir zu helfen. Und die tiefe, wenn auch keineswegs blinde Zuneigung, die ich damals zu den Mitgliedern meiner Familie faßte, können weder die Jahre noch eine Revolution auslöschen oder zerstören.

Neujahr war eine Zeit der Freude; das Freudenritual selbst gewissermaßen eine Beschwörung künftigen Glücks; Fröhlichkeit, Güte, gute Laune, Lustigkeit der Tenor jener Wochen; kein unfreundliches Wort, keine Tat, die die Freude des Neubeginns hätte beeinträchtigen können; und ich war elastisch genug, meine Streitereien mit Pao zu vergessen oder ihnen doch kaum noch Gewicht beizumessen. Im Schoße meiner zahlreichen, eifrig um mich bemühten Verwandtschaft floß ich vor Glück über, kannte nur den einen Wunsch, ihnen meinerseits zu gefallen; ich bedauerte Pao sogar und schrieb ihm, daß er mir fehle. Inmitten der Familie vergaß ich die leidvollen Augenblicke und überließ mich ganz den bezaubernden Stunden (denn sie waren bezaubernd, wunderschöne Tage, und wenn auch nur, weil die Sonne so fröhlich glitzerte und jedermann so glücklich schien). Es fiel mir nicht schwer, einen kurzen Monat lang mein Ungestüm, meine Unrast zu zügeln und mich dem müßigen Trott der Familie anzupassen, die eine Ewigkeit von Zeit vor sich hatte und mir die trivialsten Dinge mit der größten Pünktlichkeit und Genauigkeit erledigte. Vielleicht war alles nur Theater; bestimmt aber spielte echte Zuneigung mit. Nie hätte ich sonst solche Beschränkungen auf mich genommen. So jedoch konnte ich einmal in meinem Leben, was ich mir so sehnlich wünschte, in einer Gemeinschaft aufgehen, und ich weinte insgeheim vor Freude, daß ich meine wunderbare Große Familie in Szetschuan entdeckt hatte.

Da waren viele, denen ich einen Besuch abstatten mußte, Onkel und Tanten, Großonkel und andere Verwandte, deren Verwandtschaftsgrad sich nur im Chinesischen ganz genau ausdrükken läßt. Geduldig lernte ich die Verwandtschaftsbezeichnungen, machte meine Besuche und verbeugte mich, aß und verbeugte mich, trank Tee und verbeugte mich, folgte Dritter Tante sanftmütig und bescheiden wie eine Tochter. So viele Festlichkeiten am Neujahrstag, so viele Ältere, vor denen man sich verbeugen mußte! Die frische, sonnendurchsprenkelte Luft legte sich wie Balsam auf die Höfe, und in allen Gärten öffneten die Pflaumenbäume ihre zart rosagelben Blüten. Alles war wie verwandelt vor Fröhlichkeit. So schön das gesetzte, alte Tschengtu mit seinen gewundenen Gassen, den dunklen baufälligen Fachwerkhäusern mit den grauen Ziegeldächern, den sich wiegenden graurosa Papageien auf den Ständen vor den Läden; den schwarzen, zu Ehren des Neujahrstags mit rotem, mit schönen Schriftzeichen bedecktem Papier ausgeschlagenen Lacktoren; den zahllosen, denkwürdigen, berühmten Teeläden und dem feinen Geruch nach frischem Tee in der morgendlichen Kühle! Lärmend toben die Kinder herum, die Wangen gerötet, das Haar glatt, die dünnen Zöpfe mit roten Bändern zusammengehalten, in ihren hellen neuen Baumwollkleidern wogenden Blumenbeeten gleich! Auf den oleandergesäumten Wegen des Schao Scheng Parks mit dem Denkmal des Eisenbahnkampfes von 1911, der noch im selben Jahr eine Revolution auslöste, drängten sich die Spaziergänger; seine vielbewunderten Lotusteiche, Teepavillons und dichten Reihen wohlriechender zartgrüner, zart malvenfarbiger Winterorchideen erstrahlten in neuem Glanz. Oder einer unserer Lieblingspicknickplätze, der unvergeßliche, poetische Tu Fu Park mit seinen Bambushainen und der Erinnerung an den größten Dichter Szetschuans. Und dann die Tempel und Höfe von Wu Hou Sze, eine wahre Pracht in ihrem frischen Anstrich, von Familien überlaufen, und die Väter, die ihren Kindern die Statuen der Helden aus der Zeit der Drei Königreiche zeigten. Nachts beim Geschichtenerzählen werden ihre Namen dann wieder lebendig, und im Schein der Lampen, deren dünne Leinendochte mit Rüböl gespeist werden

und deren Form so sehr jenen gleicht, die die Griechen in ihren heroischen Tagen benutzten, erwachen dann die feingesponnenen Ränke und die großen Taten zu neuem Leben.
Und schließlich die tausend beißenden Gerüche der Szetschuaner Kochkunst, die kleingeschnittenen kandierten und eingemachten Früchte, der frische, erfrischende Beigeschmack der Apfelsinen und der bittersüßen Zwergorangen und der Schwarm von Vettern und Cousinen, Arm in Arm mit mir (nur die Mädchen), die mich Dritte Schwester nennen ... Ich sauge mich voll mit den Ausdrücken und Redewendungen der Szetschuaner, lasse mich von ihren Eigenheiten durchdringen, nehme alles um mich herum wie durch Osmose auf; verliere das Bewußtsein meiner selbst, lasse mich in dem Behagen, in der Sicherheit treiben, die eine große Familie ausströmt, als könne dieser Zauber nie ein Ende nehmen.
Nach einem Essen im Familienkreis kündigte Dritter Onkel an, er habe nun den korrekten Familiennamen für mich gefunden, und trug mich ins Buch der Generationen ein.
Dritter Onkel führte in seinem Ahnenbuch sämtliche Generationen und gab mir später auch eine Kopie davon. In meiner Generation waren wir fünfundzwanzig: die vier Kinder meines Vaters, die vier von Drittem Onkel, zwölf von Sechstem Onkel und fünf von Erstem Onkel; meine einundzwanzig Vettern und Cousinen ersten Grades zählten samt und sonders als meine Brüder und Schwestern und waren ins Generationsbuch in der Reihenfolge ihres Alters eingetragen, wobei der erstgeborene Knabe Erster Sohn und das erstgeborene Mädchen Erste Tochter genannt wurden, gleichviel, welcher der Brüder ihr Vater war. So hieß mein eigener Bruder Erster Sohn, und meine ganze Generation nannte ihn Erster Bruder, obwohl mein Vater in seiner Generation nur der zweite Sohn war; während sein älterer Bruder ein Jahr später Zweiten Sohn in die Welt setzte. Die Söhne von Drittem Onkel kamen an dritter, vierter und sechster Stelle, während Fünfter Sohn wieder von Erstem Onkel stammte. Auf diese Weise, das heißt, indem man die Geburten verzeichnete und die chronologische Reihenfolge durch eine Numerierung

festhielt, hatte man stets einen Überblick über die Vettern ersten Grades und über die Generation unmittelbar vor einem, also über sämtliche Abkömmlinge eines Großvaters mit demselben Familiennamen. Erfaßt waren in diesem patrilinearen System ebenfalls die Großonkel, denn einer der Brüder meines Großvaters war noch am Leben und hatte über zwanzig Kinder, die damals zum Teil nicht älter als zehn oder zwölf Jahre waren, aber nach dieser Zählung als meine Onkel und Tanten galten. Die Schwestern meines Vaters dagegen, von denen ebenfalls noch zwei lebten und insgesamt zehn Kinder hatten, wurden samt ihren Nachkömmlingen, die ja nicht Tschu hießen, nicht im Familienbuch der Tschu, sondern in dem ihrer Ehemänner geführt. Und die Vettern von dieser Seite zählten nicht zum »selben Klan«, sondern galten als Vettern zweiten Grades.

In diesem genealogischen System, in dem nur die väterliche Linie zählte, kam dem Familiennamen eine ungeheure Bedeutung zu, denn es war der Klanname, und in Szetschuan galt es als unvorstellbar, daß sich zwei mit dem gleichen Familiennamen heirateten, selbst wenn sie eindeutig nachweisen konnten, daß sie keine Blutsverwandten waren. So konnte ein Tschu niemals eine Tschu oder ein Liu niemals eine Liu heiraten. Da es in China für 500 Millionen Menschen nur rund 286 Familiennamen gab, hätte natürlich oft die Möglichkeit bestanden, daß ein Tschu eine Tschu zur Frau begehrt hätte, wäre das nicht durch ein anderes feudalistisches Mittel unterbunden worden. Die Familien, die die Eheschließung mit »demselben Namen« nicht dulden wollten, da sie einem Inzest gleichgekommen wäre und alle Mitglieder zur Zielscheibe des Spottes gemacht hätte, nahmen dem einzelnen die Angelegenheit aus der Hand, und so konnte sich keiner so schrecklich daneben benehmen. Und die Ehevermittler dachten nicht im Traum an eine solche Ungeheuerlichkeit.

Diese Gepflogenheit ging vermutlich, wie so vieles andere, darauf zurück, daß das auf der Vorherrschaft des Mannes beruhende, vom Konfuzianismus gestützte patriarchalische System das ursprünglich in China herrschende matriarchalische System verdrängt und strenge Regeln über den Inzest aufgestellt hatte. Da aber nun die Dörfer vielfach nur aus einem einzigen Klan bestanden und die meisten Einwohner denselben Namen hatten, holten sie sich ihre Ehepartner aus benachbarten, andersnamigen Dörfern, wobei die Ehen über den Kopf der Jungen hinweg geschlossen wurden; ja, das Wort Liebe, fiel es doch einmal, löste Gekicher und empörte kleine Schreie aus und brachte die jungen Mädchen zum Erröten ...

Auf der anderen Seite galt eine Ehe zwischen Vetter und Cousine ersten Grades (im europäischen Sinn) als durchaus statthaft, vorausgesetzt, sie hatten verschiedene Namen. Die Idee, daß der männliche Same dominiere, das »Blut« vom Mann stamme und die Mutter lediglich ein nährendes Gefäß für das Kind sei, war im feudalistischen Denken so tief verwurzelt, daß selbst Pao davon überzeugt war.

Heute hat sich das zum Glück geändert: Es bleibt den Kindern sogar überlassen, den Namen des Vaters oder der Mutter anzunehmen, und das allein ist schon eine Kulturrevolution.

Damals jedoch hielten es die alten Szetschuaner Familien noch nach einem anderen feudalistischen Motto: »Unsere Söhne und Töchter sind nichts fürs gemeine Blut« und verheirateten die Kinder von Bruder und Schwester. Sie verschmähten es, ihren Status durch eine eheliche Verbindung mit einem nichtverwandten Klan zu »erniedrigen«: »Das Fleisch von Schwänen ist zu schade für gemeine Gänse.« Auch in der Tschu-Familie waren solche Vetternehen gang und gäbe, denn wenn man alle Vettern und die Kinder der verschiedenen Großväter zusammennahm, war die Auswahl stattlich, und außerdem fielen viele Schwierigkeiten weg, so die für ihre Lügenhaftigkeit bekannten Heiratsvermittler samt den damit verbundenen Kosten.

Daneben bestand aber auch noch die Tradition der Eheschließung zwischen sogenannten verwandten Klans. Zum Beispiel dachten die Hou-, die Hung-, die Teng-Familie, sobald eine Tochter oder ein Sohn das heiratsfähige Alter erlangte, automatisch an einen Sohn oder eine Tochter der Tschu-Familie und umgekehrt. Diese Familienbande wurden durch Geschäftsbeziehungen untermauert, d. h. das Persönliche verquickte sich mit dem Geschäftlichen zu einer unauflöslichen Einheit.

All das erklärte mir Dritter Onkel oder vielmehr nicht mir allein, sondern uns allen miteinander, denn er ließ sich gern ausführlich über die Familie aus, und welcher Zeitpunkt wäre geeigneter gewesen, der Traditionen zu gedenken, die die feudalistische Großfamilie Chinas mit ihrer Macht über den einzelnen zusammenhielten, als die Tage um Neujahr.

Ich wurde also zur Dritten Tochter erklärt, mein Name ins Ahnenbuch eingetragen; dadurch verdrängte ich die Tochter meines Dritten Onkels etwas von ihrem Platz, die zehn Tage nach mir geboren war. Wir beschlossen, uns Lange Dritte und Dicke Dritte zu nennen, denn sie war rundgesichtig und lustig und eher mollig. Die ganze Familie nannte mich Dritte Tochter, und die Dienstboten nannten mich Drittes Fräulein, und so wurde ich endlich in die Familie aufgenommen und bekam meinen Namen.

Vorher hatte mich Dritter Onkel in die kleine Gedenkhalle in seinem Haus in der Schafmarkt-Gasse in Tschengtu geführt und den Seelentafeln der Ahnen vorgestellt. Allmorgendlich machte Sechster Bruder, der jüngste Sohn von Drittem Onkel, mit einem Bündel angezündeter Weihrauchstäbchen die Runde durch die Halle und den Hof mit seinen Bäumen und Blumen, schlug die Gongs, steckte die Stäbe in die dafür vorgesehenen Halter und erwies den Seelentafeln der Ahnen seine Ehrerbietung; Speisen und Getränke wurden vor ihnen aufgestellt, und Dritte Tante beschwor sie: »Großvater, Großmutter, Urgroßonkel, bitte, eßt.«

Für meine Großmutter, die vor zwei Jahren gestorben war, wurde an verschiedenen Tagen des Monats bei Tisch ein Gedeck aufgelegt, und Dritte Tante bat ihren Geist, ehe sie selbst zu essen begann, etwas zu essen, legte ausgesucht gute Kostproben auf ihren kleinen Teller und goß ihr ein paar Tropfen Tee ein.

Ich mochte Dritte Tante auf Anhieb, sehr sogar. Sie hatte glattes Haar wie schwarze Jade, eine zarte weiße Haut und wunderschöne kleine Hände. Selbst heute mit siebenundsechzig hat sie noch diese hübschen Hände, auch wenn ihre Haut durch die Sonne nachgedunkelt ist und ihr Haar allmählich weiß wird. Sie hatte winzige, eingebundene Füße und trauerte drei Jahre lang um Großmutter. Dritte Tante war so klein, daß ihre Füße, wenn sie auf einem Stuhl saß, in der Luft baumelten, und so sehe ich sie auch heute noch vor mir, auf einem Stuhl, der viel zu hoch und zu groß für sie ist, geduldig und in sich selbst versunken. Und obwohl sie stets sanft war, verstand sie doch, das große Haus und den ganzen Klan zu versorgen. Sie hatte nichts gegen Yao, die Konkubine, die nichtssagend aussah, eher häßlich, sich nicht in den Vordergrund drängte und solange sie Opium zu rauchen hatte, recht tüchtig war. Yao, die Konkubine, fand sich in dem Tschungkinger Haushalt gut zurecht, denn sie stammte selbst aus Tschungking; Dritter Onkel hatte sie in einem Freudenhaus kennengelernt, und sie hatte ihn während einer nicht näher bestimmbaren Krankheit gepflegt, deren Symptome sie mir freudestrahlend aufzählte, ohne daß ich daraus klug werden konnte. Daraufhin hatte er sie freigekauft, und sie war seine Haushälterin geworden; dreißig Jahre lang gab er ihr, obwohl er nur noch sehr wenig mit ihr zu tun hatte, alles, was sie brauchte, hauptsächlich Opium, und hielt sie auch mit Kleidern nicht knapp. Yao ihrerseits war kein liederlicher Mensch, sondern arbeitsam und nüchtern wie Dritte Tante; sie trank nicht und machte dem Haus auch sonst keine Schande; ihrer Opiumsucht frönte sie nur heimlich und braute sich nie mehr als drei Pfeifen zusammen.

Ein paar Monate später sollten Yao, die Konkubine, und Dritte Tante aktive Verbündete werden, denn Dritter Onkel verliebte sich in einen Filmstar. Dieser Filmstar war schön, eine »Ausländerin«, aus Schanghai (jedenfalls ihren Angaben nach) und sehr kostspielig. Dieser letztgenannte Punkt alarmierte Dritte Tante und Yao, die Konkubine, und nicht etwa die Frage, ob besagte Dame Drittem Onkel nun ihre Gunst schenken werde oder nicht (dieser Punkt wurde nie geklärt). Beide schlichen mit finsterer Miene umher, und Dritte Tante murrte, Dritter Onkel

stände unter einem Zauber und habe sicher von jener »Ausländerin« aus Schanghai einen Liebestrank bekommen. Dann seufzte sie tief auf und ging mit verkniffenem Mund und gerunzelter Stirn wieder ihren Pflichten nach. Yao, schwatzhafter und aus gröberem Schrot und Korn, faßte sich weniger kurz und ließ sich in ihrer Angst, ihre Opiumquelle zu verlieren, zu der Behauptung hinreißen, der »Stern« sei eine Prostituierte, sie wollte sogar den Zuhälter kennen und wissen, daß es ein Gangster sei, der den Star nur als Köder vorschiebe, um Dritten Onkel zu erpressen und zu ruinieren. Aber bald kam alles wieder in Ordnung; der Star kostete zu viel und wurde immer noch anspruchsvoller; da machte Dritter Onkel Schluß.
Sein Büro in der Bank, sein Wohnzimmer in Tschengtu, die Zimmer des Hügelhauses in Ta Er Wo in Tschungking, wo er wohnte, nachdem das Haus in der Holzhacker-Gasse im Mai 1939 ausgebombt worden war – alles war geschmückt mit Photographien des Stars, einer vollbusigen Schönheit mit Grübchen in den Wangen, die großen Augen verträumt zum Himmel aufgeschlagen, und sämtliche Vorzüge handkoloriert. »Ein teurer Spaß«, brummte Yao, die Konkubine, während Dritter Onkel die gerahmten Bildnisse abnahm und sich gern ein langes und breites über die Gesetze der Schönheit ausließ, wobei er es verstand, seinen Ausführungen den Anstrich einer philosophischen Vorlesung über Ästhetik zu geben. »Nimm zum Beispiel dieses Gesicht. Das Verhältnis von Stirn zu Kinn läßt auf eine beträchtliche moralische Festigkeit schließen ... Sieh dir aber auch die Augen an, wie sie im Kopf sitzen ... der Abstand zwischen den Augen soll nach den Astrologen die Größe eines Auges betragen ...« Nie verletzte er bei diesen Abhandlungen den Anstand, im Gegenteil, er erging sich mit rhetorischer Freude über die geliebten Züge »jenes billigen Gestells«, um Yao Niangs Ausdruck zu gebrauchen, oder des »Stars, he?«, um mit Dritter Tante zu sprechen. Mit einem Male aber gab es keine Photos mehr und keine Vorträge über die Gesetze der Schönheit. Dritter Onkel schloß sich in seinem Arbeitszimmer ein und übte sich in der Kalligraphie; dann kam er heraus, rief nach seiner

Sänfte, und noch am selben Abend verschwanden alle Photographien, und der Star wurde von nun an mit keinem Wort mehr erwähnt.
Abgesehen von dieser unbedeutenden Episode lebten Dritter Onkel und Dritte Tante all die Jahre, die ich sie kannte, in ungetrübter Harmonie in jener toleranten Gemeinschaft zusammen, die die Ehe darstellt. Dritter Onkel machte sich über das Lispeln von Dritter Tante lustig, und sie errötete wie ein junges Mädchen, wenn er sie anredete. Sie blieb auf, bis er nach Hause kam; hörte ihm, wie wir, stundenlang zu. Heute sind beide alt, aber beieinander. Yao, die Konkubine, wurde nach der Revolution von ihrer Opiumsucht geheilt, starb aber wenige Jahre später an Tuberkulose. Dritte Tante pflegte sie. Heute besucht Dritte Tante, die trotz ihrer kleinen eingebundenen Füße kilometerweit laufen kann und voller Eifer ist, täglich einen Vortrag über Politik, über die Ansichten Mao Tse-tungs; sie interessiert sich so sehr dafür, daß sie schon eine halbe Stunde vor den anderen ankommt. Dritter Onkel bleibt daheim und pflegt seine kranken Knie. Und Dritte Tante ist trotz ihrer relativen Armut heute ebenso glücklich wie einst, als sie so viel mehr besaß, sich um so viele Häuser und so viele Verwandte kümmern mußte, kurz, als Dritter Onkel noch ein reicher Mann war.
Ebenfalls ein glückliches Paar waren Sechster Onkel und Sechste Tante, die sich sogar einer Liebesheirat rühmen konnten. Sechster Onkel hatte nämlich, ohne daß die beiderseitigen Familien etwas davon wußten, Sechste Tante kurz an einem Feiertag im Park gesehen und sich in sie verliebt, und siehe da, ausgerechnet sie wurde für ihn ausgewählt! Über diesen glücklichen Zufall freuten sie sich ihr Leben lang immer wieder von neuem. Sechste Tante war sehr schön. Trotz zwölf Kindern – sechs Söhnen und sechs Töchtern – hatte sie noch ihre schlanke Taille, ihre Rehaugen und ihre blasse, glatte Haut. Ihr Körper war mit fünfunddreißig Jahren noch vollständig unbehaart; aber das Fehlen der Schamhaare und der Behaarung in den Achselhöhlen ist bei den Szetschuanerinnen, die sich durch ein besonders üppiges Haupthaar auszeichnen, keine Seltenheit.

Sechste Tante, die »modern« dachte (hatte sie nicht aus Liebe geheiratet?), ließ sich nach dem zwölften Kind sterilisieren, da der Kindersegen nun ihrer Meinung nach reichte. Sie ist heute noch schlank, faltenlos im Gesicht und dunkelhaarig, und Sechster Onkel noch immer so verliebt, daß er nichts unternimmt, ohne es ihr vorher zu sagen. Als sie 1940 bei einem Bombenangriff der Japaner auf Tschengtu ihre Kinder allein zum Unterstand vorauslaufen ließen und Hand in Hand folgten, schokkierten sie viele, denn so etwas hatte man in Szetschuan vor der Revolution noch nicht gesehen.
Erster Onkel dagegen kam mit Erster Tante nicht gut aus, und die Kinder erlebten manchen Familienstreit, trugen es aber mit philosophischer Gelassenheit, denn eine große Familie hat eine enorme Spannkraft. Erster Onkel war ein Verschwender und geschäftlich gesehen ein Versager, und Erste Tante warf ihm vor, er laufe den Mädchen nach; sie war eine dünne, immer unzufriedene Frau, die, an ihrer lauten Stimme schon von weitem erkennbar, oft auf eine Wasserpfeife kam, um Dritter Tante und Sechster Tante ihr Leid zu klagen.
Zu Neujahr aber kam die ganze Familie zusammen: Dritter Großonkel, der Bruder unseres Großvaters, mit seinen zahlreichen Nachkommen, mit Dritter Großtante und seiner Konkubine, einer hart arbeitenden, Dritter Großtante sehr ergebenen, gewissenhaften Frau; Erster, Dritter und Sechster Onkel samt Familie, andere Cousinen und Vettern verschiedenen Rangs und Grades (die Verwandtschaftsverhältnisse lassen sich nur im Chinesischen entsprechend ausdrücken); von Großonkel, die Großonkel meiner Großmutter mütterlicherseits, verwitwete und verheiratete Tanten zweiten, dritten und vierten Grades. Vor allen machten wir, die jüngere Generation, unseren Kotau, und das ganze Neujahrsfest über, das in Tschengtu einen Monat dauert, fiel kein böses Wort, sah man nur freundliche, lächelnde Gesichter, denn so wie das Jahr beginnt, wird es weitergehen, also muß es gut beginnen.
Am Neujahrsabend selbst blieben wir alle auf und unterhielten uns, wie es früher Brauch war, als die Familie noch einen Ta-

bakhandel betrieb und in dieser Nacht Inventur machte, um alle Schulden zu bezahlen und die Ausstände einzutreiben ... Aber es gab keine Schulden zu bezahlen und keine Ausstände einzutreiben, und so saß die Familie beisammen und hörte Drittem Onkel zu, der von allerlei alten Szetschuaner Sitten und Bräuchen erzählte, vom Tabakhandel, hundertzwanzig Jahre lang die Haupteinnahmequelle der Familie ... bis wir schließlich alle gähnten und Dritter Onkel das Zeichen zum Schlafengehen gab.

Nachdem wir die ersten zehn Tage des Neuen Jahres in Tschengtu zugebracht hatten, machte sich Dritte Tante mit einer Schar der jungen Generation, darunter auch mir, nach Pihsien auf, einer nur fünfzehn *Li* oder rund zehn Kilometer von Tschengtu entfernten Kleinstadt. Unsere kleine Prozession zog durch das Westtor hinaus; die Straße war total aufgeweicht, ein einziger roter Morast, der wie Leim an den Füßen der Rikschakulis klebte. Es war ein schöner Tag, wir hatten Sonnenschein, jenen porösen Sonnenschein, der mit dem Vorrücken des Frühlings die Ebene in ein dampfendes Treibhaus verwandelt, wenn sich die drückende Hitze wie eine Decke über das Tschengtubecken legt und es in ein Dampfbad verwandelt, immer ein bißchen feucht. Diese besondere Feuchtigkeit stieg auch von den Feldern auf, der mit Dung gesättigten, dunklen, spekkigen, fruchtbaren Erde, die nur am Frühlingsanfang, also um Neujahr, und ein paar Wochen während des milden, kurzen Winters relativ trocken war. Dieser ständigen Feuchtigkeit aber hatten die Mädchen ihre feine, helle Haut zu verdanken; selbst die blassen, kleinen, hart arbeitenden, unterernährten Frauen hatten eine Haut wie Magnolienblüten. Unter den Füßen unserer Träger in ihren gewebten Strohsandalen schmatzte der Schlamm auf der Straße; trotzdem waren wir bald vor der Stadt auf dem Weg nach Pihsien, und in munterem Tempo ging es dahin. Dem Mann vor mir traten die Muskeln auf dem Rücken heraus. Er war bis zur Taille nackt, und obwohl es kalt war, lief ihm der Schweiß herunter; um zu verhindern, daß er ihm in

die Augen tropfte, hatte er ein Tuch um den Kopf gewunden. Ich wäre gern zu Fuß gegangen, aber das war unmöglich, Dritte Tante hätte es nie und nimmer erlaubt.
Dritter Onkel hatte mir schon viel über die kleine, im Mittelalter erbaute Stadt erzählt, in der sich unsere Vorfahren als Bauern niedergelassen hatten. Ursprünglich stammten sie, wie viele heutige Szetschuaner, darunter Kuo Mo Jo und Pa Tschin, die Schriftsteller, und Tschu Te, der Oberbefehlshaber der rotchinesischen Armee, von den Hakka ab, die im 11. Jahrhundert vor den Verheerungen der Mongolen und Tataren vom Gelben Fluß nach Süden gezogen waren und sich in den südlichen Provinzen Fukien und Kuangtung angesiedelt hatten. Aber sie waren zu spät gekommen, die besten Felder waren bereits vergeben. So brachten sie es nicht über Pachtbetriebe hinaus, und ihre Dörfer blieben arm. Daher kam es, daß ständig Männer auf der Suche nach besserem Boden abwanderten. Viele wurden Hausierer oder Lastenträger oder Salzschmuggler oder auch Rebellen und Revolutionäre. Nach der Mandschu-Invasion im 17. Jahrhundert folgten die Hakka nur allzu gern dem Ruf der Mandschu-Dynastie und zogen nach Szetschuan, das den Mandschus vierzig Jahre lang Widerstand geleistet hatte und nun durch Massaker und Seuchen fast völlig entvölkert war. Im 19. Jahrhundert stützten sich die Mandschus bei der Niederwerfung lokaler Aufstände auf die Hakka. Diese waren auf den Salzschiffen, die regelmäßig auf den binnenländischen Wasserwegen verkehrten, und den Gebirgspfaden der Salzschmuggler aus Kuangtung nach Nordwesten, nach Szetschuan, gekommen und hatten sich in den fruchtbaren Flußtälern und in der Tschengtu-Ebene angesiedelt. Der beste, fruchtbarste, reichste Boden aber, der zwei bis drei Reisernten im Jahr trug, fand sich in Pihsien.
Zwischen den Rikschamännern, die in der morgendlichen Kühle auf der Straße mehr rannten als gingen, war eine lustige Unterhaltung im Gang. Dritter Onkel mischte sich ebenfalls ein und meinte, sie könnten sich glücklich preisen, daß sie nicht in Tschungking seien, wo alle Straßen Treppen aus Stein gleichen;

denn bei dieser Kletterei müssen die Huakan- und Rikschamänner gewaltig darauf achten, das Gleichgewicht nicht zu verlieren, zumal im Winter, wenn die Straßen durch den Regen und den Nebel glitschig sind, aber auch im Sommer, wenn ihnen bei der wahnsinnigen Hitze der Schweiß in die Augen läuft und sie halb blind macht. Glitt einer aus, so konnte er sich allerlei Knochen brechen, ein gebrochener Knochen aber bedeutete eine zerbrochene Reisschüssel, und dann fiel ihm der Magen vor Hunger ein und es gab keinen Ausweg. Die Männer lachten, und einer entgegnete, ja, er habe schon von Tschungking gehört, einer seiner Brüder sei dort Huakanträger, und die Huakanmänner hielten sich dort nicht lange, das Leben rinne ihnen sommers wie winters davon, denn im Sommer sei es dort wie in einem Kessel und im Winter wie in einem eisigen Strom, und wo sollten die Armen die Kleidung für ein solches Wetter hernehmen? Sie konnten sich wahrhaftig glücklich nennen in einer so schönen Stadt wie Tschengtu, wo alles flach war, die Straßen so eben wie ein Palastboden, und überall viel Wasser, so daß es auch viele Teehäuser gab, wo ein Mann seinen Durst stillen und seinen ausgetrockneten Mund anfeuchten konnte. Tschungking dagegen war, nach allem was man hörte, so trocken, daß auf den Felsen dort nicht einmal Bäume gediehen, und die Sonne war wie eine Peitsche auf den Schultern, von den Bambusstäben ganz zu schweigen, die ins Fleisch schnitten, wenn die Sänfte auf den fast senkrechten Treppenstraßen hinanschaukelte …
Und ein anderer warf ein, sie hätten es doch wirklich besser getroffen als jene, die man zwangsmäßig zum Heer einziehe; er selbst sei dabeigewesen, wie die Offiziere gekommen seien. Gemein wie die Wölfe waren sie und bewaffnet und trieben die Leute zusammen, die im Teehaus saßen und auf dem Feld arbeiteten, banden sie zusammen und schafften sie dann weg. Aber nicht genug damit, sie luden ihnen außerdem Brennholz auf und Ölfässer und Tuchballen und vieles andere mehr, was sie in der Stadt verkaufen wollten. Und sie zerrten sie und schlugen sie, und viele starben, weil keine Reispausen gemacht wurden und weil sie dreißig *Li* und mehr pro Tag marschieren

mußten, und nachts wurden sie eingesperrt, und am nächsten Tag früh packten die Lebenden die Toten und schleppten sie auf die Straße hinaus, ehe die Offiziere auch nur einen Blick in ihre Richtung zu werfen geruhten. Wieviel besser war es da, ein Huakanmann zu sein und einen Herrn zu tragen statt eines Gewehrs für dieses Volk von flußabwärts; seinen Bruder hatten sie vor zwei Monaten erwischt, und jetzt hatte er viele Mäuler zu stopfen. So erzählten sie ihr Elend, indirekt, als Geschichte, in einem Tonfall, der die darunter gärende Wut nur ahnen ließ ...
Und ihre Erzählung, in dem schönen, wilden Tschengtusingsang mit den gedehnten Satzfetzen vorgetragen, glich bis in die Wahl einzelner Wörter hinein sehr dem, was der große Dichter Tu Fu beschrieben hatte:

Da ich auf der Hsin Aun Straße dahinziehe,
Höre ich Wehklagen und die Namen von Zwangsrekrutierten, die aufgerufen werden.
Auf mein Befragen antwortet der Offizier:
Das Dorf ist klein, Männer gibt es nicht mehr,
Aber wir brauchen noch Männer für den Krieg.
Keine sind übrig,
Nur halbwüchsige Jungen, lächerlich klein und schmal.
Neben den wohlgenährten gehen die weinenden Mütter;
Die Hungrigen sind allein, keiner wünscht ihnen Glück.
Von Abend stürzen die Wasser hernieder und fließen ostwärts,
Von den Bergen hallen die Schreie der Verwundeten wider ..
Es gibt kein Mitleid für sie, weder im Himmel noch auf Erden ...

Und da sah ich einen nicht endenwollenden Zug von Menschen vor mir, die sich abschufteten und starben, stets nur zu gehorchen hatten und von ihren Führern doch nur in Elend und in den Tod geführt wurden; und wenn sie einmal aufbegehrten, wurden sie niedergemacht ... niemand kannte ihre Namen –

war da denn keiner außer einem Dichter aus dem 8. Jahrhundert, der ihre traurige Lage schilderte?
Rings um uns lagen Felder, satt leuchtend vor Zufriedenheit, Himmel und Sonne eingefangen zu haben; in und vor vernachlässigten Häusern mit blankem Lehmboden grunzten kleine schwarze Schweine; dann folgten grauschwarze Trauben soliderer Ziegelhäuser: das war Pihsien mit seiner Brustwehr und seinen Zinnen, dem engen Tor, der dicht von Läden gesäumten Hauptstraße, dem Tempel mit dem großen Dach und den himmelwärts ragenden Dachrinnen, in dem sich 1911 die Mitglieder der Geheimgesellschaft versammelt und die Revolution gegen die Mandschu-Dynastie entfacht hatten. In der Haupthalle des Tempels standen hinter staubigen Vorhängen die Gottheiten, die einmal im Jahr durch die Straßen getragen wurden, um die Stadt, die Wälle und die befestigten Tore zu besichtigen. Vor der Stadt draußen hatte mein Urgroßvater die Ahnenhalle der Familie, den großen Altar und das Klanhaus erbaut; daneben lagern sich die Gräber der Verstorbenen, die einen einfache Erdhügel, die anderen aufwendig mit einem Stein geschmückt.
Von Pihsien, wo unser Ahn, der als Hausierer hergekommen war, sich ein Stück Land abgesteckt hatte, strahlte die Familie in die ganze Provinz Szetschuan aus. Sie errichtete kleinere Klanhäuser, wählte geeignete Begräbnisstätten und stieg nach und nach von der Landarbeit in die Klasse der Landbesitzer, der Grundherren auf. Von alledem zeugte hier in Pihsien das große Haus, das die Umgebung, die Felder, beherrschte; selbst für die Bestattung der kommenden Generationen war vorgesorgt, der große Lanmu-Hain blieb den künftigen Särgen vorbehalten. Zu den Festlichkeiten bereiteten Dritte Tante und andere Tanten Stöße von papierenen Silberbarren für die Verbrennung auf den Gräbern vor. Am 15. Tag des Neuen Jahres fand eine große Zeremonie auf den Feldern statt, die Drachenprozession. Aus dem Tempel wand sich ein großer, glitzernder Drachen auf Stangen, hundert Mann lang, kroch die Straßen entlang, um die Felder und um die Stadtmauern, und um

Krankheit fernzuhalten, ließen die Männer Knallkörper los, ohne sich vor Verbrennungen zu fürchten, denn dieser Brauch verhieß ihnen Stärke fürs ganze Jahr. Sich neigend und aufrichtend, im Drachentanz windend, trugen sie den Drachen unter dem Zischen, Aufstrahlen und -platzen des Feuerwerks um die Stadt und die Raps- und Reisfelder, den jadegrünen Reis und den löwenzahngelben Raps, um den Tabak und die Bohnen und auch um den Mohn und um die zahllosen kleinen Kanäle, in denen das Lebenswasser der Felder glitzerte.

Ich kehrte in den nächsten drei Jahren noch viermal nach Tschengtu zurück und begleitete Dritte Tante noch zweimal auf ihren Ausflügen nach Pihsien, um ihr bei der Durchführung jenes von Pflichtgefühl und Verehrung getragenen Rituals beizustehen, das die feudalistische Großfamilie zusammenhielt. Und jedesmal verfiel ich wieder in jenes willenlose, halb verträumte, halb müde Treibenlassen, jedesmal überließ ich mich erneut jener Lebensweise, die ganz in den Jahreszeiten, den Riten und den Gebräuchen aufgeht und die Erfüllung dieser Bräuche über alles stellt. Ohne die Familie und ihre Freundlichkeit und Güte – nicht der einzelnen Mitglieder, sondern des Verbandes und auch nicht auf mich als Einzelperson bezogen, sondern als Lebensform der Gemeinschaft – hätte ich wahrscheinlich nicht so lange durchgehalten. So jedoch lernte ich in diesen Jahren mehr über China, das Feudalsystem und seine Bedeutung, als es mir in einer Küstenstadt wie Peking oder Schanghai je möglich gewesen wäre. Ich machte mich ernsthaft an das Studium der chinesischen Sprache und erzielte auch so dauerhafte Erfolge, daß ich in meiner eigenen Sprache nicht länger inkompetent war. Außerdem lernte ich die Dinge von verschiedenen Seiten zu betrachten statt immer nur geradlinig zu denken und gewann dadurch Einblick in die feudalistische Vorstellungswelt – eine wertvolle Erkenntnis, denn nur so vermag ich zu beurteilen, wieviel Arbeit noch zu leisten bleibt; es dauert eben seine Zeit, bis das Denken von den alten Fesseln befreit ist, bis die Bande der Vergangenheit, die durch jahrtausendealte Riten verankerte gefühlsmäßige Einstellung und die atavistischen Sehnsüchte zerstört sind. Daß ich heute die Bedeutung der Kulturrevolution begreife, habe ich nur jenen Jahren damals in Szetschuan, vor einer Generation, vor einer Revolution, zu verdanken.

Im Bezirk um Pihsien wurde immer noch Tabak angepflanzt, allerdings nur noch in geringen Mengen. Von 1799 bis 1917 hatte sich die Tschu-Familie hauptsächlich vom Anbau von Tabak ernährt, aber dann war ihr unter dem Namen Kuanghsing bekanntes Unternehmen bankrott gegangen. Onkel zeigte uns die Tabakscheunen in Pihsien, große, luftige Schuppen, in denen die Blätter in Bündeln aufbewahrt wurden. Im Oktober, nach der Einbringung der Reisernte im September, wurden die Beete für die Aussaat vorbereitet. Dann kam die Saat hinein, und die Beete wurden mit flüssigem Dünger bewässert und mit dem von der Ernte übriggebliebenen Reisstroh zugedeckt. Sowie die Schößlinge aus dem Boden schauten, wurde das Stroh entfernt und durch zeltförmig aufgestelltes Rapsstroh ersetzt. Dieser Schutz genügte, denn in Szetschuan ist der Winter so mild, daß selbst die Schwalben bleiben. Im April wurden die Erdbrokken und Steine, die die handgegrabenen Bewässerungskanäle voneinander trennten, herausgenommen, die Saatbeete bewässert und außerdem alle fünf Tage flüssiger Dünger gesprüht. Im Mai, wenn die Pflanzen eine Höhe von dreißig Zentimeter erreicht hatten und Blüten ansetzten, wurden die Spitzen von Hand gekappt, um das Blühen zu verhindern und den Saft in die Blätter zu leiten. Im Juni wurden die Blätter von Hand geerntet und vier oder fünf Tage lang auf einen Bambusschirm zum Trocknen in die Sonne gelegt und dann, ehe sie vollständig trokken waren, zwischen zwei Bambusschirme gepreßt, damit sie nicht runzelten. Schließlich wurden sie, diesmal aber in Bündeln zu etwa hundertdreißig Blättern, wieder zum Trocknen ausgebreitet. Das war der beste Tabak, die feinste Sorte. Die kleineren Blätter kamen in etwa sechzig Quadratzentimeter große und fünfzehn Zentimeter hohe Schachteln; zwischen die einzelnen Schichten wurde etwas Rapsöl gegossen, das dann mit einer Holzpresse wieder herausgepreßt wurde, bis die Blätter einen festen Block bildeten, der in fünf Zentimeter dicke Stücke zerschnitten wurde; diese Stücke wurden ihrerseits noch einmal in kleinere Blöcke gepreßt, bis sie so hart waren, daß man sie mit dem Messer schneiden konnte. Das war Tabak zweiter Güte. Schließlich gab es noch den Seiltabak, dessen Blätter einfach zwanzig Tage lang unter die Dachrinne gehängt wurden, wo sie weder Tau noch Regen abbekamen; nach dieser Zeit färbten sie sich braun, wurden abgenommen und zum Verkauf gebündelt.

Dritter Onkel zeigte uns den feingeschnittenen, seidigen Tabak für die Wasserpfeife, blaßblond und so fein, daß er sich auf der Hand wie Seide anfühlte. In Szetschuan rauchte alle Welt Wasserpfeife, die Pfeifen waren aus Zinn und mit allerlei Darstellungen, mit Silber und Jade verziert. Heute dagegen ist diese Gewohnheit völlig aus der Mode gekommen.

Außer mit Tabak handelte die Familie auch mit Salz aus den Tse Liu Tsching-Minen, die schon seit der Han-Dynastie in Betrieb waren. Das Steinsalz aus diesen Minen war meinem Onkel zufolge das beste Salz, das man sich vorstellen konnte, für eine gute Küche unerläßlich und hochgeschätzt; jahrhundertelang hatte die Regierung das Salzmonopol inne, das sie durch sogenannte Salzbeamte überwachen ließ. Auch mein Urgroßvater hatte diese Beschäftigung ausgeübt. Außerdem handelte die Familie mit Dauerkuchen, einer Spezialität der südlichen Provinzen, aus feinem Mehl und Datteln, mit Sesam bestreut, sowie mit Exportholz und Holzöl; aber diese Artikel führte sie mehr nebenbei.

Ein paar Kilometer westlich von Pihsien liegen die Kuanhsien, die Ausläufer der großen Gebirgskette, die sich zwischen Szetschuan und Tibet von Norden nach Süden zieht. Diese Kuanhsien besuchte ich öfters, wie auch die weiter entfernten Tsingtscheng Berge mit den berühmten Taoistentempeln und Klöstern. Damals wurde in dieser ganzen Region Mohn angebaut; der Opiumgürtel erstreckte sich über die Kuanhsien hinaus bis in die Provinz Sikang hinein. Der Mohn wuchs auf riesigen rosa-weißen Feldern in abgeschlossenen Tälern und wurde nach Pihsien, einem Zentrum des Opiumhandels, gebracht, wo nahezu jeder Zweite süchtig war. Die spröde, gelbe Haut, die verhangenen Triefaugen, die hageren Gestalten offenbarten es. Die Reichen rauchten ebenfalls, aber sie ernährten sich gut, und so hinterließ das Opium bei ihnen keine Spuren, während es diejenigen, die sich Stärke von ihm versprachen, »Atem«, wie sie es nannten, bald zerstörte, also die Schwerarbeiter, die Lastenträger, die Huakan- und Rikschamänner, die nicht genug zu essen hatten. Unsere Familie hatte, wie Dritter Onkel sagte, nie mit Opium gehandelt und von Yao, der Konkubine, abgesehen, auch nie Opium geraucht. Gewiß jedenfalls keiner aus meiner Generation, denn uns war die Erinnerung an die Opiumkriege, an die Ausbeutung durch die Westmächte und ihre barbarische Grausamkeit im ganzen 19. und zu Beginn des 20. Jahrhunderts genugsam eingebleut worden.

In den Bordellen und Opiumhäusern Szetschuans wurden alle Sorten von Opium feilgeboten, von der sehr feinen Jünnan-Qualität bis herunter zum Abfall, den die Huakanträger rauchten. Nun bestand aber ein Zusammenhang zwischen der schmutzigen Opiumgeschichte und der Habgier, dem Geldbedarf der Warlords, die ihre Privatkriege finanzieren mußten. Wegen dieser jahrzehntelangen Tyrannei, des jahrzehntelangen Opiumanbaus jedoch hatte Szetschuan, von Natur die reichste Provinz Chinas, die ärmste, zerlumpteste Bevölkerung.

Viele Mitglieder der Familie, darunter auch Dritter Onkel, hatten die Zeit der Warlords in Szetschuan selbst miterlebt; sogar 1939, also nach dem Ausbruch des chinesisch-japanischen Krieges, war sie noch nicht gänzlich abgeschlossen. Die Warlords von Szetschuan waren nach der Revolution von 1911 die ersten gewesen, die aufbegehrten, die ersten, die Yuan Schihkai entgegentraten und seinem Ehrgeiz, nach dem Sturz der Mandschu-Dynastie den Kaiserthron zu besteigen, einen Riegel vorzuschieben versuchten; aber bald schon verwickelten sie sich in

einen tödlichen Vernichtungskrieg. Von 1915 bis 1939 hatte die Provinz keinen Frieden mehr gekannt. Die Warlords trugen vierhundertzehn Kriege in Szetschuan aus, und am schlimmsten wüteten sie im fruchtbaren Tschengtubecken. Aber von den inneren Wirren abgesehen, bekriegten die Szetschuaner Militaristen auch noch andere Provinzen. So kämpfte Liu Wenhui von Szetschuan von 1917 bis 1923 gegen die Warlords der Provinz Jünnan, und einmal tobte der Kampf sieben Tage und sieben Nächte lang hinter den geschlossenen Toren von Tschengtu selbst. Am härtesten traf es die einheimsiche Bevölkerung. Dann focht Liu Wenhui mit Tai K'an von Kweitschou, der in Szetschuan einfiel, achtzehn Tage und Nächte lang, ebenfalls in und um Tschengtu. Die Warlords aus der Provinz Kweitschou und Jünnan zogen sich zurück, aber in Szetschuan ging der Krieg weiter – pausenlos zwanzig Jahre lang. Yang Sen und Teng Hsihou, Tien Sungyao, Liu Wenhui und Liu Hsiang – alle waren in den »Familienstreit« verwickelt, wie man sich euphemistisch ausdrückte.
In Tschengtu waren selbst die Straßen durch gegnerische Parteien zerrissen; von einer Straßenseite auf die andere überzuwechseln war mit der Entrichtung von »Zollgebühren« verbunden, bedeutete es doch neues Territorium betreten. Wie der Feudaladel früherer Zeiten machten sie Festungen aus den Städten und preßten Bauern für ihre Truppen. 1934 kämpfte Liu Hsiang gegen Liu Wenhui (sie waren Onkel und Neffe); außerdem erhoben Teng Hsihou und Tien Sungyao Anspruch auf Tschengtu, jeder nahm sich ein Viertel, und zu bestimmten Zeiten fanden auf den Hauptstraßen regelmäßig Schlachten statt. Da einer von ihnen, ich weiß nicht mehr welcher, einmal etwas von Panzern gehört hatte, beschlagnahmte er alle Karren, auf denen sonst die menschlichen Fäkalien auf die Felder gefahren wurden, umkleidete sie mit Blechkarosserien und schickte in diesen Fahrzeugen seine Soldaten zum Angriff auf den »Feind«. Die bedauernswerten Düngerkulis mußten die Soldaten in die Schlacht karren wie früher den Dünger auf das Feld und waren von allen Beteiligten am schlimmsten betroffen.

Und für diese unseligen Kriege brauchten die Szetschuaner Militaristen Männer, Geld und Waffen. An Männern fehlte es nicht; man brauchte sie nur vom Feld, von den Wegen, von der Straße wegzuholen. In Szetschuan lautete ein Sprichwort: 300 *Li* – 300 000 Zwangsrekrutierte. So wurde nahezu eine Million in die Bürgerkriege Szetschuans getrieben, und 400 000 standen ständig unter Waffen. Die Kosten für diese Kriege nicht mitgerechnet, preßten die einundsiebzig Warlords zwischen 1915 und 1934 allein aus Szetschuan fast sechs Milliarden Dollar für sich heraus.

Die Waffen konnten die chinesischen Warlords über die Auslandsenklaven, die Konzessionen von Schanghai und Hankau, ohne weiteres aus Frankreich, den Vereinigten Staaten und England beziehen, die den Überschuß aus dem Ersten Weltkrieg nur allzu gern über europäische Import-Export-Firmen in Schanghai, etwa Jardine Matheson, nach China abschoben. Dieser Gewehrhandel verhalf dem »Fürstlichen Haus«, wie es genannt wurde, samt dem Opiumgeschäft zu Reichtum; damit machten die Sassoons im Schanghai der zwanziger und dreißiger Jahre einen Haufen Geld.

Bereits 1917 war Szetschuan eine bankrotte Provinz; es gab kaum noch Silber, die Silbermünzen wurden dünner und dünner, dann mit Blei legiert und schließlich ganz von Münzen aus gebranntem Ton verdrängt, die in der Hand zerbröselten. Geruhsam sahen die Szetschuaner Militaristen und besitzenden Stände zu, wie das Geld aus dem Umlauf kam. Da sie zu den Großgrundbesitzern gehörten, konnten sie die Pacht in Naturalien eintreiben. Nur der Bauer hatte seine Arbeitskraft und seine Ernte für eine Handvoll Dreck los.

Die Militaristen finanzierten ihre Kriege mit Steuergeldern und dem Erlös aus dem Opiumhandel. Was die Steuer anging, so war Szetschuan in dieser Hinsicht bereits berüchtigt. Aber für die halbe Million Männer, die jene zwanzig Jahre lang unter Waffen standen, mußten vor den dreißiger Jahren jährlich 86, danach 140 Millionen Dollar aufgebracht werden; und nach dem Einzug Tschiangs und seiner Regierung in Szetschuan

1938/39 wurden noch mehr Männer zwangsausgehoben, und der Geldbedarf stieg dementsprechend. Wieder griff man zum selben Mittel wie schon zur Zeit der Warlords, zu Besteuerung und Opiumhandel, und die Belastung für den Bauernstand wurde noch drückender.

An Steuern waren zu entrichten eine Bodenpacht in Naturalien, die sich auf fünfzig Prozent der Ernteerträge belief, sowie eine geradezu unvertretbare Vielzahl weiterer Abgaben, die in der einen oder anderen Form bis 1949 in Kraft blieben. Da gab es unter anderem eine allgemeine Steuer, eine Tabaksteuer, eine Weinsteuer, einen Beförderungszuschlag, eine Ausbildungssteuer, eine Handelssteuer, eine Pachtsteuer, eine Feststeuer, eine Abbausteuer, eine Ausgleichssteuer, eine Winterschutzsteuer, eine Munitionssteuer, eine monatliche Steuer, eine Straßennummersteuer, eine Neujahrsschweinesteuer, eine Zahnsteuer, eine Kopfsteuer, eine Weinkrugsteuer, eine Marktinspektionssteuer, eine Straßensteuer, eine Armensteuer, eine Bankettsteuer, eine Dorfreinigungssteuer, eine Polizeisteuer, eine Zuckersteuer, eine Papiersteuer, eine Reissteuer, eine Extrasalzsteuer (insgesamt gab es fünf Salzsteuern), eine Bootssteuer, eine Steuer für die Befreiung von der Zwangseinziehung, eine Steuer für die Befreiung von der Zwangsarbeit (der Frau), eine Fahrkartensteuer, eine Eisensteuer, eine Kohlensteuer, eine Salzkeller- und Ofensteuer, eine Steuer aufs Rollen der Tabakblätter, eine Sonderlampensteuer, eine Stickerei- und Bedrucksteuer, eine Steuer für Expeditionen in den Norden (seit 1925 erhoben), eine städtische Steuer, eine Steuer auf die Länge der Tür, eine Steuer auf die Breite der Fenster, eine Haar- und Blutsteuer, eine Steuer auf Gewichte und Waagen, eine Banditensteuer, eine Banditenunterdrückungsbeglückwünschungssteuer, eine Steuer zur Unterdrückung des Kommunismus, eine Extrabefriedungssteuer . . .

Der Einfallsreichtum der Warlords bei der Erfindung neuer Steuern kannte keine Grenzen; sie verfielen auf ganz bezaubernde Namen: Mitleidsteuer, Soldatenwohlfahrtssteuer, Soldatenreissteuer, Wassersteuer, vorübergehende Steuer. Allein die in Pihsien eingetriebene »soziale Wohlfahrtssteuer« belief sich auf zweimal $ 300 000 in zwei Jahren ...

Am schwersten trafen diese Steuerbelastungen die Bauern, die kleinen Handwerker und Ladenbesitzer. Die Grundbesitzer dagegen schoben die Bodensteuer auf ihre Pächter ab, indem sie den Betrag einfach auf den Pachtzins aufschlugen. Ebenso verstanden die Reichen in den Städten die Fenstersteuer zu umgehen; sie bauten fensterlose Mauern um ihr Haus, wodurch auch gleich noch die Lampensteuer wegfiel, da nun vor ihren schweren, schwarzen Lacktoren kein Licht mehr zu sehen war. Vor der Zwangsrekrutierung blieben sie als Gebildete automatisch verschont, ebenso vor der Fron, da sie keine Handarbeiter waren.

Oft mußten die Waren weit über ihren Wert versteuert werden; so hatte der Sammler von Heilkräutern von Pi Kou nach Tschungking dreiundachtzig Steuerstände zu passieren; der Zuckerhändler von Tsetschung nach Tschungking (etwa 300 Kilometer) einundzwanzig und der Händler von Lohsien nach Tschungking (400 *Li*, rund 200 Kilometer) sage und schreibe einhundertvierunddreißig ...

Die Düngersteuer, die Steuer auf Fäkalien und öffentliche Bedürfnisanstalten, erregte bei den Reichen viel Unmut, da sie als Besitzer dieser Anstalten diesmal direkt betroffen waren. Doch das war die einzige Ausnahme. Viel diskutiert wurde in den Teehäusern die »Glücklichensteuer«, die zur Förderung eines fröhlichen Aussehens der Steuerzahler eingeführt worden war. Ein anderer schlauer Subalterner erfand, von seinem Warlord gedrängt, eine neue Geldquelle, eine »Faulheitssteuer«. Diese Steuer wurde jenen auferlegt, die *keinen* Mohn anbauten. Gleichzeitig richteten die Warlords Ämter zur »Ausrottung des Opiums« ein. Die Faulheitssteuer wurde nach der Zahl der angebauten Mohnpflanzen bemessen; je weniger Mohn, desto höher die Steuer, die sogar in Gegenden eingetrieben wurde, in denen der Mohn nicht gedieh. So mußte zum Beispiel Neitschiang, die Stadt des Zuckers und der gezuckerten, kandierten Früchte, nur weil sich in ihrer Umgebung kein geeigneter

Mohnboden fand, zehntausend Dollar Faulheitssteuer entrichten.
Auf diese Weise wurden die Bauern zum Mohnanbau gezwungen. Die Opiumausrottungskampagnen und die von den verschiedenen Militaristen eingerichteten Ämter zur Durchführung der Opiumausrottung hatten nur eine Aufgabe, sicherzustellen, daß die Bauern Mohn pflanzten, und die Inspektionsgruppen, die zur Ausrottung auszogen, kehrten mit Berichten über die Ernteaussichten zurück. Die Warlords schickten aus Angst, Konkurrenten könnten sie berauben, zur Erntezeit sogar Soldaten in die Opiumgebiete, um die Bauern, die den dicken, dunklen Saft aus den Mohnkapseln gewannen, notfalls mit Schußwaffen zu verteidigen. So begehrt war die Mohnernte, daß sich die Soldaten manchmal sogar neben den Bauern aufstellen und sie mit Reis füttern mußten, damit diese ihre Arbeit nicht zu unterbrechen brauchten. Pausenlos schnitten sie die Mohnkapseln an, und der Saft spritzte heraus, wurde dicker und dunkler – ein Handgriff, der Fingerspitzengefühl erforderte und feldauf, feldab zahllose Male wiederholt werden mußte. Die Bauern mußten einander ablösen, damit der geronnene, dickflüssige braune Saft so schnell wie möglich eingebracht werden konnte, um dann unter Militärbedeckung fortgeschafft zu werden. Die Bauern erhielten ein paar lumpige Pfennige dafür, weniger als für Getreide, nur daß sie, hätten sie keinen Mohn angebaut, eine Steuer hätten zahlen müssen, die sie teurer zu stehen gekommen wäre als die Pacht . . .
1935 waren die Steuern schon für neununddreißig Jahre im voraus eingetrieben; danach nahm das Tempo der Vorwegbesteuerung noch zu, bis die Steuern schließlich für siebzig Jahre im voraus bezahlt waren, und als 1940 die Inflation immer rascher um sich griff und das Geld nahezu jeden Wert verlor, wurden die nunmehr in Naturalien erhobenen Steuern auf Grund und Boden und Getreide noch drückender.

1939 versuchte das Tschiang-Regime über die Blauhemden alle Gebrauchsgüter zu »nationalisieren« und richtete zu diesem

Zweck für sämtliche Szetschuaner Erzeugnisse Monopolgesellschaften ein. Da aber der Herstellung solcher Güter Grenzen gezogen waren, erinnerte sich die Geheimpolizei an einen gewaltigen Reservefonds, das Opium.
Diese Geldquelle nun gedachten die Blauhemden den einheimischen Militaristen abzujagen. Je mehr Funktionäre und Agenten aber ausgesandt wurden und ihrerseits von den »Überschüssen« zu zehren versuchten, desto schneller verflüchtigte sich die Ernte. War in der Sung Pan Region, in den Szetschuaner Grafschaften Mao Hsien, Li Fan, Wen Tschuan, Yu Kong und Tsing Hua schon früher Mohn angepflanzt worden, so wurden, da der Bedarf ständig stieg, nach 1938 noch viele andere Gebiete für den Mohn erschlossen. Die Droge wurde, wie Arzneivorräte, Textilien und Heizöl in den örtlichen Parteibüros der Kuomintang aufbewahrt, da die Blauhemden das Transportmonopol innehatten. Vor den verschiedenen Regierungsämtern konnte man lange Schlangen von Trägern sehen, die die Ware in Körben mit der Aufschrift »Regierungsakten« oder »Kriegsmaterial« zum Hafen bringen mußten. Der Große Fluß war nämlich die Große Opiumstraße von Szetschuan nach Schanghai und als solche ebenso berühmt wie die Straße von Jünnan nach Französisch-Indochina. Den ganzen Krieg hindurch riß die Verbindung zwischen der Kempetai, dem japanischen Geheimdienst, und den Blauhemden unter Tai Lee nicht ab; das Rohopium gelangte unbehindert in die Raffinerien von Schanghai und Tientsin und von dort in Form von Heroin und Morphium in die Städte der japanisch besetzten Zonen, wo es sein Werk, das Volk zu vergiften, erfüllen konnte.
Über dieses Thema ließ sich Dritter Onkel, wie über andere, gern weitschweifig aus. Er machte die Opiumbauern nach, führte anschaulich vor, wie sie bei der Ernte von ihren Wächtern angetrieben, den Mohn mit einem schmalen, gekrümmten Messer ritzten. Er erzählte von heftigen Zusammenstößen zwischen den traditionellen Banden, den Kelao, und den neu dazugekommenen Eindringlingen; schilderte, wie die Blauhemden die kleineren einheimischen Warlords, Untergebene der Großen, ent-

führten, um sie zur »Zusammenarbeit« im Spiel ums Opium zu bewegen. Um es den Gangstern von »flußabwärts«, wie die Szetschuaner die Tschiang-Regierung nannten, ihrerseits zu geben, nahmen die Anführer der Kelao-Geheimgesellschaft gelegentlich auch liberale Intellektuelle unter ihre Fittiche. Einer von ihnen ließ sich sogar überreden, auf seinem Grund und Boden eine »Universität« zu errichten; diese Universität entwickelte sich schließlich zu einer kleinen kommunistischen Zelle. Tai Lees Agenten entführten den Mann, bezichtigten ihn des unerlaubten Waffenbesitzes und zwangen ihn, sich mit einer großen Summe aus dem Gefängnis loszukaufen. Nicht selten kam es zur Zeit der Mohnernte sogar zu regelrechten Schlachten zwischen den Blauhemden und den Kelao.
Dritter Onkel stand, wie alle Angehörigen der besitzenden Schicht und sogar einige Mitglieder der Kommunistischen Partei selbst (so die ehemaligen Revolutionäre Wu Yutschang und Liu Tsetan, die den Stützpunkt der Roten im Nordwesten aufgebaut hatten), in engem Kontakt mit den Kelao, der Gesellschaft der Älteren Brüder. Gelegentlich ließ er ein paar unverwechselbare Erkennungsworte fallen. So bedeutete »einen Berg öffnen: »neue Anhänger gewinnen« und »hast du dir schon die Augen öffnen lassen?«: »Bist du schon ein ›Bruder‹ (oder Mitglied) der Kelao?« Die Kelao waren eine patriotische Bruderschaft, die die Mandschu bekämpft und sowohl bei den Bauernaufständen im 19. Jahrhundert als auch bei der Revolution von 1911 die Hände im Spiel gehabt hatten. Aber im Lauf der Zeit waren sie zu einer organisierten Verbrecherclique abgesunken, die die Bordelle und den Opiumhandel kontrollierte und eine Leibwache für die Warlords stellte. Um die Macht der Kelao zu brechen, hatte Tschiang Dou Yuseng, den Schanghaier Gangster, mit seiner Triadenbande kommen lassen, aber die Kelao waren nicht unterzukriegen. Und Mao Tse-tung hatte ihnen im Juli 1936 im Namen des Zentralkomitees einen Brief geschrieben, in dem er an ihr patriotisches Empfinden und an ihre glorreiche Vergangenheit appellierte und ihnen den Ernst der japanischen Aggression vor Augen führte, um sie so für ein Bünd-

nis gegen den gemeinsamen Feind zu gewinnen. Aber wie Dokumente der 8. (Roten) Armee 1941 enthüllten, stießen die Kommunisten in Landstrichen, die von Geheimgesellschaften beherrscht wurden, auf Schwierigkeiten. 1949 jedoch beschlossen die Kelao, Tschiang Kai-schek nicht zu unterstützen, woraufhin die Szetschuaner Warlords den kommunistischen Truppen keinerlei Widerstand leisteten. Es kam also zu keinem Kampf um Szetschuan. Angeblich wurde die Angelegenheit von einem einflußreichen Kelao-Mann erledigt, der zugleich Mitglied der Kommunistischen Partei war und in Hongkong lebte. Heute gibt es in Szetschuan weder die Geheimgesellschaft der Kelao mehr noch Warlords noch Opium.

Daß Dritter Onkel es zu Wohlstand brachte, die Tschu-Familie ihr Vermögen wiedererlangte, hatten sie nur der Herrschaft der Warlords zu verdanken, wie Dritter Onkel 1956 selbst erkannte, als er seine Selbstkritik niederschrieb. Eine Kopie davon schickte er meinem Vater, und so erhielt auch ich Einblick. Dritter Onkel hatte marxistische Schulungskurse mitgemacht und dergestalt erleuchtet die Rolle seiner Klasse, der besitzenden Schicht, bei der Ausbeutung des Volkes durchschaut.

Mit dem Niedergang des Tabakhandels nach 1917 war die Tschu-Familie bankrott gegangen. Dritter Onkel diente damals als Offizier der Szetschuaner Truppen in den Warlordkriegen, gab aber seine militärische Karriere auf, um das Geschäft aufzulösen, und lebte eine Zeitlang nach seinen eigenen Worten »zu Hause, damit beschäftigt, Blumen und Bambus zu pflanzen, während ich überlegte, was ich nun machen sollte«. 1919 brach der Krieg zwischen Jünnan und Szetschuan aus, und Dritter Onkel meldete sich unter den Szetschuaner Warlords wieder zu den Waffen. Seine Fähigkeiten, nicht so sehr als Offizier, sondern als kluger, ja durchtriebener Organisator blieben Liu Hsiang, dem schlimmsten Kriegstreiber, nicht lange verborgen. Als dieser Tschungking zu seiner Hauptstadt machte, betraute er Dritten Onkel mit der Verwaltung seiner Finanzen. 1924 geriet Liu Hsiang in ernste Geldschwierigkeiten; um den

Schwarm der anderen Warlords ausschalten zu können, brauchte er dringend Bargeld und übertrug deshalb Drittem Onkel die Leitung jenes »Amtes zur Überwachung und Ausrottung des Opiums«, um für seine Truppen zu Geld zu kommen.
»Welch trefflicher Name«, schrieb Dritter Onkel sarkastisch. »Überwachung und Ausrottung, in der Tat! In Wirklichkeit mußten wir den Anbau von Mohn antreiben und die Bauern, die keinen pflanzten, bestrafen (das war die sogenannte Faulheitssteuer), um so das Geld für den Sold der Soldaten und den Ankauf von Munition herauszuholen. Zu diesem Zweck bediente sich Liu Hsiang meiner Person und der Beziehungen, die ich durch unseren früheren Tabakhandel hatte, sowie meiner Freundschaften und meiner Geschicklichkeit im Umgang mit Zahlen.« Dritter Onkel führte das Amt mit Erfolg, worauf Liu Hsiang ihn bat, die Eintreibung der Steuer auf das von Jünnan nach Szetschuan importierte Opium zu übernehmen. Das Jünnan-Opium galt nämlich als das beste, war jedenfalls von feinerer Qualität als das Szetschuaner Opium. »So gelang es Liu Hsiang, den Krieg gegen Jünnan nach einem Jahr zu gewinnen. Darauf bat ich, mich von meiner Arbeit zurückziehen zu dürfen, da ich sie nicht liebte. Ich selbst habe nie mit Opium gehandelt, auch wenn ich in jenem Amt für Liu Hsiang die Bücher führte. Ich gab diese Beschäftigung so bald wie möglich auf und wandte mich der Industrie und dem Handel zu. Seither hatte ich nie wieder mit Opium zu tun, wie ich mich überhaupt nie persönlich an Opium bereicherte.«
Aber Liu Hsiang wollte auf einen so fähigen Verwaltungsfachmann wie Dritten Onkel nicht ein für allemal verzichten, und als er sich 1929 selbst zum Gouverneur von Szetschuan und Sikang ernannte und einen Krieg gegen seinen Onkel Liu Wenhui ins Auge faßte (wieder um das Opium, denn nachdem Liu Hsiang Liu Wenhui aus Szetschuan vertrieben hatte, hatte sich dieser nach Sikang geflüchtet, dort Mohn in großen Mengen angebaut und schließlich das Monopol über die Ernte in der ganzen Provinz an sich gebracht), berief er Dritten Onkel über diese Zeit. »Das wichtigste schien mir damals die Autonomie

der Provinz, die Unabhängigkeit Szetschuans unter Liu Hsiang, denn Szetschuan ist ein eingeschlossenes Königreich, ein kleines Paradies, das alles hervorbringt, was es braucht und mehr; es ist der Trumpf in Chinas Kartenspiel: die große westliche Bastion, das allesversorgende Herz des Landes; so lange Szetschuan sicher ist, droht auch China keine Gefahr.« Dritter Onkel war fest davon überzeugt, daß Liu Hsiang nach Kriegsende etwas fürs Volk tun konnte und würde. »Dann aber würden die Verhältnisse bei uns besser sein als in den Städten flußabwärts, jenen zweitrangigen Nachahmungen des Auslandes, und auch die zwar kaschierte, dafür aber um so schamlosere Erpressung durch die Fremden würde uns erspart bleiben.«

Deshalb war Dritter Onkel Liu Hsiang wieder zu Willen und richtete in Wanhsien und in Tschungking Steuerämter für Opium und Gebrauchsgüter ein. »Das lähmte den Handel noch mehr, statt ihm wieder auf die Beine zu helfen.« 1934 trat dann ein Ereignis ein, das manchen Szetschuaner Warlord in Angst und Schrecken versetzte. Die Rote Armee kam auf ihrem Großen Marsch durch Szetschuan, und allenthalben erhoben sich die Bauern und schlossen sich den Roten scharenweise an.

»Nur mit Stöcken ausgerüstet«, sagte Dritter Onkel. »Dennoch, welche Angst uns der Aufstand der Bauern einjagte! Die Grundbesitzer und Militaristen riefen ihre Truppen und bewaffneten Gefolgsleute zu Hilfe und fielen wieder einmal über die Bauern her. Sie machten sie nieder, wie man Fliegen erschlägt.«

Liu Hsiang flog, vom Schrecken vor der Roten Armee getrieben, nach Nanking, um sich mit Tschiang Kai-schek zu besprechen, und wurde nach seiner Rückkehr zum Vorsitzenden der Provinz, sowohl zum Zivil- als auch zum Militärgouverneur, ernannt. Danach verfügte er über eine noch größere Macht, und führte, angeblich um die Kommunisten bekämpfen zu können, eilends eine »Befriedungssteuer« ein, die weitgehend in seinen eigenen Säckel floß. Tschiang Kai-schek belieferte ihn mit deutschen Waffen, und Liu Hsiang gelobte ihm dafür Treue. »Und auf diese Art und Weise«, folgerte Dritter Onkel, »gelang es dem Nankinger Haufen, Tschiang Kai-schek und seinen Anhängern, in unserer lieblichen, schönen Provinz Szetschuan Fuß zu fassen und den Rat der Warlords mit Spionen zu durchsetzen, so daß Tschiang alles erfuhr, was bei uns vor sich ging. Und das alles nur, weil Liu Hsiang die Nerven verloren hatte, als die Bauern sangen: ›Die T'ai-p'ing sind wieder da‹, als die Rote Armee auf ihrem Großen Marsch durch Szetschuan die Grundbesitzurkunden verbrannte und den Boden neu verteilte ... Die T'ai-p'ing waren damals besiegt worden; der letzte kam 1868 bei dem Versuch ums Leben, den Grenzstrom zwischen Szetschuan und Tibet, den Tatu, zu durchschwimmen. Die Rote Armee dagegen war klüger; auch sie überquerte den Tatu, und auch sie erduldete unvorstellbare Leiden, aber die Männer überlebten, und heute ist China befreit ...« So schrieb Dritter Onkel 1956.

Bei der Lektüre von meines Onkels Selbstkritik schoß mir durch den Kopf, daß Liu Wenhui, der Warlord, es unter der kommunistischen Regierung in Peking zum Forstwirtschaftsminister gebracht hatte ...

Nachdem ich vier Wochen im Kreis der Familie in Tschengtu zugebracht hatte, flog ich mit Drittem Onkel nach Tschungking zurück. Pao holte uns vom Flughafen ab; die Trennung schien ihn milder gestimmt zu haben; eine Zeitlang brach er keinen Streit vom Zaun, aber bald wurde er wieder das Opfer seiner unsinnigen Selbstquälerei und blähte erneut Nichtigkeiten zu nahezu unüberwindlichen Hindernissen auf. Und das kostete zermürbende Stunden, Tage, die man so viel angenehmer hätte verbringen können. Anfangs ließ Pao Dritten Onkel aus dem Spiel, später allerdings lauerte er ihm eines Nachmittags auf und erzählte ihm, wie er, Pao, mich vor einem Schicksal bewahrt habe, das schlimmer sei als der Tod, nämlich vor der Heirat mit einem Ausländer ... Freundlich lächelnd hörte ihm Dritter Onkel zu, ohne sich jedoch dazu zu äußern.

Erst 1966, also siebenundzwanzig Jahre später, als ich Dritten Onkel und Dritte Tante in ihrem heute so bescheidenen Heim vor dem Südtor in Tschengtu besuchte, sagte er unvermittelt, während er am Tee nippte, den er sorgfältig für mich zubereitet hatte: »Tang Pao Huang hat dich nicht gut behandelt – er war ein sehr ehrgeiziger junger Mann.« Und dann schaute er sich um und seufzte, denn die Vergangenheit lag nicht nur Jahrzehnte, sie lag eine Revolution zurück, und Pao lebte nicht mehr, und die Gräber der Ahnen waren auf den allgemeinen Friedhof verlegt, und Urgroßvaters Klanhaus und die Ahnenhalle in einen Kindergarten für die Bauernkinder von Pihsien umgewandelt worden.

6

Daß ich heute schreiben kann, habe ich dem Zufall zu verdanken, demselben Zufall, der mich 1938 nach China zurückführte, Pao heiraten ließ und unserem Leben durch schmerzhafte Zusammenstöße die Richtung wies.

Als ich im Frühjahr 1939 von meinem Neujahrsbesuch in Tschengtu nach Tschungking zurückkehrte, erwartete Pao seine Abkommandierung nach Sian, an die »Gefechtsfront«, wie er sich ausdrückte, wodurch ich mich lange Zeit irreführen ließ. Ständig klagten er und seine Freunde, daß man es als »anständiger« Mensch nicht weiter bringen könne, daß man Beziehungen, Protektion brauche. Stundenlang redete Pao über die hohen Offiziere, über Hsu Peiken und seine Heldentaten in Tschangscha, über Ho Yaotsou und Tang Tsung, nominell das Oberhaupt des Nachrichtenbüros, und über Ho Ying-tschin, den Verteidigungsminister. Der und der hatte einen Waggon voll sogenanntes Kriegsmaterial beschlagnahmt; der und der war bei der Fälschung der Bücher ertappt und entlassen worden und würde wahrscheinlich an die Front strafversetzt werden. Unablässig drängten die ehrgeizigen jungen Offiziere nach vorn, weil »die alten wie festgenagelt auf ihren Stühlen saßen«. Mit aller Macht strebten sie insgeheim und hinterrücks nach einer Beförderung. Paos Vetter, Tang Pachua, der voller Ehrfurcht zu Pao aufschaute, kam in diesen Tagen oft zu uns auf Besuch. Er hatte es noch nicht sehr weit gebracht, konnte uns aber als Offizier des Nachschub- und Transportwesens manchen Dienst erweisen, so zum Beispiel dafür sorgen, daß uns Paos in Hongkong zurückgelassenes Gepäck nachgeschickt wurde, darunter auch eine hübsche, funkelnagelneue Reiseschreibmaschine, die Pao gekauft hatte, ehe er England verließ.

Ende März stand Pao ein sehr wichtiges Ereignis bevor. Zusammen mit ein paar anderen, vor kurzem aus Europa zurückgekehrten Kadetten sollte er von Tschiang Kai-schek empfangen werden. Eine Woche vor dieser Audienz gab sich Pao versonnen, träumerisch, sanft, fast fromm; sein ganzes Verhalten trug den Stempel feierlicher Nachdenklichkeit. Er vertiefte sich in Tschiangs Reden, trug sie mir vor und steckte mich mit seinem Eifer und seiner Verehrung fast an. In dieser Zeit ließ es sich wesentlich besser mit ihm leben, er versprach mir sogar, mich in ein paar Monaten in einem Krankenhaus arbeiten zu lassen, wenn ich mit den frommen Meditationen fortfahre und weiterhin solche Fortschritte in der »Tugend« mache. In der Zwischenzeit sollte ich Hers brieflich um die Zusendung der Kleider und Bücher bitten, die ich in Europa zurückgelassen hatte. Sobald er, Pao, eine Stellung erlangt habe, die es ihm erlaube, »seine Loyalität zu beweisen«, sich »auf dem Schlachtfeld« für sein Land einzusetzen, dürfe ich meinerseits studieren. Momentan stehe seine ganze Zukunft auf dem Spiel, hänge alles davon ab, welchen Eindruck er auf Den Führer mache (klick!).

Ich schrieb an Hers und bat ihn, meine Sachen schicken zu lassen, gleichzeitig schrieb ich auch noch einmal an meinen Großvater. Am 3. Januar hatte ich ihm in einem langen Brief zu Neujahr berichtet, daß ich geheiratet hatte und wohl nicht nach Belgien zurückkehren würde, ihn aber nach wie vor sehr gern

hätte, andererseits aber doch gewiß recht gehandelt habe, da ich schließlich eine Chinesin sei. Dieser Brief liegt heute vor mir, da ihn mein Großvater zurückgehen ließ.
Meine Sachen und Bücher, die ich bei ihm deponiert hatte, schickte er an Hers und legte einen Zettel mit der Mitteilung bei, daß er mich enterbt habe (die übliche Reaktion der Denis). Nun hatte ich aber noch einen Koffer mit ein paar Habseligkeiten, u. a. einem von einem Kommilitonen gezeichneten Porträt von mir bei Louis. Aus heiterem Himmel fragte mich Pao, ob ich Louis je geschrieben hätte, und als ich bejahte, verfügte er, ich müsse mir diese Briefe wiedergeben lassen. Darauf schlug ich vor, Louis meinerseits zu schreiben und ihn um sie zu bitten. Aber davon wollte Pao nichts wissen; Hers sollte sie mir beschaffen. Ich versuchte Pao zu erklären, daß Louis mir das sehr übelnehmen würde, aber er beharrte auf seiner Forderung, wodurch die an sich harmlose Angelegenheit äußerst kompliziert, ja verletzend wurde. Louis weigerte sich, irgend jemandem außer mir persönlich etwas auszuhändigen, erklärte, er denke nicht daran, meine Briefe Hers oder sonst wem zu überlassen. Er wolle von mir selbst die Bestätigung, daß ich meine Sachen zurückhaben wolle und mit ihm gebrochen habe. »Um Chinas willen« würde er es sogar akzeptieren. Aber er argwöhnte, daß hinter meinem seltsamen Verhalten und meinem Schweigen ein gewisser Zwang stecke. Er selbst habe stets nur ehrbare Absichten gehabt und fühle sich deshalb wohl zu Recht gekränkt. Mit einemmal wurde Hers moralistisch und schrieb mir einen Brief, aus dem hervorging, daß auch er nicht begriff, was los war.

Ich verstehe nicht, warum Du die Vergangenheit, Deine Abstammung unbedingt vergessen willst ... gerade als hättest Du ein schreckliches Verbrechen begangen, als müßtest Du Dich Deiner früheren Beziehungen schämen. Meiner Meinung nach hast Du nur einen Fehler gemacht ... Du hast Dich selbst belogen ... Deine besten Jahre damit vergeudet, daß Du Dir die Richtigkeit Deiner Theorie, Deiner Ideen, zu beweisen versuchtest, und jetzt hast Du erkannt, daß sie doch falsch sind . . .

Das ganze idiotische Studentengeschwätz taugte doch nur für Schulkinder, für verwöhnte Kinder. Und Du warst verwöhnt . . .

Das war eine Anspielung auf unsere politischen Streitereien; Hers' Meinung nach hätte ich nie etwas anderes tun sollen als studieren, mich nie aus meiner Gleichgültigkeit herauslocken, nie in ein Engagement verwickeln lassen, nie Belgien den Rükken kehren sollen. Durch diese briefliche Moralpredigt versuchte er mir zu beweisen, daß er mich stets hatte bremsen wollen. Für ihn hieß patriotische Reden halten »eine Theorie beweisen«.

»Selbst wenn mir nichts an Dir läge, wenn ich nichts für Dich empfände«, schrieb er, »änderte das doch nichts an der Tatsache, daß ich es war, der Dich von Deiner Familie trennte, Dich von China weg nach Europa schickte. Damit habe ich in der Tat eine schreckliche Verantwortung auf mich genommen . . .« Dieser Brief vom 16. Mai 1939 erreichte mich im Juli in Tschengtu.

Und all das wegen ein paar lumpiger Kleider, ein paar lumpiger Briefe. Aber Pao führte sich auf, als hinge die ganze Zukunft davon ab; er gebärdete sich wie wahnsinnig, tobte, schlug mich und behauptete steif und fest, eines Tages, wenn er, Pao, ein großer Mann wäre, würde ihn Louis mit meinen Briefen erpressen. Es war unmöglich, ihm die Unsinnigkeit seiner Annahme auseinanderzusetzen, denn kaum hatte ich den Mund aufgemacht, schrie er: »Du wagst es, ihn zu verteidigen, deinem edlen Mann zu widersprechen!« und verpaßte mir noch ein paar Schläge mehr.

Schließlich gab Louis nach: Alles wurde, wie gewünscht, nach Hongkong geschickt und im Keller der Bank von China aufbewahrt, wo ich es 1950 abholte, als sowohl Louis als auch Pao nicht mehr am Leben waren, und alles jeden Wert und jede Bedeutung verloren hatte. Meine Diplome von der Universität Brüssel schickte mir Hers separat eingeschrieben per Luftpost.

Zum Glück trafen sie in Paos Abwesenheit ein, und sein Vetter Pachua, der nur den Auftrag hatte, Briefe zurückzuhalten, nicht jedoch Päckchen, händigte sie mir, ohne sich etwas dabei zu denken, aus. So fielen die Diplome Pao nicht in die Hände und entgingen auf diese Weise der Zerstörung. Ich übergab sie Drittem Onkel, der sie mehrere Jahre lang in seinem Privatfach im Gewölbe der Meifeng Bank aufbewahrte.

Endlich kam der Tag, an dem Pao Tschiang Kai-schek vorgestellt werden sollte. Glühend vor Aufregung, von Kopf bis Fuß geschniegelt und gebügelt, machte er sich in seiner besten Uniform mit weißen Handschuhen auf den Weg. Wir hatten sogar Kreide gekauft, um die Handschuhe weiß zu bringen, denn obwohl ich sie des öfteren gewaschen hatte, war das Ergebnis bei dem Tschungkinger Wasser mit seiner zweifelhaften Farbe nicht eben überzeugend ausgefallen. So konnte ich nun nur hoffen, daß Pao niemandem allzu kräftig die Hand schütteln würde, da sonst womöglich der Staub abging ...

Mit einem großen Bild von Tschiang Kai-schek mit persönlicher Widmung kam Pao von der Audienz zurück. Es wurde im Schlafzimmer aufgehängt, und ein paar Tage später tauchte ein weiterer Stern an Paos Kragen auf – er war vom Major zum Oberstleutnant befördert worden.

Doch der Handschuhfimmel Tschiang Kai-scheks, der sich einen schicken Offiziersaufzug ohne weiße Handschuhe nicht vorstellen konnte, bereitete Pao eines Tages, als er sie vergessen hatte und unerwartet vor Tschiang erscheinen mußte, auch allerlei Unannehmlichkeiten. Kaum war der Mangel bemerkt worden, wurde der Delinquent angebrüllt und heruntergeputzt und kehrte ganz blaß und zitternd zurück. Eine Schlacht und eine Million Soldaten zu verlieren war nichts im Vergleich zu dem Verbrechen, ohne Handschuhe zu erscheinen ...

Ein paar Wochen später mußte Pao zu einer Inspektionstour an die »Nordwestfront« in Sian. Er brach in Tränen aus, murmelte, daß er womöglich draußen bleibe. Gewissensbisse befielen mich, und ich versprach, ihm regelmäßig zu schreiben. Ja, er war ein Held, opferte sich für die Pflicht, und ich, ich wollte ihm eine treue Frau sein und auf ihn warten – das waren die traditionellen dramatis personae, und wir schlüpften in ihre Rollen . . .

Mittlerweile war es April geworden, die Nebeldecke zerriß, der Himmel klarte auf, und bald schon stieg weiß dampfend die Hitze, der Wasserdunst von den Felsen auf. Am Himmel trieben sich ein paar japanische Flugzeuge herum. Die Zeitungen berichteten von Kämpfen, in denen Städte zurückerobert und dann aus Gründen »strategischer Umgruppierung« wieder aufgegeben wurden. Über die »Front« liefen so widersprüchliche Meldungen um, daß man aus ihnen nicht schlauwerden konnte; genau genommen gab es nur eine Front, an der wirklich gegen die Japaner gekämpft wurde, die kommunistische. Über diese jedoch fiel kein einziges Wort in den Tschungkinger Zeitungen.

Ich lief durch die Straßen der Stadt, übte mich in Kalligraphie, las »Die Drei Königreiche« und andere Klassiker, hörte Drittem Onkel zu und schrieb Pao Briefe. Er hatte mir versprochen, mich nach seiner Rückkehr vielleicht arbeiten zu lassen. Außer mit der K'ang-Familie kam ich kaum mit einem Menschen zusammen.

Die K'ang-Familie lebte in einem sehr geräumigen Haus, das dem von Drittem Onkel direkt gegenüberlag. Die K'ang-Brüder, Sinjoo und Sintschi, waren, wie Dritter Onkel, Direktoren der Meifeng Bank und wie er noch in allerlei anderen Geschäftsunternehmen beteiligt. K'ang Sinjoo hatte zwei Konkubinen; seine Frau war gestorben, aber er hatte nicht wieder geheiratet. Die eine Konkubine, Mantsun, eine zierliche, kleine Frau mit einer eher häßlichen Haut, aber von ausgeglichener kluger Art, freundete sich mit mir an, und ich kam oft zu ihr auf Besuch. Sie war mit elf Jahren als *Yat-ou* oder Sklavin an den K'ang-Haushalt verkauft und vor dem Eintritt der Menstruation vergewaltigt worden – ein Umstand, dem sie ihre Sterilität zuschrieb. Sie führte den großen Haushalt, kümmerte sich um sämtliche Mitglieder und suchte in der Hoffnung auf ein Kind viele Ärzte auf. K'ang Sinjoo hatte zwar von seiner ersten Frau und von seiner anderen Konkubine Kinder, aber gerade das bekümmerte Mantsun. Selbst aus diesem reichen Haus war ein Mädchen der jüngeren Generation durchgebrannt und hatte sich der Roten Armee auf dem Großen Marsch durch Szetschuan angeschlossen. Ganze Dörfer waren zur Roten Armee übergelaufen, so daß manche behaupteten, sie bestehe ausschließlich aus Szetschuanern.

Mantsun sprach flüsternd von diesem Mädchen, das sonst nicht erwähnt werden durfte; sie erzählte mir, daß es in fast jeder Familie einen solchen Rebellen gab und fügte an: »Manchmal habe ich selbst das Gefühl, daß es das Schicksal allzu hart mit mir meint, und dann möchte ich am liebsten auch auf und davon.« Sie hatte lesen und schreiben gelernt und nahm Gesangsunterricht bei einem Lehrer, der seine Violine mitbrachte, die schrille, hochgestimmte *Er-hu*, und sie darauf begleitete, wenn sie, mit dem Rücken zu ihm, eine Opernmelodie aus Szetschuan sang.

Mantsun bat ihren Friseur, der allmorgendlich kam, um die Frauen des Hauses zu kämmen, auch mich zu frisieren. Wir ließen uns Kleider aus demselben Stoff und nach demselben Schnitt machen und stellten Jasminzweige ins Schlafzimmer. Ende April wollte Mantsun für eine Woche nach Peip'ei zu den heißen Quellen und drang in mich, sie zu begleiten. Aber ich schlug ihre Bitte unter dem Vorwand ab, auf einen Brief meines Mannes warten zu müssen, denn bei aller Zuneigung war ich doch auch gern allein, um in Trance versunken durch die Straßen von Tschungking zu laufen und zu schauen und zu schauen. Ja, manchmal ging mir das ganze form- und inhaltlose, nicht abreißende Gerede, das ewige Geschwätz über Kochen und Essen, der Klatsch über die anderen, die ziel- und planlosen, in mancherlei Hinsicht ärgerlichen Einkaufsgänge, ein so abwechslungsreicher Zeitvertreib alles auch war, regelrecht auf die Nerven. Das war doch kein Leben, das war doch bloß Zerstreuung. Wenn ich allein war, konnte ich mich wenigstens in Trance fallen lassen, nicht da sein und mich ins Schauen versenken, alles und jedes um mich herum betrachten, es in mich aufnehmen, mich hinein vertiefen, es fast selbst werden, fast mehr Objekt als Betrachter sein. So sehr ich Mantsun liebte, eine solche Versenkung, eine solche Befriedigung war mir in ihrer Gegenwart nicht vergönnt. Denn dann mußte ich meine ganze Aufmerksamkeit auf unser Gespräch richten. Mit ihr zu schweigen war unmöglich.

Solche Wachträume hatte ich zum erstenmal mit elf Jahren. Ich schämte mich damals furchtbar, weil niemand etwas Ähnliches hatte. Ich empfand sie als eine schrecklich belastende Besonderheit, als einen Defekt, dem geradezu etwas Verruchtes anhaftete. Wie hätte ich wissen sollen, daß solche Zustände für den schreibenden, den schöpferischen Menschen kennzeichnend sind. Die Menschen meiner Umgebung verstanden unter einem »Künstler« oder einem »Schauspieler« oder einem »Dichter« lediglich einen besonders unsoliden, haltlosen Menschen, jedenfalls einen, dessen man sich schämen mußte, und bei Wachträumen ertappt zu werden, hieß fast als Idiot entlarvt werden. Deshalb kämpfte ich zunächst gegen diese seltsamen Anwandlungen an, wie ich mir auch meine Linkshändigkeit ausgetrieben hatte. Aber diesmal gelang es nicht; diese Andersartigkeit überwältigte mich, der Wachtraum entrückte mich aus meiner Umgebung, so daß ich nicht auf meinen Weg achtete und mich anstieß. »Du träumst ja mit offenen Augen«, tadelte meine Mutter.

Und diese Wachträume lullten mich nun in Tschungking wieder ein, überhoben mich gnädig der dauernden Beschäftigung mit meiner eigenen Lage mit Pao und halfen mir über die Angst hinweg, die mich vielleicht für immer hätte zeichnen können.

»Er lernte über alles hinwegzusehen, ob nun ein Weidenbaum aus seinem Arm wuchs oder die Vögel ihr Nest auf seinem Kopf bauten.«

Diese Worte, auf die ich in einem Buch von Drittem Onkel stieß, schienen mir die Wachträume zu rechtfertigen. Und da Pao nicht da war, nahm ich mir Zeit, schwelgte darin, vergaß alles außer diesen zeitlosen Stunden versunkenen Schauens, bis ich mich schließlich schüttelte und wieder normal wurde, mit Drittem Onkel, mit Mantsun redete, meine Aufmerksamkeit wieder jenen wiederkehrenden Stunden leerer Höflichkeiten zuwandte, die offensichtlich als so wesentlich galten und ein ganzes Netz von Sorgen und gesellschaftlichen und häuslichen Verpflichtungen mit sich brachten. Erstaunt beobachtete ich, wie gern viele Frauen sich von diesen unwesentlichen Dingen mit Beschlag belegen ließen und wie unbekümmert sie die damit verbundene unbarmherzige Schrumpfung ihres Horizonts in Kauf nahmen, ja bewußt herbeiführten. Auch ich schien von dieser Gefahr bedroht, wiederholte ich doch ebenfalls die üblichen Gesten und tat alles, was sich gehörte, und dennoch versuchte ich die ganze Zeit, mich davon zu befreien – was mir auch gelang.

Oft ging ich zu jener gewaltigen Klamm in den Bergen hinunter, wo der Tschialing und der Jangtsekiang zusammenfließen, zu jenem Vorgebirge, auf dem Tschungking errichtet ist, und schaute stundenlang auf das Wasser und das Gewirr der Dschunken mit ihren geblähten Segeln. Und jedesmal, wenn das Auge den Windungen von Wasser und Felsen folgte, die den Großen Fluß bildeten, jenem verhangenen, langgezogenen Trichter, der in die Schluchten, die berühmten Schluchten von Szetschuan mündet, schlug mich die weiträumige, strenge, herbe Landschaft erneut in ihren Bann. Näher, genau unter mir, vierhundertachtundsiebzig Stufen tiefer, lag das Flußufer, ein unentwirrbares Durcheinander von Ballen und Kisten und Menschen, die sich bückten, um sich die Last auf die Schultern zu heben und sie hinaufzutragen, Stufe um Stufe, in einem endlosen, nicht abreißenden Zug, eine unabsehbare Reihe von Männern, denen am Hals und an den Beinen die Adern hervortraten und deren Atem pfeifend aus dem vierschrötigen Brustkasten entwich, eine nicht abreißende, ewige Prozession mit Lasten aller Art auf den Schultern. Stufe um Stufe kämpften sich die Huakan-Männer herauf, und die Bambusstäbe schnitten ihnen tief ins Fleisch, wenn die Sänften schwankten, in denen sich die Beamten in ihren Filzhüten und zugeknöpften Uniformen behaglich zurücklehnten. Und von dieser immerwährenden, ewigen Arbeit des Tragens und Hochhebens und Ziehens konnte ich nicht genug bekommen und sehnte mich danach, dabeizusein, so absurd das auch klingen mag; ich kaufte Strohsandalen, wie die Kuli sie tragen und trank den herben, starken Tee der fliegenden Stände, den sie tranken, und stieg die Treppen hinauf, wenn auch leider ohne Last auf dem Rücken. Diese Sache ließ mich nicht los; ich sollte sie später in zwei Büchern beschreiben.

Der Mai brach an, und Gerüchte kamen auf, daß es nun, nachdem der Himmel klar sei, mit den Bombenangriffen losgehen würde. Dritter Onkel zog mit Yao Niang nach Tschengtu und befahl den Dienern, alle Wertsachen im Haus einzupacken und in die Bank zu bringen. Die Dienstboten und ich machten uns an die Arbeit, und tatsächlich fand am 3. Mai der erste Luftangriff statt. Am 4. Mai am Spätnachmittag ging ein verheerender Bombenhagel auf die bevölkertsten Stadtviertel nieder. Es war bereits entwarnt worden, oder jedenfalls bildeten wir es uns ein, da kehrten die allem Anschein nach abziehenden Flugzeuge noch einmal zurück und belegten die dichtbesiedelten Bezirke Tschungkings mit einem Bombenteppich, bis überall Feuer ausbrach. Das Haus von Drittem Onkel wurde direkt getroffen und ich samt zwei Dienstboten für kurze Zeit unter den Trümmern begraben. Aber wir konnten uns selbst wieder befreien und in Sicherheit bringen, ehe das Feuer ausbrach. Noch immer warfen die Flugzeuge Bomben ab, und Panik breitete sich unter den Leuten aus, die aus den brennenden Häusern gerannt kamen. All das habe ich später beschrieben: Wie sich die Leute, fast die ganze Bevölkerung des dichtbesiedelten Stadtkerns, in jener Nacht auf den Weg machten; wie ich für meinen Teil zur Meifeng Bank ging, wo ich Zweiten Bruder traf, und wie ganze Menschenmengen in dem großen Steingebäude Zuflucht suchten, während die Häuser um uns straßenweise abbrannten; wie es drinnen in der Bank abgesehen von den kleinen flackernden Ölfunzeln kein Licht gab, während draußen

alles brannte! Wie in jener Nacht die Bankangestellten und ich etwa hundert Mann stark aus der Stadt auszogen und in einer Zweigstelle auf dem Land in Ta Er Wo Zuflucht suchten, weil das Gerücht umlief, die Japaner würden zurückkehren und Tschungking so lange bombardieren, bis die Stadt ein einziger Haufen verkohlter Ruinen sei. Wie die Menschen in unabsehbaren Massen hinausströmten und wir im Feuerschein des Riesenbrandes, der die Stadt verzehrte, der gewaltigen menschlichen Springflut, von der wir selbst ein Teil waren, ansichtig wurden; wie wir, von den anderen mitgerissen, die ganze Nacht durch liefen, im Morgengrauen die sandigen Hügel im Außenbezirk der Stadt hinaufstiegen und endlich vor der Bank von Ta Er Wo ankamen. Zweiter Bruder und ich und vierzehn Mädchen und neununddreißig Männer.
Am nächsten Tag setzte sich der Exodus immer noch fort. Von der Hügelterrasse aus, auf der das Ta Er Woer Bankgebäude stand, konnten wir den Menschenstrom sehen, der sich ohne Ende aus Tschungking ergoß und seine Habseligkeiten mit sich führte. Trotzdem wollte ich in die Stadt zurück, denn ich fürchtete, Pao könnte mich für tot halten; ich wollte ihm ein Telegramm schicken und mitteilen, daß ich mich in Sicherheit befand. Zweiter Bruder konnte das nicht verstehen; er hielt mich für verrückt: Ihm fielen die Augen zu, und ich bestand darauf, zurückzulaufen, obwohl ich gerade erst angekommen war! Aber ich hielt es für meine Pflicht, Pao unnötige Sorgen zu ersparen ... War er damals nicht auch unerachtet aller Gefahren umgekehrt, um mich aus Wuhan wegzubringen? »Iß wenigstens eine Kleinigkeit, ehe du gehst«, meinte Zweiter Bruder verärgert. Das tat ich und ging dann die fünfzehn *Li* (etwa zehn Kilometer) zurück. Aber ich hielt durch, obwohl immer wieder einer rief: »Warum kehrt die denn um?« Gewiß hatte Pao im Radio von dem Bombenangriff auf Tschungking gehört und mußte mich, wenn er mich nicht fand, für tot halten. Ich mußte ihm unbedingt ein Telegramm schicken.
Um drei Uhr nachmittags langte ich beim CVJM an, immer noch Paos Mantel über dem Arm – weiter hatte ich nichts vor

dem Feuer gerettet –, schließlich kam ich zur Meifeng Bank und fand endlich etwas zu trinken. Die Leitungen führten noch Wasser, ich löschte meinen Durst und wusch mich und machte mich dann auf den Weg zum Telegraphenamt. Dort hatte sich eine kleine Volksmenge versammelt, aber Telegramme wurden nicht angenommen. So kehrte ich zur Bank zurück und schlief auf einem Sofa. Am nächsten Tag suchte ich das Postamt noch einmal auf. Unterwegs kaufte ich mir bei den fliegenden Teehändlern etwas zu essen. Wie freundlich sie waren, gaben mir Tee, gaben mir Reis, halfen mir – die Kulis, die geblieben und nun zur Stelle waren, eine Familie teilte mit mir ihr Mahl, und ich erfuhr nicht einmal ihren Namen!

Tags darauf kam Zweiter Bruder zurück. Da es kein Licht gab, machten wir aus gedrehten Weidenzweigen und alten Schlepptauen Fackeln; unter solchen Umständen lebten wir eine Woche lang, während die Leute, das Leben, allmählich in die Stadt zurückkehrten, Familien sich auf die Suche nach ihren Mitgliedern machten und schon wieder eine kleine Zeitung erschien (die Druckereien waren ausgebombt, aber durch Zusammenlegung des Personals und der Maschinen konnten die drei größten Zeitungen zusammen bereits wieder dieses kleine Blatt herausbringen); Ausrufer zogen mit einem Gong durch die Straßen und riefen die Namen vermißter Kinder aus; am dritten Tag nahmen die grün uniformierten Postboten ihre Runde wieder auf und notierten sich, welche Häuser zerstört waren, und gelegentlich stieß man auf einen Zettel des Inhalts: Hier stand Nr. 4 der Osttuchschuhstraße. Die Briefe konnte man auf dem Postamt abholen.

Ich dachte nicht daran, mich ans Hauptquartier oder an Paos wohlwollende Brüder zu wenden. Lieber blieb ich in der Meifeng Bank, wo ich die kleine Kammer, die ich auf dem Boden des Hauses entdeckt hatte, mit einem anderen Mädchen teilte, Fräulein Lu, der Verlobten eines Offizierskameraden von Pao, einer großen, hübschen Person, die damals in Nanyu dabei gewesen war. Sie tat sich viel auf ihre Erziehung zugute, gab sich sehr etepetete und warf der Aufwartefrau, die die oberen Stock-

werke putzte, »Mangel an Tugend« vor, weil sie in der Abendbrise gern auf dem flachen Verandadach der Bank saß, sich Kühlung zufächelte und mit einem Mann plauderte, während unten aus den Ruinen stellenweise immer noch ein träger, bläulicher Rauch aufstieg. Dann traf ein Brief von Drittem Onkel ein, der mich einlud, nach Tschengtu überzusiedeln; auch Mantsun, die von den heißen Quellen zurückgekehrt war, bestürmte mich, in das unbeschädigte K'ang-Haus umzuziehen. Zwei Tage lang blieb ich bei Mantsun, die mir auch etwas zum Anziehen gab, denn ich besaß nur noch, was ich auf dem Leib trug; dann flog ich nach Tschengtu. Dritte Tante, überzeugt, daß ich krank sein müsse, brachte mich sofort zum Arzt. Welch seltsamer Anblick, eine unversehrte Stadt, nirgends Trümmer, nirgends Unordnung, Menschen, die seelenruhig spazierengehen können, ohne sich mühsam einen Weg durch den Schutt bahnen zu müssen, die nicht weinen, nicht nach ihren Kindern rufen.
Erst in Tschengtu kam die Reaktion, und ich verspürte Angst. Wenn ich jetzt nachts ein verirrtes Flugzeug hörte, begann mein Herz wie rasend zu schlagen, ehe ich überhaupt begriff, daß ich mich fürchtete. Seltsamer Mechanismus der Angst: Bis in den Herbst hinein wachte ich nächtelang an schrecklichem Herzklopfen auf.

Im Juni kehrte Pao endlich von der »Front« zurück und verbrachte drei Wochen bei Drittem Onkel in Tschengtu, da wir in Tschungking keine Wohnung mehr besaßen.
Ich freute mich sehr, Pao wiederzuhaben; in seiner Abwesenheit hatte ich alle seine Fehler vergessen, dachte nur noch daran, wie edel, wie patriotisch er war, daran, daß er sein Leben fürs Vaterland aufs Spiel setzte. Harmlos fragte ich ihn, ob er am Frontabschnitt am Gelben Fluß, wo er nach eigenen Aussagen gewesen war, viele Gefechte miterlebt hatte. »Natürlich«, antwortete er, die Augen wild und starr geradeaus gerichtet. Aber Näheres erzählte er nicht. Schüchtern fragte ich weiter: »Waren die Japaner sehr gemein, bist du direkt mit ihnen zusammengestoßen?« Worauf er mich mit den Worten abspeiste: »Ein Offi-

zier kann militärische Angelegenheiten nicht mit Frauen besprechen.« Also stellte ich keine weiteren Fragen mehr. Bald jedoch kamen Freunde zu Besuch, und da fiel wiederholt der Name Hu Tsungnan. Pao erwähnte, daß Hu Tsungnan ihn freundlich empfangen habe, daß ein Reitwettbewerb abgehalten worden sei, den er, Pao, gewonnen hatte, obwohl sich Hu Tsungnan im Hauptquartier einen Verband der berühmten Kansu Muslim Reiter halte . . . Und all das schien Pao sehr selbstgefällig zu stimmen, und an den nächsten Tagen verbrachte er Stunden damit, Briefe an Hu Tsungnan zu verfassen.

Erst viel später erfuhr ich, daß er diese Monate im Sian-Hauptquartier Hu Tsungnans verbracht hatte, und Hu Tsungnans Truppen nie mit Japanern in Berührung kamen, da ihre Aufgabe darin bestand, Jenan abzuriegeln. In jenem Sommer war ein dreifacher Sperrgürtel aus Blockhäusern, Schützengräben und MG-Stellungen um Jenan gezogen worden. Und diese »Front« hatte Pao zusammen mit einigen jungen Offizieren besucht, darunter auch Tschiang Wei-kuo, Tschiangs zweiter Sohn, der sich Hu Tsungnans Stab angeschlossen hatte.

Etwa zehn Tage nach seiner Rückkunft, nachdem sich die erste Freundlichkeit erschöpft hatte, verfiel Pao wieder in sein altes Laster und hielt mir von früh bis spät Moralpredigten. Moral und Tugend. Ich besaß weder das eine noch das andere. Also mußte er mich dadurch retten, daß er mir beides gewaltsam einimpfte. Tags darauf stellte sich heraus, daß sich Hu Tsungnan, der von meiner Familie in Tschengtu gehört hatte, in einem Brief nach mir erkundigt und den Wunsch geäußert hatte, mich und meine Familie einmal zu besuchen. Nun fürchtete Pao aber, Hu Tsungnan könnte mich nicht nach seinem Geschmack finden, könnte womöglich von meinem Gesicht auf »fremdes« Blut schließen, und Hu Tsungnan war für seinen Fremdenhaß bekannt. Das aber hätte den guten Eindruck, den Pao auf ihn gemacht hatte, wieder vernichten können; so schrieb er Hu, ich sei so scheu, daß ich mich weigere, jemanden zu empfangen; ich lebe im Schoß meiner Familie, von der ich nicht zu trennen sei und außerdem erwarte ich ein Kind . . .

Das war der Anfang einer ganzen Kette von Ausflüchten, Lügen und Erfindungen. Aber Pao verbreitete nicht nur über mich Lügen, er log auch, was seine eigene Person anging. Um mich zu beeindrucken, erfand er Geschichten über Gefechte, an denen er angeblich teilgenommen hatte; behauptete, um sich ein höheres Dienstalter zu erschwindeln, dem achten, statt dem elften, Whangpu-Jahrgang anzugehören, und verstieg sich in dem Maße, als seine inneren Spannungen zunahmen, zu immer tolleren Prahlereien, wodurch er sich selbst in schiefe Situationen brachte, aus denen er sich durch immer neue Märchen herauszuziehen versuchte. Bei eindeutigen Widersprüchen ertappt, pochte er auf seine »Aufrichtigkeit« und spielte die gekränkte Unschuld. Selbst wenn er eine handgreifliche Lüge vorbrachte, war er fassungslos, wenn jemand wagte, an seinen Worten zu zweifeln. So baute er eine Fabelwelt auf, in der Vernunft und Logik rasch zusammenbrachen und das zur Wahrheit erklärt wurde, was er selbst für wahr halten wollte, kurz, in der launenhafte Willkür jede Folgerichtigkeit und jede Diskussion unmöglich machten. Ich mußte jedermann erzählen, daß ich schwanger sei und mich weigern, auszugehen. Ich durfte den Namen Tschu nicht mehr tragen, mußte behaupten, eine geborene Tang zu sein ... Das kam auch Drittem Onkel zu Ohren, der sich auf solche Narrheiten keinen Reim machen konnte und sie in seinem momentanen Ärger fast als Beleidigung gegen den Tschu-Klan aufgefaßt hätte. Aber da er weise war, schätzte er den Frieden höher und tat, als hätte er nichts gehört.
Paos Erfindungen wechselten von Tag zu Tag, von Stunde zu Stunde; er bummelte durch Tschengtu, besuchte Freunde und verbrachte seine Zeit mit Reden und noch einmal Reden. Alle fürchteten Tschiang, alle brannten auf eine Beförderung, alle legten ein Lippenbekenntnis der Tugenden ab, ohne auch nur im Traum daran zu denken, sie praktisch zu üben. Frisch-fröhlich erzählten sie Geschichten von Korruption, Bestechung, Vetternwirtschaft und chaotischen Zuständen, um gleich darauf genau das zu tun, was sie bei anderen so sehr beanstandeten. Warum auch hätten sie sich an ihre eigenen Predigten halten sollen?

Im Gegenteil, es war sogar gefährlich, ehrlich und unbestechlich zu sein und hart zu arbeiten. Es war »unnatürlich«, nicht korrupt zu sein, Bestechungsgelder zurückzuweisen – das taten doch nur die Kommunisten. Nur die Kommunisten nahmen keine Bestechungsgelder an, arbeiteten schwer und waren »dumm« genug, gegen die Japaner zu kämpfen. Nicht minder tadelnswert war es, zu lesen, ein Problem zu untersuchen oder gar den Versuch zu unternehmen, einen Fehler wiedergutzumachen; auf diese Art und Weise »kam man ins Gerede«, konnte man »Gesicht verlieren«. Weit besser war es also, nichts zu tun, absolut nichts, vor allem aber nichts, was die Aufmerksamkeit der anderen auf einen lenkte. Wer etwas Besonderes tat, riskierte, die anderen zu beleidigen, das heißt, Gesicht zu verlieren, und konnte dann nicht auf ihre Hilfe zählen, wenn er sie brauchte. Die Kunde vom Diensteifer eines Beamten sickerte durch geheimnisvolle Kanäle unweigerlich bis zu jener Ebene, auf der die Weichen gestellt und die Delinquenten liquidiert wurden. Deshalb plapperte man am besten die altbewährten Sprüche nach und hielt sich strikt an die Regel, nichts zu tun; das ersparte einem Schwierigkeiten. Man bewirtete seine Freunde und festigte so die kleine Clique, die einem notfalls ihrerseits unter die Arme griff. Man versuchte drei, vier Posten gleichzeitig auszuüben und damit drei, vier Gehälter einzustreichen, denn es genügte, wenn man sich gelegentlich im Büro sehen ließ, weshalb auch viele von Paos Freunden so etwas wie Allgegenwart entwickelten.

Der Anführer dieser grotesken, morbiden Farce, Tschiang Kaischek, wurde selbst von Wut- und Zerstörungsanfällen heimgesucht, von Launen und Einbildungen, von völlig unverständlichen Rasereien und Wahnideen. Er verfolgte im Grunde nur ein Ziel: an der Macht zu bleiben. Wo es darum ging, fühlte er sich niemandem verpflichtet, gab es für ihn keine Prinzipien, spielte er einen gegen den anderen aus, stellte allen miteinander Fallen und ließ die Spione von Spionen ausspionieren. Völlig unerwartet ließ er den einen oder anderen hinrichten, duldete keinerlei Vorschläge, keine Diskussion, forderte statt dessen absolute Loyalität, blinden Gehorsam. Wie aber hätte Pao bei einem solchen Herrn anders sein können als er war?

Auch Stilwell, der amerikanische General, sollte Tschiang später von dieser unberechenbaren Seite kennenlernen; so brachte es Tschiang (der sich stets über seinen Verteidigungsminister, seinen General- und Führungsstab hinwegsetzte) ohne weiteres fertig, einem Divisionskommandeur telefonisch den Befehl zum Vormarsch zu erteilen, um ein paar Stunden später den Rückzug anzuordnen. Und wenn er in Wut geriet (er warf dann auch Vasen und Teetassen zu Boden und schleuderte Spucknäpfe nach Besuchern, die sein Mißfallen erregt hatten), befahl er so oft »Schießt ihm eine Kugel in den Kopf!«, daß die geladenen Gäste gewöhnlich vorher ihr Testament machten, für den Fall, daß ihnen beim Essen etwas zustoßen sollte. Was Wunder, daß durch solch sinnlose Vernichtungsaktionen, durch die Allgegenwart von gestapoartigen Organisationen, die gehässige Verdrehung und Entstellung aller Tatsachen und Vorkommnisse, die als Planung getarnte gefährliche Launenhaftigkeit eine ganze Reihe fähiger und an sich ehrlicher junger Männer charakterlich verbogen wurden!

Gelegentlich beklagten Pao und seine wohlwollenden Brüder die ansteckende Unordnung, in die sie hineinverstrickt waren; sie sprachen in diesem Zusammenhang von einem »Kampf gegen den Mist in der Senkgrube«. Aber diese Kloake bildete ihre Existenzgrundlage, und so fanden sie wohl viele Schuldige in der Umgebung des Führers, viele »unredliche«, gemeine Schurken, hüteten sich aber, wider besseres Wissen auch nur ein Wort gegen Tschiang selbst zu sagen. Doch derlei lichte Augenblicke wurden stets schnell von Egoismus und Karrieredenken verdrängt. Und ihre Karriere hing von Tschiangs Launen und Schrullen ab, von seinen plötzlichen Eingebungen und Verdächtigungen. Mußten sie unter diesen Umständen nicht mit sich selber zerfallen, launisch und unberechenbar werden? Und warum hätten sie sich zügeln sollen, statt sich ihren Wutausbrüchen und Anfällen von Brutalität zu überlassen?

Manchmal verrieten ihre Reden auch einen kriecherischen Respekt, eine unleugbare Angst vor den »roten Banditen«, wie sie die Kommunisten nannten. Recht zweideutige Sätze fielen über Jenan – »wie sie dort kämpfen, während wir hier sitzen und reden ...« Dann wieder wurden die Kommunisten beschuldigt, »Ehrlichkeit zu heucheln«; aber da sie wirklich ehrlich waren, und die Bauern fest auf ihrer Seite standen (selbst Pao und seine Offiziersbrüder mußten damals in Tschengtu zugeben, »daß es die dämlichen Bauern mit ihnen halten«), gab es nur einen Punkt, an dem sie jederzeit zu packen waren, und das war natürlich der Sex. Ihr größtes Verbrechen war die »freie Liebe« und ihre »gefährlichen Ideen«! Forderten sie nicht gar die »Gleichberechtigung der Frauen«! Entsetzliche Verbrechen, die Chinas Rettung bedrohten! Zwar konnten nicht einmal die fanatischsten antikommunistischen Zeitungen den Roten vorwerfen, daß sie ihre Truppen (wie es auf der Tschiang-Seite der Fall war) verhungern ließen oder mit dem Feind verhandelten und paktierten oder sie auch nur der Korruption bezichtigen, dafür aber ließen sich ihre Orgien ausschlachten! Hatten sie doch tatsächlich Frauen in ihren Reihen, Mädchen, die Männerkleidung und Gewehre trugen! Außerdem hetzten sie Sklavinnen und Konkubinen auf, sich gegen ihre Herren aufzulehnen! Ihre Witwen heirateten wieder! Sie legten keinen Wert auf »Keuschheit«! Sie stifteten die Bauersfrauen an, gegen ihre Männer aufzustehen und ihre Verbrechen anzuzeigen! Ganz in der Ordnung dagegen war, daß achtjährige Mädchen an Bordelle verkauft wurden, und so konnte Pao von Tugend, Integrität, der Pflicht des Gehorsams, Disziplin, kurz von der Errettung des Vaterlandes, sprechen, während wir auf der Straße Zwangsrekrutierten begegneten, stinkenden, schwankenden Haufen ausgehungerter und wie Tiere zusammengebundener Männer, während die Mädchen vor den Restaurants aufgereiht auf Kunden warteten, während von vier chinesischen Soldaten, die starben, drei verhungerten, weil die Offiziere das Geld für ihre Verpflegung selbst einstrichen ...

Als Dritter Onkel Pao so schlechtgelaunt sah, schlug er mir vor, ihn einmal nach Pihsien mitzunehmen und ihm unsere Ahnenhalle zu zeigen. Von dort aus empfahl er uns nach Kuanhsien weiterzufahren, wo das Gebirge in die Ebene übergeht, und Li Pins gewaltige Anlage zu besichtigen, der hier vor zweitausend Jahren den Minfluß in zwei Arme geteilt, den vorher nutzlosen Strom durch ein Netz von Kanälen nutzbar gemacht und so die Fruchtbarkeit der Tschengtu-Ebene für immer gesichert hatte.

Dritter Onkel liebte seine Heimatprovinz heiß und innig. In diesem Punkt fast schweizerisch, war er zutiefst davon überzeugt, daß es keine andere Provinz in China und kein anderes Land auf der Welt mit ihr aufnehmen konnte. Nirgends schien die Sonne so warm, nirgends waren die Berge so schön, nirgends die Luft und Wasser so rein. Das Gemüse von flußabwärts schmeckte nicht halb so köstlich wie das der Tschengtu-Ebene, denn hier war der Boden besonders gut, der Dünger, Schweinemist und Fäkalien, besonders reichlich vorhanden, so daß die Erde schwarz und fettig glänzte. Dünger gehörte ebenso wie Tee, Tabak, Opium, Warlords, Steuern, Sitten und Gebräuche zu jenen Themen, die Dritter Onkel unermüdlich abhandelte und mit immer neuen Bildern und Redewendungen des hübschen Szetschuaner Dialekts würzte.

Nur Pao ließ sich nicht von seiner Redekunst fesseln, sondern betrachtete, wenn Dritter Onkel über etwas sprach, sein eigenes Spiegelbild. Er fand Dritten Onkel zu materialistisch, vermutlich weil dieser trotz aller Freundlichkeit kein Hehl aus seiner Abneigung gegen Tschiang und dessen »Einmischung« in die Szetschuaner Angelegenheiten machte. Pao aber beurteilte alle nach ihrer »persönlichen Loyalität dem Führer gegenüber«. Selbst Landschaften, Bücher, Personen wurden mit diesem Thema konfrontiert, denn einzig dieser Maßstab galt. Dritter Onkel jedoch hörte sich Paos Vorträge mit desinteressierter Höflichkeit an, was Pao so verdroß, daß er seinen Ärger an den Dienstboten ausließ; er kommandierte sie herum und schnauzte sie an. Sie gingen ihm aus dem Weg, wo sie nur konnten. Auch Dritter Onkel war verärgert, blieb aber trotzdem höflich.

Eines schönen Morgens brachen Pao und ich nach Kuanhsien auf. Vielfarbig tauchten vor uns die Dächer des Li Pin-Tempels auf, die Firste mit Tieremblemen, mit blauvioletten Voluten und vielfach verschlungenen bernsteingelben oder purpurroten Ornamentbändern besetzt; innen saß der große Ingenieur mit seinem Sohn in feierlicher Starrheit, betrachtete sein Werk und die Tschengtu-Ebene mit ihren schimmernden, jadegrünen und goldenen Feldern, ihrer unwahrscheinlichen Fruchtbarkeit und der ebenso unwahrscheinlichen Armut ihrer Bauern, denen nur ein Bruchteil des Ertrages zustand. Es war ein schöner Tag, und ich fand es bezaubernd, am oberen Abschnitt des Minflusses entlangzuspazieren, der in sommerlichem Aufruhr dahinschoß, und die Augen über die eiförmigen Steine schweifen zu lassen, den in Weidennetzen festgehaltenen Uferschutz, über die Boote, die von der wirbelnden Strömung schnell vorbeigetragen wurden. Darüber wölbte sich in der ersten, noch zaghaften Hitze des Jahres heiter und blaß der Frühsommerhimmel, und die Rufe der Schiffer, rauhen Vogelschreien gleich, sind mir heute noch unvergeßlich, ebenso das im Pferdegetrampel dahin galoppierende Wasser, das nach dem Elefantenfelsen, jener gewaltigen Steinsäule, schnappte und biß, bis sie eines Tages nachgab und zusammenbrach (jedenfalls fand ich sie 1964, als ich wieder zurückkam, nicht mehr vor); und ich höre noch den Wind, wie er wild um die Hügel mit ihrem dunklen Baummantel strich und wie ein Brachvogel schrie ...

Hier stand die Wiege der Heldensagen, von hier zogen ihre Reiterkavalkaden aus, hier war die Wirklichkeit von gestern zur wundersamen Mär geronnen, bei diesen Wassern, die in der Sonne ebenso bunt schillerten wie die sonnengesprenkelten Dächer des Li Pin-Tempels und die aufsteigend wie die Rücken sich bäumender Fabeltiere dahinliefen, -hüpften und -schossen, ein ewiges Gleiten, eine winzige, unendliche Bewegung. Und die Schiffer, die laut schreiend, unbekümmert an uns vorübertrieben, und hinter den großen grauen Ausläufern der ersten Gebirgsketten, von wo die Flüsse zu uns kamen, das tibetanische Hochgebirge.

Aber all das war für Pao kein Grund zur Freude, sondern lediglich wieder einmal ein Anlaß zu einer Moralpredigt, zu Prahlereien und zu Schlägen, die er wie üblich auf mich herunterregnen ließ, als ich mit feindseliger Miene murrte: »Du hast für nichts Augen und Ohren ... du denkst nur an dich und deine Karriere ... deine ganze Regierung ist verrottet, sonst könntest du auch einmal an etwas anderes denken ...«
Daraufhin schlug er mich so hart, daß ich mich erbrach und Durchfall bekam (in Tschengtu im Sommer keine Seltenheit) und mich überhaupt so aufregte, daß ich in Ohnmacht fiel. Wie viele, die von ärztlicher Betreuung nichts verstehen, fürchtete Pao Ohnmachten. Er glaubte, er habe mich im Pavillon über dem Minfluß gegenüber dem Elefantenfelsen umgebracht. Von plötzlichen Gewissensbissen gepackt, stützte er mich, rieb mir die Hände, weinte, versprach, es nie wieder zu tun, erlaubte mir, zu studieren, ja alles zu machen, was ich wolle, sogar zurückzuschlagen. Ich lag mit geschlossenen Augen da, voller Unbehagen, da ich mich beschmutzt hatte, ohne zu antworten, ohne mich zu rühren, reglos ... Am nächsten Tag reisten wir nach Tsing Tschen Schan weiter.
Tsing Tschen Schan war seiner landschaftlichen Schönheit und eines alten Taoistenklosters wegen berühmt. Das anmutige tausendjährige Gemäuer lag zwischen Ginkgobäumen, und die Luft war erfüllt vom Tosen der Wasserfälle, von denen einer, der sich in vielgestaltige, natürliche, im Lauf der Zeit vom Wasser ausgehöhlte Felsenmulden ergoß, eine liebliche Musik verbreitete. Für die Besucher waren Unterkünfte mit großen Kastenbetten und Moskitonetzen vorhanden; nur leider wimmelte es von Wanzen. Ich zerdrückte in jener Nacht sage und schreibe vierundsechzig Stück, vornehmlich zwischen den Zehen, und zwar mit gelinder Wut; denn nichts macht einen so unfehlbar zum Sadisten wie Wanzenstiche zwischen den Zehen; fein säuberlich reihte ich meine Opfer auf dem Tisch auf. An den Wänden hingen Bildrollen berühmter Maler; der Tempel war vor über tausend Jahren errichtet und in der Zwischenzeit mehrmals wiederaufgebaut worden, aber jedesmal genau nach dem ursprüng-

lichen Plan. Über uns türmten sich Felsen in den azurblauen Himmel, und dahinter ragten bereits die ersten Gipfel des Hochgebirges auf.
Wir stiegen über den Bergpfad ab, Pao schon wieder dozierend, während ich mich benommen und krank fühlte. Unten angelangt, traten wir mit unseren Huakanmännern den Rückweg an. Wie schon hinwärts, machten sie alle zwei Stunden halt, um eine Pfeife Opium zu rauchen. Da ihnen das Geld ausgegangen war, denn sie hatten den Tageslohn vom Hinweg schon aufgeraucht, forderten sie einen Vorschuß. Aber Pao befahl ihnen barsch, sich ohne Opium wieder auf den Weg zu machen. Da setzten sie die Bambusstäbe ab und starrten drohend vor sich hin. Pao hielt ihnen einen Vortrag über die Übel des Opiums, nannte sie degeneriert, gab ihnen aber schließlich doch das Geld. Und allenthalben in den geschützten Tälern um uns blühte Schlafmohn, rosa und weiß.

1964 sollte ich noch einmal nach Tsing Tschen Schan zurückkehren. Von außen sah das Taoistenkloster noch genauso aus wie ehedem, nur innen hatte sich viel verändert, denn obwohl immer noch Priester hier lebten, und es nach wie vor Gästezimmer gab, war das Kloster nun der Tsing Tschen-Bergkommune angegliedert, und die Priester mußten einen Teil der Zeit arbeiten; nachmittags versammelte sich auf ein Glockenzeichen hin das ganze Kloster, junge Männer und Jungen, und zogen in dem drückenden warmen Regen unter gegenseitigen Neckereien den Berg hinauf – »zur Milizertüchtigung und Fiterhaltung«, erklärte der Taoistenpriester, der mit uns zurückgeblieben war, und goß uns noch eine Tasse von dem berühmten Klostertee ein. Welcher Unterschied zu 1937 und den damaligen Gepflogenheiten. Kein Mensch rauchte mehr Opium, kein Mensch spielte mehr, ja, Opium wurde nicht einmal mehr angebaut; statt dessen reihte sich auf einem spürbar vergrößerten Anbaugebiet Reisfeld an Reisfeld, und überall trainierte die Miliz.
Auch Pao war nicht mehr da mit seiner jungen, harten Wut. Aber das Kloster war noch da, so gastfreundlich wie immer.

»Gibt es noch Wanzen?« fragte ich. »Das letztemal, als ich hier war, bissen mich zwei bis drei an jeder Zehe.«
»O nein«, antwortete der Priester stolz, »Wanzen gibt es keine mehr. Wir haben ja DDT.«
Ich kam in den Hof und blieb stehen, durchdrungen von dem, was ich sah, wiedersah, woran ich mich noch so gut erinnerte, nur diesmal ohne von Paos Stimme abgelenkt zu werden, die sich endlos über Tugend und Loyalität verbreitete; als ich diese unzerstörbare Schönheit betrachtete, die die Menschen veranlaßt hatte, ihren Tempel hier in die Felsen zwischen Himmel und Erde zu bauen, unter die tausendjährigen Ginkgobäume, die ihre Früchte auf das dicke Moos fallen ließen. Auch die Fichten waren uralt und zerzaust, und die Dichter, die sie besungen hatten, seit Jahrhunderten tot. Die Gipfel waren von Nieselregen verschleiert, und das helle plätschernde Gelächter des Beckens, das »Horcht-auf-die-Neun-Töne-des-Musikteichs« hieß, hatte sich nicht geändert. Nach wie vor zog sich um den viereckigen, gepflasterten Hof mit seinen Triademblemen (denn der Tempel war eine Festung des Herrn des Berges der Geheimgesellschaften, die sich um den Taoismus scharen) eine Balustrade mit Säulen in Gestalt spielender Kinder, von denen manche auch sexuelle Spiele trieben, denn der Taoismus war nie prüde oder puritanisch. Und in der Haupthalle stand noch, wie einst, den Rücken dem hohen, steilen Berghang zugekehrt, der große Gong, der auf fünfzig *Li* in der Umgebung zu hören war. Alles hier war voller Leben, so alt und ehrwürdig und moosüberzogen der Ort auch war, ungeheuer lebendig sogar, eine dunkle amoralische Welt, in der die Worte gut und böse keinen Sinn hatten, in der Unschuld und das sogenannte Laster Kinderspiele waren, denn hier bei dem Geruch verfaulender Ginkgofrüchte und dem hellen Ruf des Wassers war keine überirdische Mystik, sondern nur irdische Erde. In der Luft lag Ruhe – eine Ruhe voller Selbstironie, und all das Geschwätz von Tugend war hier ohne Bedeutung, denn diese Stätte war älter, viel älter und doch ewig jung wie die steinernen Kinder des Hofes.

Nach unserer Rückkehr nach Tschengtu bekam ich Fieber; der Arzt wurde gerufen, und nachdem er mir alle zwölf Pulse gefühlt hatte, erklärte er, ich hätte »nicht genügend Atem in meinem Körper«; meine Lebensessenz ersticke in meinem Herzen; ich brauche eine Medizin, die mir das Herz öffne. Meine zusammengezogenen Brauen wiesen auf eine zusammengerollte Schlange in meinem Gehirn hin; ich brauche also außerdem eine aufrollende Arznei. Heute glaube ich, daß dieser Arzt, der all das allein über meinen Puls herausfand, ohne mir eine Frage zu stellen, ein großartiger Psychologe gewesen sein muß. Die Versuchung, mich in eine chronische Krankheit zu flüchten, beschlich mich; nachdem ich den vom Arzt verschriebenen Ginsengtrank eingenommen hatte und mich von ruhiger Euphorie getragen fühlte, zog ich diese Möglichkeit ernsthaft in Betracht, aber meine Lebenskraft war doch noch zu ungebrochen.
Nach zwei Tagen war ich wieder auf den Beinen, aber Pao hatte ich doch einen gelinden Schrecken eingejagt. Er beklagte nun sein hartes Schicksal, beklagte sich, wie mühselig der Weg »nach oben« sei, wie sehr er sich anstrenge und wie hinderlich es für seine Karriere sei, daß man ihm keine Truppen gebe und er somit keinen Rückhalt in der Armee habe (was nichts anderes bedeutete als Untergebene, die er für seine Zwecke heranziehen konnte, aber auch die Möglichkeit, eine höchst ergiebige Geldquelle anzuzapfen, denn die ganze Armee war eine einzige Schiebung). Ich könne ihm bei seinem Kampf wohl helfen, aber ich müsse mich gedulden. Worauf ich ihn an sein Versprechen erinnerte, mich arbeiten zu lassen, denn ich wollte wirklich arbeiten, ich konnte es einfach nicht mehr aushalten, müßig daheim herumzusitzen; und zu meinem Erstaunen willigte er ein. Ja, hier in Tschengtu könne ich studieren, wenn ich wolle, er selbst werde mit mir zur Universität gehen und sich erkundigen ... Dieser plötzliche Meinungsumschwung beschämte mich. Das kann doch nicht wahr sein, dachte ich, er wird sich wieder umbesinnen ... aber am nächsten Tag gingen wir tatsächlich zur Westchinesischen Zentraluniversität vor dem Südtor von Tschengtu.

Die Westchinesische Zentraluniversität hatte sich ungeheuer vergrößert; sie beherbergte sechs Universitäten aus den japanisch besetzten Gebieten samt Personal, Studenten und Professoren, die hier den Lehrbetrieb wiederaufgenommen hatten. Pao bestand darauf, mit dem Dekan der medizinischen Fakultät, einem kanadischen Missionar namens Dr. Kilborn, selbst zu sprechen. Dr. Kilborn, ein muskulöser Mann, der ausgezeichnet Szetschuaner Dialekt sprach, empfing uns freundlich. Wir erkundigten uns nach den Aufnahmebedingungen, und da wurde mir mit einem Male klar, daß ich gar nicht an die Universität zurückwollte. Ich wollte vielmehr etwas tun, etwas, das der gegenwärtigen Situation Rechnung trug. Außerdem stand dahin, wie lange Pao bei seiner Meinung blieb. Da hörte ich, wie er davon sprach, daß auch eine Verwandte Hu Tsungnans an der Universität studiere. Was hatte er vor? Wollte er mich auf sie ansetzen? Jedenfalls sagte ich Dr. Kilborn, daß ich lieber arbeiten wolle, worauf er mir vorschlug, Dr. Marian Manly aufzusuchen, eine Missionsärztin, die in der Nähe der Universität ein Entbindungsheim und eine Hebammenschule leitete. Möglicherweise konnte ich mich dort sofort nützlich machen.
Nun kam Pao auf die Idee, zur Erinnerung an unsere unvergängliche Liebe ein Photo von uns beiden aufnehmen zu lassen; das hatten wir schon des öfteren gemacht, jedesmal zur Feier unserer Wiederversöhnung. Auch diesmal begaben wir uns prompt zu einem Photographen. Die Bilder kamen gut heraus, aber er zerriß sie vor meinen Augen und fing wieder an. Auf dem Rückweg vom Photogeschäft war er bei einem Astrologen gewesen und hatte ihm mein Photo gezeigt. Nach einem kurzen Blick hatte dieser erklärt, ich sei romantisch und müsse fest an die Kandare genommen werden. Außerdem besäße ich unselige Ohren. Ein bitteres Leben sei mir beschieden, meine Ohrläppchen seien gar zu klein ... Welches Armutszeugnis, entgegnete ich, wenn ihm bei all den schrecklichen Vorgängen in China, bei den Zwangseinziehungen, bei denen Männer zusammengebunden und an die Front geschleppt wurden, nichts Besseres einfalle, als dauernd von mir und von Sex und von meinen Ohren

zu reden. »Du erpreßt mich«, fuhr ich fort, ohne an die Wirkung meiner Worte zu denken. »Was?« schrie er, »rette dich, ich versuche dir zu helfen. . .« – »Im Gegenteil, du bringst mich um, warte nur ab, einmal gehst du bestimmt zu weit . . .« Er lachte ärgerlich. »Du wagst es, mir zu drohen, aber was kannst du mir schon anhaben?« – »Nichts, das weiß ich wohl, aber wenn ich sterbe, wird es dir doch nicht so leicht fallen, eine Erklärung für meinen Tod zu finden.« – »Nun, da laß dir eins gesagt sein«, entgegnete er, »eine Frau existiert nur in Verbindung mit ihrem Mann, mit ihrer Familie; sie allein, für sich selbst, ist gar nichts. . .« – »Du bist genausogut das Kind einer Mutter«, erwiderte ich, »und wenn du so etwas sagst, beleidigst du deine eigene Mutter und alle Mütter der Welt.« Ich keuchte fast vor Wut und beschleunigte meinen Schritt, und als ich sah, daß Pao die Fäuste ballte, sagte ich: »Nur zu, schlag mich doch, das ist alles, was du kannst. Gegen die Japaner kämpfen, das kannst du nicht. Was hast du schon in Sian gemacht – Pferderennen mit deinen Freunden! Und mir hast du aufbinden wollen, du hättest gegen die Japaner gekämpft. Halb China steht auf dem Schlachtfeld, und dir fällt nichts Besseres ein, als mich zu schlagen.« – »Halt den Mund«, sagte er, »halt den Mund.« Aber er war mit einemmal seltsam ruhig; und von da an verlor er mir gegenüber kein Wort mehr über Hu Tsungnan.

Die Hebammenschule in der Kleinen Himmlischen Bambusstraße vor dem Südtor von Tschengtu und ihre Leiterin, die amerikanische Ärztin Marian Manly, von der Dr. Kilborn gesprochen hatte, suchte ich allein auf.

Marian Manly, eine kleine, lebhafte Frau mit einem Gesicht, das nie alt werden konnte, weil es eigentlich stets lächelte, hatte als aktives, aber nonkonformistisches Missionsmitglied zusammen mit ihrer Schwester Grace und ihren Eltern ihr Leben lang in China gearbeitet. Ihr Fall bildete keine Ausnahme: Die Endicotts, die Familie Chester Ronnings (heute ein hoher kanadischer Diplomat) lebten ebenfalls bereits in der zweiten Generation in China. Die Eltern waren als Missionare ins Land gekommen, und die Kinder fühlten sich hier bereits mehr zu Hause als in ihrer eigenen Heimat. Dieser Umstand aber erwies sich für manche als das größte Hindernis, sich in die Neue Ordnung zu finden. Zutiefst von ihrer göttlichen Sendung und der Wichtigkeit ihrer Tätigkeit überzeugt, hielten sie am Alten China fest. Endicott sprach Chinesisch fließend wie ein Chinese, ebenso Kilborn und William Sewell; letzterer schrieb später ein Buch über die Neuordnung der Universitäten im Jahre 1949 durch die Kommunisten. Im großen und ganzen standen die kanadischen Missionare in Tschengtu im Ruf liberaler Gesinnung; einige allerdings hegten insgeheim eine Vorliebe für das chinesische Volk und die Rote Armee. Die meisten amerikanischen Missionare jedoch waren mit wohltätiger Blindheit geschlagen; bis zum Schluß führten sie in ihren schönen grauen Ziegelhäusern mit den um harte ausländische Währung erstandenen hübschen chinesischen Möbeln ein behagliches Leben, dem es an nichts fehlte, während ihre chinesischen Kollegen und ihre Studenten vor Hunger immer dünner und dürrer wurden ... Marian Manly kümmerte sich wenig um Politik und bewahrte sich ihre Harmlosigkeit in diesem Punkt bis zu ihrem Lebensende; sie fürchtete den Kommunismus und glaubte unerschütterlich an ein aufgeklärtes, demokratisches, christliches »Nachkriegs«-China unter Tschiang Kai-schek, da Tschiang und seine Frau Methodisten waren; tatsächlich trug Tschiangs »Bekehrung« zum Christentum nicht zuletzt zu dem Irrtum der Missionare bei.

Unsere erste Begegnung verlief freundlich, Marian nahm mich sofort an. Das Entbindungsheim war ein bescheidener, zweistöckiger, rechteckiger Holzbau um einen Innenhof mit einem Brunnen; das Dach war nach typischem Tschengtustil mit grauen Ziegeln gedeckt. In der einen Hälfte des Gebäudes wohnten die angehenden Hebammen und Marian, in der anderen waren die Wöchnerinnenzimmer und die Operations- und Behandlungsräume für ambulante Patienten untergebracht.

Der Krankentrakt gliederte sich in drei kleine Zimmer erster Klasse für zwei Frauen und zwei Säle zweiter Klasse mit jeweils zehn Betten. Alles in allem faßte das Heim zwanzig bis fünfundzwanzig Wöchnerinnen und etwa dreißig Säuglinge. In den Wintermonaten war es gewöhnlich überbelegt, gelegentlich beherbergte es fünfunddreißig bis vierzig Babys. Die Kinderbetten, Holzkästen mit geflochtenen Seitenteilen, konnten der Ratten wegen mit einem Netzdeckel zugemacht werden. Die ganze Einrichtung, die Betten, die Kokosfasermatratzen, die Baumwollaken, stammten aus der Umgebung.

Die Hebammenschülerinnen, samt und sonders Szetschuanerinnen, wurden während ihrer dreijährigen Ausbildungszeit auf chinesisch unterrichtet, da sie kein Englisch verstanden. Marian hielt die Vorlesungen in ihrem amerikanisch klingenden Szetschuandialekt; sie las sie entweder von einem in lateinischer Schrift geschriebenen Konzept ab oder sprach frei. Außer ihr gaben noch drei bis fünf geschulte Hebammen Unterricht. Sie wohnten zusammen mit den rund zwanzig Schülerinnen im Schulgebäude. Die meisten Fälle wurden nicht im Heim, sondern zu Hause behandelt. Aber wohlhabendere Patientinnen zogen das Krankenhaus vor, da ihnen hier manche Mühe erspart blieb.

Mir schien die Hebammenausbildung wesentlich nützlicher als ein fünfjähriges Medizinstudium. Im ersten Fall konnte ich bereits nach ein paar Monaten zupacken, im zweiten erst nach fünf Jahren, und diese Zeit kam mir wie eine Ewigkeit vor. So sagte ich Marian, ich könne sofort anfangen, eilte nach Hause, schluckte Ginseng, fiel in Ohnmacht und drohte Pao, auf der Stelle zu sterben, falls er mich nicht arbeiten ließ. Meine Blässe, durch den Zustand meiner Eingeweide verursacht, verlieh meinen Worten Glaubwürdigkeit. Mit tragischer Miene erklärte sich Pao bereit, allein nach Tschungking zurückzukehren und die »Mühen« des Lebens auf sich zu nehmen. Natürlich müsse ich auch mit der Möglichkeit rechnen, daß er krank werde und wir uns nie wieder sähen ... Ich war mittlerweile mit den Nerven so fertig (denn nichts nimmt einen so sehr mit wie die Wahnvorstellungen eines anderen, die man nicht teilt), daß ich sehr leicht in Tränen ausbrach und in Ohnmacht fiel. Aber mein

Ziel verlor ich nicht aus den Augen. Pao stattete der Hebammenschule und Marian einen Besuch ab; er fand an dem Heim nichts auszusetzen, außer daß es »zu klein« sei. »Wenn ich ein großer Mann bin, baue ich dir alle Krankenhäuser, die du willst, und dann kannst du Gesundheitsministerin werden«, versprach er mir großzügig. Aber für den Augenblick wollte ich gar nicht Gesundheitsministerin werden, sondern endlich einmal einen Zipfel der Wirklichkeit erwischen und etwas tun, denn rings um mich spürte ich verzweifelte, entsetzliche Not.
So fuhr Pao tatsächlich allein ab, trotz seines »Opfers« nicht einmal allzu unglücklich, sollte er doch in die Tschiang direkt unterstellte Gehorche und Diene-Abteilung aufsteigen. Mit meiner Abwesenheit fiel immerhin auch ein mögliches Hindernis weg; er hatte über mich nämlich so viele Lügen verbreitet, darunter auch die, daß ich schwanger sei, daß er mein vorübergehendes Verschwinden jetzt nur begrüßen konnte. Außerdem sollte Hu Tsungnan zu einer Militärbesprechung nach Tschungking kommen. Für ihn aber wollte sich Pao stets bereit halten, denn um im Kampf um die Beförderung nicht übergangen zu werden, mußte er sich jeden Augenblick zeigen können. Erst Ende November holte er mich nach Tschungking zurück. Zu dieser Zeit aber war in Europa bereits der Krieg ausgebrochen, die Lage in der ganzen Welt hatte sich geändert. Paos verzehrender Ehrgeiz hatte mittlerweile Früchte getragen, und ich war in gewisser Hinsicht unter die Schriftsteller gegangen – obwohl ich noch zwanzig Jahre brauchte, ehe ich die Bedeutung des Wortes ganz begriff.

Wie sich jener unheilvolle Sommer 1939, in dem sich in ganz Europa Kriegswolken zusammenballten, in chinesischer Sicht ausnahm, welche Hoffnungen und Befürchtungen Tschiangs Umgebung, ihrerseits in einen Balanceakt mit den Japanern verwickelt, mit der internationalen Ausweitung des Krieges verband – all das ist bis heute noch nicht umfassend untersucht worden. Für die meisten Historiker stehen die Beziehungen der europäischen Länder zueinander und zu Sowjetrußland im Mittelpunkt des Zweiten Weltkriegs. Aber mit einer Verschiebung des geographischen Standorts verschiebt sich auch die geschichtliche Betrachtungsweise. Für uns in China ist der Zweite Weltkireg am 18. September 1931 ausgebrochen, als Japan in die Mandschurei einfiel; bestätigt wurde er am 17. Juli 1937 durch die japanische Invasion in China; seine Ausdehnung auf Europa 1939 war im Grunde nur eine logische Folgeerscheinung. Eine solche Betrachtungsweise würde der Westen allerdings ziemlich einmütig ablehnen; für die Großmächte war China unter Tschiang Kai-schek immer noch ein »Objekt«, das man von außen unter Druck setzen mußte, eine beliebig hin- und herschiebbare Schachfigur. Niemand ahnte damals, daß China in dem gewaltigen Umbruch, der sich zu dieser Zeit anbahnte, die ihm zugewiesene demütigende Rolle abschütteln würde. Aber als es Mao Tse-tung im Dezember 1936 gelang, Tschiang Kai-schek trotz allen Sträubens zum Widerstand gegen Japan zu zwingen, trat eine Wendung in der chinesischen Geschichte ein.

Doch die Tür zur Zukunft öffnete sich nur langsam auf ihren vom Krieg geölten Angeln. Am 10. März 1939 sprach Neville Chamberlain von einem Fünfjahres-»Friedensplan« in Europa; und bis zum Dezember 1941 unterhielten die Briten trotz japanischer Übergriffe auf ihre Handelsprivilegien in der Mandschurei und in Nordchina aktive freundschaftliche Beziehungen zu den Japanern. Die Engländer waren fest davon überzeugt, daß sie das Achsenbündnis sprengen konnten; daß Japan in China alle Hände voll zu tun hatte; daß eine Verständigung mit den Japanern in Asien auf Kosten von China möglich war, daß man zu diesem Behuf nur die chinesischen Märkte zu »teilen« brauchte; daß es genügte, wenn sie, die Briten, im Norden auf ein paar Rechte verzichteten, um in Südchina weiterhin den Ton angeben zu können. So strebte das Außenministerium eine Befriedung im Osten an, obwohl sie im Westen selbst mißlang. Denn am selben Tag, an dem der britische Premierminister in Birmingham den Fünfjahresfriedensplan in Aussicht stellte, marschierten Hitlers Truppen in die Tschechoslowakei ein, und vier Tage später, am 14. März, wurde die tschechische Republik bereits dem Reich einverleibt – mit Ausnahme von ein paar kleinen Brocken, die der siegreiche Hitler Polen und Ungarn hinwarf.

Dennoch hörten die Vereinigten Staaten und Großbritannien nicht auf, die »Verhandlungsmöglichkeiten« zwischen Japan und China zu erkunden, was im Grunde nichts anderes hieß, als daß sie selber mit Japan ins Geschäft kommen wollten. Aber sowohl Japan als auch Hitler faßten diese Zugeständnisse als einen Beweis der Schwäche auf. Die am 22. Dezember 1938 von Japan verkündete Neue Ordnung stellte eine eindeutige Herausforderung an die Vorherrschaft der Weißen in Asien dar; durch ihren Südostasienfeldzug wollten die Japaner den Imperialismus der Weißen brechen und selbst an deren Stelle treten.

In Verfolgung dieser rassistischen Ziele tauchten im Frühjahr 1939 immer mehr japanische »Geschäftsleute« und Geheimpolizeiagenten in Hanoi und Saigon auf. Von den Franzosen, die damals gerade in lokale Nationalistenaufstände verwickelt waren, erfreut begrüßt, beteiligten sie sich brutal an der Unterdrückung der vietnamesischen Unabhängigkeitsbewegung. Pham Van Dong und Ho Nguen Giap, die Führer dieser Bewegung flohen nach China, wo sie mit Ho Tschi Minh zusammentrafen, der nach einem mehrjährigen Aufenthalt in Moskau im August 1938 nach Jenan gekommen war und sich 1939 in Südchina aufhielt. Später sollte er fast zwei Jahre in Tschiang Kaischeks Gefängnissen zubringen, die Beine in Eisen geschlagen und mit eiternden Wunden bedeckt. Auf Fünfundvierzig-Kilometer-Tagesmärschen von Gefängnis zu Gefängnis geschleppt, nachts über der Kloake gefesselt, schrieb er viele seiner berühmten Gedichte.

Als sich Spanien am 29. März 1939 Franco ergab, konnte der Faschismus einen weiteren Sieg verzeichnen; um sich nicht ausstechen zu lassen, besetzte Japan die Spratly-Insel, 700 Meilen westlich von Manila, 300 Meilen südlich von Saigon, 1000 Meilen von Hongkong entfernt als strategische Basis für seinen Angriff auf Südostasien. Am 7. April kam dann Mussolini mit der Invasion Albaniens an die Reihe.

Doch die Demokratien des Westens ließen sich durch nichts aus ihrer Ruhe aufschrecken. Sie hegten nach wie vor die verstiegene Hoffnung, mit den Achsenmächten eine Einigung erzielen und eine große »antikommunistische Allianz« aufziehen zu können. Im Grunde war Chamberlains »Friedensplan« nur ein verkapptes Angebot, den 1936 zwischen Deutschland, Japan und Italien geschlossenen Dreimächtevertrag weiter auszubauen – genau wie Tschiang Kai-schek im Dezember 1938 Japan die Bildung einer »großen antikommunistischen Allianz« anbot...

April 1939: Hitler kündigte das deutsch-englische Abkommen. Jodl, Chef des Wehrmachtsführungsstabes, verbreitete sich über die »günstigen strategischen Prämissen des polnischen Problems« nach der »zufriedenstellenden Lösung des tschechoslowakischen Problems«. Dennoch kam es auf der anderen Seite zu keiner Klärung, zu keiner einheitlichen Reaktion. Am 15. April traten der britische Botschafter und Litwinow, der russische Außenminister, in Moskau zu Gesprächen zusammen. »Bedenkt man, wie Sowjetrußland behandelt worden ist und noch behandelt wird, so braucht man momentan keine allzu großen Hoffnungen auf dieses Land zu setzen«, schrieb Churchill. Polen, Rumänien und das Baltikum konnten sich nicht schlüssig werden, »was sie mehr fürchteten, den Angriff der Deutschen oder die Rettung durch die Russen«, und »diese abscheuliche Alternative lähmte«, um Churchills bildhaften Ausdruck zu gebrauchen, »die britische und die französische Politik«; was die beiden Länder jedoch in Wirklichkeit lähmte, war etwas anderes – nämlich die Frage, ob sie sich nun mit Deutschland und Japan verbünden sollten, was allerdings eine Teilung ihrer Kolonialbesitzungen bedeutet hätte, oder ob sie dieser kostspieligen antikommunistischen Front nicht doch lieber ein Bündnis mit der verhaßten sozialistischen UdSSR vorziehen sollten...

Amerikas Politik war ähnlich schizophren. Trotz seiner Neutralitätserklärung lieferte es Japan weiterhin zweiundneunzig

Prozent seines Rüstungsbedarfs im chinesischen Krieg, und bis zum Dezember 1941 bemühten sich prodeutsche Gruppen und die Hearstpresse, Amerikas Eintritt in den Krieg zu verhindern. Nach und nach jedoch schlug die öffentliche Stimmung um. Japans Vorgehen, vor allem sein Schachzug im Sommer 1939 in Indochina, weckte zunehmend Besorgnis.

Was nun würde die UdSSR tun? Das war für den Westen eine entscheidende Frage, während das »Rätsel« Stalin (schrieb Churchill), unter den damaligen Staatsmännern wohl der verschlagenste, seinerseits sehr wohl wußte, was die westlichen Politiker im Schild führten. Im Februar 1939 streckte er seine Fühler etwas in Richtung Deutschland aus. Im Mai plädierte Churchill in einer wortgewaltigen Ansprache vor dem Unterhaus für ein Bündnis mit Frankreich und Rußland. »Wir haben keine Zeit mehr zu verlieren«; aber der Kommunistenhaß im britischen Außenministerium und am Quai d'Orsay ließen sich nicht so schnell überwinden, das Gespräch mit Moskau wollte nicht recht in Gang kommen.

Stalin hielt sich durch seine Manöver geschickt beide Möglichkeiten offen. Mit Hilfe einer gerissenen Schaukelpolitik verstand es die russische Sphinx, ihre Undurchdringlichkeit bis zum letzten Augenblick zu bewahren. Wer aber wollte Stalin daraus einen Vorwurf machen, stand doch die Zukunft des ersten sozialistischen Staates der Welt auf dem Spiel.

In China wurden all diese Vorgänge sowohl von den Kommunisten in Jenan als auch von Tschiang Kai-schek in Tschungking aufmerksam verfolgt und ganz richtig interpretiert. Für Tschiang, der die Winkelzüge der Politiker vor zweitausend Jahren, zur Zeit der Drei Königreiche, in- und auswendig kannte, brachten die Spiele der Realpolitik nichts Neues. Ebenso leicht zu durchschauen war Churchills Bestreben, »mit dem entfernteren Staat Freundschaft zu schließen, um die näher gelegene Gefahr zu bekämpfen«, und Stalins Versuch, mit Deutschland ein Bündnis auf Zeit einzugehen, um die größere Gefahr einer die UdSSR von allen Seiten einschließenden Allianz abzuwehren.

Noch im selben Sommer warnte Tschiang Kai-schek die Briten, ein »München im Osten« anzustreben, jedoch nicht, weil er entschlossen war, den Krieg gegen Japan aufzunehmen, sondern aus Angst, der Handel könnte ohne ihn abgeschlossen werden und Stalin Hitlers Kriegsmaschine in Richtung Westen ablenken. Den schlimmsten Fehler hatte Hitler nach Tschiangs Meinung begangen, als er sich mit Japan statt mit China verbündete. Seit 1933 hatte Tschiang immer wieder deutsche Ratgeber wie General Beck eingeladen, ihn bei seinen Feldzügen gegen die Kommunisten zu unterstützen. Selbst 1939 hielten sich noch deutsche Berater in China auf.

Juni 1939: Auf Wunsch der Japaner hielten die Franzosen in Indochina alle Gütertransporte zurück, die über Haiphong nach China oder mit der Bahn nach Jünnan liefen.

Juli 1939: Die Briten unterzeichneten ein Abkommen mit Japan, um so ihre (wie sie glaubten) guten Beziehungen zu den Japanern zu festigen. Mao Tse-tung deckte in Jenan den Plan der europäischen Kolonialmächte auf, eine »große antikommunistische Allianz« gegen Sowjetrußland zu bilden; und im Laufe des Sommers trieb die Welt immer schneller auf den Krieg zu. Am Abend des 19. August 1939 gab Stalin seine Absicht bekannt, einen Pakt mit Deutschland zu schließen. Am 22. August fuhr Ribbentrop nach Moskau, traf sich am Abend zum 23. August mit Stalin, und noch in derselben Nacht wurde der Nichtangriffspakt unterzeichnet. »Das war (nach Mao Tse-tung) das Ergebnis und nicht die Ursache des Fehlschlags der französischen und britischen Politik.« Der Nichtangriffspakt lief auf zehn Jahre; zweiundzwanzig Monate später, im Juni 1941, fiel Hitler in Rußland ein. Immerhin aber hatten beide zwei Jahre gewonnen.

30. August/1. September 1939: Die Deutschen marschierten in Polen ein; am 3. September erklärten Großbritannien und Frankreich Hitler den Krieg – elf Monate nach dem Münchner Abkommen und der Verheißung: »Frieden in unserer Zeit«.

In Tschungking wurde die lang erwartete Nachricht vom Ausbruch des Zweiten Weltkrieges mit ungeheurer Genugtuung begrüßt.
Endlich zeigte sich, daß der Krieg in China Teil eines weltweiten Konflikts war, und dies wiederum brachte Tschiang seinen Zielen einen Schritt näher: Amerika griff ein und unterstützte *seinen* Krieg, den Krieg gegen Mao Tse-tung, mit Geld . . .
Die europäischen Friedensbewegungen schienen verwirrt; mit Propaganda vom zukünftigen Paradies auf Erden gefüttert und ohne Erfahrung, welch mühselige, schmerzliche Stationen die Menschheit auf ihrem Großen Marsch durchlaufen muß, trennten sich die europäischen Intellektuellen von der Kommunistischen Partei; und doch gab es vom marxistischen Standpunkt aus nur die Wahl zwischen dem offenkundigen Faschismus eines Hitler mit der entsetzlichen Verfolgung von sechs Millionen Juden und dem barbarischen, völkermordenden Kolonialismus der sogenannten Demokratien. Aber die Europäer, auch die Marxisten unter ihnen, nahmen die Vorgänge in Europa stets unendlich viel wichtiger als die Ereignisse in der übrigen Welt, und selbst heute noch leiden die kommunistischen Parteien Europas an dieser Kurzsichtigkeit. Mit seiner Analyse vom 1. September 1939 traf Mao Tse-tung den Nagel auf den Kopf; niemand sah die Entwicklung des Krieges so klar voraus wie er; selbst dreißig Jahre später hat sein Urteil seine Gültigkeit noch nicht verloren.
Auf die deutsch-japanischen Beziehungen wirkte sich der deutsch-sowjetische Pakt spürbar abkühlend aus. Der Vorstoß nach Südostasien war bereits weitgehend vorbereitet; aber während die Tauben unter den japanischen Politikern eine Einigung mit Großbritannien, den USA und Frankreich um den Preis einer Aufteilung Chinas befürworteten, setzten sich die Falken durch, und so unterzeichnete Japan im April 1941 einen Vierpunkte-Neutralitätspakt mit der UdSSR, um sich so den Rücken für die abschließenden Vorbereitungen der Südostasieninvasion freizuhalten. Da Hitler mit Rußland verhandelt hatte, ohne die Japaner vorher zu konsultieren, zahlten sie ihm nun

mit gleicher Münze heim; und auch das sollte nicht ohne Einfluß auf den weiteren Verlauf des Zweiten Weltkriegs bleiben.

Es war an einem feuchten, schwülen Septembernachmittag. Seit fast drei Monaten lernte und arbeitete ich nun bereits im Entbindungsheim. Ich wollte Marian Manly ein Buch zurückbringen, das sie mir geliehen hatte. Endlich konnte ich hier lesen, ohne daß mir Pao die Bücher wegnahm oder vor meinen Augen zerriß.

Marian saß vor der Schreibmaschine; sie schrieb ihren Angehörigen fast täglich lange Briefe, verfaßte aber auch Kurzgeschichten und hatte einmal sogar ein langes Gedicht über eine chinesische Legende geschrieben. Einige ihrer Kurzgeschichten, ebenfalls über chinesische Themen, waren in amerikanischen Magazinen wie *Woman's Home Companion* veröffentlicht worden. Ja, einmal hatte sie sich sogar an einem Buch über China versucht, aber dafür keinen Verleger gefunden. Nun wollte sie einen Roman über China schreiben. »Ich weiß, daß ich schreiben kann, ich weiß es«, versicherte sie.

Ich könnte heute nicht mehr sagen, warum sie mir anders als die anderen Missionare an der Universität und an dem großen Krankenhaus in Tschengtu erschien. Aber sie sonderte sich durch ihr kleines Entbindungsheim und ihre Hebammenschule deutlich von ihnen ab, weniger wohl aus religiösem als aus persönlichem Nonkonformismus, sie zog es vor, allein, unabhängig zu sein. Vielleicht auch kam jene Liebe zur Einsamkeit hinzu, die allen Schriftstellern eigen ist. Jedenfalls fand ich sie wesensverwandt, und eine Freundschaft spann sich zwischen uns an.

An jenem Septembernachmittag schaute Marian von ihrer Schreibmaschine auf, als ich hereinkam, und lud mich zu einer Tasse Tee und ein paar frischgebackenen Plätzchen ein. Dankbar nahm ich an. Bald kam sie auf ihre Schriftstellerei zu sprechen und las mir einige Seiten aus der Kurzgeschichte vor, an der sie gerade arbeitete. Ihre Augen hatten, wenn sie die Brille abnahm, den schläfrigen Blick aller Kurzsichtigen. Energisch putzte sie die Gläser Und wie sie, die Beine unter dem Sitz, so dasaß und mit ihrer sanften amerikanischen Stimme redete, sah sie jung, fast wie ein Kind aus. Meine Gedanken wanderten auf die Veranda hinaus, wo die Sonne schräg auf die harzigen Holzpfosten fiel. Von tausend Holzkohlenfeuern stieg der Rauch in den leuchtenden Abendhimmel auf, und von der Küche im Untergeschoß, in der Marian und ihre Schwester Grace aus den berühmten, im Überfluß vorhandenen billigen Szetschuan-Orangen Marmelade gemacht hatten, kroch ein Duft herauf, der einem das Wasser im Mund zusammenlaufen ließ.

»Also was halten Sie davon?« Abrupt nahm Marian die Brille ab und putzte die Gläser, offenbar um sich gegen Kritik oder Lob zu wappnen. Ich war ungemein beeindruckt von so viel Klugheit und Geschicklichkeit.

»Die Geschichte ist großartig . . .«

Marian zuckte die Schultern und lachte. Die Brillengläser kräftig polierend, meinte sie: »Hoffentlich gefällt sie meinem Agenten auch . . . Ach, ich wünschte, er würde auch einmal mein Buch herausbringen, aber anscheinend treibt er keinen Verleger dafür auf, und doch *weiß* ich, daß ich schreiben kann, ich schreibe *wirklich* gut . . .«

Ich weiß und *wirklich* betonte Marian Manly mit Emphase – ebenso wie sie manchmal, wenn im Heim etwas schiefging, heftig mit dem Fuß aufstampfte, um gleich nach einem solchen Ausbruch entschuldigend zu kichern und ihr kindliches Grinsen wieder aufzusetzen. Sie schrieb übrigens wirklich gut, flüssig und gewandt, so daß einen die Sätze mitrissen.

»Ihre Liebesgeschichte kommt mir sehr gut vor.« Sie handelte von der Konkubine eines Warlords, einem jungen Mädchen, das gegen seinen Willen verheiratet worden war und dem Ehemann davonlief, um den Mann seiner Träume zu ehelichen – 1939 in Szetschuan absolut unwahrscheinlich. »Ich würde gern einmal eine wirklich gute Geschichte über China schreiben«, meinte Marian. »Die amerikanische Öffentlichkeit beginnt sich allmählich für China zu interessieren.«

Seit 1937 befand sich China im Kriegszustand, aber Amerika

hatte die Hände wohlweislich aus dem Spiel gelassen und war neutral geblieben; ähnlich desinteressiert zeigte es sich im September 1939, als in Europa der Krieg ausbrach ... Selbst die amerikanischen Juden hielten sich still und begehrten nicht gegen die Pogrome in Deutschland auf ...

»Oh«, sagte ich, »ich habe mir über meine Rückkehr im vergangenen September, über den Fall von Wuhan und unsere Reise hierher nach Tschungking ein paar Notizen gemacht ... eben so die Reiseeindrücke festgehalten. Vielleicht regt Sie das zu einer neuen Kurzgeschichte an ...«

»Zeigen Sie sie mir doch einmal.«

Ich ging in mein Zimmer, um die Notizen zu holen; es waren nur drei oder vier Seiten, nicht gerade sehr viel. Sie hatten nichts mit dem obligaten Tagebuch zu tun, das ich auf Paos Geheiß führen mußte und das er mit hochgezogenen Brauen durchzusehen pflegte, um sich über die Fortschritte in meiner Entwicklung zu informieren; es handelte sich vielmehr um Eindrücke, die ich vor dem Vergessen hatte bewahren wollen, Gedanken, die mir so durch den Kopf geschossen waren und die ich auf kleine Zettel gekritzelt hatte. Diese Zettel hatte ich in die Innentasche meines Kleides neben das Toilettenpapier gestopft, ohne das kein Mensch reiste, und, wenn auch nicht ohne Gewissensbisse, peinlich vor Pao geheimgehalten. Im Heim nun hatte ich sie mir abends vorgenommen und ausgearbeitet, das heißt, die mir zufälligen Notizen in einen Zusammenhang gebracht. Diese Seiten holte ich jetzt also und legte sie, da Marian bereits wieder tippte, neben sie auf den Tisch. Eine halbe Stunde später klopfte es an meine Tür. Es war Marian, die Notizen in der Hand.

»Aber das ist gar nicht schlecht ... sehr lebendig ... Ich wollte es Ihnen nur schnell sagen, ich fand Ihre Bemerkungen regelrecht aufregend. Wenn wir uns zusammentäten, wenn Sie mehr von der Art hätten, könnten wir, dessen bin ich ganz sicher, mit *Ihren* Anmerkungen und mit *meinem* Stil zusammen ein Buch schreiben ...«

Wir machten uns auf der Stelle ans Werk. Ich schrieb in drei

Tagen ein Kapitel, hielt fest, was mir gerade durch den Sinn ging und übergab es dann Marian; zehn, zwanzig Seiten jeweils. Sie schrieb es um, polierte es auf, änderte, strich, was als beleidigend oder anstößig hätte aufgefaßt werden können oder was unter den gegebenen Umständen handfest gefährlich war. Und es gab eine Menge heißer Eisen, die man damals besser nicht anpackte.

Wenn ich mir das Werk unserer Koproduktion, *Destination Chungking*, heute wieder vornehme, fällt es mir nicht schwer, die Teile herauszuklauben, die von mir stammen: die unmittelbaren, konkreten Einzelheiten, das Tun und Treiben der Leute, die Gerüchte, die Hitze, die Landschaft. Aber über all das war, wie die Schriftstellerin Nora Waln, die ich später in England kennenlernte und die das Buch besprach, ganz richtig beobachtete, der Schleier eines schönen Stils gebreitet, der alles einebnete und mit einer angenehmen Patina überzog, so daß nichts hervorstach, was häßlich oder gemein oder grob war. Dem Schmutz und dem Elend, den Leiden, den Greueln und der ganzen Ungerechtigkeit war die Spitze genommen, alles war durch Mitleid geglättet und seiner Ungeheuerlichkeit beraubt. Alle Raserei wurde gestrichen, ebenso ein Gutteil der Empörung. Das war nicht Zensur, das erforderte die Sicherheit, es mußte sein; damals schrieb selbst Rewi Alley über George Hoggs Buch *I see a new China*: »Es enthielt eine Menge gefährlichen Zündstoffs.« Deshalb habe er viel herausnehmen, so manche brenzlige Seite entfernen und verstecken oder sogar vernichten müssen. Denn die »Ideenpolizei« steckte ihre Nase in alles, und nur wenige waren idiotisch genug, zu sagen, was sie wirklich dachten.

Das Buch verfolgte von allem Anfang an nur ein Ziel; es wollte dem amerikanischen Publikum gefallen, die Leser interessieren und für China gewinnen, Bewunderung für den heroischen Widerstand des chinesischen Volkes und seiner legalen Regierung wecken. Hätte man nun wirklich die Wahrheit geschrieben, so hätte man damit zweifelsohne eher den Japanern einen Dienst erwiesen, ja, wäre geradezu zum Verräter an China geworden;

selbst die Kommunisten nahmen der Vereinten Front zuliebe so manches stillschweigend in Kauf, sie beklagten sich nicht einmal über die Greueltaten, die ihnen immer wieder zugefügt wurden, denn da es ihnen in erster Linie um den Krieg gegen Japan ging, schien ihnen alles besser als ein offenes Bündnis Tschiangs mit den Japanern ...

Außerdem unterdrückte die Zensur alle Briefe, die »gefährliche Gerüchte« enthielten und »die Öffentlichkeit dadurch womöglich ungünstig beeinflußten«. So hüteten sich Marian und die anderen Missionare peinlich, in ihre Briefe irgendeinen Kommentar über die Regierung einzuflechten. Als noch weit gefährlicher jedoch galten Bücher. »Ich fürchte, das hier können wir nicht brauchen«, sagte Marian immer wieder. »Mal sehen, was sich damit anfangen läßt.«

Vor allem aber durfte »unser Buch«, wie Marian sich ausdrückte, »auf keinen Fall die Amerikanerinnen schockieren ... das wäre jetzt, wo sich China im Krieg befindet, grundfalsch ... die Frauen fangen an, sich für China zu erwärmen und Geld zu spenden ... aber Amerikanerinnen sind etwas puritanisch ... Es darf nicht so klingen, als wären Sie und Ihr Mann in Hongkong in einem Hotel zusammen gewesen ...« Mit großem Zartgefühl erklärte mir Marian, daß Liebe vor der Ehe die sittenstrengen Amerikanerinnen abstoße (das war 1939). »Eine Romanze an Bord – auch das könnte zu Mißverständnissen führen ...« So wurde also auch die Romanze umgeschrieben.

Auch meine Bemerkungen über die Prostitution durften nicht stehen bleiben. »Gewisse Dinge kann man nun einmal nicht ändern ... die Leute könnten das Gefühl bekommen: ›Warum denn China helfen, wenn es dort so zugeht? Laßt doch die Japaner erst einmal ein bißchen Ordnung schaffen.‹«

Außerdem mußte man natürlich auch auf Marians Missionszugehörigkeit Rücksicht nehmen. »Ich kann meinen Namen nicht unter ein Buch setzen, das eine völlig entgegengesetzte Meinung vertritt oder gar roh ist – das versteht sich wohl von selbst ...« Ich willigte in alles ein, nur zu froh um Marians Rat. Auch vereinfachten wir alles ein bißchen. Schließlich soll-

te es keine Autobiographie werden, sondern genau genommen eine Werbung für China. Und Marian war begeistert, Marian wußte alles, und ich selbst hielt Tschiang damals noch für einen Nationalhelden, nur schlecht beraten und von schlechten Menschen umgeben. Marian sah in Tschiang darüberhinaus Chinas Retter. »Er ist ein Methodist, ein Christ.« Das ließ alles, was er tat, noch akzeptabler erscheinen.
Als die ersten Kapitel fertiggestellt waren, schickte Marian sie ihrem amerikanischen Agenten. Dieser nahm sie begeistert auf, was bald jedermann an der Universität wußte. Aber nun wurde mir Angst wegen Pao. Was würde er zu diesem neuen Spleen von mir sagen? Hatte er mir nicht oft genug eingebleut, daß nur eine untalentierte Frau tugendhaft ist, eine talentierte dagegen geradezu eine Mißbildung der Natur?
Als Pao im November kam, um mich nach Tschungking zurückzuholen, schaute er besser und wohlgenährt aus. Wieder einmal hatte er einen Vorschlag für mich parat: unter Madame Tschiang Kai-schek zu arbeiten und mich so für ihn nützlich zu machen. Ich hatte aber nicht das leiseste Interesse, unter Madame Tschiang zu arbeiten, ich wollte lediglich meine Ausbildung an der Hebammenschule fortsetzen. Immerhin ging mir mit einem Male auf, wie ich die Sache mit der Schreiberei zu meinen Gunsten drehen konnte. Pao ließ es sich nicht nehmen, Marian aufzusuchen, die natürlich auf das Buch zu sprechen kam; schlauerweise jedoch erwähnte sie es nur ganz obenhin, sagte lediglich, sie sei überzeugt, es werde entscheidend zur Aufklärung der amerikanischen Öffentlichkeit beitragen. Pao war entzückt. »Das ist gut, das ist recht so«, sagte er zu mir. »Sehr vernünftig von dir, all das niederzuschreiben, über deinen edlen Mann zu schreiben.« Er stellte sich das Buch als eine Art Propaganda für sich selbst vor, und außerdem hörte, das wußte doch jedermann, Madame Tschiang stets auf das, was die amerikanischen Missionare sagten. »Wenn dein Buch fertig ist, bringt es die Regierung vielleicht heraus; jedenfalls mußt du es Madame Tschiang zuschicken, vielleicht empfiehlt sie es sogar. Dann hast du deinem Mann wirklich ein bißchen geholfen, und da-

durch kannst du unter Umständen deine früheren Verfehlungen wiedergutmachen.«

Wieder und wieder sagte ich mir, daß wir uns im Krieg befanden, und daß ich es einfach glauben mußte: Tschiang hatte recht, Pao hatte recht; unbestechliche, stolze, loyale junge Männer wie Pao würden alles in Ordnung bringen. Das mußte ich glauben (auch wenn ich manchmal den Verstand zu verlieren drohte).

Wir kehren also nach Tschungking zurück. Pao hat eine Wohnung für uns aufgetrieben und stellt mich Hollington Tong, dem Leiter des Nachrichtendienstes, vor, der der aus Amerika zurückgekehrten Soong-Gruppe und damit auch Madame Tschiang Kai-schek sehr nahe steht.

Momentan ist alles im Wandel begriffen, der »internationale Aspekt« des chinesischen Kampfes soll in den Vordergrund geschoben werden. Pao arbeitet seit einiger Zeit in der für die Verbindung mit England und zunehmend auch mit den USA zuständigen Abteilung. Und da er sich neuerdings in den Kopf gesetzt hat, nach Amerika zu kommen, möchte er zu gern einen guten Eindruck auf die Missionare machen. Er zieht sogar eine Konversion in Betracht. Ein- oder zweimal unterhält er sich mit den Missionaren, kauft eine Bibel, und gemeinsam besuchen wir einen protestantischen (methodistischen) Gottesdienst und Hollington Tongs Weihnachtsfeier . . .

Aus zufällig hingeworfenen Brocken schnappe ich auf, daß die Absichten der Japaner in den USA offenbar eher Befürchtungen wecken als in Großbritannien . . .

Pao verbreitet nun überall, ich hätte in England studiert. »Sag nichts von Belgien, diesem schäbigen, kleinen Land . . . du hast in England studiert, und damit basta.« Er verfaßt eine Abhandlung über die Tugenden und Vorzüge des Tschiang-Regimes, die ich ins Englische übersetzen muß, arrangiert ein Treffen mit Pearl Tschen, Madame Tschiangs Privatsekretärin. Pearl, ein amerikanisch-chinesischer Mischling, ist eine sehr tüchtige Sekretärin und hält es offensichtlich für Zeitverschwendung, mit mir zu reden. Unentwegt schaut sie auf die

Uhr und gibt überhaupt Zeichen großer Ungeduld von sich. Ohne etwas Bestimmtes erreicht zu haben, brechen wir auf. Wenn es nach Pao ginge, sollte ich mich außerdem um ein Interview bei Madame Tschiang bemühen, um ihr mein Buch zu zeigen. Aber dagegen kann ich einwenden, daß es gar nicht mein Buch ist, daß Marian nur meine Entwürfe zugrunde legt und daß es überdies noch gar nicht fertig ist. Ich spreche bei Madame Tschiang also nicht vor. Worüber sollte ich mich mit ihr auch unterhalten? Pao stellt mir Madame Tschiang Kai-schek als leuchtendes Vorbild hin. »Selbst wenn sie vor einem gemischten Auditorium spricht, richtet sie den Blick stets nur auf die Seite der Frauen, nie auf die der Männer.« Und wieder dringt er in mich, doch die Augen niedergeschlagen zu halten und den Leuten nicht, wie es meine Gewohnheit ist, mitten ins Gesicht zu schauen. Er findet das ganz unmöglich. Die Frauen, die er bewundert, bringen sich nach dem Tod ihres Mannes eigenhändig um ... »Keuschheit«, sagt Pao, »ist die einzige Zierde der Frau.« Er versucht mir das Versprechen abzunehmen, falls ihm etwas zustoßen sollte, Selbstmord zu begehen. Aber ich verspreche es nicht, obwohl er mir tagelang zusetzt, denn Pao kann es nicht ertragen, wenn einer anderer Meinung ist.

Den ganzen Winter über schickte ich Marian weitere Kapitelentwürfe nach Tschengtu. Stetig wuchs *Destination Chungking*, geschönt und entschärft, nur nette Sachen wurden aufgenommen; es sollte ja niemand vor den Kopf gestoßen, sondern ein China propagiert werden, das die Sympathie des amerikanischen Volkes gewinnen konnte. Anfang Frühjahr 1940 kehrte ich mit meiner Kusine Kuangtschu, der lustigen Tochter von Drittem Onkel, nach Tschengtu zurück. Wir nahmen den Bus und waren, statt wie sonst zwei, geschlagene zehn Tage unterwegs. Immerhin aber kam ich für kurze Zeit aus der erdrückenden Atmosphäre in Tschungking heraus, konnte etwas tun, meine Studien an der Hebammenschule fortsetzen – und so wechselte ich zwischen Tschengtu und Tschungking und dem kleinen Hospital viermal hin und her. Zwischen den mittlerweile sehr schweren Bombenangriffen auf Tschungking brachte ich im Sommer 1940 die letzten Kapitel zu Papier und schickte sie Marian. Schließlich wagte ich mich an ein allerletztes, etwas kritisches Kapitel und schloß dann Ende des Sommers das Buch ab.

1941 fiel es mir wie Schuppen von den Augen, wer Tschiang wirklich war. Anfang 1942 erschien *Destination Chungking* in den Vereinigten Staaten. Zu dieser Zeit galt die Sympathie der amerikanischen Öffentlichkeit sowieso China: Im Dezember 1941 hatten die Japaner Pearl Harbour angegriffen. *Destination Chungking* verkaufte sich nie besonders gut und wurde in den Vereinigten Staaten nicht wieder aufgelegt. Ich erhielt die Hälfte des Vorschußhonorars von $ 1000 minus dreißig Prozent, also alles in allem 350 Dollar.

In den nächsten zehn Jahren schrieb ich nur ein paar kurze Geschichten und Skizzen, die nicht veröffentlicht wurden und die ich heute noch in einem Koffer aufhebe.

Nach *Destination Chungking* hatte ich keine sehr hohe Meinung von meinem schriftstellerischen Talent, im Gegenteil, eher einen Minderwertigkeitskomplex; ich war überzeugt, daß ich *nicht* schreiben konnte. Heute bin ich Marian dankbar, daß sie so viel von mir beibehalten hat.

Weil ich eher aus Versehen unter die Schriftsteller geraten war, betrachtete ich das Schreiben lange Zeit als etwas, was mich von Wichtigerem abzulenken drohte, als ein Ventil, von dem ich eigentlich nichts wissen wollte; mein ganzes Streben galt der Medizin. Ich wollte Ärztin werden und kämpfte lange und erbittert um dieses Ziel. Schließlich erreichte ich es auch; ich wurde Ärztin und übte diesen Beruf fünfzehn Jahre lang, bis 1964, aus. Erst heute, 1967, glaube ich wirklich, daß ich zum Schreiben berufen bin, und werde all die Schwierigkeiten, Verpflichtungen, Zweideutigkeiten, die ganze moralische Verantwortung, die Qual und Widersprüche, die es mit sich bringt, auf mich nehmen.

Die Fortsetzung 1943 in England war nicht sehr hübsch.

Im Herbst 1942 hatte Jonathan Cape *Destination Chungking* herausgebracht. Trotz aller Loblieder auf Tschiang Kai-schek und seine Frau, trotz des wahrhaft idealen tapferen jungen chinesischen Ehepaars, das nur seinem Vaterland dienen will, trotz der geradezu märchenhaften Handlungsführung entdeckte ein besonders scharfsichtiges Mitglied der chinesischen Botschaft ein Haar in der Suppe und gab Pao zu verstehen, das Buch sei »nicht zufriedenstellend«.

Natürlich fand sich zu Hause kein einziges Exemplar. Pao mußte eines bei Bumpus erstehen. Als er mit seinem Kauf zurückkehrte, meinte er: »Dorothy Woodman (vom *New Statesman*) hat es zwar ein gutes Buch genannt. Aber einer von der Botschaft behauptet, das stimme nicht. Ich werde es jetzt selber einmal lesen.« Tatsächlich hatten Dorothy Woodman, Kingsley Martin, J. B. Priestley, Nora Waln, Stafford Cripps und Isobel Cripps, die im Rahmen des »China Campaign Committee« Geld und Medizin für China sammelten, alle *Destination Chungking* gelobt. Ihrer Meinung nach trug es durchaus dazu bei, von dem in Krieg verwickelten China einen günstigen Eindruck zu vermitteln. Dieses Lob hatte Pao, der außer amtlichen Depeschen, Tschiangs Reden und *Mein Kampf*, nie etwas las, genügt. Jetzt aber quälten ihn Zweifel.

Am Abend machte es sich Pao für die Lektüre bequem. Ich kroch zitternd vor Angst ins Bett ... wartete, starr vor Schrekken, ab. Ruhig las Pao im Zimmer nebenan weiter ... Nach ein paar Stunden kam er auf der letzten Seite zu den einzigen Zeilen, durch die andeutungsweise durchschimmerte, wie verzweifelt ich im Grunde über das Tschiang-Regime war und was ich mir von der Zukunft erhoffte. Das war bestimmt nicht in Paos Sinn. Denn in dieser wenn auch nur nebelhaft angedeuteten Zukunft war für Tschiang und seine jungen Offiziere kein Platz ... Es war eine Hymne auf den Kuli.

> Nicht auf uns kommt es in China an, auf uns, die wir uns in Sänften tragen lassen, während ihr den Rücken beugt, um uns auf die Schultern zu heben. Was sind wir, die Beamten, die

Bürokraten, die Möchte-gern-Intellektuellen ohne euch? Nichts. Wir sind steril und zu kraftlos, um die Zukunft zu gestalten. Auf euch kommt es an, Kulis. Ihr wißt nicht, wie wichtig ihr seid, ihr, die ihr euch abplagt und kämpft und stumm ins Grab sinkt und kaum nach dem Warum zu fragen versteht. Wie bedeutungsschwer ist eure Geste, Kulis, wenn ihr mit dem Finger die Wörter an der Wand nachfahrt ... sie zeigt es mir: Irgendeine Neugierde ist wach in euch, beginnt Fragen zu stellen. Welch tiefe Bedeutung kommt dieser Geste zu, und wie ich sie beobachte, erfüllt mich mit einemmal Glück und Vertrauen in die Zukunft, denn ihr hebt in der Morgendämmerung den Finger, um zu lesen ...

Das hatte ich am Ende des Buches angefügt, gewissermaßen als kleinen Stachel an die lange harmlose Geschichte angehängt. Pao, auf die Enthüllung »intellektueller Subversion« in allen möglichen Formen gedrillt (und auf welch lange Tradition kann die in beredtes Lob gehüllte Ablehnung in China zurückblicken!), erfaßte den Sinn des letzten Kapitels, dieser letzten Seite natürlich sofort. Er stampfte ins Schlafzimmer – ich hörte ihn kommen –, riß die Decken vom Bett, und als ich zitternd auffuhr, stürzte er sich auf mich, schlug mich, stieß mich auf den Boden, trat mich und schrie: »Du bist eine Kommunistin, dein Gehirn ist verdorben vor lauter Kommunismus ... das ist kommunistische Propaganda, dieses Buch ... wie kannst du, wie kannst du es nur wagen, zu schreiben, daß der Kuli, der Bauer, eines Tages den Kopf heben wird, um zu lesen? Den Kopf heben heißt revoltieren. Wie wagst du zu behaupten, daß der Kuli sich gegen uns erheben wird?«
Die Kommunisten griffen das Buch gleichfalls scharf an. Sie sahen darin nur eine Lobrede auf Tschiang, verachteten es als reaktionär und verdammten es in aller Öffentlichkeit, was ich aber erst 1965 von einem Angehörigen des amerikanischen Außenministeriums erfuhr, der sich 1948/49, also zur Zeit der Befreiung, als Lektor an meiner ehemaligen Universität Yentsching aufgehalten hatte. »Täuschen Sie sich nicht, die Rot-

chinesen lieben Sie nicht, sie versuchen nur, Sie für sich einzuspannen. Eines Tages aber werden sie sich gegen Sie kehren und dieses Buch als Beweis gegen Sie verwenden, um sich Ihrer zu entledigen.« Und wieder andere informierten mich 1966 und 1967 von »einer Gruppe von Leuten« in Peking, die mich während der Kulturrevolution angeklagt hatten.

Aber mit alledem kann ich mich nicht weiter abgeben, denn in Angst und Schrecken muß sich der Schriftsteller vorantasten, trotz aller Verzweiflung muß er weitersuchen; und diesen langen Weg habe ich, ohne zu wissen, wohin er führt, mit *Destination Chungking* eingeschlagen.

7

Obwohl ich die Hebammenschule in der Kleinen Himmlischen Bambusstraße nur unregelmäßig besuchen und nur mit Unterbrechungen als Hebamme arbeiten konnte, lernte ich in dieser Zeit nicht nur die Grundbegriffe des Schreibens, sondern auch eine Menge über China, das Leben der Landbevölkerung und der Armen in der Stadt sowie über die feudalistischen Zustände in Szetschuan. Dieser ganze Sektor wäre mir verschlossen geblieben, hätte ich mich Paos Wunsch gefügt und mich damit begnügt, in Tschungking den Haushalt zu führen. Tschengtu bedeutete für mich eine leidvolle Erfahrung, die ich mit allen Fibern meines Wesens aufnahm und die, auch wenn ich sie lange Zeit nicht klar ins Bewußtsein hob, doch einen bestimmenden Einfluß auf mein Denken ausübte. Wie eine Brieftaube nach Hause fliegt, kehrte ich, sooft sich die Möglichkeit bot, nach Tschengtu in das kleine Entbindungsheim zurück. Hier traf ich freundliche, gleichgesinnte Menschen und vergaß über der Arbeit, noch dazu einer höchst befriedigenden Arbeit, meine persönlichen Nöte; der menschliche Kontakt taute meinen vor Angst ganz eingefrorenen Geist wieder auf, hielt mich trotz aller Erstarrung, trotz allem Schrecken und aller Schuld am Leben. Und obgleich ich noch Jahre brauchte, bis ich es wirklich begriff, gelernt habe ich es doch dort in Tschengtu, daß wir uns versündigen, wenn wir die Freiheit, die wir besitzen, nicht dazu nutzen, den schmalen Streifen unserer Existenz durch Fürsorge, durch liebenden Einsatz für die anderen auszuweiten. Aber wie lange dauerte es noch, ehe diese Erkenntnis Früchte trug und sich im Tun niederschlug! Und wenn man dazu noch bedenkt, daß Taten untergehen wie Sand, den man ins Meer streut, und nur eine leere Hand zurückbleibt . . .

Es erschütterte mich tief, als ich zum erstenmal einen kleinen runden Kopf mit glänzendem schwarzen Haar zwischen den Oberschenkeln einer Frau hervorkommen sah und den ersten Schrei hörte, jenen in seiner Freude fast unerträglichen Schrei; stundenlang weinte ich, aber nicht aus Kummer, sondern aus Ergriffenheit über dieses Wunder, das Geheimnis dieses Glaubensaktes, das sich millionenfach wiederholt und doch trotz seiner Alltäglichkeit gleich einzigartig und wunderbar bleibt. Mein erster Fall war eine kleine geduldige Frau vom Land, die ihr erstes Kind erwartete. Sie erduldete alle Schmerzen ohne einen Ton von sich zu geben, und das breite Lächeln, das hinterher, als alles überstanden war, ihr Gesicht überstrahlte, dünkte mich das Schönste, was ich je gesehen hatte. Ich begann die Freuden einer Hebamme zu verstehen, zu begreifen, warum sich so viele offensichtlich für belohnt genug hielten, die Kinder anderer Frauen in die Welt zu befördern, ohne selbst welche zu wollen. Sie identifizierten sich, wie später auch ich, mit der Frau in den Wehen, drückten und preßten mit ihr, setzten ihre Kraft für sie ein, schwitzten mit ihr, mühten sich ab, um den Schoß und die Muskeln durch Drängen und Schmeicheln zum letzten orgasmischen Höhepunkt zu führen, bis sich der kleine Kopf triumphierend herauswand, der Körper schlüpfrig und glatt herausglitt und der Schrei, der Schrei des Neugeborenen, ertönte. Diese Genugtuung befriedigte sie offensichtlich, denn viele blieben unverehelicht.

Da sich Marian Manly meiner besonders annahm, konnte ich das Versäumte leichter nachholen. Alles in allem aber behinderte mich meine persönliche Unsicherheit; das Lernen fiel mir neuerdings viel schwerer, ich mußte mich regelrecht dahinterklemmen und wirklich arbeiten. Andererseits zeigte ich mich im Gegensatz zu den anderen Hebammen manuell eher ungeschickt, denn ich war früher ein reiner Bücherwurm gewesen und hatte mich nie handwerklich betätigt. Voll neidvoller Bewunderung für jene, die mit ihren kleinen, flinken Händen in schwierigen Fällen scheinbar mühelos alles zum Besten wandten, griff ich sogar zum Strickstrumpf, um doch ein bißchen geschickter zu werden. Mit Buchwissen allein war China in seiner gegenwärtigen Lage tatsächlich wenig gedient; es galt viel unmittelbarere Probleme zu bewältigen, denn wo man auch hinsah, auf allen Gebieten herrschte unbeschreibliche Not. Um ihr aber zu begegnen, war ich schlecht gerüstet; was half mir hier in einer Gegend, die die einfachsten technischen Instrumente, Chirurgenhandschuhe, Scheren, Skalpelle, Nadeln, Catgut, über Tausende von Kilometern importieren mußte, die ganze Gelehrsamkeit, mit der man mich in Europa in einer organisierten Gesellschaft vollgestopft hatte! Hier zählten menschliche Qualitäten, ausdauernde, hingebungsvolle Pflege mehr als technische Ausrüstung, denn sie fanden immer neue Wege.

Tag und Nacht lebten wir im Rhythmus unserer durch den Triumph und den Schrecken des Lebens diktierten Exaltation, sahen ergriffen, in welch unsagbarem Jammer und in welch unermeßlicher Freude der Mensch geboren wird; unermüdlich, ohne ein Wort der Klage, setzten sich die Hebammen ein, obwohl viele von ihnen selbst einen langen Leidensweg hinter sich hatten und nur unter Aufbietung aller Kräfte so weit gekommen waren. Daneben sanken meine Nöte zur gänzlichen Bedeutungslosigkeit herab.

Das Entbindungszimmer war klein und heiß, denn vom

Dampftopf strömte ständig Hitze aus; im Sommer mußte bei einer Entbindung stets eine Studentin mit Fliegenklappe Wache halten und die durch Tür- und Fensterritzen eindringenden Fliegen erschlagen. Möbel, Betten und Becken stammten aus Tschengtu oder Umgebung, die medizinischen Instrumente hatte Marian selbst gekauft bzw. von verschiedenen Missionsstiftungen erhalten. Gummihandschuhe waren eine Rarität und wurden mit der Zeit immer noch rarer, da der Nachschub über Burma oft monatelang auf sich warten ließ. Später, als die Japaner Tschengtu bombardierten, mußten die Hebammen die Entbindungen sogar im Dunklen durchführen, da der elektrische Strom abgeschaltet wurde. Schwere schwarze Vorhänge verdeckten die Fenster, damit der schwache Schimmer unserer kleinen Öl- und Taschenlampen nicht hinausdrang. Und für die Patientinnen, die das letzte Stadium noch nicht erreicht hatten, wurde im Hof ein kleiner Splittergraben angelegt.

Ich fühlte mich nun viel glücklicher, ich konnte sogar Pao und all meine Laster vergessen, Freundschaften schließen, wenn auch immer wieder schmerzliche Zeiten der Depression und des Elends folgten, weil Pao zurückkehrte oder weil er in langen Briefen meine Verfehlungen aufzählte. Trotzdem baute ich mir einen eigenen Wirkungsbereich auf, von dem er nichts wußte; und da nur das in sein Bewußtsein drang, was ihn selbst betraf, führte ich auf diese Art und Weise ein Doppelleben. Wenn er mich in Tschengtu besuchte und wir gemeinsam durch die Straßen gingen, fürchtete ich nichts so sehr, als daß mich einer von der Universität oder vom Hospital erkennen und grüßen könnte, denn diese schlichte Höflichkeitsbezeigung von seiten eines Arztes oder des Ehemanns einer Patientin brachte mir womöglich eine Tracht Prügel ein. Pao erlaubte mir den Besuch der Hebammenschule ohnehin nur, weil sie ausschließlich von Frauen betrieben wurde, weil Dr. Manly eine amerikanische Missionarin war und die Politik, auf amerikanische Missionare einen guten Eindruck zu machen (da sie bekanntlich die öffentliche Meinung in den USA bestimmten) Tschiang Kai-scheks Segen hatte, der sich ebenfalls zum Methodismus bekannte.

Pao erwies sich älteren Frauen gegenüber als recht geschickter Charmeur; später in England münzte er sein offenes Gesicht, seine vornehme Art, Gespräche zu führen und seinen Hang zur Übertreibung ganz bewußt aus, um einen Schwarm ältlicher Verehrerinnen um sich zu versammeln. Auch Marian Manly zeigte er sich von seiner besten Seite. Sie lächelte freundlich und gab ihm das Gefühl, willkommen zu sein, dennoch konnte ich nie herausfinden, was sie wirklich von ihm hielt. Denn obwohl sie ahnte, daß ich unglücklich war, wäre sie doch viel zu taktvoll gewesen, um auf den Busch zu klopfen, und ich verspürte meinerseits wenig Neigung zu Herzensergüssen.

Ebensowenig wußte Pao je, daß ich während meiner Ausbildungszeit ein- oder zweimal in der Woche Bibelabende besuchte, die die Missionare in ihren Heimen auf dem Universitätscampus abhielten. Ich dürstete regelrecht nach einem Gedankenaustausch, nach Diskussion und Lektüre. Diese Treffen hielten sich nicht immer im religiösen Rahmen, auch wenn stets zuerst ein Abschnitt aus dem Neuen Testament verlesen und die darin angeschlagenen religiösen Themen ausgelegt wurden. Doch bald wandte sich meist das Gespräch den politischen Ereignissen zu, vielleicht weil die Häuser der Missionare der einzige Ort waren, an dem solche am Tschiang-Regime indirekt Kritik übenden Diskussionen gefahrlos abgehalten werden konnten. Zu dieser Zeit hatten die protestantischen Missionare nämlich 268 Missionshospitäler mit fünfundsiebzig Prozent aller für Zivilisten zur Verfügung stehenden Betten in China, stellten also eine durchaus einflußreiche Gruppe dar, die Tschiang für seine Zwecke einzuspannen strebte.

Und schließlich habe ich dem Hospital noch etwas zu verdanken, meine Tochter Yungmei. Wäre ich nicht Hebamme in der Kleinen Himmlischen Bambusstraße gewesen, hätte es in meinem Leben keine Yungmei gegeben, hätte ich das Glück nicht gekannt, das schon der Name Yungmei in mir aufblühen läßt.

Dem Entbindungsheim war eine Schule mit fünfundzwanzig bis dreißig Hebammenschülerinnen, sechs fertig ausgebildeten

Hebammen und drei Lehrerinnen, Marian Manly, Fräulein Hsu und Fräulein Wang, angegliedert. Die meisten Hebammenschülerinnen verließen die Schule nach Abschluß ihrer Ausbildung und arbeiteten in kleineren Städten als selbständige Entbindungshelferinnen; ein paar blieben beim Hospitalstab.

Das kleine Heim hatte einen ständigen Bereitschaftsdienst eingerichtet; Tag und Nacht hielten sich eine graduierte Hebamme und ein oder zwei Schülerinnen zur Verfügung, um die anfallenden Besuche durchzuführen. Manche Wöchnerinnen kannten wir bereits, da sie sich schon während der Schwangerschaft von uns hatten betreuen lassen, andere wiederum hatten uns vorher noch nicht aufgesucht, darunter auch ein paar schwierige, ja ausgesprochen schwere Fälle. Alles in allem wußte man selten, was einem bevorstand, wenn man gerufen wurde. Je nach Entfernung gingen wir zu Fuß oder nahmen eine Rikscha. Als ich Jahre später in Irland in der Rotunda und in Cabra, einem der ärmsten Stadtbezirke von Dublin, zwei Monate lang als Hebamme arbeitete, erinnerte mich, wenn wir mit dem Rad zu den Entbindungen fuhren, sehr vieles an Tschengtu – derselbe Geruch nach Armut, derselbe überreiche Kindersegen, ja sogar die Flöhe und die Läuse waren dieselben ...

Die Hütten, in die wir kamen, starrten vor Schmutz. Fast immer gackerten Hühner um unsere Beine, mußten wir Ferkel mit den Füßen wegstoßen; am schlimmsten aber waren die Ratten, denn der Blutgeruch lockte sie an. Sie krochen aus ihren Schlupfwinkeln hervor und beobachteten uns bei der Arbeit. Einmal sah ich, als ich den Blick von dem verschwitzten Körper auf der Matratze hob, auf dem Bord neben dem kleinen Ahnenaltar im trüb flackernden Schein der mit Rapsöl gespeisten Dochte in irdenen Schalen eine durch die Schatten grotesk vergrößerte haarige Schnauze gierig schnuppern.

Manchmal kamen wir auch in geradezu furchterregend baufällige Hütten, wo es weder Betten noch Tücher noch Licht noch Geld für Öl oder auch nur einen einzigen Docht gab. Die Kreißende lag nackt auf einer modrigen Planke, die auf Steinen über dem roten Schlamm aufgebockt war, und wo man auch hinschaute, nichts als Schmutz und Dreck und Elend, schlimmer als bei Tieren. Der Winter war zwar nicht besonders kalt, aber die ewige Feuchtigkeit setzte den Armen zu, die nicht die Mittel besaßen, sich davor zu schützen. Alles schmeckte nach Schlamm, roch nach Dung, überall war es dunstig und schmierig und dunkel. Oft sahen wir das Gesicht, die Schenkel und den Leib nur als verschwommene bleiche Flecken. Deshalb versäumten wir nie, Fackeln mitzunehmen, die uns auch unterwegs gute Dienste leisteten. Bei schlechtem Wetter rüsteten wir uns zusätzlich noch mit Sturmlaternen aus. Außerdem führten wir stets Waschschüsseln mit, in denen wir uns die Hände waschen konnten, und die wir mit brennendem Alkohol sterilisierten, sowie in zwei schweren Taschen keimfreie Handschuhe und Instrumente, Kittel, Gesichtsmasken und Handtücher. Mußten wir nachts weit über Land, begleitete uns ein männlicher Dienstbote vom Hospital.

Meist ließen uns arme Frauen holen, aber manchmal kamen wir auch in reiche Häuser, in sogenannte Herrenhäuser, die sich mir aber trotz ihrer Seidendraperien und geschnitzten Betten fast noch unerträglicher aufs Gemüt legten, so heruntergekommen und verdreckt waren sie mit ihren von Auswurf und Speichel bedeckten Fußböden. Immerhin aber gab es kochendes Wasser, Licht, genügend Raum, Decken, etwas zu essen für die Frau und Tee für uns.

Unter den wohlhabenden Patientinnen erinnere ich mich besonders an eine, die sechste oder siebte Konkubine eines Warlords namens Liu. In Tschengtu waren viele kleine Warlords mit den Drei Lius verwandt, mit Liu Hsiang, Liu Wenhui und seinem Bruder Liu Wentsai, von denen der letztgenannte der Schrecken von Ta Yee hieß, einem etwa fünfzig Kilometer von Tschengtu entfernten kleinen Ort, in dem er riesige Paläste besaß. Liu Wentsai war der größte Grundbesitzer der Tschengtu-Ebene und für seine Grausamkeit und Unerbittlichkeit seinen Pächtern gegenüber berüchtigt. Um sich zu verjüngen, saugte er die Milch aus den Brüsten junger Mütter, deren Neugeborene so verhungerten. Heute sind seine Paläste in Ta Yee zur

Besichtigung freigegeben, und bei einem Besuch betrachtete ich auch die Folterkammern, Löcher voller Wasser und Ratten, gerade groß genug, daß ein Mensch aufrecht darin stehen kann ... Zwanzig Jahre lang herrschten die Liu-Warlords über die Provinz Szetschuan. Sie führten ihre Abstammung auf den großen Liu Pei zurück, jenen aus den Drei Königreichen berühmten Kaiser der Westlichen Han-Dynastie, Herr über das Schwemmland von Szetschuan, den heute noch jedes Kind kennt. Die bereits erwähnte Konkubine ließ sich während ihrer Schwangerschaft öfters in unserem Entbindungsheim untersuchen. Sie erschien stets pünktlich zu den angesetzten Terminen und plauderte hinterher gern noch ein bißchen mit den Hebammen, vor allem mit Fräulein Hsu, der Seniorin unter den Lehrerinnen, einer tüchtigen, lustigen, rundgesichtigen, diplomatischen Frau, die bei den Schülerinnen sehr beliebt war.

»Springflut«, denn so hieß Lius Konkubine, war eine regelrechte Schönheit; sie trug Rouge und Puder so dick auf, daß ihr hübsches Gesichtchen fast wie die Maske einer Schauspielerin wirkte. Die Schminke zog sich bis zum Stehkragen ihres langen Seidenkleides herunter. Das glatte schwarze Haar, der Stolz der Szetschuanerinnen, hing ihr in Ponyfransen in die Stirn, während sie es im Nacken zu einem Knoten geschlungen trug. Sie hatte kleine Hände und Füße, war selbstsicher, aber nicht arrogant, und stolz darauf, momentan die Favoritin des Warlords zu sein. Dieser begleitete sie oft, mit einem großen pelzbesetzten Überwurf angetan, eine Pelzkappe auf dem Kopf, unter der er gewaltig schwitzte, und löste allein durch seine Gegenwart ein eifriges, untertänig freundliches Hin und Her aus, denn hinter dem löchrigen Wohlwollen wurde durchaus sein unwirsches Temperament spürbar, das uneingestandene Angst und sklavisches Zittern hervorrief. Er gab uns zu verstehen, daß diese Konkubine bei ihm in hoher Gunst stehe, weshalb uns allen allein schon bei dem Gedanken graute, daß etwas schiefgehen könne. Gelegentlich, wenn Seine Exzellenz Warlord nicht dabei war, wurde Springflut auch von einer anderen Konkubine begleitet. Mit Stärkungsmitteln und beruhigenden Reden traktiert, erklärte Springflut, sie ließe sich nur von unseren Hebammen entbinden, und das gab unserem Heim, vor allem aber Fräulein Hsu, die die Entbindung durchführen sollte, großes Gesicht.

Schließlich kam der Tag, an dem Springflut die ersten Schmerzen spürte. Das Kind sollte in Lius Palast geboren werden, und so machten sich die beste Hebamme, zwei Helferinnen und Fräulein Hsu auf den Weg dorthin. Drei Tage lang ließen es sich die vier in dem Palast in schönen Zimmern wohlergehen, strichen die seidenen Decken auf ihren Betten glatt, ließen sich von einem Heer von Dienstboten alle Wünsche von den Augen ablesen und die abwechslungsreichen Mahlzeiten mit den vielen Gängen schmecken. Die Zeit verstrich, nichts geschah, aber keine einzige wagte zu gehen. Plötzlich setzten die Wehen ernsthaft ein. Und an eben diesem Tag, nur wenige Stunden, ehe das Kind geboren wurde, brachte Warlord Liu seine neueste Flamme, eine andere Konkubine nach Hause.

Wieso dieser plötzliche Umschwung? Hatte ihn Springfluts in den letzten Wochen der Schwangerschaft stark entstellter Körper abgestoßen? Jedenfalls konnte sie von ihrem Zimmer aus das Gekicher und Gekreische ihrer Rivalin hören, die sich, nur durch einen Wandschirm verdeckt, im angrenzenden Schlafzimmer mit dem Warlord im Bett vergnügte. Als das Kind geboren wurde, war es ein Mädchen.

Erschöpft, ein leichtes Zittern in den Beinen und um den Mund, lag Springflut unter der mit Phönixen und Pfingstrosen bestickten Seidendecke; fürsorglich breiteten Dienstboten immer neue Daunendecken über sie, flößten ihr Sklavinnen Kraftbrühe ein; und die ganze Zeit über war das Schnarchen des Warlords zu hören, so sehr sich die Hebammen auch bemühten, es durch zärtliches Gegurre zu übertönen, während sie das Neugeborene wuschen. »Was für eine hübsche Tochter, sehen Sie doch nur, genauso schön wie die Mutter«, rief Fräulein Wang. Und Fräulein Hsu gluckste und plapperte fröhlich dahin, und alle taten, als merkten sie nichts, und Springflut lächelte und dankte ihnen mit großer Würde.

Einen Monat später erschien sie im Entbindungsheim zur Nachuntersuchung so munter, schön und schlank wie eh und je, aber ihre schmalen Schläfen, an denen die blauen Adern hervortraten, waren nun mit einem hauchfeinen Netz von Fältchen überzogen, und in ihre laute Stimme mischte sich ein schriller Ton. Sie kam ohne den Warlord, und ein Jahr später wurden unsere Hebammen zur Entbindung der nächsten Konkubine in sein Haus geholt . . .
Und dann war da noch jener Warlord, der bereits zwei Stunden nach der Entbindung unbedingt mit seiner Konkubine schlafen wollte. In größter Eile wurden wir gerufen, aber wir konnten sie nicht mehr retten, sie verblutete.
Die meisten Frauen ließen sich zu Hause entbinden; aber obwohl immer mehr den Beistand einer nach westlichem Schema ausgebildeten Hebamme verlangten, beherrschten doch noch die Hebammen alten Stils das Feld und richteten ungeheuren Schaden an. Sie gingen mit Haken zu Werk und rissen Mutter und Kind fast in Stücke; auch von Hygiene hatten sie noch nichts gehört und suchten mit ihren schmutzigen, krallengleichen Händen nach der noch nicht ausgestoßenen Nachgeburt. Die meisten Schwangeren, die sich an uns wandten, waren noch jung oder doch relativ jung. Aber auch ältere Frauen ließen sich von uns untersuchen und von ihrer fünfzehnten oder sechzehnten »Freude« entbinden; eine Betäubung lehnten sie jedoch entschieden ab, aus Angst, so um ihre Seele betrogen zu werden.
Doch immer, ob im Hospital oder daheim, ertrugen die Frauen die Schmerzen ohne viel Aufhebens; manche gaben keinen Laut von sich, selbst wenn sich die Geburt über Gebühr hinzog. Wenn wirklich einmal eine stöhnte oder schrie, so war es gewöhnlich die hübsche Konkubine eines reichen Mannes oder eine unter westlichen Einfluß geratene junge Frau von »flußabwärts«; aber ein solches Verhalten galt als unanständig.
Wir hatten verschiedene Sätze; von den Reichen verlangten wir mehr, von den Armen sehr wenig oder gar nichts. Als 1940 in Szetschuan die Inflation um sich griff, verrechneten wir unsere Dienste nicht mehr in Geld, sondern nur noch in Getreide; aber

es war wie eh und je, die eingehenden Gebühren deckten lediglich einen Bruchteil der Unkosten unseres kleinen Hospitals. Auch die ganz Armen kamen zu uns. Gewöhnlich erschien der Mann, um uns zu holen und wartete an der Tür, unsicher, ob seine Bitte Gehör fand. Aber wir gingen stets mit. Ich erinnere mich noch an einen solchen Fall, ein junges Mädchen, ein blutjunges, dünnes Ding, das sich auf die Lippen biß, um nicht zu schreien, während es in einer kalten regnerischen Januarnacht ihr erstes Kind gebar, nur von einer durchlöcherten, von zwei Bambusstecken gehaltenen Matte vor dem Regen geschützt, sodaß wir während der Entbindung einen Ölpapierschirm aufspannen mußten. Die Steine der Stadtmauer waren ihr Kissen, und hinter uns flatterte ein grauer Lumpen – die Tür – und bedrohte unsere sterilisierte Ausrüstung; nur die von unseren Fackeln durchbrochene Dunkelheit schützte und hüllte sie auf ihrer Holzplanke ein; sonst gab es weder Decke noch Laken, noch Matten, noch Kissen – nichts.

Ihr Mann war ein Rikschakuli; er versuchte durch seinen Körper den Regen von uns abzuhalten und nahm sie, wenn die Schmerzen gar zu stark wurden, liebevolle Worte flüsternd in seine Arme. Als das Kind da war, zeigte sich, daß sie keinen Fetzen besaßen außer dem zerschlissenen Kleid der Frau und dem zerlöcherten Obergewand und der Hose des Mannes. Und so zog der Mann die Hosen aus, um das Neugeborene hineinzuwickeln. Da er sie am nächsten Tag selber brauchte, um zur Arbeit zu gehen, ließen wir ihnen als Windel ein Handtuch da, obwohl Handtücher sehr kostbar waren. Sicher mußten sie das Kind, sobald die Nabelschnur zusammengeschrumpft und abgestoßen war, verkaufen, und die Mutter konnte sich vielleicht als Amme verdingen.

Die Hebamme, die die Entbindung geleitet hatte, kramte in ihrer Tasche herum, steckte der frischgebackenen Mutter etwas Geld zu und murmelte, es sei für die *Tsaotse*, die Schleimsuppe, die man den Frauen nach der Entbindung gibt in der Annahme, sie stille die Blutungen. Das Mädchen dankte ihr und drückte ihr Kind mit herzzerreißender Zärtlichkeit an sich, während uns ihr Mann, ein junger, magerer, sehr ruhiger Mensch, zurückbrachte. Mir brannte das Herz; oh, es mußte doch eine bessere Zeit für sie kommen, ein Stern im Osten aufgehen ...

Ein andermal wurden wir zu einem Fall über Land gerufen. Wir legten den Weg teils zu Fuß, teils im Karren zurück. Nach zwei Stunden langten wir auf der Farm an. Offensichtlich handelte es sich um Bauern, die selber Grund und Boden besaßen. Die junge Frau lag in dem einzigen großen Raum auf einem Bett, um das sich dreißig oder mehr Menschen drängten; draußen klebte, eng aneinandergepreßt, ein Schwarm Nachbarn und neugieriger Kinder, die ihre Finger durch das Papier bohrten, mit dem die Gitterfenster bespannt waren, und durch die Löcher hereinäugten. Die junge Frau lag nun schon eine ganze Woche hier, die mittlerweile ausgetrocknete und zusammengeschrumpfte Nabelschnur zwischen den Schenkeln und zwischen den Füßen das immer noch nicht abgenabelte, zum Skelett abgemagerte Neugeborene. Und dabei waren diese hier sogar reiche Bauern, hatten das seltene Glück, zu jenen fünf Prozent zu gehören, die selbst Land und Felder besaßen, ja vielleicht sogar bezahlte Arbeitskräfte beschäftigten; sie hatten ein Haus, Bettzeug, Möbel ...

Die ganze Woche über hatte man umsonst auf die Nachgeburt gewartet; die einheimische, nicht weiter ausgebildete Hebamme hatte sie erst durch Massieren des Bauches herauszupressen und später mit den Händen herauszuholen versucht. Die Nabelschnur war während der ganzen Zeit nicht durchtrennt worden, denn das geschah nach altem Szetschuaner Brauch erst nach Ausstoßung der Plazenta.

Dem Mädchen war offensichtlich nicht mehr zu helfen; sie sah grünlich blaß aus und konnte weder sprechen noch schlucken; Kinnbackenkrampf, Tetanus, war in Szetschuan keine Seltenheit; viele Neugeborene starben daran, nachdem die Nabelschnur mit einem schmutzigen Messer oder einer unsauberen Schere durchschnitten und der Nabel wie üblich mit Reisstroh und Schlamm verpflastert worden war ...

Über das Bett und die Kleider des stocksteif dasitzenden, im

Rücken mit gefütterten Decken gestützten Mädchens waren Hände voll Reiskörner verstreut, wohl als Beschwichtigungsgabe an die bösen Geister, die die Nachgeburt in ihrem Leib eingesperrt hielten; draußen hingen überall Wimpel und aufgeknüpfte Strohknoten, die die Lösung der inneren »Sperre« darstellen sollten; außerdem hatte man der Frau selbst bestimmte Zeichen auf Bauch und Füße gemalt, und da und dort lagen Federn herum, die vielleicht von Geflügelopfern stammten. Als wir unsere Taschen öffneten, drängten all die vielen Leute im Zimmer heran, versuchten uns über die Schultern zu schauen und unser Handwerkszeug zu berühren, so daß wir grob werden und sie hinauswerfen mußten. Natürlich scherte sich kein Mensch um unsere Anordnungen, im Gegenteil, nur um so mehr Augen tauchten an um so mehr Löchern im Fensterpapier auf und gafften und gafften; alle wollten die Doktorinnen sehen, die so seltsame Sachen mitgebracht hatten. Fräulein Ma, die leitende Hebamme bei dieser Entbindung, geriet außer sich und ging, nachdem sie das Mädchen untersucht hatte, die Stirn wütend gerunzelt, erst lange Zeit mit sich zu Rate, denn die Situation war tatsächlich gefährlich.

Fräulein Ma war um die vierzig und hatte sehr bittere Erfahrungen gemacht; als Kind verkauft, weil ihre Eltern sich kaum selbst ernähren konnten, war sie von den Pocken so entstellt worden, daß ihr Gesicht dunkel und stets ein bißchen schmutzig aussah; irgend jemand hatte ihr die Füße eingebunden, aber jemand anders sie wieder aufgewickelt, und so humpelte sie auf halbverkrüppelten Füßen herum; dennoch lief sie unermüdlich kilometerweit. Zweimal war sie, die Sklavin, ihren Herrinnen durchgebrannt, die sie mit dünnen, gespleißten Bambusstäbchen so geschlagen hatten, daß auf ihrem Rücken und an ihren Beinen Spuren zurückgeblieben waren. Dann war sie gegen ihren Willen als Konkubine an einen kleinen Ladenbesitzer verkuppelt worden, der sich keine schönere Frau leisten konnte, ein alter Witwer mit Töchtern, der sich einen Sohn von ihr wünschte. Er brauchte eine volle Woche, bis er sie sich zu Willen machen konnte, so wütend wehrte sie sich. Als sie nach zwei Jahren

immer noch nicht schwanger war, sollte sie entweder hinausgeworfen oder an ein Bordell verkauft werden. Wieder lief sie davon. Das war 1919, also zur Zeit der großen Gärung, der Bewegung vom 4. Mai: Die Frauen schnitten sich das Haar kurz, die Mädchen verließen das Elternhaus, um zu studieren und begingen lieber Selbstmord als sich zur Ehe zwingen zu lassen; und für alle lautete der Schlachtruf: »Nieder mit Konfuzius, nieder mit der Unterdrückung der Frau.« Eine Zeitlang trug der Sturm der Großen Revolution Fräulein Ma mit sich fort. Aber dann kam das Jahr 1927 und mit ihm das von Tschiang angerichtete Blutbad; in ganz Szetschuan wütete der Weiße Terror. Auch hier hatten die Bauernaufstände die Form einer massiven Agrarrevolution angenommen, waren die Bauern gegen die Grundbesitzer aufgestanden und hatten das Land untereinander aufgeteilt. Fräulein Ma, am Rande des Verhungerns, verdingte sich als Dienerin, lief wieder weg und fand zum Glück endlich eine freundliche Herrin, eine halbblinde, halbseitig gelähmte alte Dame, die nicht mehr richtig laufen konnte. Ma, selbst kräftig genug, trug die alte Dame auf dem Rücken herum, versorgte sie und scheute auch nicht vor den unangenehmeren Arbeiten wie dem Ausleeren der Toilettenkrüge zurück. Dafür ließ die alte Dame Ma lesen lernen, so daß sie später Hebamme werden konnte, wozu sie allerdings aus Geldmangel zehn Jahre brauchte. Sie haßte die Männer und alles, was mit Ehe zusammenhing und hatte vor, stets allein zu bleiben, denn ihre Erfahrungen hatten sie den Sex verabscheuen gelehrt. Und hier nun, am Bett des sterbenden Mädchens, zog sie nach der Untersuchung die sterilisierten Handschuhe aus und brummte vor sich hin: »Innen löst sich alles schon auf.« Tatsächlich hatte der Handschuh ganz schwarz und schmutzig ausgesehen.
Fräulein Ma, den Blick auf die Handschuhe geheftet, hieß mich packen und fragte nach den nächsten Angehörigen und dem Ehemann. Die zusammengebackene Masse der Verwandten geriet in Bewegung, wogte und schüttelte sich und ließ schließlich eine alte Frau und einen jungen Mann heraus, die Mutter des Mannes und der Mann selbst. Und zu ihnen sagte Fräulein Ma:

»Sie können den Sarg kaufen, alles andere erübrigt sich.« Die alte Frau wollte uns Tee anbieten, aber Fräulein Ma war so wütend, daß sie ohne die üblichen höflichen Floskeln ging.
Draußen warteten schon die Karren. Wir stiegen hinein, und knarrend und schwankend fuhren sie auf den schmalen Wegen zwischen den jadegrünen jungen Reispflanzen und den hellgelb blühenden Rapsfeldern dahin, und die Sonne schimmerte zaghaft, und die Luft war weich wie eine sanft streichelnde Hand, wie Seide, und alles war die reinste Augenfreude. Aber den ganzen Weg über schimpfte Ma mit ihrer lauten Stimme, verfluchte die Familie, weil sie uns so spät gerufen hatte, verfluchte das Schicksal der Frauen, verfluchte die Männer, die solches Leid über die Frauen brachten. Und ihre Worte hallten über die üppigen Felder, die so viel Not und Elend gesehen hatten und täglich aufs neue sahen. Auf beiden Seiten standen Millionen von Reisschößlingen im leise gurgelnden Wasser wie in einem zweiten Himmel zu unseren Füßen, und unaufhörlich fluchte Ma weiter, schrie die ganze Bitterkeit ihres Lebens hinaus, und die Karrenmänner keuchten und schwitzten, als sie uns durch den schönen Tag schoben.
Dann war da noch die Bäuerin, die den ganzen Weg von Tschingsien bis zu uns kam, achtzig *Li* oder mehr, um sich von uns entbinden zu lassen, weil sie bis jetzt nur Töchter, eine Nachbarin aber, die bei uns gewesen war, einen Sohn geboren hatte. Überzeugt, daß auch sie in unserem Hospital einen Sohn bekommen würde, war sie mit der Rikscha angereist, was bestimmt eine Menge Geld gekostet hatte. Als die Wehen einsetzten, erzählte sie Fräulein Hsu, was aus ihren Töchtern geworden war: Die erste lebte noch, ebenso die dritte; die zweite aber hatte ihr Mann nach der Geburt erdrosselt, ebenso die fünfte und die sechste; die siebte war in einem schlechten Jahr auf die Welt gekommen, in dem es nichts zu nagen und zu beißen gab und ihr die Bauchhaut am Rücken klebte, und dieser siebten hatte ihr Mann mit einer Axt den Schädel eingeschlagen; bei der Geburt des achten Mädchens war er so wütend geworden, daß er es an die Wand schleuderte: das neunte hatten sie im Al-

ter von einem Jahr einem Nachbarn gegeben, und jetzt trug sie wieder ein Kind im Bauch ... mochte der Himmel geben, daß es endlich ein Sohn war.

Als die Wehen einsetzten, fragte Fräulein Hsu, das Stethoskop auf den Bauch der Frau gedrückt: »Und was passierte mit dem vierten?«

Wieder und wieder machten wir die Kindsmorde der Reihe nach durch, aber jedesmal ließ die Frau ein Kind aus – das vierte. Als die Wehen stärker wurden (was mit erheblichen Schmerzen verbunden war, denn ihr Körper war erschlafft, und die Bauchmuskeln hatten sich geteilt, so daß sich der Schoß unter der Haut abzeichnete) brach die Frau in Tränen aus und erzählte endlich, wie das vierte Kind ums Leben gekommen war. Als sich nach der Geburt herausstellte, daß es wieder ein Mädchen war, hatte sie es, von panischer Angst getrieben, eigenhändig in den großen Toilettenkrug gesteckt und so erstickt.

Doch jetzt hatte sie neuen Mut gefaßt, und wir alle hofften mit ihr. Mittlerweile hatten sämtliche Hebammen und Patientinnen ihre Geschichte gehört, und manche hatten sich im Bett aufgerichtet und preßten, ganz auf das große Ereignis konzentriert, mit ihr, und wir alle warteten gespannt auf das Wunder, auf den Sohn, der den Zaubercharakter unseres Heims bestätigen würde. Aber es sollte anders kommen; das zehnte Kind war wieder ein Mädchen.

»Was für eine hübsche kleine Schwester, schauen Sie nur«, sagte Fräulein Hsu zu der stumm daliegenden Frau, die die Augen starr auf die Decke gerichtet hielt. »Schauen Sie sie doch nur einmal an, wie hübsch sie ist.«

»Es ist wieder ein Mädchen, wieder ein Mädchen.« Vielleicht hatte sie nur nicht genug bezahlt. Sie nestelte an ihrem Gürtel, den sie unter die Brust hinaufgeschoben hatte, um den Leib nicht bei seiner Arbeit zu behindern. Sie zog einen Zwanzig-Dollarschein heraus und sagte: »Das ist alles, was ich noch habe; nehmt es, und gebt mir einen Jungen dafür.«

»Aber ein Mädchen ist doch genauso gut«, tröstete Fräulein Hsu sie. Und in den nächsten Tagen hielten wir ihr immer wieder vor, welche Möglichkeiten einer Frau heute offenstanden, konnte sie doch sogar Ärztin oder Hebamme werden, und wie reizend ihr Baby aussehe. Als die Frau nach fünf Tagen entlassen wurde, wollte sie ihr Kind dalassen, aber das kam natürlich nicht in Frage. Fräulein Hsu drückte ihr das nach bewährter Szetschuaner Art gewickelte Mädchen in die Arme und sagte: »Passen Sie gut auf sie auf, sie wird Ihnen Glück bringen.« Und noch auf dem Weg zur Tür redete sie ihr gut zu, während der Hausknecht schon eine Rikscha holte. Viele Rikschamänner weigerten sich, eine Frau acht oder zehn Tage nach der Entbindung zu befördern. Erst wenn das Kind bereits einen vollen Monat alt war, galt die Mutter wieder als rein. Oft packte der Rikschamann, den Fräulein Hsu hatte rufen lassen, seine Deichseln und wandte sich zum Gehen, wenn er merkte, daß er eine Wöchnerin mit Kind transportieren sollte. Wütend pflegte Fräulein Hsu dem Davoneilenden nachzuschreien: »Und du? Wo bist du hergekommen? Etwa nicht aus dem Schoß einer Frau? Hast du vielleicht keine Mutter?« Aber in der Kleinen Himmlischen Bambusstraße gab es auch Rikschaleute, die nichts dabei fanden, Schwangere und frischgebackene Mütter zu befördern und die sich über die anderen lustig machten. So kam auch diesmal der Hausknecht mit einer Rikscha zurück, und der Mann versuchte die Frau freundlich lächelnd ebenfalls zu überreden, ihr Kind zu behalten. »Die Zeiten haben sich geändert«, sagte er. »Wir können heutzutage die Mädchen auch brauchen. Schauen Sie doch nur all die Doktorinnen hier an.« Hinterher erzählte uns der Träger, die Frau habe auf dem ganzen Heimweg von nichts anderem gesprochen, als daß sie es nicht wage, mit einem weiteren Mädchen zu ihrem Mann zurückzukehren, und daß sich unterwegs gewiß ein geeigneter Graben fände, in den sie das Neugeborene werfen könnte. Ob sie es wirklich tat, haben wir nie erfahren, denn mehr war aus dem Träger nicht herauszubringen. Einige Hebammen meinten nachträglich, wir hätten das Kind doch behalten sollen; vielleicht wäre es adoptiert worden.

Unwillkürlich gleiten die Gedanken zu anderen Frauen, zum

Leben zahlloser Frauen, der Hälfte der Menschheit, so lange unterdrückt, zu lange ausgebeutet und selbst heute noch in vielen Teilen der Welt nicht wie Menschen behandelt, nicht einmal bei den kulturell führenden Nationen, wo die Formen der Unterdrückung nach außen weniger grausam aussehen. Noch immer keine vollberechtigten Mitbürger, keine für voll genommenen Personen; so jedenfalls stellte sich mir die Lage der Frau auch in Irland dar, wo ich zehn Jahre später in Dublin und Umgebung zwei Monate lang als Hebamme arbeitete und wo das Wunder der Geburt und der Schwangerschaft, die ganze Beziehung der Geschlechter zueinander, nicht als etwas Schönes, wo Frau zu sein nicht als etwas Ehrenvolles, sondern als etwas Erniedrigendes empfunden und die Frau in tragischer Versklavung gehalten wird.

So viele Leben, jedes Leben das einer Frau, einer Mutter, zahlloser Mütter durch die Jahrhunderte – manchmal drohte ich unter so viel Ungerechtigkeit, unter der Bürde dieses kollektiven Unrechts zusammenzubrechen, das »Rückgrat und Stütze einer ganzen Gesellschaft, einer schicksalhaften, vom Himmel bestimmten Ära« war, um Konfuzius' schwülstige Sprache zu sprechen.

Von dieser an das Geschlecht geknüpften Erniedrigung war keine Frau, so hoch sie sonst auch in der Gesellschaft stehen mochte, ausgenommen. »Die Frau als solche gibt es nicht«, pflegte mir Pao einzubleuen. »Sie ist keine Person für sich... Sie hat ihren Platz in der Gesellschaft nur durch den Vater, den Mann oder den Sohn ...«

Und in der Tat war das Leben vieler, sehr vieler Frauen der lebendige Beweis für diesen Nichtstatus, für das Hinnehmen dieser mit Lächeln verbrämten Sklaverei, für diese falsche Fröhlichkeit, die beim geringsten Anlaß zusammenbrach und einer Not Platz machte, die sich als Unwohlsein, als Krankheit ausgab, um sich der wirklichen Ursache nicht bewußt werden zu müssen. Laut Pao war die Inferiorität der Frau ein »unumstößliches Gesetz der Natur«. »Eine unbegabte Frau ist eine tugendhafte Frau.« – »Oben ist der Himmel, unten die Erde; dazwischen der Mann, und die Frau soll dem Mann gehorchen.« Konfuzius hatte die Stellung der Frau ein für allemal festgelegt. Schon das Schriftzeichen für Frau versinnbildlicht die Unterwerfung, der Querbalken die horizontale Bürde ihrer schweren Brüste, die vortretenden Hüften, und die gekreuzten O-Beine erinnern stark an ein Tier. Ich habe mir schon oft gedacht, daß das China der Kulturrevolution, das in den starren Verliesen unserer altüberlieferten Unterdrückungsmethoden das Licht der Vernunft aufleuchten läßt, zuallererst diese widerlichen Vorstellungen, diese getreuen Abbilder der zweitausendjährigen Feudalherrschaft und der viertausendjährigen Versklavung der Frau abschaffen müßte.

Selbst in die sogenannte gebildete Oberschicht streckte die Vergangenheit ihre unerbittlichen Fangarme wie die eisernen Greifhaken der Hebammen hinein, die den Müttern die Eingeweide, den Leib zerrissen; selbst hier waren einer echten geistigen Befreiung Riegel vorgeschoben, wurde durch die für alle Ewigkeit eingegrabenen klassischen Phrasen die Sehnsucht niedergehalten, anders zu sein, anders zu leben und zu empfinden als zur Zeit der wilden, grausamen Vergangenheit.

Ich erinnere mich an einen Fall, den Marian Manly selbst behandelte. Marian übernahm im großen und ganzen die komplizierten Fälle, die zur Operation ins Hospital eingeliefert wurden, weil sie für die Hebammen zu schwierig waren. Außerdem führte Marian die Kontrolluntersuchungen vor der Geburt durch, mindestens zwei bei jeder Patientin, und erledigte die gynäkologische Arbeit – Wassermanntests für Syphilis, etc. Sehr häufig kamen auch Frauen mit Eiterungen, die auf verschiedene Ursachen zurückgingen, vornehmlich aber auf eine zerrissene oder infizierte Cervix uteri. Ganz selten dagegen wollte sich eine Frau sterilisieren lassen. Zu diesen Ausnahmen gehörte meine Sechste Tante, die zwölf Kinder hatte, sich das dreizehnte hatte nehmen und die Eileiter abbinden lassen. Besagter Fall, an den ich mich erinnere, zeigt, wie zäh sich die alte Ordnung trotz aller Emanzipationsbestrebungen noch hielt. Es handelte sich um ein junges Mädchen, das nach Abschluß seiner Universitätsausbildung einen Dozenten geheiratet hatte. Am Morgen der Eheschließung kam die Mutter des jungen Mannes ins Schlafzimmer der Neuvermählten, um die Laken des Brautbettes zu inspizieren. (Bis vor kurzem war es sogar in Singapur, jener angeblich so fortschrittlichen Stadt, Brauch, ein Handtuch ins Bett zu legen, das die Braut ihrer Schwiegermutter nach der Hochzeitsnacht in aller Form überreichte.) Da sie auf dem Laken kein Blut entdeckte, erhob sie in ihrer Empörung ein großes Geschrei und forderte ihren Sohn auf, sich wegen Unkeuschheit von seiner Frau scheiden zu lassen. Die Braut dagegen behauptete, sie sei als Jungfrau in die Ehe getreten, ihre Eltern unterstützten sie und bezichtigten die andere Familie der Verleumdung. Schließlich beschloß man, die Braut von einer Ärztin untersuchen zu lassen (ein Arzt wäre selbstredend nicht in Frage gekommen). Die Wahl fiel auf Marian Manly, die das Hymen unverletzt fand. Sie erklärte den Eltern, daß bei sechs Prozent aller Frauen das Hymen sehr locker sitze und durch den ehelichen Verkehr nicht zerrissen werde. Marian redete und redete, zeichnete schematische Darstellungen, zog Bücher aus dem Regal, zeigte Bilder. Bei manchen Frauen mit einer sehr elastischen Membran riß das Hymen nicht einmal bei der Geburt ... Aber die Schwiegermutter ließ sich durch nichts überzeugen. Und obwohl ihr Sohn beteuerte, für seinen Teil durchaus zufrieden zu sein, seine Frau zu lieben und ihr voll und ganz zu vertrauen, mußte das junge Paar entgegen allen Gepflogenheiten von der Familie wegziehen. Doch damit war die Angelegenheit noch nicht zu Ende. Beide Familien bekamen die Nachwirkungen jahrelang zu spüren. Die Schwestern der Braut klagten über schlechtere Heiratsaussichten, der Mann wurde verurteilt, weil er seine unkeusche Frau nicht verstieß, und die Mutter der Mädchen erkrankte vor Ärger und konnte nicht mehr wie sonst mit ihren Freundinnen Mah-Jongg spielen. Es dauerte lange Zeit, bis Gras über die Affäre wuchs, und wäre die alte Ordnung nicht bereits erschüttert gewesen, hätte es wohl noch viel länger gedauert. Mitten im Krieg und in der Inflation bei der allgemeinen wirtschaftlichen Unsicherheit hatten die Leute an anderes zu denken als an lose Hymen. Doch sogar nach der Revolution von 1949 waren noch immer Überreste dieses Puritanismus erhalten, und es mußte noch ein Jahrzehnt vergehen, ehe sich die Wiederverheiratung von Witwen, obwohl gesetzlich bereits erlaubt, wirklich als etwas Normales einbürgerte ...

Nur die Armen konnten sich den Luxus der Keuschheit schon damals nicht leisten; Not und Elend, Hunger und gänzliche Mittellosigkeit zwangen sie, ihre Frauen auszuleihen, zu verkaufen, neugeborene Töchter umzubringen oder ebenfalls gegen Geld wegzugeben. Und so lautstark sich die Oberschicht auch über diese »Unmoral« und »Unkeuschheit« entrüstete, ohne diese gemeine, herzzerreißende Grausamkeit hätte sie ihre eigene »erhabene Tugend« nicht bewahren können. Wer sonst hätte die Sklavenmädchen, die Konkubinen, die Prostituierten, die Frauen auf Zeit, die sich die Beamten der Kuomintang-Regierung und die Grundbesitzer hielten, stellen sollen – wer sonst außer den schutzlos ausgelieferten Armen?

Aufgrund dieser doppelbödigen Moral lag die Rate der Syphilis- und Trippererkrankungen in den Städten sehr hoch. Ich habe Frauen aus der sogenannten guten Gesellschaft gekannt, die, von ihren Männern angesteckt, von Syphilis und Tripper zu Schreckbildern entstellt waren. Einmal suchte uns eine stöhnend vor Schmerz auf; das Übel hatte von den Eierstöcken auf die Bauchhöhle übergegriffen und eine eitrige Bauchfellentzündung verursacht. Damals aber waren Sulfonamide wegen des blühenden Schwarzmarkthandels rar und konnten nicht in der erforderlichen Dosis gegeben werden. Penicillin war überhaupt nicht im Handel. Und beim Kauf von Sulfonamiden mußte man aufpassen, daß man keine reinen Kalkpillen einhandelte. Diese erst vierundzwanzigjährige Frau hatte die Krankheit ihrem Mann zu verdanken, der »das Herz des Blumenspiels liebte«.

Nicht selten war Sterilität die Folge venerischer Krankheiten. Stets jedoch betrachteten die Frauen es als ihre Schuld, wenn die Kinder ausblieben. Marian und die Hebammen konnten sich heiser reden – die Frauen glaubten es einfach nicht, daß die Unfruchtbarkeit sowohl bei der Frau als auch beim Mann liegen kann; sie hielten sich perverserweise nach wie vor für schuldig, jammerten und flehten. Dieses Schuldgefühl zog einen hinunter wie ein Bad im Moor; unmöglich, sich freizumachen, so verzweifelt man auch um sich schlug. Und all das wirkte doppelt durch die Unabsehbarkeit einer Vergeltung, denn es schien nicht die geringste Hoffnung zu bestehen, daß die Frauen diese ihnen seit unvordenklichen Zeiten durch Brauch und Sitte auferlegte Last je abzuschütteln vermochten. Warum sie sich aber dieses Schuldgefühl hatten aufoktroyieren lassen, warum sie sich beschwatzen, verführen, überreden, ködern, durch Schmeicheleien oder Schläge dazu hatten verleiten lassen, alles, was mit Sex und Fortpflanzung zusammenhing, für ihre Schuld zu halten – das wird mir ewig ein Rätsel bleiben. Auf dieser Schuld der Frau jedoch, auf dieser jahrtausendelangen Unterdrückung sind ganze Kulturen entstanden ...

So ergoß sich wie ein großer Strom Schmerz und Leid in unser Hospital. Und die reine Freude über den schöpferischen Akt der Geburt, neben dem alles unwesentlich erscheint (stürbe doch sonst die Menschheit aus), wurde durch das Übermaß an Elend getrübt und man fühlte sich ständig hin- und hergerissen zwischen so viel Banalem und so viel Wunderbarem, zwischen so viel langweiliger, trivialer Routine und solcher Dramatik, der unzählige Male wiederholten Einzigartigkeit des Ereignisses, der vergänglichen Herrlichkeit und der unvergänglichen Verachtung. Man hätte mit ihnen schreien mögen: O Himmel, warum hast du mich verdammt, eine Frau zu sein?

Wieder einmal erschien mir mein eigener Schmerz angesichts dieser nicht endenwollenden Prozession des Leides wesenlos, so lange ich nur glauben durfte, daß ich in der Kleinen Himmlischen Bambusstraße wirklich etwas Nützliches tun, das unerbittliche Elend, die mitleiderregende Not etwas lindern und eines Tages vielleicht alles noch zum Guten wenden konnte. Der einzige Weg dazu schien mir der Arztberuf, den ich seit meinem zwölften Lebensjahr anstrebte.

Viele Hebammen des Hospitals dachten nicht daran, zu heiraten; das, was sie täglich sahen, ließ sie allein schon vor dem Gedanken zurückschrecken. Ein paar hatten außerdem jahrelang kämpfen müssen, um sich die erforderliche Bildung anzueignen; es war für sie alles andere als einfach gewesen, Hebamme zu werden. Dennoch beherbergte das Heim in der Kleinen Himmlischen Bambusstraße keineswegs einen Haufen sauertöpfischer alter Jungfern, sondern eine Gruppe besonnener selbständiger Frauen, die ihre Entscheidungen nach gesunden Idealen trafen. Einige heirateten aus Liebe – eine geradezu unerhörte Neuerung. Ich erinnere mich noch an eine, ein lebhaftes, munteres Mädchen mit runden Wangen, schönen Augen und prächtigem Haar, das einen jungen Bankangestellten geheiratet hatte, und bis über beide Ohren verliebt in Erwartung der Mutterfreuden kurz vor ihrer Niederkunft zu uns zurückkehrte. Der Mann lernte das Neugeborene versorgen, wiegte das Töchterchen in den Armen, nahm es überallhin mit und kümmerte sich darum, wenn seine Frau zu einem Fall unterwegs war. Aber daneben gab es auch andere wie Schen, die kleine eingeschrumpfte Hebamme, so mager und schmal, daß sie wie eine Achtjährige aussah, obwohl sie bereits in den Vierzigern war und es bestimmt nicht leicht gehabt hatte, sich als Witwe mit einem Sohn durchzuschlagen. Nun widmete sie ihre ganze Kraft den Neugeborenen anderer Frauen, denn natürlich konnte sie nicht wieder heiraten, galten doch Witwen, die eine zweite Ehe eingingen, als unkeusch und unmoralisch ...

Daneben fallen mir noch viele andere ein; die Frau, die uns ihr zehn Tage altes Kind brachte, dem die Ratten die Nase abgebissen hatten; oder jenes Paar, d. h. jener »zurückgekehrte Student«, der mir irgendwie von einem Studententreffen in Paris her bekannt war, und seine Frau, eine bescheidene, ruhige Lehrerin, die ihren »aus dem Westen zurückgekehrten« intellektuellen Mann offensichtlich anhimmelte. Als das Kind zur Welt kam, war es ein ausgemergelter, kleiner, syphilitischer Kadaver. »Sie sollten einmal eine Blutuntersuchung machen lassen«, riet Fräulein Wang dem Mann geradeheraus. Das kleine Mädchen hatte eine schreckliche Hasenscharte und einen Wolfsrachen, und beim Abendessen sprachen alle Hebammen über die Tragödie. »Bei einem Jungen wäre es halb so schlimm«, meinte eine. »Aber ein Mädchen wird sich schwer tun, einen Mann zu finden«, erwiderte eine andere. »Wer will schon eine Frau ohne Nase? Wer nimmt eine Frau mit einer Hasenscharte?« Denn obwohl sie wußten, daß Sex Knechtschaft bedeutete und sich in ihren Reden wie in ihrem persönlichen Leben ganz bewußt davon distanzierten, hielten sie doch die Ehe letztlich für das einzige, wenn auch trübsinnige Ziel.

Und in das Dilemma zwischen der stolzen, aber leidvollen Unabhängigkeit der alleinstehenden Frau und der Sklaverei der verheirateten hatte sich das charmante, kluge Fräulein Hsu, die Stütze unserer Lehrerinnen, ausweglos verrannt. Als ich mich im Frühjahr 1941 wieder einmal in Tschengtu einfand, wogte und braute wie treibender Nebel um die Kleine Himmlische Bambusstraße das Gerücht, Fräulein Hsu gedenke das Hospital zu verlassen und einen Witwer zu heiraten, einen kleinen Beamten, einen Angehörigen des Liu-Klans.

Wie bereits erwähnt, wurde auch ich in die Geschichte verwikkelt. Im Frühjahr 1941 überredete mich Fräulein Hsu, ein Stückchen Land bei Tschengtu zu erwerben. Die Inflation, die 1940 ausgebrochen war, nahm allmählich katastrophale Formen an; hatte man 1939 im Restaurant für ein gutes Essen noch $ 3,50 bezahlt, so mußte man mittlerweile für dasselbe Essen $ 50,00 rechnen, und trotzdem stiegen die Preise unaufhaltsam weiter. Am schlimmsten traf die Inflation die Klasse der Bauern, die die Pacht in Naturalien entrichteten und für das, was sie kaufen mußten, kein Geld hatten. Die Wucherer ließen sich ebenfalls in Naturalien bezahlen und horteten alles oder pfändeten den Boden. Nicht selten verkauften die Kleinbauern, die ein Stück Land von zwanzig bis sechzig Ar (der durchschnittlichen Größe einer »Farm«) besaßen, ihren Boden und zogen in die Städte. Aus diesem Grund, aber auch weil der Staat die Bauern zwangsmäßig und ohne jede Entlohnung zum Heeresdienst und zum Straßenbau heranzog, kam es von 1940 an in Szetschuan jährlich zu Bauernaufständen.

Die Städter wiederum kauften Land als Sicherheit gegen die Inflation, wie sie Brennholz, Tuch, Stroh, Medizin, Ziegel, Backsteine, Schuhe kauften und horteten – kurz alles, was man kaufen und horten konnte. Spekulanten bauten Holzhäuser, rachitische Gebilde, die gelegentlich auch einstürzten, für die Beamtenfamilien, die wegen der Bombenangriffe aus Tschungking evakuiert wurden. An Käufern fehlte es nicht, und die Preise stiegen von Monat zu Monat. Als die Evakuierung der Familien und aller entbehrlichen Personen angeordnet wurde – wie einige behaupteten, um den wegen der Nahrungsmittelknappheit immer wieder aufflackernden Unruhen in den Städten ein Ende zu bereiten – siedelten viele Familien, um dem Hunger in der Stadt zu entgehen, mit ihren Kindern aufs Land über, was die Grundstücksmakler veranlaßte, Boden von verarmten Bauern aufzukaufen.

Mit einemmal redete auch Fräulein Hsu von nichts anderem mehr als daß man sich durch Landerwerb vor der Inflation und durch den Bau eines kleinen Hauses vor den Bombenangriffen schützen müsse. Harmlos wie ich bin, kam ich nicht auf die Idee, irgendwelche Hintergedanken zu vermuten, bis mir das Gerücht von ihren Heiratsabsichten zu Ohren kam. Marian Manly bestätigte es, wenn auch sehr zurückhaltend. Sie bedauerte Fräulein Hsus Vorhaben. »Ich kann mich des Eindrucks nicht erwehren, daß sie dem Einfluß ihrer Umgebung unterliegt.«

Tatsächlich hatte sich Fräulein Hsu zu ihren vorehelichen Geldgeschäften von einer Dame mit acht Kindern überreden lassen, die unser Hospital häufig aufsuchte und begeistert für Narkose und eine schmerzlose Entbindung Reklame machte. Oft schleppte sie die widerstrebenden Mütter geradezu gewaltsam in unser Heim. Mit ihr und anderen Freundinnen pflegte Fräulein Hsu an ihren freien Tagen Mah-Jongg zu spielen. Seit Fräulein Hsu sie von ihrem letzten Jungen entbunden hatte, widmete sich die besagte Frau voller Dankbackeit und Eifer der Aufgabe, Fräulein Hsus Glück zu machen. Sie beförderte sich selbst zur Heiratsvermittlerin und brachte das in neuer Dauerwellenpracht

prangende Fräulein Hsu binnen kurzem dazu, Rouge und Puder aufzulegen und ihre halb eingebundenen Füße in ein Paar abscheulicher moderner Schuhe zu stecken; außerdem verlor sie nun bei der Unterhaltung leicht den Faden und, was schlimmer war, nach und nach auch ihr ausgeglichenes, sanftes Wesen.
Solange sie noch nicht von der Wichtigkeit der Verheiratung durchdrungen war, war sie die ruhigste Person der Welt gewesen; jetzt neigte sie mit einemmal zu Launen. Marian Manly billigte das Projekt nicht, da Fräulein Hsus Zukünftiger »altmodisch« war, d. h. kein Christ, und Fräulein Hsu ihre Hebammen- und Lehrtätigkeit aufgeben mußte und überdies womöglich ihren christlichen Glauben verlor. Zumindest aber mußte sie von nun an das geisttötende müßige Leben der bessergestellten Frauen führen, sich um tausenderlei Nichtigkeiten kümmern, einen Schwarm von Dienstboten beschäftigen, jeden Handgriff hinausziehen, um den langen Tag etwas abzukürzen, die Stunden mit Klatsch füllen, Wasserpfeife rauchen, Mah-Jongg spielen, Kinder zur Welt bringen und sie sofort nach der Geburt an Ammen geben, kurz all das, was das Wort *Schua* zum Ausdruck bringt, das heißt, sie würde stets die Zeit zum Trödeln, Nichtstun haben, sich einem angenehmen Müßiggang überlassen können, ohne die Tage, geschweige denn die Stunden zählen zu müssen.
Hatte Fräulein Hsu, als Hebamme ein nützliches Glied der Gesellschaft, die ersehnten Fesseln erst einmal auf sich genommen, mußte sie an tage-, ja wochenlangen Mah-Jongg-Gesellschaften teilnehmen. In unserer Familie, bei den Tschus, fanden an bestimmten Festtagen oder auch sonst an Tagen, die der Kalender, ein Leitfaden der günstigen und ungünstigen Tage, empfahl, regelmäßig gewaltige rituelle Spielturniere statt. Sie zogen sich über zwei, drei, fünf oder gar zehn Tage hin; ganze Klans versammelten sich in dem einen oder anderen Haushalt, bis zu vierzig, ja sechzig Spieler nahmen gleichzeitig teil, jeweils vier an einem Tisch. Setzte einer kurz aus, um zu schlafen oder zu essen, trat ein Ersatzmann an seine Stelle. Eine Szene im Hof von Drittem Onkel bleibt mir unvergessen: Eine junge Spiele-

rin ließ sich, als es Zeit war, ihrem dreijährigen Sohn die Brust zu geben, das Kind bringen und legte mit der einen Hand die Brust frei, lange, vom vielen Säugen schlaffe Hängebrüste, denn die meisten Frauen hatten bereits mit achtundzwanzig oder dreißig Jahren sechs oder sieben Kinder, von denen rund die Hälfte bald nach der Geburt starb, die anderen aber noch als Zwei-, ja Dreijährige die Brust bekamen, da man auf diese Weise glaubte, weitere Schwangerschaften verhüten zu können. Und während eine Dienerin das Kind hielt, steckte ihm die junge Frau die Brustwarze in den Mund, ohne deshalb auch nur einen einzigen Moment im Spiel einzuhalten; pausenlos klapperten die elfenbeinernen Spielsteine mit dem Bambusrücken, die die meisten Spieler gar nicht erst anzuschauen brauchten, da sie die Chips beim Aufheben schon am Gefühl erkannten.
Fräulein Hsu steckte offensichtlich in der Klemme; auf der einen Seite stand die Einsamkeit der alternden Frau, auf der anderen das Joch der Ehe, das heißt die Aussicht, mit einem Mann zu leben und nicht nur den Geschlechtsverkehr erdulden zu müssen, den sie nach eigener Aussage abstoßend fand (wie alle Frauen, denn welche Frau, die etwas auf Moral hielt, hätte eingeräumt, daß ihr der Beischlaf Vergnügen bereitete?), sondern auch seine unfehlbar zu erwartende Untreue; denn gesetzt den Fall, er hörte auf, Bordelle zu besuchen oder sich eine Konkubine zu halten, so machte er sich durch diesen Beweis der »Weiberfurcht« zum Gespött seiner Freunde. Kein Wunder also, daß sie allmählich ihr ruhiges Wesen verlor und immer launischer wurde; trotzdem zog es sie täglich unaufhaltsamer zur Ehe hin; ihr Haar wurde schwärzer, auf ihrem stark geschminkten Gesicht traten die Runzeln stärker und deutlicher hervor als unter der leichten Puderschicht von früher; sie lächelte in die Spiegel, redete von Zahngold auf dem Schwarzmarkt, versuchte sich in einem jugendlichen Gang und grub ein paar einflußreiche Verwandte aus.
Und dann stellte sich heraus, daß sich Fräulein Hsu einer Sache wegen besondere Sorgen machte, nämlich ihrer Jungfräulichkeit wegen. Sie war, was nur sehr wenige wußten, im Alter von drei-

zehn Jahren von einem Onkel mütterlicherseits vergewaltigt worden – keine Seltenheit in den großen Familienklans – und fürchtete nun sehr, daß sich der Warlord daran stoßen könnte. Ihn einzuweihen erschien ihr unmöglich. Auch Marian, die sich bei jeder Gelegenheit über die doppelbödige chinesische Moral ereiferte, bestärkte sie darin, ihm nichts zu sagen. »Er wird selber wohl auch kein Heiliger gewesen sein«, meinte sie. Aber das war natürlich kein Argument. Ein Mann konnte sich alles erlauben, eine Frau nichts, und wenn sie vergewaltigt worden war, so war sie damit ein für allemal erledigt und wäre besser gestorben. Fräulein Hsus Freundin jedoch verfiel auf einen naheliegenden Ausweg; sie schlug ihr vor, auf ein Handtuch Flekken zu machen und dieses dann zu unterschieben, so daß die nacheheliche Inspektion den Beweis für ihre voreheliche Unberührtheit erbrachte – eine Idee, die aus einem alten chinesischen Roman stammte. Mittlerweile wurden in aller Heimlichkeit und Stille bereits Vorbereitungen für die noch nicht öffentlich bekanntgegebene Hochzeit getroffen, aber ohne daß Fräulein Hsu ihren Zukünftigen getroffen hätte; die entschlossene Heiratsvermittlerin nahm begeistert und tatkräftig alles selber in die Hand.

Später begriff ich auch, welchen Platz der Landkauf in dieser Heiratsgeschichte einnahm. Bei dieser allgemeinen Umkrempelung ihrer Person verlor Fräulein Hsu das Gleichgewicht und warf den nüchternen Ballast ihres Lebens als Hebamme, bezahlte Lehrkraft, geachtetes Mitglied eines Krankenhauses und alleinstehende Frau über Bord und stürzte sich Hals über Kopf in die hochgehenden Wogen des Geld- und Sicherheitsstrebens einer Frau der besitzenden Klassen mit sämtlichen dazugehörigen Wertvorstellungen; an deren oberster Stelle rangierte der Grundbesitz. Ihr Ansehen hing nun also von der Zahl der Seidenkleider, der pelzgesäumten Gewänder, der Mäntel und Schuhe ab, die sie besaß, davon, wie oft sie sich Dauerwellen legen lassen, wie viele Dienstboten sie einstellen und beschäftigen konnte, vor allem aber davon, ob sie Grundbesitz hatte. Um auch nur in ihren eigenen Augen etwas vorzustellen, mußte

Fräulein Hsu also wohl oder übel Land erwerben – daher denn ihr plötzlicher Kaufeifer.

Durch all das aber wurde das umgängliche, sanfte Fräulein Hsu, wie wir es gekannt hatten, völlig zerstört, und aus den Trümmern des Zusammenbruchs ging eine zänkische, kleine Person mit Rouge auf den Backen und einer schrillen Stimme hervor – eine Metamorphose, die sich nicht schlagartig, sondern stufenweise vollzog, und eine dieser Phasen war der Landkauf.

Immer wieder griff Fräulein Hsu das Thema auf, immer wieder schlug sie mir vor, Land zu erwerben, Land, auf dem man ein Haus bauen konnte. Ich wollte gar kein Haus bauen, aber sie setzte mir so lange zu, bis ich nachgab und wir uns das Grundstück einmal anschauten. Ich besaß zweitausend Dollar, also eine ganz hübsche, im Frühjahr 1941 allerdings schnell zusammenschrumpfende Summe. Diesen Reichtum hatte ich sozusagen mit meiner Hände Arbeit, das heißt durch Englischstunden an der sowjetischen Militärmission in Tschungking, im vergangenen Jahr selbst verdient. Ich erklärte mich bereit, Fräulein Hsu die Hälfte zu leihen, aber davon wollte sie nichts wissen. Ich sollte Miteigentümerin sein, zusammen wollten wir ein Haus bauen als Zufluchtsstätte vor den Bomben, das wir entweder vermieten oder selbst bewohnen konnten. Schließlich beredete sie mich sogar, »unser« Grundstück einmal in Augenschein zu nehmen. Es lag ziemlich weit draußen und war eine hügelige Sand- und Wasserwüste, wo nichts gedieh. Die Eigentümer, ein Dorfklan, mußten verkaufen, weil sie in Schulden geraten waren. An jenem Abend trafen sie sich mit den Maklern zu einem Essen. Unsere Partei war vertreten durch Fräulein Hsu und Fräulein Wang, einen ältlichen Vetter von irgend jemand und mich. Im flackernden Licht der Öldochte saßen die Bauern stumm und mißtrauisch in ihren Lumpen am Tisch, strichen über ihre Bambuspfeifen und machten den Mund nicht auf. Fräulein Hsus Vermittler ermahnte sie, auf den Preisvorschlag einzugehen und wies sie darauf hin, daß auf dem Boden weder Reis noch Bohnen noch Raps gedieh, und daß so gesehen, der

Kaufpreis recht beträchtlich war. Plötzlich, ohne jeden ersichtlichen Anlaß, denn die Bauern hatten sich überhaupt nicht geäußert, legte Fräulein Hsu einen kleinen Wutausbruch hin und schrie, das sei viel zuviel Geld für ein solches Land; sie schlug mit ihrer kleinen Faust auf den Tisch und kreischte und gebärdete sich wie eine Hysterikerin. Ich jedenfalls verstand gar nicht, was eigentlich geschehen war. Ein paar Tage später brachte Fräulein Hsu einen Packen Papiere mit, den sie mit ihrer Kupplerfreundin laut in ihrem Zimmer besprach.
Schließlich und endlich zahlte ich tausend Dollar und erhielt dafür ein Stück Papier, in dem sich Fräulein Hsu verpflichtete, das Grundstück und das möglicherweise darauf zu errichtende Gebäude mit mir zu teilen. Heute glaube ich, daß es ihr in erster Linie um die Protektion meines Namens zu tun war, und zwar des Tschu-Klans (da ich von der Tschu-Familie abstammte) und des Pao-Klans (da ich seine Frau war). Denn in jener Zeit wurde kein Handel ohne Hintergedanken geschlossen, alle Unternehmungen gingen um ein paar Ecken und verfolgten Ziele, auf die man im Schlaf nicht verfallen wäre. Aber diese Taktik, einflußreiche Beziehungen in die Waagschale zu werfen und gegeneinander auszuspielen, war für mich seit eh und je zu kompliziert, zu wirr, als daß ich sie hätte durchschauen können. Selbst heute bin ich noch nicht in diese Feinheiten eingedrungen. So verlor ich also tausend Dollar, dann verlor ich auch das Stück Papier oder zerriß es. Ein paar Monate später schrieb mir Fräulein Hsu einmal, um mir Nachricht von »unserem« Haus zu geben und die Kosten der Ziegel mitzuteilen. Zu dieser Zeit verkauften die Bauern ihre winzigen Felder dorfweise, aber das Geld fiel immer weiter – bald hätte ich für die tausend Dollar, die ich für die zweieinhalb Ar bezahlt hatte, keine Schüssel Reis mehr bekommen ...
Schließlich landete Fräulein Hsu glücklich im Hafen der Ehe. Ich war zwar nicht persönlich auf ihrer Hochzeit, hörte aber später wieder von ihr: daß sie Mah-Jongg-Gesellschaften gab, daß Dr. Manly nicht auf ihrer Hochzeit gewesen war, was sie, weil sie sich davon viel Gesicht versprochen hatte, so ärgerte,

daß sie sich im Hospital nicht mehr blicken ließ, obwohl sie die Hebammen noch zu sich einlud.
Mittlerweile muß Fräulein Hsu eine alte Frau sein, aber ich stelle sie mir immer noch so wie früher vor: rundgesichtig mit krauser Dauerwelle und gurrendem Lachen. Und wenn ich sie mir so vergegenwärtige, fällt mir auch die Stimme des Pförtners wieder ein, der die Hebammen zu den Fällen rief, höre ich das Knarren der hölzernen Treppen wieder, wenn die Frauen mit ihren schweren Taschen herunterkamen. Das Gesicht meiner Freundin Huang Seyuan taucht wieder vor mir auf, gut, traurig und still; die kleine eingeschrumpfte Schen, in deren Bett ich einmal schlief, als sie unterwegs war, und es alle Wanzen von Tschengtu auf mich abgesehen hatten. Ich erinnere mich an das pockennarbige Fräulein Ma, eine starke, aber schwatzhafte Person; an das kluge, geschickte Fräulein Wang, der alles gedieh, was sie in Angriff nahm, vom Stricken übers Einwecken, Entbinden, Volleyballspielen bis zum Tuchschuhemachen. Ich habe noch den Geruch des Operationssaals nach Desinfektionsmitteln und Schweiß in der Nase, den heißen feuchten Geruch der Geburt, höre das scharfe Klatschen der Fliegenpatsche und Marian Manlys Stimme mit ihrem amerikanischen Akzent; das Schreien der Neugeborenen, die ihren Eintritt in die Welt ankündigten, das Gerede der Mütter, ihr Lachen, ihr Weinen und das muntere Klappern von Marians Schreibmaschine des Nachts, wenn sie meine Kapitel zu einem Buch zusammenschmolz.
Wenn Marian ein Kapitel beendet hatte, las sie es gern einem verständigen Publikum vor, das hieß, den anderen Missionaren. Gelegentlich nahm sie mich zum Abendessen in die eine oder andere Missionarsfamilie mit. Nach dem Essen setzte sie sich genüßlich zu einem Vortragsstündchen zurecht, und die anderen hörten aufmerksam zu. Ich hatte keinerlei Autorenehrgeiz, auch wenn ich manchmal meine Sätze wiedererkannte. Alles in allem bewunderte ich Marian, daß es ihr nichts ausmachte, ihre Sachen laut vorzutragen; für mich war der Akt des Schreibens, so öffentlich er ist, doch gleichzeitig etwas so Intimes, daß ich nie zu einer sogenannten Dichterlesung imstande gewesen wäre,

obwohl ein Buch ja jedem zugänglich ist. Ab und an wanderten meine Gedanken an solchen Abenden zu Pao, und Angst kroch mir kalt den Rücken hinauf. Aber Marians feste Stimme und ihr sicheres Auftreten wirkten ungemein beruhigend. Nie hätte ich die Details so sorgfältig ausarbeiten können wie sie, bis sich schließlich eines wunderschön ans andere fügte; ich besaß diese Gabe, etwas ausführlich und behäbig darzustellen, nicht und schlug später auch genau den entgegengesetzten Weg ein. Statt die Szenen aufzubauschen, versuchte ich sie zusammenzudrängen und mit möglichst wenig Worten zu umreißen.

So lernte ich über Marian ein paar amerikanische und kanadische Missionare kennen, die China mittlerweile alle den Rücken gekehrt hatten. Einige schrieben Bücher über ihren Aufenthalt dort und den umwälzenden Einfluß der Revolution; und einer nahm sich der von Tai Lees Geheimpolizei verfolgten, progressiven Studenten an; andere wiederum glaubten an Tschiang und hüteten sich wegen ihrer ungesicherten Stellung in China vor jeder politischen Aktivität.

Zu dieser Zeit waren in der Westchinesischen Universität Tschengtu sechs Universitäten untergebracht; fünf davon waren aus anderen Provinzen evakuiert. Auf dem Campus wimmelte es von Geheimpolizisten, die die Professoren, Dozenten und Studenten überwachten. Die Missionare, die die Spannungen sehr wohl spürten, vermieden es, Partei zu ergreifen oder sonst ein Risiko einzugehen; nur wenige bildeten eine Ausnahme.

Unter anderen lernte ich ein englisches Ärzteehepaar kennen. Jessie, eine große, hübsche Frau, Goldmedailleninhaberin der Universität London, war all das, was ich gern gewesen wäre – eine Ärztin, eine tüchtige Frau, ein Mensch voller Zuversicht. Ihr Mann, ein überzeugter Pazifist, hielt lange Reden über die Gewaltlosigkeit, weil er den Krieg von ganzem Herzen haßte. Ich erinnere mich an Jessie noch so gut, weil sie im Mai 1940, als in Europa endlich der seit September 1939 schwelende Krieg ausgebrochen war und Hitler Frankreich in einem Blitzkrieg überrollte, eines Abends in mein Zimmer im Hospital gestürzt kam und rief: »Frankreich hat aufgegeben, die britische Armee sitzt bei Dünkirchen in der Falle, jetzt ist alles aus ...« Die Parfitts hatten die Nachricht von Frankreichs Fall und der Katastrophe bei Dünkirchen übers Radio gehört. Für sie bedeutete dies das Ende der Welt, für mich war es eine Episode in dem Krieg, der schon vor vielen Jahren begonnen hatte, ein Vorfall in weiter Ferne ... »Und was wird jetzt geschehen?« fragte ich. »Ich weiß es nicht«, antwortete Jessie. »England steht jetzt ganz allein.« Sie war völlig durcheinander. Ich hatte sie noch nie so aufgeregt gesehen. »Nun, so schlimm wird es schon nicht werden«, war alles, was mir einfiel. »Hitler in England, das ist unvorstellbar«, sagte sie. »Das ist einfach unmöglich.« Ich dachte bei mir: »Und China? So viel ist verloren, so viele Japaner sind im Land; seit so langer Zeit ist es schon allein und noch immer ist keine Wendung zum Besseren abzusehen ...«

Die Welt der Missionare war mir immer noch halb vertraut, halb fremd. Wie an der Yentsching Universität pflegten sie wohl einen gewissen Kontakt zu ihren chinesischen Kollegen, aber der mittlerweile noch viel unterschiedlichere Lebensstandard strafte alle Reden von einer gleichgestellten Gemeinschaft der Intellektuellen Lügen. Die Weißen schnitten wesentlich vorteilhafter ab – sie hatten ein größeres Gehalt, schöne Ziegelhäuser, Diener – als die Chinesen, selbst wenn diese besser qualifiziert waren. Natürlich spaltete diese unterschiedliche Einstufung das Campus in zwei Lager, was mit dem Fortschreiten des Krieges und der Inflation immer spürbarer wurde, da die Chinesen zunehmend verarmten und schließlich kaum noch das Lebensnotwendigste kaufen konnten. Während die Missionare aus dem Westen in ausländischer Währung bezahlt und deshalb nicht weiter betroffen wurden, begannen die anderen buchstäblich zu verhungern.

In unserem Hospital verschwanden 1940 sämtliche Fleischgerichte vom Speisezettel, ebenso Huhn und Ei. Bald bekamen die Hebammen nur noch braunen Reis, gewöhnliche Schminkbohnen in Schoten und Eingepökeltes vorgesetzt; bei den amerikanischen Missionaren dagegen gab es Fleisch und Kuchen und vielerlei Süßigkeiten und Butter und Hähnchen. Unter diesen

Umständen konnte ein Chinese natürlich nicht daran denken, einen Missionar zum Essen einzuladen, was umgekehrt wohl möglich gewesen wäre, aber nur höchst selten geschah, denn je schwerer sich Lebensmittel beschaffen ließen, desto mehr klammerten sich auch die Missionare an das, was sie hatten, an die Päckchen aus dem Ausland, und an ihre Privilegien, desto weniger waren sie geneigt, mit den anderen zu teilen. Bereits Anfang 1940 griff unter der Studentenschaft die Unterernährung um sich; bald schied sich die Masse der Studierenden in zwei Lager, in diejenigen, die sich Fleischgerichte leisten konnten, und in diejenigen, die mit Reis allein und dem, was die anderen übrig gelassen hatten, vorliebnehmen mußten. Binnen kurzem griff die Tuberkulose aufgrund der allgemeinen Unterernährung besorgniserregend um sich, und ein paar Jahre später starben Studenten, Dozenten und Professoren Hungers.

Nach Frankreichs Zusammenbruch im Mai 1940 herrschte in den militärischen Kreisen Chinas Verachtung für England und Frankreich und das Gefühl vor, daß beide Länder diese Demütigung durchaus verdient hatten. Wo war ihr Herrentum, ihre Arroganz, die sie in Asien, in China an den Tag gelegt hatten, geblieben? Ho Yingtschin, der Verteidigungsminister, war zutiefst von Deutschlands Sieg überzeugt. »Die Briten sind erledigt, die Franzosen ebenfalls.« Die Engländer hatten keinen Grund mehr, auf China herabzusehen, auf die Unordnung und das Chaos, sich über den Rückzug und die Niederlage lustig zu machen; das alles war nichts, verglichen mit den Vorgängen in Frankreich 1940, wo die Trümmer der alliierten Heere die Küste bei Dünkirchen wie angeschwemmtes Strandgut bedeckten. Natürlich konnten diejenigen, die uns einst gedemütigt hatten, nun, da die Demütigung sie selber traf, von uns kein Mitleid erwarten. Im Gegenteil; sogar diejenigen, die Briten und Franzosen im großen und ganzen gewogen waren, konstatierten jetzt zufrieden, daß sie Prügel bezogen hatten. Aber für die meisten Missionare schien nur der Krieg in Europa zu zählen; jedenfalls nahmen sie ihn weitaus wichtiger als alles, was in China vorging. Nach Tisch debattierten sie über Churchills

Kampfansprache, und als ich einwarf, auch was in China geschehe, sei von Belang, bekam ich zur Antwort, nein, die Zukunft der Welt entscheide sich in Europa.

Am 17. Juli 1940 schlug die Nachricht von der Schließung der Burmastraße wie ein Blitz ein, denn dieser Schritt der britischen Regierung bedeutete eine direkte Ermutigung Japans. Die Entscheidung der Briten löste in weiten Kreisen Chinas Empörung aus. Churchill, der wohl den unbeugsamsten Kämpfergeist unter allen Staatsmännern verkörperte, setzte sich bedenkenlos über Chinas Kampf gegen Japan hinweg und schloß die Burmastraße, über die China seinen Nachschub bezog. Das sah nach unglaublichem Zynismus aus. Tatsächlich blieb die Straße in jenem Sommer drei Monate lang gesperrt. Und die unschöne Geste schadete dem englischen Ansehen in Asien gewaltig. Eigentlich wollten die Briten mit der Schließung der Burmastraße einen Keil zwischen Japan und Hitler-Deutschland treiben. Sie hofften, mit Japan zu einer Einigung zu kommen, sich mit ihm in die chinesischen Märkte teilen und den geplanten japanischen Vorstoß nach Südostasien verhindern zu können. Statt dessen jedoch bestärkten sie die Japaner durch ihr Entgegenkommen nur in ihrem Expansionsdrang. So sehr sich Churchill in Europa bewährt haben mag, was Asien betraf, blieb er absolut unbelehrbar. China sah er lediglich als ein Gemisch aus Warlords und Bettlern; Gandhi als halbnackten Fakir und Indien als ein Land, das man in alle Ewigkeit mit Gewalt unterdrücken konnte. Obwohl er selbst Englands Wunsch nach nationaler Unabhängigkeit gegenüber einer überwältigenden Übermacht verkörperte, schien er unfähig zu begreifen, daß Asiaten und Afrikaner dasselbe Verlangen hegten.

Nach der Schließung der Burmastraße waren die Missionare immer mehr der festen Überzeugung, daß es nun für China an der Zeit sei, mit Japan Verhandlungen aufzunehmen. Ihrer Ansicht nach brauchte China vor allem ausgebildete Fachkräfte wie Ärzte, Professoren, Ingenieure; eine langfristige Planung hielten sie letztlich für wichtiger als »politische Agitation«; das Studium erschien ihnen unentbehrlicher als eine politische Betätigung. Entgegen dem äußeren Anschein herrschte auf dem Campus allerlei Uneinigkeit. Die militärischen Zusammenstöße zwischen den Truppen der Kuomintang und der Kommunisten nahmen zu, ebenso die Festnahme und Internierung linker Intellektueller in sogenannten »Gedankenreformlagern«.

Im allgemeinen dachten die Missionare nicht daran, sich mit Tai Lees Blauhemdenspionen anzulegen ... und doch hielt einer in seinem Haus wöchentlich »Bibelstunden« ab.

Es war verboten, über die wirtschaftliche Lage auf dem Land oder die Bedeutung des Faschismus oder über die Vorgänge in Jenan, an der anderen Front, Vorlesungen zu halten oder darüber zu debattieren. Ebenso verboten waren alle Diskussionen über die Inflation. Über all diese verbotenen Themen jedoch sprachen wir in der Bibelstunde, und damit begingen wir bereits Hochverrat. Aber es fügte sich gewissermaßen ganz von selbst; vom Bibeltext ausgehend, kamen wir auf dies und das zu reden – wir, das heißt Studenten und ein paar Dozenten – auch wenn der Missionar, der die Diskussion leitete, nie versäumte, am Anfang und am Ende ein paar linientreue allgemeine Floskeln einzuflechten; aber in Wahrheit waren wir von unbesehener Billigung weit entfernt, in Wahrheit übten wir Kritik. Jedenfalls wäre eine Anzeige sowohl für den Missionar, der uns einen Raum zur Verfügung stellte, als auch für die chinesischen Studenten und Dozenten sehr gefährlich gewesen.

Bei einer dieser Zusammenkünfte lernte ich Jack Belden kennen, der damals für eine amerikanische Zeitung schrieb. Er hatte die befreiten Gebiete unter kommunistischer Herrschaft besucht und verfaßte später das sehr lesenswerte Buch *China Shakes the World*. Belden war Matrose und Arbeiter gewesen und 1933 nach China gekommen, wo er neun Jahre lang blieb. An jenem Abend sprach er von Jenan, von der 8. Armee und ihrem Kampf gegen Japan. Im Fall einer Denunziation hätte er als Ausländer wegen der extraterritorialen Privilegien die chinesischen Gesetze nicht zu fürchten brauchen, wohingegen die wenigen anwesenden Chinesen allerlei Scherereien bekommen hätten. Bei einer anderen Zusammenkunft lernte ich David

Crooke kennen, der heute in Peking lehrt und damals Vorlesungen in Tschengtu hielt. Er kam in der Folge regelmäßig, und sein klarer Blick, seine ruhig vorgebrachten Argumente machten uns großen Eindruck. Er war eine der tonangebenden Persönlichkeiten in diesen Studienzirkeln.
Ebenfalls erwähnt zu werden verdient Ruth Weiss, eine höchst mutige Österreicherin, die einen etwas jüngeren Chinesen heiratete und ihm zwei Söhne gebar. Einige Jahre später setzte sich ihr Mann nach Amerika ab, obwohl er sich stets »progressiver« gegeben hatte als sie, und Ruth mußte sich in den schweren Jahren des Niedergangs des Tschiang-Regimes mit ihren beiden Kindern allein durchschlagen. Sie blieb auch während der Revolution in China, denn ihrer Ansicht nach waren ihre Kinder Chinesen und mußten in China aufwachsen. Anfangs hatte sie es sehr schwer, obwohl sie niemals klagte und alles lächelnd und mit wunderbarer Ausgeglichenheit überstand. Als ich sie später in Peking wiedertraf, war ihr Gesicht so glatt und faltenlos wie ein Vierteljahrhundert zuvor in Tschengtu, als sie mich, fröhlich und lebensvoll an der Seite ihres Mannes, zum Essen einlud.
Und dann war da noch Liao Hungying, eine chinesische Chemiedozentin, eine Frau, die ihres integeren Charakters wegen vielen Bürokraten und Scheinheiligen ein Dorn im Auge war. Sie hatte einige Jahre lang in England studiert und dann einen Lehrstuhl in Tschengtu übernommen, war mit Huang Szeyuan befreundet, der Hebamme, mit der auch ich auf freundschaftlichem Fuß stand, heiratete später einen Engländer, der Chinesisch studierte und lebt heute in England.
Diese Zusammenkünfte verfehlten ihre Wirkung auf mich nicht, obwohl ich damals David Crooke widersprach und den Unsinn, den mir Pao eingetrichtert hatte, zum besten gab, denn wir sind gegen eine Gehirnwäsche nicht immun, und ich war zu allem Überfluß unsicher und harmlos und gutgläubig und stets geneigt, den Leuten aufs Wort zu glauben. Alles in allem aber bildeten diese Diskussionsabende ein Gegengewicht zu Paos Propagandareden und stärkten mich in meiner Opposition Pao

und dem ganzen System gegenüber. Diesen Debatten, diesen Menschen habe ich es letztlich zu verdanken, daß ich jene Zeit überstand; in vollem Umfang aber zeigte sich ihr Einfluß erst wesentlich später.

Gemeinsam mit Liao Hungying, Huang Szeyuan, der kleinen Schen und der klugen Wang, der Oberhebamme, streifte ich durch die Straßen Tschengtus, durch die Silberschmied- und die Seidenstraße, durch die Zinngießer- und die Buchstraße. Zusammen gingen wir an einem Stand in der Kleinen Himmlischen Bambusstraße *Lamien* essen (kleine Schüsseln voll Nudeln mit Chilisauce und braunem Zucker), gemeinsam legten wir Mixed Pickles ein. Meine Freundinnen brachten mir Szetschuaner Rätsel und Redewendungen bei, die das Szetschuanesische zu einem so lustigen, witzigen Dialekt machen. So bedeutet etwa der Ausdruck »Ein Spinat- und Bohnenquarkgericht« eine untadelige Familie, der man nichts Übles nachsagen kann oder »sich die Ohren verstopfen und eine Glocke stehlen« Leute, die sich selbst etwas vormachen und nur von sich selber reden; und wenn Schen einen Bestechungsversuch energisch zurückwies, so »schlug sie einen Hund mit einem Stöpsel«, und unter einem »Buddha aus Dreck, der einen Fluß durchquert« war jemand zu verstehen, der sich zu einer Aufgabe nicht eignete, sie zu seinem eigenen Schaden aber dennoch in Angriff nahm.
Meine freien Tage verbrachte ich im Haus von Drittem Onkel in der Schafmarktstraße, und Dritter Onkel fand sich stets zu einem kleinen Plausch bereit, denn in mir hatte er eine willige Zuhörerin. Besonders freute ihn mein Interesse an den Szetschuaner Sprichwörtern. »Die von flußabwärts reden anders.« Sagte man zum Beispiel von einem Mann, er habe einen »Papageienschnabel«, so meinte man damit, er komme vor lauter Reden nicht zum Handeln – übrigens ein für Tschengtu besonders spezifischer Ausdruck, wo sich vor vielen Läden Papageien in großen Ringen schaukelten. »Dein Artikel gleicht den Fußlappen einer faulen Frau« sagte man von einem wirren, wortreichen literarischen Stil, und das wurde nicht selten auf die

Szetschuaner Literaten angewandt, die für ihre überquellende Diktion bekannt sind. »Eine Gurke an der Wand« nannte man einen doppelzüngigen Bekannten. Und wenn ein Gast zu lange blieb, brummte Dritter Onkel, »der hat ja mitten im Juni einen Filzhut auf«.

Manche Ausdrücke wiederum, die eher nach Kritik klangen, bedeuteten in Wirklichkeit Lob. So meinte »eine haarlose Zahnbürste bis ins Mark und Auge« einen guten Opernsänger, dessen reine klare Stimme keiner Hebung durch Extratriller und -schnörkel bedurfte.

Wenn sich bei unseren Hausbesuchen die Kinder um uns scharten, vertrieb Fräulein Wang sich und uns die Wartezeit (und Hebammen müssen stundenlang warten, um dann in Minutenschnelle zuzupacken) gern damit, mit den älteren Kindern Singrätsel zu spielen.

Heute wünschte ich, ich hätte die Kinderreime und die alten, uralten Wiegenlieder gesammelt, von denen die Tschengtuer Frauen so viele kannten. Dem Gedächtnis ist leider nicht zu trauen, und mittlerweile haben sich die Dinge doch etwas geändert, auch wenn man in Tschengtu trotz des Verkehrsgetöses aus den Lehmziegelhäusern (jenen ungesunden Bauten, die nach und nach alle verschwinden) heute noch Kinderlieder hören und die Kinder auf den Straßen immer noch beim Schnurspiel, bei Himmel und Hölle und dem Rätselsingen beobachten kann.

Auch die Oper war in Szetschuan anders als in Peking, wesentlich schriller und weniger lächerlich, schauspielerisch viel bewegter und stärker auf den Text abgestimmt, mit weit lebendigeren Frauenrollen. Eine meiner Kusinen, Teng Wenhu, war eine begeisterte Opernliebhaberin, und zusammen mit ihr besuchte ich manche fünfstündige Aufführung. Hinterher liefen wir noch ein bißchen durch die Straßen, suchten einen kleinen Eßladen und während wir *Maotutse*, den berühmten Szetschuaner Eintopf aus Gewürzen, Leber, Niere und Gänseklein aßen, debattierten Teng Wenhu und ihre Freundinnen unermüdlich über die Details der Opernaufführung, die wir gerade gehört hatten.

1964 hatte ich Gelegenheit, zu beobachten, welchen Wandel die Szetschuaner Oper durchmachte; in den Tschengtuer Theatern tauchten neue Themen auf und verdrängten den alten Bühnenstoff vom armen Gelehrten, der eine reiche Prinzessin heiratet. Gesangstechnik und schauspielerische Führung blieben sich allerdings gleich, ebenfalls die Neigung, alles Lustige zu betonen, die nicht zuletzt den unvergänglichen Wert der Szetschuaner Oper ausmacht. Nun warte ich nur noch darauf, daß ein gutes Werk über den Großen Marsch geschrieben wird, der ja auch durch die Provinz Szetschuan führte und der das Leben so vieler Menschen änderte.

Aber neben diesen Tagen in Tschengtu, die mit Entbindungen und Schreiben ausgefüllt waren, verbrachte ich ganze Wochen und Monate in Tschungking bei Pao. Aber von diesem anderen Leben sprach ich in Tschengtu nicht, und so konnte ich die beiden Bereiche getrennt halten.

Die japanischen Bombenangriffe, die 1939 eingesetzt hatten, nahmen 1940/41 an Schärfe zu. Sobald sich der Winternebel hob, tauchten die Flugzeuge auf, und den ganzen ermüdenden, heißen Sommer hindurch bis in den Spätherbst hinein gehörten Bombardements zum täglichen Leben. Der Tagesablauf war praktisch von vornherein festgelegt: Man stand beizeiten auf, da die Nächte höllisch heiß waren, denn der Fels strömte die untertags aufgespeicherte Hitze aus, wachte man sowieso bei Sonnenaufgang auf, brachte doch die Morgendämmerung keine Abkühlung, sondern nur einen weiteren glühend heißen Tag.

Schnell war mit dem Fächer ein kleines Reisigfeuer entfacht, bald kochte das Wasser für den Morgenreis, und um neun Uhr war die erste Mahlzeit des Tages (das Vorbombenessen) eingenommen. Dann wurde bereits der erste Alarm gegeben, und man pilgerte mit leichtem Gepäck, darunter auch Kessel und Eisenpfanne (nach 1940 unersetzliche Schätze, da Metall nicht mehr zu haben war) zum Unterstand und verbrachte dort den restlichen Tag. Manchmal gingen die Bomben ganz in der Nähe nieder, so daß wir den seltsam pfeifenden Ton, den sie beim Fallen erzeugten, hören konnten; manchmal hallten die Explosionen nur schwach aus der Ferne herüber; manchmal aber kehrten die Bomber auch fünf-, sechsmal zurück, an einem Tag zwanzigmal, und 1941 setzten sie den Angriff einmal sogar über sieben Tage und Nächte pausenlos fort. Damals fanden viele den Tod, vor allem Kleinkinder, teils durch Bomben, teils in den Luftschutzunterständen vor Hitze, Erschöpfung und Durchfall.
Die Schutzräume bestanden aus in den Fels gebrochenen Tunnels, und da ganz Tschungking ein einziger Felsen mit Vorsprüngen und kleinen Höhlen und Erhebungen war, brauchte man nur die naturgegebenen Schutzmöglichkeiten noch etwas auszubauen. Außerdem hatte man noch einige Unterstände aus dem weicheren Boden ausgehoben, die aber nicht sicher waren und nach einiger Zeit einstürzten. Einen Nachteil aber hatten alle Bunker: Sie besaßen keine Entlüftungsanlage, so daß die Leute, die sich am anderen Ende vom einzigen Zugang befanden, unter Sauerstoffmangel litten, wenn sich der Angriff lange hinzog. Sie fingen an, um sich zu schlagen oder fielen in Ohnmacht. Zwischen den Explosionen ließen uns die Japaner längere oder kürzere Verschnaufpausen, und diese nutzten alle aus, um wieder aus dem Schutzraum herauszukommen, sich am Eingang der Höhle niederzulassen, sich Kühlung zuzufächeln und gierig die heiße Luft einzuziehen – nur daß man im Freien fast genauso schlapp und matt wurde, denn es gab fast keine Büsche, und war doch einmal einer vorhanden, so war sein schmaler kühler Schattenstreifen regelmäßig von Polizisten oder der Familie

eines aufgeblasenen Beamten mit Beschlag belegt. Auf dem Felsen herrschte drückende Hitze, endlos zog sich der Tag hin, zäh verrannen die Stunden wie geschmolzenes Blei, waren nichts als Schwitzen, Ersticken und Durst. Für die Männer war am Eingang der Höhle lediglich ein einziger großer Holzeimer aufgestellt, für die Frauen überhaupt nichts vorgesehen, und die Kinder erleichterten sich, wo sie gingen und standen, so daß der Gestank und die Fliegen bald lästig wurden.

Nach 1940 wurde es gefährlich, sich während der Bombenangriffe mit einem Taschentuch den Schweiß vom Gesicht zu wischen. Gerüchte liefen um von Spionen, die man dabei erwischt hatte, wie sie den Flugzeugen mit weißen Taschentüchern Zeichen gaben. In Zukunft sollte jedermann, der »Zeichen gab«, auf der Stelle exekutiert werden ... Ich war selbst einmal Zeuge eines nicht aufgeklärten Vorfalls. Als ich eines Tages etwas spät zum benachbarten Schutzgraben ging (ich schob es immer bis zur letzten Minute hinaus), sah ich einen Mann mit gefesselten Händen, ein schwarzes Tuch mit zwei Sehschlitzen über dem Gesicht, der von drei Soldaten abgeführt wurde; dahinter folgte ein Geheimpolizist, seinen Revolver lose, mit dem Lauf nach unten, in der Hand. Womöglich sollte der Gefangene in einem kleinen privaten Unterstand mit einem Genickschuß hingerichtet werden; warum, wußte ich nicht. Jedenfalls war dies eine der von der Geheimpolizei ausgeheckten Methoden, sich der »Kommunisten« zu entledigen. Gewöhnlich nahm der Vollstrecker des Todesurteils die Schuhe seines Opfers an sich, damit der Geist des Toten ihm nicht nachlaufen konnte.

Draußen vor dem Unterstand durften wir also kein weißes Tuch oder dergleichen benutzen, so sehr man auch in der mörderischen, nicht nachlassenden Hitze schwitzte; so kauften wir graue oder blaue Handtücher. Manchmal hinterließ ich, wenn ich aufstand, auf dem Felsen, auf dem ich gesessen hatte, feuchte Spuren – Schweiß.

Nicht selten fiel die Wasserversorgung aus. Die Wasserleitung wurde durch Bomben zerstört und zweimal auch Tschungkings Elektrizitätswerk getroffen. So hing fast die ganze Stadt von den

Wasserträgern ab, die das Wasser von ein paar Kanälen oder von dem zweihundert Fuß tiefer gelegenen Fluß holten – treppauf, treppab für einen Kübel mit Wasser. Und diese gelbe, trübe Flüssigkeit aus dem Großen Strom kostete fünf bis zehn Dollar pro Eimer. In schlechten Zeiten lernte ich mit einem Eimer pro Tag auszukommen und davon meinen Durst zu stillen, zu kochen, zu waschen und sauberzumachen.
Bis wir im Sommer 1941 ausgebombt wurden, bewohnten wir den ersten Stock eines Hauses im Tschang-Familien-Garten. Dabei handelte es sich nicht, wie der Name vermuten läßt, um einen Garten, sondern um eine lange, enge Treppenflucht, eine geradezu leiterartige Straße, die, wie ein Gebirgspfad gepflastert, von der Hauptstraße zum Fluß hinunterführte. Sie war nur auf einer Seite bebaut. Auf der anderen lag ein Hohlweg, jenseits davon wiederum ein Hang und darauf eine weitere leiterförmige Straße mit Häusern, paramilitärischen Anlagen mit einem Ausbildungslager, möglicherweise eine Einrichtung der Blauhemden. Unserem Haus gleich gegenüber befand sich, recht praktisch für die Ausleerung der Toilettenkübel, eine öffentliche Bedürfnisanstalt. Die sowjetische Militärmission war ebenfalls auf einem von uns aus sichtbaren, nur knapp einen Kilometer entfernten, zum Fluß abfallenden Hang untergebracht.
Zu jener Zeit stand, genau besehen, die Tschiang-Regierung mit Sowjetrußland wegen des chinesischen Widerstands gegen Japan besser als mit Amerika. 1934 waren die diplomatischen Beziehungen wieder aufgenommen, im August 1937 ein Nichtangriffspakt unterzeichnet worden; 1938 trafen über die neugebaute, rund 2500 Kilometer lange Straße von Urumtschi und Lantschou die ersten Darlehen und militärischen Verstärkungen aus Sibirien in Sian ein. Eben diese Straße veranlaßte die Amerikaner, ein halbes Jahr später auch die Burmastraße wieder zu öffnen. Als der russische Botschafter Paniuschkin nach Tschungking kam, weigerte er sich, sich in einer Sänfte vom Fluß in die Stadt über die Treppen hinauftragen zu lassen, und diese demokratische Geste machte ihn beim Volk populär. Die Angehörigen der sowjetischen Militärmission hielten sich strikt

für sich, wurden aber nicht überwacht, während der von Tschu En-lai angeführten chinesisch-kommunistischen Verbindungsgruppe Beschränkungen auferlegt wurden. Genau genommen waren sie Gefangene, denn das kleine Haus, in dem sie wohnten, war von Agenten regelrecht umlagert. Die Konzentrationslager füllten sich mit Leuten, die »gefährlicher Gedanken« angeklagt wurden, weil sie in Buchhandlungen beim Lesen angetroffen oder auf der Straße nach Jenan aufgegriffen worden waren. Die Sowjetmission in Tschungking unterhielt keine Beziehungen zu den chinesischen Kommunisten. Den ganzen Krieg hindurch unterstützten die Sowjets Tschiang, bis 1941 waren sie sogar seine Hauptlieferanten. Die Flugzeuge, die die japanischen Bombenangriffe abwehrten, stammten aus der Sowjetunion, auch die Flak und die Flugzeugbesatzung rekrutierte sich aus sowjetischen Freiwilligen.

1940 hatte die Inflation so um sich gegriffen, daß auf den Tschungkinger Märkten kaum noch Fleisch zu haben war. Manche Männer begleiteten ihre Frauen beim Einkaufen; sie nahmen Hackmesser mit und hackten sich an den Ständen selbst eine Portion Fleisch ab, denn schon lange stellte sich niemand mehr ordentlich an, und die Leute bedienten sich selbst, weil sie wußten, daß die Preise in dem Maß stiegen, in dem die Vorräte abnahmen.

Stabilisierung der Währung, Preiskontrollen und Strafen für Läden, die die Preise für Gebrauchsartikel erhöhten, machten Schlagzeilen, aber die Finanzen der Kuomintang lagen ständig im argen. Ein guter Teil des gesetzlichen Zahlungsmittels floß für Luxusartikel nach Hongkong und Schanghai, dennoch fanden die Monopolgesellschaften Deckung durch den Finanzminister und Angehörige seiner Familie, denn die Regierung nahm sich von den von ihr erlassenen Verordnungen, die solche Praktiken verboten, selbstverständlich aus.

Außer dem Finanzminister H. H. Kung waren an dem Geschäft auch Tai Lees Organisation und ihre Monopolgesellschaften beteiligt, wie auch die Kuomintang-Armee direkt mit den Japanern Handel trieb. Zwar wurden Sparsamkeits- und Genügsamkeitskampagnen propagiert, aber kein Mensch kümmerte sich darum, am wenigsten die höheren Beamten. In jenem Sommer gewährten die USA China einen Kredit von 50 Millionen Dollar; eine Devisenbewirtschaftung wurde jedoch nicht eingeführt, da der Finanzminister und seine Frau dagegen stimmten. Sie und viele von ihnen protegierte Regierungsmitglieder profitierten davon und kauften ausländische Währung zum festen Kurs von 20 zu 1. So floß jede Anleihe, jeder Zuschuß in die Taschen der Beamten, und 1940 war die Kaufkraft des gesetzlichen Zahlungsmittels, des *Fapi*, auf ein Zehntel seines Wertes von 1937 gefallen, 1941 auf ein Fünfzigstel.

Um einen Zusammenbruch der Verwaltung zu verhüten, zahlte die Kuomintang-Regierung ihre Beamten teils mit Reis aus, 16 Katti für eine Frau, 12 für ein Kind und je nach Rang bis zu 28 für einen Mann. Auf diese Art und Weise war immerhin das nackte Überleben der Besoldungsempfänger und Angestellten gewährleistet, wenn auch Fleisch, Eier und sogar Bohnenquark vom Speisezettel verschwanden. Wesentlich schwerer taten sich diejenigen, die nicht in Ämtern und Regierungsbüros saßen; ihnen blieb nur der Schwarzmarkt. 1941 fiel der Wert des Geldes monatlich um zehn Prozent, und natürlich konnte der »festgesetzte Preis« für Grundnahrungsmittel wie Reis unter diesen Umständen nicht gehalten werden.

Ich kaufte so selten wie möglich ein. Das ewige Herumlaufen und Feilschen ging über meine Kräfte. Pao war wohlgenährt, da er täglich eine Mahlzeit im Kasino einnahm, und die Kantinen vorrangig beliefert wurden. Ich stellte eine kräftige Frau vom Land ein, die ich zum Einkaufen auf den Markt schickte. Die Hähnchen, die sie brachte, waren mit Wasser aufgetrieben und hatten, da man ihnen Sand und Steinchen zu fressen gegeben hatte, ein phantastisches Gewicht; weit öfter aber kehrte sie grinsend und mit leeren Händen zurück. Die besten Dinge waren sowieso für das Südufer und die Restaurants dort reserviert, aber gelegentlich kam es deswegen auch zu Schlägereien. Unternehmungslustige pilgerten mit großen Körben aufs Land, um Gemüse, Eier oder Fleisch direkt von den Bauern einzuhandeln. Andere zogen selbst Hühner, Enten oder Schweine auf, zum Teil sogar, wenn es an den geeigneten Räumlichkeiten fehlte, auf dem mit Bambus eingezäunten Dach oder wie jener Beamte, der angeblich einen Wurf Spanferkel unter seinem Bett großzog, in den Wohnräumen ... Nur wer »Regierungsreis« bezog, konnte sich die Geflügelhaltung leisten, und natürlich versuchten viele, eine Extrazuteilung herauszuschlagen, den zuständigen Beamten zu bestechen oder ein Kind bzw. einen anderen Verwandten mehr anzugeben – zu dieser Zeit durchaus möglich, weil es in China noch keine Geburtenregister gab und daher die Angaben nicht überprüft werden konnten.

Unsere Vermieterin, die Eigentümerin des Hauses im Tschang-Familiengarten, war eine sehr tüchtige, raffgierige Frau; sie hatte einen kleinen Jungen adoptiert, der später an einer infolge von Keuchhusten auftretenden Meningitis starb. Anfangs ließ ich mich von ihr verköstigen, aber auf die Dauer kam es zu teuer. Nicht viel besser jedoch war ich mit meinen Dienstmädchen daran, die beim Kochen so viel probierten, daß für mich kaum etwas übrig blieb. Trotzdem brachte ich es einfach nicht über mich, mich wie unsere Hausherrin neben das Mädchen zu postieren und zu schimpfen und zu kreischen, wenn sie nur den Löffel zum Kosten hob. Arbeitete das Mädchen meiner Hausfrau von früh bis spät, aß, was die Herrin übrig gelassen hatte, so schaute meine fett und rosig aus. Eines Tages aber, als sie die Stirn besaß, uns lediglich Hals und Rückgrat eines mageren Hähnchens, das wir nur mit Mühe und Not ergattert hatten, zu servieren, riß selbst mir die Geduld, und ich warf sie hinaus. Ihrer Nachfolgerin wiederum durfte man, obwohl gleich auf der anderen Straßenseite eine öffentliche Bedürfnisanstalt war, nicht mit dem Ansinnen kommen, die Toiletten zu leeren. Stattdessen benutzte sie, wenn ihr Krug voll war, ungeniert meinen mit, bis er fast überlief.

In dem Maße, in dem die Schwierigkeiten der Haushaltung zunahmen, wuchs auch meine Abneigung, eine perfekte Hausfrau zu werden. Welches Leben führten denn die Frauen ringsum? Sie steckten bis über beide Ohren im Hauswesen und waren, ungekämmt und abgearbeitet, unfähig sich für etwas anderes als für den Preis von Brennholz oder Reis, Öl oder Essig zu interessieren. Sie preßten das letzte Quentchen Kraft aus den Dienstmädchen, Dienstmännern und Wasserträgern heraus und gaben die Schlüssel nicht aus der Hand. So sah eine gute Hausfrau aus. Aber, tüchtig hin oder her, eins ging mir auf: Wenn es Pao gelang, seinen Kopf durchzusetzen, wurde ich eine Sklavin meines Haushalts. Deshalb beschloß ich, komme, was da wolle, vorsichtshalber erst gar nicht tüchtig zu werden und mit Kochen anzufangen, denn das war der Schlüssel zum Paradies des Mannes und zur Hölle der Frau. So hohes Lob jenen auch gespendet wurde, die schmackhafte Mahlzeiten zuzubereiten verstanden, ich sah in der Kochkunst nur einen Weg ins eigene Verderben.

Die Folge war, daß wir oft zum Essen ausgingen – eine Einführung, die ich beibehalten konnte, denn als die Preise anzogen, reichten die Gehälter nicht mehr aus, die Nahrungsmittel wurden noch knapper, und selbst die besten Hausfrauen kamen nicht mehr zu Rande. Unsere Nachbarn mit den acht Kindern zum Beispiel aßen tagein, tagaus kaum etwas anderes als Spinatsuppe und Reis. Pao aber war ein Feinschmecker, der etwas Gutes durchaus zu schätzen wußte; da er sich mit dem, was ich von Zeit zu Zeit als Essen auftischte, nicht recht abfinden konnte, mußte er mich wohl oder übel arbeiten lassen. So durfte ich an der russischen Militärmission in Tschungking Englischstunden geben. Wie ich zu der Stelle kam, ist eine Geschichte für sich.

In meiner Studienzeit an der Yentsching Universität in Peking (von 1933 bis 1935) kannte ich eine Kommilitonin, die wir hier Yuenling nennen wollen. Yuenling, ein großes, sehr gut aussehendes Mädchen mit einer hübschen, hellen Haut und langem, feinem, schwarzem Haar stammte aus der Mandschurei. Sie war ein Waisenkind und von einer russischen Familie in Charbin aufgezogen worden; so sprach sie fließend Russisch, was vielleicht zu ihrem »progressiven« Ruf beigetragen haben mag. Je-

denfalls war sie ein aktives Mitglied der Studentenverbindung in Yentsching und beteiligte sich 1935/36 an der studentischen Bewegung gegen die Japaner. 1938 hatte ich sie in den Bergen bei Manyu wiedergetroffen. Sie begleitete Ausländer, russische Flugzeugtechniker, die für Tschiang Kai-schek arbeiteten, durchs Dorf und blieb, als sie mich sah, freundschaftlich stehen, um mit mir einen kleinen Plausch zu halten. Dabei stellte sich heraus, daß sie als Dolmetscherin für die Russen arbeitete, die dem Kuomintang-Regime nach dem Fall von Wuhan nach Manyu gefolgt waren.
Lachend erzählte sie mir, sie habe bereits von mir gehört, alle Welt rede von meinem Putzeifer. Sie schien ihn jedoch nicht so komisch zu finden, im Gegenteil, sie lobte mich für meine Sauberkeit. Als ich sie später in Tschungking wiedertraf, ebenfalls auf der Straße, grüßte ich sie kaum, denn ich war entsetzlich mißtrauisch geworden und glaubte, alle seien gegen mich, alle redeten über mich. Diese Meinung wurde von Pao gehegt und gepflegt; erst vor kurzem hatte er wieder von einem chinesischen Studenten aus Belgien berichtet (der mich eines Abends in Brüssel in meinem Zimmer aufgesucht und angepumpt, seine Schulden aber nie bezahlt hatte), der angeblich üble Gerüchte über mich verbreitete. Yuenling blieb dennoch stehen und unterhielt sich mit mir auf ihre freundliche, zuvorkommende Art, so herzlich und mitfühlend, daß ich, entzückt über dieses seltsame, kostbare Geschenk, einmal nicht ängstlich und schwer, sondern leichtfüßig nach Hause eilte.
Aber Yuenling tat noch mehr; sie besuchte mich, kochte Nudeln, setzte sich mit mir zu Tisch und aß sie mit mir; sie war so nett, so liebenswürdig und freundlich, daß ich voll überströmender Dankbarkeit auf jedes ihrer Worte achtete und ihr noch lange, wenn sie schon verschwunden war, begeistert nachwinkte oder sie aus schierer Freude an ihrer Gesellschaft den halben Weg nach Hause brachte. Pao schien nichts gegen diese Freundschaft zu haben, was mich eigentlich wunderte, da Yuenling im Ruf einer Progressiven stand, ein unabhängiges Leben führte, ihren Lebensunterhalt selbst verdiente, sich mit Ausländern zeigte

und als Dolmetscherin arbeitete. Außerdem mußte sie durch ihre russische Erziehung in den Verdacht russenfreundlicher Gefühle geraten.
Aber vielleicht wußte Pao nicht, daß sie sich aktiv an der Studentenbewegung beteiligt hatte. Möglicherweise hatte er auch seine Ansichten geändert. Jedenfalls sprach ich Pao gegenüber nicht von meinen Gefühlen aus Angst, diese Freundschaft zu verlieren.
Aber ich wußte damals nicht, daß Yuenling, die ich für so progressiv hielt, auch für Tai Lee arbeitete, was sie möglicherweise allerdings selbst nicht ahnte.
Sechsundzwanzig Jahre später, 1966, erfuhr ich von einem ehemaligen Yentsching-Studenten, daß Yuenling der sogenannten »falschen Linken« angehörte. Die falsche Linke war ein Produkt von Tai Lees »Umschulungsabteilung«, die sich die Dienste Tschang Kuot'aos, eines abtrünnigen Kommunisten, zunutze machte, um die kommunistischen Schulungsmethoden zu studieren und für antikommunistische Zwecke einzusetzen.
Tschang Kuot'ao, der heute in Hongkong lebt und dank der Gefälligkeit des US-Nachrichtendienstes seine Memoiren veröffentlichen konnte, war einer der beiden Pekinger Delegierten auf der Gründungsversammlung der Kommunistischen Partei Chinas im Jahr 1921. 1927, als sich Tschiang Kai-schek gegen die Kommunisten wandte, bekämpfte er ihn und richtete in Zentralchina den roten Stützpunkt O Yu Qan ein. 1932 zog er sich mit seinen Truppen nach Szetschuan zurück und schlug an der Grenze zwischen Szetschuan und Schensi sein Lager auf. Hier hatte er einen idealen Schlupfwinkel gefunden: im Rücken das Hochland von Tibet und rings um ihn die nationalen Minderheiten der Miao und Lolo, mit deren Häuptlingen er eine Einigung erzielen konnte.
So nach allen Seiten geschützt, entwickelte er sich zum mächtigen, reichen Mann und hielt sich die Truppen als eine Art Privatarmee ohne jede politische Schulung. 1935 jedoch kamen Mao Tse-tung und die Rote Armee auf dem Großen Marsch durch Szetschuan, jene »zerlumpten Haufen«, wie Tschang sie

nannte, ungefähr 45 000 Mann, die sich nicht die Zeit nahmen, zu verschnaufen und auch nur einen Gedanken darauf zu verschwenden, welch unglaublich klingendes Epos sie mit ihrem unablässigen Kampf vollbracht, welche fabelhafte Durchhaltekraft sie bewiesen hatten.

Tschang Kuot'ao war gegen die sogenannte »nördliche Politik«, das heißt gegen Mao Tse-tungs Entschluß, im Nordwesten einen Stützpunkt einzurichten und von dort aus den Kampf gegen Japan aufzunehmen. Ebensowenig billigte er die Ergebnisse der politischen Erziehung: die Bauernaufstände in Szetschuan und die Auffüllung der gelichteten Reihen der Roten Armee durch die zu Hauf herbeiströmende Landbevölkerung. »Zu Tausenden stoßen die Freiwilligen zu uns«, lautete eins der Lieder auf dem Großen Marsch durch Szetschuan. Aus Angst um seine eigene Stellung opponierte Tschang Kuot'ao heftig gegen Mao; er schlug den Neuankömmlingen vor, sich, da ihnen Tschiang Kai-schek den Weg mit 100 000 Mann verlegt habe, nach Sinkiang zurückzuziehen und dort »bessere Zeiten abzuwarten« oder umzukehren und Ta Tsienlu in Sikang an der Grenze zu Tibet als »sicheren« Stützpunkt für die Rote Armee zu nehmen.

Aber er wurde überstimmt; die Mehrheit der Roten Armee entschied sich für die nördliche Politik.

Später wurde Tschang Kuot'ao auf einer Sitzung der Partei kritisiert und übte auch Selbstkritik. Daraufhin jedoch änderte er seine Meinung und floh im Mai 1938 nach Wuhan, wo ihn Tschiang Kai-schek sehr ehrenvoll empfing. Drei Jahre lang bildete er antikommunistische Kader aus. 1938 lernte er Major Miles, den Leiter des amerikanischen *Office of Strategic Services in China*, kennen und half ein Netz von außerordentlich geschickten, in psychologischer Kriegführung geschulten Agenten aufzubauen, heute unter solchen dem Arsenal der kommunistischen Ideologie entlehnten Begriffen wie »falsche Linke«, »falsche« Guerillas, »falsche Kooperativbewegungen« bekannt. Selbst heute gibt es auf Formosa in Anlehnung an die Vorgänge in China noch Umschulungslager, Treffen, auf denen

Selbstkritik geübt wird und ein moralischer Ton vorherrscht. Möglicherweise war Yuenling tatsächlich eine ausgebildete Agentin, vielleicht aber war sie auch so unschuldig wie ich. Jedenfalls erzählte ich ihr, daß ich arbeiten, mich nützlich machen wollte, worauf sie mir vorschlug, doch den russischen Beratern Stunden zu geben. So hätte ich eine Beschäftigung, die gleichzeitig unserer finanziellen Lage zugute käme. Sie selbst hatte als Dolmetscherin der Russen ein gutes Gehalt. Sie übernahm es, Pao dieses Projekt vorzutragen, der zu meiner großen Überraschung auf der Stelle zustimmte. Es dauerte keine vierzehn Tage, und ich ging dreimal wöchentlich zur russischen Mission, jenem massiv aussehenden Gebäude, das wir vom vorderen Fenster aus über zwei Wasserrinnen weg sehen konnten. Für die dreimal zwei Stunden pro Woche erhielt ich ein fürstliches Gehalt, rund fünfmal so viel wie Pao in einem Monat. Unter diesen Umständen brauchte ich natürlich nicht mehr zu kochen. Ich war gleichzeitig aufgeregt und eingeschüchtert, und da ich nach einer anderen Weltauffassung als der Tschiang Kaischeks suchte, insgeheim begeistert, mehr über die Sowjets, über Rußland zu erfahren. Stimmte das, was man über Stalin zu hören bekam, wirklich?

Ich hatte drei Schüler und eine Schülerin, an die ich gerne zurückdenke, denn sie waren alle nett, fröhlich, freundlich und natürlich. Einer, ein großer, stets gut gelaunter Sibirier, steckte voller Geschichten. Mit Vorliebe beschrieb er, wie er im Winter mit einem Eispickel zum See ging (zum Baikalsee, von dem ich gesprochen hatte, weil mir jener schöne Morgen auf meiner Transsibirienreise wieder eingefallen war) und ein Loch in das dicke Eis hackte, um Waschwasser zu holen. Er nannte sich selbst einen sibirischen Bären. »Ich bin ein sibirischer Bär«, pflegte er zu sagen und seine Muskeln spielen zu lassen, und sein Lachen zeugte von einer Euphorie des Wohlbefindens. Die beiden anderen Männer hatten von allem weniger, weniger Masse, weniger Gelächter, weniger Muskeln. Der eine war dunkelhaarig mit glühenden, melancholischen Augen und brachte Stunden damit zu, leidenschaftlich jene Verbrechen durchzugehen,

die in den vergangenen Jahren gegen Stalin begangen und mit dem Tod bestraft worden waren; höchst fragwürdige Elemente hatten Gift ins Essen gemischt, an die Wand, unter die Tapete gestrichen, für Deutschland spioniert. Als ich ihn im Herbst 1941 wiedertraf, erzählte er mit noch konzentrierterer Wut über noch mehr Verbrechen gewisser Agenten, die Arsen und andere Dinge unter die Tünche gestreut und so versucht hatten, »viele Leute« zu töten.
Der andere, ein blauäugiger Lockenkopf mit sehr geschickten Händen, dessen Vater Holzfäller gewesen war, tat sich anfangs mit dem Lernen schwer, machte dann aber rasche Fortschritte, raschere als der sibirische Riese, der lieber lachte und auf seine Art herrliche Geschichten erzählte. Meine einzige Schülerin, natürlich die beste von allen, war ein hübsches, grünäugiges, rot gelocktes Mädchen. Es zeigte mir Photos von sich als Armeegeneral und sprach mit großer Lebhaftigkeit, aber auch mit sichtlicher Ehrerbietung und Bewunderung von Stalin. »Unser großer, geliebter Führer Stalin«, sagte es mit feuchten Augen. Alle vier strahlten eine robuste Gesundheit aus. Alle vier fütterten mich mit Tee, Piroschkis und Gelächter. Zum Tee gab es eine sehr wohlschmeckende Kirschmarmelade, wie ich die Stunden überhaupt als ungemein tröstlich empfand und jedesmal betrübt war, wenn sie endeten. Aus dieser Quelle stammten meine Ersparnisse, besagte zweitausend Dollar, von denen ich mit tausend Dollar Fräulein Hsu beim Landkauf aushalf. Und mit den restlichen tausend sollte ich im Herbst 1941 ein kleines Mädchen kaufen.

Paos Laune besserte sich nicht, obwohl er nun sehr gut vorankam. Entgegen seinen düsteren Prognosen erklomm er rasch die verschiedenen Stufen zu einem sicheren Platz im »Gehorche und Diene«, dem er seit dem Sommer 1940 angehörte. Außerdem brauchte er nicht wie so viele andere zwei oder drei Posten gleichzeitig anzunehmen, um genügend zu verdienen, denn durch meine Stunden bei den Russen hatte sich unsere finanzielle Lage wesentlich gebessert. Zu jener Zeit herrschte in der

Verwaltung ein solches Durcheinander, daß ein Beamter, die nötigen Beziehungen vorausgesetzt, in drei verschiedenen Abteilungen gleichzeitig tätig sein konnte, weil es genügte, wenn er jedem Posten täglich zehn Minuten widmete; in der restlichen Zeit konnte er lukrativeren Schwarzmarktgeschäften nachgehen. Ein Offizier soll sogar sieben Posten an sich gebracht und an sieben Verwandte weitergegeben haben, die angeblich lediglich über ein Siegel mit seinem Namenszug verfügten.

Pao hatte es nicht nötig, sich auf Schwarzmarktgeschäfte einzulassen oder auf Posten Jagd zu machen. Schulden drückten ihn nicht, es fehlte uns an nichts. Dennoch mißhandelte er mich nach wie vor, und es verging keine Woche, in der er nicht irgendeinen Anlaß fand, seine Wut an mir auszulassen. Eines Abends traf ich eine Freundin, eine Sozialarbeiterin im CVJM, und begleitete sie nach Hause. Dadurch kam ich etwas spät zurück; Pao war bereits daheim und lag schon im Bett. Ehe ich eine Erklärung abgeben konnte, sprang er auf und fiel über mich her, riß die Zimmertür auf und stieß mich über die Stufen hinunter. Die Holztreppe war nicht allzu steil, so daß ich beim Hinunterfallen nur das Geländer ruinierte. Am nächsten Tag stand ich wie gewöhnlich auf, um zu den Russen zu gehen. Pao hatte offensichtlich Gewissensbisse und war reizend (bis er ein paar Tage später wieder anfing). Um mich vollends zu versöhnen, führte er mich abends in ein gutes Restaurant und anschließend zu einem Horoskopmann.

In Tschungking gehörte es im Krieg zur Tagesordnung, den *K'an Hsiang* aufzusuchen, den »Mann, der sich die Physiognomie besieht« und das Schicksal nach den Gesichtszügen deutet; oder den Weisen, der aus den acht Ideogrammen, dem Tierkreiszeichen, dem Jahr, dem Tag und der Stunde der Geburt die Zukunft ablas; oder den Mann, der die Muttermale entfernte, um das künftige Geschick zu ebnen; oder den Knochenmanipulator, der durch Abtasten des Schädels oder durch Kneten der Hand das für eine Beförderung günstigste Vorgehen erkunden konnte. Solche Konsultationen wurden sehr ernst und wichtig genommen, und die bedeutenden wie die weniger be-

deutenden Regierungsbeamten waren gläubige Anhänger dieser Kunst, von den Hausfrauen, Büroangestellten, Bankiers, Kupplern, Agenten, Armeegeneralen, Hu Tsungnan, Tai Lee und Tschiang Kai-schek selbst ganz zu schweigen.
Diese Passion für die Astrologie hatte nichts mit Szetschuaner Rückständigkeit zu tun, denn die Szetschuaner hatten ihre eigenen Horoskopdeuter und Wahrsager; in Tschungking konsultierten vor allem die Beamten von flußabwärts, von Schanghai und Nanking, die Astrologen und Weisen und begehrten wiederholt Auskunft über ihre Zukunft. Seite an Seite mit den Ärzten priesen die *K'an Hsiang*-Männer in den Zeitungen ihre Geschicklichkeit an. Manche brachten es zu solchem Ruhm, daß sich nur noch die Höchsten an sie zu wenden wagten, und lebten sicher vor Bomben im Süduferviertel in nächster Nachbarschaft ihrer einflußreichen Klienten. Tschiang bevorzugte einen bestimmten »Physiognomiebetrachter«, und wenn er ein paar Subalterne geprügelt oder Geschirr zerschlagen oder irgend jemand zum Tode verurteilt hatte und sich nach der Aufregung wieder beruhigen wollte, versuchte er mit aller Kraft, sich zu sammeln, schloß die Augen und »kultivierte den Geist« durch einige beruhigende Sätze; oder er spielte seine Lieblingsplatte, Gounods Ave Maria, und ließ anschließend seinen »Lieblingsphysiognomiebetrachter« rufen und sich das Wetter seiner Seele vom Gesicht ablesen.
Auch über Ho Yingtschin und seinen Lieblingsbeinkneter liefen viele Witze um; so, daß letzterer nur mit Mühe und Not etwas Knochenähnliches an Hos fetter Hand entdeckt habe ... Aber über Tai Lee und seinen Horoskopdeuter wagte niemand zu spaßen, denn Tai Lee war ebenso rachsüchtig wie abergläubisch. Er glaubte felsenfest an die Physiognomie und die Handschrift als Schlüssel zur Erforschung der Seele, wollte indes über sich nichts Ungünstiges oder Abträgliches hören. Wie die Examinatoren der Kaiserzeit ließ sich Tai Lee von der Kalligraphie eines Menschen beeinflussen und beförderte tatsächlich manchen, der seine Handschrift voller Ausdauer kultiviert hatte, ehe er ihm schrieb.

Und nun war auch Pao von diesem Aberglauben angesteckt und konsultierte Wahrsager, Muttermalentferner und Physiognomiebetrachter in seinen wie in meinen Angelegenheiten.
Mein Schicksal legte er vor allem vertrauensvoll in die Hände der Muttermalentferner, jener langgewandeten, liebenswürdigen Landstreicher, die in einer Hand, an einem Stecken gehißt, eine Fahne trugen, auf der ein über und über von Muttermalen bedecktes Gesicht dargestellt war. Jeder dieser Flecken hatte einen eigenen Namen und war samt einer anschaulichen Beschreibung seiner Auswirkung auf Leben, Schicksal, Gefühle und Glück in einem »Muttermalalmanach« erfaßt. So bedeutete ein Muttermal auf der Backe entweder besonderes Glück oder ganz besonderes Pech, am Hals dagegen fast durchweg etwas Schlimmes; hier zeigten sie nämlich den Tod durch den Strang oder Enthauptung an, jedenfalls, daß man den Kopf auf die eine oder andere Weise verlor. Auf der Stirn und dem Kinn hingegen verhießen sie meist etwas Gutes; ein besseres Omen aber als ein Muttermal am linken Unterkiefer konnte man sich überhaupt nicht vorstellen oder wünschen. Übrigens gab es verschiedene Muttermale für Männer und Frauen, weshalb denn auf der anderen Seite der Fahne gewöhnlich das Gesicht einer Frau mit ihrer pigmentären Glückskonstellation zu sehen war. Pao zog für seinen Teil Knochenbetaster, *Pakua* oder Acht-Buchstaben-Deuter, Gesichtsbeschauer oder Graphologen vor, für mich jedoch konsultierte er überwiegend Muttermalentferner.
Diese Zunft führte an einem über die Schulter geschlungenen Leinengurt stets ein hölzernes Kästchen mit dem Handwerkszeug zur Entfernung des eingefleischten Unglücks mit sich, nämlich einen Spiegel, eine kleine Flasche Säure und ein paar stumpfe Metallnadeln. Ich hatte ihre Bekanntschaft nach einem Bombenangriff gemacht. Wir stiegen langsam die Stufen des Tschang-Familien-Gartens hinauf, als einer auf uns zutrat und Pao in blumiger Szetschuaner Ausdrucksweise zu seinen Vorzügen und zu seiner heroischen, viel Gutes verheißenden Physiognomie beglückwünschte. Wir blieben stehen, und Pao erkundigte sich, ob der Muttermalmann in die Zukunft schauen

könne. »Gewiß doch«, lautete die ebenso schlichte wie großartige Antwort. »Darüber hinaus vermag ich durch meine Kunst, schädliche Muttermale zu entfernen, sogar das Schicksal zu ändern.« In Paos Gesicht allerdings gebe es nichts zu ändern, denn hier entdecke er nur Zeichen eines ungewöhnlichen Seelenadels und erstaunlichen Glücks. »Ich bin sicher, daß die höchsten Posten in Greifweite eines Mannes mit solchen Zügen liegen«, versicherte er. Dann wandte er sich mir zu und erspähte an mir »viel Günstiges und viele Söhne«, aber »wie schade«, fuhr er fort, »daß so viel Glück und Vollkommenheit durch ein Muttermal der Tränen der Traurigkeit unter dem linken Auge beeinträchtigt werden sollte!«

Ich hatte an dieser Stelle noch nie ein Muttermal bemerkt, aber Pao, von der Andeutung, daß ich zu viel weinte, beeindruckt, wünschte nun eine genauere Erkundung meines Gesichts. Und entzückt über so viel Verstand, der uns einen Dollar kostete, lobte der Muttermalmann diese Entscheidung wohlwollend: Muttermale seien in ihrer Auswirkung ansteckend, und ein einziges übles Mal an mir könne Paos Aufstiegschancen verringern.

Natürlich war Pao fest entschlossen, solche Hindernisse aus dem Weg zu räumen; außerdem suchte er, weil er sich zwischendurch immer wieder in mich verliebte, verzweifelt nach einer Erklärung, die bewies, daß die Sterne oder wer immer, jedenfalls nicht ich, für meine Laster, Verbrechen und sonstigen beklagenswerten Züge verantwortlich waren. Wie sehr hätte es ihn erleichtert, wären diese Mängel und Defekte nachweislich Teil einer unseligen Muttermalgalaxis gewesen, an der unser Experte seine Kunst hätte versuchen können ... So schlossen wir einen Handel; einer »fernen, allgemeinen Betrachtung« meines Charakters und meiner Physiognomie sollte eine detailliertere Untersuchung meiner Muttermale erfolgen und schließlich die zwei schädlichsten entfernt werden – das der Tränen der Traurigkeit unter dem Auge und eins auf meiner Backe, das ich für eine Sommersprosse hielt, was der Fachmann jedoch entschieden bestritt – da ich sonst imstande sei, meine Schwiegermutter zu kränken, und ein abscheulicheres Vergehen war kaum denkbar.

Der Malbeschauer öffnete sein Kästchen, nahm die kleine Säureflasche und ein Stückchen Draht mit einem dicken Ende heraus; dieses tauchte er in das Fläschchen und betupfte damit sorgfältig meine Muttermale. »Sie werden weiß und hart werden«, erklärte er, »und dann abfallen; auf keinen Fall aber dürfen sie abgerissen werden. In zehn Tagen hat sich Ihr Geschick gewandelt.« Das war nur der erste einer ganzen Reihe von weisen Männern, die alle entfernungswürdige Muttermale an mir entdeckten, zwei am Hals, vier auf der Backe, auf der Stirn, an der Schläfe, am Kinn; so wurde ich gegen Hängen, Ertrinken, Streit mit Paos Verwandtschaft und ausschließlichen Töchtersegen gefeit. Aber als der Sommer fortschritt, kehrten auch meine abgefallenen Male wieder zurück; offensichtlich handelte es sich eben doch um Sommersprossen.

An einem grundlegenden Defekt jedoch ließ sich nichts ändern, an meinen Ohrläppchen. Ohrläppchen spielten nämlich ebenfalls eine wichtige Rolle für die Zukunft, und Pao fand seit langem viel an meinen auszusetzen. Sie waren weder gewunden noch traten sie sanft hervor, geschweige denn, daß sie voll nach unten hingen. Dabei wußte doch jedermann, daß lange, fleischige, dicke Ohrläppchen ein Zeichen guter körperlicher und geistiger Gesundheit und Fruchtbarkeit waren; dünne, kleine oder gar verzwergte wie meine dagegen bedeuteten frühen Tod, viel Kummer und Bitternis. Ich war also eindeutig zu einem leidvollen Leben bestimmt. »Da hast du es«, pflegte Pao zu sagen, »deine Ohrläppchen beweisen es ja.« Auch die Wahrsager waren mit meinen Ohren nicht einverstanden, und Pao konnte mit seiner Bildung prahlen und Liu Pei, den Kaiser-Helden aus den Drei Königreichen, ins Gespräch bringen, dessen Ohrläppchen die Schultern berührt hatten. Was Pao selbst betraf, so fanden sämtliche Wahrsager, die wir aufsuchten, und das waren nicht wenige, stets nur lobende Worte für sein Gesicht, seine Nase, sein Kinn, seine Stirn und prophezeiten ihm eine brillante Zukunft und ein langes Leben.

Mit solch zeitfüllenden, ablenkenden Konsultationen verbrachten wir manche Stunde zwischen den Bombenangriffen relativ friedlich und einträchtig. Da Pao mich nicht mit einem Buch in der Hand sehen konnte, las ich nie in seiner Gegenwart; so gab es nur zwei Möglichkeiten, den Wahrsager oder Ausführungen von und über Pao, und beides war besser als wenn er auf die Idee kam, über mich zu reden.

Über der Straße drüben lag das Ausbildungslager, das wir beim besten Willen nicht übersehen konnten. Jeden Morgen, ehe die trübe, neblige Kälte die Nacht völlig verdrängt hatte oder im Sommer, wenn die mächtige Sonne glühend und alles versengend aufging und wir noch unter der erdrückenden Nacht stöhnten, denn die Steine strömten die aufgespeicherte Hitze aus und selbst unsere Matten lagen schweißgetränkt auf dem Boden und fühlten sich heiß an, ertönte Trompetengeschmetter, zerrissen Befehle die Luft, und scharrend und klirrend und fußetrampelnd begann auf dem Exerzierplatz der Appell, das Morgenritual, das sich am Abend wiederholte. Aber oft, sehr oft, war auch noch etwas anderes zu hören. Schreie. Unerträgliche Schreie. Und dumpf klatschende Schläge. Nur einmal habe ich gesehen, was vor sich ging; ein Mann, nackt bis zur Taille hinunter, sein Rücken blutüberströmt, der von zwei Männern abgeführt wurde, und dann erneut Schreie. Ein andermal, eines Abends, waren wieder Schreie zu hören, und trotz des Getrampels verstand man die Worte *t'ao pin, t'ao pin* (entlaufener Soldat), Taschenlampen durchlöcherten die Dunkelheit und in der Ferne liefen schwer atmende Männer. Wir alle, die Vermieterin, die Dienstboten, die Nachbarn und ich, machten weiter, als sähen und hörten wir nichts.

In diesem Zusammenhang fällt mir auch Caroline wieder ein, die ich in *Destination Chungking* Lisan nannte. Allerdings ist Lisan ebenso wenig Caroline wie *Destination Chungking* ein Tatsachenbericht ist, denn die Ereignisse wurden samt und sonders beschönigt und alles Unangenehme von vornherein ausgeklammert.

Caroline zog damals zu uns in den Tschang-Familien-Garten; sie war auf Empfehlung einer Freundin im CVJM-Heim untergekommen, wo sie sich zusammen mit vier anderen Mädchen in ein erdrückend kleines Zimmer teilen mußte, weshalb sie eine Unterkunft mit Verpflegung suchte. Ich hatte ein freies Zimmer, denn außer dem großen Raum oben und der daran anstoßenden Kammer (die eine Zeitlang eine schwangere, von ihrem Mann verlassene Freundin bewohnt hatte) vermietete uns die Hausfrau noch ein Zimmer im Erdgeschoß als Gästezimmer.
Caroline war ein zierliches, außergewöhnlich hübsches Mädchen mit langem, über Schultern und Rücken hinunterfallendem Haar, einem feingeschnittenen, ovalen Gesicht und einer schönen Stimme. Sie trug rote, in Schanghai gefertigte Lederschuhe und schicke, wenn auch abgetragene Kleider und hatte überhaupt wenig mit den stämmigen, rundgesichtigen, dickbeinigen Szetschuan-Mädchen gemein. Im Gegenteil, sie erinnerte viel eher an die hübschen, gebildeten Mädchen von Sutschou, und sprach Englisch ebenso gut wie Chinesisch. Sie hatte eine protestantische Missionsschule und anschließend die Universität in Schanghai besucht und schrieb in ihrer Freizeit Liebesgedichte. Sie war begabt und intelligent, litt aber an Tuberkulose gegen die sie, wegen des Kalziumgehalts, fein mit dem Löffel zerdrückte Eierschalen aß.
Caroline war außerordentlich offen und aufrichtig und so sehr davon überzeugt, daß ihr nichts passieren werde, daß sie in heiterer Ahnungslosigkeit beängstigend freimütig über alles redete, was zu erwähnen verboten war.
Wenn sie morgens wegging, hüpfte sie wie ein kleiner, fröhlicher Vogel voller Lebenslust aus dem Haus, und das Haar tanzte ihr auf dem Rücken; nachmittags kam sie wieder zurückgeschlendert, und stets trug sie jene sorglose Miene zur Schau, die in einem schreienden Gegensatz zu ihrer Umgebung stand. Sie besaß innere Festigkeit, und obwohl sie mit dem Dienstmädchen (das mich in Angst und Schrecken versetzte) bestimmt und kurz angebunden umsprang, zeigte sich darin doch nur die un-

bewußte Arroganz derer, die in einem reichen Haus aufgewachsen und gewohnt sind, Befehle zu erteilen. Ihren eigenen Angaben zufolge war sie von der Universität Schanghai nach Jenan, dem kommunistischen Stützpunkt unterwegs. Mit lauter, angenehm klingender Stimme, hell wie der Schlag von Silberglocken, zog sie über Tschiang Kai-scheks Regierung her und schilderte, wie sie es geschafft hatte, von der Universität aus Schanghai und von ihrer Familie wegzulaufen. Ihr Vater war ein reicher Mann, mißhandelte aber ihre Mutter, was sie veranlaßte, deren Partei zu ergreifen. An der Universität hatte sie einen jungen Engländer kennengelernt, der dort Kurse abhielt, einen Kommunisten, der ihr von Jenan erzählte. Seine Berichte stimmten sie nachdenklich, und sie begann zu lesen. Sie zeigte mir sein Bild und sagte mir seinen Namen, Jonathan. Er hatte Schanghai ebenfalls verlassen und hielt sich nun in Tschengtu auf, wo sie ihn auf ihrem Weg nach Jenan zu treffen und sich ihm womöglich anzuschließen hoffte.

Die japanischen Linien zu passieren, hatte ihr von Schanghai nach Tschungking keinerlei Schwierigkeiten bereitet; bekanntlich gab es an bestimmten Punkten »offene« Übergänge. Kaum jedoch hatte sie einen Fuß auf das Kuomintang-Territorium gesetzt, rissen die Scherereien nicht mehr ab. Auf dem Lastwagen (der dieselbe Route fuhr, die ich achtzehn Monate zuvor gekommen war) ließen sich viele Mitreisende häßlich und gemein über sie aus; die kleinen Beamten hielten sie für eine junge Prostituierte, und öfters mußte sie sich ihrer Zudringlichkeit handgreiflich erwehren. In Tschungking wandte sie sie sich an den Christlichen Verein Junger Mädchen, wo sie nach ein paar Tagen erfuhr, daß sich Jonathan mit einem anderen Mädchen verlobt hatte und bald heiraten wollte. Aus ihrem Schmerz heraus schrieb sie Liebesgedichte, sie las; mit Hilfe eines Empfehlungsschreibens ihrer Schanghaier Missionsschule gelang es ihr, in der diplomatischen Enklave im Süduferviertel einen Posten als Chinesischlehrerin für ein paar amerikanische und britische Diplomaten zu ergattern.

Mit ihrer Offenherzigkeit jagte mir Caroline immer einen gelinden Schrecken ein. Ich bat sie, anfangs indirekt, dann direkt, doch nicht so viel zu reden. »Es passiert heute so allerlei«, sagte ich, »Sie dürfen nicht alles erzählen, was Sie vorhaben.« Aber Caroline lachte nur. »Welche Rolle spielt das schon? Ich bleibe nicht sehr lange in Tschungking . . . und außerdem habe ich Freunde. Niemand wird wagen, mir etwas zu tun.« Aber ich machte mir doch Sorgen, und zwar wegen Pao.

Pao hatte den »militärischen Weg« über Hu Tsungnan zu einem guten Posten unter Tai Lee eingeschlagen. Sowohl in Tschengtu als auch in Tschungking verbrachte er einen großen Teil seiner Zeit damit, Leute aufzusuchen, die ihm bei diesen beiden allmächtigen Säulen des Tschiang-Regimes von Nutzen sein konnten. Zu Hause schrieb er tagelang an einem Brief an Tai Lee, in dem er den hohen Herrn bat, ihm seine Gunst zu gewähren und ihn »emporzuheben«; dafür versprach er ihm Hingabe und Loyalität; und um Tai Lee durch seine Kalligraphie zu beeindrucken, schrieb er den Brief zahllose Male ab.

In dieser Zeit kamen Paos Offiziersfreunde zu uns ins Haus, um sich in einem kühnen und doch bescheidenen Pinselstrich zu üben oder ihre Schreibübungen mit denen von Pao zu vergleichen oder um das Produkt seiner Mühen zu begutachten. Mit welchem Eifer diskutierten sie über Pinselstriche, und wie viele lange, langweilige Stunden brachten sie damit zu, alten Klatsch über dies oder das aufzuwärmen und die Aufstiegschancen durchzuhecheln, was zu tun, was zu unterlassen war! Kriegs- und Frontprobleme dagegen hörte ich sie nie erörtern und ebensowenig ein vernünftiges Wort zur finanziellen Lage verlieren. Ihr Sinnen und Trachten konzentrierte sich ausschließlich auf die eigene Karriere, und um aufzusteigen, mußte man auf jene schlauen, abergläubischen Herren Tschiang Kai-schek und Tai Lee, deren Laune mehr galt als das Gesetz, einen guten Eindruck machen! Eines aber bedeutete mit Sicherheit das Ende der Laufbahn – eine Schrift, die Böses befürchten ließ, die womöglich bilderstürmerische Tendenzen, Unregelmäßigkeiten im geistigen »Atem« und Charakterschwäche verriet . . . Pao mühte sich nach Kräften, führte den Pinsel in meisterlicher Weise,

um Tai Lees Wahrsager durch seine Tuschzeichen und seinen Duktus Vertrauen einzuflößen, damit er »emporgehoben« werde. Zahllose Entwürfe landeten im Papierkorb.
Und tatsächlich erreichte er sein Ziel. Mit einem Schlag gratulierten ihm die anderen Offiziere, und zufrieden füllte Pao Seite um Seite mit seinem Namenszug, Tang Paohuang, Tang Paohuang. Und von seinem Erfolg aufgebläht, von seiner Arroganz fortgerissen, machte er sich auf Hexenjagd, verdammte »pervertierte Gedanken« und pries die »Tugend« lauter denn je. Er drohte, er besitze die Macht, alles zu tun, was er wolle. »Bilde dir nur nicht ein, du kannst mir einmal weglaufen; binnen einer Stunde hätten sie dich mir zurückgebracht.« Aber es ist langweilig, die Stunden und Wochen und Monate, die ich durchmachte, zu beschreiben, denn es zeigt doch nur eines: wie weit verbreitet, allgemein üblich und wie tief in den chinesischen Bräuchen jener Zeit die Sitte verwurzelt war, die Frau zu schlagen. Jedenfalls brauchte man Pao nur anzuschauen, zu beobachten, wie er von Ehrgeiz umgetrieben, sich im Spiegel betrachtete, immer neue Posen einnahm, geschniegelt und gebügelt mit Stiefeln und Ausgehstöckchen herumlief, so viele als »wohlwollender Bruder« titulierte und mit wichtiger Miene Briefe schrieb, um zu wissen, daß er jetzt steile Karriere machte; die wohlwollenden Brüder, die uns zu Hause aufsuchten, hatten jetzt etwas kriecherisch Freundliches in der Stimme.
Paos Selbstgefühl erfuhr durch einen Vorfall in jenem Sommer noch eine zusätzliche Stärkung. Ein Beamter hatte sich über ihn lustig gemacht und (laut Pao) auf meine Abstammung angespielt. Am nächsten Tag jedoch kehrte eben dieser Beamte vom Gang zur Toilette(denn er litt wie fast alle in Tschungking an Durchfall) nicht rechtzeitig in den Unterstand zurück. An der Stelle, an der er saß, ging eine Bombe nieder, und als man später nach ihm suchte, fand man in dem kleinen Busch, hinter dem er sich verborgen hatte, nur ein Paar Beine . . .
Pao, überzeugt, daß dieser Mann durch sein loses Mundwerk den Zorn des Himmels auf sich gezogen hatte, war von der über ihn ausgegossenen himmlischen Gunst zutiefst beeindruckt.

Einige Tage lang scharwenzelten die Freunde des Toten um uns herum und betrauerten den Verblichenen durch Aufzählung seiner Schwächen. »Du siehst«, sagte Pao zu mir, »daß der Himmel diejenigen bestraft, die mir Böses zufügen wollten.« Sollte sich der Himmel tatsächlich um solche Trivialitäten kümmern? Ich konnte es nicht glauben. Pao dagegen nahm solche Omen und Vorbedeutungen, Zeichen und Wunder so ernst und wichtig, daß er keine Grenzen mehr kannte. Schon längst war nicht mehr die Rede davon, in vorderster Front, unbekannt und anonym zu sterben, sich fürs Vaterland zu opfern, wohl aber von geistiger Mobilmachung und der Notwendigkeit, den Kommunismus aufzuhalten, sowie von seinen Führerqualitäten. Eines Tages prüfte er aufmerksam seine Stirn und fragte mich, ob ich das von ihr ausstrahlende Licht sehen könne. Einem Wahrsager war das offensichtlich gelungen. Ich brach in schallendes Gelächter aus und konnte nicht aufhören zu lachen, bis mein Magen wehtat und ich in die öffentliche Bedürfnisanstalt eilen mußte (denn mein Krug war wie gewöhnlich übervoll).

Und nun wohnte also Caroline bei uns – so nahe bei Pao, den sein neuer Größenwahn sehr gefährlich machte . . .

»Bitte, bitte seien Sie vorsichtig«, sagte ich zu Caroline, aber ich konnte ihr ja nicht sagen, daß sie sich vor meinem eigenen Mann in acht nehmen sollte. Caroline sah mich etwas verächtlich an. Sie hielt mich wohl nicht für sehr mutig. Und ich war es auch nicht und ließ, darüber beschämt, den Kopf hängen. »Sie haben Angst«, entgegnete sie, »ich habe keine.« Bis ins Mark geängstigt, harrte ich der Dinge, die da kommen mußten und war, glaube ich, manchmal das getreue Abbild eines geschlagenen, verschreckten Hundes, der schon beim Pfeifen einer Peitsche zu zittern anfängt.

Pao wußte, daß wir das Zimmer an Caroline vermietet hatten. Er hatte sie bereits auf einer kleinen, zwanglosen Gesellschaft mit einem Nachbarn und dessen Frau sowie einigen Offizierskameraden kennengelernt, denn wir bekamen neuerdings viel Besuch. Der Sommer neigte sich seinem Ende zu, und viele Leute liebten es, die leichte Abendkühle Tee schlürfend und plaudernd zu genießen. An jenem Abend hatte mich meine Hausfrau gebeten, ein Kätzchen, das in die Dachrinne gefallen war, zu befreien. Darüber zerbrach mir die tönerne Rinne, was meine Vermieterin gewaltig verdroß. Danach kam Caroline zweimal zu einem Plausch zu mir ins Wohnzimmer. Einmal kehrte Pao unvermutet zurück und verwickelte sie in ein Gespräch oder erzählte vielmehr von sich, von seiner Gutgläubigkeit und seiner Hingabe an Führer und Land; natürlich kam er auch auf die Reinheit der Frauen und ihre abhängige Lage zu sprechen: »die einzig von der Position des Mannes und seiner Stellung im Leben bestimmt wird«. Caroline hörte mit einem sarkastischen Lächeln zu, widersprach aber nicht, ließ nur manchmal eine witzige Bemerkung fallen; sie lächelte so bezaubernd und vermied eine direkte Antwort so geschickt, daß Pao nicht verärgert schien. Trotzdem spürte er ihre Ironie, so fein sie auch war. Er fühlte sich in die Enge getrieben und war schließlich mittlerweile lange genug geschult, auch die freundlichste Maske des Nonkonformismus zu durchschauen.

Caroline wohnte nun schon seit fünf oder sechs Wochen bei uns, als ich eines Nachmittags früher als gewöhnlich zurückkehrte und Pao bereits zu Hause fand; er kam sonst nie um diese Zeit. Es war erst drei Uhr; sein Käppi und sein Stöckchen lagen auf dem Bambussofa, aber er selbst war nicht im Zimmer. Wo war er? Ich spürte die bekannte, nichts Gutes verheißende Beklemmung, den Druck auf der Brust; wie sonst vor und während einer Szene meinte ich ersticken zu müssen. Ohne einen schnellen Schritt zu wagen, stieg ich die Treppe hinunter. Carolines Zimmer hatte ein großes Fenster zum Garten hinaus. Das Fenster stand offen, und mitten im Zimmer sah ich Pao. Ich trat in die offene Tür und fragte rhetorisch: »Was tust du hier?«

Das konnte ich selber sehen. Die Schubladen des kleinen Schreibtisches waren herausgerissen; ihr Inhalt, Briefe, Papiere, ein paar Photographien, lagen auf dem Boden verstreut; außerdem hatte er die Garderobe durchwühlt, Kleider und Schuhe herausgeschleudert und in einem Haufen auf das Bett geworfen; offensichtlich hatte er auch die Koffer aufgemacht und aus-

geleert. Im Moment stand er am Schreibtisch und las irgendwelche Briefe; Briefe von Caroline; oben auf der Schreibtischplatte lag das Notizbuch mit der Lederhülle, in das Caroline ihre Gedichte schrieb und das sie gewöhnlich in dem verschließbaren Schubfach aufbewahrte. Das Schloß war mit Gewalt aufgesprengt worden.
»Was ich hier tue? Das fragst du noch? Du siehst es doch selber. Ich erfüllle nur meine Pflicht als Chinese und Patriot«, schrie er.
»Aber das sind ihre Briefe, das ist ihre Privatkorrespondenz, ihr Zimmer, du hast kein Recht, hier einzudringen«, erwiderte ich, alle Vorsicht vergessend. »Das ist . . .«
Er kam auf mich zu und schlug mich, stieß mich mit dem Kopf gegen die Tür. »Du jämmerliche Vogelscheuche, du wagst es, du wagst, du wagst *mir* zu sagen, was privat ist? Es gibt nichts Privates. Niemand hat das Recht, solche abscheulichen Dinge privat zu halten . . . dieses Mädchen ist eine Kommunistin, hast du das gewußt? Sie liebt einen Ausländer . . . hat womöglich eine Affäre mit ihm gehabt und hebt hier, in diesem Fach, ein Photo von ihm auf, sie hat Briefe . . .«
Ich stand da, die Lippe tat mir weh und würde später bestimmt aufschwellen, und sagte immer wieder halblaut: »Das ist nicht recht, das ist nicht recht.« Dann ging ich in unser Zimmer hinauf und setzte mich hin. Wahrscheinlich hätte ich die Hände ringen sollen, aber was hätte es schon geholfen? Pao kam herein, setzte sich an den Tisch, griff zum Pinsel, öffnete das Tintenglas, sein Rücken straffte sich, und er begann einen Brief zu schreiben. Er glich einem jungen Gelehrten bei seinen Schönschreibübungen. Plötzlich stieg eine Woge von Haß in mir auf, und einen Augenblick lang träumte ich davon, in die Küche zu gehen und ein Messer zu holen und . . . Wie gewöhnlich war er mit dem ersten Entwurf nicht zufrieden und fertigte einen zweiten an. Dann steckte er den Brief in einen Umschlag, setzte sein Käppi auf und machte sich auf den Weg. Ich holte den Entwurf aus dem Papierkorb. Er war an Tai Lee zu Händen des ehrenwerten Yunong gerichtet und denunzierte Caroline.

Pao teilte darin mit, daß er »Nachforschungen angestellt habe«, und daß sie sich nicht wie »unsere tugendhaften chinesischen Frauen« benehme und verhalte, daß sie vielmehr »mit einem Ausländer Verkehr gehabt« habe, kurz, daß ihr Fall aufgegriffen zu werden verdiene.

In der nächsten Stunde lief ich dreimal auf die Straße hinaus und schaute mir die Augen aus, ob sie nicht die Treppen von der Hauptstraße herunterkäme, denn ich wollte sie gern draußen abfangen und warnen.

Gesetzt den Fall, Pao kam mit Detektiven des Geheimdienstes zurück, gesetzt den Fall, sie würde bei ihrer Rückkehr verhaftet; ich lief zur Hauptstraße hinauf und erwog sogar einen Augenblick lang, ihr bis zur Fähre entgegenzugehen, mit der sie vom Süduferviertel, wo sie Diplomaten Stunden gab, übersetzte. Wenn ich am Landesteg auf sie wartete, konnte ich sie warnen ...

Andererseits aber hatte ich Angst, Pao könnte zurückkommen und Lunte riechen, wenn er mich nicht daheim antraf. Vor wenigen Tagen erst hatten wir wieder eine Szene in einem kleinen Restaurant, in das er mich in einer liebenswürdigen Anwandlung spät abends zum Essen geführt hatte. Wir saßen vor unserer *Maotutse*, einer Szetschuaner Spezialität, als ein Mann auf mich zutrat, ein ehemaliger Student der Yentsching Universität, der mich wiedererkannt hatte und begrüßen wollte. Ich vergaß Paos Unberechenbarkeit (ich vergaß sie immer wieder), schüttelte dem Bekannten die Hand und stellte ihn Pao vor, der mir prompt die heiße Suppe übers Kleid goß und auf dem Heimweg so wütend auf mich einschlug, daß ich mich zu Hause wegen des Schocks erbrach.

Treppauf, treppab und dann wieder in mein Zimmer und ans Fenster, um nach Caroline Ausschau zu halten. Ich setzte mich hin, sprang wieder auf, und natürlich verfehlte ich sie auf diese Weise. Als ich wieder hinunterlief, war sie bereits in ihrem Zimmer. Sie stand, die Arme über der Brust gekreuzt, da und schaute auf ihren Schreibtisch ... »Caroline«, sagte ich, »das war Pao.«

Sie warf mir einen hochmütigen, verächtlichen Blick zu. Dann wanderten ihre Augen zum Schreibtisch zurück. »Ich sehe, Ihr Mann ist . . .«

Dann kam Pao heim, das Kinn vorgeschoben und von jener Blässe, die anzeigte, daß er innerlich vor Wut tobte. O mein Gott, dachte ich, jetzt wird er sie schlagen!

Aber er schlug sie nicht. Er starrte sie nur an, und sie starrte zurück, wie ich früher, ehe er mich zu einem Wrack zusammengeschlagen hatte. »Herr Tang«, fing sie an, »wer hat Ihnen erlaubt . . .«

»Ich habe nur meine Pflicht als chinesischer Patriot erfüllt«, entgegnete er, ohne die Kontrolle über seine Stimme zu verlieren; er schrie nicht, wie er es bei mir getan hätte. »Glauben Sie mir, es ist mir nicht leicht gefallen. Aber Sie leben in meinem Haus, und ich habe ein Recht, darauf zu achten, daß hier nichts geschieht, was für das Land gefährlich sein könnte . . .«

»Für das Land gefährlich? Was könnte ich schon tun, was für das Land gefährlich wäre . . .«

»Sie sind eine junge Chinesin und treiben sich die ganze Zeit mit Ausländern herum. Sogar Liebesgedichte haben Sie über einen Ausländer geschrieben und daran gedacht, ihn zu heiraten. Jetzt geben Sie Ausländern Stunden. Es ist meine Pflicht, mich darum zu kümmern, was Sie tun.«

»Bitte«, warf ich ein, »bitte.«

Er zeigte mit dem Finger auf mich: »Fragen Sie sie nur einmal. Lassen Sie sich von ihr erzählen, wie ich sie schlage. Haben Sie das gewußt?«

Carolines Lippen kräuselten sich vor Ekel. »Sie sind wirklich . . .« Aber nun ließ Pao eine seiner Tiraden vom Stapel über Keuschheit, Ehre, Tradition, jenes alptraumhafte Tugendgemisch, über den Weg zur Rettung Chinas, zu der jeder beitragen mußte, und zwar dadurch, daß er die Vier Tugenden um die Fünf Kardinalprinzipien einhielt, die für Harmonie in der Gesellschaft sorgten. Caroline stand da und machte von Zeit zu Zeit den Mund auf, um etwas zu sagen, aber Pao ließ sie nicht zu Wort kommen und fing sogar noch an zu drohen: »Haben Sie eine Ahnung, wer ich bin? Wissen Sie, daß ich sie töten könnte?« Dabei zeigte er auf mich. »Aber ich habe ein freundliches Herz; ich habe beschlossen, sie zu retten, wie auch Sie, wenn Sie bereuen . . .« Und so ging es weiter in jenem mir mittlerweile völlig unerträglichen moralisierenden Ton, der im chinesischen Denken und in der chinesischen Sprache so tief verankert ist, daß selbst im heutigen China noch Spuren davon erhalten sind. Nach einer Stunde hielt Pao in seiner Predigt endlich ein und ging; Caroline ließ sich erschöpft auf einen Stuhl fallen; ich blieb, gleichfalls ganz gerädert, noch einen Augenblick und sagte schließlich: »Machen Sie sich nichts draus, bitte machen Sie sich nichts daraus«, und ging dann in mein Zimmer.

Am nächsten Morgen mußte ich auf den Markt, und als ich zurückkehrte, war sie bereits fort; aber ihr Zimmer war aufgeräumt, ich konnte es durchs Fenster sehen, das sie, wie auch die Tür, verriegelt hatte. Pao kam an jenem Abend in bester Laune, ja geradezu liebevoll aus dem Büro heim.

Am nächsten Tag suchte mich Caroline auf, um mir zu sagen, daß sie bald ausziehen werde, sie habe schon ein neues Zimmer. »Ich habe meine Freunde gebeten, sich für mich umzutun. Ihr Mann macht sich ja einfach lächerlich.«

»Er ist gefährlich«, entgegnete ich. »Er hat Sie in einem Brief denunziert.« Verächtlich warf sie den Kopf zurück. »Oho, so einer ist er? Aber er kann mir nichts anhaben.« Sie gab sich, als könnte ihr nichts passieren. »Ich habe dem britischen Diplomaten, dem ich Stunden gebe, von Ihrem albernen Mann erzählt; er wird einmal herkommen. Ihr Mann wird nicht wagen, weitere Schritte zu unternehmen.« Damit wandte sie mir den Rükken zu, gerade als sei ich an allem schuld.

Ihr englischer Schüler von der britischen Botschaft hatte sie schon einmal hier aufgesucht. Er kam gerade die Treppe herunter, als ich hinauf wollte, und ich erkannte ihn auf der Stelle wieder. Es war der kleine Schotte, der sich meiner auf jener entsetzlichen ersten Weihnachtsfeier im Grand Hotel de Peking so freundlich angenommen hatte, ein Mr. Smith. Mit unbewegtem Gesicht stieg ich an ihm vorbei die Stufen hinauf, von der

Angst getrieben, er könnte sich an mich erinnern und mir nachkommen und mich ansprechen. Was würde Pao dazu sagen, was würde er tun? Ich betete sowieso ständig, der Himmel möge es mir ersparen, Bekannte zu treffen, denn es war so ermüdend, hinterher immer dafür geschlagen zu werden.

Ich für meinen Teil war keineswegs davon überzeugt, daß ein britischer Diplomat oder sonst irgendwer Caroline retten konnte, obwohl europäische Bekannte tatsächlich einen gewissen Schutz darstellten, da die Regierung keine schlechte Presse im Ausland brauchen konnte.

Das nächstemal erzählte mir Caroline, der britische Diplomat habe die Geschichte nun einem amerikanischen Kollegen mitgeteilt, beide hätten sie zum Mittagessen ausgeführt, herzhaft gelacht und ihr versichert, sie brauche sich keine Sorgen zu machen, sie würden sie schon schützen. Sie hatten ihr sogar angeboten, sie unterzubringen. Außerdem, vertraute sie mir an, kenne sie eine berühmte amerikanische Journalistin, Emily Hahn, die, falls irgend etwas vorfiele, sofort einen Artikel über sie schreiben würde. »Wenn mir etwas geschieht, berichten die Zeitungen im Westen darüber, und Ihr Mann wird eine Menge Gesicht verlieren.«

Als ich am nächsten Morgen vom Markt zurückkehrte, stand eine untersetzte, bebrillte, kurzhaarige junge Frau in Hosen vor unserem Haus und unterhielt sich mit unserer Vermieterin. Als sie meiner ansichtig wurde, grüßte sie mich höchst freundlich und versuchte mich anzureden. Sie folgte mir die Treppe hinauf bis ins Zimmer, und als ich ihr erklärte, ich hätte zu tun, entgegnete sie: »Bitte mißverstehen Sie mich nicht. Ich bin gekommen, um mit Ihnen über diese junge Dame zu sprechen. Wir würden sie gern einmal sehen.«

Wieder einmal lief mir die Angst kalt den Rücken hinunter, schnürte mir die Kehle zu. Nur nicht hysterisch werden, nicht schreien. Geschwätzig redete die Frau weiter, wiederholte sich. »Ich habe selbst studiert. Im Drei-Prinzipien-Jugendkorps. Ich habe die Mittelschule absolviert. Leider bin ich zu arm, um an die Universität zu gehen. Aber jeder muß tun, was in seinen

Kräften steht, um das Vaterland zu retten. Wir haben von Fräulein Caroline gehört und möchten nicht, daß ihr etwas in der Nähe Ihres Hauses geschieht. Wir möchten nicht, daß Sie und Oberst Tang, die die Achtung der anderen genießen, in die Geschichte verwickelt werden. Vielleicht können Sie mir sagen, um wieviel Uhr Fräulein Caroline gewöhnlich zurückkommt. Wir wissen, daß sie rote Schuhe trägt. Aber wir haben kein Photo von ihr. Haben Sie vielleicht eines? Oder könnten Sie eines beschaffen?« (Pao war also nicht so umsichtig gewesen, eine Photographie von ihr mitzunehmen, und mittlerweile hatte sie bestimmt alle Privatsachen weggeräumt.)

»Nein. Ich habe kein Photo von ihr.«

»Können Sie mir dann wenigstens beschreiben, wie sie aussieht?«

»Sie ist ziemlich groß und kräftig. Ja, es stimmt, daß sie rote Schuhe trägt. Sie ist weder dick noch dünn. Hat lockiges Haar.«

»Wir dachten, daß irgendwer sie uns auf der Straße zeigen könnte; wenn wir das arrangieren könnten . . . geht sie ins Kino? Vielleicht könnten Sie ihr einen Film vorschlagen. Um wieviel Uhr kommt sie von der Arbeit zurück?«

»Immer spät«, antwortete ich, ohne lange zu überlegen.

»Nun, unter diesen Umständen hält es schwer, sie an der Farbe ihrer Schuhe zu erkennen . . . und wie gesagt, wir würden sie nicht gern in Ihrem Haus oder in der näheren Umgebung treffen. Das würde keinen guten Eindruck machen. Wie wir gehört haben, gibt sie am Südufer Stunden.«

»Das stimmt, und zwar Diplomaten, einflußreichen Leuten. Sie kennt eine ganze Menge einflußreicher Ausländer – Amerikaner, Engländer, Journalisten. Sie ist recht gut bekannt.«

In der Stimme des Mädchens klang Bedauern an. »Nun, das erschwert die Geschichte etwas. Jedenfalls darf hier nichts passieren. Vielleicht am Südufer . . . oder auf der Fähre . . . oder irgendwo unterwegs . . .«

Ich war sehr froh, daß die Agentin in ihrer Dummheit alles ausplauderte, und versprach ihr, ein Photo zu beschaffen. »Lassen Sie sich Zeit in dieser Affäre. Es eilt nicht. Kommen Sie in ein paar Tagen wieder.«

Trotzdem schüttelte mich in den nächsten Stunden die Angst. Möglicherweise hatte ein etwas schlauerer Spitzel Caroline auf der Fähre abgefangen. Es war immerhin denkbar, daß man nicht nur diese vertrauensselige Agentin auf sie angesetzt hatte, aber auf der Fähre waren immer viele Leute, sie würden nicht wagen, sie am hellichten Tag zu entführen. Jedenfalls nicht am Südufer. Nicht in der Nähe der Botschaften.

Bald darauf kehrte Caroline zurück, wie gewöhnlich mit wippendem Haar von Stufe zu Stufe hüpfend; in meiner Geistesverwirrung bildete ich mir ein, ihre roten Schuhe zwinkerten mir zu. Wie neuerdings jedesmal, wenn ich sie in Sicherheit wußte, fühlte ich mich ganz erleichtert und lief auf sie zu. »Hören Sie«, sagte ich schnell, »Sie müssen sich andere Schuhe anschaffen. Sie wissen nämlich, daß Sie rote tragen. Sie müssen sie sofort ausziehen und gewöhnliche Schuhe kaufen . . . Sie dürfen sich in diesen Schuhen hier nicht mehr sehen lassen.«

»Ich ziehe an, was ich will.«

»Ich sage Ihnen doch, daß die Geheimpolizei hier war, weil mein Mann einen Bericht über Sie an Tai Lee selbst geschickt hat, ich habe den Brief mit eigenen Augen gesehen.«

Das schien ihr doch einen gewissen Eindruck zu machen. Dennoch sagte sie, noch immer mißtrauisch: »Sie versuchen nur, mir Angst einzujagen, Sie wollen mir nur Angst machen, wie gemein von Ihnen.«

»Aber ich sage Ihnen nur die Wahrheit«, entgegnete ich verzweifelt. »Machen Sie, was Sie wollen, halten Sie meinetwegen von mir, was Sie wollen. Es stimmt, ich habe Angst. Ich bin nicht tapfer wie Sie. Aber sie planen einen Anschlag gegen Sie, nicht hier, sondern auf der Straße oder auf der Fähre, jedenfalls wollen sie nicht, daß in diesem Haus etwas passiert. Bitte, bitte, passen Sie auf sich auf!«

Etwas erschüttert schien Caroline nun doch. Ich konnte ihre immer wieder aufwallende Feindseligkeit mir gegenüber ja verstehen. Womöglich hielt sie mich für die Hauptschuldige. Aber was machte das schon? Schreckliche Vorstellungen quälten mich; ich sah Caroline, wie sie entführt, geschlagen, gefoltert wurde; sah sie in den Lagern für »moralische Rehabilitierung«, in denen das Regime Studenten mit gefährlichen Gedanken mittels »Familienkorrektion« besserte. Familienerziehung aber hatte ich am eigenen Leib erduldet; das bedeutete nichts als Prügel, bis man sich unterwarf. Die meisten Insassen jener Lager waren Studenten und junge Leute, die man auf dem Weg oder in den Bussen nach Jenan, dem Roten Stützpunkt, aufgegriffen hatte ... wie Caroline.

Eines Tages kam sie in Tränen gebadet nach Hause, eine Ausgabe der *New Yorker* in der Hand. Ein amerikanischer Diplomat hatte ihr das Magazin gegeben, weil es einen Artikel von Emily Hahn enthielt – ein wenig freundliches Machwerk, in dem Caroline, ihre Ideen, ihre Aufrichtigkeit verspottet wurden.

Seit dieser Zeit erwähnte Caroline ihre »Freundin« Emily Hahn nie wieder. Vielleicht ist es zu viel verlangt, von einem Autor Verständnis für die Angst und das Leid der von ihm geschilderten Personen zu erwarten.

Caroline zog aus und kam später sogar bis Jenan. 1967, siebenundzwanzig Jahre später, erfuhr ich, daß sie einen chinesischen Intellektuellen geheiratet hatte, der sich im Lauf der Zeit einen Namen machte, daß die Ehe aber nicht glücklich war und wieder geschieden wurde. Irgend jemand erzählte mir, daß sie während der Kulturrevolution kritisiert worden sei, aber wer wurde das damals nicht; diese Massenbewegung, die wie eine läuternde Flamme um sich griff, mußte ja zahllose Menschen verzehren. Wie dem auch sei, jedenfalls würde ich Caroline gern einmal wiedertreffen; wer weiß, vielleicht würden wir das Mißtrauen jener Zeit einfach weglachen.

9

Mit der knochenaufweichenden Hitze des Sommers verließen uns auch die japanischen Bomber; die Rinnsale aus den Gebirgsschluchten schwollen an; der schreckliche Glanz des Himmels ließ nach, und der Tschialingfluß glitzerte wie ein neuer Himmel; ein feiner Nieselregen schlug abends den Staub nieder und kühlte den Felsen ab, und nach und nach konnten wir wieder schlafen. Rings um Tschungking erklang nun nach den zerstörerischen Bombenangriffen während des Sommers das Gehämmer des Wiederaufbaus, neue Hütten, neue Häuser schossen aus dem Boden. Auch die Inflation machte einen neuen Sprung; der Reis war knapp, ungeschält und braun; angeblich sollte Sir Stafford Cripps bei einem Besuch in Tschungking Tschiang Kai-schek empfohlen haben, den Reis nicht zu polieren, um die Vitamine zu erhalten; jedenfalls gab es weißen Reis nur noch auf dem Schwarzmarkt, in den Häusern der Wohlhabenden oder in teuren Restaurants.

Am 23. September 1940 waren die Japaner in Indochina eingefallen, ohne auf französischen Widerstand zu stoßen, denn die Vichy-Regierung kollaborierte mit der japanischen Geheimpolizei. Allmählich begannen die Amerikaner nun doch unruhig zu werden; was hatten die Japaner vor? Hatten sie nicht mit China genug? Wollten sie, konnten sie mehr wollen? Im Oktober wurde die Burmastraße wieder geöffnet, und im Dezember erhielt China eine 10-Millionen-Anleihe von Großbritannien und einen Kredit von 100 Millionen Dollar von den USA für allgemeine Zwecke, der zur Hälfte für die Stabilisierung der Währung bestimmt war. Außerdem verbot die US-Regierung die Ausfuhr von Eisen und Stahl nach Japan, nur daß dieses Embargo den amerikanischen Firmen wenig Eindruck machte; sie exportierten weiterhin Eisen und Stahl, lediglich unter fremder Flagge; jedenfalls bis zum Dezember 1941.

China gewann in dem sich ausweitenden Konflikt zunehmend an Bedeutung, und Militärmissionen und Besucher kamen und gingen. General Dennys, ein fröhlicher, umgänglicher Mann mit einem aufgezwirbelten Schnurrbart, der neue britische Militärattaché in Tschungking, arrangierte einen Besuch der chinesischen Militärmission in Südostasien. 1942 kam er bei einem Flugzeugabsturz in Assam ums Leben.

Vor der amerikanischen Botschaft im Süduferviertel, einem großen Steingebäude mit Terrassengärten, lag ein amerikanisches Kanonenboot, die *Tutuila*, vor Anker. An Bord dieses Schiffes wurden viele Gesellschaften gegeben, und Pao, der mittlerweile zum Verbindungsoffizier zu den ausländischen Missionen aufgerückt war (er arbeitete damals unter Tscheng Tschiehming in einer Unterabteilung des Nachrichtendienstes) war oft von der Partie, nahm mich aber nie mit. Im Stab des amerikanischen Militärattachés befand sich ein gewisser Oberst David Barrett, der so gut Chinesisch sprach, daß er sogar Witze auf chinesisch reißen konnte. Über die Korpulenz dieses Mannes machte sich Pao gern und viel lustig. Als Barrett eines Tages in Paos Büro vorsprach, bot man ihm den kleinsten Stuhl an – ein alberner Spaß, den die Offiziere sehr lustig fanden, der aber deutlich zeigte, wie feindselig sie den Amerikanern trotz allen Schmeicheleien in Wirklichkeit gesonnen waren. Später ging Barrett nach Japan, wo er mit dem Vorsitzenden Mao sprach, und 1965 schrieb er mir einen langen Brief über diese Zusammenkunft und seine Eindrücke.

Wie viele Amerikaner jener Zeit schwärmte er nicht für Tschiang Kai-schek und verabscheute Tai Lee. Bezeichnend wohl, daß er mir später Randall Goulds Buch *China In The Sun* schickte, in dem folgende Stelle vorkommt: »Es stimmt, es gab unter Tschiang eine Gruppe, die alle seine politischen Gegner erbarmungslos verfolgte – aber Tai Lee gehört nicht zu den Männern, von denen man viel wissen, geschweige denn zu denen, die man zu Gesicht bekommen möchte . . . Buh!« Dennoch entschied sich Barrett dann im Sinne der amerikanischen Politik, also zur Unterstützung Tschiangs, obwohl er mancherlei

Bedenken überwinden mußte und bei weitem nicht alles billigte, was geschah. Er besaß nicht die Kraft, entgegen den von McCarthy ausgegebenen Richtlinien auf seiner Auffassung zu beharren.

Ein anderer Besucher war Henry Wallace, der Tschiang auf den ersten Blick mißfiel und letztlich dafür verantwortlich war, daß eine kleine amerikanische Beobachtergruppe nach Jenan entsandt wurde. So sehr die Whangpu-Offiziere das Interesse der Amerikaner an den chinesischen Angelegenheiten begrüßten, so entschieden suchten sie Besuche der Amerikaner an der anderen Front zu verhindern. Tschiang hoffte die USA vor allem in fernerer Zukunft für seine Ziele einspannen, das heißt im Kampf gegen die Kommunisten auf seine Seite ziehen zu können. Aus diesem Grund wollte er schon jetzt die amerikanischen Dollars und andere Hilfeleistungen ausschließlich nach Tschungking leiten und bediente sich, um seine Wünsche gegenüber den USA durchzudrücken, bedenkenlos des Trumpfes, den er in der Hand hatte, nämlich der Drohung, mit Japan zu verhandeln.

In jenem Winter kam ich auf viele Gesellschaften. Wir wurden oft zum Mittag- oder Abendessen eingeladen, und manchmal ging ich mit, wenn auch von Angst gepeinigt, etwas zu sagen oder zu tun, was Pao mißfiel. Bei einer dieser Veranstaltungen lernte ich Sir Archibald Clark-Kerr, den britischen Botschafter, und den amerikanischen Botschafter Nelson Johnson kennen, dessen Abberufung aus Tschungking und Ablösung durch Gauss kurz bevorstand. Clark-Kerr, ein kluger Mann, der sich kein Blatt vor den Mund nahm, war bei Tschiangs Umgebung nicht besonders beliebt, da er seine Meinung über den Schwarzmarkt, die Armut und die Korruption bestimmter hoher Beamter unverblümt äußerte.

Ende 1940 trafen sich Briten, Amerikaner und Chinesen oft zu diplomatischen Gesprächen, die allerdings meist ergebnislos verliefen. Eine chinesische Militärmission nach Südostasien wurde vorbereitet, die Führung sollte General Schang Tschen übernehmen, der Leiter der Auslandsabteilung des chinesischen Generalstabs, ein mildaussehender, tüchtiger Mann und ausgezeichneter Diplomat. Alle wollten mit, um einmal aus Tschungking herauszukommen. Pao wurde schon frühzeitig ausgewählt. Ende Januar 1941 brach die Mission dann vierzehn Mann stark auf und besuchte Malaia, Singapur, Burma und Indien und kehrte Ende Mai wieder zurück. Unter anderem wurde ihnen die »unbezwingliche« Festung Singapur vorgeführt, die ein Jahr später den Japanern binnen wenigen Tagen in die Hände fiel. Außerdem bereiste die Kommission Indien, inspizierte die militärischen Einrichtungen und kaufte in Delhi ein. Mit achtundvierzig Waggons voll Seide, Kosmetika, Herren- und Damenschuhen, Kameras, Anzügen, Uhren, Grammophone kehrten sie zurück – ein Offizier trug sechzehn Armbanduhren und vier Jacken übereinander. Kurz, sie hatten sich dank der ihnen zugeteilten ausländischen Valuta, also letztlich dank der US-Anleihe zur »Stabilisierung« des Wechselkurses von 20 zu 1, zu einer regelrechten Kauforgie hinreißen lassen, und da es in Tschungking fast nichts gab, stürzten sich die Leute natürlich auf alles, was von außen hereinkam. Schang Tschen brachte allein fünf Waggons mit, und Pao war mit seinen sieben Koffern noch der bescheidenste.

Pao war ärgerlich über mich, weil ich ihn nicht wie erwartet am Flughafen abholte. Aber ich brachte es nicht über mich, so zu tun, als wäre alles in Ordnung, während ich in Wirklichkeit an all dem Unausgesprochenen fast erstickte. »Da schleppe ich mich mit Geschenken für dich ab, und du bist nicht einmal da, um mich zu begrüßen.« Aber ich konnte es einfach nicht, konnte es nicht nach all den widerlichen, deprimierenden Eindrücken der letzten Monate. Allmählich nämlich gingen mir die Augen auf; ich durchlebte eine Zeit persönlichen Aufbegehrens, in Etappen zwar und in Form von Enttäuschungen, aber an eine Umkehr war nicht mehr zu denken. Im Januar 1941 war es auf Tschiang Kai-scheks Befehl zum Massaker der kommunistischen Neuen Vierten Armee gekommen, und dieses Blutbad stellte für mich einen Wendepunkt dar.

Außer dem Hauptstützpunkt in Jenan hatten die Kommunisten noch in vielen anderen Provinzen größere oder kleinere Zellen. Vor allem in jenen Regionen, in denen die Roten früher an der Macht gewesen waren, gab es noch versprengte Untergrundpartisanen. Durch den berühmten Großen Marsch, dem einzig Mao Tse-tung und kein anderer zum Erfolg verholfen hatte, war die Saat der Revolution in vielen Herzen, selbst unter den nationalen Nicht-Han-Minderheiten der Miaos, Tibetaner, Lolos aufgegangen. Und in den ehemaligen roten Gebieten hatten sich trotz des Weißen Terrors und der von Tschiang äußerst nachdrücklich durchgeführten Politik der verbrannten Erde Untergrundzellen halten können.
So traf ich 1964 im Altersheim von Tschingkangschan im Quellgebirge, wo Mao Tse-tung 1927 seinen ersten Stützpunkt eingerichtet hatte, einen alten Bauern, der jahrelang unter seinem Bett in dem gestampften Boden einen Krug Salz vergraben hatte. Er wartete auf die Rückkehr der Roten Armee, die er schon einmal, als ihr Stützpunkt von Tschiang blockiert wurde, mit Salz versorgt hatte. Zweiundzwanzig Jahre lang hob er den Krug unter seinem Bett auf!
In Szetschuan, der feudalistischsten Provinz Chinas, waren es, als die Rote Armee auf ihrem Marsch durch die Dörfer Propaganda machte, die Frauen, die geknechteten und geknebelten Frauen, die als erste aufbegehrten, Milizabteilungen aufstellten, in die Häuser der Reichen eindrangen und ihre Reisvorräte plünderten.
Viele liefen kilometerweit, um etwas zu essen aufzutreiben und es den Soldaten zu bringen. Und wenn die Truppen weiterzogen, schenkten ihnen die Frauen Schuhe, nicht nur Strohschuhe für die ungepflasterten Straßen, sondern auch die kostbareren Turnschuhe, die sie selbst herstellten, indem sie die Sohlen aus mehreren Schichten Baumwollstoff zusammenleimten und -nähten und in die sie den Namen des Soldaten einstickten:

> Meine Nadel wie eine Feder führend,
> Schreibe ich deinen Namen und meine Gedanken
> in Stichen deutlich ein ...

sagen sie bei der Arbeit, die sie nicht aus romantischer Schwärmerei auf sich nahmen, sondern – und das zählte mehr – aus Begeisterung für die Revolution.

Und die Soldaten hängten sich diese Schuhe um den Hals, zogen sie aber nie an, um sie nicht schmutzig zu machen. So hielten sie das Andenken an die Bauersfrauen in Ehren, die sie genäht und die Namenszeichen, da sie nicht lesen konnten, mühselig kopiert hatten ... Als sich dann das Blatt wandte, töteten die Großgrundbesitzer und Warlords Frauen wie Männer. Und seither warteten auch hier, in dem anscheinend so ruhigen Szetschuan, viele auf die Rückkehr der Roten Armee.

Unter diesen stillen, abwartenden Gruppen gab es manchen, den es zur Tat drängte. Tatsächlich bildeten sich später um diese Zellen neue rote Stützpunkte, die während des ganzen chinesisch-japanischen Krieges hinter den japanischen Linien operierten.

Im berühmten Quellgebirge Tschingkangschan waren die Untergrundpartisanen zwischen 1927 und 1937 trotz wiederholter Angriffe nicht auszuschalten. Als 1937 der Krieg mit Japan ausbrach und die Vereinigte Front gebildet wurde, erhielt Marschall Tschen Yi, der gegenwärtige chinesische Außenminister, den Auftrag, dieses Gebiet aufzusuchen, die Partisanen über die Lage der Dinge zu unterrichten und die versprengten Freiwilligen zu reorganisieren; aus dieser neuen Heeresgruppe entstand später die berühmte Neue Vierte Armee.

Tschen Yi, selbst aus Szetschuan gebürtig, hatte sich zusammen mit Tschu-te Anfang 1928 Mao Tse-tung angeschlossen, war aber im Oktober 1934, als die Hauptkräfte der Kommunisten zum Großen Marsch aufbrachen, zurückgeblieben, um den Rückzug zu decken und am Unterlauf des Jangtse eine heimliche Operationsbasis aufzubauen. Um diese Aufgabe durchzuführen, kämpfte er bis Mitte 1936 gegen eine Übermacht Tschiangs.

Im Sommer 1937 ließ wegen der offen ausgebrochenen Feindseligkeiten mit Japan der Druck der Kuomintang auf die Partisanen nach, Tschen Yi, der mittlerweile nach Jenan gegangen war, kehrte nun zurück, um die Guerillas zu sammeln, die zurückgelassenen Truppen zu reorganisieren und sie über die durch den Einfall der Japaner geschaffene neue Lage, d. h. die Vereinigte Front mit Tschiang Kai-schek, zu informieren.

Da er sich, um unterwegs nicht von der Kuomintang ermordet zu werden, wie ein vornehmer Herr gekleidet hatte, hielten ihn die Partisanen für einen Verräter, als er anfing, von der »Vereinigten Front mit Tschiang Kai-schek« zu sprechen. Sie fielen über ihn her und schlugen ihn, und es kostete allerlei Zeit und Ausdauer, die mißtrauischen Kämpen zu überzeugen, daß Tschen Yi die Wahrheit sprach und die Partei nun tatsächlich ein Bündnis mit Tschiang befürwortete. »Was, eine Vereinigte Front mit Tschiang, diesem Sohn einer Schildkröte!« riefen sie. So viele ihrer Kameraden und Verwandten waren umgebracht oder gefoltert worden, und sie sollten jetzt mit Tschiang paktieren! Schließlich konnte Tschen Yi ihnen doch klarmachen, daß es nun in erster Linie darum ging, die Japaner zurückzuwerfen. Seine Rückreise war nicht weniger gefahrvoll als seine Anreise. Einmal mußte er sich sogar in einer kleinen Höhle verstecken, weil ihn ein wildes Tier, ein Leopard oder Bär, verfolgte.

Wäre es nach Tschiang gegangen, so wären diese reorganisierten Partisanen und Guerillaverbände in die Kuomintangtruppen eingegliedert worden. Aber davon wollte Mao Tse-tung nichts wissen. Trotz Kooperation wollte er autonom bleiben, denn wie er sich später ausdrückte: »Wir dürfen ... wo es um Macht geht ... nicht naiv sein ...« Und da Tschiang an seinem Endziel, der Vernichtung der Roten Armeen, nach wie vor festhielt, wäre es reiner Mord gewesen, ihm die Partisanen auszuliefern.

Aus diesen in Zentralchina versprengten Einheiten wurde die Neue Vierte Armee aufgebaut, die im Januar 1938 ihr Hauptquartier in Nantschang in Kiangsi aufschlug. Wie alle kommunistischen Streitkräfte war sie getreu Mao Tse-tungs Grundsatz nicht nur eine Kampftruppe, sondern auch ein ideologisches Instrument, also nicht nur für den Kampf, sondern auch zur politischen Schulung bestimmt.

An Freiwilligen fehlte es nicht, denn die Nachricht von der Rückkehr der Roten Armee breitete sich »wie der Frühlingswind« aus und lockte die Bauern scharenweise an; sie brachten alte Steinschloßgewehre mit, die sie vergraben hatten, Messer, Speere, Keulen, Salz und Nahrungsmittel. Von allen Seiten strömten sie herbei. Binnen kurzem wuchs die Neue Vierte Armee von 13 000 auf 30 000 und schließlich auf 60 000 Mann an.

Als Jagdgrund wählte sich die Neue Vierte das von den Städten Nanking, Wuhu und Tschingkiang gebildete Dreieck, eines der volkreichsten und fruchtbarsten Gebiete des unteren Jangtsebeckens, sanktioniertes Operationsgebiet der Japaner. Der Erfolg der kommunistischen Truppen in der Nähe dieser großen, bedeutenden Städte stimmte Tschiang Kai-schek besorgt; er beschuldigte die Neue Vierte nun mit einemmal, »sich willkürlich zu vergrößern und zu vereinigen«, ohne entsprechende Befehle vom Verteidigungsrat erhalten zu haben. Er stoppte die Waffen- und Munitionsversorgung und Soldauszahlung; er verbot der Neuen Vierten, die Dörfer zu organisieren und verbot die Einrichtung von Volksräten und Bauernmilizen. Manche Kommandeure der Neuen Vierten zeigten sich geneigt, Tschiangs Forderungen nachzugeben, und so kam es zu Uneinigkeit. Nicht alle Verbände waren politisch stark; dennoch verfügte die Neue Vierte noch 1940 laut Agnes Medley über die beste Sanitätstruppe, zehn Lazarette, zwei Ausbildungslazarette und dreihundert Erste-Hilfe-Gruppen.

Einen Monat nach Eintreffen in ihrem Operationsgebiet im April 1938 schlugen die Guerillas der Neuen Vierten bereits zu. In acht Monaten trugen sie 231 Gefechte aus, erbeuteten 1539 Gewehre, 32 leichte Maschinengewehre, 48 Maschinenpistolen und 50 000 Schuß Munition. Der Feind verlor 3000 Soldaten und 200 Lastwagen. Mitte 1939 hatten die Kommunisten das ganze Gebiet in ihre Hand gebracht. Die Japaner konnten lediglich die Städte halten und befestigen, die Überlandstraßen dagegen waren ihnen nun versperrt.

Da die Neue Vierte über ein riesiges Gebiet verteilt war, stand

ein Teil der Truppen nördlich, ein anderer südlich des Jangtsekiang. Bereits im Sommer 1939 war es zu bewaffneten Zusammenstößen mit den Truppen der Kuomintang gekommen. 1940 verschlechterten sich die Beziehungen zwischen beiden Lagern zusehends. Auf Tai Lees Anordnung sickerten in das Operationsgebiet der Neuen Vierten Armee 80 000 Geheimdienstmitglieder der Schanghaier Triaden ein. Und im Oktober 1940 griffen 200 000 Mann unter dem Kuomintang-General Tang Enpo die Kolonnen nördlich des Jangtse unter Tschen Yi an.
Im Januar 1941 kam es dann zu jenem berüchtigten »Vorfall«. Die Neue Vierte erhielt von Tschiang Kai-schek den Befehl, zwischen dem 7. und 13. Januar den Jangtsekiang zu überqueren, sich zu »reorganisieren« und sich der ein paar hundert Kilometer weiter nördlich stehenden 8. Armee anzuschließen. Als einige Einheiten diesen Befehl (der in sich widersprüchlich war) ausführten, gerieten 12 000 Mann, darunter auch das Sanitätskorps, in einen Hinterhalt; 8000 kamen ums Leben, so auch die meisten Ärzte samt dem Hilfspersonal.
Dieses Massaker (denn anders kann man den Vorfall nicht nennen) wurde von 60 000 Kuomintang-Soldaten durchgeführt. Laut Kuomintang-Meldungen hatte die Neue Vierte das Hauptquartier der Regierungstruppen angegriffen; demnach handelte es sich um einen Fall von »Ungehorsam und Auflehnung« und bei dem Gegenschlag lediglich um die »Wiederherstellung der militärischen Disziplin«. Jenan dementierte diese Auslegung, Mao Tse-tung ernannte Tschen Yi zum stellvertretenden Kommandeur der Neuen Vierten Armee.
Dieses Blutbad erschütterte viele Patrioten; mit einemmal merkten sie, daß sich Tschiang nicht geändert hatte, daß er noch derselbe wie 1927 war und den Bürgerkrieg wieder aufnehmen würde, sobald er nur die Hände dafür frei bekam. Tatsächlich versuchte Tschiang 1943 eine umfassende Offensive gegen Jenan einzuleiten. Aber da ihm die Warlords der Provinzen Szetschuan und Jünnan ihre Unterstützung verweigerten, mußte er seine Pläne bis 1945, bis er die Amerikaner für sein Unternehmen gewinnen konnte, zurückstellen.

Die Massakrierung der Neuen Vierten Armee löste einen Sturm der Empörung nicht nur in Tschungking, sondern in ganz China aus. Selbst die westlichen Korrespondenten trauten ihren Ohren nicht. »Das ist eine schreckliche Angelegenheit«, sagte Archibald Clark-Kerr ohne Umschweife zu Pao. Und für mich war es ein solcher Schock, daß ich völlig die Fassung verlor. »Das ist entsetzlich«, schrie ich Pao an, »entsetzlich!« Ich glaubte ersticken zu müssen; ziellos lief ich durch Tschungkings Treppenstraßen – oh wie klar sah ich mit einemmal, daß Tschiang gehen mußte. Von diesem Tag an war ich überzeugt, hatte die moralische Gewißheit, daß Tschiang gehen und sich in China ein »großer Wandel« vollziehen würde, ein großer, lang ersehnter Umschwung!

Ich war nicht die einzige, die schrie: »Das ist ja entsetzlich.« Viele empfanden ähnlich, auch wenn sie zu ängstlich waren, es zu äußern; aber der Ärger öffnete ihnen die Augen, und sie sagten Tschiang Kai-schek die Gefolgschaft auf. Diesmal stellte ich Pao: »So also sieht deine Tugend aus, so ... die eigenen Landsleute umbringen ... und das mitten im Krieg ...« Drei Tage lang schaute Pao schafsmäßig drein, wich meinem Blick aus und antwortete nur zögernd: »Das hat sich alles ganz anders zugetragen.« Später fand er seinen Gleichmut wieder. »Wie viele von den unseren haben die Kommunisten getötet? Es war ein Fall von Befehlsverweigerung ... die Neue Vierte hat die Befehle des Militärrats mißachtet ... der Führer hat gesagt ... selbst die Kommunisten haben zugegeben ...« Aber die Stimme und das ganze Auftreten verrieten noch Unsicherheit, ließen die gewohnte Arroganz vermissen, auch wenn er bald die gekränkte Unschuld spielte, wie stets, wenn er beim Lügen ertappt wurde.

Und ein paar Tage später traf ich abends, als ich wieder einmal durch die Straßen wanderte, Kung Peng.

Kung Peng hatte zur selben Zeit wie Yuenling und ich an der Yentsching Universität studiert; allerdings hatte ich sie damals nicht persönlich kennengelernt. Sie spielte im Dezember 1935 und 1936 eine bedeutende Rolle in der Studentenbewegung und ging anschließend nach Jenan. Ich hatte sie schon einmal in Tschungking getroffen, zusammen mit einer anderen ehemaligen Studienkollegin, und geglaubt, sie arbeite als Sekretärin für den Christlichen Verein Junger Mädchen. Ich weiß nicht mehr, weshalb ich auf diese Idee kam, vielleicht weil die andere Bekannte tatsächlich für den CVJW tätig war. Kung Peng aber war in Wirklichkeit die Sekretärin Tschu En-lais, des Verbindungsmannes zur Vereinigten Front in Tschungking. Tschu En-lai, der zusammen mit seiner Frau, zwei Sekretärinnen und drei Dienstmädchen in einer schmalen Straße in einem kleinen Haus wohnte, wurde fast wie ein Gefangener gehalten, so sehr wimmelte es im Stockwerk über und unter den Arbeits- und Wohnräumen der sieben Kommunisten von Tai Lees Agenten. Ich traf Kung Peng eines Abends auf dem Heimweg von der Meifeng Bank, wo ich meine Verwandten besucht hatte; sie kam mir aus der anderen Richtung entgegen, und gleichzeitig blieben wir beide stehen. Kung Peng war stets eine äußerst ruhige, selbstsichere, besonnene Person gewesen; durch ihre Intelligenz, ihre Ausgeglichenheit und innere Vornehmheit der faszinierendste Mensch, den ich je kennengelernt habe; selbst heute ahnt sie noch nichts von der Macht ihres Charms, ihres guten Aussehens und ihrer Klugheit. Bei ihrem Anblick brach ich unvermittelt in Tränen aus. Ich sagte ihr, wie schrecklich ich das alles fände, die Neue Vierte Armee, Pao, alles, und daß ich noch nicht wüßte, was zu machen sei – und meine Worte überstürzten sich nur so.

Kung Peng stand da, ohne ein Wort zu erwidern, und dennoch ging ein seltsamer Trost von ihr aus. Als ich nach Hause kam und Pao mich fragte, warum ich mich so verspätet hätte, antwortete ich: »Ich habe meine Verwandten in der Bank besucht.« Und vielleicht hatte sich mir ihre Stärke irgendwie mitgeteilt, denn er stand nicht auf und schlug mich, sondern blieb ruhig und wortlos liegen.

Viele Jahre später erzählte mir Kung Peng, sie sei an jenem Abend, nachdem sie mit Tang Yingtschao, Tschu En-lais Frau, über mich gesprochen habe, drauf und dran gewesen, mich aufzufordern, zu ihnen zu kommen. Dann aber sei sie sich doch nicht sicher gewesen, ob ich ihr nicht womöglich nur etwas vorgemacht habe, um mich einzuschmuggeln – vielleicht gehörte ich wie Yuenling zu den »falschen Linken«. Sie mußten auf der Hut sein.

Ich weiß nicht, ob ich mich damals, wenn ich die Wahl gehabt hätte, auf die andere Seite, die andere Front geschlagen hätte und nach Jenan gegangen wäre. Stand mein Denken nicht noch allzu sehr im Bann von jenem Wirrwarr, den Pao in mir angerichtet hatte, war ich nicht allzu ängstlich, allzu entmutigt?

Ich werde wohl nie erfahren, ob mein Leben, hätte Kung Peng das Risiko damals auf sich genommen, eine andere Wendung genommen hätte. Aber Kung Peng sagte nichts, und ich ahnte nichts von der anderen Möglichkeit und blieb in meiner Angst allein. Erst 1956 erzählte sie mir die ganze Geschichte. Aber mittlerweile war viel Zeit vergangen – fünfzehn Jahre – eine allzu lange Zeit.

Trotzdem verstehe ich, daß Kung Peng damals das Risiko nicht auf sich nahm; zu viel stand auf dem Spiel. Und ich war zu unerfahren, vertraute Yuenling (auch wenn ich mit ihr nie über Kung Peng sprach – ich weiß nicht, ob aus einer Art sechstem Sinn oder einfach, weil mir diese Begegnung zu sehr am Herzen lag, als daß ich sie hätte teilen können). Letztlich ist es auch gleichgültig, nur daß Erfahrungen, die man so schmerzlich erworben hat, einen ständig an Schmerzliches erinnern.

Der Angriff vom Januar 1941 auf die Neue Vierte Armee war genau betrachtet nur der Höhepunkt einer ganzen Reihe ähnlicher Zusammenstöße, die von keiner der Tschungkinger Zeitungen erwähnt worden waren. Wegen des Vorgehens der Blauhemden und der ständigen Überfälle von Tschiangs Truppen hatte Mao Tse-tung bereits im Juli 1940 »Einigkeit bis zum Ende« gefordert und für die Aufrechterhaltung der Vereinigten Front plädiert. Er stellte den Widerstand gegen Japan an erste Stelle, ohne deswegen doch vor der Kuomintang kapitulieren zu wollen. Im Dezember 1940 hatte er geschrieben: »Bei der gegenwärtigen Woge antikommunistischer Angriffe ist die Politik, die wir einschlagen, von entscheidender Bedeutung ... solange der Verteidigungskrieg gegen Japan dauert, wird die Partei ihre Politik der Vereinigten Front *unter keinen Umständen* ändern ...« Und eine entstellte Version dieser Verlautbarung hatte Pao als Beweis dafür aufgetischt, daß die Kommunisten selbst ihre Schuld zugaben!

Im März 1941, als sich das Entsetzen und die Empörung über das Januarmassaker etwas gelegt hatten, hielt Tschiang Kaischek eine öffentliche antikommunistische Rede, und der Politische Volksrat faßte einen eindeutig antikommunistischen Beschluß, verbunden mit einem Tadel an die Adresse der Kommunistischen Partei wegen »Mangels an Einigkeit«. Auf dem äußersten rechten Flügel wurden Stimmen laut, die das Verbot »Ausländischer Parteien« forderten. Ein paar Kuomintang-Beamte weideten sich an der Feigheit der Mitglieder des Politischen Volksrates (die im großen und ganzen mit Ausnahme eines kommunistischen Vertreters von der Kuomintang-Regierung gewählt und ernannt wurden). »Man braucht diese Leute nur anzutippen, und schon fallen sie um.« Sie enthüllten, wie viele Mitglieder »angetippt« worden waren und wie sie, als Tschiang gesagt hatte: »Natürlich stimmen Sie zu«, natürlich zugestimmt hatten, schlotternd vor Angst. Einzig der kommunistische Delegierte Tung Piwu war hinausgegangen.

Am 6. März schickte die Kommunistische Partei ein Telegramm, sie weigere sich, an den Sitzungen des Politischen Volksrates teilzunehmen, ehe Maßnahmen zu einer »provisorischen Bereinigung« und Wiedergutmachung des Massakers an der Neuen Vierten Armee getroffen worden seien. Am 18. März erließ Mao Tse-tung innerparteiliche Richtlinien; er analysierte den zweiten kommunistischen Überfall, wie er es nannte, und sprach von der »Erneuerung bewaffneter Feindseligkeiten in einem Bruderzwist«. Doch trotz dieser starken Provokation solle im allgemeinen Interesse eine Politik der Versöhnung verfolgt werden, da die innere Auseinandersetzung nach wie vor hinter dem Konflikt mit Japan zurückstehen müsse.

Im April 1941 erschien in japanischen Zeitungen der japanische Weltfriedensplan. Diesem Plan zufolge sollten die britischen und amerikanischen Marinestützpunkte im Pazifischen Ozean entmilitarisiert und der amerikanische Einflußbereich auf die Hawaii-Inseln beschränkt werden.
Gleichzeitig unterzeichnete Japan einen Nichtangriffspakt mit der Sowjetunion, brachte also auf diese Weise seine Landflanke in Sicherheit, um für seine Südostasienpläne freie Hand zu gewinnen.
Am 6. April 1941 fielen die Deutschen in Jugoslawien ein; am 27. April ergab sich Griechenland Hitlers Truppen. Ende Januar desselben Jahres brach die chinesische Militärmission (darunter auch Pao) zu ihrer Südostasientour auf und erhielt im April in Delhi von den obersten britischen Militärbehörden die Zusicherung, für alle Eventualitäten sei vorgesorgt, und Hongkong gehöre wie Singapur zu den unbezwinglichen Städten.

Für mich jedoch war das wichtigste Ereignis jenes Frühjahrs 1941 die Rede Tschu En-lais in Tschungking. Der Platz, eine Mulde zwischen zwei Hügeln, in die man zu beiden Seiten Luftschutzbunker gegraben hatte, war schon zwei Stunden vor Beginn überlaufen; die Leute waren zum Teil auf Pfosten, Tische oder Stühle geklettert, die sie mitgebracht hatten, um Tschu zu sehen.
Das war meine erste Begegnung mit Tschu-En-lai, dem schlanken, schmalgesichtigen, ruhigen Mann mit dem dichten, schwarzen Haar und den geschmeidigen Gesten, vielleicht dem klügsten der heute lebenden Staatsmänner – jedenfalls einem Mann von außerordentlicher Bescheidenheit und dabei Fingerspitzengefühl, Geduld und großem Einfallsreichtum. Seine Erscheinung machte auf mich den Eindruck von Sicherheit, Selbstzucht und Intelligenz. Und tatsächlich bestätigte sich Jahre später, daß er einer der fähigsten Köpfe der Welt ist und verschiedene Alternativen gleichzeitig auf mehreren Ebenen durchdenken kann; das Ergebnis stundenlangen Nachdenkens aber vermag er mit einem Minimum an Worten zu umreißen und durch

kleinste Andeutungen verständlich zu machen. Als er auf den Tisch gestiegen war, damit ihn die Menge auch sehen konnte, wanderten seine Augen ruhig von Gesicht zu Gesicht. Wir alle waren fasziniert und warteten gespannt auf das, was er sagen würde. Er sprach fast vier Stunden lang, aber wir wurden nicht müde, ihm zuzuhören; er hätte ewig weiterreden können. Es war eine der einfachsten, unkompliziertesten, unrhetorischsten, kurz eine der verständlichsten Ansprachen, die ich je gehört habe, und dabei doch eine der gewichtigsten.

Tschu erläuterte die Einstellung der Kommunistischen Partei zu den Ausfällen und Angriffen der Kuomintang und betonte, daß im Augenblick alle strittigen Punkte dem Kampf der Nation unterzuordnen seien. Daß dies jedoch keineswegs Kapitulation denen gegenüber bedeute, »die ihrerseits in einem Ausverkauf der wahren Interessen des chinesischen Volkes gesonnen seien, vor dem Feind zu kapitulieren«. Diese Politik, bestimmte Fragen zeitweilig dem einen beherrschenden Gesichtspunkt, der Rettung Chinas aus dem Krieg, unterzuordnen, umriß er mit solcher Präzision und Klarheit, daß der Grundgedanke, das Prinzip, kompromißlos hervortrat, die ganze Rede aber doch ein Meisterwerk bescheidener Selbstdarstellung war. Hinterher wäre ich zu gern zu ihm hingegangen, aber meine Schüchternheit hinderte mich daran, und außerdem drängte mich die Menge johlend ab; obwohl ich ihm mit den anderen nachströmte, gelangte ich doch nicht bis zu ihm. Ein paar Schritte von mir entfernt entdeckte ich Paohua, Paos Vetter. Er sah mich an und und ich sah ihn an, aber keiner sagte ein Wort. Auf dem Heimweg ging ich wie auf Wolken; alle Angst war von mir abgefallen, Logik und Vernunft beherrschten mich; als mich Yuenling aufsuchte, erzählte ich ihr gleich, welch tiefen Eindruck Tschu En-lais Rede auf mich gemacht habe, und da es ihr offensichtlich ähnlich erging, war ich fester denn je von ihr überzeugt.

Die vier Monate, die Pao 1941 unterwegs war, verbrachte ich in Tschengtu und kehrte erst kurz vor seiner Rückkehr heim. Wieder brach ein heißer Sommer an, wieder setzte der ermüdende Tagesablauf mit den Bombenangriffen ein. Diesmal schafften wir einen Teil unseres Besitzes in die Meifeng Bank, so daß, als wir im August im Tschang-Familien-Garten ausgebombt wurden, Paos Mitbringsel großenteils verschont blieben – alberner Plunder, für Tschungkinger Begriffe aber unerhörter Luxus, geschnitzte Sandelholzkästchen mit Elfenbeineinlegearbeiten, Elefanten aus Ebenholz, meterweise Seiden-, Samt- und Schleierstoffe, fünf Paar Pumps (von denen ich kein einziges je trug), zwei Pfannen, Nagellack, Alabasterlampen, Perlmutterschalen – das Ergebnis wilder Basareinkäufe mit dem für eine nach Luxus gierende Stadt so verführerischen Hauch nach indischer Pracht. Heute weiß ich, daß diese Schätze Pao nicht viel kosteten, aber damals schienen sie der Gipfel der Extravaganz und Tollheit. Und ich war mürrisch, verächtlich. Wozu einander etwas vormachen? So sagte ich ihm ins Gesicht, daß ich nicht an seine »Mission« glaubte. »Mission« wofür? Das meiste schenkte ich her, nur einen braunen Seidenstoff mit eingewebtem Rosenmuster und ein Stück schwarzen Samt behielt ich für mich und ließ mir Kleider daraus machen, die für die nächsten acht Jahre, bis 1949, ausreichten.

In jenem Frühjahr lernte ich auch Cecilia und Francis Pan kennen. Obwohl unsere Ansichten heute weit auseinandergehen (die Pans blieben bei Tschiang Kai-schek), kamen sie mir im Gegensatz zu vielen anderen persönlich stets freundlich entgegen. Sie haben mir in schweren Zeiten nicht nur geholfen, sondern mich sogar aufgesucht, als ich völlig mittellos dastand. So wenig ich ihre Loyalität einer überholten Ordnung gegenüber billigen kann, so sehr bewundere ich ihre unwandelbare Treue in der Freundschaft, die allerdings auch ein Ausfluß dieser loyalen Einstellung ist. »Ich habe nur ein Herz«, sagt Cecilia Pan stolz, um anzudeuten, daß sie sich nie ändern wird. Ich habe mich geändert, weil mir aufging, daß nicht eine Klasse, sondern das *Volk*, das chinesische Volk, Loyalität und Liebe verdienen, eine Liebe, die sich nicht an Kleinigkeiten hängen und verlieren darf – und verstehe trotzdem ihre Auffassung, auch wenn ich sie selbst nicht teile.

Ich lernte Cecilia Pan dadurch kennen, daß Pao mir auftrug, ihr und ihrem Mann, einem einflußreichen Beamten im Finanzministerium, einen Besuch abzustatten. Cecilia Pan empfing mich sehr würdig und gesetzt in einem feinen Kleid mit hochgeschlossenem Kragen, jedes Härchen penibel hingestriegelt, mit ruhig heiterer Miene inmitten der Trümmer ihres Wohnzimmers, dessen Decke bei einem Bombenangriff eingestürzt war. Dieses Bild prägte sich mir unauslöschlich ein. Mit anmutiger Geste bot sie mir eine Tasse Tee an, nachdem wir auf den fein säuberlich abgewischten Stühlen Platz genommen hatten, während uns ringsum Steintrümmer, Mörtel- und Gipsbrocken verständnislos und vorwurfsvoll anzustarren schienen. Daraufhin lud ich Cecilia zum Mittagessen ein. Wirkte mein Wohnzimmer im Vergleich zu ihrem recht simpel, so zeichnete es sich dafür aber durch eine leuchtend rote große Webmatte auf dem Boden aus. Jedermann amüsierte sich über das Ding: so etwas war überhaupt nicht üblich; alle Welt hatte blau- oder graugefärbte kleine Matten. Meine Matte war ein typischer Spleen von mir; ich hatte sie bei Szetschuaner Handwerkern in Auftrag gegeben und sie um ein paar Pfennige von Einheimischen anfertigen und färben lassen. An heißen Tagen schlief ich sogar darauf; an dunklen, nebligen machte sie das Zimmer warm und freundlich. Ich hatte überhaupt eine Leidenschaft für die Szetschuaner Waren, die handgedruckten Leinenstoffe, das blaue Baumwolltuch, lauter Dinge, die die Damen aus Schanghai als grob verachteten, die ich aber schön fand, weil sie voller Leben und Talent steckten und so viel ansprechender waren als die vulgären Nachbildungen westlicher Töpferei, die billigen Glassachen und die durch Tai Lees Monopolvertretungen aus Schanghai importierte hochgepriesene Kunstseide. Für mich waren die Bambusstühle und -bänke der einheimischen Handwerker, die Bambuskörbe und -fässer, die die Armen für ihren eigenen Gebrauch herstellten, so sehr viel schöner, daß ich nur solche Sachen kaufte und Pao sich wegen meines schlechten Geschmacks schämen mußte. Cecilia aber behauptete, ihr gefiele meine rote Matte; vielleicht sagte sie es nur aus Höflichkeit und einem feinen Taktgefühl heraus, aber es zeugte von Mut, denn damals scheuten sich viele, das Wort »rot« auch nur in den Mund zu nehmen. Eine rote Matte, die den ganzen Boden bedeckte – ließ sie nicht auf gefährliche Gedanken schließen?

Im Juni 1941 waren Pao und ich wieder einmal bei Drittem Onkel in Tschengtu. Nach den Strapazen der Südostasienreise hatte Pao einen kurzen Erholungsurlaub bekommen, und um der Hitze und den Bomben eine Zeitlang zu entgehen, zogen wir uns nach Tschengtu zurück. Am 22. Juni, ich war gerade unterwegs zu Marian Manly ins Hospital, schien mir irgend etwas in der Luft zu liegen: Die Zeitungsjungen schrien lauter als sonst, und Heiterkeit und Lärm erfüllten die Straßen, aber erst als ich wieder bei Drittem Onkel in der Schafmarkt-Gasse war, und Sechster Bruder eine Zeitung anbrachte, erfuhr auch ich die Neuigkeit von Hitlers Invasion in der Sowjetunion.

In den nächsten Tagen druckten die Zeitungen sogar Karten, um den Vormarsch der Deutschen, ihren Blitzkrieg zu illustrieren. Pao und seine Freunde liefen über vor Zufriedenheit; Ho Yingtschin glaubte felsenfest an Hitlers Endsieg. Als am Abend Dritter Onkel, sich mit einem Palmblattfächer im Hof Kühlung zufächelnd, Pao in eine Unterhaltung zog, mußte er sich einen Vortrag über das »starke Volk«, d. h. Deutschland anhören, und über Rassenreinheit als Voraussetzung solcher Stärke; dem schwachen Rußland gab Pao keine Chancen. Dritter Onkel nickte und nickte und wollte die Bevölkerungszahl und die räumliche Ausdehnung des schwachen Rußlands wissen und schien mir immer weniger überzeugt.

Pao verfolgte beglückt den Fortgang des Krieges; die Deutschen rückten tatsächlich ungeheuer schnell vor. Ich dagegen mußte an meine liebenswerten russischen Schüler denken und hätte den dreien zu gerne gesagt, daß ich im Grunde meines Herzens ganz auf ihrer Seite stand. Und da Tag für Tag immer neue deutsche Siegesmeldungen einliefen, sank meine Stimmung, während die von Pao stieg. Als er schließlich freudetrunken wieder nach Sian zu Hu Tsungnans Hauptquartier aufbrach,

nutzte ich die Zeit und kehrte für ein paar kurze Wochen in das Heim in der Kleinen Himmlischen Bambusstraße zurück.
Das Leben wurde spürbar härter. Auch auf der Universität machten sich die Auswirkungen der Inflation bemerkbar. Es gab nur noch ungeschälten Reis und Schminkbohnen und Paprika, und dieser Speisezettel rief bei vielen einen Darmkatarrh hervor. Allein schon der starke Geruch des braunen Reises war unangenehm, eine Schüssel weißer aber ein Luxus, den sich nur die Reichen und die Restaurants leisten konnten. Selbst in Tschengtu, wo bei weitem nicht dieselbe Lebensmittelknappheit herrschte wie in Tschungking, wurden unter den Reis bereits Steinchen gemischt, um das Gewicht zu erhöhen. Außerdem gab es zweierlei Gewichte, ein großes und ein kleines, wobei dieses die Hälfte des großen betrug, so daß es also jeweils vom Zusatz »klein« oder »groß« abhing, ob man einen kleinen oder einen großen Katti Reis bekam. Mit diesem Trick sollte die Preisbindung unterlaufen werden, die sich, da »klein« oder »groß« nicht angegeben wurde, tatsächlich als Fehlschlag erwies.
Die Ernte war in diesem Jahr nicht gut ausgefallen, aber die Pachteintreibung in Naturalien wurde beibehalten, und neuerdings bediente sich auch die Regierung dieses Rezepts. Der Reis sollte in die Speicher der Regierung fließen, nur daß er von Privatpersonen und von Regierungsbeamten gehortet wurde.
Die Truppen und bestimmte andere Organisationen wie die von Pao wurden mit Reis ausgezahlt, um die Versorung der Verwaltung wenigstens in einem Punkt zu gewährleisten. Ein Beutel Reis kostete auf dem schwarzen Markt mittlererweile drei Monatsgehälter von Pao.
Salz und Seife waren überhaupt nicht zu haben. Fräulein Wang, die sich immer zu helfen wußte, gab mir den Tip, die Haare mit einer bestimmten Bohnensorte zu waschen, die das Wasser seifig machte. Und als Salzersatz nahmen die Leute die Asche grüner Zweige.
Eines Abends ging es an der Universität hoch her. General Fêng Yü-siang, der standfeste Militär aus dem Norden, seit 1932, als

er als erster den Japanern entgegengetreten war, hochberühmt, sollte auf dem Sportplatz vor den Studenten sprechen. Alle wollten ihn hören, und obwohl ich mich mit Huang Szeyuan, Schen, Wang und anderen Hebammen beizeiten auf den Weg machte, hatte sich doch, als wir ankamen, bereits eine Riesenmenge versammelt. In der nur von ein paar Sturmlaternen erleuchteten Dunkelheit sprach Fêng Yü-siang, ein großer, kräftiger Mann mit einem gewaltigen, eckigen Schädel und dem schönen Zäpfchen-*r* des Nordens, der nur eine schlichte Baumwolluniform trug, von dem Angriff des Faschismus auf die demokratischen Völker der Welt; er prophezeite China und Rußland den Sieg, Japan und Hitler eine Niederlage. Begeistert klatschten wir; überhaupt herrschte ein ziemlicher Tumult auf dem Campus, denn viele von uns hielten es mit Rußland. Anschließend sprach der katholische Bischof Yupin, der in Amerika eifrig Geld für die katholische chinesische Mission sammelte. Auch er stammte aus Nordchina, was ihm unter der Zuhörerschaft Respekt verschaffte. Er war ein ungemein schlauer, verschlagener Mensch mit einer guten Portion Selbstvertrauen und einer unbestreitbaren Rednergabe. Seiner Meinung nach lief der Kampf zwischen Rußland und Deutschland auf gegenseitige Zerstörung hinaus, da beide im Grunde den gleichen Totalitarismus vertraten.

Auf dem Heimweg sprachen wir über Napoleon und den Winter in Rußland. Eine meinte, das sei vor langer Zeit gewesen, und die Deutschen seien stark; trotzdem setzten wir unsere Hoffnung auf den Winter.

In der Zwischenzeit brachten die Zeitungen weitere Meldungen über imaginäre Siege an »der Front«, also Tschiangs Front, hüteten sich aber, Karten abzudrucken. Alle Welt machte sich über diese Siege lustig, selbst Pao. In Wirklichkeit hatten im Mai 1941 fünfzigtausend Japaner das Gebiet am Gelben Fluß angegriffen, wo zweihundertfünfzigtausend Kuomintang-Soldaten lagen; die Rote Armee unterstützte diese Truppen, aber drei Wochen später zog Tschiang seine Männer zurück, räumte das Gebiet und ließ die Kommunisten, ohne mit der Wimper zu zukken, im Stich – getreu seiner alten Devise: Vernichtung der kommunistischen Kräfte.

In jenem Sommer 1941 gab Tschiangs Regierung bekannt, China werde nun »endlich« als Großmacht anerkannt und den anderen gleichgestellt. Schließlich hatten sich die Vereinigten Staaten und Großbritannien doch bereit gefunden, auf ihre extraterritorialen Rechte zu verzichten, die sie sich 1842, also vor hundert Jahren, angeeignet hatten. Seit hundert Jahren konnte kein Europäer oder Amerikaner in China vor Gericht gestellt werden. Sie konnten ohne Paß einreisen, bleiben solange es ihnen beliebte, rauben, stehlen, morden, Menschen mit ihren Autos überfahren, Narkotika, Opium und Waffen einführen, ohne die chinesischen Gesetze fürchten zu müssen. Und aus dieser privilegierten Stellung schlugen nicht nur die Zivilisten, Militärs und Geschäftsleute, sondern auch die Missionare Kapital.
Nun gab die Kuomintang-Regierung bekannt, die Westmächte verzichteten »aus eigenem Antrieb« auf diese »Rechte«. Durch die Internationale Ausweitung des Krieges zu einem Weltkrieg rückte China zur Weltgeltung auf, und Tschiang spielte nur allzu gern den Staatsmann von Weltformat. In Wirklichkeit hatten ihm die Westmächte versprochen, den Verzicht auf diese Rechte in Betracht zu ziehen, um ihn bei der Stange zu halten; denn Tschiang hatte 1941 unumwunden mehr Geld verlangt und gedroht, andernfalls einen Separatfrieden mit Japan zu schließen. Seine Forderung belief sich auf keine geringe Summe: eine Milliarde Dollar. Der Zeitpunkt war gut gewählt; alles wies darauf hin, daß die USA Japans Absichten mit wachsender Unruhe verfolgten.
Im Sommer 1941 trug die Rote Armee den Angriff auf die japanischen Truppen an allen Fronten in Nordchina vor, wodurch sich Tschiang jedoch nicht aus seiner Reserve locken ließ. Bis zum 24. November, also zwei Wochen vor Pearl Harbour, gaukelte der japanische Gesandte Kurusu Roosevelt Verhandlungen zwischen Japan und den Vereinigten Staaten vor. Trotzdem

trafen beide Seiten bereits Kriegsvorbereitungen. Schon im September lag in Japan der Plan vor, die US-Flotte bei Pearl Harbour anzugreifen, wo sie seit Mai 1941 stationiert war, um entweder Japan zu überfallen oder die amerikanische Philippinenkolonie zu verteidigen.
In Europa hatte Amerika mittlerweile Pétain und das Vichy-Regime anerkannt; dem Freien Frankreich und de Gaulle dagegen zeigte es unerbittlich die kalte Schulter, denn Roosevelt hätte Frankreich zu gerne aufgespalten. Dieselbe zweideutige Politik trieb Amerika in Indochina, das, wie Roosevelt Stilwell erklärte, unter internationale, sprich amerikanische, Verwaltung gestellt werden sollte. Aber im Sommer 1941 hatten die Japaner in Indochina bereits festen Fuß gefaßt und mit Billigung der Pétain-Regierung eine ganze Reihe von Stützpunkten eingerichtet.

Ende des Sommers war Tschungking großenteils von Bomben eingeebnet worden, unser Haus im Tschang-Familien-Garten hatte es noch Ende August erwischt. Wir gruben in den Trümmern herum und konnten eine halbe Flasche Brandy (aus Indien) und den Bettkasten retten. Wieder einmal bot uns Dritter Onkel seine Gastfreundschaft an; diesmal in dem der Meifeng Bank gehörenden Gebäude in Ta Er Wo, in der Nähe von Tschungking, einer hügeligen Gegend mit vielen Bäumen und einer dicken Humusschicht, denn es lag bereits ein gutes Stück weiter landeinwärts; unter den Bäumen an den Hängen hatte sich manch Reicher eine »Villa« erbaut, wo er nun, ferne von den Bombenangriffen, nachts ruhig schlafen konnte.
Über ein kleines Tal hinweg schauten wir auf einen bewaldeten Hügel, auf dem sich in halber Höhe das imposante Herrenhaus General Schang Tschens, des Leiters der Südostasienmission, der später Gesandter in den USA werden sollte, aufbaute.
Unweit davon befand sich das Haus eines Szetschuaner Warlords, der sich in seinem gewaltigen, düsteren Palast voller Diener, Spucknäpfe und Orchideen vier Frauen hielt – und zwar mit Bedacht vier, da sie miteinander Mah-Jongg spielen konn-

ten, was bei dreien oder fünfen schwer gegangen wäre. Tatsächlich spielten die vier auch tagein, tagaus von früh bis spät; ihrem Aussehen nach zu schließen fanden sie nicht einmal die Zeit, sich zu waschen, nach dem Aufstehen die zerdrückten Kleider zu wechseln oder sich zu kämmen, ehe sie sich an den Spieltisch setzten, und ebenso gewiß ließen sie die Elfenbein- und Bambusspielsteine nicht aus den Fingern, wenn sie ins Bett gingen.

Wir waren noch keine vierzehn Tage in Ta Er Wo, da bekamen wir beide, Pao und ich, Malaria. Pao machte mit einem Anfall von Tertianafieber den Anfang, dann kam die Reihe an mich – Schüttelfrost, Erbrechen und Fieber. Wie sich später herausstellte, hatte ich die über die Birma-Straße nach China eingeschleppte schwere Form. Manche der davon Befallenen starben sehr bald, innerhalb von zwölf Stunden, andere nach einer Woche oder später. Anfangs glaubte ich, ich hätte ebenfalls Tertiana und nahm die Chininpillen ein, die Pao von der medizinischen Abteilung des Militärrats erhalten hatte – echte Pillen immerhin, kein Schwindel, keine nachgemachten, wie sie der Mann von der Straße bekam.

Aber selbst diese Pillen erwiesen sich als wirkungslos. Drei Tage nach dem ersten Anfall konnte ich kaum mehr aufstehen und wurde von Erbrechen und Frösteln, Frösteln und Erbrechen nur so geschüttelt. Pao war für eine Woche zum Wachdienst im Gehorche und Diene abkommandiert, und so war ich mit Yao Niang, der Konkubine, allein, die Malaria für etwas ganz Alltägliches hielt. Zum Glück kam General Schang Tschens Frau, eine flinke, tatkräftige und sportliche Dame mit scharfen Augen, aus mir unerfindlichen Gründen auf die Idee, mich zu besuchen. Ich schwankte ins Wohnzimmer, um sie zu begrüßen, brachte aber kein Wort heraus. Auf der Stelle nahm sie die Zügel in die Hand und schickte mir einen guten, in Deutschland ausgebildeten Arzt, der sonst nur hohe Beamte wie General Schang behandelte. Der Arzt stellte bei mir bösartige Malaria fest und gab mir zwei Injektionen Atebrin zu je fünfzig Dollar. Drei Tage später ging es mir bereits wesentlich besser, und so machte ich mich, gestützt auf eine Dienerin, auf den Weg zur Schangschen Villa auf dem gegenüberliegenden Hügel, um Frau Schang zu danken; aber statt der freundlichen, lebhaften Frau, der ich mein Leben verdankte, traf ich die andere Frau Schang Tschen, eine dünne, wachsbleiche Person, die mit der ersten Frau Schang nicht das geringste gemein hatte. Verwirrt und enttäuscht zog ich mich nach dem Austausch von ein paar höflichen Floskeln zurück.

Im September jenes Jahres ereignete sich ein großes Unglück. In einem der öffentlichen Tschungkinger Luftschutzbunker, deren Mängel ich bereits beschrieben habe, kamen zwölftausend (anderen Berichten zufolge zwanzigtausend) Menschen ums Leben. Das Entsetzliche geschah bei einem der letzten Luftangriffe des Jahres an einem Samstagnachmittag. Es kamen gar keine Flugzeuge durch, aber die Entwarnung ließ trotzdem stundenlang auf sich warten. Die bewaffneten Wachen schlossen die Leute ein und gingen dann ihrerseits ins Süduferviertel, um Mah-Jongg zu spielen oder sich einen Film anzuschauen. Die Idee, die Leute in den Bunkern einzusperren, war eines Verrückten würdig, aber im Namen der »Ordnung« befohlen worden, um das ständige Hinein und Hinaus an den Eingängen, denn jeder wollte einmal Luft schöpfen, zu unterbinden. Statt dessen hatte man zur Verbesserung der Belüftung Gittertore angebracht, die nun für die Dauer eines Alarms abgeriegelt wurden. In dem großen Bunker begannen die Leute nach einiger Zeit an die Tore zu hämmern, aber es war niemand da, der sie hinausgelassen hätte, und die Tore selbst gaben nicht nach. Die Wachen blieben alles in allem zehn Stunden fort.
Es dauerte über eine Woche, bis alle die Leichen aus dem Bunker entfernt waren; ganze Straßen waren entvölkert, ganze Familien zusammen gestorben. In den allmählich kühler werdenden Nächten schafften Lastwagen reihenweise die Leichen fort, und mit Spaten machten sich die Männer, durch eine Maske geschützt, über die sich bereits zersetzenden Überreste her.

Wahrscheinlich war die Einladung zu Tai Lee im Herbst 1941 wirklich unumgänglich. Pao sah natürlich eine »hohe Auszeichnung« darin. Er gehörte nicht nur Tai Lees Clique an, sondern erfreute sich darüber hinaus noch besonderer Gunst; seine Kalligraphie und Physiognomie hatten einen guten Eindruck gemacht. Er arrivierte so schnell, daß man ihn schon als »junge Feste« zu bezeichnen begann . . . Eifriger denn je suchte Pao die Astrologen auf, und da die militärischen und diplomatischen Missionen im Ausland von Tai Lees Organisation überwacht wurden, stand bereits ziemlich fest, daß Tai Lee Pao als Militärattaché entweder nach England oder nach Amerika schikken würde. Eben dieser Umstand aber trug uns die Einladung zum Abendessen ein.

»Ich will nicht hin«, sagte ich. »Ich habe schon zu viel über ihn gehört. Ich kann ihn nicht leiden.«

»Aber du mußt mit«, entgegnete Pao, ganz Charmeur und Schmeichler, und brachte mir sogar Blumen. Ich hätte, behauptete er, dummes Zeug gehört und ahnte nicht, welch schmutziges Geschäft die Politik sei, welch häßliche Dinge da erledigt werden müßten, aber selbst die Kommunisten gäben zu, daß sich die Neue Vierte Armee im Unrecht befunden habe; darüber habe sie einen Verweis von Tschiang erhalten, und nun sei alles wieder in Ordnung. »Glaub mir, du darfst nicht immer auf die andere Seite vom Zaun schielen«, sagte er, weil ein Astrologe angesichts meines Photos ausgerufen hatte, ich sei der Typ, der die Blumen auf der anderen Seite der Mauer immer für wohlriechender halte. Ursprünglich hatte Pao das natürlich moralisch aufgefaßt, aber jetzt bezog er es auf die in mir aufkeimende politische Opposition. Hatte Tschu En-lai nicht eine öffentliche Rede in Tschungking gehalten? Und zeugte es nicht von Großmut, einem Kommunisten die Sprecherlaubnis zu erteilen nach allem, was die Roten getan hatten? Pao zog sämtliche Register; vernünftig, würdevoll, geduldig plädierte er: »Was verstehst du schon von Politik. Warum also schaust du dir Tai Lee nicht erst einmal an? Wie kannst du über einen Menschen, den du gar nicht kennst, den Stab brechen?« Dann riß ihm die Geduld, und er drohte, mich zu erschießen, falls ich mich nicht endlich aufraffte. Er zerrte die Pistole heraus und knallte sie auf den Tisch. Und als das immer noch nichts half, packte er mich bei meinem Familiensinn: »Nimm dich in acht«, sagte er. »Wo wäre dein Dritter Onkel heute ohne mich? Und du weißt sehr wohl, daß ich ihn jederzeit wieder einsperren lassen kann.«

Er spielte darauf an, daß Dritter Onkel erst kürzlich (Pao war noch nicht lange von Indien zurückgekehrt) von Tai Lees Männern entführt worden war, weil man ihn beim Mah-Jongg ertappt hatte. Natürlich handelte es sich in Wirklichkeit nicht um das Mah-Jongg, sondern um den Versuch, die besitzende Schicht und die Kapitalisten Szetschuans wie Dritten Onkel und seine Freunde durch den Vorwand zu erpressen, sie verstießen gegen den Aufruf zur »geistigen Mobilmachung«, der Huren, Spielen und Opiumrauchen verbot. Mit solchen und ähnlichen Mitteln versuchten sie, die Einheimischen nach und nach vom Markt zu vertreiben und den Blauhemden das Monopol zu sichern.

Sonst scherte sich kein Mensch um den Aufruf zur »geistigen Mobilmachung«. Im Gegenteil, in Tschungking hatte es nie zuvor so viele Prostituierte gegeben, und die Inflation zwang sogar achtbare Familien, überzählige weibliche Mitglieder auf die Straße zu schicken. Und da nach den von der Tschiang-Regierung ausgestreuten Gerüchten, die Westmächte dächten daran, ihre Strategie zu ändern und Europa nicht länger vorrangig vor China zu behandeln, sowie durch den Ausbau der westlichen Militärmissionen 1941 täglich große Kontingente amerikanischen Luft- und Marinepersonals zu erwarten waren, bereiteten sich die Prostituierten vor und ließen sich zum Teil die Haare hellblond färben. Kunming war zum amerikanischen Flugstützpunkt ausersehen worden – Gebäude wurden errichtet, Badewannen und Spülklosetts eingeflogen – und reihenweise brachen die Mädchen von Tschungking nach Kunming auf, um sich den Amerikanern zur Verfügung zu stellen.

Einzig den einheimischen Szetschuanern gegenüber pochte die Regierung auf die Anordnungen der geistigen Mobilmachung, und so mußten sie ihre Spielchen in verdunkelten Räumen und zur Dämpfung der Geräusche auf grünen Billardtischen abwickeln, während Tschiangs Militärbürokraten die Prostituierten die sich Studentinnen nannten und mit Lehrbüchern durch die Straßen liefen, ungeniert zu einem »nächtlichen Plauderstündchen« einluden.

Als Dritter Onkel eines Nachts wegen Spielens festgenommen wurde, kam Zweiter Bruder von der Bank, um uns zu benachrichtigen. Pao wandte sich an die Polizei, und Dritter Onkel und seine Freunde wurden auf der Stelle mit der Begründung freigelassen, es sei ein Versehen gewesen. Natürlich war Pao stolz auf seinen Einfluß, und nun erinnerte er mich daran, daß er sich für Dritten Onkel eingesetzt hatte. »Du brauchst zu Tai Lee ja kein einziges Wort zu sagen; aber ich schwöre dir, er ist ein guter Mensch.«

So zog ich mein schwarzes Samtkleid an und ging mit Pao zu dem Abendessen; bei mir dachte ich, wir sind zu so vielen schlechten Leuten freundlich, essen und trinken mit so vielen schlechten Leuten, daß es auf einen mehr oder weniger nicht mehr ankommt.

Eine große, schwarze Limousine holte uns ab, ein typischer Geheimdienstwagen. Ein Leibwächter in Umhang und Filzhut nahm uns in Empfang. Die knielangen Überwürfe waren damals große Mode, weil Tschiang Kai-schek selbst sie trug. Der Wächter verzog keine Miene; blasse, eher schlaffe Hände hingen unter dem Umhang hervor. Pao hatte von seinen Reisen einige Schallplatten mitgebracht, darunter auch zwei Ave Maria von Gounod sowie ein Grammophon, um sie auch spielen zu können. Stundenlang ließ er das Ave laufen, um seine Anhänglichkeit an Tschiang Kai-schek zu demonstrieren. Nun nahm er eine dieser beiden Platten als Geschenk für Tai Lee mit.

Das Auto fuhr durch Fu T'u Kuan zu einer von Tai Lees Residenzen, die auf einer Klippe lag und mit einem Luftschutzbunker ausgerüstet war; von streng dreinblickenden jungen Männern in schwarzer Uniform und weißen Handschuhen durch

zwei oder drei Türen geschoben, stiegen wir eine Treppe hinunter und standen schließlich vor dem Hohen Herrn. Nachträglich habe ich den Eindruck, daß der Raum unterirdisch lag, da wir, von der Straße kommend, nicht hinauf- sondern hinuntergingen. Doch das muß keineswegs stimmen, denn in Tschungking sind viele Häuser in Steilhänge hineingebaut. Aber wie dem auch sei, jedenfalls flößte mir das Hinuntersteigen noch mehr Ehrfurcht vor dem hochwichtigen Zusammentreffen ein, das der König des Hades nicht besser hätte inszenieren können – Seidenvorhänge, rote Lampen, drohende Stille und mitten darin, in Übereinstimmung mit der Szenerie, Tai Lee selbst, ganz in Schwarz, klein, dünn, mit äußerst dichten Augenbrauen und so dunkelhäutig, daß er schon an einen Araber erinnerte. Die finstere Mundpartie, die schweren Augen mit ihrem durchdringenden Blick, die schwarze Uniform, all das beschwor das Bild eines Bühnenschurken herauf, nur daß man an der kleinsten Bewegung begriff, daß dieser hier ernsthaft gefährlich war, gefährlich wie eine zusammengerollte Schlange.
Tai Lee drückte uns die Hand und lud uns ein, Platz zu nehmen; wir schlürften Tee. Anfangs drehte sich die Unterhaltung um Gemeinplätze, und Pao gab sich als besorgtes, liebevolles Familienoberhaupt. Er erzählte Tai Lee, vor kurzem sei ich sehr krank gewesen (meine Malaria), und als sich Tai Lee unvermittelt nach der Zahl unserer Kinder erkundigte, erfand Pao seelenruhig eines, eine Tochter in Tschengtu. Natürlich mußte ich ein Kind haben, denn dieser bequemen Ausrede hatte sich Pao oft bedient, um sich nicht mit mir in der Öffentlichkeit zeigen zu müssen oder um meine Reisen nach Tschengtu zu motivieren. Dazu kam noch ein anderer Grund, den ich damals allerdings noch nicht kannte.
Als Tai Lee fragte, wo ich studiert hätte, antwortete Pao ohne mit der Wimper zu zucken, in England. Tai Lee nickte zustimmend, als habe er soeben einen Entschluß gefaßt. Dann lenkte Pao das Gespräch auf die allgemeine Lage in England, Südostasien und Indien. Großbritannien konnte seiner Meinung nach den Kampf nicht aus eigenen Kräften fortsetzen; es war am

Ende, versuchte nun aber Amerika für sich einzuspannen. Nach Tai Lees Ansicht stand England vor dem Bankrott und mußte wohl oder übel all seine Besitzungen in der Welt verkaufen. Er konnte den proenglischen Außenminister Quo Taitschi nicht ausstehen. Die beiden bekämpften sich bis aufs Messer, und Tai Lee fädelte zur Zeit eine Kabale ein, um den anderen zu stürzen. Tai Lee haßte die Briten, weil sie ihn, als er noch ein kleiner Schwindler war, einmal in Hongkong verhaftet und zwei Tage ins Gefängnis gesperrt hatten, ehe sie ihn mit einer Entschuldigung wieder freiließen. Pao trug seine »aufrichtigste« Miene zur Schau und äußerte sich in wohlgeformten, honigsüßen, schmeichlerischen Sätzen; kein Wort geriet ihm daneben, und wenn Tai Lee sprach, hörte er aufmerksam zu.

Die Mahlzeit wurde aufgetragen, Fische und andere Köstlichkeiten aus dem Meer, die man hier, Tausende von Kilometern von der Küste entfernt, sonst kaum zu Gesicht bekam. Eilfertig huschten Tai Lees Stäbchen über die Schüsseln, um mir besondere Leckerbissen herauszupicken. Pao und er erhoben sich, um einander zuzuprosten, und während des Essens hielt Tai Lee das Gespräch durch kurze Fragen in Gang. Einen wilden, unberechenbaren Augenblick lang versuchte ich mir vorzustellen, was wohl geschehen würde, wenn ich plötzlich verrückt spielte. Tai Lee ins Gesicht schlug und mich auf dem Boden wälzte. Hinter einem hochgezogenen Vorhang konnte man in einem der anstoßenden Zimmer mehrere Lackvasen, ein paar rosa Lampenschirme mit Fransen und zwei Leibwächter in schwarzer Uniform sehen, die die Diener beim Auf- und Abtragen des Essens kommandierten. Dann fragte mich Tai Lee, ob ich etwas gegen Heiserkeit wisse, die ihm zu schaffen mache. »Sie ist Ärztin«, hatte Pao gesagt. Darauf wandte sich das Gespräch unvermittelt der Astrologie und Wahrsagerei zu; Tai brachte irgendeine undurchsichtige, heikle Geschichte über den blinden Wahrsager, der einem die Knochen abtastete, aufs Tapet. Dann war die Mahlzeit beendet, und nach einer Tasse Tee brachen wir auf, denn in China verbietet die Höflichkeit, nach dem Essen noch lange zu bleiben. Dasselbe Auto, das uns abgeholt hatte, brachte uns wieder zurück. Und am nächsten Tag äußerte Pao seine Zufriedenheit über mich: »Du hast nicht zu viel gesprochen.« Ich hatte den Mund kein einziges Mal aufgemacht.

10

Irgend etwas bedrückte Pao schon seit längerer Zeit, und nun stellte sich endlich heraus, was es war. Seit ein paar Monaten bezogen wir Reisrationen, denn die Regierung teilte an ihre Beamten Reis aus, um die Preise zu »stabilisieren« (was allerdings nicht eintrat), und Pao hatte drei, nicht zwei Rationen eingestrichen. Die dritte überließ er, soviel ich weiß, seinem Vetter Paohua, der sie entweder auf dem Schwarzmarkt verschob oder als Gegenleistung für bestimmte »Dienste« brauchte. Um aber diese zusätzliche Portion herauszuholen, hatte Pao unsere Familie um ein in Tschengtu geborenes Kind vergrößert.

Nun wunderten sich aber viele seiner wohlwollenden Brüder, daß sie dieses Kind nie zu Gesicht bekamen, nicht einmal ein Photo davon. Und da Paos ganzes Sinnen und Trachten auf seine bevorstehende Beförderung gerichtet war, fürchtete er durch hinterhältige Beschuldigungen für den Posten eines Militärattachés im Ausland disqualifiziert zu werden.

Am wenigsten konnte mir Pao meine Kinderlosigkeit verzeihen. Wenn ich doch nur endlich schwanger geworden wäre, wenn ich doch nur endlich einen Sohn bekommen hätte, dann wäre ja alles gut gewesen! Sein Vorgesetzter, General Hsiung, dem ich bei einem Empfang vorgestellt wurde, besaß eine stattliche Reihe Kinder; andere Offiziere prahlten mit ihrer Zeugungsfähigkeit wie mit der Anzahl von Reisschüsselchen, die sie leeren konnten

– sechs oder sieben auf einen Sitz – oder den »Künstlerinnen«, die sie zu einem »nächtlichen Plauderstündchen« einluden.
Paos Wunsch war ja nicht abwegig. Es ist ganz normal, daß Männer Kinder wollen, nur hielt er mich dadurch in einem Zustand ständiger Spannung. Besuche bei Astrologen und Wahrsagern erbrachten immer dasselbe Ergebnis: Erst würde ich eine Tochter und dann zwei Söhne bekommen. Deshalb hatte Pao auch ein Mädchen angegeben, wohl in der Hoffnung, der Wunsch möge sich selber erfüllen.
Aber seiner Laufbahn stand auch noch anderes im Weg, so z. B. daß er auf dem Schlachtfeld nie ein Kommando geführt hatte; das heißt, er besaß keine nützlichen Untergebenen, die er mit Posten hätte bestechen können. Wie nützlich Untergebene sein konnten, ging aus manchen Geschichten hervor. So erzählte man sich, ein Offizier der unteren Ränge habe allein dadurch, daß er dem Namenszeichen noch einen Balken anfügte, den falschen Mann in den Tod geschickt, während ein anderer die Akten über eine bestimmte Unterschlagungsaffäre schlicht und einfach dadurch aus dem Weg schaffte, daß sie vier Jahre lang verlegt blieben. Umgekehrt konnte ein Sekretär schon dadurch, daß er Paos Namen in den Berichten an einer günstigen Stelle erwähnte, die Aufmerksamkeit des Allerhöchsten auf Pao lenken und so verhindern, daß er in Vergessenheit geriet. Paos Zweifel wuchsen: Fand er genügend Unterstützung in seiner Umgebung, um sich einen Weg durch das Dschungel der Rivalitäten zu brechen, das alle Kräfte von Tschiangs Beamten beanspruchte? Würde er sich den tausend Fallstricken entziehen können, dem ganzen nichtssagenden, dummen Geschwätz, das doch seine besten Pläne zerstören konnte? War er auch freundlich und unterhaltend genug gewesen, hatte er auf seine Vorgesetzten einen guten Eindruck gemacht? Mit all diesen Fragen quälte sich Pao unablässig herum. Wenn er wenigstens einen Sohn gehabt hätte, das hätte ihm doch ein Gefühl der Stärke eingeflößt – er schrie nach einem Sohn, einem Sohn, einem Sohn, gerade als sei er fünfundvierzig statt fünfundzwanzig, und er schlug mich aus lauter Enttäuschung. Nun kam noch die Sache mit der Reis-

ration dazu – gesetzt den Fall, es stellte sich heraus, daß wir kein Kind hatten, das bei meiner Familie in Tschengtu aufwuchs?

Im Herbst 1941 kehrte ich nach Tschengtu zurück, um mich von Drittem Onkel und Dritter Tante, von meinen anderen Verwandten und Bekannten zu verabschieden und ein Kind zu adoptieren.

Marian Manly hatte um Paos Wunsch gewußt und versucht, mir zu helfen; sie hatte mich untersucht, aber nichts finden können. Ich ließ mich noch von einer anderen Ärztin in Tschungking untersuchen, die mir eine elektrische Behandlung verschrieb, eine gängige (und ebenso wirkungslose) Methode, die Empfängnisfähigkeit zu erhöhen. Die Testuntersuchungen in den beiden voraufgegangenen Jahren auf Krankheit oder sonstige Blockierung waren negativ ausgefallen; aber die psychologischen Faktoren wurden damals noch kaum berücksichtigt. Zwar sprach Marian von nervöser Verkrampfung, aber das Ausmaß meines Elends ahnte niemand. Hans Selyes Untersuchungen psychosomatischer Erkrankungen und der Auswirkungen der Angst auf den Körper fanden gerade erst Eingang in Ärztekreisen. Marian erzählte mir von anderen Ehepaaren, die nach der Adoption eines Kindes selber welche bekommen hatten, und gewiß konnte auch ich schwanger werden, wenn ich mich, um ihre Worte zu gebrauchen, nur entspannte. Aber wie hätte ich mich mit Pao entspannen sollen?

In jenem Herbst spielte die Inflation vielen Lohnempfängern, kleinen Ladenbesitzern und allen, die von ihrem Gehalt leben mußten, übel mit. Das Geld verlor fast jede Kaufkraft, und die Ersparnisse schmolzen dahin. Viele mußten ihre Kleider, ihre Möbel verkaufen, zwei, drei Berufe auf einmal ausüben, um mehr zu verdienen; aber sie mochten sich noch so sehr anstrengen, mit den steigenden Preisen konnten sie nicht Schritt halten. Die Hoteliers dagegen florierten, ebenso Grundbesitzer und Wucherer, die Reis, Textilien, Öl horteten. In Tschungking kam es sogar zu dem unerhörten Skandal, daß für die Kung- und Soong-Familie frische Butter und amerikanische Orangen

eingeflogen wurden, während sich hungrige Menschen auf dem Markt um ein paar Kohlstrünke schlugen und Säuglinge an Beriberi starben. Viele magerten ab, verloren vor Hunger alle Energie, blieben zu Hause, konnten sich auch kaum noch auf den Beinen halten, geschweige denn arbeiten und mußten sich niederlegen. Allenthalben wimmelte es von Bettlern. In den Städten blühte der Kleinmädchenhandel, waren die Armen doch froh, ihre Kinder an reichere Familien verkaufen zu können.
Immer wieder brachen Unruhen und Revolten unter den zwangsrekrutierten Bauern aus. Als vor einigen Jahren in Mienyang der Bau der Straße nach Sian in Angriff genommen wurde, hatte man die Bauern ohne sie zu fragen, zur Arbeit herangezogen. Außerdem mußten die Einwohner jener Distrikte, durch die die Straße führte, sämtliche Materialien selbst stellen. Gut zwanzigtausend wurden zur Zwangsarbeit eingezogen, ohne daß man sich auch nur um ihre Versorgung gekümmert hätte. Und nun erinnerte man sich wieder an dieses Rezept; man wandte es erneut an, nur in noch größerem Maßstab. Da man den Bauern nicht einmal die Zeit ließ, die Ernte einzubringen, revoltierten sie. Etwa zweitausend kamen ums Leben, andere wurden ins Heer gesteckt. Von den sechstausend, die auf diese Art und Weise als »Rekruten« nach Nordwesten geschickt wurden, blieben nur siebenhundert am Leben.
Eine der Hebammen, die ich vom Heim her kannte, hatte eine Verwandte mit vier Töchtern, von denen die vierte erst vor einem Vierteljahr auf die Welt gekommen war. Diese Frau nun wollte ein Kind verkaufen, und zwar das dritte, da die beiden älteren ihrer Meinung nach den Vorgang bereits begriffen und geweint und geschrien hätten; von dem jüngsten aber, dem Säugling, konnte sie sich selbst noch nicht trennen, obwohl sie es später ebenfalls verkaufen wollte, »denn es soll doch lieber leben als Hungers sterben«. So suchte sie also momentan einen Käufer für das dritte, das mit seinen anderthalb Jahren im Alter dazwischenlag, und hatte die Hebamme gebeten, ihr dabei behilflich zu sein.
Die Hebamme machte mich darauf aufmerksam, daß das kleine

Mädchen nicht sehr hübsch sei und kein ausgeglichenes Temperament besitze ... aber vielleicht wollte ich sie mir trotzdem einmal anschauen? Der Preis, tausend Dollar, war kein Pappenstiel, zumal man schon um fünf-, ja um dreihundert ein gesundes kleines Mädchen haben konnte. Deshalb schlugen mir einige Hebammen vor, die Mutter auf fünfhundert herunterzuhandeln: »Sie erwartet die tausend gar nicht, das ist nur ein Ausgangspreis.« Doch bei der Summe spielte der Bildungsstand der Mutter mit, die lesen und schreiben konnte. Das Kind war schon bei einer anderen Familie gewesen, aber nach einmonatiger Probezeit mit der Begründung wieder zurückgegeben worden, es sei zu eigensinnig und nicht fügsam genug.

Eines Morgens kam Huang Szeyuan mit einem kleinen Mädchen auf dem Arm in mein Zimmer. Das Kind steckte in Lumpen und war offensichtlich so verängstigt, daß es ganz starr aussah, nur zwei große Tränen bildeten sich langsam in seinen Augen. Ich schloß es sofort ins Herz. Gesicht und Körper waren von Wunden überzogen, anscheinend war das Kind mißhandelt worden. Unter der hellen Haut, die sich leicht runzelte, zeichneten sich feine blaue Adern ab; in einer Falte unter dem linken Ohr lief ein kleiner Streifen Ringelflechte herunter. Das Mädchen hatte ein wunderhübsches Kleinkindergesicht mit großen, runden, ernsthaften Augen, den rundesten und braunsten, die ich je gesehen hatte, und schaute mich ernst und unbeweglich an, während ihr, ohne daß sie einen Ton von sich gab, langsam die Tränen über die Backen herunterkullerten. Das Leid, das hinter diesem stillen Weinen eines kleinen, anderthalbjährigen Kindes stand, zerriß mir das Herz. Es hatte Angst vor Lärm und lauten Stimmen und wimmerte »nicht, nicht«, wenn sich fremde Gesichter um es drängten. Als ich es auf den Arm nahm, wehrte es sich nicht, sondern ließ sich herumtragen, und ich holte warmes Wasser und wusch und trocknete es ab. Dann untersuchte ich die schrecklichen Wunden, und auch das ließ es über sich ergehen. Als das Dienstmädchen mit einer Schüssel voll weichgekochtem Reis und Leber hereinkam, änderte sich der Gesichtsausdruck des kleinen Mädchens schlagartig; mit einem Male weinte es Tränen der Freude, rief »*fan, fan*« (das heißt Reis), stürzte sich darauf und aß die ganze Schüssel aus. Ich zahlte die tausend Dollar ohne zu feilschen oder auf einer Probezeit zu bestehen, obwohl mir Huang Szeyuan »Unsinn« zuzischte und bedeutete, daß ich das Mädchen auch für weniger haben könne. Alle Welt beglückwünschte das Kind, während meiner Meinung nach ich der Glückspilz war, denn ein hübscheres Mädchen gab es nicht – hatten die Leute keine Augen für Schönheit?

Mit einem Male besaß ich mehr, als ich mir je hätte träumen lassen: da hatte ich also dieses hübsche kleine Mädchen, das mich zwei Tage lang gedankenverloren anstarrte und seine feierliche Beobachtung nur unterbrach, um sich, jedesmal unter Freudentränen, auf das Essen zu stürzen. Am dritten Tag patschte es mir mit der Hand plötzlich leicht ins Gesicht und lächelte.

Ich war so glücklich, daß ich zu Huang Szeyuan lief und immerzu rief: »Schau, schau, sie lächelt.« Alle Hebammen kamen, um sie lächeln zu sehen, mit einem Male gingen auch ihnen die Augen für den Reiz des Kindes auf und eine tadelte sogar die Mutter, weil sie es weggegeben hatte. Aber die Frau war nicht zu tadeln oder zu verurteilen, denn sie hatte sich von dem Kind nur getrennt, um es zu retten; schuld waren die Umstände, die soziale Ungerechtigkeit, die Inflation, die Not, der Krieg. Es gab Millionen solcher Fälle in China, Millionen solcher Kinder. Alle Welt hielt es für normal, Kinder in Zeiten von Hungersnot zu verkaufen. Und die Mutter hatte es, das wußte ich, keineswegs leichten Herzens getan; ihr blieb keine andere Wahl, und bestimmt war es besser, als das Kind zu töten, was auch manche machten, um ihre Kinder vor dem Elend zu bewahren ... Und dieses kleine Mädchen mit dem bereits stark ausgeprägten Charakter war schon von einer Familie, die eine kleine Sklavin gewollt hatte, zurückgeschickt worden; dieses Mädchen hatte sich nicht einschüchtern und unterkriegen lassen; es hatte, so jung es war, schon seinen eigenen Kopf.

Alle Hebammen wollten der Kleinen eine Freude machen. Huang Szeyuan strickte ihr eine Mütze, Fräulein Wang nähte ihr

Tuchschuhe, Schen ein Jäckchen und Hosen, Marian Manly machte ihr aus einem alten Wollkleid einen gefütterten Wintermantel, und Fräulein Hsu kaufte ihr gar eine Puppe, in Tschengtu damals ein sehr teurer Spaß.
Vielleicht wollte sich Fräulein Hsu auf diese Weise für das Stückchen Land revanchieren, das ebensoviel gekostet hatte wie das Kind (aber innerhalb von sechs Wochen auf den doppelten Wert gestiegen war). Wie dem auch sei, jedenfalls starrte das kleine Mädchen die Puppe an und konnte sich offensichtlich an ihr gar nicht sattsehen; es berührte ihre Nase und seine eigene, die Augen der Puppe und seine eigenen. Es war sein erstes Spielzeug, und es drückte die Puppe an sich, nahm sie mit ins Bett, hielt sie fest umklammert und warf sie nie hinunter, wie es Kinder sonst tun; man mußte sie ihm beim Waschen oder Anziehen abnehmen. Und als Marian ein von einer Missionsfamilie ausrangiertes Bilderbuch mit dem Großen ABC erhielt, starrte die Kleine es feierlich an, wies dann auf den Buchstaben T und sagte: »Flugzeug, peng, peng«, was zeigte, daß es von den Bombenangriffen schon etwas mitbekommen hatte.
Später kaufte ich ihr noch ein Spielzeug dazu, einen kleinen Bären, der ebenfalls eine Unsumme kostete, etwa den Gegenwert von sechs Metern Baumwollstoff. Nach meiner Rückkehr nach Tschungking verkaufte ich den Rest des Plunders, den Pao aus Indien mitgebracht und den ich noch nicht weggegeben hatte, dafür fand ich eifrige Abnehmer unter den Damen der wohlhabenden Tschungkinger Gesellschaft. Für ein Paar hochhackige Schuhe mußte man mittlerweile acht Monatsgehälter eines Bankbeamten wie Zweiten Bruder rechnen, und eine lächerliche Handtasche aus Kunstperlen brachte fünfhundert Dollar, also halb so viel wie das kleine Mädchen. Jedenfalls verfügte ich so über einiges Geld und konnte Spielzeug, Schuhe, ein paar Kleider erstehen, ohne Pao jedesmal erst lange bitten zu müssen.
Die kleine Ringelflechte unter dem Ohr dehnte sich bald zu einem scharf abgegrenzten, stumpfroten Flecken aus, der ständig weiterwuchs. »Das muß doch Rotlauf sein«, sagte ich zu

Marian, und sie stimmte zu. Rasch hatte er das halbe Gesicht und den ganzen Rücken überzogen, und Fieber stellte sich ein. Wir mußten Sulfonamide beschaffen, keine Kleinigkeit damals, da eine einzige Tablette sage und schreibe fünfundzwanzig Dollar kostete, aber wir bekamen ein paar vom Hospital, und Marian half weiter. Diesen Fleck und die anderen Wunden am Körper und Kopf des Kindes säuberte ich gewissenhaft, aber nun schälte sich die Haut an den Gesäßbacken und Beinen ab, und Eiterblasen bildeten sich. Trotzdem weinte das Mädchen nie, wenn ich es wusch.

Der Verkaufskontrakt wurde mir ausgehändigt. »Sie hätten auch ein paar Kleidungsstücke verlangen können«, meinte Fräulein Hsu, »schließlich wollen Sie sich doch nicht übers Ohr hauen lassen.« Aber ich kam mir jetzt reich vor, so reich mit diesem schönen kleinen Mädchen mit den hübschen Augen und dem ernsthaften Gesicht und hätte frohen Herzens das Doppelte und das Dreifache dafür bezahlt. Fräulein Hsu schüttelte den Kopf; sie konnte nicht verstehen, wie man um so viel Geld ein Kind in einer solch schlechten Verfassung wählen konnte. Aber zu aller Erstaunen erholte sich das Mädchen sehr schnell.

Mit der Zeit lächelte es immer öfter und immer mehr Leute an, und die Kunde davon breitete sich in der ganzen Hebammenschule aus. »Sie hat mich heute angelacht, Meimei (kleine Schwester) hat mich heute angelacht!« Wie sich zeigte, als sie etwas zunahm, hatte sie Grübchen in den Backen. Im Verlauf von zwei Wochen heilten ihre Wunden ab, und ich konnte mit ihr nach Tschungking zurückfliegen. Klein, aber mittlerweile voller Vertrauen, zeigte sie plötzlich auf dies oder das, redete und war auch, wie ein Kleinkind, gelegentlich recht launisch, wenn sie sich jedoch unglücklich fühlte, sah sie mich nur geduldig und still an und wartete, bis ich sie bemerkte.

In Tschungking stellte sich heraus, daß Pao aus dem Haus von Drittem Onkel ausgezogen war und in der Nähe des Stadtkerns ein Zimmer für uns gemietet hatte, einen hübschen Raum mit Holzboden, einem Bett, einer Kommode, einem Tisch, in der Wohnung eines Beamten, der dieses Haus vor ein paar Jahren

gebaut hatte, als die Grundstückspreise und Baukosten noch erschwinglich waren. Und dieses Gebäude war glücklicherweise von den Bomben verschont geblieben.
Seit Pao so erfolgreich war, bekamen wir viele Wohnungsangebote und Einladungen in teure Restaurants. Die Gattin unseres Hauswirts, Frau Ling, eine dünne und bemerkenswert tüchtige Frau, hatte uns ihr bestes Zimmer nach vorn hinaus gegeben und sich mit ihren beiden Kindern in ein kleineres Kabinett bei der Küche zurückgezogen. Nur für das Kind, das ich mitgebracht hatte, besaßen wir kein Bett, und so zog ich aus der Kommode eine Schublade heraus und richtete darin ein Bett ein. Das Ganze stellte ich auf den Tisch, damit die Ratten nicht herankommen konnten und brachte dann, wie ich es bei den Säuglingsbetten im Heim gesehen hatte, mit Hilfe von Schnüren und Nägeln oben auf dem improvisierten Gestell noch ein Drahtnetz an. Meine Erfindung erwies sich als ganz brauchbar, denn die Kleine hatte einen sehr ruhigen Schlaf. Sie nahm nun ständig zu, zeigte sich regelrecht gefräßig und verschlang eines Tages eine Mandarine, die ich ihr zum Spielen gegeben hatte, mit Schale, Balg und Kernen. Die Wunden heilten allmählich ab, die Ringelflechte war verschwunden. Ich machte kleine Spaziergänge mit ihr, und ihr Haar, das aus Vitaminmangel zu hell und dünn war, wurde nun dicker.
Ich hatte Pao den Tag meiner Rückkehr nicht mitgeteilt, weil es mehr oder minder vom Glück abhing, wann man eine Flugkarte bekam, erst mußte der Angestellte bestochen werden, der die Namen eintrug, dann, wenn man die Karte hatte, der Kontrolleur, der sie stempelte. Ich traf nachmittags ein, und als Pao abends heimkam, aß das Kind gerade sein Schüsselchen Leberreis. Es liebte Fleisch, aß sehr sauber auf, ließ nie auch nur ein einziges Reiskorn übrig, fischte den Rest mit den Fingern heraus, schleckte sich dann die Finger ab und leckte zum Schluß noch die Schüssel mit der Zunge aus. Laut sagte er: »Ha, die Kleine«, denn nachdem sie nun da war, konnte er sie nicht gut verleugnen. Er bezog ja schon seit Monaten Reis für das Kind. Nachdem er sie zwei, drei Tage so still und ruhig gesehen hatte

– denn sie schaute ihn, ohne zu blinzeln, mit ihren runden Augen an und gab nachts keinen Laut von sich – erfaßte ihn ebenfalls eine Woge der Zuneigung, schließlich war er nicht hart, sondern nur durch seinen Ehrgeiz verbogen und bestimmt nicht schlechter als die meisten seiner Alterskameraden, vielleicht sogar nicht einmal ganz so berechnend in seinem irregeleiteten Loyalitätswahn, nur eben gefangen in jenem System, das uns alle zum Wahnsinn trieb.

»Was hast du jetzt mit ihr vor?« wollte er wissen. Und als ich antwortete: »Wir nehmen sie mit«, meinte er: »Gut, wir können sie aufziehen, dann hast du später eine *Yat'ou* (Sklavin)«. Das war eine der traditionellen Möglichkeiten, ebensogut hätten wir sie auch als Konkubine an einen älteren Mann weiterverkaufen können. Aber ich zerriß den Kaufkontrakt. Nie würde ich zulassen, daß sie Sklavin oder irgend etwas anderes als sie selber war. Nie würde dieses warme, kleine Wesen, so liebenswert, so unersetzlich, so voll Vertrauen, weiterverkauft werden. Sollte doch die chinesische Tradition vorschreiben was sie wollte, ich würde das Kind nicht zur Stütze meines Alters, zur Dienerin, zu einer Art Versicherung machen. Ich würdigte Pao keiner Antwort.

Nun war ich froh, ja glücklich, daß ich kein Kind von Pao, kein eigenes Kind hatte. Wozu mein Unglück, mein Elend noch um eine Generation fortsetzen? Mir genügte dieses fremde Kind, das ich doch durch Liebe und Willen so ganz zu meinem eigenen machte, das nicht durch einen biologischen Zufall, ungewünscht, unvorhersehbar in der Dunkelheit gezeugt worden, sondern durch einen Willensentschluß mein geworden war, so viel mehr mein als durch die Bande des Fleisches und Blutes, daß ich für immer zufrieden war.

Denn die Liebe ist das einzig bindende Band, und es gibt keine Kinder und keine Eltern außer dort, wo Liebe ist. Und ich bin bis zum heutigen Tag froh, daß ich kein eigenes Kind habe, denn ich glaube, ich könnte es nie so lieben wie dieses, nie lieben, ohne mir die ganze Zeit Sorgen zu machen, es vielleicht zu hassen. Immer müßte ich mich fragen, welche Eigenschaft von mir ein solches Kind zur Selbstzerstörung treiben könnte. Ich möchte keine Zweitausgabe von mir, schwierig, zu Selbstvorwürfen und Selbstquälereien geneigt ... *dieses* Kind wollte ich lieben, und dieses Kind habe ich geliebt.

Mit dem Frühwinter kehrte auch der kannibalische Nebel wieder und verschlang Häuser und Ruinen und Hügel. Die trüben, schweren Wassermassen des Großen Flusses fielen und schossen auch nicht mehr so schnell dahin. Überall war das Geräusch von Hammerschlägen zu hören, und an den Abhängen konnte man Männer sehen, die Äste für neue Hütten zurichteten. Die Ziegel, die bei den Bombenangriffen durch den Luftdruck von den Dächern geschleudert worden waren, wurden nun in saubeen Reihen auf neue Dächer aufgelegt. Von den Dachrinnen standen Bambusstecken weg, und daran waren die Winterkleider in den letzten Sonnenstrahlen, die den Nebel kaum noch durchdrangen, zum Lüften aufgehängt. Winter. Und Wiederaufbau in Tschungking – nur daß dieses Jahr alles so teuer war, daß ganze Ruinenfelder liegenblieben. Die Preise stiegen unaufhörlich – ein Gasthausessen kostete mittlerweile hundertfünfzig Yuan; vor drei Monaten waren es noch fünfundsiebzig gewesen.
Oktober 1941. Die amerikanische Militärmission in Tschungking wurde spürbar verstärkt; weitere Unruhen auf dem Land; Arbeiter starben über den Erdarbeiten an Hunger, Malaria und Cholera. Erneuter antikommunistischer Feldzug. Erneuter Feldzug »für geistige Selbständigkeit«. In Kunming wurden ein Hotel sowie verschiedene Wohnungen für einen amerikanischen Beraterstab, darunter auch Flugzeugtechniker und Marineangehörige, instandgesetzt. Tonnenweise kam aus England Papiergeld herein, anfangs über die Burmastraße, später, nachdem sie im Mai 1942 den Japanern in die Hände gefallen war, per Flugzeug über den Himalaja. 1942 wurden einhundertfünfzig Tonnen Papiergeld nach China eingeflogen.
In Tschungking lief ein amerikanischer Farbfilm, nur Mädchen und Unterwäsche, so anders als unser Leben, daß es uns die

Sprache verschlug, und die Menge sich über so viel Fleisch laut lustig machte.

Neue Erlasse kamen heraus, gegen Preistreiberei, gegen Korruption; trotzdem stiegen die Preise weiter. Zwangsumsiedlung ganzer Familien, um den Preisauftrieb in der Stadt zu bremsen – aber es half alles nichts. Die Zeitungen wagten sogar, »gewisse hohe Beamte« wegen des Aufwands zu tadeln, den sie trotz der allgemeinen Not trieben.

Aber im Frühwinter zog ein Skandal die Aufmerksamkeit von den ernsten Problemen, der Inflation, dem Hunger, dem Massensterben im Luftschutzbunker, der Korruption, den Unruhen, ab – vielleicht der wirksamste Ausweg für eine in Schwierigkeiten geratene Tyrannei.

Eine Intrige gegen Quo Taitschi, den Außenminister, den Tai Lee und Hu Tsungnan beide nicht leiden konnten, nahm Gestalt an. Quo war gegen Hitler, gegen Japan, für die Briten; doch allein deshalb hätte Tai Lee ihn nicht zu Fall bringen können. So wurde er beschuldigt, sich mit einer jungen Dame, mit der er nicht verheiratet war, vergessen zu haben. Zwar gab es keinerlei Anhaltspunkte dafür, noch ließ sich später ein Beweis erbringen, aber einem Gerücht zufolge interessierte er sich für ein hübsches, tüchtiges junges Mädchen in meinem Alter, Fräulein S., eine Studentin im selben Semester an der Yentsching Universität wie ich, und siehe da, mit einem Male sprach die Tschungkinger Gesellschaft, die hohen Regierungsbeamten von nichts anderem mehr, weder von der Hungersnot und den Unruhen noch von der Zensur, den Hexenjagden, der Inflation, der Korruption, den Konzentrationslagern, sondern nur noch von der angeblichen Liebesaffäre eines Ministers. »So ein Unfug«, sagte ich, als es mir zu Ohren kam, während sich Pao in Tugend und Tadel erging, als gäbe es auf der ganzen Welt nichts Entsetzlicheres, Unerhörteres, Schockierenderes; wenn man ihm glauben durfte, bedrohte diese Geschichte das Gleichgewicht unserer tugendhaften Regierung, mehr noch, den Ausgang des Krieges!

Tai Lee (und andere) hatten unterdessen zahllose Affären; ja,

Tai schlug ein Mädchen, das er verführt hatte und schickte es auf eine seiner »Schulen«; selbst das Gesicht des Allerhöchsten, Tschiang, wurde durch Gerüchte über eine gewisse »Nr. 3« angekratzt. Außerdem sickerte allmählich dies und das über den Singapuraufenthalt der Militärmission durch. Zwanzig Jahre später, 1962, erfuhr ich in Singapur selbst von Paos Verhältnis zu einer Singapurer Schönheit, die nun ein gutgehendes Restaurant betrieb, das ich ahnungsloser Engel ebenfalls besucht hatte – und weiterhin besuchte.

Aber all das ging völlig unter in dem Wirbel um Quo und seine angebliche Liebelei; zwar bestritt Frau Quo die außerehelichen Interessen ihres Mannes energisch, doch das bestärkte den Argwohn und die Empörung nur noch. Schlagartig gebärdete sich jede Frau als Tugendwächterin und entrüstete sich lautstark über Fräulein S. Sex war seit eh und je ein ungefährlicher Gesprächsgegenstand, Bauernaufstände, Korruption, Inflation dagegen noch nie . . .

Am 1. Dezember kam Pao mit der Neuigkeit nach Hause, daß er drei Jahre als stellvertretender Militärattaché nach London geschickt werden sollte. Die Beförderung hob seine Stimmung gewaltig, obwohl er Washington vorgezogen hätte.

Am 9. Dezember sollten wir über Hongkong, Honolulu, USA nach London aufbrechen. Mit einemmal aber beunruhigte es Pao, daß der Generalkonsul in Honolulu, Dr. Yang, ein ehemaliger Presseinformationsoffizier, mich von Brüssel her kannte; würde er mich wiedererkennen und auf meine Brüsseler Studentenzeit anspielen? Pao hatte doch jedermann erzählt, ich hätte in England studiert. Zynisch fragte ich: »Warum mußt du auch immer lügen?« Und während sich Pao weiter über Dr. Yang ereiferte, packte ich. Im letzten Augenblick wollte Pao das Kind zurücklassen und machte mir deshalb die nächste Szene; ergeben kabelte ich Jessie Parfitt in Tschengtu, ob sie die Kleine nehmen könnte, aber wie ich es erhoffte, lehnte sie ab.

Und dann, am Morgen des 8. Dezember, kam die Nachricht von Pearl Harbour.

An jenem Tag kehrte Pao, kaum nachdem er ins Büro gegangen war, mit der Neuigkeit und einer Zeitung zurück. Gleich darauf wurde es auch auf der Straße lebendig; Zeitungsjungen riefen Extrablätter aus, Leute stürzten aus dem Haus, um zu erfahren, was los war, schrien aufeinander ein und übertönten sogar das Verkehrsgetöse.

Pao strahlte; der Militärrat jubilierte; Tschiang stimmte vor Zufriedenheit ein altes Opernlied an und spielte den ganzen Tag lang das Ave Maria. Die Kuomintang-Regierungsbeamten gratulierten einander wie nach einem großen Sieg. Von ihrem Standpunkt aus war es auch einer, war doch endlich eingetreten, worauf sie schon seit langem lauerten: Krieg zwischen Amerika und Japan. Endlich, endlich war Amerika mit Japan im Krieg! Chinas strategische Bedeutung mußte nun wachsen; Geld und Nachschub aus Amerika hereinströmen, eine halbe Milliarde Dollar, eine ganze Milliarde Dollar. Die amerikanische Marine hatte einen Schlag hinnehmen müssen, und das nächste Ziel der Japaner würde Hongkong und Südostasien sein.

Die Whangpu-Offiziere schnappten vor Freude über Pearl Harbour fast über; einmal, weil Japan einer Weißen Macht eine gewaltige Schlappe beigebracht hatte und die projapanische Clique nun auf die Mißerfolge der Weißen hinweisen konnte, und zum anderen, weil man der Kritik an China, dem Gerede von Chaos, Untüchtigkeit, ja Niederlage, jetzt ein triumphierendes »Und Ihr?« entgegensetzen konnte.

»Nun kann Amerika kein doppeltes Spiel mehr treiben«, sagte an jenem Abend ein Beamter bei einer Dinnerparty vor einem Kreis strahlender Gesichter. Kurusus Mission in Washington – die im Außenministerium den Eindruck von Unentschlossenheit erwecken sollte, obwohl die japanischen Militärs in Wirklichkeit bereits zum Schlag ausholten – hatten in Tschungking allerlei Bedenken ausgelöst. Aber wie die Chinesen nun über die Amerikaner lachten! Zu allem Überfluß hatte es die »fetten Jungs«, wie die Japaner sie nannten, am Sonntag, am Wochenende erwischt. »Sie waren zu sehr mit Saufen und Huren beschäftigt«, feixte ein schwerbetrunkener chinesischer Brigadegeneral und brachte einen Toast auf die Zukunft aus. Nun mußte Amerika Tschiang unterstützen, und das bedeutete US-Dollar in die Taschen der Beamten und Heereskommandeure und Gewehre für Hu Tsungnan, für den kommenden Krieg gegen Jenan.

Pearl Harbour löste sogar noch größeren Jubel aus als die Siege der Deutschen in Rußland, auch wenn Pao, als er David Barrett traf, eine der Gelegenheit angemessene feierlich mitfühlende Miene aufsetzte. Eigentlich strebte die Kuomintag ja ein Bündnis mit den Achsenmächten an, aber auf lange Sicht mußte Amerikas Eintritt in den Krieg an diesem Ziel nichts ändern. Möglicherweise war Japan sogar mehr denn je auf Tschiangs unsichtbare Unterstützung angewiesen. Doch Quo Taitschi drängte Tschiang, Japan und Deutschland den Krieg zu erklären und stellte ihm dafür ein Darlehen von 100 Millionen Pfund Sterling in Aussicht. So erklärte Tschiang denn am 9. Dezember tatsächlich Japan und Deutschland den Krieg und erhielt ein Darlehen von 50 Millionen.

Nach Ansicht aller in Tschungking mußte Amerika nun, im Pazifik so schwer bedrängt, seine Aufmerksamkeit in erster Linie der asiatischen Front zuwenden. Doch diese Hoffnung zerschlug sich schnell; in einer Rede erklärte Frank Knox vom Außenministerium, zunächst gelte es, Hitler zu schlagen. Die japanischen Angriffe folgten einander wider Erwarten Schlag auf Schlag. Zwei Tage nach Pearl Harbour griffen die Japaner bereits Hongkong an, das am 25. Dezember fiel; und ein paar Stunden vor Pearl Harbour waren aus der Cam Rank Bai in Indochina japanische Kriegsschiffe ausgelaufen, um die britischen Marinestützpunkte in Guam, Wake und auf den Marianen zu überfallen.

Unter diesen Umständen mußten wir unsere Reisepläne ändern. Wir mußten nach Kunming fliegen, von dort über den Himalaja zu einem Flughafen in Nordburma und anschließend nach Kalkutta. Während Pao nach London weiterflog, sollte ich mit dem Kind einen Zug nach Bombay nehmen und von dort ein Schiff nach London. Da der Suezkanal jedoch wegen des Krieges

in Nordafrika für gewöhnliche Sterbliche gesperrt war, mußten wir um das Kap der Guten Hoffnung und durch den Atlantik fahren – wahrhaftig eine lange, umständliche Reise.
Im Januar 1942 fielen die Japaner in Malaiia und Singapur ein; England befand sich nun mit Japan im Krieg, wodurch Paos Ernennung erhöhte Bedeutung erlangte.
Anfang Januar brachen wir von Tschungking auf. Um zwei Uhr morgens waren wir aufgestanden, um drei Uhr dreißig an der Landebahn Schuang Hu Pa. Durch dichten Nebel wateten wir die Stufen zum Fluß hinunter, der gerade niedrigen Wasserstand hatte, und setzten auf der Fähre zu der langgezogenen Insel in der Mitte des Stroms über. Provisorische Mattenhütten dienten als Warteräume, denn da das Rollfeld das halbe Jahr unter Wasser stand, hatte man keine festen Anlagen errichtet. Zwei Amerikaner, ein Engländer und ein paar chinesische Beamte sollten dasselbe Flugzeug benutzen wie wir. Ich trug das kleine Mädchen, fest in eine Decke eingepackt, auf dem Arm. Im Schein der Paraffinlampen warteten wir, bis unvermutet Tai Lee in schwarzem Umhang und maulwurfsfarbenem Filzhut eintraf; von einer Leibwache vorn und hinten gedeckt, kam er hereingefegt, und schlagartig verstummten alle. Sein Hut, sehr hochgezogen, um ihn größer erscheinen zu lassen, wirkte in seiner lebendigen Bosheit geradezu surrealistisch. Tai Lee erinnerte darin unweigerlich an einen halb komischen, aber deshalb nicht weniger bösen Filmgangster. Die chinesischen Offiziere, und mit ihnen Pao, schlugen die Hacken zusammen und salutierten. Befehle wurden herausgebellt, Tee ausgegeben. Tai Lee erkundigte sich nach der Abflugszeit; er war gekommen, um die hohen Beamten und Pao zu verabschieden, wollte aber nicht warten. Hatte er eben noch gelächelt, das heißt, Unterlippe und Kinn heruntergezogen, so fegte er im nächsten Moment schon mit wehendem Umhang, Schaum auf den Lippen, wie ein Hurrikan der Wut herum und wirbelte seinen kurzen Leib bald in diese, bald in jene Richtung. Nur der Hut schwebte, vom Wirbelsturm des Zorns irgendwie abgelöst, wie ein Theaterrequisit über ihm, während sich Pao und die Leibwache abzappelten, um

mit dem auf- und abrennenden, schimpfenden, schreienden Tai Lee Schritt zu halten.
Anlaß zu dieser Wut war die Verzögerung beim Abflug. Auf Anraten der Wetterwarte, die einen schweren Sturm in den Bergen meldete, hatten die Piloten beschlossen, den Flug um zwei Stunden zu verschieben. Plötzlich packte Tai Lee den Stock, den er bei sich trug, in der Mitte. Es war ein langer Stockdegen, dessen Hülle man abziehen konnte. Tai Lee hatte zwei solcher Degen anfertigen lassen und einen davon Tschiang Kai-schek geschenkt. Nun ließ er die Klinge durch die Luft sausen und schlug auf den Holztisch ein, auf dem sonst der Zoll das Gepäck abfertigte.
Unerachtet der Wetterberichte warfen die Piloten die Maschine an, und unser Flugzeug startete, während Pao in einem fort winkte und salutierte. Im Februar 1946 kam Tai Lee bei einem Flugzeugabsturz ums Leben, weil er sich wieder über die Sturmwarnung hinwegsetzte und den Piloten wider alle Vernunft zum Flug zwang.
Unsere Reise nach Kunming verlief dementsprechend. Der Wind stieß das Flugzeug durch unheilverheißende, stürmisch dahinjagende schwarze Wolken, einmal sackte es hundertfünfzig Meter ab. Wir lachten erstaunt und erleichtert, uns noch am Leben zu finden. Immerhin aber konnten wir den Flughafen von Kunming anfliegen, wo wir nach einer Stunde Aufenthalt zum schwierigsten Abschnitt – der Überfliegung der hohen Bergkette – starteten. Heutzutage sind solche Flüge keine Seltenheit mehr, aber damals gab es noch keine Jets und nur sehr mangelhaft druckbelüftete Kabinen. So wurde uns, da das Flugzeug ziemlich hoch flog, speiübel. Durch die Fenster sahen wir Bergketten unter uns, um uns und über uns. Schneebedeckte Gipfel, eisblau, rosa, violett, glänzend weiß, reckten sie sich uns gigantisch entgegen, und es sah aus, als wolle unsere Maschine in sie hineinstürzen. Lawinenartig brach das Sonnenlicht zwischen den Wolken hervor, die auf der einen Seite schwarz wie Tinte waren und auf der anderen in allen Regenbogenfarben glühten. Riesige Abgründe von Finsternis taten sich vor uns auf

und drohten uns zu verschlingen. Aber mit einemmal – war alle Furcht weg, als wäre es ein leichtes, zu sterben – wieder schneebedeckte Gipfel von einer unvorstellbaren Reinheit und Stille, unwahrscheinliche Pracht . . . Am Flugzeug wackelte und schepperte und ächzte alles von den Sitzen bis zu den Tragflächen, während sich von den Passagieren keiner rührte: Wir waren alle zu Tode erschrocken, und außerdem war uns sterbensübel.

Dann landeten wir in Laschio, wo es unbeschreiblich heiß und grün war, und da stand ich nun in meinen zwei wattierten Kleidern, von denen das obere noch dazu vor Dreck starrte, weil sich das Kind im Flugzeug erbrochen hatte. Die Kleine war ganz blaß geworden und triefte vor Schweiß. Pao zog ein Stück nach dem anderen aus, aber ich konnte nur ein wattiertes Kleid ablegen. Dann stiegen wir wieder ein, und als wir in Kalkutta anlangten, hüllte ein feiner, grünlicher Abenddunst die heiße, dampfende Stadt mit ihren lärmenden, staubigen Straßen ein, durch die Rinder und klappernde Gefährte zogen. Doch das alles sahen wir nur noch wie durch einen Nebel von Müdigkeit.

Das Great Eastern Hotel wies uns ein hochherrschaftliches Zimmer an mit riesigen Betten und Moskitonetzen und einem grottenähnlichen Baderaum. Nur leider konnten wir uns nicht einfach ins Bett fallen lassen und schlafen, da wir eine Einladung hatten. Der chinesische Konsul und seine hübsche Frau waren gekommen, um uns zu begrüßen und ließen es sich nicht nehmen, uns ein Essen zu geben. Wohl oder übel mußte ich die Kleine wieder anziehen, und da ich sie nicht allein im Zimmer zurücklassen konnte, mitnehmen – was Engländer in Abendkleidung veranlaßte, hörbar über die Rabenmutter zu tuscheln, die das kleine Herzblättchen zwang, mit den Erwachsenen zu essen. Die Kleine war so müde, daß sie nichts hinunterbrachte. Auch am nächsten Morgen wollte sie nichts essen, da sie an die seltsamen Dinge, die ihr vorgesetzt wurden, nicht gewöhnt war und außer Reis nichts mochte, weder Bananen noch Milch.

Drei Tage später flog Pao nach London weiter.

Er war glücklich, zuversichtlich. Malaia und die Philippinen würden fallen . . . Die »Prince of Wales« und die »Repulse« waren von den Japanern zerstört worden. Ehe er zum Flugplatz aufbrach, erklärte er mir noch, daß der letzte Wahrsager, der ihm aus seiner Physiognomie die Zukunft geweissagt hatte, recht behalten würde: Ihm war Größe beschieden. »Er hat ein Licht auf meiner Stirn gesehen«, sagte er und betrachtete sein Gesicht voll tiefer Zufriedenheit im Spiegel; ein langes Leben, eine glänzende Zukunft für den ritterlichsten, loyalsten, »verläßlichen Pfeiler« von Tschiangs Macht, Tang Paohuang. Welch guten Riecher bewies Tai Lee bei der Wahl seiner Leute! All diese erfreulichen Aussichten versetzten Pao in höchst angenehme, liebenswürdige Laune. In der kurzen Zeit von drei Jahren war er bis zum Gipfel aufgestiegen, mit seinen neunundzwanzig Jahren der jüngste Militärattaché der chinesischen Geschichte. Unvermittelt konnte er von einer Stimmung in die andere überkippen und mit einemmal ebenso sanft und zärtlich sein wie er gerade noch wütend war, eine Eigenart, die mich jedesmal aufs neue an ihm erstaunte, bis mir eines Tages aufging, daß viele Chinesen seiner Herkunft und Bildung dasselbe Talent besaßen.

Vor seiner Abreise von Kalkutta taufte Pao das kleine Mädchen auf den poetischen Namen Yungmei, Pflaumenblüte von Tschengtu; denn sie war am dritten Tag nach dem chinesischen Neujahr geboren, also zu einer Zeit, da jeden Haushalt Pflaumenblüten schmücken. Weich und sehnsüchtig sagte er: »Vielleicht bringt sie uns Glück.« Ich antwortete nicht, sondern drückte Yungmei nur fester an mich, als ich ihm am Flugplatz nachwinkte und die Hand der Kleinen schwenkte. Dann kehrten wir zum Hotel zurück, Yungmei und ich, und während ich versuchte, sie zu füttern, sagte ich: »Nun, Yungmei, müssen wir beide also zusehen, wie wir zu Rande kommen« – denn ein Leben ohne sie konnte ich mir bereits nicht mehr vorstellen und war fest entschlossen, sie niemals wieder herzugeben.

Zweiter Teil 1942-1948

11

Yungmei und ich blieben Januar und Anfang Februar 1942 fast vier Wochen in Indien. Vierzehn Tage lang wohnten wir im Great Eastern Hotel in Kalkutta, dann fuhren wir mit dem Zug nach Bombay, wo wir im Taj-Mahal-Hotel abstiegen. Fünfundzwanzig Jahre später fand ich beide Hotels mit ihren Marmorsäulen, hohen, gewölbten Decken und ihrer unnachahmlichen, heillos verstaubten viktorianischen Pracht fast unverändert wieder. Die Mischung aus bombastischem Verfall und oberflächlicher Arbeit amüsierte mich stets; ganze Heere von Trägern und Unberührbaren fegen und kehren unentwegt und unverdrossen – die ewige Gleichförmigkeit ihres Tuns als unabwendbares Schicksal hinnehmend – die massiven Marmorbauten, deren Gefangene sie sind.

Ich kann mich nicht entsinnen, damals einen Inder getroffen zu haben, der kein Diener, Träger oder dergleichen gewesen wäre; in jenen Jahren übten so gut wie alle Dienstleistungsfunktionen aus – die wenigen »Gebildeten« galten als Emporkömmlinge, Hitzköpfe, die am besten im Gefängnis aufgehoben waren. In den Hotels sah man keinen einzigen Inder als Gast, denn diese Baulichkeiten waren nur für Briten oder diplomatische Gäste wie uns da.

Die chinesischen Konsuln in Kalkutta und Bombay samt ihren Frauen kümmerten sich rührend um uns: mit Geschenken und Besorgnis, mit nicht ermattender Höflichkeit und unermüdlichem Lächeln. Sie gingen mit uns zum Einkaufen, luden uns zum Essen ein und sorgten für unsere Unterhaltung. Ich brauchte vor allem Sommersachen für Yungmei, denn auf dem Schiff würde es beim Passieren des Äquators gewiß recht heiß, und ich hatte nur ein paar Winterkleider für sie. Um nicht allzu teuer wegzukommen, staffierte ich sie mit Hemden, Shorts und Höschen aus – genauso hatte ich mich einst zu meiner Studentenzeit gekleidet – das heißt, ich deckte uns nur für die Seereise ein, das übrige konnte ich ja später in England erstehen. Außerdem kaufte ich ein Korallenkettchen für Yungmei und Opalohrringe für mich, um mich meinem neuen Stand entsprechend mit »Juwelen« zu behängen.

Yungmei wurde immer schwieriger – verständlicherweise; es kam zu viel auf sie zu. Sie war verstört und müde und wollte nicht einmal mehr essen. Ich versuchte es mit allem möglichen, aber nichts verfing; vorwurfsvoll starrte sie mich über Milch und Bananen hinweg an. Dann machte ich, als ich sie badete, eine unerfreuliche Entdeckung: Aus ihrem After schlängelte sich langsam ein Wurm heraus, um gleich darauf wieder zu verschwinden.

Ascariasis, eine durch Spulwürmer verursachte Krankheit, ist selbst heute noch in vielen Ländern Asiens weitverbreitet. In der Reisbauprovinz Szetschuan, wo mit Fäkalien gedüngt und Gemüse ungekocht in einer Salzlösung konserviert wurde, lag die Rate der Erkrankungen bei neunzig Prozent. Ich hätte bei Yungmei längst etwas dagegen unternehmen müssen, hatte es aber bei all ihren anderen Beschwerden und Krankheiten schlicht und einfach vergessen. Nun kaufte ich schleunigst ein geeignetes Mittel in der Apotheke, das bereits anderntags solchen Erfolg zeitigte, daß mir Hören und Sehen verging: fünfundzwanzig lange, zusammengerollte Würmer, die ich, da sie gar so riesig waren und sich zum Teil noch schwach wanden, eigenhändig herausziehen mußte. Unfaßlich, wie das kleine Kerlchen Platz für alle hatte. Nach dieser Kur besserte sich Yungmeis Gesundheitszustand spürbar, aber allein lassen konnte ich sie noch immer nicht; wenn ich nur ins Badezimmer ging, fing sie schon an zu schreien und wollte sich gar nicht mehr beruhigen.

So sah ich mich nach einem indischen Kindermädchen um; das Hotel vermittelte mir eine ältliche, hagere Frau mit ungeheuer langen Ohrläppchen, die durch schwere, traubenförmige Bronzeohrringe, groß wie Vorhangtroddeln, schrecklich dünngezogen waren. Sie nahm das Kind gleich auf den Arm, wiegte es und sang ihm vor, aber Yungmei brüllte ohne Unterlaß. Nach einer Stunde zahlte ich das Kindermädchen aus und schickte es wieder fort. Und da Yungmei sich auch sonst mit niemand anfreunden wollte, mußte ich sie wohl oder übel überallhin mitnehmen. Immerhin aber ließ sie sich, nachdem sie ihren Kopf durchgesetzt hatte, wenigstens wieder herbei zu essen.

Nachmittags ging ich mit Yungmei immer im Calcutta Maidan, einer großen Parkanlage, spazieren, wo es im Winter so mild und warm war wie im Frühsommer in Tschengtu. Weißgekleidete, unnahbare Inder standen in Grüppchen beieinander. Von indischer Kunst war wenig zu sehen, so tief hatte die »höhere« Rasse, die Rasse der Herrschenden, der Stadt ihren Stempel aufgeprägt. Das Geratter und Geklingel der Trambahn, das Knarren der Räder, die verwahrlosten, ziel- und planlosen Massen – alles kam mir sinnlos und unbegreiflich vor. Alles erschien mir so irrelevant – die Briten auf dem Tschandni Tschauk, die wiederkäuenden Rinder auf den Straßen, die, wo sie gingen und standen, ihre Fladen fallen ließen, die Horden von Bettlern, verstümmelt und jammernd mit ewig ausgestreckter Hand und ebenso ewig von Polizisten mit weißen Gamaschen und schwarzen Stöcken in stinkende Hintergassen zurückgedrängt; die Gerüche, die ich heute kenne und liebe – all das mutete mich fremd und unbekannt an. Einzig das mir vertraute Bild der Armut stellte eine Verbindung zu China her.

Britisch-Indien war mir viel fremder als Europa. Doch darin bildete ich keine Ausnahme. Damals fühlten sich viele Asiaten mit ihrer westlichen Erziehung und Orientierung eher den Kolonialmächten verbunden, die Asien knechteten, als den asiatischen Bruderstaaten, von denen sie so gut wie nichts wußten. Von Vorurteilen verblendet, erkannte ich nicht, daß sich die großen Aufstände, die unter all dieser Tatenlosigkeit und dem passiven Hinnehmen des unmenschlichen Elends gärende massive Unzufriedenheit gar nicht allzu sehr von den Revolutionen im übrigen Asien unterschieden.

Überall auf Hauptstraßen und Bahnhöfen waren Plakate angeschlagen, oder es stand in brauner Schrift auf weißgetünchten

Mauern ein V für *victory* (Sieg), gewissermaßen als Talisman. In einer kleinen Gasse von Kalkutta aber, direkt hinter dem Hotel, wo an fliegenden Ständen gebackenes Kuheuter verkauft wurde (eine Delikatesse, die ich gern aß, ohne allerdings vor 1957 dahinterzukommen, was es war) entdeckte ich an einer Wand die Worte: »Lang Lebe Subhas Tschandra Bhose«. Tschandra Bhose war der Anführer einer von den Japanern unterstützten Indischen Nationalen Befreiungsarmee. Daneben war noch verstohlen hingekritzelt, schon halb ausgelöscht, »Lang Lebe der Kongreß« zu lesen. Gandhi saß zu dieser Zeit im Gefängnis, ebenso Nehru und viele andere »Hitzköpfe«.
Die englischsprachigen Kalkuttaer Zeitungen – *The Statesman*, *The Hindustan Star* – berichteten ausführlich über die Schlachten in Europa, über die russische Front, über Afrika und Rommel. Auf der letzten Seite brachten sie drei kurze Abschnitte über die Rede eines indischen Babu, der »Treue« schwor und aus Überzeugung, daß »die Sache der Alliierten auch unsere Sache ist«, sein Land aufforderte, sich »aktiver am Krieg zu beteiligen«. Ganz unten fand sich noch eine Zeile über eine Hungersnot und die geplanten Hilfsmaßnahmen. Unter der Rubrik »Gesellschaftliches« rangierte an erster Stelle ein Wohltätigkeitsball an Neujahr, ein »großer Erfolg«, wie es hieß, der fast dreitausend Rupien eingebracht hatte, »um die Notleidenden vor dem Verhungern zu bewahren«.
Die chinesischen Diplomaten in Bombay hatten für die Inder nur Verachtung übrig. »Ausgesprochene Sklavennaturen.« Außerdem schlugen die Briten die Revolten erbarmungslos nieder, die Gefängnisse waren überfüllt, neue im Bau. Die chinesischen Diplomatenfrauen wiederum konnten sich nicht genug über den Dreck, den Schlendrian und die Diebereien in Indien ereifern. Sie sahen offensichtlich nicht, daß die Dinge in China nicht viel anders lagen – daß wir im Grunde ebenfalls Sklaven waren, daß sich das schreiende Elend in Indien von dem in Tschungking genau betrachtet in nichts unterschied. All das bemerkten wir nicht. Niemand von uns dachte im Schlaf daran, daß sich in Indien je etwas ändern könnte, so stark waren wir

vom Mythos des indischen Fatalismus, der indischen Hoffnungslosigkeit durchdrungen. Und doch hatte es bereits Aufstände gegeben, stand Bengalen vor einer ungeheuren Hungersnot, die zwei Millionen dahinraffen sollte, durch menschliches Versagen, genauer gesagt, von den britischen Behörden verschuldet, die den Reis ohne Rücksicht auf den Bedarf der indischen Bevölkerung beschlagnahmten. Und der halb ausgelöschte Name Subhas Tschandra Bhoses hatte einen tieferen Sinn, bedeutete für Indien jedenfalls viel mehr als das V in kindlicher Schönschrift auf den frischgetünchten Wänden der Bahnhöfe. Keiner meiner damaligen Bekannten glaubte an Gandhi; allerdings lernte ich keine Inder, sondern nur chinesische Diplomaten kennen und in Bombay eine aufopferungsvolle amerikanische Missionarin, die überzeugt war, die Inder müßten »angestachelt« werden, selbst etwas zu unternehmen. Während all der Wochen in Indien sprach ich mit keinem einzigen Inder, der kein Diener war. Und was die dort lebenden Engländer betraf, so starrten sie auf dem Weg zum Bymkhana Club oder zu einem Ball einfach durch uns hindurch wie selbstsichere Götter und Göttinnen, gaben sich so überlegen und bestimmt, daß selbst ihr Lachen noch wie ein Befehl klang.

Der Bengale, der im Maidan ruhig und freundlich an mich herantrat, war von Krähen umgeben, die scharenweise über der Stadt kreisten. Mit ausgestreckter Hand rannte Yungmei in den herabflatternden Schwarm hinein und rief auf chinesisch »Enten, Enten«! Einer der schwarzglänzenden, fetten Vögel hackte nach ihrem Finger. »Guten Abend, Madam«, sagte der Mann feierlich, und eine lange, etwas schleppende Unterhaltung über die Krähen spann sich an. »Unserer Überzeugung nach sind sie die Seelen, Madam ... uns gilt jedes Leben als heilig.« Und während er mich tadelte, weil ich Yungmei erlaubte, die Vögel zu jagen, wölbte sich über uns der magentarote Himmel, jener großartige indische Abendhimmel, erfüllt vom Glanz des Staubes. Er sprach auch von Indien, das er »das Land der Götter« und »Mutter Indien« nannte, aber unser Gespräch hatte keinen Kern, keinen rechten Zusammenhalt und behielt so etwas Zufälliges und Verschwommenes. Nur der Ton, der seltsame Singsang seiner Stimme, das befremdliche, affektierte, pflichttreue Englisch, das ich kaum verstand, blieben mir im Gedächtnis. Erst am Abend, als mich die Frau des chinesischen Konsuls mit vorsichtiger Entrüstung aufklärte, daß es sich nicht schicke, mit fremden Indern zu sprechen, die man zufällig im Maidan traf, denn »sie wollen alle nur Geld oder einem die Hand lesen oder einen womöglich gar überfallen«, wurde der alte Mann für mich eine lebendige, begreifbare Figur. Mit einemmal ging mir auf, daß er in dem Wunsch, mir vieles anzudeuten, nach Worten gerungen hatte, ohne mir klarmachen zu können, was ihn bewegte, weil ihm nur die hochgestochenen, von den Briten über sein Land geprägten Ausdrücke und Formeln zur Verfügung standen, jene sinnentleerten Floskeln, mit denen er das, worauf es ihm ankam, nicht zum Ausdruck bringen konnte.

Und die große indische Nacht, so fröhlich bei allen Schmerzen, nach Staub riechend und nach dem Mist der Fledermäuse, die dicht gedrängt in den Bäumen hingen, hielt majestätisch ihren Einzug. Doch das seltsame Hotel mit seinen Kronleuchtern und großen Sälen, in denen englische Paare zu den von einem englischen Orchester gespielten Melodien wie »Me and my shadow« und »Alouette« tanzten, sperrte die indische Nacht aus.

In Bombay traf ich im Taj-Mahal-Hotel (einem Palast mit den üblichen Marmorsäulen und einem Dienstpersonal in weißroter Livree) Fräulein S., das hübsche junge Mädchen, über das sich die bösen Zungen in Tschungking eine Zeitlang so ereifert hatten.

Da sie an einer Typhuserkrankung litt, hütete sie während ihres Bombay-Aufenthalts die meiste Zeit das Bett. Sie wartete auf dasselbe Schiff wie wir, wollte aber nach Kanada gehen. Die Frau des Konsuls kümmerte sich um sie, brachte ihr Obst und selbstgemachte Hühnerbrühe. Ich für meinen Teil fand sie sehr nett, wenn auch offensichtlich bedrückt. Einmal stand sie auf und ging nachmittags mit mir zum Einkaufen in einen Basar, worauf sie sich übrigens blendend verstand. Die Juweliere legten ihr Goldketten und Edelsteine vor, die sie von allen Seiten eingehend und kritisch betrachtete. Die gleichgültige Ruhe, die sie mir gegenüber herauskehrte, beeindruckte mich gewaltig, und obwohl laut Pao ihr ganzes Leben ruiniert war, machte sie auf mich doch einen alles andere als ruinierten Eindruck. Sie sagte kein Wort über die Gemeinheiten, unter denen sie zu leiden gehabt hatte, und verlor nur ein einziges Mal die Fassung – ein paar Wochen später auf dem Schiff. Da ging mir schlagartig auf, daß sie keineswegs an Typhus litt, sondern an einem Nervenzusammenbruch und sich klugerweise durch Bettruhe kurierte – an Bord verließ sie das Bett lediglich, um ins Badezimmer zu gehen.

Ich kam zu der Überzeugung, daß sie Tai Lees Haß gegen Quo Taitschi zum Opfer gefallen war, denn sie selbst war gewiß weder ehrgeizig noch intrigant. Aber im Gegensatz zu mir, die ich entweder brüsk oder scheu war, hatte sie sichere Umgangsformen, zeigte Haltung und Geschmack und zog sich gut an, während mir immer entweder der Unterrock herausschaute oder die Schuhe nicht paßten. Und so trieb, als wir endlich in Bombay an Bord gingen, um für die nächsten sieben Wochen eine Kabine erster Klasse zu teilen, mein Minderwertigkeitskomplex schönere Blüten denn je.

Viel war geschehen seit jenem 7. Dezember, jenem Sonntagmorgen, an dem dreihundertsechzig japanische Flugzeuge von sechs Flugzeugträgern aufgestiegen waren, um die amerikanische Flotte in Pearl Harbour zu zerstören. Am 16. Dezember waren die Japaner auf Borneo gelandet. Ein paar Tage später drangen japanische Streitkräfte von Siam nach Burma vor. Am 7. Januar fiel Kuala Lumpur, die Hauptstadt des Malaiischen Archipels. Am 25. Januar war die Eroberung Malaias bereits abgeschlossen. Singapur, »die unbezwingbare Festung«, fiel am 15. Februar. Im März 1942 war ganz Holländisch-Ostindien, das heutige Indonesien, unter japanischer Herrschaft. Und MacArthur wurde, mit fünfundneunzigtausend Mann in den riesigen, unter der Corregidor-Insel ausgehobenen Tunnels eingesperrt, auf der Bataan-Halbinsel belagert.

Das Gerücht, die Japaner planten nun einen Angriff auf Indien, hatte zu einem Exodus aus Städten wie Madras und Bombay geführt. Außerdem sollte der Indische Ozean vor japanischen Unterseebooten nur so wimmeln.
Unser Schiff, die *Tjiluwah*, legte Anfang Februar von Bombay ab. Es war voll ausgebucht: Missionare, Geschäftsleute, Amerikaner, die sich von den Philippinen absetzten, Flüchtlinge aus Hongkong und Schanghai, Holländer aus »Holländisch-Ostindien«. Den Ehrenplatz unter den Flüchtlingen nahm ein Mitglied des Schanghaier Sassoon-Klans, der steinreiche Sir Victor Sassoon ein, der hinkend, mit einem Monokel und der unter den gegebenen Umständen leicht komisch wirkenden typischen Schanghaier Arroganz an Bord kam.
Ratternd und stampfend, alle Luken dichtgemacht und ohne Licht bei Nacht, steuerte das Schiff im Zickzackkurs dahin. Es war zum Ersticken heiß. Die Amerikaner an Bord debattierten endlos über Pearl Harbour und schimpften auf ihre Regierung, weil sie sich so unvorbereitet hatte überraschen lassen. Die Briten dagegen verloren kein Wort über den Krieg, sondern lasen die Tagesberichte schweigend – eine Zurückhaltung, die eine Amerikanerin zu der Bemerkung reizte: »Sie tun, als wäre in Wirklichkeit gar nichts passiert; sie reden über Bridge und das Wetter und reißen Punchwitze, aber so läßt sich die Uhr auch nicht zurückdrehen.« Die Kabinen waren überbelegt, das Wasser rationiert, Dutzende von Kindern, meist unter sieben Jahren, an Bord (jede Missionarsfamilie hatte mindestens drei).
Als die *Tjiluwah* den Atlantik erreichte, trat an die Stelle der Angst vor japanischen die Furcht vor deutschen Unterseebooten, und weiter ging es in einem womöglich noch schärferen Zickzackkurs. Ich sah gern den Strudeln und Wirbeln nach, die das Schiff bei seinen scharfen Drehungen und Wendungen auf dem Ozean hinterließ. Yungmei bekam einen Hitzeausschlag. Die Toiletten ließen zu wünschen übrig, außerdem wurde das Wasser weiter rationiert. Um Freundschaft und gutes Einvernehmen zu fördern, wurde ein Bridgewettbewerb veranstaltet. Ich beteiligte mich, obwohl ich erst zweimal gespielt hatte und wirk-

lich kaum etwas davon verstand, wurde aber auch entsprechend rasch ausgeschlossen und hatte so reichlich Muße, die Wut und Rankünе der Verlierer zu beobachten, die sich zum Teil während der ganzen restlichen Reise nicht mehr gab.

Mittlerweile waren wir alle der auf dem Schiff herrschenden für Überfahrten typischen Atmosphäre erlegen: Die Welt schrumpfte auf einen Punkt zusammen, das Schiff, das einen bis in die Träume hinein verfolgte. Nur was auf der *Tjiluwah* vorging, und mochte es noch so belanglos sein, zählte. Wir spielten sogar Theater. Eine junge amerikanische Lehrerin und ich führten gemeinsam ein miserables, ungenügend geprobtes Stück auf, das dennoch höflich beklatscht wurde, denn ohne diese Aufführung wäre es den Passagieren ebenfalls langweilig gewesen. Für Victor Sassoon wurde in der Mitte der ersten Reihe ein großer Sessel aufgestellt. Königlich kam er hereingefegt, und ebenso königlich fegte er nach zwanzig Minuten wieder hinaus. Ebenso zerbrachen drei oder vier Ehen, kam es zu ebenso vielen Liebesaffären, und all das war wirklich und unwirklich in einem, die Ausgeburt einer kleinen, von Wasser eingeschlossenen Welt, wo sich der Streit um einen Deckstuhl zu einem regelrechten Epos auswuchs. Und die festen Punkte, die Leitsterne in all den Stunden, die wir auf unserem Zickzackkurs verbrachten, waren die ungeduldig erwarteten Tagesberichte und die Konversationen in der Bar oder an Deck.
Ich lernte unter anderen auch einen jungen amerikanischen Journalisten kennen, der mir einen langen Vortrag über die (später durchzuführende) Teilung Indiens hielt. Er votierte für den Moslemführer Dschinnah, haßte Nehru, aber auch die Briten und hätte ihnen von Herzen den Verlust ihres Imperiums gegönnt, hätten die Vereinigten Staaten dann doch endlich zeigen können, wie die Dinge in Indien und in ganz Südostasien anzupacken waren. Er war Feuer und Flamme für eine US-Treuhandverwaltung dieser Gebiete, schlug aber großmügig vor, einen Teil von Französisch-Indochina (den Norden) den Chinesen »unter amerikanischer Anleitung« zu überlassen.

Heute bedaure ich, daß ich nicht aufmerksamer zugehört habe. Vieles von dem, was er mir erzählte, stand damals allen Ernstes in Washington zur Debatte.

Am Kap der Guten Hoffnung verbrachten wir zweieinhalb Tage an Land, in einem Hotel, in dem wir, obgleich »Farbige«, freundlich aufgenommen wurden: dem für Diplomaten nichtweißer Rassen reservierten Strandhotel. Wir betrachteten den Tafelberg und lebten in der frischen Luft und Sonne förmlich auf und konnten uns endlich wieder einmal ordentlich waschen. Dann setzten wir die Fahrt fort, kehrten zurück auf See, zu den Monologen des Ozeans, Wasser um uns, so weit der Blick reichte; jedes Stampfen und Klopfen der Maschine, mochte es auch nur den Bruchteil einer Sekunde dauern, band uns enger aneinander; ihre Kinder dürfen nicht mehr miteinander spielen; die Blonde wird sich von ihrem Mann scheiden lassen, sobald wir in Miami ankommen und den anderen heiraten; alle reden und reden, bis das Schiff schließlich vor lauter Reden ganz aus den Fugen gerät. Ich unterhalte mich mit dem Schiffsarzt und erzähle ihm, daß ich mein Medizinstudium fortsetzen möchte, aber er erklärt lachend, das sei unmöglich, ich müsse noch einmal ganz vorn anfangen. Liebe und Haß suchen sich in endlosen Runden an Deck ein Ventil; Klassenhaß wütet in der ersten und zweiten Klasse; der Augenblick triumphiert, leidenschaftlich und unsterblich und seicht, über alle anderen Interessen, denn was jetzt geschieht, ist weit wichtiger als alles, was je war. Mit unverhohlener Hochnäsigkeit studiert Victor Sassoon den Tagesbericht durchs Monokel und erklärt bestimmt: »Nächstes Jahr sind wir wieder in Schanghai.«

Nur Fräulein S. und ich waren gegen all das ziemlich immun; sie, weil sie die ganze Überfahrt über im Bett lag (mit Ausnahme eines Abends, an dem sie zum Essen herunterkam, aber nach dem ersten Löffel Suppe aufgab), und ich wegen Yungmei, die in ihrem Kinderbett aufsprang und schrie, sobald ich mich anschickte, die Kabine zu verlassen. So machte ich die ganze Schiffsbücherei durch, ein Buch pro Tag, und Yungmei zuliebe las ich auf unserer Toilette auf dem Boden sitzend. Sie lieferte mir aber auch den Vorwand, mich vor den Mahlzeiten zu drükken, die alle als Gelegenheit benutzten, sich in ihrem höchsten Staat zu zeigen. Ich höre die anderen, ihre lauten, bestimmten, eifernden Stimmen, ich sehe, wie sie sich ändern, geändert haben, andere geworden sind, von denen sie später nichts mehr wissen wollen ... Auch ich habe mich hier gewandelt; ganz Mutter, esse ich mit Yungmei und ein paar Missionarsfrauen, die einander ablösen, sowie zwei chinesischen Kindermädchen, die mit amerikanischen Familien an Bord sind, am Kindertisch.

Wir landeten in Kingston, Jamaika, wo sich die einheimischen Chinesen, die Lim- und die Tai-Familie, unserer annahmen. Fräulein S. zog sich an, bürstete emsig ihr langes, schönes Haar. Aber zwei, drei Stunden auf dem sonnengebadeten Eiland inmitten von üppigem Grün und Passionsblumen waren zu viel für ihre geschwächte Konstitution. Nachdem wir den Tee unter Goldregenbäumen eingenommen hatten, deren Blütentrauben Wind verhießen, wurde sie wieder krank und mußte ins Bett zurück.

Den Chinesen auf Jamaika ging es sehr gut; sie nahmen uns in der samtenen Abendwärme im Auto zu ihren Häusern an den Hängen mit, um uns die Schönheit des seeumgürteten Landes zur Zeit der Jacarandablüte zu zeigen. Wie viele Auslandschinesen entpuppten sie sich als glühende Patrioten und wollten viel über China wissen. Manche hatten etwas Negerblut in den Adern, was ihr Aussehen hob, aber zu meiner Überraschung schämten sich die anderen ihrer und sprachen abschätzig über sie, offensichtlich ohne zu merken, daß die dunkelhäutigen hübscher und vitaler waren. Alle schickten Geld und Söhne und Töchter nach China, und obwohl manche nicht mehr Chinesisch sprachen, interessierten sie sich doch unterschiedslos für die Vorgänge im Land ihrer Vorfahren.

Von Jamaika ging es weiter nach Miami und von dort nach New York, wo wir Ende März eintrafen. Es war kalt und das Hotel, die Waldorf Towers, für meinen Geldbeutel zu teuer, und außerdem zu unbequem mit einem Kind. Zum Glück wußte die Amerikanerin, mit der ich mich an Bord angefreundet hatte, ein kleines Hotel mit Appartements; ein Zimmer mit Bad und Kochnische kostete vierzehn Dollar pro Tag, halb soviel wie das Hotelzimmer. Dieselbe Frau empfahl mir eine Kindermädchen-Vermittlung; ich nahm eine Engländerin, eine tüchtige, saubere, pünktliche Person. Sie kam von neun bis fünf für fünfzig Dollar die Woche. So konnte ich meinen Verpflichtungen diesmal doch nachkommen, kleine Besuche machen, zum Essen gehen und etwas einkaufen, denn meine Kleider fielen allmählich auseinander.

Das Mädchen wußte auch eine ganze Reihe Kinderbekleidungsgeschäfte, Lord und Taylors, und verstand sich aufs Einkaufen. Yungmei sah in den neuen Sachen entzückend aus. »Lauter britische Kleider«, sagte das Mädchen stolz. Alles, was etwas taugte, kam aus England, und jedermann riet mir, in Amerika zu kaufen, was ich brauchte, da in England selbst nichts zu haben sei. Amerikaner schickten Eß- und Kleiderpakete ins notleidende, zerbombte England. Ich kaufte drei Kleider, zwei Kostüme, drei Paar Schuhe und etliche Paar Strümpfe, einen Pelzmantel und eine Pelzjacke, ein Abendkleid und ein Cocktailkleid; später kam in London noch ein schwarzes Kleid dazu, und damit war ich für die nächsten sechs Jahre ausstaffiert.

Die Chinesen, die wir in New York und Washington trafen, meist Diplomaten, waren gastfreundlich und entgegenkommend. Sie gaben Parties und brachten mich dadurch in große Verlegenheit, weil ich Yungmei nachts nicht allein lassen konnte. Ich weiß noch, wie ich einmal weg mußte, ein Taxi nahm und sie allein zurückließ. Als ich ankam und in einer geräumigen Wohnung vierzig Leute an sieben Tischen beim Mah-Jongg antraf, fühlte ich mich plötzlich nach China zurückversetzt zum rhythmischen Klappern der Spielmarken, über dem in unserer Zeit des Verfalls die Sekunden, die Minuten unbemerkt verrinnen und ein Sargnagel nach dem anderen in unser System geschlagen wird. Die Atmosphäre hatte nichts Amerikanisches an sich, sie war durch und durch Schanghai, anmutig, spritzig, herzlos, eine zerbrechliche Kruste aus Reichtum, eine dünne Schicht über dem Sumpf. Es war wie ein Schlag vor die Brust. Ich kam in Gedanken nicht vom Krieg los, von den gewaltigen Schlachten in Rußland und im Pazifik. Aus der Küche drangen köstliche Düfte herein; meine Gastgeberin beugte sich mit geröteten Wangen über eine Pfanne und wendete ein paar große Krabben. Mittlerweile war Yungmei vielleicht in ihrem Kinderbettchen aufgewacht und starrte nun wartend mit ihren großen, runden, brennenden Augen ins Halbdunkel. Nach zehn Minuten ging ich.

Ein andermal stieg ich mit dem amerikanischen Korrespondenten vom Schiff, der mich, wie meine andere amerikanische Bekannte, nach typisch amerikanischer Art aufgesucht und gefragt hatte, ob er mir irgendwie helfen könne, in die Hotelbar hinunter, um etwas zu trinken. Wir hatten gerade das erste Glas bestellt, als der Kellner auf mich zutrat und mir mitteilte, Yungmei laufe nackt durch den Korridor. Sie hatte ihr Nachthemd ausgezogen, war am Bett heruntergeklettert und trieb sich nun im Evaskostüm herum. So war ich am Abend immer angehängt, zumal niemand die Einrichtung der Babysitter erwähnte. Nur zweimal konnte ich während meines fünfwöchigen Aufenthaltes ausgehen, einmal ins Konzert und einmal ins Ballett; beide Male erboten sich amerikanische Freundinnen, auf das Kind aufzupassen.

Wir besuchten Washington, sahen die Kirschblüte beim Weißen Haus und statteten dem britischen Botschafter Lord Halifax und seiner Frau einen kleinen Besuch ab, die beide ungemein an Statuen erinnerten und sich beim Tee mit würdigem Ernst über die größten Nichtigkeiten ergingen. Nach meiner Rückkehr nach New York wollten meine amerikanischen Freunde Parties für mich geben; ich wußte damals noch nicht, wie gern sie es taten. In mir waren Tschungking und die Entbehrungen von Tschengtu noch lebendig, und alles, was ich hier zu sehen bekam, erschien mir reichlich extravagant. Aber sämtliche Amerikanerinnen, die ich kennenlernte, zeigten sich sehr hilfsbereit. Eine erbot sich, bei Yungmei zu bleiben, damit ich das erste russische Ballett in Amerika seit Jahren anschauen konnte.

Ehe sich der Vorhang hob, trat Helen Hayes auf die Bühne und gab die Katastrophe von Corregidor bekannt, woraufhin das ganze Haus schweigend aufstand, um der Toten vom Pazifik zu gedenken. Auch der russische Botschafter Litwinow und Frau erhoben sich, was das Publikum mit Applaus quittierte; für mich war Litwinow ein Paar glitzernde Brillengläser und ein rundes Gesicht über einem schwarzen Abendanzug. Irgend jemand erzählte mir, seine Frau trage die Diamanten der letzten Zarin, was sich jedoch als Verleumdung herausstellte.

Im April 1942 hatten die Japaner nicht nur die Java-See, sondern auch den Indischen Ozean überrollt, durch massive Luftangriffe den Stützpunkt der britischen Marine in Trinkomali auf Ceylon eingenommen und die Reste der britischen Flotte in Asien aufgerieben. Nun sah alle Welt die Japaner bereits nach Suez vorstoßen, um sich mit Hitlers Afrikakorps zu vereinen, was dann jedoch nicht eintrat. Statt dessen konzentrierten sich die Japaner darauf, ihre Eroberungen in Südostasien zu festigen. Im selben Monat April traf der geschlagene MacArthur, der nach Amerika zurückgeflogen war und seine Truppen in Bataan zur Kapitulation zurückgelassen hatte, in Australien ein, um die Verteidigung des zu dieser Zeit reichlich nervösen Kontinents zu leiten und mit Neuguinea im Norden beginnend einen umfassenden Inselwall aufzubauen. Dann folgte die Schlacht im Korallenmeer, bei der die Amerikaner größere Verluste erlitten als die Japaner; dann die Schlacht bei der Midway-Insel und schließlich im August 1942 Guadalcanal. Langsam begann sich das Blatt zu wenden. Die Schlacht bei der Midway-Insel war der Wendepunkt des Pazifischen Krieges; danach begann der Stern der Japaner zu sinken.

Amerika fürchtete sich fast hysterisch vor einem Angriff. Gerüchte von japanischen Unterseebooten vor der kalifornischen Küste liefen um; die Forderung wurde laut, die Nisei* ins Gefängnis oder am besten gleich ins Meer zu werfen. Die Ereignisse hatten dieses große, grobe, fröhliche, lärmende Volk unge-

* Seit Generationen in Amerika lebende japanstämmige US-Bürger.

heuer aufgestört und empört; eine unsinnige Ungeduld hatte es erfaßt. Pearl Harbour erschien den Amerikanern unfaßlich und unvergebbar. Und immer, wenn ich sie darüber so hitzig debattieren hörte, mußte ich an China denken und an das, was das chinesische Volk hatte erdulden müssen und noch erdulden mußte – es war kein Vergleich.
China erfreute sich überdies momentan größter Popularität; Eleanor Roosevelt führte den Vorsitz bei einem Treffen, das sich die Chinahilfe aufs Banner geschrieben hatte. Ab und an allerdings wurde ich auch auf den höchst aufwendigen Lebensstil der chinesischen Diplomaten in den USA hin angesprochen; denn die Korruption und Schiebung der Kuomintang fand sich auch in den diplomatischen Missionen im Ausland.
Marian Manly teilte mir in einem Brief die Adresse ihres New Yorker Agenten mit. Ich sprach nach einem Anruf einmal vor, da ich vom Erscheinen von *Destination Chungking* nichts erfahren hatte. Sie schenkten mir ein Leseexemplar. Wie sich zu meiner geringen Freude herausstellte, waren sie bei der Herausgabe reichlich eigenmächtig verfahren. Auch meine sowieso schon milde Kritik im letzten Kapitel hatten sie noch weiter zusammengestrichen. Aber da sie immer nur mit Marian zu tun gehabt hatten, nahmen sie mir meine Miturheberschaft nicht ab und begegneten mir mit äußerstem Mißtrauen.
Von diesen elektrisch geladenen New Yorker Frühlingswochen ist mir kein zusammenhängendes Bild im Gedächtnis geblieben. Wenn ich mich daran zurückerinnere, drängen sich mir einzelne hervorstechende Züge auf: die nervöse Brillanz der Amerikaner, ihre hochgespannte, explosive Redeweise, ihr Mangel an Zurückhaltung auf allen Gebieten, ihre Spannkraft und ihre Erregbarkeit; sie hängen sich mit Leib und Seele in eine Sache hinein, um sie ebenso gründlich wieder fallenzulassen; erheiternd, aber auch erschöpfend ihre ungeschlachte Energie, ihre widersprüchlichen Launen und Äußerungen, erschreckend selbst damals schon neben so viel Reichtum die Armut und das Elend in den Negervierteln (ich stattete Harlem einen Besuch ab). Die Amerikaner kommen mir eifrig und großzügig, aber

auch ungewöhnlich egozentrisch vor, maßlos und rastlos und stets bestrebt, sich selbst von ihrer moralischen Überlegenheit zu überzeugen.
Was mich in Amerika jedoch am meisten verblüffte, war die Freiheit, mit der die Menschen vom Leder zogen und Dinge sagten oder sich anhörten, die ihnen in Tschungking den Kopf gekostet hätten. Mir war in all der Zeit sogar der Begriff der Redefreiheit verlorengegangen, und als ich nun in New York auf das Phänomen stieß, verwirrte es mich. Noch mehr aber erstaunte mich die Angst vor physischen Schmerzen und Leiden, die ich hier antraf, vielleicht weil Leute wie ich, die selbst Bombenangriffe miterlebt haben, sich nicht mehr davor fürchten. Bezeichnenderweise löste die Bombardierung Londons in New York eine weit größere Hysterie aus als in London selbst oder irgendwo sonst in England. Manche Menschen versuchten sogar, mir England auszureden. »Sie kommen sowieso alle zu uns oder nach Kanada«, sagten sie, wobei sie unter »alle« die oberen Zehntausend (samt Kindern) verstanden.
In meinem New Yorker Hotel zog eine Frau vom achten in den ersten Stock um, aus Angst, das achtzehnstöckige Gebäude könnte bombardiert werden. Sie erkundigte sich, wie hoch die Häuser in Tschungking seien und konnte es nicht fassen, daß wir am Leben geblieben waren, als sie erfuhr, daß die Häuser höchstens drei Stockwerke hoch und zum größten Teil aus Holz waren.
Amerika war reich, schön und mächtig und der Krieg ganz dazu angetan, den Wohlstand noch zu heben; nur ein Mensch erwähnte mir gegenüber die Zeit der Depression und erzählte, wie hungrig er damals gewesen sei – der Liftführer vom Hotel. Er drückte mir die Hand und erklärte, er liebe Rußland und China.

Eines Morgens im Mai nahmen wir das Flugzeug nach England. Unsere erste Zwischenstation waren die Bermudas, wo wir vier Tage blieben. Dort lernte ich einen Dr. Wilkinson kennen, der Yungmei und mich an einem schönen Nachmittag zu einer hübschen Ausfahrt in seiner Pferdekutsche einlud. Zwanzig Jahre später, 1962, sollte ich ihn in Singapur auf einer Sitzung

der *World Family Planning Association* wiedersehen – ebenso munter, schlagfertig und freundlich wie zwanzig Jahre zuvor.
Von den Bermudas flogen wir über den Atlantik zu den portugiesisch verwalteten Kapverdischen Inseln, wo wir die nächste Zwischenlandung machten, der Sonne und dem kräftigen Seewind ausgesetzt warteten und lange Spaziergänge um eine in der Sonne röstende, weißumwallte Stadt unternahmen. Dann ging es weiter nach Lissabon, und als wir an der portugiesischen Küste entlangflogen, gerieten wir wieder einmal in eine Regenbö; die Maschine mußte heruntergehen und sackte von einem Luftloch ins andere, bis schließlich allen übel war, was die Stewardeß jedoch nicht abhielt, uns zu informieren, daß Portugal das Land des Portweins sei und jedem eine kleine Probe zu überreichen.
Und schließlich an einem regnerischen Spätnachmittag England, am Flughafen der etwas fülligere, vor Liebenswürdigkeit überfließende Pao, der uns nach London brachte. Er hatte mir zu Ehren eines der besten Zimmer im Claridge genommen, ein wahres Mausoleum mit einem riesigen, mit schwarzem Marmor gekachelten Bad.
Am nächsten Tag fuhren wir nach Egham hinaus, wo er ein kleines Haus für uns gemietet hatte. Pao steckte voller Zukunfts- und Karrierepläne . . . er war der jüngste Militärattaché, jedermann war von ihm beeindruckt; wir standen am Anfang eines neuen, glücklichen Lebens. Ihm war Erfolg beschieden . . . ich mußte ihm helfen.
Ja, ich wollte ihm helfen, ich wollte mein Bestes tun.

In der New Oxford Street mit den ruhigen, gesetzten Menschen, die trotz des Krieges, trotz der Bombenkrater in ganz London, trotz der Plakatanschläge: *Ist Ihre Reise wirklich notwendig?* Ruhe und Geduld bewahrten und so die Ordnung aufrechterhielten, begann für mich ein neues Leben. Schlagartig ging mir auf, daß das Bild von Angst, Hunger und Not, das man sich in New York machte, nicht stimmte. Verglichen mit Tschungking ging es in London komfortabel und manierlich zu. Im Claridge

und im Dorchester speiste immer noch eine ganze Menge wohlhabender Londoner. War hier denn überhaupt wirklich Krieg?
Das möblierte Häuschen in Egham war behaglich eingerichtet; außerdem war noch ein ältliches Dienstmädchen da, das sogar kochen konnte. Ich brauchte also weiter nichts zu tun, als es mir bequem zu machen, etwas bei der Hausarbeit und beim Kochen zu helfen, mich um Yungmei zu kümmern, kurz, glücklich zu sein. Möglicherweise konnte ich sogar die Kriegsbemühungen unterstützen, indem ich im Hinterhof einen kleinen Gemüsegarten und einen Hühnerhof anlegte. Neben uns wohnte ein pensionierter Offizier mit Frau, der den Nachbarskindern Reitstunden gab.
Allmorgendlich fuhr Pao mit seinem Auto zur Botschaft am Portland Place, zum Büro des Militärattachés. »Du brauchst dich um nichts zu kümmern«, sagte er, »du brauchst nur glücklich zu sein.« Er hatte eine sehr verantwortungsvolle Aufgabe: die Bande zwischen dem kämpfenden England und dem kämpfenden China zu konsolidieren (genauso hieß das Wort). Ich schaute durchs Fenster auf den dichten Rasen hinaus, auf die treibenden Blätter, die vor lauter Mai aufschäumenden Hecken. Für Yungmei gab es genügend Milch. Als Angehörige des diplomatischen Korps standen uns Extrarationen zu, wir würden gut durchkommen. Zwar glaubte Pao felsenfest an den deutschen Endsieg und an Rußlands Zusammenbruch, aber fürs erste waren wir hier in England.
Mai 1942. Die Briten hatten in Burma eine totale Niederlage erlitten. Die Burmastraße war durchschnitten; China blieb nur noch der Luftweg über den Himalaja nach Assam, nach Indien. Eine Luftbrücke in siebentausend Meter Höhe.
Ende Mai war der Burma-Feldzug entschieden, die britischen und indischen Streitkräfte zogen sich über die Grenze nach Indien zurück.
Pao und seine Kollegen von der chinesischen Botschaft hatten alle Hände voll zu tun, denn es lagen gewisse, von Amerika angeregte Pläne für eine Rückeroberung Burmas und die Eröffnung einer zweiten Front in Asien vor. Ein amerikanischer Ge-

neral, Stilwell, hielt sich in China auf, um ein neues chinesisches Heer aufzustellen – und für diesen Plan spielte Burma eine wichtige Rolle. Also wurde ein zweiter Burma-Feldzug vorbereitet, der allerdings aufgrund der verschiedenen Zielsetzungen der »Alliierten« – der Vereinigten Staaten, Großbritanniens und Tschiang Kai-scheks – von allem Anfang an zum Scheitern verurteilt war.

So begannen für uns die nächsten drei Jahre, die nicht besser verliefen als die Tschungkinger Zeit, und zwar aus den gleichen Gründen: Pao versuchte einen Menschen aus mir zu machen, der ich nie und nimmer werden konnte.

Ich mache Pao keinen Vorwurf daraus, seine Ausdauer war auf ihre Art sogar bewundernswert. Aber der unberechenbare Bilderstürmer in mir ließ sich nicht zähmen, so willig und gelehrig ich mich auch mühte, eine Richtung einzuschlagen, die mir nicht lag; vorübergehend hatte ich sogar Teilerfolge zu verzeichnen, doch über kurz oder lang fiel das Aufgepfropfte immer wieder ab.

Vielleicht wäre alles anders gewesen, wenn mich Pao halbtags etwas Nützliches, Konstruktives hätte tun lassen, wie ich ihn gebeten hatte. Vielleicht hätten wir einander positiv beeinflussen können, wenn er die Dinge mit mir besprochen hätte. Aber Pao sah in mir lediglich einen Steigbügelhalter, den er seinen Plänen entsprechend einzusetzen gedachte, während mir seine Karriere mittlerweile sinnlos erschien, seine Pläne unverständlich. Seine Träume von persönlichem Ruhm waren mir fremd, sein Ziel, ein zweiter Hu Tsungnan, eine weitere Replik Tschiang Kai-scheks zu werden, kam mir absurd vor.

Mir schien, daß in China nach dem Krieg manches anders werden müsse, und ich wäre gern den Ereignissen auf den Grund gegangen, war aber viel zu unerfahren, um das ganze Bild in den Blick zu bekommen. Ich wußte nur eines mit Sicherheit: An Tschiang Kai-schek glaubte ich nicht mehr. Deshalb kam mir Paos Karriere wie Zeitverschwendung, wie verlorene Liebesmühe vor. Was hatte seine Arbeit in London schon mit dem Krieg zu tun? Hätte mich damals jemand gefragt: »Was sollte

Pao denn Ihrer Meinung nach machen?«, ich hätte geantwortet: »Seine Stellung bei der Regierung aufgeben, Privatmann werden und arbeiten.«

Und wie blähten sich die Militär-, Luft- und Marineattachés, die Diplomaten der chinesischen Botschaft, mit gewichtigen Reden über eine zweite Front in Asien auf, mit der Forderung nach Nachschub, Darlehen und militärischer Ausrüstung; welche Betriebsamkeit entfalteten sie, ohne doch das Durcheinander entwirren zu können! Denn wie Tschiang Kai-schek seinen Generalen Befehle und Gegenbefehle erteilte, sich über die reguläre Rangordnung hinwegsetzte und den dienstgradjüngeren Offizieren widersprüchliche Befehle gab, so ergoß sich ein Strom widersprüchlicher Telegramme von Tschungking nach London und Washington, die alle diktatorisch augenblicklichen Gehorsam forderten. In der verwirrenden Fülle einander aufhebender Befehle gab es nur einen einzigen festen Punkt: die Forderung nach Geld.

In diesem Zusammenhang baute Tschiang mehr auf die Vereinigten Staaten als auf Großbritannien, und eine der Hauptaufgaben der chinesischen Botschaft in England bestand darin, Hilfeleistungen umzuleiten, die Washington ursprünglich für die englische Front in Afrika vorgesehen hatte.

Seit Pearl Harbour führte Amerika Krieg gegen Japan, und als dann Hitler die Dummheit beging, den Vereinigten Staaten den Krieg zu erklären, waren die Würfel endgültig gefallen: Trotz des starken prodeutschen Elements, das für Neutralität in Europa plädierte, trat Amerika auf die Seite von Großbritannien. Den Briten nun ging es in erster Linie darum, die Geld- und sonstigen Subventionen der Vereinigten Staaten möglichst von Asien abzuziehen und auf Europa, vor allem Großbritannien, zu konzentrieren, das seine Streitkräfte im Nahen Osten nur unter Schwierigkeiten verpflegen und ausrüsten konnte.

Anfang 1942 drehte sich alles um die Frage, wo Amerika angreifen würde, im Pazifik oder auf dem europäisch-afrikanischen Kriegsschauplatz. Wo würde es den Anfang machen, welcher Front Priorität einräumen?

Im Januar 1942 kam ein amerikanisch-britisches Stabschefkomitee auf einer Konferenz in Washington überein, der Vernichtung Hitlers den »absoluten Vorrang« zu geben.
Natürlich verdroß dieser Beschluß Tschiang Kai-schek sehr. Als er im Februar 1942 eine im Vorjahr angekündigte Indienreise machte, sprach er in einer Rede von »dem gemeinsamen Schicksal« Chinas und Indiens, um den Briten ein bißchen einzuheizen, die die Aufsässigkeit der indischen Massen kannten und Gandhi wegen seines Aufrufs zur Nichtbeteiligung am Krieg ins Gefängnis geworfen hatten.
Und diese grundlegende Gegnerschaft zwischen Tschiang und der britischen Regierung machte sich den ganzen Krieg über bemerkbar. Einer der Punkte, an denen die Reibung am deutlichsten zutage trat, war die Burma-Front. Nie hatte ein Gebiet oder Streitkräfte oder Schlachtpläne so unter Unentschiedenheit, Pfuscherei und plötzlichen Umdisponierungen zu leiden wie die unselige Burma-Front, bis schließlich Mountbatten kam und die Zügel in die Hand nahm.
Pao und die anderen Diplomaten veranstalteten also ein geschäftiges, eilfertiges Getriebe. Ich dagegen langweilte mich. Aber selbst wenn ich Paos Erwartungen entsprochen hätte und ihm eine pflichtbewußte, um seine Karriere besorgte Frau und Haushälterin gewesen wäre, im Endeffekt, scheint mir heute, hätte sich für ihn nichts geändert. Populär oder nicht, fähig oder nicht – ein chinesischer Diplomat unter Tschiang besaß nicht die geringste Möglichkeit, irgendeinen Einfluß auf die ungeheuren historischen Kräfte auszuüben, die während des Zweiten Weltkriegs am Werk waren. Tschiangs Fall war durch keine amerikanische Subvention, in welcher Höhe auch immer, aufzuhalten. Aber all das konnte ich damals nicht formulieren, nicht einmal für mich selbst, da mir der Einblick fehlte. Ich empfand nur ein geradezu körperliches Gefühl der Leere, als ob in allem, was wir in Angriff nahmen, bereits der Wurm gewesen wäre. Und so versuchte ich, mich wohlzufühlen, mir einzureden, daß eine Diplomatenfrau eine wichtige Aufgabe habe, und konnte mich doch der Langeweile nicht erwehren.

Besonders zu schaffen machte mir in England die Klassenstruktur. Da ich als Frau eines Attachés in diplomatischen Kreisen verkehrte, hatte ich Gelegenheit, die im Gegensatz zu China, wo die einzelnen Klassen durch eine Kluft voneinander getrennt sind, erstaunlich feinen sozialen Abstufungen in all ihrer Gehässigkeit kennenzulernen. Hier beurteilte man den anderen nach seinem Akzent, nach seiner Haltung, nicht nach seiner Kleidung. Anfangs kam ich überhaupt nicht mit; ich war außerstande, den richtigen Ton im Umgang mit den Kaufleuten, dem Gärtner, der zweimal in der Woche kam (und bald heraus hatte, daß ich mich vor ihm fürchtete), der Putzfrau, die das Fleisch aus dem Fliegenschrank mitgehen ließ, zu treffen. Ich hatte nicht die leiseste Ahnung, welche Worte sich von Fall zu Fall schickten.

In den Diplomatenkreisen fühlte ich mich völlig fehl am Platz: Ich gab unorthodoxe Meinungen von mir, verstand beim besten Willen nicht, mich über nichts und wieder nichts zu unterhalten, besaß kein Ohr für hingeworfene Bemerkungen, die so viel verraten können, tat mich schwer, mich taktvoll zu verhalten, und brachte es einfach nicht über mich, Nichtigkeit mit fröhlichem Nachdruck von mir zu geben oder übertriebene Begeisterung an den Tag zu legen. Obwohl die geselligen Verpflichtungen im Krieg kleingeschrieben wurden, war für mich der Umgang mit der britischen Oberschicht dem Erlernen einer anderen Sprache, eines anderen Signalcode, vergleichbar.

Zum Glück wimmelte es in London von ausländischen Diplomaten aus dem Freien Frankreich, aus Polen, der Tschechei, Norwegen und später auch aus Amerika, so daß ein Lapsus nicht allzu sehr auffiel, und dank der vielen hübschen jungen Mädchen obskurer Herkunft (je hübscher sie waren, desto weniger schienen sie eingezogen zu werden), die als Sekretärinnen fungierten, war es nicht allzu schwierig, große Parties zu geben, zumal der Diplomatenalkohol über fehlende Umgangsformen hinweghalf. Als 1943 Amerikaner in größerer Zahl hereinströmten, schossen die Privatklubs in wunderhübsch eingerichteten Häusern in sicherer Entfernung von London (aber bequem mit dem Auto zu erreichen) zu Dutzenden aus dem Boden. Zu diesen Klubs wurden auch Diplomaten zugelassen, und zur Aufrechterhaltung der Moral unserer tapferen Kämpen fanden viele Tanz- und sonstigen Unterhaltungsveranstaltungen statt.

Alles in allem ist England heute für mich nicht das Land gepflegter Abendessen im Dorchester oder im Czardas Restaurant oder der Galaabende in den alliierten Klubs, sondern in erster Linie das Land des wundervollen englischen Volkes, das ich schließlich trotz des seltsamen (und für mich äußerst langweiligen) diplomatischen Lebens doch noch kennenlernte. Ich besuchte eine Reihe von Fabriken in Mittelengland, die A.T.S. und die W.A.A.F. und die Sperrballonwerke. Diese Besuche richteten mich wieder auf, denn was ich dabei zu sehen bekam, hatte in meinen Augen einen Sinn. Hier lernte ich arbeitende Engländerinnen kennen, wie sie an feuchtkalten Morgen in die Fabriken strömten oder bei der Nachtschicht, das Haar unter Kappen gesteckt, ihre Maschinen bedienten. Ich trank in den Kantinen mit ihnen Tee, und hätte endlos mit diesen Besichtigungen fortfahren können, so interessant, so aufschlußreich fand ich sie. Ausgebombte Anlagen, Kindergärten, ein oder zwei Universitäten; und überall die Massenrekrutierungen von Frauen, ihr Einsatz zu Schwerarbeiten; die Organisation und die gute Laune, der Gleichmut der Frauen bei der Nachtschicht; an diesen Frauen mußte man das englische Volk messen und nicht an den Cocktailgästen in den Botschaften oder an den gedehnt sprechenden Damen mit dem sorgfältig gefärbten Haar und dem undefinierbaren Alter, deren Aufgabenbereich ich nicht recht durchschaute. Natürlich gab es auch blendende Ausnahmen, reiche, schöne Frauen, die tatsächlich im Krankenhaus den Fußboden schrubbten, Maschinen bedienten oder sonst irgendeine gefährliche Arbeit verrichteten, ohne ein Wort darüber zu verlieren. Diese Frauen wollte ich kennenlernen, ich brannte direkt darauf. Manche sprachen auch von der sozialen Ungerechtigkeit in England, die der Krieg aufgedeckt hatte.

Bei der Evakuierung einer dreiviertel Million Slumkinder aus London und den Großstädten aufs Land waren schreckliche

Verhältnisse ans Licht gekommen: unterernährte, entstellte, verkümmerte Kinder, leiblich und geistig durch ihre verkommene, schmutzige Umwelt geprägt, die kaum günstiger war als in einem asiatischen Land. Ich traf zwei Frauen, die, entsetzt über diese Enthüllungen, ihre ganze Kraft daran setzten, die mißlichen Zustände zu ändern. »Nach dem Krieg darf es keine Slums mehr geben.« Und so zogen immer wieder die Namen und Taten von Frauen meine Aufmerksamkeit auf sich. Das Ergebnis war, daß ich mich, zu einem sinnlosen Leben verdammt, nur um so unglücklicher fühlte. Ja, ich steigerte mich so in diese Betrachtungsweise hinein, daß selbst Pao vorübergehend wankend wurde. Mit einem Mal zog er sogar in Betracht, seinen Posten aufzugeben und . . . Wirtschaft zu studieren!
Irgend jemand führte damals einen gewissen Owen bei uns ein, einen kleinen, bebrillten, äußerst vernünftigen Mann. Wir sprachen davon, als Gasthörer Vorlesungen an der *London School of Economics* zu besuchen, und Owen schien positiv dazu zu stehen. Aber Pao konnte im Grunde nicht studieren; er las nie zu seinem Vergnügen oder um sich zu unterrichten, sondern nur, um mit dem Gelesenen Eindruck zu machen und seine Karriere zu befördern. Sehr bald zeigte sich, daß er sein Leben nicht mehr ändern würde. Ich machte keinen weiteren Versuch bei ihm; aber mir selbst ließ der Wunsch, Ärztin zu werden, keine Ruhe mehr. Der Gedanke, mein begonnenes Medizinstudium zu Ende zu führen, wurde nun zur fixen Idee, die sich durch das, was ich um mich sah, nur noch mehr verfestigte.

Und wieder einmal stimmten in meinem Leben Zeit und Ort nicht, hatten das, was ich wollte, und das, was ich tat, nichts miteinander zu tun; ich lag in einem ständigen Kampf mit mir selbst. Einzig Yungmei war in alledem ein fester Punkt, die Verantwortung für sie etwas, was ich begriff und bejahte. Die anderen Pflichten, die meine Stellung mit sich brachte, erschienen mir von Tag zu Tag noch nichtiger. Ich fühlte mich als Gefangene dieser alles überwuchernden, sinnlosen Trivialitäten, der Besuche, der Tee-Einladungen, der leeren Unterhaltungen.

Ich empfand es als unwirklich, als absurd, als scheinheilig im Prunier, im Savoy, im Ritz, im Dorchester mit anderen Diplomaten zu speisen und zu trinken und mir die Komplimente von Lady und Lord Soundso anzuhören, die mich in jenem gönnerhaften Ton charmant nannten, gegen den ich allmählich allergisch wurde. Mir war öd und ganz betäubt zumute: »Welchen Sinn hat das alles?« Nach jeder Party mit ihrem groben Gelächter fühlte ich mich geistig noch ausgehöhlter, wuchs meine Rastlosigkeit.

Nach den beiden ersten Monaten in Egham (wo ich bei unserem Nachbarn wöchentlich zwei Reitstunden nahm, um noch irgend etwas anderes zu treiben als auf Parties zu gehen) drang Pao darauf, Yungmei in ein Kinderheim zu schicken – ein anderes chinesisches Ehepaar hatte es ebenso gehalten – um mich für meine gesellschaftlichen Verpflichtungen freizustellen. Außerdem wollte er mehr in London sein. So nahmen wir eine nicht zu teure, doch mit beträchtlichem Aufwand ansgestattete Wohnung in der Welbeck Street im siebten Stock des Welbeck House, ein Domizil mit schweren, eichenholzgeschnitzten gotischen Möbeln, Samtvorhängen, einem Flügel und Teppichen. Und all das kostete nur zwei Guineen mehr pro Woche als das Häuschen in Egham.

Nur warf der Umzug eine ganze Reihe von Problemen auf. Ich hatte kein Dienstmädchen, konnte aber auf der anderen Seite unmöglich saubermachen, kochen, anstehen, Yungmei versorgen und gleichzeitig auch noch meinen Aufgaben als Diplomatenfrau gerecht werden. Da ich niemanden für sie finden konnte, London »mit seinen Bombenangriffen« sowieso nicht gut für Kinder war, und das Kind jenes besagten chinesischen Ehepaares von der Botschaft sich in einer solchen Anstalt angeblich sehr wohl fühlte, gab ich nach, und wir steckten Yungmei in ein Kinderheim bei London. Vierzehn Tage später besuchte ich sie, denn die Vorstellung, wie sie mit weitoffenen Augen in die Nacht starrte, raubte mir den Schlaf. Als ich anlangte, spielte sie gerade im Hinterhof des kleinen Hauses, das etwa ein Dutzend Kinder faßte. Yungmei war dicker geworden und sah alles in allem gut aus. Sie sah mich starr an, und ich nahm ihre Hand, und die Hausmutter sagte: »Zeig deiner Mammi dein Zimmer.« Und wir gingen hinein und sahen uns ihr kleines Bettchen an, das zusammen mit zwei anderen in einem Zimmer stand, und Yungmei zog eine Schublade heraus und sagte: »Schau, Mammi, hierherein habe ich meine Sachen getan ...«, und plötzlich heulte sie los und hängte sich an mich und schluchzte »Mammi, geh nicht wieder fort«, und ich brach ebenfalls in Tränen aus und nahm sie mit mir zurück. Bomben hin oder her, ich konnte sie einfach nicht weinen sehen. »Du sollst bei mir bleiben, du sollst bei mir bleiben«, sagte ich, »wein nicht, ich werde jetzt immer da sein.« Schluß mit dem Kindergarten, was immer die anderen sagen oder tun mochten; ich wollte sie behalten, so lange ich es irgendwie bewerkstelligen konnte. Meine chinesischen Bekannten wunderten sich allerdings ein bißchen; ihr Kind war sehr gern in der Kinderschule, und außerdem war es schwer, in London ein Kindermädchen aufzutreiben. In der Tat, es war schwer.

Der Herbst und Winter kamen schnell. Die Nachrichten über den Krieg in Afrika verdrängten alles andere. Es war die Zeit von El-Alamein. Ich kochte und putzte und stand Schlange, und Pao brachte seine Freunde mit, die ihre Gläser überall abstellten und um Mitternacht etwas zu essen wollten. Ich magerte ab vor Müdigkeit, aber auch vor Ärger über die Sinnlosigkeit meines Lebens. Ich stellte mich im Haushalt sehr ungeschickt an; aber ich *wollte* auch nicht; wieder einmal sagte mir mein Instinkt, daß ich mich hier nicht verlieren durfte. Heute funktioniert mein Haushalt wie am Schnürchen, weil er einen Sinn für mich hat; ich erledige ihn nebenbei, als Hobby, da ich nun auch der Tätigkeit nachgehen kann, die mir schon immer vorschwebte.

Ich gab die Hoffnung nicht auf, durch Annoncen doch noch ein Kindermädchen und eine Köchin zu finden. Aber ich trieb keine auf. Die Mädchen waren entweder eingezogen oder steckten in Fabriken. Schließlich meldete sich eine alte Frau, die mir gleich erklärte, den Sommer müsse sie allerdings in Bognor Regis verbringen. Sie brachte den ganzen Tag damit zu, Yungmei anzuziehen, auszuführen und schlafen zu legen. Ich mußte für sie kochen und ihr das Frühstück ans Bett bringen. Nach drei Wochen erklärte sie mir, sie sei Besseres gewohnt. So stellte ich eine andere ein. Diese lief unter halblauten Selbstgesprächen in den Zimmern hin und her und kochte gelbe Rüben in Milch. Nachts konnte ich sie mit sich selber redend an meinem Schlafzimmer vorbeischlurfen hören. Sie führte Yungmei ohne Mantel spazieren; aber zum Glück sah ich sie aus dem Haus gehen und hielt sie zurück. »Das Kind friert, Sie müssen ihm einen Mantel anziehen.« Kurz darauf hörte ich das Badewasser einlaufen und kam gerade noch rechtzeitig ins Badezimmer, um zu verhindern, daß sie Yungmei in das dampfende, kochend heiße Wasser steckte. Da ging mir auf, wie es um ihren Verstand bestellt war, und ich entließ sie. Eine Woche darauf sah ich sie im Nachthemd vor Selfridge auf und ab gehen. Ich hoffe, daß irgend jemand merkte, was mit ihr los war und sich um sie kümmerte. Allerdings hatte es in jenen kalten, schweren Frühwintertagen jedermann eilig, und außerdem herrschte, wohl bedingt durch die Anstrengung, genügend Mut aufzubringen, eine allgemeine Ermattung. Das Leben in London mit seinem trüben Himmel, der Verdunklung bei Nacht kostete Kraft und ich fand die Sperrballons, die zu Tausenden ein statisches Ballett am Himmel tanzten, längst nicht mehr zum Lachen.

Nachdem die Verrückte fort war, stand ich wieder ohne Hilfe da; und da ich Yungmei nachts nicht allein lassen konnte, konnte ich auch nicht ausgehen. Aber Pao wollte mich auf den Empfängen dabei haben. In der ersten Zeit ließ sich niemand über mein Aussehen aus; mit perfekter Höflichkeit nahmen die Briten alles hin, was Pao sagte, selbst wenn sie genau wußten, daß es nicht stimmte, wie sie auch kein Wort über meine europäisch-asiatische Abstammung verloren, obwohl es jeder sehen konnte. Deshalb war Pao überzeugt, daß sie ihm glaubten, und da ich trotz meiner manchmal etwas unbequemen Art, als »Zierde einer Gesellschaft« galt, waren wir »populär«.

Natürlich gehörten die Besuche bei britischen Militärs mehr

oder minder zu Paos Pflichten, und so lernten wir manchen Hausstand kennen und erlebten manche angenehmen Stunden. Zu den aufregenderen Bekanntschaften, die wir auf diese Weise schlossen, zählte Captain Liddell Hart, ein großer, schlaksiger Mensch, der schnell und gut redete und keinerlei Selbstkritik besaß. Mit Liddell Hart eine oberflächliche Bekanntschaft zu unterhalten, war platterdings unmöglich; er fiel buchstäblich über einen her und sprach voller Ungestüm, mit Armen und Beinen rudernd, den Gegner mit Feuer und Schwert und bissigen Argumenten niedermachend, leidenschaftlich über sein Lieblingsthema, den Krieg. Außerdem besuchten wir den weit weniger populären General Fuller, der halb zurückgezogen lebte, da seine Ideen angeblich den vom deutschen Militär praktizierten recht nahe standen. Fuller, der eine Deutsche zur Frau hatte, galt, vielleicht gerade wegen dieser Wesensverwandtschaft, viel bei Tschiang Kai-schek. Als Pao seinen Antrittsbesuch bei ihm machte, erzählte er ihm auch, daß die deutschen Berater Tschiang seine, Fullers, Bücher empfohlen hatten.

Während ich mich mühselig und grämlich mit dem Haushalt herumschlug und meine gesellschaftlichen Pflichten zu erfüllen versuchte, geschah ein Wunder – Mabel Marcham-Gillam, später kurz Gillie genannt, materialisierte sich. Sie war Pao von einem englichen Offizier, einem ehemaligen Kameraden von Sandhurst, empfohlen worden. Gillie hatte auf seine Kinder aufgepaßt. Und in den folgenden Jahren nahm sie sich, wenn ich mich nicht um Yungmei kümmern konnte, des Kindes fürsorglich an. Sie war (wie konnte es auch anders sein) ein Produkt der äußerst klassenbewußten englischen Gesellschaft, die im Kindermädchen, der Erzieherin, ein unerläßliches Requisit der Oberschicht sah, eine Dienstperson, deren Stellung durch ungeschriebene, aber in dem bis 1945 noch imperialistischen England deshalb nicht weniger gültige Gesetze geregelt wurden. Gillie widmete ihr ganzes Leben den Kindern anderer Leute, und als sie zu mir kam, ahnte ich nicht, daß sie ein wesentlicher Bestandteil des Erziehungssystems der herrschenden Klasse war. »Ich hoffe, Sie sind keine Nachtwandlerin und halten keine

Selbstgespräche«, empfing ich Gillie. In meinen Augen verkörperten die Kindermädchen mit ihren Marinehütchen und -mänteln, mit den flachen Schuhen und den Handschuhen mittlerweile eine bestimmte Ausformung kaschierten Wahnsinns. Aber Gillie beruhigte mich, nein, sie lief nachts nicht auf dem Gang herum. »Und wann nehmen Sie Ihr Bad?« fragte ich als nächstes. (Die Verrückte hatte bis zu dreimal täglich gebadet.) Jahre später kam Gillie einmal auf diese Unterhaltung zu sprechen und gestand mir, sie habe mich damals höchst wunderlich gefunden, aber beschlossen, trotzdem einen Versuch zu wagen, und dann sah sie Yungmei. Ein Blick auf das Kind aber genügte, genau wie seinerzeit bei mir.

Und dieser Blick rettete Yungmei, denn sie magerte bereits sichtlich ab, aß wenig, dafür den ganzen Tag und zeigte sich überhaupt widerspenstig und weinerlich. Die beiden anderen Kindermädchen hatten ihr, da ich nicht immer dabei sein und aufpassen konnte, fast nichts zu essen gegeben. Mit Gillie dagegen kam alles wieder in Ordnung. Yungmei war gut versorgt, ihre Kleider sauber, sie selbst glücklich und zufrieden; nach und nach begann sie jenes äußerst korrekte, hübsche Englisch der Oberschicht zu sprechen. Aber das war noch nicht alles: Gillie half mir beim Kochen, Saubermachen und Einkaufen, und außerdem bekam ich durch sie schließlich sogar eine Zugehfrau, noch dazu eine außerordentlich gute, die die Wohnung dreimal wöchentlich putzte, und die ehrlichste und arbeitsamste Person war, die man sich nur wünschen konnte.

Dergestalt aufgerichtet, beschloß ich sogleich, endlich auch einmal wieder etwas für meinen Geist zu tun und in der Woche zwei Russischstunden an der Berlitz School in der nahe gelegenen Oxford Street zu nehmen. Auf diese Idee war ich durch Stalingrad gekommen, denn der Heldenmut, mit dem das Volk seine große Stadt verteidigte, wollte mir nicht mehr aus dem Kopf. Mit Feuereifer verschlang ich alles, was mir über die Schlachten in Rußland in die Hand fiel.

Wir waren zu dritt in der Russischstunde, zwei Männer und ich. Entsprechend der landesüblichen Zurückhaltung saßen wir um

den Tisch, ohne einander je anzusprechen, ja, ich wußte nicht einmal die Namen der beiden anderen. Der eine blieb nach ein paar Wochen weg.
An den Lehrer erinnere ich mich noch gut, er sah ganz wie Lenin aus, nur daß er eine Brille trug; er hatte einen kleinen, feurig weißen Bart und war so in seine eigene Sprache verliebt, daß er über unsere Fehler immer in Wut geriet; ich machte rasch Fortschritte. Als Pao jedoch zu Ohren kam, daß mich ein *Mann* unterrichtete, war es mit der Berlitz School aus.
Auf eine Annonce in der *Times* hin meldete sich eine Lehrerin, eine Frau Kirilowa, eine charmante Person, klein und dick und äußerst unordentlich, aber quicklebendig und stets gut gelaunt. Wir lasen viel Poesie, und ein- oder zweimal besuchte ich sie in ihrer kleinen, vollgestopften, verstaubten Wohnung. Ich lernte zwar nicht viel Russisch, dafür aber auf Raten lachen; zweimal wöchentlich bekam ich meine Portion Frohsinn, unbeschwert vom Gedanken an Pao, der nun meist düster und wütend nach Hause kam. Bei Frau Kirilowa lernte ich eine sehr nette Schottin, Mrs. Cluny, kennen, die ein riesiges Schloß samt Ländereien bei Aberdeen besaß und in London Ballettstunden nahm. Zwei Jahre später (Pao hatte England bereits verlassen) nahm ich Yungmei und Gillie für vierzehn Tage zu einem kurzen Urlaub in Mrs. Clunys Burg mit.
Mrs. Cluny, groß, schlank, blond, mit einer ausgezeichneten Figur (dank dem Ballett), war ein ungewöhnlicher Mensch. Aufgeschlossen für alles Lebendige, reich genug, jeder Laune nachzugeben, hielt sie viele Tiere in ihrem Park, Shetlandponys, zahllose Hunde und Katzen, Schildkröten, Pfauen, Truthühner, Schafe, und eine Lieblingsente, die nur noch ein Bein hatte, durfte auf einem Satinkissen in ihrem bombastischen Schlafzimmer schlafen. Außerdem züchtete sie Stiere, von denen manche sogar einen Preis gewannen. Während unserer Ferien in Aberdeen erlebten wir auch den *Rag Day*, an dem die Studenten der Universität Aberdeen fröhlich durch die Straßen der Stadt tollten. Das Treiben erinnerte mich ungemein an den St. Verhaerens Tag, an dem in Brüssel die Studenten regierten,

ein paar Fenster einwarfen, aber abgesehen von einem riesigen Bierkonsum wenig Schaden anrichteten.
Ich habe ein paar Photographien von diesen schönen zwei Wochen in Aberdeen, darunter auch eins von Mrs. Cluny mit ihrer Ente: sie, aufrecht in ihrem Bett mit dem stattlichen Baldachin und den Draperien sitzend, eine königliche Erscheinung, und neben ihr, nicht minder aufgereckt, die Ente auf ihrem blauen Satinkissen.

Obwohl ein chinesischer Militärattaché kein großes Gehalt bekam, lavierten wir uns anfangs ganz gut durch, ja gaben sogar große, gut besuchte Cocktailparties, allerdings nur zwei pro Jahr, da sie uns zwischen £ 150 und £ 200 kosteten. Im allgemeinen zogen es die chinesischen Diplomaten vor, in Finchley oder anderen billigeren Vierteln zu wohnen und dachten auch gar nicht daran, kostspielige Einladungen zu halten. Die meisten sparten die Devisen (was ihnen später, als das Tschiang-Regime zusammenbrach und sie selber zusehen mußten, wo sie blieben, sehr zugute kam). Ich dagegen ließ mich, im Bestreben, alles recht zu machen, die Rolle des Gastgebers etwas kosten. So verschlang ein Essen zu Ehren von General le Gentilhomme, des Vertreters des Freien Frankreich, £ 70 und war trotzdem wegen des Wetters eine einzige Pleite. An jenem Tag legte sich der Nebel, in dessen goldfarbenen Schatten man sich wie im Mutterleib warm und geborgen fühlte, wieder einmal dick und braun wie Erbsensuppe über die Stadt. Wir erwarteten sechzehn Gäste zum Abendessen, die mit Wiener Arbeit bezogenen gotischen Stühle standen bereits um den gewaltigen geschnitzten Eichentisch. Ich hatte einen chinesischen Koch gemietet, den besten von ganz London, der tatsächlich herrliche Köstlichkeiten zubereitete, dafür aber die Küche in einem unbeschreiblichen Zustand hinterließ. An jenem Abend war der Gasdruck, während des Krieges in London sowieso schlecht, besonders miserabel; dem Herd war kaum ein blaues Flämmchen zu entlocken. Um dem Wohnzimmer etwas von seiner Strenge zu nehmen, hatte ich in dem großen Marmorkamin ein Feuer gemacht; dazu hatte ich, da es kein Holz gab, steinige Koksküglechen erstanden, die angeblich mit einer wunderschönen Flamme brennen sollten. Hoffnungsvoll schaufelte ich den Brennstoff auf den Rost, hoffnungsvoll zündete ich die zerknüllte Zeitung und den Koks an. Schon langten die ersten Gäste an; trotz des Nebels hatten alle den Weg gefunden; der chinesische Botschafter, Dr. Wellington Koo, der französische Ehrengast, General le Gentilhomme, andere distinguierte Gäste ... Wir reichten etwas zu trinken und nahmen dann am Tisch Platz. Die Suppe wurde aufgetragen, und ganz langsam und allmählich machte sich der Nebel und der Rauch meines Koksgemisches, statt durch den Kamin abzuziehen, im Zimmer breit. Beim ersten Gang hüstelten nicht nur alle diskret, durch die dünnen Rauch- und Nebelschwaden konnten wir einander auch nur noch undeutlich wahrnehmen; beim Nachtisch begann sogar der Redestrom des tapferen, erfahrenen Generals le Gentilhomme zu versiegen, als er mit unsicherer Hand nach der *bombe Général de Gaulle* stach (einem Meisterwerk des chinesischen Kochs). Als wir uns zum Kaffee ins Wohnzimmer begaben, erhob sich Dr. Wellington Koo, der schlecht sah, um mir noch einmal die Hand zu schütteln; er hielt mich für einen neu angekommenen Gast. Nach dieser mißlichen Erfahrung verlegten wir unsere Einladungen in Restaurants; aber die Rechnungen fielen sehr hoch aus.

Nicht alle meine Parties gingen so daneben, manche gerieten sogar zu einem ausgesprochenen Erfolg. Doch selbst diese hinterließen einen schalen Nachgeschmack, der immer aufdringlicher wurde. Zum Glück hatte ich nicht die Zeit, über dieses Irrenhaustreiben lange nachzudenken (auch wenn es ein höfliches Irrenhaus war, in dem man alle Geräusche hinter die Bühne verbannte); andererseits aber konnte ich mir auch nichts vormachen: Ich verschwendete hier meine Zeit auf Dinge, die nichts mit dem zu tun hatten, was die Welt wirklich bewegte. Der Mut sank mir immer mehr, bis meine Verzagtheit schließlich einen unerträglichen Grad erreicht hatte. Der Krieg in der Wüste, Tobruk, Stalingrad, das entsetzliche Blutbad, der ganze Wahnsinn, und China, das China des Jahres 1942, wo der Hunger und die Inflation wuchsen – all das stand mir lebhaft vor Augen, stachelte mein Gewissen auf. Nur wenn ich dem »Diplomatenleben« entkam, hatte ich das Gefühl, wirklich zu sein: in den überfüllten, langsamen Zügen, die stets Verspätung hatten; bei den wie Automaten am Fließband arbeitenden, von sentimentaler Musik berieselten, dem Gedröhne der Maschinen ausgesetzten Frauen; in der kalten Luft in den Manchester Slums bei der Besichtigung eines Universitätsumbaus und einer Fabrik. Und was war diese Unrast, dieses wachsende Trauma, anderes als der versteckte Kern einer noch nicht klar formulierbaren Wahrheit? Ich konnte, um ein amerikanisches Bild zu gebrauchen, mich nicht mit dem Selbst identifizieren, das zu sein ich vorgab, je mehr ich es versuchte, desto unerträglicher wurde ich mir selbst.

Wellington Koo, ursprünglich Botschafter in Washington, war nun nach London versetzt worden. Ein paar Monate später traf auch seine Frau ein, die Tochter des Zuckerkönigs von Java. Als sie bei ihrem ersten Auftritt in der Öffentlichkeit einen Hut aus der Fifth Avenue und Trauerkleidung trug, stand ganz London kopf. Huilan Koo, denn so hieß sie, gab wenig auf äußere Form, was sie zu einer umstrittenen Figur machte. Sie war äußerst temperamentvoll und hatte an ihrer in den Vereinigten Staaten veröffentlichten Autobiographie mitgearbeitet, die ihr Mann dann mit großem Kostenaufwand aus dem Verkehr zog. Sie war unsere Botschafterin, und eine Zeitlang kamen wir recht oft zusammen. Ihre Hunde hatten es mir angetan, und so entwickelte sich eine Art Freundschaft zwischen uns. Huilan war unterhaltsam und hatte stets eine Geschichte über berühmte Leute oder Stätten auf Lager. Immer waren auch die Pekinesen mit von der Partie, ruh- und rastlos und stets zu Unsinn aufgelegt wie kleine Kinder. Sie weckten in mir einen alten Kindertraum wieder zum Leben.

Jeden Nachmittag führte ein großer, dicker Eunuch im Pekinger Zentralpark, wo meine Schwestern und ich als Kinder spielten, ein Dutzend hüpfender, tänzelnder kleiner Pekinesen im

Schatten der Platanenallee spazieren, von denen er den kleinsten immer auf dem Arm trug. In einem Frühjahr hatte er drei neue junge Hunde dabei, einen winzigen flammend rotgolden und bronzefarbenen mit einem Schwanz wie ein Goldfisch und zwei schwarzweiße; sie waren prachtvoll anzuschauen, wie sie einherstolzierten und tapfer mit ihren winzigen Schnäuzchen die Bankbeine anbellten! Alte Männer, die ihre Vögel spazierentrugen, blieben stehen, um sie zu bewundern. Sie waren sehr kostbar, pro Stück vielleicht zwei bis dreihundert Silberdollar. Diese Hunderasse mit dem buschigen Schwanz und Augen wie Kristallkugeln, die im Ruf steht, klug wie ein Affe und tapfer wie ein Löwe zu sein, diente den Mandschu-Kaisern bei der Jagd. Und wir Kinder waren so begeistert, daß wir unseren Vater überredeten, uns am nächsten Tag, einem Samstag, in den Park zu begleiten und sich die Hunde anzuschauen. Wir paßten den Eunuchen ab, der auch tatsächlich erschien, stattlich, höflich, in einer langen blauen Robe, mit seinen winzigen, wunderhübschen, kostbaren Hündchen, die ihn umtanzten; alle drei hopsten nach Kräften, federleicht mit wehendem Schwanz. Tiza und ich konnten uns nicht mehr beherrschen und liefen mit ausgestreckten Händen auf sie zu, um sie zu streicheln. Pekinesen sind letztlich unzähmbar, und diese hier fürchteten sich nicht vor uns, sondern ließen sich ohne weiteres auf den Arm nehmen und streicheln. Währenddessen unterhielt sich Vater mit dem Eunuchen, der ihm erzählte, daß er einen von den beiden schwarzweißen an eine englische Dame verkaufen werde. »An die Engländerin, die jeden Nachmittag in ihrem Landauer an der Tung Tschang Straße vorüberfährt«, erklärte Papa.
Dieses Spektakel gehörte zu den Sehenswürdigkeiten von Peking: Jeden Nachmittag erschien die Engländerin mit Hut und Schleier aufrecht wie eine Königin im Landauer samt Kutscher und grünweiß livrierten Dienern und neben ihr im Wagen ihre Lieblingspekinesen. In der Nähe der Hatamen-Straße hob einer der Diener die Hunde heraus, damit sie sich auslaufen und das Bein heben konnten, und wenn das geschehen war, rollte der Geleitzug wieder nach Hause.

Ich habe den Namen dieser Engländerin nie erfahren, denn sie gehörte einer anderen Welt an, mußte aber wieder an die Pekinesen im Park und den Landauer mit seiner Besatzung denken, als ich mit Huilan Koo und den Pekinesen im eindrucksvollen Rolls-Royce der chinesischen Botschaft majestätisch durch den Londoner Hyde Park schaukelte. Huilan Koo erzählte mir, daß ihr Großvater, ein T'ai-p'ing, der gegen den Kaiser revoltiert hatte, in einer Dschunke nach Java geflohen war, um nicht bei lebendigem Leib geschunden zu werden. Dort hatte er ein Vermögen gemacht, und sein Sohn, ihr Vater, war zum Zuckerkönig von Java avanciert; er hatte so viele Kinder, daß er sie nicht zählen konnte und ebensoviel Geld; Huilan Koo hatte er einen Palast in Peking gekauft. All das hatte sie in ihrem Buch erzählt, und ihr Mann, Wellington Koo, hatte die gesamte Auflage aufgekauft und vernichtet.

Im Herbst kam meine Freundin Liu Hualan für einige Zeit auf Besuch.

Hualans Mutter war Polin, ihr Vater war Chinese und hatte jahrelang in Rußland als Rechtsanwalt gelebt und gearbeitet. Hualan selbst studierte damals in England. Später kehrte sie nach China zurück und blieb auch nach der Befreiung dort, wo ich sie seither Jahr für Jahr aufsuchte.

Hualan, ein kleines Persönchen mit einem stark russisch eingefärbten Englisch, zog nie etwas anderes als schwarze oder graue Kostüme, weiße Blusen und derbe Schuhe mit flachem Absatz an. Sie hatte vor Kälte aufgesprungene Hände, eine tiefe Stimme und stets irgendein Buch in der Handtasche. Außerdem rauchte sie wie ein Schlot und hatte vom Nikotin braune Finger.

Wir hatten beide, allerdings nicht in derselben Klasse, die Pekinger Klosterschule besucht, und Hualan war noch immer die alte, ebenso ernst und ebenso solide wie damals. Wir setzten uns gern im Regents Park in die Sommersonne, wo Kinder um die Bänke spielten. Ein paarmal begleitete sie mich auch zu den Zirkeln oder Parties der Alliierten, aber sie fand keinen Geschmack daran und sprach bei diesen Gelegenheiten kein Wort.

Nachts taute Hualan erst richtig auf. Bei heruntergelassener Verdunklung las sie bis drei, vier Uhr morgens; der Stummelberg im Aschenbecher neben ihr wuchs, und am nächsten Tag stand sie vor uns allen auf und machte das Frühstück.
Eines Nachts um zwei Uhr hatten wir wieder einmal Fliegeralarm; ich schickte mich an, mit Yungmei in den Keller zu gehen. Der Hausmeister, ein schottisches Rauhbein mit Schnurrbart und militärischem Auftreten, hielt es in Anbetracht der gewaltigen böllernden Flak für ratsam und war extra heraufgestiegen, um mich zu warnen. Ich klopfte an Hualans Tür, unter der Licht hervorschimmerte. »Komm mit, Hualan, wir gehen in den Keller.« – »Kann nicht«, antwortete sie, »ich wasche gerade mein Haar.« Sie hatte sich nämlich angewöhnt, Gesicht, Hände und Haar sehr oft zu waschen, weil sie das Gefühl hatte, daß sie schmutzig oder fettig oder beides seien. »Das hat doch keinen Sinn, Hualan, durch die viele Wascherei wird es nur noch schlimmer.« Aber es war nichts zu wollen. »Es muß sein«, erwiderte sie, »es wird immer so schnell fettig.« Und obwohl der Angriff in jener Nacht sehr heftig war, dachte sie nicht daran, die Haarwäsche zu unterbrechen. Sie kannte keine Furcht, und was sie sich in den Kopf gesetzt hatte, führte sie auch aus.
Ein anderer unserer Gäste im Welbeck House war Yeh Kungtschao, George Yeh, damals Leiter der Presse- und Informationsabteilung der chinesischen Botschaft. Er hatte in England Chinesisch und Englisch studiert und mußte es sich 1941 in Singapur doch gefallen lassen, daß ihm das Raffles-Hotel kein Zimmer gab, weil er Chinese war; auf diesen Vorfall kam er oft zu sprechen, denn die Demütigung hatte sich dem glänzenden Cambridge-Absolventen tief eingegraben. Er besaß einen beißenden, sarkastischen Witz, der die Briten entzückte. Wenn er nachts mit Pao Whisky trank, verging die Zeit wie im Flug. Eines Tages fragte ich ihn, ob es wahr sei, daß an der chinesischen Botschaft alle schlecht über mich redeten. »Du bist wohl verrückt«, antwortete er. »Wieso?« – »O nichts«, entgegnete ich. George Yeh machte sich über jedermann lustig, einschließlich über sich selbst, gab sich aber gelegentlich auch als Mann mit insgeheim blutendem

Herzen. Ich hörte ihm gern zu, aber letztlich ließ er mich im Stich. Er weigerte sich, Pao von Freund zu Freund zu bitten, von seinen Kampagnen gegen mich (denn anders konnte man sein Verhalten nicht bezeichnen) Abstand zu nehmen.

1948 folgte George Yeh Tschiang Kai-schek nach Formosa. Ein gemeinsamer englischer Bekannter, der ihn begleitete, schrieb mir: »Die wertvollen Kunstgegenstände, die die Kuomintang 1932 aus den Pekinger Kaiserpalästen mitgehen ließ, werden nun ebenfalls verpackt. ›Wir nehmen sie besser mit‹, sagte George Yeh grinsend zu mir, ›weiß Gott, ob wir nicht eines Tages froh sind, wenn wir etwas zu verkaufen haben.‹« Und 1949 schrieb mir George Yeh selbst in einem bitteren Brief, den ich heute noch aufbewahre: »Alles ist verloren . . . Ich muß jetzt mit Leuten essen und trinken und Menschen dienen, die ich zutiefst verachte.« Aber er hatte seine Wahl getroffen und blieb auch dabei. So ist jeder selbst seines Glückes Schmied, und es wäre müßig und nutzlos, andere für den Gang der Dinge verantwortlich zu machen.

Auch Hsiao Tschien, der Schriftsteller, der später nach China zurückkehrte und den ich 1956 in Peking wiedertraf (1957 wurde er als Rechtsabweichler denunziert und lebt seitdem zurückgezogen in einem Winkel der Provinz), verkehrte gelegentlich bei uns in der Welbeck Street. In seinem Werk *A Harp with a Thousand Strings* hatte er eine Passage aus *Destination Chungking* zitiert. Er schenkte Pao ein Exemplar mit Widmung und bat ihn um seine »wertvolle Kritik«. Dabei hätte er das Buch besser gleich mir gegeben, denn ich habe es heute noch in meiner Sammlung.

Ebenfalls bei uns blicken ließen sich S. I. Hsiung, der Autor von *Lady Precious Stream*, der sich mit Vorliebe wie ein Mandarin in ein langes Gewand kleidete, und Tschiang Yee, der Verfasser der *Silent Traveller*-Serien mit ihren hübschen Aquarellen. Wirklich warm wurde ich mit diesen Schriftstellern allerdings nie. Dorothy Woodman vom *New Statesman* dagegen hielt große Stücke auf Hsiao Tschien. Er hatte ihr Herz durch ein entlaufenes Kätzchen gewonnen, das er selbst vor dem Ertrinken rettete. Jedenfalls erzählte er mir, er habe das »Orient-Kätzchen«, wie er es nannte, auf seinem eigenen Kopf in Sicherheit gebracht. In Wirklichkeit jedoch hatte er das Tier in einer Zoohandlung erstanden, um es der weichherzigen Dorothy, die aus purer Tierliebe Vegetarierin geworden war, zu schenken.

Im Sommer wurden wir zusammen mit dem tschechischen Botschafter und seiner Frau dem Königspaar in Windsor Castle vorgestellt. Daß dies beabsichtigt war, erfuhren wir allerdings erst nach einem Essen mit Bekannten, die zum Gefolge der Königsfamilie gehörten. Als man es uns nach dem Mittagessen mitteilte, zeigte die Frau des tschechischen Botschafters Anzeichen einer gelinden Nervosität und flüsterte mir zu: »Aber ich habe keine Handschuhe dabei . . . Könnten Sie mir ein Paar leihen?« – »Leider nur einen«, flüsterte ich zurück. »Kommen Sie mit einem zurecht?«

Ich besaß außer den in Indien gekauften und in New York gefaßten Opalohrringen und meinem Ehering keinerlei Schmuck. Für förmliche Geselligkeiten allerdings wie Parties im Allied Club oder Diners in der Botschaft konnte ich mir die Diamanten meiner Freundin Phyllis Tai ausleihen.

Phyllis stammte aus Westindien. Ihre Schwester, Eileen Tai, damals Ballettänzerin in London, deren von Epstein angefertigte Bronzeplastik später bei einer Ausstellung zugunsten des chinesischen Hilfswerks zu sehen war, kehrte später nach China zurück und leitet heute die Pekinger Ballettschule.

Auch Phyllis war eine ausgezeichnete Tänzerin und dazu eine blendende Gastgeberin, die jede Party in Schwung brachte. Sie hatte ein unwahrscheinliches Geschick für leichte Plaudereien, einen dichten Schopf tintenschwarzen, leicht gewellten Haares, eine hochgewachsene, biegsame Gestalt, wunderschöne Beine und hübsche chinesische Kleider. Sie hatte einen Chinesen aus Singapur geheiratet, einen steinreichen Mann, und bis zum Fall der Stadt im Februar 1942 dort gelebt. In letzter Minute war sie auf einem »für Weiße reservierten« Schiff entkommen – ein Glück, das nur wenigen Chinesen beschieden war. Sie verdankte es einem englischen Bekannten, der ihr zuliebe auf die Überfahrt verzichtete und für immer verschollen blieb. Als einziges nahm Phyllis von Singapur ein kleines Gesichtshandtuch und ihre Diamanten mit.

Sie wandte sich nach England, suchte Verwandte auf und galt mittlerweile als Zierde der Parties des Allied Club, bei denen Diplomaten aus allen Ländern zusammentrafen.

Auch mich bezauberte sie mit ihrem unbeschwerten, fröhlichen Geplauder, ihrer Bereitschaft, sich mit jedermann zu unterhalten und noch dem zittrigsten General mit strahlendem Gesicht zuzuhören. War sie mit von der Partie, so brauchte ich weder zu reden noch Interesse zu heucheln; unbesorgt konnte ich ihr selbst mürrischere Gäste überlassen und sicher sein, daß sie binnen kurzem über eine so aufmerksame Zuhörerin entzückt sein würden. Sogar Pao zeigte sich Phyllis gegenüber liebenswürdig; später allerdings kehrte er sich gegen sie und warf ihr »Untugend« vor, ja, verbot mir sogar, sie einzuladen; aber Phyllis lachte nur und kam nach wie vor.

Phyllis selbst machte mir den Vorschlag, mir ihre Diamanten zu leihen. »Du siehst viel zu ernst aus«, rief sie. »Du hast so entsetzlich streng geschnittene Kleider. Ich werde dir meinen Schmuck für die Parties leihen.« Und in einer kleinen Pappschachtel überließ sie mir, wann immer ich sie brauchte, Edelsteine im Wert von 12 000 £. Als ich ihre Diamanten einmal geschlagene zwei Wochen lang getragen und mich wie ein ganz anderer, recht eigentlich unübertrefflicher Mensch gefühlt hatte, fragte sie: »Willst du sie nicht noch ein bißchen behalten? Du weißt ja, du kannst sie jederzeit haben.« Und so hatte ich sie auch anläßlich unseres Windsor-Besuches geborgt.

Von dort zurückgekehrt, ließ Pao hochbeglückt von den Photos viele Abzüge machen, um sie nach China zu schicken. Er buchte den Händedruck eines konstitutionellen Monarchen als persönlichen Erfolg, und vielleicht bedeutete die Audienz, gesellschaftlich gesehen, ja auch einen großen Schritt nach vorn; trotzdem mochte ich sie nicht unter diesen Auspizien betrachten – ich wollte lieber die Sonne, den zarten Pastellton von Hut und Mantel der Königin, vor allem aber das natürliche Lächeln

Georgs VI. in Erinnerung behalten, denn eben dieses Lächeln und die Freundlichkeit, mit der er gefragt hatte: »Und wie gefällt Ihnen unser Wetter?« hatten mich beglückt, nicht der Gedanke an Erfolg.

Jonathan Cape, meinen nachmaligen guten Freund und Verleger, lernte ich Ende 1942 kennen, als ich ihn auf eine briefliche Aufforderung hin eines Nachmittags am Bedford Square Nummer 30 aufsuchte. Jonathan war ein großer, weißhaariger, außerordentlich schöner Mann. In seinem Büro mit der hübschen Decke und den Bücherwänden fielen für kurze Zeit die gewaltigen Spannungen von mir ab, die sich in mir allmählich zusammenzogen.

Jonathan wünschte mich wegen einer Veröffentlichung von *Destination Chungking* zu sprechen. Als ich ihm erklärte, daß es in Koproduktion entstanden sei, erwiderte er, Erstlingsbücher seien meist Koproduktionen der einen oder anderen Art. Ich riskierte einen Blick auf die vollgepfropften Bücherregale hinter ihm. Sollte ich tatsächlich einen Platz unter den Werken dieser Autoren einnehmen? »Aber ich kann gar nicht schreiben«, wandte ich ein, »ich bin keine Schriftstellerin und möchte auch nur Ärztin sein.« – »Wer von Zeit zu Zeit den Drang verspürt, etwas niederzuschreiben«, entgegnete er, »gehört zu den Autoren«, und führte mich in sein Lieblingsrestaurant, das Etoile, zum Essen. Ich war sehr nervös. Allein mit einem Mann beim Essen – was hätte Pao dazu gesagt? Ich hatte ihm von alledem nichts erzählt und bat Jonathan nun, mir nicht mehr an die Wohnung zu schreiben. Ich wollte ihn lieber, wenn es etwas zu besprechen gab, meinerseits anrufen. Aber es dauerte über ein Jahr, ehe ich ihn wiedersah, da ich ihn nicht anzurufen wagte.

Wie in Tschungking im Bann von Worten, von imaginären Gespenstern des Gerüchts gejagt und selbst geneigt, Böses zu tun, begann Pao wieder, mich, seinen widersprüchlichen Launen nachgebend, auf jene fast schon psychopathische Weise zu verfolgen.

Wie Tschiang einem General den Befehl erteilte, vorzurücken, um ihm zwei Stunden später den Rückzug zu befehlen und wieder ein paar Stunden später, den Angriff vorzubereiten, so bellte mich Pao zornig an: »Du darfst nicht mit diesen Leuten reden.« – »Ich will nicht, daß du lachst.« – »Du sollst nicht so traurig ausschauen.« – »Du darfst dich nicht zum Tanzen auffordern lassen.« – »Du mußt tanzen.« – »Warum redest du nicht?« und so weiter und so fort. Wieder einmal umgab er mich mit einer Welt von Trugbildern. Außerdem faßte er neuerdings jede Lappalie als Beleidigung auf. Und da mein Englisch besser war als seines, und ich seine Beschwerden »übersetzen« konnte, mußte ich ihm bei der Verfolgung solcher Delikte beistehen. Als er einmal bei einer Party nicht den seinem Rang entsprechenden Platz angewiesen bekam, mußte ich einen Beschwerdebrief für ihn schreiben. Und als dann der britische Offizier bei uns auftauchte, um sich zu entschuldigen, sagte Pao zu ihm: »Meine Frau hat sich daran gestoßen«, was jedoch nicht stimmte, da ich den Lapsus nicht einmal bemerkt hatte. Deshalb fing ich wieder an, selbst die harmlosesten Dinge geheimzuhalten – so auch das Essen mit Jonathan. Aber allein der Umstand, daß ich so etwas verheimlichen mußte, machte mich nervös und gespannt. Und von einer kleinen Episode zur anderen wuchs diese Scheinwelt, bis sie schließlich ungeheure Ausmaße annahm: Im Sommer 1943 stand ich dann endgültig vor dem Nervenzusammenbruch.

12

Im Herbst 1942 wurde *Destination Chungking* in England veröffentlicht. Pao erfuhr es von Major Kerr, einem britischen Verbindungsoffizier, der sich lobend über das Buch äußerte. Es befand sich in Einklang mit der Zeit, dem Krieg, der »Solidarität der Alliierten« – und wie jene Schlagwörter alle hießen, mit denen man einen Toast auf Tschiang Kai-schek, Stalin und Seine Majestät, den König von England, ausbringen konnte, ohne sich in einen heillosen Widerspruch zu verwickeln. Aus diesem Grund schnitt es auch in den Besprechungen recht gut ab. Außerdem war zur Zeit seines Erscheinens durch das China Campaign Committee und den Aid to China Fund neues Interesse für China geweckt worden. Durch die Zusammenarbeit mit diesen Institutionen lernten wir Stafford Cripps und seine Frau Isobel, Kingsley Martin, Dorothy Woodman und Margery Fry kennen, lauter Leute, deren Tätigkeit auf die eine oder andere Weise mit China zu tun hatte. Sie unterschieden sich sehr von der Marquise von W., Lady F., Lady B., den hohen Militärs und den Diplomaten, die wir notgedrungen häufig trafen. Die Marquise versetzte mich in Angst und Schrecken, Lady F. und Lady B. schwärmten für Pao, und die verwitwete Lady M. spielte, sicher mit dem besten Willen von der Welt, doch eine recht seltsame Vermittlerrolle zwischen Pao und mir.

Die beiden Cripps', Dorothy und Kingsley und Margery Fry waren mir auf Anhieb viel sympathischer; sie hatten ein soziales Gewissen und schreckten nicht vor intelligenten Unterhaltungen zurück. Stafford Cripps stand damals in den erzkonservativen Kreisen, in denen wir verkehrten, noch im Ruf eines nahezu unreligiösen Extremisten, eines Anhängers des »linken Flügels«. Aber durch den Krieg und die anderen Zeiten und den viel debattierten Beveridge-Plan lernte ihn die Öffentlichkeit allmählich anders einschätzen. Stafford hatte Tschiang in Tschungking aufgesucht und konnte die Vorgänge in China vermutlich besser beurteilen als viele andere Besucher. Anfangs warnte mich Pao vor den Cripps'; er wollte nichts mit ihnen zu tun haben, denn: »sie sind Kommunisten«. Doch als ihm aufging, daß sie nach Ansicht der englischen Gesellschaft keineswegs in diese Kategorie gehörten, wollte er plötzlich ihre Bekanntschaft machen. Und was Dorothy Woodman und Kingsley Martin anging, so konnte er sie zwar nicht leiden und machte

sich über sie lustig, ließ aber trotzdem ihnen gegenüber seinen ganzen Charme spielen.
Nach Paos plötzlichem Entschluß suchten wir Stafford und Isobel Cripps im Winter 1942 in ihrer Wohnung in Whitehall Court auf. Es war eine riesige, hübsch möblierte Wohnung, hatte aber keine Küche, was die Cripps' jedoch nicht weiter störte, da sie beide überzeugte Vegetarier waren und nichts von gekochten Mahlzeiten hielten, sondern ihre Vorräte in einem Schrank im Badezimmer aufbewahrten.
Die Cripps' hatten uns zum Tee eingeladen; Isobel öffnete selbst, eine große, füllige, aber doch anmutige Erscheinung mit stahlblauen Augen und einer sanften Stimme; sie besaß eine ungeheure Selbstbeherrschung und war die zäheste Frau, die mir in England begegnete. Stets in Grau und Blau gekleidet, machte sie, obwohl im Grunde nur eine gewisse Scheu dahintersteckte, einen kalten Eindruck, was viele Leute abschreckte. In Wirklichkeit jedoch nahm sie nur alles so übertrieben genau, daß sie lieber kein Urteil fällte und keine Gefühle verriet als aus Übereilung eine Ungerechtigkeit zu begehen. Isobel war überzeugt, daß die Emanationen der Gedanken wie Radiowellen eine Fernwirkung besaßen und einen heilenden, beruhigenden Einfluß ausüben konnten, weshalb sie auch die geistige Komponente einer Krankheit sehr hoch veranschlagte. Vielleicht hatte sie darin instinktiv recht.
Jedenfalls glaubten die Cripps', daß bei chronischen Leiden durch eine gesunde Ernährung und die richtige Einstellung viel zu erreichen sei. Mir gegenüber zeigte sich Isobel immer warmherzig, verständnisvoll und freundlich. Ihre klugen Briefe zeugten von ihrer Besonnenheit, von der leidenschaftslosen Zähigkeit, mit der sie alle Hindernisse überwand und ihre wohlausgewogenen Ziele durchsetzte.
Ich konnte auch ihn gut leiden. Stafford, ein hochgewachsener Mann, der den langen schmalen Kopf mit dem großen eigensinnigen Kinn (jedenfalls für meine Begriffe) sehr hoch, schon fast an der Decke trug, war noch scheuer als seine Frau. Ein brillanter Redner mit einem scharfen treffenden Witz, schätzte

er eine eindeutige wissenschaftliche Analyse der Tatsachen und eine ebenso eindeutige, rigoros exakte Ausdrucksweise. Er machte einen absolut integeren Eindruck und wirkte deshalb manchmal etwas farblos, vornehmlich wenn sein Gegenüber den Ernst seines Bemühens mißverstand und so kompromißlose Sätze ohne jede freundliche Verpackung nicht gewöhnt war. So war Stafford bei Tschiang durch ein paar kalte, aber wahre Bemerkungen bei seinem Chinabesuch stracks in Ungnade gefallen.

An jenem Nachmittag war außer uns noch Archibald Clark-Kerr, der britische Botschafter in Tschungking, ein Freund von Stafford, zum Tee eingeladen. Die Unterhaltung drehte sich um das Commonwealth und seine Zukunft, um eine geplante internationale Einrichtung (die späteren Vereinten Nationen) und den Krieg in Afrika; wiederholt betonte Stafford, daß sich vieles ändern müsse und kam auf die sozialen Ungerechtigkeiten zu sprechen, die der Krieg in England aufgedeckt hatte. Auch in Asien harrte seiner Meinung nach manches einer Lösung. »Und wer wird Ihrer Ansicht nach gewinnen?« fragte Pao, die Augenbrauen hochgezogen, als meinte er die Frage so vordergründig, wie sie klang. »Wir natürlich«, antwortete Stafford nebenbei, und Isobel goß Pao Milch in den Tee. Aber Pao war es um etwas ganz anderes gegangen.

Isobel Cripps hatte als Vorsitzende des Aid to China Fund alle Hände voll zu tun. Sie mußte Reden schwingen, Basare, Ausstellungen und Straßensammlungen veranstalten; außerdem kam es immer wieder zu scharfen Auseinandersetzungen. Welchen Anteil des eingegangen Geldes für Sanitätskrankenwagen sollte die Tschiang-Seite, welchen Jenan erhalten? Dorothy Woodmans China Campaign Committee, eine militantere Organisation, schickte jedenfalls einen Teil des Geldes an ein Lazarett auf der Jenan-Seite. Isobel bereitete es große Schwierigkeiten, »unparteiisch« zu bleiben. Denn dem Fund gehörten die verschiedenartigsten Leute an, Herzoginnen und Bürgermeistersgattinnen, aber auch Gewerkschaftsmitglieder und Labour-Politiker, und manche hatten eine gewaltige »Kommunisten«-

angst; so warf die Frage der Geldverteilung während all der Jahre immer wieder neue Schwierigkeiten auf.
Kingsley Martin, Dorothy Woodman, Margery Fry, J. B. Priestley und seine Frau luden uns zum Abendessen in ein chinesisches Restaurant in Soho ein. Ich kannte Dorothy damals noch nicht, hatte aber von Pao bereits einiges über sie gehört. Sie zeigte ein außergewöhnliches Interesse für Asien, und zwar für China wie für Indonesien, Burma und Indien. Dieser nicht erlahmende Eifer für unseren riesigen Kontinent, dazu ihre Aversion gegen den reaktionären Kolonialismus, gegen den sie das Selbstbestimmungsrecht der einzelnen Völker leidenschaftlich verteidigte, trugen ihr den Spitznamen »Mutter Asien« ein. Sie war eine imposante große Person und obgleich ebenfalls Vegetarierin doch eine ausgezeichnete Köchin. Da sie zu Korpulenz neigte, legte sie von Zeit zu Zeit eine Abmagerungskur ein und tauchte hinterher um zwanzig Pfund leichter auf. Im Restaurant gratulierte sie mir zu *Destination Chungking*. »Wer hat es Ihnen überhaupt verraten?« – »Oh, ein kleiner Vogel«, antwortete Dorothy in jener spöttisch spröden Weise, hinter der sie ihre bohrende Intelligenz verbarg, und für all das schloß ich sie gleich von allem Anfang an ins Herz.
Sehr froh war ich auch, die Bekanntschaft J. B. Priestleys zu machen, von dem ich die *Good Companions* gelesen hatte. Ich fand es nicht schwierig, mit den neuen Bekannten ins Gespräch zu kommen. Für eine kurze Weile vergaß ich ganz, mich selbst zu beobachten und Pao verstohlene Blicke zuzuwerfen (um zu ergründen, wie ihm mein Verhalten behagte und was mich zu Hause wohl erwarten mochte). Die Unterhaltung riß mich mit fort, und bald hatte uns Kingsley Martin mit seinem Witz bezaubert. Sein mephistophelisches Aussehen und sein gutes Herz, das ihn vor allem Bösen und Häßlichen zurückschrecken ließ, machten ihn mir besonders lieb. Etliche Jahre lang räumte ich Dorothy und Kingsley einen Platz in meinem kleinen Privatpantheon ein, in dem nur höhere Wesen wohnten, denen ich es nie würde gleichtun können, und eifrig merkte ich mir, was sie über Kunst, Musik, Gärtnerei und Politik gesagt hatten, um

in den schrecklichen Stunden, in denen mir meine Unzulänglichkeit quälend zum Bewußtsein kam – und das war der größere Teil des Tages – darüber nachzugrübeln.
Mit Margery Fry dagegen erging es mir völlig anders, und das gereicht jener großen Frau zur Ehre, die sich einem anderen Menschen gegenüber so natürlich, so lebendig gab, daß man sie nur nach und nach entdeckte. Auf den ersten Blick erschien sie unter den Anwesenden am wenigsten eindrucksvoll, am wenigsten geneigt, sich selbst auf ein Podest zu stellen. Priestley gegenübersitzend, verzehrte sie Reis und Fleisch mit Gusto, wenn schon nicht mit Appetit, und gab dabei mit zwinkernden graubraunen Augen, den Blick meist auf die Schüsseln gesenkt, beißende und doch freundliche Kommentare von sich – ein junges Mädchen, alterslos und elfengleich mit leuchtend grauem Haar und einem bemerkenswerten Gesicht darunter. Erst viel später erkannte ich, daß ihre Unterhaltung in einer Aneinanderreihung meisterlicher Skizzen bestand. Und fünfundzwanzig Jahre später stellte ich eine erstaunliche Ähnlichkeit zwischen ihr und Bertrand Russell fest, den ich im Alter von zweiundneunzig Jahren als schlagfertigen, redefreudigen Gesprächspartner kennenlernte. Nicht daß sie einander physiognomisch glichen; es war eine geistige Ähnlichkeit, eine cherubimhafte, kompromißlose Aufrichtigkeit.
Ich blühte auf und redete, ohne mich darum zu kümmern, was Pao dazu sagen mochte und was ich zu Hause womöglich dafür bezahlen mußte, um einmal ich selber gewesen zu sein. So habe ich jene Einladung heute noch als höchst anregend und geistreich in Erinnerung. Erst nach Verlassen des Restaurants schloß sich das Gefängnis aus verängstigten, mürrischen Stunden wieder um mich, in dem alles von Paos Miene abhing, in dem meine Gedanken, meine Wünsche nicht zählten, ja nicht einmal für mich selbst mehr waren als wesenlose Schatten.
Ich kehrte in jene Zwielichtregion tödlichen Argwohns zurück, der mich langsam aber unaufhaltsam von der wirklichen Welt abschnitt. Von Angst besessen, überließ ich mich Stunde um Stunde dem Zweifel, dem Mißtrauen, dem Gefühl, daß das, was

geschehen war, nicht wirklich geschah. Ich lernte jenes furchtbare Anderssein kennen, jene grundlosen Zusammenbrüche, die einen halb bewußtlos mit wattigem Kopf hinterlassen, die Gewissensbisse auf Schritt und Tritt, den Nachhall aufgeschnappter Sätze, die Alpträume. Ich sah, wie die Leute den Mund bewegten, hörte Worte, drückte Hände, antwortete, lachte über die eine oder andere Bemerkung und die ganze Zeit über trennte mich eine Glaswand von all den Aktionen, Gesten, Worten: der Zweifel. Ein Gefühl der Unwirklichkeit. Wurde das *wirklich* gesagt? Hatte ich mich nicht *verhört*? Wie lautete die *richtige* Antwort? Hatte die Frage nicht noch einen anderen, tieferen Sinn, der mir verborgen blieb? Stundenlang lag ich wach und ging in Gedanken alles, was gesprochen worden war, wieder und wieder durch, denn Pao würde für dies oder das eine Erklärung fordern, und wenn ich ihm getreulich berichtete, was gesprochen, geantwortet worden war, würde er einen Streit vom Zaun brechen, irgend etwas herauspicken, was seinen Verdacht erregte. Er würde wissen wollen, warum ich das eine oder andere gesagt hatte und mich stundenlang ins Kreuzverhör nehmen, so daß ich danach keinen Menschen mehr sehen wollte ... So fürchtete ich mich, wenn ich ausgehen mußte, fürchtete mich, wenn ich nach Hause zurückkehrte, zögerte, mich an einer etwas intelligenteren Unterhaltung zu beteiligen aus Angst vor den folgenden Repressalien.

Beim Abschied in Soho jedoch hatte mich Margery zu sich in die Clarendon Road 48, Holland Park, eingeladen.

Als ich eine Woche darauf an der Haustür klingelte, sah Margery bereits durch das große Erkerfenster in den kleinen Vorgarten hinaus. Das Haus, ein schmales, engbrüstiges Gebäude mit einer Vielzahl von Türen, war mit chinesischen Landschaften ausgeschmückt, auf denen große Pagoden und Hügel prangten, mit zwei Han-Bronzen auf dem Kaminsims und vielen Büchern. Margery, sehr stattlich in ihrem zeitlosen Kleid, mit einem ganzen Kettengehänge und vogelähnlichen ruckartigen Kopfbewegungen, bei denen ihr eine Locke ihres stählern glänzenden Haares über die Augen fiel, taute mich auf, so kalt es im

Haus auch war. Wir gingen auf den großen Rasen hinter dem Haus hinaus, wo sie gern die Vögel beobachtete. Die Gasheizung war nur halb aufgedreht und erwärmte den Raum ungenügend, aber Margery strahlte Leben und Vitalität aus.

Sie kannte Liao Hungying, meine Freundin aus Tschengtu, und Fräulein S., die sie beide als äußerst charmant und gutherzig schätzte. Unersättlich in ihrem Menschenhunger, liebte sie die Schwächen der Leute wie ihre Vorzüge. Und wieder schlug sie mich in ihren Bann – ihr enormer Wortschatz, ihr ungestümer Geist, der von einem Gegenstand zum anderen schweifte, ohne darüber das Hauptthema aus den Augen zu verlieren, der bei allen endlosen Anekdoten allem auf den Grund ging, ob es sich nun um Kunst, Literatur, Vögel oder China handelte. Wie eine Herde unbeschwerter Ponys durch die sanften, auf die Tür gemalten Landschaften, zogen Gefängnisreform, Ausbildung der Frauen und Margerys ungeschönte Erfahrungen in China durch den Raum. Mit jedem Wort fühlte ich mich mehr zu ihr hingezogen; diese Art Unterhaltung, diese Art, die Dinge anzupacken, ließ mir das Herz höher schlagen, war wie eine Bluttransfusion. Margery und ich waren wesensverwandt, von ihr konnte ich noch viel lernen.

Genaugenommen stimmte das gar nicht; zwischen uns bestand ein wesentlicher Unterschied; und noch trieb mich die unbestreitbar vorhandene Ähnlichkeit, ihr meinen geheimen Wunsch, Medizin zu studieren, anzuvertrauen – einen Wunsch, der mit der Zeit und den Schwierigkeiten nur noch wuchs.

Nach diesem Besuch tauchte ich etwa alle vierzehn Tage einmal bei Margery in der Clarendon Road zum Tee oder zum Mittagessen auf. Ich hörte ihr zu gern zu, die Sätze gediehen ihr so prächtig, ihre verschiedenen Geschichten trösteten mich, waren Balsam für mich; sie erzählte von ihren Freunden aus dem Freien Frankreich, ihren Schwestern, ihrem verstorbenen Bruder Roger, dessen Bücher sie mir lieh.

Von diesen sonnenerfüllten Stunden der Freundschaft kehrte ich in die Wohnung in der Welbeck Street zurück, wo ich aus einer unerfindlichen Angst heraus keine Briefe öffnete; wo mein Herz

um sechs Uhr abends wild und schmerzhaft zu schlagen begann, weil ich auf den Tritt von Stiefeln lauerte, die sich der Wohnungstür näherten; wo selbst Margery plötzlich mit einem Male nicht mehr Margery war, sondern jemand, von dem ich mich dummerweise hatte verleiten lassen, Dinge zu sagen, die ich nie hätte sagen dürfen.
Niemand, nicht einmal Margery, ahnte damals, daß Pao wieder angefangen hatte, mich zu mißhandeln. Die Hölle der Ehe ist für Außenstehende notwendig langweilig. Laut Pao machten nun Isobel, ja sogar Stafford, ja sogar Kingsley und Dorothy Woodman Bemerkungen über mein Verhalten ... Die einzige, die er vergaß, war Margery Fry.
Pao seinerseits versammelte nun, da sich unser Bekannten- und Freundeskreis allmählich festigte, eine Schar ehrenwerter, ehrwürdiger mittelalterlicher oder etwas älterer Damen um sich, alle von ihm sehr angetan und darauf erpicht, uns übers Wochenende in ihr Landhaus einzuladen.
Diese Mutter-Sohn-Beziehung lag ganz in der Linie der feudalistischen chinesischen Tradition, nur daß die ehrenwerten Damen sich dieser Gleichsetzung mit einer Mutterfigur nicht bewußt wurden, was im übrigen auch mir erst Jahre später aufging.
Zu diesem Damenkränzchen gehörte auch die verwitwete Lady M., die sich in London eine Wohnung hielt und mit viktorianischen Möbeln, Tellern und Silberzeug umgab; sie ließ uns den Tee in altem georgianischen Silber servieren, trug einen mit Federn und Perlen verzierten Hut, kurz, war alles in allem eine distinguierte, wohlhabende, einflußreiche Person. Oft kam Pao vom Tee bei ihr (oder einer anderen seiner Damenbekanntschaften) zurück und erzählte mir, wie sehr sie mein Benehmen mißbilligten. So malte er mir die Schwiegermutter an die Wand, die der Frau ihres Sohnes das Leben zur Hölle macht.
Eines Tages hinterbrachte er mir, daß Lady M. im Zusammenhang mit mir von »Mischling« gesprochen habe. Wutentbrannt, ohne einen Gedanken an Paos Verlogenheit zu verschwenden, suchte ich Lady M. auf und sagte ihr meine Meinung ins Ge-

sicht. Die Witwe zeigte sich über die Maßen verwirrt; heute bin ich überzeugt, daß Pao das Ganze entweder aus der Luft gegriffen oder eine zufällige Bemerkung aufgebauscht hat. Doch wie dem auch sei, jedenfalls wurde Lady M. nun ihrerseits wütend und kam zu dem Schluß, ich sei eine »sehr aufsässige junge Person«. Und so brachte ich sie durch meine Voreiligkeit dummerweise selbst auf die Idee, daß mein »seelisches Gleichgewicht« etwas gestört sei.

Eines aber stimmte doch. Viele dieser Damen empfanden unbewußt eine eingefleischte Abneigung gegen »Mischlinge«, gegen Anglo-Inder, gegen den, der mit seinem Anflug von Halbwelt »nicht ganz« dazu gehörte, gezüchtigt und zurückgestoßen wurde, dem stets der Geruch anhaftete, von der falschen Seite zu kommen . . . Vor zwanzig Jahren war das tatsächlich die vorherrschende Einstellung. Die Verachtung für europäisch-asiatische Mischlinge war viel spürbarer als heute. Und die Ausnahmen, die man mit glatter Zunge machte (»ein reizender Mensch, seine Großmutter war, glaube ich, anglo-indischer Abstammung, aber er ist nett, wirklich sehr nett, ein perfekter Gentleman«) bestätigten nur die Regel, daß sie im Mischling etwas anderes, Fremdes, einen Fehltritt sahen und über dieses Gefühl nur durch ein Übermaß an Freundlichkeit und Herzlichkeit hinwegkamen, indem sie ganz bewußt zur Schau stellten, daß sie *nicht* zu den Rassisten zählten. Im Grunde hielten sie die europäisch-asiatische Frau für eine Gefahr: für eine Geliebte, für einen Eindringling, verschämt in der Nacht gezeugt. Und wenn heute in England manche die Rassenmischung mit der Begründung ablehnen, sie bringe »Mischlinge« und »Schädlinge« hervor, wiederholen sie nur einen Gedanken, der vor zwanzig Jahren gang und gäbe war. Und dieses Vorurteil bringt wirklich Schädlinge hervor, nur daß es nicht die europäisch-asiatischen Mischlinge sind, sondern die anderen, die Rassisten.

Als wir Lady M. das nächstemal besuchten, errötete sie vor Freude, Pao wiederzusehen und hütete sich, das Wort auch nur ein einziges Mal an mich zu richten. Dieser instinktiv zusammenhaltenden Klassengesellschaft Kiplingscher Prägung mußte Pao willkommener sein als ich müßige, kapriziöse Person mit den komischen Bemerkungen, mit meiner Zerstreutheit und dem Schandmal des Eurasiers. Ohne mir bewußt Böses zu wollen, versetzte mir Lady M. (unter anderen) einen Stoß auf meinem Weg nach unten.

Eines Abends brachte Pao eine junge Frau mit, eine rothaarige, grünäugige Kanadierin. Er hatte sie auf einer Tanzveranstaltung des Allied Club kennengelernt, die er zusammen mit George Yeh besuchte. Während ich das Abendessen zubereitete und in der Küche herumwirtschaftete, kam er herein, um nachzuschauen, was ich trieb, und sagte: »Du mußt etwas Gutes machen, denn sie ist Ärztin.« Das stimmte allerdings nicht, denn sie war nur Krankenschwester. Jedenfalls aber verbrachte er das nächste Wochenende mit ihr, ohne mir irgend etwas über seinen Verbleib zu sagen. Ich machte die beiden Nächte fast kein Auge zu, beunruhigt, ob ihm nicht vielleicht doch etwas zugestoßen sein könnte, voller Unrast und Sorge, wo er steckte. Schließlich rief ich seine Sekretärin und den chinesischen Marineattaché an. Beide versprachen mir, Nachforschungen anzustellen und mich dann zu benachrichtigen. Aber ich hörte nichts von ihnen bis Montag nachmittag, als Pao heimkam und sich vor Wut nicht mehr fassen konnte, als ich ihm gestand, daß ich den Marineattaché angerufen hatte, den er nicht leiden konnte. Später, als er zum Essen ausgegangen war, während ich mich in Tränen auflöste, entdeckte ich in seiner Manteltasche das Photo des Mädchens mit der Aufschrift: »Von einer sehr glücklichen kleinen Frau.« Wahrscheinlich hatte er es absichtlich vergessen.

Ich weinte noch ein bißchen; nicht die Tatsache, daß er mir physisch untreu gewesen war, verletzte mich, sondern die ganze erbärmliche Komödie. Vor allem fühlte ich mich entsetzlich müde. An den nächsten Tagen tauchte das Mädchen immer wieder auf, trank mit uns Kaffee, ließ sich von Pao ausführen, und immer wieder rieb er mir unter die Nase, daß sie Ärztin sei, während ich mein Studium nicht abgeschlossen hatte.

Eine Woche später rief ich sie an und eröffnete ihr, daß ich nicht gedächte, mir das auf die Dauer bieten zu lassen. Sie versicherte mir, daß »nichts passiert sei«, daß es sich nur um einen Flirt handle; ja, Pao habe das Wochenende zwar mit ihr verbracht, aber passiert sei nichts; sie habe ihm nämlich gedroht, den Hund auf ihn zu hetzen; nein, Ärztin sei sie nicht, wohl aber ihr Vater. Und mit einemmal drehte sie den Spieß um und drohte mir; ihr Vater besitze großen Einfluß und würde etwas gegen mich unternehmen . . . »Sie schmutziger Mischling.«
Von da an ließ sie sich nicht mehr blicken, und Pao sprach ein paar Tage lang über das Wetter, fragte mich, was mir schmeckte, da er mich gerne ausführen wollte. Doch ich setzte all seinen Einrenkungsversuchen immer nur Schweigen entgegen, bis er es schließlich aufgab und mit hochgezogenen Brauen auf dem Sofa zu lesen oder mit geschlossenen Augen und zurückgelegtem Kopf zu dösen vorgab. Wir bewegten uns im selben Haus in geisterhafter Entfernung voneinander, schliefen Seite an Seite in dem großen Bett mit seinen Vorhängen und Satinquasten und standen auf, ohne auch nur ein Wort füreinander zu finden. Es gab keine Brücke mehr zwischen uns, nicht die Möglichkeit, uns auszusprechen, starr focht jeder seinen eigenen Alptraum aus.
Und dann erschien die verwitwete Lady M., um mich über meine Pflichten als Ehefrau aufzuklären. »Er hat sich nicht beklagt, er hat kein einziges Wort darüber verloren, aber ich sehe doch, wie unglücklich er ist«, sagte sie und musterte mich frostig. Ich antwortete, daß ich Medizin studieren und Ärztin werden wolle. Ihre blauen Augen glänzten vor eisiger Mißbilligung. Sie forderte mich auf, gemeinsam mit ihr zu Gott zu beten, mich zu erleuchten, »damit ich meine Pflicht über alles stelle«; denn das Los der Frau, fuhr sie fort, sei es nun einmal, Mann und Kindern und Heim den Vorrang zu geben vor jedem anderen Wunsch. So beteten wir oder vielmehr sie, und dann ging sie wieder.
Ich schaute hinterher in den Hof hinunter und überlegte, wie hoch es wohl sein mochte. Sollte ich mich hinunterstürzen? Sollte ich irgend etwas Schriftliches hinterlassen? Vielleicht

glaubten die Leute, Lady M. habe mich in den Tod getrieben, und das konnte ihrem Ruf schaden ... solcher und ähnlicher Unsinn ging mir durch den Kopf, bis ich einen kurzen befreienden Augenblick selbst über meine eigene kindische Trübsal lachen mußte; von jenem anderen Ich, das stets all meine Worte, all mein Tun in Zweifel zog, gerettet, trat ich vom Fenster zurück. Wohl vertiefte sich die Angst und das Gefühl einer allgemeinen Zusammenhanglosigkeit (ich spürte geradezu wie Dunkelheit in mich eindrang und konnte das Ungetüm, die gehörnte, in den weiten schwarzen Mantel des Wahnsinns gehüllte Angst aus dem Augenwinkel auf mich lauern sehen), aber auf der anderen Seite war da Yungmei, und sie war Leben und Liebe und Schönheit. Ich wandte mich vom Fenster ab und begann mit einem Mal wieder zu planen und bemühte mich, zusammenhängend zu denken, um einen vernünftigen Plan zu machen.

Ich wollte Yungmei und Gillie zur Erholung an die See schikken. Gillie hielt sich sowieso nicht gern in London auf, da sie Angst vor den Bombenangriffen hatte; nachts, wenn die Bomber kamen, stand sie auf und ging mit Yungmei in den Keller. Schon seit geraumer Zeit versuchte sie mich zu bewegen, aufs Land zu ziehen, und erzählte von Familien, deren Kinder sie betreut hatte, und die nun vor den Bomben in Sicherheit waren. Und jetzt lud eine dieser freundlichen, wohlhabenden Familien sie ein, sich mit Yungmei als zahlende Gäste bei ihnen einzuquartieren; natürlich machte es sich für jedermann bezahlt, Gillie aufzunehmen, da sie sich nicht nur um Yungmei kümmerte, sondern auch um die anderen Kinder – zur großen Erleichterung geplagter Mütter und energischer, aber überforderter Großmütter, die sich allein mit dem Kroppzeug »herumschlagen« mußten, während die Männer im Krieg waren und die Frauen den Kampf an der Heimatfront mit Lebensmittelkarten, Schlangestehen und Dienstbotenmangel ausfechten mußten.

Yungmei hing sehr an Gillie und war glücklich mit ihr, und da ich spürte, wie sich mein Geist zunehmend verdüsterte, wollte ich das Kind möglichst schnell vor mir in Sicherheit bringen, um dann die alptraumhafte Geschichte mit Pao austragen zu können.

Der Sorge um Yungmei und Gillie für ein paar Wochen enthoben, konnte ich es mir nun leisten, krank zu sein, mich gehen zu lassen. Aber ich wartete noch, rang noch mit mir, wartete gewissermaßen auf den letzten Tropfen, der das Maß vollmachte, und Hand in Hand mit diesem arglistigen, kalten Planen ging der Entschluß, nicht wirklich krank zu werden; dennoch mußte es so sein, so sehr ich mir auch die ganze Zeit des Betrugsmanövers bewußt war.

Und dieser Tropfen ließ nicht lange auf sich warten. Pao verlangte die Unterdrückung der englischen Ausgabe von *Destination Chungking*. Er schlug und trat mich tagelang und schrie: »Tu schon etwas, geh zu deinem Verleger und sag, er soll etwas tun.« Er selbst unternahm nichts, denn er dachte nicht im Schlaf daran, mir die Last abzunehmen. Schließlich war da der Präzedenzfall von Wellington Koo, der das Buch seiner Frau aus dem Verkehr gezogen hatte. Endlich raffte ich mich auf und rief Jonathan Cape an. Er hatte in der Zwischenzeit wieder geheiratet und lud mich zum Tee mit seiner Frau Kathleen ein. Sie stellten ein großes, handgeschmiedetes Messing-Kamingitter vor dem Feuer auf, und Jonathan fragte: »Wie lange behandelt Sie Ihr Mann schon so grausam?« Und ich weinte und weinte, und als ich ging, konnte ich immer noch nicht aufhören. Aber Jonathan lachte, als er die Geschichte von Wellington Koo erfuhr und unternahm nichts, um mein Buch zurückzuziehen.

Ich beschloß, mich an Margery Fry zu wenden, vielleicht weil sie mir einmal angeboten hatte, zu ihr zu kommen, wenn ich mich einmal ein paar Tage ausruhen wolle; sie habe oben ein freies Zimmer. Nun rief ich sie an: »Margery, ich fühle mich nicht wohl. Kann ich ein paar Tage zu dir kommen?« – »Natürlich«, antwortete sie, »bring deine Zahnbürste mit.« Es überraschte Margery nicht, daß ich mich »nicht wohl fühlte«. Schon seit einiger Zeit hatte ich die Tränen nicht mehr zurückhalten können und bei unserem letzten Beisammensein die ganze Zeit über geweint; später konnte ich dann nicht mehr aufhören zu

lachen. Mir fiel Fräulein S. ein, die sich wochenlang ins Bett gelegt hatte, bis sie wieder gesund war. Auch mich würde der Schlaf heilen – ohne Arzt, ohne Pillen. Und eine solche Kur habe ich mir in meinem Leben seither zweimal verordnet.
Ich packte meine Zahnbürste und ein Nachthemd ein, vergaß aber ein Handtuch und Wäsche zum Wechseln mitzunehmen. Für Pao ließ ich auf dem Tisch im Gang einen Zettel des Inhalts zurück: »Ich halte es nicht mehr aus und gehe ein paar Tage weg, um mich auszuruhen«, und legte den Wohnungsschlüssel unter den Abstreifer. Der Hausmeister mit dem kleinen Schnurrbart tippte sich an das Käppi und brachte mich im Lift nach unten. Irgendwann zwischen fünf und sieben oder auch später in der Nacht würde Pao nach Hause kommen, aber zu dieser Zeit war ich längst nicht mehr da. Als sich mir die Frage aufdrängte, ob im Kühlschrank etwas zu essen sei, brach ich meine Überlegungen ab. Und dann saß ich in der Untergrundbahn und fuhr Richtung Holland Park und lief die Clarendon Road hinauf und machte vor Margerys hohem, engbrüstigem Haus halt. Und Margery wartete schon hinter dem großen Fenster, und die Steine in ihrem kleinen Felsengarten erschienen mir so vertraut, und der Tee war schon fix und fertig und das Gasfeuer angezündet, das nicht gegen die Kälte ankam. Mit einemmal konnte ich über all das, was geschehen war, sprechen; zwischen großen Schlucken Tee mit Milch stieß ich unzusammenhängende Sätze hervor, und alles hörte sich so albern und unsinnig an, daß ich um ein Haar, wenn ich nur hätte aufhören können zu weinen, wieder zurückgefahren wäre.
Margery steckte mich ins Bett. »Du siehst recht mitgenommen aus.« Die ganze nächste Woche sollte ich im Bett bleiben und nur ab und an zu einem Bad aufstehen und nach den ersten drei Tagen zu den Mahlzeiten herunterkommen. Erneut bemächtigten sich meiner Angst und Schrecken, so daß ich die Vorhänge zuziehen und das Tageslicht aussperren wollte. Ich weigerte mich sogar, in Margerys Wohnzimmer hinunterzusteigen. Margery, eine wirklich großartige Frau, ließ mich im Bett und bestand darauf, mir an jenem Tag auch das Abendessen heraufzu-

bringen – für eine Endsechzigerin eine ganz hübsche Anstrengung, während ich, nur an mich selber denkend, nachgab, mich gehen ließ und in einen Zustand kindlicher Abhängigkeit verfiel und schlief.

Am nächsten Nachmittag tauchte Pao in der Clarendon Road auf. Er hatte mich ohne große Schwierigkeiten ausfindig gemacht, denn ich konnte mich nur an drei oder vier Personen gewandt haben: Isobel Cripps, Dorothy Woodman, Margery Fry. Er rief Margery an. Sie lud ihn ein, einmal vorbeizukommen. Er kam auch und sprach mit ihr; hinterher stieg Margery zu mir hinauf. »Meine armen Beine«, jammerte sie, denn ihr ganzes Haus bestand aus nichts als Treppen, und sie hatte nur eine uralte Köchin. Verweint schaute ich sie an – wie sie sich für mich aufopferte. Sie war ganz beeindruckt, wie vernünftig Pao sich verhalten hatte. »Nun, meine Liebe, er ist einverstanden, daß du ein paar Tage da bleibst und hat mir versprochen, dich in Ruhe zu lassen – er macht wahrhaftig einen ganz vernünftigen Eindruck.« Er hatte ihr außerdem erzählt, daß Yungmei nicht unsere Tochter war, was ich bis jetzt verschwiegen hatte, um das Kind nicht in die Sache hineinzuziehen; ich wollte sie nicht in meine Schwierigkeiten verwickeln; sie sollte nicht unter der Affäre zu leiden haben.

Wieder brach ich in Tränen aus. Wie edel, wie gut Pao doch war, daß er mich hier ließ! Ein paar Tage Schlaf und ich war wieder bei Kräften, dann wollte ich auch wieder mein Bestes tun . . . Ich schrieb Yungmei und Gillie eine Postkarte.

Am nächsten Morgen klingelte es; ein Blumenstrauß wurde abgegeben, gelbe Maßliebchen mit ein paar rotgefärbten Herbstblättern, von Pao. Und wieder weinte ich, aber Margery, die sich mittlerweile von Paos Einseifung, wie sie es nannte, erholt hatte, schnaubte: »Allmählich gehen mir die Augen über seine Gefühle dir gegenüber auf, sicher so echt, wie die Blätter da.«

»O bitte sag ihm«, flehte ich ganz unnötigerweise, »daß ich am Ende meiner Kraft bin und mich nur ein paar Tage ausruhen möchte«, und stand auf, um die Blumen in eine Vase an mein Bett zu stellen.

Um mich abzulenken, gab Margery mir die Bücher ihres Bruders Roger Fry über chinesische Kunst zu lesen. Ich wollte keinen Arzt, aber sie bestand darauf. »Aber ich bin doch gar nicht krank, nur durcheinander und sehr, sehr müde.« Ich schrieb Yungmei wieder eine Postkarte und so täglich und habe diese Gewohnheit über Jahre beibehalten, wenn sie nicht bei mir war. Als ich mich an jenem Nachmittag wieder in die Kissen zurücklegte, stieg die Vergangenheit vor mir auf: Pao, der nach Wuhan zurückkehrte, um mich zu holen; Pao, der mich in Kueilin auffing, als ich in den Fluß hinuntergestoßen wurde ... er war gut, edel und freundlich, und alles war meine Schuld. Am selben Abend um acht Uhr läutete es. Margery war bei mir oben, um nach dem Abendessen noch ein Täßchen Kaffee mit mir zu trinken. Wir hatten die Verdunklung heruntergelassen. Sie ging hinunter an die Tür, um nachzusehen, wer da war. Dann hörte ich Lärm und schwere Schritte auf der Treppe. Margery tauchte auf und hinter ihr zwei Männer in weißer Uniform, Krankenpfleger mit einem von einem Arzt unterschriebenen Einlieferungsschein. Auf Ansuchen von Pao sollte ich als geistesgestört zur Beobachtung in eine Klinik eingeliefert werden ... Hinter den beiden Krankenträgern drang Pao ein, rosig und sauber gewaschen und zum Bersten energiegeladen und stürzte sich auf mich und sagte auf chinesisch: »Steh auf, ich nehme dich mit. Steh auf.«

»Oberst Tang«, rief Margery, »Sie haben mir versprochen, Sie haben mir doch versprochen, sie ein paar Tage lang in Ruhe zu lassen!« Die Krankenträger kamen ins Zimmer, die Tragbahre sorgfältig gekippt, um nicht an der Tür anzustreifen, und machten, ohne das weiße leinwandbespannte Gestell abzusetzen, vor dem Bett halt, während ich mich aufrichtete und zu heulen begann. »Nehmt sie mit«, befahl Pao und legte Margery ans Herz, sich nicht einzumischen. »Sie wissen doch, daß ich sie auf der Stelle verhaften lassen kann. Sie ist meine Frau, ich nehme sie mit; ich kann mich schon selber um sie kümmern.« Die Pfleger traten näher. »Ich will nicht fort«, rief ich. »Ich will nicht fort ... bitte lassen Sie mich da, ich bin so müde.« Woraufhin einer der Träger zu Pao sagte: »Bedaure, Sir, aber gegen ihren Willen können wir sie nicht mitnehmen.« Und Margery sagte zu Pao: »Oberst Tang, kommen Sie, gehen wir hinunter und besprechen das alles.« Und der Pfleger wandte sich an Margery und sagte: »Auf mich wirkt sie ja nicht wie eine Verrückte.« Dann redete er mit seinem Begleiter, und ebenso langsam und bedächtig und vorsichtig wie sie gekommen waren stiegen sie wieder hinunter und sagten, schon auf der Treppe, zu Pao: »Tut uns leid, Sir, aber wir können sie nicht mitnehmen, dazu sind wir nicht befugt.« Und Margery sagte zu Pao: »Kommen Sie mit, wir müssen all das besprechen.« – »Wohl ein Fall von Mißhandlung?« fragte einer der Träger Margery im Treppenhaus. Aber ihre Antwort konnte ich nicht mehr hören.

Nun raffte sich Pao auf und brüllte die Träger an: »Ich befehle euch, sie mitzunehmen – ich bin der Militärattaché!« Mit einem Male tauchte ein Polizist auf und füllte mit seiner breiten Gestalt den Türrahmen aus. Zu Pao gewandt sagte er: »Kommen Sie mit, bitte, Sir, gehen wir hinunter und besprechen das alles in Ruhe«, und Pao entgegnete: »Aber sie ist doch meine Frau, sie ist meine Frau«, und der Polizist sagte: »Alles recht und gut, Sir, aber Sie können niemanden zwingen, gegen seinen Willen ins Krankenhaus zu gehen«, und dann sah es einen Augenblick ganz so aus, als würden Pao und der Polizist in Streit geraten, und deshalb sagte ich schnell zum Polizisten: »O bitte, bitte, verhaften Sie ihn nicht, er weiß nicht, was er tut.« Und Pao kam zu mir herüber und sagte: »Liebste, Liebste, ist ja alles gut, bleib nur hier«, und versuchte mich zu küssen, aber ich drehte das Gesicht zur Wand und sagte: »O warum machst du so etwas, warum machst du so etwas? Es ist so dumm.« Und dann fing ich an zu lachen und konnte nicht mehr aufhören, und er ging. Eine halbe Stunde später war alles ruhig, und Margery kam herauf. Sie sah müde und abgespannt aus, und zwei dunkle Falten liefen von der Nase zum Kinn hinunter.

Am nächsten Tag erzählte mir Margery, daß Pao einen Arzt in der Wimpole Street durch Verdrehung der Tatsachen dazu gebracht hatte, einen Einlieferungsschein zu unterschreiben. Ich

sollte auf meinen Geisteszustand beobachtet werden. Eines aber wußte Pao nicht, nämlich, daß solche Zwangseinlieferungen nach dem englischen Gesetz nicht zulässig sind. Wohl hatte sich der Arzt durch Paos Diplomatenstatus verleiten lassen, die Sache ohne voraufgehende Untersuchung ins Rollen zu bringen, dafür aber verhinderten die Pfleger eine Rechtsbeugung.
Nach diesem Fehlschlag versuchte Pao, Margery mit dem Gesetz zu kommen. Er besaß ein geradezu unheimliches Geschick, alten Klatsch auszugraben, wobei ihm diesmal eine seiner lieben Damenbekanntschaften behilflich gewesen sein mochte. Jedenfalls hatte sich anscheinend vor Jahrzehnten eine Verwandte von Margery durch ihre Freundschaft mit einer anderen Frau ins Gerede gebracht; Margery selbst hatte mit der Geschichte nicht das mindeste zu tun. Dennoch verstand Pao es so hinzustellen und drohte ihr, nach »Konsultation eines Fachmanns« die nötigen Schritte zu ergreifen. »Aber er ist ja wahnsinnig, dein Mann muß total verrückt sein, verderbt bis in die Knochen«, rief Margery, die so viel Schlechtigkeit gar nicht fassen konnte.
Zwei Tage nach der Szene mit den Krankenträgern tauchte, von Pao in Bewegung gesetzt (der sich beklagte, Margery habe mich »entführt«), Isobel Cripps bei mir auf. Wahrhaftig, Pao klemmte sich energisch dahinter; die Ereignisse folgten einander Schlag auf Schlag, so daß Margery fragte, ob er wohl gar nichts anderes zu tun habe. Isobel ahnte zunächst nicht, was eigentlich los war. In Unkenntnis der Vorgeschichte brummte sie (laut Margery) am Telefon ärgerlich und tadelnd, denn als Vorsitzende des Aid to China Fund war sie sich der Tragweite eines solchen Skandals bewußt. Außerdem besaß sie ein tiefes Verantwortungsgefühl und hatte bis dahin nur Paos Darstellung gehört. So gab sie sich Margery am Telefon gegenüber steif und kalt (Paos fataler Charme hatte wieder einmal den Sieg davongetragen).
Nun kam Isobel also zu mir, um die Geschichte auch von der anderen Seite zu hören. Ich erklärte ihr, ich könne es einfach nicht mehr aushalten, nicht zuletzt, weil ich ständig lügen müsse; ich

sei nämlich ein europäisch-asiatischer Mischling und keine reinrassige Chinesin; Pao nun bausche das als etwas ganz Schändliches auf, aber ich könne mit dieser Lüge nicht länger leben. Ganz in Gedanken versunken, warf Isobel ein: »Sie dürfen nicht von Mischling prechen, meine Liebe, das ist ein häßliches Wort.« – »Wenn ich es aber doch bin«, entgegnete ich, »ich muß es sagen, wenn ich es bin.«

Daß Isobel diese Bemerkung herausrutschte, ist mir heute noch unvergessen; es zeigte, wie tief das Kasten- und Rassendenken der britischen Oberschicht verwurzelt war, denn Isobel selbst war von jedem Rassismus frei. Ja selten sah eine Frau die verheerenden Auswirkungen dieser Einstellung klarer, selten kämpfte eine Frau heftiger gegen sie an. Dennoch brachte mir Isobel das nun einmal existierende Vorurteil ganz nüchtern zum Bewußtsein. »Was geht das mich an«, sagte ich, »ich möchte es endlich einmal sagen, ich möchte, daß es jeder weiß.«

Isobel hörte mir ruhig bis zu Ende zu und erklärte, sie wolle mit Pao darüber sprechen, was sie auch tat. Nur sollte ich ihrer Meinung nach, da Pao dieses üble Geschwätz in Umlauf gesetzt hatte, nicht in Margerys Haus bleiben, denn es sei nicht abzusehen, was sich noch alles daraus entwickeln könne. Margery drohe ohnehin bereits, Pao wegen Verleumdung vor Gericht zu bringen, wodurch alles nur noch komplizierter werde. Ich solle also lieber zu Isobels Schwester und Schwager ziehen, die in einem großen Haus auf dem Land wohnten. Ich befolgte ihren Rat.

Zu meiner Schande muß ich gestehen, daß ich mir über die Tragweite von Paos Vorwurf und Vorgehen nicht klar war, da ich damals überhaupt nicht begriff, worauf das Ganze hinaus sollte. Wessen versuchte er Margery eigentlich zu beschuldigen? Erst ein paar Jahre später, als ich mein Medizinstudium wieder aufgenommen hatte, dämmerte es mir allmählich; und es erfaßte mich Wut, wie man Margerys Integrität und freundliche Hilfsbereitschaft so widerlich verdrehen mochte ... zumal sie damals bereits an die siebzig war.

Im Hause von Isobel Cripps' Schwester fand ich eine Zeitlang

Ruhe. Aber auch andere Bekannte erboten sich, mich als zahlenden Gast aufzunehmen, so Margaret Godley, jene ungestüm-temperamentvolle, freundliche Frau, die mir mutig und ausdauernd die Stange hielt. Ihr wie all jenen, die sich damals meiner annahmen und mich ertrugen, schulde ich Dank. Als ich mich besser fühlte, holte ich Yungmei und Gillie zu mir. Fern von Pao und seiner hysterisierenden Gegenwart begann ich allmählich zu genesen. Pao hatte in der Zwischenzeit lange Gespräche mit Isobel Cripps. Und Isobel schrieb mir: »Unglaublich, was für ein Wirrkopf er ist«, oder: »Er erfindet etwas und glaubt dann selber daran.« Schon bald, schon nach sechs Wochen, lag die Zeit der Tränen hinter mir, und ich begann wieder zu lachen und mußte jedesmal kichern, wenn Isobel Pao erwähnte.

Eines Tages eröffnete mir Isobel, sie habe ein Treffen mit Pao vereinbart; Stafford werde auch mit von der Partie sein; ob ich zu kommen gedächte? Da sie mein Leben in die Hand genommen hatte, konnte ich nur ja sagen.

Ich fühlte mich außerdem wieder ziemlich gekräftigt, aß und las wieder, wenn ich auch bei Wörtern wie Aufrichtigkeit und Tugend immer noch nervös lachen mußte und mich das Gelächter manchmal noch ganz wirr im Kopf machte. Wie schön es auf dem Land war! Wie war es nur möglich, daß ich früher keine Augen dafür gehabt hatte? Diese neue Aufgeschlossenheit schien mir ein Beweis meiner Heilung; offensichtlich war ich dem Wahnsinn, jener übermäßigen Konzentration auf das eigene Ich, die eigene Person, entronnen. Jeden Tag machte ich nun neue Entdeckungen, sah mit einemmal die Anmut der Dinge, glaubte den Menschen wieder. Beim Anblick von Bäumen versank ich wieder in Träume, und wie ehedem begann ich in den Himmel zu starren und wieder zu lesen. Lauter denn je meldete sich der Wunsch, etwas zu tun, und ein für allemal war mir nun klar, daß ich Ärztin werden mußte, mochte kommen, was da wollte.

Um mich auf die Begegnung mit Pao etwas vorzubereiten, nahm mich Isobel zu einem Essen bei Myra Hess, der berühm-

ten Pianistin, mit, die uns in ihrer großen, schönen Wohnung voller Blumen auf dem riesigen Flügel Mozart mit einem Fingerspitzengefühl und Einfühlungsvermögen vorspielte, daß sich mir eine völlig neue Welt erschloß. Wieder vergoß ich Tränen, aber diesmal vor Freude, vor Glück über diesen schwebenden Strom von Tönen. Und später, zur Zeit meines Studiums, besuchte ich gern die Konzerte in der National Gallery und der Albert Hall, um sie und andere zu hören. Aber ich konnte stets nur allein gehen und nie länger als eine Stunde bleiben, denn danach ermüdete ich und nahm nichts mehr auf.
Laut und gebieterisch meldete sich nun die Wißbegier – ich war fest entschlossen, die Sklavenbande zu zerreißen, in Zukunft nichts mehr zu tun, was ich nicht wollte und meine Zeit, den einzigen kostbaren Besitz, über den ich selbst verfügte, nicht mehr zu verschwenden.

So trafen wir uns also eines Nachmittags bei Isobel und Stafford Cripps zum Tee, zwei Tage vor Weihnachten. Stafford war etwas verlegen, er zog an seiner Pfeife, klopfte sie aus und stopfte sie wieder. Pao dagegen gab sich frank und frei, zeigte sich, in seiner Uniform wie aus dem Ei gepellt, von seiner hübschesten, reizendsten Seite. Er setzte seine Worte wohl, nahm alle Schuld auf sich, gelobte Besserung. Mit großem Ernst sprach er über China, über die Forderung der Stunde, die privaten Gefühle China zuliebe zurückzustellen, denn das Vaterland kämpfe um Sein oder Nichtsein. All das verfehlte seinen Eindruck auf Isobel und Stafford nicht. In Wirklichkeit spielte Pao nur wieder einmal die Karte des Patriotismus aus, die mich, wie so viele von uns, auch prompt zu Opfer und Verzicht bewegte.
Tatsächlich sagte ich also in diesem Zusammenhang ja, ich würde zurückkommen. Daraufhin ließen uns die beiden anderen allein, und Pao machte mir eine Liebeserklärung; und dann stellte sich heraus, daß unter General Hsiung vor kurzem eine chinesische Militärmission zur Besprechung militärischer Angelegenheiten eingetroffen sei, mit der Pao an diesem Abend dinieren sollte. Wollte ich nicht mitkommen? Er hatte jedermann

erzählt, ich sei sehr krank gewesen, nun aber gehe es mir wieder besser. Sprachlos starrte ich ihn an, starrte in sein jugendlich begeistertes Gesicht, so falsch und sich selbst doch so treu. Müde dachte ich: Warum mußt du immer so etwas machen? Und dann sagte ich: »Ja, ich werde kommen. Aber ich werde auch Medizin studieren.« Worauf er antwortete: »Natürlich, alles was du willst.« Nun lag es also bei mir, meinen Wunsch in die Tat umzusetzen.

Wie versprochen, kam ich zu dem Abendessen, an dem sieben oder acht Militärs teilnahmen; sie brachten die Atmosphäre von Tschungking, den Geruch von Korruption mit und erzählten von erfundenen Siegen. »Zeigen Sie mir die britischen Offiziere, und ich werde sie um den kleinen Finger wickeln«, sagte General Hsiung und prahlte, wie Tschiang mit den Amerikanern umsprang. Ich begriff, daß Stilwell erledigt war, daß noch immer dasselbe hinterhältige Spiel um die Macht gespielt wurde, das ich so gut kannte, kurz, daß sich nichts geändert hatte – außer daß mich das alles persönlich nicht mehr traf.

Winter 1943/44: der Krieg in der Wüste, bei dem die Alliierten unter Montgomerys Oberkommando allmählich das Übergewicht erlangten. Viel Gerede von einer zweiten Front in Europa; und Tschiang mit Roosevelt und Churchill in Kairo und dann in Teheran, wo die Tschiang in Kairo gemachten Versprechen wieder umgestoßen wurden.

Im August 1943 war unter dem Oberbefehl von Admiral Lord Louis Mountbatten die Front in Südostasien aufgebaut worden. Mountbatten war zu einem Treffen mit Tschiang nach Tschungking geflogen, wo er, wie er im *Paris-Match* schrieb, mit der Neuigkeit empfangen wurde, Tschiang habe soeben Stilwell vor die Tür gesetzt.

Vinegar Joe Stilwell, ein sehr eigensinniger General, war 1942 von Washington nach Tschungking abkommandiert worden. Die Amerikaner verfolgten damals noch das (später aufgegebene) Ziel, das enorme chinesische Menschenpotential zu organisieren, auszurüsten und auszubilden und schließlich in Asien

(unter amerikanischem Oberbefehl) im Landkrieg gegen Japan einzusetzen.
So unter anderem auch in Burma, von Mai 1942 bis Mai 1945 von den Alliierten sehr unterschiedlich bewerteter Schauplatz mehrerer Feldzüge, weshalb man von der »vergessenen Armee« an der »vergessenen Front« sprechen konnte.
Nach Stilwells großangelegtem Plan, in den auch Burma einbezogen war, sollten dreißig chinesische Divisionen ausgebildet werden, die berühmten Streitkräfte X, Y, Z; eine in Ramgarh in Indien, eine in Kunming und eine in Kueilin. Anschließend sollten sie in gewaltigen Märschen zusammengezogen werden und von Indien bis zur Ostküste Chinas eine Linie bilden, d. h. sämtliche japanischen Nachschublinien abschneiden und Nordburma säubern. Danach sollte – als Ersatz für die 1942 an die Japaner verlorene Burmastraße – von Indien durch Assam und Nordburma nach China eine Straße gebaut werden, die sogenannte Nordburma- oder Stilwellstraße.
Der chinesische Militärrat hatte schon im Sommer 1941, also schon vor Pearl Harbour, zugestimmt, den Amerikanern dreißig Divisionen zur Verfügung zu stellen. Aber als Stilwell die Divisionen sehen wollte, schickte Tschiang Ho Yingtschin vor, einen Meister im Hintertreiben, der den General mit leeren Versprechungen hinhielt. So sah Stilwell Tschiangs Divisionen, die zur Hälfte nur auf dem Papier existierten und, soweit vorhanden, nur die Hälfte der angegebenen Stärke hatten, nie.
Im April 1942 inszenierte Doolittle aus moralischen Gründen einen Luftangriff auf Japan, das zur Vergeltung den Flugplatz in der chinesischen Küstenprovinz Tschekiang zerstörte, um dadurch darzutun, daß es über die amerikanischen Pläne, von chinesischen Flugplätzen und Häfen aus Angriffe auf Japan zu starten, wohl unterrichtet war. Tschiang, verärgert darüber, daß andere Fronten stets vorrangig behandelt wurden, wandte wieder einmal seinen alten Trick an: Er befahl seinen Truppen, nichts zu unternehmen, um die Zerstörung der Flughäfen durch die Japaner zu verhindern. Das wiederum brachte Stilwell auf, der Tschiangs Motive nicht begreifen konnte. Er beklagte sich,

er solle in der »Kloake« Tschungking, wie er sich ausdrückte, versenkt werden, nannte Tschiang eine launische, faselnde, sich ständig widersprechende alte Erdnuß (so hatten ihn die von den Amerikanern ausgebildeten Chinesen um T. V. Soong, seinen Schwager, getauft) und schrieb schließlich, China könne nur dann Fortschritte machen, wenn es von Tschiang Kai-schek befreit werde. Aber im Dezember 1943 beschlossen Roosevelt und Stalin auf der Konferenz in Teheran entgegen den Beschlüssen der Kairoer Konferenz vom November, die von Stilwell im Verlauf von zwei Jahren mit so viel Eifer ausgearbeitete amerikanische Strategie drastisch zu ändern. Nach dem neuen Plan kam den Burma-Feldzügen im Grund keine Bedeutung mehr zu, sie waren das sinnlose Opfer mangelhaft ausgerüsteter Soldaten in einer ebenso sinnlosen »Machtdemonstration«.
Die Alliierten fühlten sich durch das Tschiang im November 1943 in Kairo gegebene halbe Versprechen in keiner Weise gebunden; ohne mit der Wimper zu zucken, änderten sie ihre Strategie von Grund auf. Stilwell wurde geopfert (in Wirklichkeit nicht von Tschiang, sondern von seiner eigenen Regierung), der von ihm ausgearbeitete Plan eines Landangriffs auf Japan umgestoßen. Dieser Beschluß soll manchen Angaben zufolge schon vor Teheran Anfang 1943 gefaßt worden sein.
Stilwells Plan hätte amerikanische und chinesische Truppen in die britischen Kolonien Südostasiens, nach Burma, gebracht. Nach Stilwells Vorstellungen gut ausgerüstete und trainierte chinesische Truppen aber hätten für die britische Herrschaft in Südostasien zweifelsohne eine Gefahr bedeutet. Doch die Briten wollten nicht nur keine chinesischen, sondern auch keine amerikanischen Streitkräfte im Land, zumal die Vereinigten Staaten aus ihren ehrgeizigen Plänen, Großbritannien aus Asien zu verdrängen, kein Hehl machten. So stellten sich die Engländer auf die Hinterbeine und brachten ihre zuversichtliche Hoffnung zum Ausdruck, ihre Territorien nach dem Krieg zurückzuerhalten. Natürlich war dieses doppelte Spiel in den chinesischen Kreisen Londons sehr wohl bekannt und führte insgeheim zu einer feindseligen Verhärtung der Fronten.

Als Mountbatten nach dem August 1943 nach Burma kam, traf er dort himmelschreiende Zustände an. Laut seinem temperamentvollen Bericht waren 135 Prozent der Truppen an Malaria erkrankt, d. h. auf einen Verwundeten kamen 120 Malariakranke. Nach wie vor ging alles drunter und drüber; die Zustände hatten sich seit dem Burma-Feldzug von 1942, der den britischen Offizieren noch in schrecklicher Erinnerung war, kaum geändert. Die Burma-Front stand auf der Dringlichkeitsliste nach wie vor an letzter Stelle und so sollte es noch ein weiteres Jahr bleiben. Es gab keine Flugzeuge, keine Waffen, keine Ausrüstung. Die bereits ausgelaufenen Schiffe wurden wieder zurückbeordert; nur Wingate und seine Tschinditen, deren Operationen wie die der Truppe 132 in Malaia psychologischen und nachrichtendienstlichen Zwecken dienten (z. B. stellte man das Ausmaß des kommunistischen Einflusses fest, um ihn, wie in Jugoslawien und Griechenland, hinterher aktiv zu bekämpfen), bewahrten Burma davor, in Presse und Öffentlichkeit gänzlich in Vergessenheit zu geraten.
Durch das Versprechen, in Burma nun schleunig eine zweite Front aufzubauen, konnte Mountbatten Tschiang Kai-schek davon abhalten, Stilwell noch im selben Jahr (im September 1943) zu entlassen. Aber nach der Teheran-Konferenz im Dezember 1943 wurden zwei Drittel von Mountbattens eben erst in Indien eingelaufener Flotte unvermittelt zurückbeordert und im Mittelmeerraum eingesetzt.
Dies erfuhr Tschiang ausgerechnet von Roosevelt. Auf seine in Kairo gestellte Forderung antwortete Roosevelt: »Ich denke doch nicht im Schlaf daran, dem Hundesohn eine Milliarde Dollar zu geben« und ventilierte, daß der Mittelmeerraum den absoluten Vorrang habe. Das aber lieferte Tschiang einen willkommenen Vorwand, sich Stilwells nun doch zu entledigen. Warum sollte er sich an seine Versprechungen halten, wenn es die anderen Staatsoberhäupter so wenig für nötig hielten? Und wieder einmal drohte er mit Japan Frieden zu schließen, was ihm immerhin eine halbe Milliarde Dollar eintrug.
Er fragte Mountbatten, wer in den burmanischen Territorien,

in denen chinesische Truppen eingesetzt werden sollten, für die Zivilverwaltung und die Aufrechterhaltung der Ordnung verantwortlich sein würde; die Antwort »die Briten« weckte in Tschiang den Verdacht, die Chinesen sollten in Burma lediglich die britische Herrschaft wiederherstellen. Die Briten ihrerseits schlugen vor, eine Mission für die Angelegenheiten der Zivilisten einzurichten, und zwar zum Behuf der »Kanalisierung der Beziehungen« zwischen Einheimischen und Chinesen. Mit anderen Worten, die chinesischen Truppen, für den Kampf wohl gut genug, sollten von der Bevölkerung der Kampfgebiete ferngehalten werden. Die Leitung sollte Generalleutnant Sir Adrian Carton de Wiart, V. C., übertragen und in Kunming ein Verbindungsbüro eingerichtet werden. Carton de Wiart speiste mit der chinesischen Mission im Kriegsministerium, zeigte sich von seiner besten Seite, und General Hsiung durfte, in seinen Umhang gehüllt, die militärischen Einrichtungen inspizieren.

Tschiang dachte nicht daran, Mountbatten die chinesischen Streitkräfte mit Ausnahme der bereits in Ramgarh in Indien stationierten chinesischen Divisionen zu unterstellen. Befehle und Kommandos, Gegenbefehle und Gegenkommandos tickerten nach London wie nach Washington; Wellington Koo war dermaßen überarbeitet, daß er einen völlig stumpfsinnigen Eindruck machte; die Marine-, Heeres- und Luftwaffenattachés wurden sowohl von Tschiang, der sich nie an die Rangordnung hielt, als auch von den Briten übergangen, die lieber ein eigenes Verbindungsbüro in China einrichten wollten.

Von November 1943 bis Mai 1944 machten die chinesischen Truppen keinen Ruck, und ließen sich durch nichts und niemand in Bewegung setzen. Diese Verzögerung, Tschiangs »Unzuverlässigkeit« empörten Stilwell, der offenbar nicht wußte, daß sich seine eigene Regierung umbesonnen und seine Pläne unterminiert hatte.

Im Mai 1944 setzten chinesische Streitkräfte über den Salwin über, allerdings ohne die Briten vorher von diesem Schritt zu benachrichtigen. Beunruhigt wiederholte Carton de Wiart seine Forderung, der britischen Zivilistenmission sofort zu gestatten, sich den chinesischen Truppen in Burma anzuschließen. Die Briten hatten sich nämlich ausbedungen, Verhandlungen gegen »straffällige Zivilisten britischer Staatsangehörigkeit« (d. h. Burmanen, die als Kolonialvolk unter diese Definition fielen) dürften nur vor Gerichten der britischen Militärverwaltung geführt werden, die in Erwartung der Wiederbesetzung der südostasiatischen Territorien nach dem Krieg bereits fürsorglich geschaffen worden war.

Im Juni 1944 erhielten einige britische Offiziere von den Chinesen die Erlaubnis, nach Kunming zu fliegen; aber sie konnten Tschiang Kai-schek nicht bewegen, auf ihre Vorschläge auch nur teilweise einzugehen oder die Mission offiziell zu billigen.

In der Zwischenzeit, das heißt im Januar 1944, waren starke japanische Truppeneinheiten über den Tschindwin nach Assam eingedrungen, wo der Kampf im März 1944 eine kritische Phase erreichte: Alles schien auf den Fall von Assam, ja sogar auf eine Bedrohung Kalkuttas hinzudeuten.

Damit aber hätten die Japaner auch die Nachschublinien zu jenen Flugplätzen abgeschnitten, die die Flugverbindung mit China sicherten.

Außerdem trieben die Japaner nun auch verstärkte Propaganda; sie versprachen Indien Unabhängigkeit und unterstützten die Indische Unabhängigkeitsarmee Subhas Tschandra Bhoses, der aus Bengalen stammte, wodurch sie in Bengalen eine Unabhängigkeitsbewegung auszulösen hofften.

So brach der zweite Burma-Feldzug bereits im ersten halben Jahr zusammen; alle Pläne, von China aus einen Angriff zu starten, wurden aufgegeben. Statt dessen konzentrierte sich die amerikanische Strategie nun direkt auf die japanischen Inseln, die von pazifischen Stützpunkten aus eine nach der anderen erobert wurden. Andererseits aber lag den Vereinigten Staaten daran, China im Krieg zu halten und sein militärisches Potential sowie seine strategisch günstige geographische Lage nach Möglichkeit für die eigenen Ziele einzuspannen: nach dem Krieg eine von ihnen bestimmte politische Ordnung in Fernost aufzurichten. Dazu aber mußte sich Amerika als die beherrschende Macht im Fernen Osten aufbauen und Großbritannien, Frankreich und Holland sowohl wirtschaftlich als auch militärisch verdrängen. Aus diesem Grund mischte sich Amerika von diesem Jahr an immer tiefer in die Angelegenheiten Chinas ein, und die Kuomintang geriet in zunehmende Abhängigkeit von den Vereinigten Staaten, bis sie schließlich zu einem Werkzeug der amerikanischen Politik wurde.

Aber solange sich China im Bürgerkrieg aufrieb, konnte es die ihm zugedachte Rolle nicht übernehmen; daher denn der großartige Plan einer »Koalitionsregierung«, in der Kuomintang und Kommunisten »zusammenarbeiten« sollten, um Reformen durchzuführen, die unter dem Deckmantel der Demokratie Tschiangs Regierungsmannschaft lebensfähiger machen, die Kommunisten aber schwächen sollten.

Nach und nach zeigte sich Roosevelt aufgeschlossener für Tschiangs Erpressungen, und zwar aus der Überzeugung heraus, daß China die US-Politik überall unterstütze. Tschiang und seine Frau taten alles, um ihn in dieser Meinung zu bestärken; so hatte Madame Tschiang auf ihrem Amerikabesuch im Winter 1942/43 Harry Hopkins versichert, China werde sich nach Kriegsende »hinter Amerika stellen«.

Die Schlacht von Imphal im Juni 1944 brach die japanische Offensive in Burma. Nur durch die Reorganisation der burmanischen Streitkräfte durch Mountbatten war es überhaupt zum Zusammenstoß gekommen. Tschiang seinerseits leistete dem japanischen Vorstoß in China, der zeitlich mit einem anderen verzweifelten Ausfall der Japaner in Burma zusammenfiel, nach probater Weise keinen Widerstand.

Mountbatten begriff, daß Tschiang um jeden Preis bei der Stange gehalten werden mußte. Aber dieser bereitete eine Generaloffensive gegen Jenan vor und mobilisierte alle seine Truppen gegen Mao Tse-tungs roten Stützpunkt. So flog Mountbatten nach Tschungking, um mit Tschiang zu reden.

Der dritte Burma-Feldzug brachte gleich anfangs einige Erfolge. Ende Januar 1945 war Nordburma endlich von den Japanern gesäubert, Ende Juni die Rückeroberung Burmas abgeschlossen.

Übrigens interessant, welch widersinnige Ergebnisse die ständige Umstoßung aller Pläne zeitigte.

Wäre der Burma-Feldzug nach Stilwells Vorstellungen geführt und die Stilwellstraße früher gesäubert worden, so hätte sich Tschiang – und das hätte die Position seines Regimes beträchtlich gestärkt – auf ein riesiges, sehr reiches Hinterland ohne jede kommunistische Infiltration stützen können.

Anfang 1945 jedoch, als Nordburma endlich von den Japanern gesäubert war, hatte sich Tschiangs wirtschaftliche und politische Lage und damit auch seine Position den Kommunisten gegenüber im Vergleich zu 1942 erheblich verschlechtert. Und dabei hatte er selbst nach Kräften zur Sabotierung von Stilwells Bemühungen beigetragen.

Wäre es nach Stilwells Kopf gegangen, so wäre die amerikanische Militärmacht in China nach Kriegsende im August 1945 weit stärker vertreten gewesen.

Gerade in jenen Jahren aber erstarkten die kommunistischen Streitkräfte und gewannen an Territorium – erstaunlicherweise nicht durch Untätigkeit und Schonung ihrer Leute, sondern durch einen fortgesetzten, anstrengenden, erbarmungslosen Kampf, durch eine mobile Kriegführung, durch einen Guerillakrieg hinter den japanischen Linien. So hatte sich das Gleichgewicht der Mächte in China nach Kriegsende unwiderruflich verschoben.

Ich hatte mich also breitschlagen lassen, zu Pao zurückzukehren; Margery hielt Isobels Rat allerdings für falsch, nach ihrer Meinung hätte ich reinen Tisch machen, einen Bruch herbeiführen und für mich selber sorgen sollen.

Ich kehrte in die große Wohnung in der Welbeck Street zurück. Isobel hatte mir zwar geraten, umzuziehen, denn »diese Wohnung sei ein unseliger Ort«, aber was konnte ein Umzug schon helfen.

Die ersten paar Wochen ging alles viel besser, jeder nahm sich zusammen, wir konnten sogar wieder miteinander reden. Ich erklärte Pao, ich gedächte nun mein Medizinstudium abzuschließen.

»In China wird sich allerlei ändern; in diesem Elend kann das Volk nicht weiterleben.« Ich stellte mich mir als Ärztin vor – im übrigen keineswegs eine neue, sondern sogar eine sehr alte Idee – und der Eigensinn und die Zähigkeit, die mich all die Jahre hatten überstehen lassen, trieben mich nun, an die Universität zurückzukehren und mein Studium zu Ende zu führen, also endlich das zu tun, was ich mir schon als Zwölfjährige gewünscht hatte – mittlerweile war ich siebenundzwanzig.

Pao schien ebenfalls in sich gegangen zu sein; die Nachrichten über die Inflation in China stimmten die chinesischen Diplomaten besorgt; immer wieder trafen aus Tschungking Direktiven ein, sich einzuschränken und die Ausgaben zu drosseln. Außerdem mag auch George Yehs beißende Kritik am Regime, mit der er privat nicht sparte, nicht ohne Einfluß auf Pao geblieben sein.

Isobel versprach, sich an der Hunter Street School of Medicine for Women für mich zu verwenden. Ich besaß noch mein Zertifikat von der Universität Brüssel (das Dritter Onkel für mich aufbewahrt hatte).

Im Frühjahr 1944 erhielt ich die Erlaubnis, in die London School of Medicine for Women, Royal Free Hospital, einzutreten, vorausgesetzt, ich bestand die Aufnahmeprüfung im März 1945 an der Hunter Street School of Medicine ... Ich mußte also Vorbereitungskurse in Anatomie, Physiologie und vor allem in Biochemie an der Hunter Street School besuchen, denn von diesen Fächern hatte ich keine Ahnung. Biochemie stand an der naturwissenschaftlichen Fakultät der Universität Brüssel erst im vierten Jahr auf dem Lehrplan.

Darüber hinaus aber hieß es all das, Anatomie, Physiologie, Chemie, Biochemie und Pharmakologie, auf englisch zu pauken. Und dieses Pensum galt es in der Zeit vom Frühjahr 1944 bis zum März 1945 zu bewältigen, wobei ich zunächst zu Hause

lernen mußte, denn die Vorlesungen und Anatomiekurse konnte ich erst ab Herbst 1944 besuchen.
Nahm ich mir nicht zu viel vor? Vor sieben Jahren bereits war ich von der Universität Brüssel abgegangen, um nach China zurückzukehren – ein Entschluß, dem ich nicht gerade viele überschäumend glückliche Tage verdankte, den ich aber dennoch nicht bereute. Er schien mir schon damals richtig und heute, drei Jahrzehnte später, noch mehr.
Ich sollte 1945 dort beginnen, wo ich 1938 aufgehört hatte, aber dazwischen lagen sieben Jahre völlig anderer Erfahrungen, und ich verbot mir, daran zu denken, daß es mir vielleicht gar nicht so leicht fallen würde, wieder von vorn zu beginnen.
Wenn ich übers Pläneschmieden geriet, sparte ich die Schwierigkeiten stets aus und hielt mir lediglich das angestrebte Ziel vor Augen. Womit z. B. wollte ich das Studium finanzieren? Oder was sollte aus Yungmei, Gillie und Pao werden? Es klang unfaßlich, daß die Frau des chinesischen Militärattachés plötzlich Medizin studieren sollte.
In China hatte die Inflation mittlerweile astronomische Ausmaße erreicht; der amerikanische Dollar wurde auf dem Schwarzmarkt gegen fünfundzwanzigtausend chinesische Dollar gehandelt, und dieses Verhältnis sollte sich später noch wesentlich verschlechtern. Durchschnittlich lagen die Preise im Februar 1944 zweihundertfünfzigmal so hoch wie im Sommer 1942. Die zwischen 1941 und 1945 stetig wachsende Zahl amerikanischer Soldaten und anderen Personals in China wirkte sich außerordentlich ungünstig auf die Inflation aus. Die militärischen Aktien der Amerikaner in China sollten mit chinesischen Dollars finanziert werden, so die *Flying Tigers* des amerikanischen Generals Chennault und die 14th Air Force, Stilwell und sein Stab, sowie die Ausbildung und Unterstützung der chinesischen Truppen durch die Amerikaner, die Flugroute über den Himalaja und die Bombardierungen. Diese zusätzliche Belastung der Währung aber konnte, wie der amerikanische Finanzberater Arthur Young schrieb, nur »durch eine Ankurbelung der Druckerpressen« wettgemacht werden.

Seit dem Herbst 1942 war das amerikanische Personal in China mit US-Dollarnoten bezahlt worden, die es nach Belieben auf dem freien Markt verkaufen konnte, was ebenfalls zur Abwertung des chinesischen Dollars beitrug. Überdies kam es wegen der Währungsprobleme zu beträchtlichen Reibereien zwischen den Amerikanern und Tschiang; zum Teil deshalb, weil die Chinesen eigensinnig auf dem Kurs von zwanzig zu eins bestanden, statt den von hundert zu eins zu akzeptieren, was laut Young mit den »nicht näher definierten Versprechungen« Roosevelts zusammenhing, die Stationierungskosten des amerikanischen Militärs in China und die damit verbundenen anderen Ausgaben zu übernehmen – ein Versprechen, das jedoch keineswegs gehalten wurde, denn die Verpflegungs- und Unterbringungskosten, der Aufwand für sonstige Annehmlichkeiten, für Straßen und die Anlage von Flugplätzen (zu der einmal dreihunderttausend Mann zwangsrekrutiert wurden) gingen zu Lasten der Chinesen. Mitte 1944 zahlte China monatlich 200 Millionen Dollar (in Landeswährung) für Verpflegung und Unterbringung der amerikanischen Streitkräfte, 1945 – die Inflation hatte die Preise erschreckend hochgetrieben – fünfundzwanzig Millionen chinesische Dollar pro Monat.
Wegen der Inflation, soviel begriff ich, würde ich die Geldmittel für mein Studium selbst aufzubringen haben. Vermutlich mußte ich über kurz oder lang für Yungmei, Gillie und mich selbst sorgen. Wie aber sollte ich das anstellen? Pao jedenfalls wollte ich nicht um Geld bitten. Irgendwie mußte ich es also allein schaffen.

Ich bewarb mich über Isobel Cripps beim British Council um ein Stipendium. Von einer Diplomatenfrau gestellt, mag dieser Antrag lächerlich gewirkt haben, obwohl bereits mehrere junge Mitglieder der chinesischen Botschaft in aller Stille Vorbereitungen trafen, sich später einmal als Lektoren durchzubringen bzw. sich ebenfalls um Stipendien oder die Stelle eines Universitätsfellows umtaten.
Auf meine Bewerbung teilte mir der British Council mit, man

werde mich, falls ich das Aufnahmeexamen im März 1945 bestünde, für eine solche Vergünstigung in Betracht ziehen, und auf diese Zusicherung baute ich.
Aber als London unter V-2-Beschuß genommen wurde, zogen wir aufs Land in Barney Cottage, Maiden's Green, bei Winkfield, ein kleines Haus mit einem niedlichen, wenn auch schwer klassifizierbaren Garten. Im Januar 1944 bereitete ich den Umzug vor, im März stellte sich heraus, daß ich schwanger war. Endlich. Allerdings auch zur unpraktischsten Zeit. Was sollte ich jetzt machen? Nun, ich wollte das Kind haben und zusammen mit Yungmei aufziehen; ich würde es schon schaffen. Und studieren. Meine Pläne brauchte ich jedenfalls nicht zu ändern. Nach einem Besuch beim Gynäkologen Green-Armytage, der meine Vermutungen bestätigte, weihte ich Pao ein. Ich hatte geglaubt, er würde sich freuen, aber er machte keinen besonders glücklichen Eindruck, wahrscheinlich wegen der Inflation und vielleicht auch, weil er sich eine Zeit der Ruhe ohne zusätzliche Schwierigkeiten erhofft hatte. Ich dagegen lebte in der Euphorie der ersten Schwangerschaftsmonate, die mich auch mit neuer Energie erfüllte. Nichts schien mir unmöglich. Ich fürchtete mich auch nicht mehr; nun war es an Pao, verstört herumzuschleichen. Außerdem war er auf die Briten schlecht zu sprechen, weil er sich für einen Kurs am Staff College beworben hatte, aber abgelehnt worden war. Überdies kamen er und seine Freunde neuerdings immer öfter, wenn auch nur kurz, auf das »rote Banditentum« und den Bürgerkrieg zu sprechen. Und immer, wenn ich wiederholte: »Nach dem Krieg wird sich allerlei ändern«, antwortete er: »Wenn uns die Amerikaner die Stange halten, ist alles in Ordnung.«
Eines Nachmittags, als ich mit ein paar Hemden und zwei Anzügen von der Wäscherei nach Hause kam, überfiel mich auf der Treppe des Welbeck House plötzlich ein stechender Schmerz, so bohrend, daß ich fast ohnmächtig wurde. Irgendwie aber kam ich noch in den Lift, brachte die Wohnungstür auf, ging dann sofort ins Schlafzimmer und legte mich aufs Bett. Aber der Schmerz, unbeschreiblich ziehend und reißend, ließ nicht nach,

im Gegenteil. »Irgend etwas in mir muß bersten; vielleicht ist es eine Fehlgeburt.« Ich schleppte mich zum Telefon und rief Pao an. »Bitte komm«, sagte ich, »ich glaube, ich habe eine Fehlgeburt.« Der Schmerz war so heftig, daß ich auf die Toilette mußte. »Bitte ruf auch den Gynäkologen an.« Daraufhin ließ mich Green-Armytage mit einer Ambulanz in die Klinik schaffen, wo ich sofort ins Bett gesteckt wurde. Pao war für den Abend zu einer Party eingeladen und ging auch hin, denn ich sagte ihm, daß ich allein zurechtkäme.

Green-Armytage suchte mich auf, um sich zu erkundigen, was eigentlich vorgefallen war. Ich erzählte ihm, wie ich beim Wäschetragen mit einem Male jenen Schmerz gespürt hatte. Er gab mir eine Krankenschwester zur Beobachtung und verordnete mir Bettruhe, und ich dachte, großartig. Ich möchte das Kind behalten. Flach liegen wird mir gut tun. Ich blutete nicht. Nur ein paar Tropfen hatte ich am Kleid. Ich sagte noch zur Schwester, daß ich das Kind gern behalten würde, dann überließ ich mich den Schmerzen, die die ganze Nacht nicht nachließen, bis in die rechte Schulter hinauf ausstrahlten, die mir schließlich ebenfalls sehr wehtat. Wiederholt erbrach ich mich. Die Schwester, ein irisches Mädchen, zeigte sich unendlich geduldig. Gegen Morgen konnte ich nur noch mühsam Luft holen, mein Atem ging keuchend. Halbstündig fühlte mir die Schwester den Puls. Um fünf Uhr morgens sagte ich zu ihr: »Es geht mir jetzt viel besser; im Leib habe ich schon fast keine Schmerzen mehr, nur noch in der rechten Schulter; aber die sind reichlich lästig.« Euphorie erfaßte mich, und ich fing an zu lachen. »Sehen Sie, Schwester, bald werde ich wieder in Ordnung sein.« – »Natürlich, meine Liebe«, antwortete sie und begann mich zu rasieren. »Wir werden Sie jetzt einmal ein bißchen untersuchen, Dr. Green-Armytage ist gerade hier.« – »Schön, aber ich möchte das Kind.«

Green-Armytage wartete bereits im Operationssaal in sterilisierter Kleidung und Maske. Mein Atem ging mittlerweile stoßweise, mein Puls war, was ich allerdings nicht ahnte, auf 160 gestiegen, meine Temperatur auf 35,5 gefallen. Offensichtlich hatte ich also eine innere Blutung. Der Anästhesist gab mir eine Maske und schon verlor ich das Bewußtsein, aber ich hatte keinerlei Angst, denn ich vertraute Green-Armytage voll und ganz. Als ich wieder zu mir kam, lag ich im Bett, aus einer Flasche erhielt ich eine Blutübertragung, und um den Magen hatte ich einen Verband. Später kam Green-Armytage zur Visite und sagte mir, daß ich eine extrauterine Schwangerschaft gehabt hatte, die geborsten sei; daß ich viel Blut verloren hätte, aber bald wieder auf den Beinen sein würde. »Machen Sie sich keine Sorgen, Sie können noch Kinder bekommen, Sie wissen ja, Sie haben noch eine Tube.« Ich lachte und sagte jaja und schlief ein. Die Zeit der Genesung war wunderbar. Ich hatte ein Radio und hörte mir Ben Jonsons *Volpone* an, und war die meiste Zeit heiter, ja glücklich. Draußen heulten die V-2, aber was kümmerte uns das schon in der Klinik. Als Pao kam, versuchte ich, ihm zu erklären, was vorgefallen war, doch er lief im Zimmer auf und ab und erzählte mir, er werde nach Ablauf seiner drei Jahre nach China zurückkehren müssen, um »Armeen zu führen«. »Das heißt, um gegen die Japaner zu kämpfen?« – »Nein«, antwortete er, »gegen die kommunistischen Banditen.« Als er gegangen war, las ich Gedichte von Aragon, dem französischen Kommunisten, die ich am selben Tag, an dem mein Eierstock brach, bei Bumpus in der Oxford Street auf dem Weg zur Wäscherei erstanden hatte. Mittlerweile ließ ich mir meine Lektüre nicht mehr vorschreiben. Pao konnte mich nicht länger einschüchtern.

Nach einer Woche durfte ich wieder nach Hause. In der Zwischenzeit waren Pao, Gillie und Yungmei umgezogen, und ich ließ mich direkt in die Barney Cottage bringen. Es war immer noch sehr kalt, aber der Frühling ließ bestimmt nicht mehr lange auf sich warten, und wir waren in Sicherheit vor den Londoner Alarmen. In der folgenden Woche pflegte mich eine irische Krankenschwester, eine sehr nette Person, die mir eine Bekannte empfohlen hatte. Ich betrachtete die Narbe auf meinem Magen und fragte mich besorgt, ob sie wohl Runzeln hinterlassen werde. Bald konnte ich wieder herumlaufen, und mit einem

Male war der englische Frühling da, der Mai und der Geruch von Geißblatt, und ich machte mich über die Anatomielektüre her und unternahm lange Spaziergänge mit Yungmei und Gillie. Dann kam der Juni 1944, und in Europa wurde die Zweite Front eröffnet. An einem strahlenden, wunderschönen Tag konnten wir die Flugzeuge zu Hunderten und Tausenden zum Kontinent hinüberfliegen sehen, ihr Dröhnen erfüllte die Luft, und Gillie und Yungmei winkten ihnen zu, und die Nachbarn kamen zu uns und wir zu ihnen, und alle waren glücklich, denn bald, sehr bald würde der Krieg nun aus sein . . .

Im Sommer 1944 rissen die Aufregungen nicht ab; laufend trafen Nachrichten von großen Schlachten und Siegen in Europa ein – eine Zeit der Freude für England. Pao und die anderen Militärattachés hatten alle Hände voll zu tun, um mit dem Tempo, in dem der Krieg nun abrollte, und den vielen Befehlen des Kriegsministeriums Schritt zu halten. Die Attachés brannten darauf, den Krieg auf dem Kontinent aus nächster Nähe zu sehen, und so wurden Kriegsschauplatzführungen für sie arrangiert und Photos zum Andenken aufgenommen. Eines zeigt Pao mit ein paar sehr jungen, fünfzehn- bis sechzehnjährigen deutschen Kriegsgefangenen, die in den letzten verzweifelten Monaten noch eingezogen worden waren. Paos Gesicht verlor nach und nach seine Glätte. Er hatte so sehr auf den Sieg der Deutschen gehofft. Die Aussicht auf ihre Niederlage erfüllte das gesamte Tschiang-Regime mit großer Besorgnis, bedeutete sie doch mehr oder minder ein wieder erstarkendes Rußland an einer ungeheuer langen Grenze, das die subversive Kommunistische Partei Chinas aktiv bei der Machtergreifung unterstützen würde . . . Diesen Sommer verbrachte ich in Barney Cottage, erholte mich, studierte; sammelte Kräfte; bereitete mich auf den kommenden Lebensabschnitt vor; nur mit Pao sprach ich nie darüber. Und er tat, als sähe er die herumliegenden Bücher nicht, und die Tage vergingen, und ein mürrisches Schweigen entfremdete uns, und keiner fand ein Wort für den anderen.

13

Im September 1944 trat ich in die Hunter Street School of Medicine für Frauen ein und führte von nun an das Leben einer Studentin, auch wenn ich, da ja Pao noch da war, das Leben einer Attachéfrau noch nicht gänzlich aufgeben konnte.
So verkörperte ich eine Zeitlang zwei völlig verschiedene Personen, die einander jedoch schon bald durch die Ungunst der Umstände im Weg standen.
Lief ich in langen Hosen und Popelinemantel mit einer Studienkameradin in der Bond Street in eine von Paos liebenswürdigen Freundinnen hinein, musterte mich diese unfehlbar erstaunt, ja geradezu bestürzt. Nahm ich eine meiner Kommilitoninnen zum Tee ins Dorchester Hotel mit, so fanden das viele unserer diplomatischen Bekannten reichlich unpassend. Mir selber war das alles längst gleichgültig.
Denn da ich endlich aus dem Leben ausgebrochen war, in das man mich hatte einsperren wollen, verspürte ich weder Groll noch Haß. Ich empfand keinerlei Rachegelüste, weder Pao noch jenen zuvorkommenden Freunden gegenüber, die wahrhaftig das ihre getan hatten, um mir das Leben sauer zu machen. Die feinen, ehrenwerten Damen, dieser ganze wohlmeinende Klüngel, der sich so mäkelig an seinen Konventionen festklammerte, flößte mir fast so etwas wie herablassendes Mitleid ein. Sie schwärmten für Pao und nickten mir eisig zu und machten nach wie vor kein Hehl aus ihrer Mißbilligung, nur daß mich das nicht mehr traf.
Beim Betreten des großen, von einem konventionellen Kreuzgang umschlossenen Hofes befielen mich zunächst allerdings erst einmal Angst und Beben. Rings um mich Scharen, Trauben von Mädchen, die einander alle kannten und sich laut, aus vollen Lungen schreiend, in einem Idiom unterhielten, von dem ich so gut wie kein Wort verstand – Studentenenglisch.

Und während ich noch mit meinem Schrecken rang, kam eines dieser Mädchen auf mich zu und sagte: »Wollen Sie meinen Schrank mit mir teilen?«
Das war Cherry Heath, die meine beste Freundin werden sollte. Scheu und schüchtern folgte ich ihr in den Garderobenraum, wo sie mir auch bereits die ersten Studentenausdrücke beibrachte. Hier schlossen sich uns zwei andere Mädchen, Freundinnen von ihr, an, und gemeinsam aßen wir in der Mensa zu Mittag, stellten uns um die Suppe und das Schmorfleisch und den saccharingesüßten Nachtisch an.
Cherry erwies sich als unschätzbar und unersetzlich; eine zuverlässige Freundin, ein tüchtiges Mädchen, energisch, nie um einen Ausweg verlegen und unerschrocken all den Schwierigkeiten gegenüber, die das Studentenleben mit sich brachte. Sie war schlicht und einfach nicht zu schlagen im Ausfindigmachen von kleinen Lokalen, wo man billig, aber gut aß, verstand sich wie keine zweite darauf, mißtrauische Hausfrauen »einzuwickeln«, ihnen heißes Wasser und so manche Tasse Tee abzuschmeicheln, und was sie um einen Shilling aus den Allzweckgasgeräten, mit denen die meisten Studentenzimmer ausgestattet waren, herausholte, grenzte schon ans Wunderbare.
Dieser gewaltige Schrecken auf dem Schulhof war der erste Eindruck, den ich von meinem neuen Leben gewann. Der zweite, den mir die noch ungewohnte, sich erst allmählich entpuppende Person, ich als Medizinstudentin, hinterließ, war der Geruch des Anatomieraums, der mir schon bald vertraut, ja von meinen Kleidern und Sachen nicht mehr wegzudenken war. Und als dritten Eindruck habe ich aus dieser Zeit den Anblick grausilberner Ballons in Erinnerung, die sich wie ein Netz über die vielen Millionen Londoner Kamine spannten und wie ein segensreiches Omen über uns wiegten, wenn wir in den Anatomielaboratorien eifrig beim Sezieren waren.
Ich hatte im vergangenen Jahr das Ballonkommando besichtigt und den Mädchen einen Besuch abgestattet, die die Fallschirme für die R.A.F.-Piloten herstellten; nun erzählte ich Cherry, daß eine der Vorsichtsmaßnahmen darin bestand, eines der Mädchen

auszusuchen und mit einem Fallschirm abspringen zu lassen, um zu verhindern, daß nachlässig gearbeitet wurde. Wie mir Cherry später gestand, glaubte sie mir kein Wort. »Wir wissen doch alle, daß Verheiratete gern aufschneiden«, erklärte sie. Sie und ihre Kameradinnen waren überzeugt, daß ich ein netter Kerl, aber komisch und vor allem reichlich naiv war, denn die Diplomatenfrau nahmen sie mir ebenfalls nicht ab, bis ich sie eines Tages zu Gunthers zum Tee einlud. Außerdem konnten sie sich nicht vorstellen, daß ich es je »schaffen«, d. h. daß ich das Examen bestehen würde. Nach Cherry hieß es »Geld zum Fenster hinauswerfen«, mich für die Aufnahmeprüfung einzuschreiben.

Aber nach und nach lernte ich ohne Gewissensbisse die Aufzeichnungen meiner Mitstudentinnen auszuleihen, mir ihre Ideen anzueignen, mit einem Wort, stets den kürzesten Weg einzuschlagen, auch wenn ich vor lauter Eifer geradezu idiotisch wirkte. Cherry und ihre Freundinnen halfen mir großzügig, weihten mich in den ganzen Betrieb ein und referierten mir die wichtigsten Punkte der Vorlesungen, die ich versäumt hatte. Und auf diese Art und Weise arbeitete ich mich sehr schnell ein und konnte so die verlorene Zeit einigermaßen wieder wettmachen.

Wie die anderen verlotterte ich mit der Zeit etwas, wusch mich nicht mehr regelmäßig, nahm es mit den Flecken auf meinen Kleidern nicht allzu genau; dafür aber lernte ich endlich das wirkliche England kennen, das englische Volk, wie es leibte und lebte und unter den vom Krieg auferlegten Entbehrungen litt, erfuhr, was es hieß, kein warmes Wasser und kaum Seife zu haben, alles strecken und zum Essen anstehen zu müssen, lernte die Kälte und die Feuchtigkeit kennen und die schrecklichen Mahlzeiten und die Zigarettenlosigkeit und die bleierne Zähigkeit, in der nichts voranging, und doch liebte ich jede einzelne Minute dieser Zeit!

Wenn jetzt die V-2 über den Himmel heulten und über London explodierten, fürchtete sich niemand mehr. Wir setzten unsere Arbeit fort, obwohl die riesigen Glasfenster des Laboratoriums im obersten Stock des Gebäudes schon etwas gefährlich waren. Ich verbreitete im Sezierraum einen Duft nach Chanel Nr. 5 (das ein mit Pao befreundeter US-Oberst mit einer Doppelreihe von Orden und Auszeichnungen vom Kontinent mitgebracht hatte), während ich bei Empfängen im Claridge Hotel einen Gestank nach Konservierungsmitteln ausströmte.

Im Juni 1944 war Rom gefallen. Die Offensive der Alliierten in Italien, die sich seit zwanzig Monaten lustlos auf der Halbinsel hinschleppte, hatte durch die Landung der alliierten Truppen am 6. Juni in der Normandie neuen Auftrieb erhalten. Paris wurde am 25. August befreit, und die Wochenschau zeigte die Blumen, die Menschenmengen, die umjubelten Helden auf ihren Panzern; etwas später brachten die Wochenschauen auch Bilder von Französinnen, denen man wegen Kollaboration mit den Deutschen das Haar schor, während man von den brutaleren Rachemaßnahmen gegen die Kollaborateure nur munkeln hörte.

Dann wurde Montgomery, für den Cherrys Herz wie das vieler Engländer höher schlug, nach seinem Sieg über Rommel in Nordafrika zum Feldmarschall ernannt und rückte mit der Kanadischen Ersten Armee und der Britischen Zweiten Armee in vier Tagen in den Ardennen dreihundert Kilometer vor; Brüssel wurde am 3. September, Antwerpen am 4. September befreit.

Auch von der russischen Front liefen ständig neue Siegesmeldungen ein; die Wochenschau zeigte Scharen deutscher Kriegsgefangener auf Moskaus Straßen, von Paulus mit dem nervösen Zucken auf dem Gesicht, endlose Reihen in der Wüste gefangengenommener deutscher Soldaten, »Lili Marlen« singend. Und je näher der totale Sieg rückte, desto tiefer sank Paos Stimmung. An Deutschlands Niederlage war nicht länger zu zweifeln. Pao sollte nach China zurückkehren, »weil wir jetzt wohl die Roten bekämpfen müssen«. Der Bürgerkrieg, auf den sich Tschiang seit vielen Jahren vorbereitete, zeichnete sich immer deutlicher ab, und Anfang 1945 stand fest, daß Amerika auch weiterhin in China mitzumischen gedachte.

Ich mußte früh aufstehen, um rechtzeitig in die Vorlesungen zu kommen, denn von Barney Cottage in Winkfield bis zur Hunter Street in London brauchte ich über zwei Stunden. So kaufte ich mir ein Motorrad, mit dem ich zu dem neun Kilometer entfernten Bahnhof fuhr und von da mit dem Zug nach St. Pancras; von St. Pancras ging ich zu Fuß in die Hunter Street. Mit der Rückfahrt abends war es oft recht schwierig.
Nach dem Dezember 1944 verkaufte Pao sein Auto; er trieb sich viel draußen herum, besuchte (allein) viele Parties; ich fand es zunehmend schwieriger, mich nach den Vorlesungen und der Laborarbeit in der Hunter Street für eine Diplomatenparty zu waschen und umzuziehen. Am Wochenende freilich führte ich wieder jenes andere Leben mit Einladungen zum Abendessen und Samstagabendparties in piekfeinen, »exklusiven« Klubs. Den Sonntag allerdings verbrachte ich meistens mit Lernen (oder »Büffeln«, wie ich es jetzt nannte) und mit Examensvorbereitungen bis tief in die Nacht.
Ich war nicht die einzige verheiratete Studentin; wir hatten im selben Semester noch eine, Sanchia, mit drei Kindern, eine lebhafte, schöne Frau mit langem, blondem Haar und einem unbremsbaren Eifer, obwohl sie bei den Prüfungen unfehlbar durchfiel. Aber sie war fest entschlossen, notfalls jahrelang weiterzumachen, und ist schließlich tatsächlich eine sehr gute Ärztin geworden. Nach Meinung der unverheirateten Mehrheit waren die wenigen verheirateten Studentinnen »eine rechte Plage«. Ähnlich dachten vielleicht auch ein paar Lektoren und Professoren, auch wenn sie kein Wort in dieser Richtung verloren und uns alle gleich höflich behandelten. Sanchia brachte ihr Jüngstes in die Vorlesungen mit, fütterte es hinter einer Art Wandschirm, den sie selbst hergestellt hatte, und schwärmte ihren Verehrerinnen ein langes und breites über die Freuden des Ehestandes vor. Ich hingegen redete nicht über die Ehe, da ich mich zu diesem Zeitpunkt als fast nicht mehr verheiratet betrachtete. Nicht nur jede sexuelle Regung, sogar der Gedanke an Sex und Liebe war in mir erstorben, und diese Phase der Erstarrung hielt vier Jahre lang an. Ich, die ich durchaus gesund

und normal gewesen war, konnte nun nicht ohne ein Gefühl des Ekels an Liebe denken. So wenig ich mir auch anmerken ließ, so stark litt ich doch unter dem in gynäkologischen Lehrbüchern ausführlich abgehandelten Vaginismus mit seiner Zusammenziehung der Muskulatur und Schrumpfung des Fleisches. Ich ließ den Geschlechtsakt zwar über mich ergehen, aber er war für mich außerordentlich schmerzhaft, nahezu unerträglich. Doch Pao war ja nicht mehr lange da, und so faßte ich mich in Geduld; ein paar Monate hieß es noch aushalten, nur noch ein paar Wochen ... nie demonstrierte ich meine wachsende Unabhängigkeit durch die Verweigerung der ehelichen Pflichten, denn nun, nachdem ich offensichtlich gewonnen hatte, empfand ich Mitleid mit Pao und wollte ihm außerdem keinen Anlaß geben, eine Szene zu machen. Allerdings wirkte sich der Gestank der Desinfektionsmittel des Anatomielabors gelegentlich neutralisierend auf seine Neigungen aus, ebenso der Anblick von Knochen und einem Schädel beim Abendessen ... überdies schwamm in einem Kochtopf unter dem Bett ein konserviertes Gehirn, und schließlich waren meine Hände durch die chemischen Versuche gräßlich verfärbt.
Diese vier Jahre des Sommers meines Lebens (von achtundzwanzig bis zweiunddreißig) haben mir, da ich so an mir selbst klinische Beobachtungen anstellen konnte, später als Ärztin das Verständnis für viele andere Frauen erleichtert. Erotische Vorstellungen oder Träume verfolgten mich damals nicht. Der ganze Komplex von Sex und Liebe war aus meinem Bewußtsein wie ausradiert bzw. so tief unter heilendem Nichtsein vergraben, daß er erst nach vier Jahren wieder zu neuem Leben erwachte.
Später kam ich einmal mit einer Freundin auf dieses Thema zu sprechen, M., die ebenfalls genug Abstand hatte, um über ihr Leben reden zu können. Auf sie hatte sich die Grausamkeit in ihrer ersten Ehe gerade entgegengesetzt ausgewirkt; sie war eine Nymphomanin geworden. »Ich weiß nicht, wie viele Männer ich gehabt habe, aber es müssen buchstäblich Hunderte gewesen sein, und diese Phase dauerte drei Jahre lang.« Dann ließ

dieser Drang plötzlich nach, und sie mußte sich nicht länger beweisen, daß sie begehrenswert war. Sie heiratete ein zweites Mal und blieb ihrem Mann absolut treu.

Bei mir machte sich diese totale Unterdrückung der Libido sowohl körperlich als auch geistig bemerkbar. Liebesfilme langweilten mich; ebenso unverständlich und absurd fand ich die Beschreibung der Liebesraserei in Romanen. Meines Erachtens war es viel Geschrei um wenig Wolle und außerdem im höchsten Grade abstoßend. Ich zog Kriminalromane, technische Bücher vor. Und der Versuch eines Mannes, mich aus diesem Zustand der Erstarrung aufzuwecken, schlug schon in den Anfängen fehl. Ich konzentrierte alle Energie auf das Studium, die Arbeit, darauf, mich in möglichst kurzer Zeit zu qualifizieren.

Trotz der düsteren Prophezeiungen meiner Freundin Cherry paukte ich nach vier Monaten einem anderen Mädchen die verwickelten biochemischen Zusammenhänge ein, denn der beste Weg, etwas zu lernen, ist, es einem anderen zu erklären. Ich erfand Aufgaben und Probleme für mich, stellte mir Fragen in Anatomie und Physiologie und beantwortete sie laut. Und dann zeigte sich zu meiner Enttäuschung, daß ich das Anatomiepensum in der zur Verfügung stehenden Zeit unmöglich ganz bewältigen konnte; so beschloß ich kurzerhand, einen Punkt, das Bein, auszulassen.

Als es tiefer in den Winter hineinging, brachte ich den Regenmantel überhaupt nicht mehr vom Leib, da ich aus chronischer Übermüdung ständig fror; trotzdem zog ich unter die langen Hosen keine Strümpfe an. Bald fand ich heraus, welches Wundermittel heißer Tee mit Milch und Zucker für einen müden, hungrigen Menschen ist und schüttete ihn literweise in mich hinein. Ich aß Fisch und Pommes frites in billigen Kneipen, weil mir leicht schwindlig wurde, wenn ich mich mit leerem Magen in der Kälte auf den Rückweg nach Barney Cottage machte.

Über die Weihnachtsferien quartierte sich eine chinesische Militärmission bei uns ein, die ich verköstigen und auf Parties begleiten sollte. Zum Glück waren meine Kochkünste dermaßen erbärmlich, daß sie sich sehr bald für ein vorzügliches chinesisches Restaurant in London entschieden.

So verging der eisige Winter 1944/45. Wie Diamanten glitzerte der Reif auf den dunklen, entlaubten Bäumen, die Straßen waren glatt und gefährlich. Ich fuhr mit dem Motorrad, Gillie kochte, putzte und hielt Haus (bei den groben Arbeiten half ihr die Frau des Gärtners) und hatte stets etwas für mich im Herd, wenn ich abends heimkam.

Das Gehirn, das ich zu Studienzwecken unter dem Bett in Barney Cottage in einem großen Kochtopf mit Konservierungsflüssigkeit aufbewahrte, zog Yungmei, nun ein kräftiges, vierjähriges Mädchen, geradezu magisch an. Es bereitete ihr ein ungeheures Vergnügen, ihre Spielkameraden ins Schlafzimmer zu führen, den Deckel zu lüften und hineinzuspitzen. »Das ist Mammis Gehirn, sie hebt es unter dem Bett auf.«

Natürlich erregte mein Verhalten binnen kurzem die Mißbilligung der respektableren unter unseren Nachbarn; sie nahmen sich auch kein Blatt vor den Mund. Eine besonders nette Frau lud mich zum Tee ein, um mich über die Pflichten einer Gattin und Mutter aufzuklären. Statt mich in langen Hosen wie eine Studentin »herumzutreiben«, empfahl sie mir, mich um mein Kind zu kümmern. Ich starrte sie schläfrig an, viel zu müde, um ihr den wahren Sachverhalt auseinanderzulegen und auch viel zu nah an einem Lachanfall. Irgend etwas an diesen aufgeblasenen, Moralpredigten haltenden Puten reizte mich unweigerlich zu einem irren Gelächter. Sie ahnten ja nicht, welch unsichere Zukunft vor Pao lag.

Nicht einmal Pao selbst war sich darüber im klaren; er konnte einfach nicht an Tschiangs Fall glauben. Aber ich spürte die heraufziehende Revolution in den Knochen; spürte den großen, sich anbahnenden Wandel. Eines Tages würde Pao nicht mehr zu den Erfolgreichen zählen; sein rückwärts gewandter, mit Scheuklappen versehener Ehrgeiz hatte keine Zukunftsaussichten. Ich sagte es ihm manchmal, aber er hörte mir nicht zu.

Eines Tages würde ich Yungmei selbst ernähren müssen, denn verkaufen wollte ich sie unter keinen Umständen, schließlich besaß ich genug Kraft, um uns beide durchzubringen.
Von Pao versprach ich mir überhaupt nichts, was sich schon darin äußerte, daß ich ihn nie um Geld bat. Einmal erzählte ich einem mitfühlenden Herz (deren es zahllose gab!), daß der Preisindex in China, wenn man 1937 mit 100 ansetzte, nun nach acht Jahren, auf 125 000 geklettert war, aber der Groschen fiel bei meinem Gegenüber nicht. Diese in sogenannten »informierten« Kreisen so weit verbreitete Begriffsstutzigkeit, das Unvermögen, Geschehnisse zu beurteilen und vorauszudenken, war und ist eine Krankheit der Oberschicht, der sogenannten Intellektuellen; und zwar in England womöglich in noch größerem Ausmaß als sonstwo – vielleicht aufgrund der allgemeinen Überzeugung, daß man sich letztlich überall »durchwursteln« kann. Kein Wunder, daß die meisten Sendungen der BBC über aktuelle politische Ereignisse durch Kommentare verdorben werden, aus denen radikal alles verbannt ist, was nicht schon sattsam wiedergekäut wurde.
Im Februar 1945 lief Paos Zeit als geschäftsführender Militärattaché in England ab; die Reisevorbereitungen brachten nicht nur eine endlose Packerei, sondern auch Einladungen und Gegeneinladungen mit sich. Unsere unterschiedlichen Auffassungen traten nun deutlicher zutage. Erklärte er, er müsse am bevorstehenden Bürgerkrieg teilnehmen, »weil wir die Kommunisten jetzt bekämpfen müssen, und ich für meinen Teil wettmachen möchte, daß ich bis jetzt noch nie Truppen in den Kampf geführt habe«, so entgegnete ich: »Du hast nie gegen die Japaner gekämpft, und nun willst du auf Chinesen schießen. Das ist nicht richtig. Im übrigen bin ich überzeugt, daß die Kommunisten gewinnen werden. In China wird es eine Revolution geben, du wirst noch an mich denken.« Vor einem Jahr noch hätte ich mir durch solche Reden seinen großen Zorn und eine gewaltige Tracht Prügel zugezogen, aber mittlerweile war Pao zu niedergeschlagen, zu mutlos. Manchmal beobachtete er mich nun beim Lernen, und einmal sagte er: »Ich habe dich gar nicht richtig

gekannt, erst jetzt sehe ich, wie eigensinnig du bist . . . wie hart du arbeitest, wenn du etwas willst.« In seinem Herzen wußte er nun, daß er mich nie wirklich als eigenständige Person gesehen hatte, sondern immer nur als seinen Besitz; und da sich mein Sieg täglich deutlicher abzeichnete, war unser Verhältnis in den letzten vierzehn Tagen vor seiner Abreise sehr gespannt und gefährdet.

Aber schon aus purem Eigennutz lag mir alles daran, einen Zusammenbruch Paos zu verhindern, da er sich sonst womöglich entschlossen hätte, in England zu bleiben, und mir so zur Last gefallen wäre; was jedoch hätte ich mit ihm machen sollen? Noch vor zwei Jahren wäre ich nicht so erpicht gewesen, ihn loszuwerden. Hatte ich damals noch versucht, ihn zu bereden, seinen Beruf aufzugeben und zu studieren, so fürchtete ich mich nun geradezu vor dieser Möglichkeit, denn ich wußte, daß er nie studieren, nie hart arbeiten würde. Dazu war er schlicht und einfach nicht geschaffen; das ging ihm nicht einmal in den Kopf. Er konnte sich nicht vorstellen, daß man etwas um seiner selbst willen tut; er wußte nichts von Wissensdurst, Liebe zum Dienen, Schaffensfreude. Unter Wahrheit verstand er diejenige Erklärung, die ihn dem angestrebten Ziel am nächsten brachte. Wissen bedeutete für ihn Anerkennung; Erfolg, den Gipfel der Macht unter dem militaristischen Regime Tschiang Kaischeks zu erklimmen; und Dienen, »Loyalität« einem Führer gegenüber.

Diskussion, Debatte, Nachdenken, harte Arbeit irgendwo im Obskuren, nicht im Rampenlicht – all das hatte für Pao keinen Sinn. Selbst wenn er gelegentlich davon sprach, sich auf eine Farm zurückzuziehen und »wie ein Bauer« zu leben, so meinte er darunter in Wirklichkeit, wie ein Gutsbesitzer auf den Besitzungen seiner Familie.

Pao konnte einfach nicht glauben, daß ich nur Medizin studierte, weil ich wissen, weil ich helfen wollte; er konnte nicht verstehen, daß ich nicht den Posten einer Krankenhausleiterin oder einer Gesundheitsministerin anstrebte. Nun sollte aber auch er mich mit seinen aufgeplatzten Träumen und seinem gebrochenen Herzen in Ruhe lassen, vorausgesetzt, er war sich der Scherben überhaupt bewußt. Gewiß konnte er seinem Leben noch ein anderes Ziel setzen als Tschiang Kai-schek zu dienen, aber ich wollte nichts mehr damit zu tun haben; ich wollte ihm nicht länger helfen. Und doch verspürte ich manchmal mehr Mitleid mit ihm als je zuvor; aber ich verhärtete mich selbst dagegen, denn solche Gefühle hätten sich nicht mit meinem Studium vertragen.

Pao ließ sich zum Abschied photographieren und ein paar Anzüge und Uniformen schneidern, die er mit zurücknehmen wollte, und schließlich noch von einem Kriegskünstler malen; die anderen Militärattachés gaben ihm zu Ehren eine Party und überreichten ihm eine Silberplatte mit ihren eingravierten Namenszügen, die ich für ihn aufheben sollte und heute noch besitze.

Außerdem luden uns auch ein paar Privatleute ein: die Cripps', Kingsley und Dorothy Martin; andere wiederum zeigten sich nicht allzu freundlich – allerdings galt ihr kühler Empfang, ihre kurzangebundene Art ausschließlich mir; und wieder andere luden Pao allein zu einem tränenreichen, kleinen Abschiedsessen ein. Es ließ sich wohl auch nicht länger verhehlen, daß mit mir irgend etwas nicht stimmte, denn im Gegensatz zu Pao, in seiner Uniform stets wie aus dem Ei gepellt, lief ich neuerdings in langen Hosen und im Regenmantel durch London und sah wie eine arme Studentin aus, die ich ja nun tatsächlich auch war, was meinem ganzen Wesen aber viel mehr entsprach als die Rolle der tipptopp gekleideten Militärattachésgattin.

Gelegentlich spielte Pao auf seine große, so verkannte Liebe zu mir an, und das Tragische daran war, daß er es ernst meinte. Denn er liebte mich wirklich, und nun, nachdem er geschlagen war, konnte er mir nichts anderes mehr sagen. Aber auch das konnte er nicht zu meinem über Bücher gebeugten Kopf sagen, zu dem Ich, das nicht mehr da war, bei ihm, zu seiner Verfügung, sondern fort, entkommen, entwichen mit Knochen und Büchern und glasigen Augen, die durch ihn hindurchschauten, ohne ihn zu sehen, zu Ohren, die ihn nicht hörten. Er führte mich in teure Restaurants, und ich aß zerstreut, ohne zu wissen, was ich auf dem Teller hatte und ohne etwas darauf zu geben. Allein ging ich in schmuddelige kleine Restaurants und verzehrte für einen Shilling eine Ochsenschwanzsuppe oder richtiger wohl eine Pferdeschwanzsuppe und Bohnen auf Toast und schlang es gierig hinunter und konnte nicht genug davon bekommen.

Bei einem Diplomatenessen im Dorchester sprach ich über sezierte Frösche; meine von chemischen Versuchen verfärbten Hände wirkten fehl am Platz in den ausgesuchten Luxusklubs in Londons näherer Umgebung, in denen es, was Essen und Weine anbelangte, keinerlei Beschränkungen gab, wohl aber was die Gäste anging, da hier nur Amerikaner und Diplomaten verkehren durften. Oft schlief ich auf solchen Gesellschaften auch einfach ein. Und selbst Isobel zeigte sich schockiert, als ich in meinem Regenmantel, den Geruch von konservierten Leichen verbreitend, Bücher unter den Arm geklemmt, in flachen, schmutzigen Schuhen und ohne Strümpfe im Café Royal zum Abendessen auftauchte. Im übrigen ohne ein Wort der Entschuldigung; ich hatte geschworen, meinen Pelzmantel nicht mehr anzuziehen, denn ich wollte ihn gleich nach Paos Abreise verkaufen.

Pao begann allmählich, sich über seine Reiseroute Gedanken zu machen; es war ganz ihm überlassen, welche er wählen wollte. Befragt, welche ich bevorzugen würde, die über Amerika oder die über Rußland, entgegnete ich: »Ich an deiner Stelle würde über Rußland zurückkehren, denn Rußland wird in Zukunft eine große Rolle spielen. Und deswegen, scheint mir, solltest du es dir einmal anschauen.« Aber Pao entschied sich für die Route über die Vereinigten Staaten.

Ein paar Zivilisten des chinesischen Botschaftsstabes erwogen bereits, sich in Amerika niederzulassen, »falls irgend etwas schiefgehen sollte«. Die Darstellung, derzufolge die chinesische Revolution so unerwartet kam wie ein Gewitter im Frühling, mag auf die Vereinigten Staaten zutreffen, die in China nur ihren

Absatzmarkt sahen und sich darüber hinaus für die Zustände im Land überhaupt nicht interessierten, nicht jedoch auf den Großteil der chinesischen Diplomaten in London, die die Erde bereits 1945 beben spürten.

An einem kalten, regnerischen, windigen Märzmorgen um 6.30 Uhr fuhr Pao von Euston Station zu einem Hafen, von wo er per Schiff nach Amerika weiterreisen sollte – Name des Hafens, des Schiffes und Abfahrtszeit waren geheim. Die letzten Tage hatten wir in einem Londoner Hotel mit einem bedrückenden, grabähnlichen Speisezimmer und zittrigen Obern (die nur ihr Alter vor der Uniform bewahrte) zugebracht und dort zum Frühstück (statt Toast oder Eiern) die brot- und sägemehlhaltigsten Würste meines Lebens vorgesetzt bekommen. Als ich protestierte, erhielt ich zur Antwort, ich hätte wohl vergessen, daß Krieg sei. Aber ich habe nicht den geringsten Zweifel, daß damals ein paar Etablissements es ihren Gästen mit Fleiß unbehaglich machten – eine Eigenart des englischen Gastgewerbes, die ich selbst noch jahrelang nach dem Krieg antraf.

Zwischen Pao und mir gab es nichts mehr zu sagen. Er ging, ich blieb. Keiner von uns schmiedete Pläne, keiner zeigte sich geneigt, eine Entscheidung zu treffen, keiner sprach über die Zukunft, denn keiner wollte die vorübergehende Harmonie zerstören, die auf dem Wissen beruhte, daß wir uns bald trennen würden. Pao sagte, er wolle sehen, wie sich die Dinge entwickelten und mich dann nachkommen lassen, und ich erklärte, ich wolle mein Studium so schnell wie möglich beenden. Wie immer wir auch unsere Worte meinten, jedenfalls war es nicht an uns, über die vor uns liegenden Zeiten zu entscheiden. »Wer weiß«, meinte Pao plötzlich, »vielleicht muß ich eines Tages Vorlesungen an einer Universität halten.« Er sah wohl eine Zukunft vor sich, in der ihm seine alte Autorität genommen war. Ich verkniff mir die Frage, worüber er denn Vorlesungen halten wolle. Er hatte Yungmei in Barney Cottage angerufen und war in Tränen ausgebrochen, als sie freudig sagte: »Auf Wiedersehen, Pappi.« Sein Gesicht war nicht mehr so glatt wie früher; es verriet eine gewisse Unruhe; offensichtlich war er nicht mehr so

fest überzeugt, in allem recht zu haben; Zweifel höhlten ihn aus, denn er konnte Unsicherheit nicht ertragen.
Hübsch und adrett, das Ausgehstöckchen schwingend, schritt Pao aufrecht und zuversichtlich im Paradeschritt den Bahnsteig entlang, und Bücher unter den Arm geklemmt, folgte ich ihm in meinem Studentenregenmantel.
Anschließend mußte ich sofort in die Hunter Street, denn noch am selben Tag sollten die Prüfungen mit dem Physiologieexamen beginnen.
Der Bahnsteig war ziemlich menschenleer; Traurigkeit und Abschiedsstimmung lauerten hier; ein kalter Nieselregen ging herunter, und wie so oft in London sah alles grau und trostlos aus. Ich fröstelte, fühlte Übelkeit im Magen. Auf der Bahnsteigüberdachung gluckerte der Regen. Der entsetzliche Kaffee von zweifelhaften Bohnen kam mir hoch. Pao schaute in seinen (von mir) blankgeputzten Schuhen und seinem neuen Mantel blendend aus. Wir sagten einander Lebewohl, er stieg ein und stand, als der Zug aus dem Bahnhof hinausfuhr, am Fenster und winkte mit seinem Ausgehstöckchen.
Ich ging in die Hunter Street und schrieb noch am selben Nachmittag mein Physiologieexamen. Am St. Pancras-Bahnhof stand eine lange Schlange um Tee an, und auf der Theke lag nur ein einziger Löffel, der außerdem angebunden war. Man stellte sich um den Tee an; man stellte sich um den Löffel an, legte ihn, noch tropfend auf den Verkaufstisch zurück; stand an, um die Tasse Tee zu bezahlen . . . eine versabberte Tasse aus dickem Porzellan, die so schnell von Hand zu Hand ging, daß sie gar nicht kalt wurde. Ratternd trug mich das Motorrad den Hügel in Winkfield zu Barney Cottage hinauf.
Die nächsten Tage vergingen wie in einem Fiebertraum aus Angst und Arbeit, denn von dem Prüfungsergebnis hing es ab, ob ich das Stipendium vom British Council bekam, d. h. ob ich mein Medizinstudium fortsetzen konnte. Zwar hatte Pao versprochen, mir Geld zu schicken, aber ich wußte, daß dies nur schöne Worte waren. Mittlerweile kostete eine Schüssel Reis rund 6000 chinesische Dollar oder Yuan, und 1 US-Dollar wur-

de zu 100 000 chinesischen Yuan gehandelt. (1948 entsprach 1 US-Dollar 10 Millionen chinesischen Yuan.) Pao erhielt nun wieder chinesisches Geld statt ausländischer Währung. Zwar mochte er dank des Handels mit Goldbarren und Luxusgütern, jenem Vorrecht des Militärs, auch weiterhin gut bei Kasse sein, aber daß er mir Geld schicken sollte, konnte ich mir trotzdem nicht vorstellen, und natürlich behielt ich recht. Pao war, sein Stöckchen schwingend, voller Zuversicht aus meinem Leben getreten, und damit war nun Schluß; auch ich konnte diesem Leben nun getrost den Rücken kehren. Tatsächlich betrat ich von jenem Tag an die chinesische Botschaft mit Ausnahme eines Besuches im Jahr 1947 nicht mehr, wie ich auch einen Strich unter all meine Diplomatenbeziehungen zog und ohne Wiederkehr aus diesen Kreisen, aus diesem Leben verschwand.

Die Miete für Barney Cottage war zwei Monate im voraus bezahlt; wir konnten also bis zum 1. Mai bleiben. Dann mußte ich mir irgend etwas einfallen lassen, um mich mit Yungmei und Gillie durchzuschlagen. Ich hatte nicht die leiseste Ahnung, wovon ich Gillies Lohn, das Essen und die Wohnung bezahlen sollte. Konnten drei Leute von £ 30 im Monat leben, denn so hoch kam das Stipendium des British Council? Gillies Lohn allein verschlang etwa die Hälfte dieser Summe, von Essen und Anziehen und Miete ganz zu schweigen. Und das Schulgeld für Yungmei? . . . Nun, zunächst einmal hieß es, die Prüfungen überhaupt bestehen.

Eines Abends in der Prüfungswoche streikte mein Motorrad, und ich durfte es den ganzen Weg nach Hause schieben, wozu ich wegen der Steigung und des Gewichts der Maschine geschlagene drei Stunden brauchte. Etwa gegen elf kam ich todmüde in Barney Cottage an, und um halb sechs Uhr am nächsten Morgen weckte mich Gillie schon wieder, und zurück ging's nach London.

Aber ich konnte in dieser Woche sowieso kaum schlafen, so durchgedreht war ich. Ein Durchfallen hätte schreckliche Folgen gehabt. Mit einem Male bedauerte ich nun, daß ich vor fast einem Jahr, 1944, eine Erbschaft abgelehnt hatte. Louis, mein ehemaliger belgischer Verlobter, hatte mir seinen gesamten Besitz, d. h. eine größere Summe, hinterlassen.

Denn eines schönen Tages war Louis wieder aufgetaucht; an einem Nachmittag im Jahr 1943 sah ich ihn, als ich mit Pao über den Piccadilly Circus ging, in der blauen Uniform der Royal Air Force; er war den Deutschen entkommen, hatte sich nach England abgesetzt und von der RAF anwerben lassen. Er starrte mich an.

Aber ich schaute durch ihn hindurch und ging weiter; schließlich war ich in Begleitung von Pao. Und außerdem war alles aus und vorbei. Was hätten wir einander schon sagen sollen? Ich empfand kaum noch etwas für ihn. Und wenn einem ein anderer schon nichts bedeutet, ist es wohl das beste, es auch frank und frei zuzugeben.

Ein paar Tage später kam eine kleine Dose Tee. Kein Name. Louis. Er machte keinerlei Versuch, mich wiederzusehen. 1944 erhielt ich über die Hunter Street eines Nachmittags den Telefonanruf eines Rechtsanwalts von der belgischen Botschaft. Louis war bei einem der Feindflüge, die 1944 im Zuge des Burmafeldzuges unternommen wurden, in Assam gefallen, sein Flugzeug an einem Berg zerschellt. In seinem Testament hatte er mir seinen gesamten Besitz vermacht. Der Rechtsanwalt, ein vorsichtiger und diskreter Mann, erkundigte sich nun, wie er mir das Geld anweisen solle. Ich entgegnete, ich brauchte es nicht und überließe es Louis' beiden Schwestern in Belgien, unter die dann die £ 640 auch aufgeteilt wurden.

Und nun schwebte ich in Geldnöten und zerbrach mir den Kopf, wo ich die paar lausigen Kröten hernehmen sollte, wenn ich auf dem Motorrad unterwegs war oder in schmutzigen, schläfrigen Bahnhofsrestaurants eine Tasse heißen Tee trank, um mich aufzuwärmen oder wenn ich Bogen um Bogen mit Einzelheiten über das parasympathische Nervensystem, die Reaktion auf Azetylcholin und die Funktionen der Verrücktheit füllte.

Am 25. März wurden uns die Ergebnisse mitgeteilt. Wir hatten uns in der Schule versammelt, und Angehörige des Lehrkörpers lasen uns die Nummern derer vor, die bestanden hatten; später

wurde das Prüfungsergebnis auch noch am Schwarzen Brett angeschlagen. Falls ich durchgefallen war, konnte ich mich immerhin um die Stelle einer Sekretärin umtun. Aber ließ sich ein Zimmer auftreiben, das groß genug für Yungmei und Gillie war? Natürlich lag Gillie sowieso nichts daran, wieder nach London zu ziehen ... Was, wenn sie mir kündigte? Dann mußte ich Yungmei wahrscheinlich wohl oder übel wieder in eine Kinderkrippe geben. Oder blieb ein anderer Ausweg? Der Anatomieprofessor kam herein und las die Zahlen derer vor, die durchgekommen waren, darunter auch meine, nicht jedoch die von Cherry. Zur Feier des Tages aßen wir dann eine Extraportion fish and chips aus Zeitungspapier und tranken drei dampfend heiße Tassen Tee am Bahnhof. Cherry und ihre ebenfalls durchgefallene Freundin weinten, gratulierten mir aber trotzdem neidlos. Im Oktober schafften sie die Prüfung dann doch und sind mittlerweile beide äußerst tüchtige Ärztinnen geworden.
Für die nächsten drei Jahre bekam ich also monatlich £ 30 vom British Council; was aber sollte ich mit Yungmei und Gillie machen?

In der Zwischenzeit war Pao in den Vereinigten Staaten angelangt, hielt sich gerade dort auf, als Roosevelt starb und schrieb mir betrübt über die Beisetzung des Präsidenten und begeistert über Amerika. »Die Menschen hier sind so großzügig und bereit, uns bis zum äußersten zu helfen ... sie sind so anders als die Geizhälse von Briten ...« Er schickte mir Frau Wellington Koos Buch, das ihr Mann hatte aus dem Verkehr ziehen lassen, von dem aber trotzdem ein paar Exemplare in Umlauf waren, und versuchte auf diese Weise sein früheres Verhalten wiedergutzumachen.
Auch aus Tschungking schrieb mir Pao später. Anfangs antwortete ich, teilte ihm kurz mit, daß alles in Ordnung sei. Geld schickte er natürlich nicht, auch nicht für Schulden, die er hinterlassen hatte. Die Rechnung für seine Photos über rund £ 45 sowie die Schneiderrechnung über £ 30 beglich ich aus eigener

Tasche, d. h. ich verkaufte meinen Pelzmantel für £ 90 und verfügte so über die erforderliche Summe.

Kaum nach China zurückgekehrt, wurde Pao sofort in die Verhandlungen zwischen der Kuomintang und der Kommunistischen Partei verwickelt, bei denen die Amerikaner den »Schiedsrichter« spielten. Man hörte viel von einer »Koalitionsregierung« – eine Idee ganz im Sinne der amerikanischen Chinapolitik, die in erster Linie darauf ausging, China zum größten Grundbesitz amerikanischer Geschäftsleute in Asien zu machen. Insofern wollten die Amerikaner Frieden und Reformen, vor allem aber wollten sie im Lande bleiben, und das war ihr größter Fehler. Die Zeit der Weißen Macht in Asien war vorüber – was sie aber selbst heute noch nicht begriffen zu haben scheinen.

Im Herbst 1945 schrieb mir Pao: »Wir können den Kommunisten nicht trauen . . . sie täuschen und betrügen uns; wie verlogen sie sind . . .« Aber da er schon vor zwei Jahren davon gesprochen hatte, die Kommunisten mit amerikanischer Hilfe zu vernichten, machte mir dieser Ausbruch eines Rechtschaffenen keinen Eindruck.

Meiner Ansicht nach dachten die Kommunisten nicht im Schlaf daran, nur um den Amerikanern einen Gefallen zu erweisen, die Waffen zu strecken und eine Koalitionsregierung einzugehen, in der sie von Tschiang Kai-schek unweigerlich an die Wand gedrückt worden wären. Das hatten sie schon einmal erlebt. Warum also sollten sie so unverzeihlich dumm sein und die Waffen einer unpraktikablen Rechtsfiktion zuliebe niederlegen?

Ich antwortete Pao weder auf diesen Brief noch auf den folgenden im nächsten Jahr, in dem er mir mitteilte, er werde nun in den Norden versetzt; tatsächlich kam er nach Nordchina, nach Peking, wo er meinen Vater traf – eine Begegnung, die beide recht unterschiedlich beschrieben haben.

»Ich habe Deinen Vater getroffen«, schrieb Pao; »er hat ja wirklich keinen Funken Geist. Etwas anderes als Grinsen und kleine Verbeugungen fällt ihm überhaupt nicht ein . . . Eigentlich wollte ich ihm Vorhaltungen wegen Deiner schlechten Erziehung machen ... Aber wenn ich geahnt hätte, aus welchem Haus Du kommst, ich hätte mich nicht durch eine Heirat mit Dir beschmutzt ...« Das zielte auf die Verehelichung meiner beiden Schwestern mit amerikanischen GIs ab, über die sich Pao nicht genug ereifern konnte.

Später bekam ich auch die Version meines Vaters von dieser Begegnung zu lesen. Er hatte wie andere Staatsbeamte nach dem Zusammenbruch des alten Regimes und der Machtübernahme der kommunistischen Regierung seine Autobiographie nicht nur einmal, sondern des öfteren geschrieben.

> Ich wußte, daß meine Tochter mit einem gewissen Tang Paohuang verheiratet war. 1946 kam dieser nach Peking, was ich durch meinen Freund Ping Schih erfuhr; er riet mir, ihn aufzusuchen, da er eine sehr bedeutende Person sei; während ich noch zögerte, erhielt ich eine kurze Mitteilung von besagtem Tang Paohuang mit seiner Hoteladresse. So stattete ich ihm denn einen Besuch ab. Wir sprachen über nichts von Belang ... Später erwiderte er meinen Besuch, blieb aber nur kurz. Mir kam das Gerücht zu Ohren, daß er ein Fräulein Sun Tschia-Huei, die Tochter eines ehemaligen Warlords, General Suns, zu heiraten beabsichtige. Sie war Tang Paohuang nach Peking gefolgt und wohnte im selben Hotel wie er. Ich wußte, daß es zwischen ihm und meiner Tochter zu Meinungsverschiedenheiten gekommen war, sprach aber nicht mit ihm darüber.

Es existiert sogar ein Schnappschuß, der Pao mit meinem Vater und meiner Mutter auf der Treppe zur Veranda unseres Hauses zeigt. Ich fand ihn, als ich 1956 nach China zurückkam, unter anderen Photos in dem alten Koffer, den meine Mutter vor vielen Jahrzehnten aus Belgien mitgebracht hatte. Mein Vater hob all diese Photos auf, um sie von Zeit zu Zeit auf dem Bett auszubreiten und dann seine Einsamkeit laut hinauszuschreien und meine Mutter anzuflehen, zu ihm zurückzukehren; aber sie war fort und würde nie wiederkommen. Ich jedoch kam zurück, um ihn zu besuchen, und schließlich gingen all diese Dinge in meinen Besitz über.

Anfang 1947 traf ein anderer Brief ein, der lange unterwegs gewesen war, ein Schmerzens- und Wutschrei von Pao. Er berichtete eine verwickelte Geschichte, wie er und ein anderer Offizier in Tschiang Kai-scheks Dienst Wache gestanden hatten, wie einige ihrer Bemerkungen aufgeschnappt und in einem Report an Tschiang verdreht worden und wie er, Pao daraufhin degradiert und strafversetzt worden war ... in die Mandschurei, aufs Schlachtfeld ... armer Pao, der so lange um die Front herumgekommen war!

Gleichzeitig mit dieser Nachricht erhielt ich einen Brief von meiner Freundin Yuenling aus Peking. Sie schrieb, sie habe Pao getroffen, und dieser habe sich beklagt, ich antwortete ihm nie; nun beschwor sie mich, diesem, wie sie sich ausdrückte, »edlen, ganz im Dienst am Vaterland aufgehenden, feinen Menschen« doch einmal zu schreiben. In meiner Entgegnung teilte ich ihr jedoch, ohne Pao auch nur mit einem einzigen Wort zu erwähnen, mit, daß es mir gut gehe und Yungmei rasch heranwachse. Und da der Bürgerkrieg 1946 mit dem Zusammenbruch der Verhandlungen ausgebrochen war, nun das ganze Land erfaßt hatte, fügte ich einen Satz des Inhalts an, ich hoffte, es würde nicht zum Blutvergießen kommen.

Yuenling antwortete, das »Banditentum« müsse »bekämpft« werden. Während ich mir über diese Formulierung noch den Kopf zerbrach, machte der Krieg mit einem Male in England Schlagzeilen. Die *Times* verspürte hohepriesterliche Regungen; Frieden, predigte sie, sei in dem vom Krieg zerrissenen China wünschenswert, könne aber nur durch eine »Koalition« erreicht werden. Viele verworrene Reformvorschläge wurden gemacht; unter anderem hieß es, man solle jener kleinen Gruppe nichtkommunistischer Intellektueller vertrauen, sie würden »die Situation schon durch die richtigen Maßnahmen retten« ... wenn Tschiang nur auf sie hören wollte. Aber ich wußte, daß es diesen Mittelweg nicht geben konnte; nach meiner Meinung kam

alles, was die westlichen Zeitungen schrieben, dem Unsinn gefährlich nahe. Ich verfolgte die Feldzüge ohne Hoffnung auf »Frieden« und »Feuereinstellung«. Was sollten hier Linderungsmittel? Vor meinem geistigen Auge tauchten Bilder auf, die ich selbst gesehen hatte: Reihen sterbender Männer, die mit Stricken (manchmal sogar mit Drähten) aneinandergebunden waren: Rekruten für das Heer; Schläge, Gewalttätigkeiten – ich sah Pao wieder vor mir, wie er sich eines Tages auf der Straße auf einen jungen Kuli stürzte, der so mit Stoffballen beladen war, daß er seinen Weg nicht mehr sehen konnte und keuchend immer wieder rief: »Eine Last kommt, o macht mir ein bißchen Platz.« Zufällig hatte er Paos Arm gestreift, und dieser packte ihn dafür am Genick und warf ihn hin, und die Ballen flogen über die Straße, und er trat den jungen Kuli, den ich heute noch schreien höre, in die Rippen, und ich konnte nichts tun als weinen – und doch war Paos Handlungsweise alles andere als ausgefallen. Unter solchen Umständen aber konnte ich mir einen »Frieden« oder eine »Koalition« nicht vorstellen.
Ich trieb meine Studien weiter, hörte auf, Pao zu schreiben und wartete auf den Ausgang des Bürgerkrieges.

1946 nach Beendigung des Zweiten Weltkriegs konnte Dritter Onkel zwei seiner Söhne ins Ausland schicken, den ältesten, den ich Dritten Bruder nannte, nach Amerika, wo er am MIT studierte, und Vierten Bruder, Kuangti, nach London. Sechster Bruder blieb in China zurück.
Kuangti wohnte ein ganzes Stück von mir entfernt. Er war an einem technischen Institut in Nordlondon, während ich in Krankenhäusern außerhalb Londons zu tun hatte, so daß wir uns nur zwischendurch manchmal trafen. Im Sommer 1947 jedoch absolvierte ich einen Vierteljahreskursus über Hals-, Nasen- und Ohrenkrankheiten in London; für diese Zeit hatten Cherry und ich und noch ein Mädchen namens Betty eine Souterrainwohnung in der Doughty Street gemietet. Hier suchte mich Kuangti von Zeit zu Zeit auf, obwohl er nahezu eine Halbtagereise unternehmen mußte, und hielt mich über Dritten

Onkel und Dritte Tante und über die Inflation auf dem laufenden. Eine Schüssel Reis kostete mittlerweile dreißigtausend Dollar; und im Restaurant zahlte man nun beim Platznehmen, denn nicht selten war die Mahlzeit nach dem Essen um zehn bis zwanzig Prozent im Preis gestiegen. »Die Leute karren das Busgeld jetzt in Koffern auf Schubkarren herum!« sagte Kuangti und lachte, wie wir immer lachen, wenn wir etwas Schreckliches sehen, ohne helfen zu können.

Am 17. Oktober 1947, drei Monate vor meinem Schlußexamen, tauchte Kuangti eines Morgens beizeiten in der Souterrainwohnung auf und erklärte: »Ich bringe schlechte Nachrichten.« Pao war tot, »ruhmreich auf dem Schlachtfeld« in der Mandschurei bei den Fu schun Bergwerken gefallen.

Natürlich weinte ich. Ja, ich konnte kaum aufhören, fühlte mich schrecklich schuldig; hatte das Gefühl, daß es meine Schuld war, allein meine Schuld. Ich rief Isobel Cripps an und sagte es ihr. Margaret Godley suchte mich auf und versuchte mich zu trösten. Ich ging in die Vorlesungen, absolvierte auch die Krankenbesuche im Elizabeth Garrett Anderson-Krankenhaus, brach aber, kaum nach Hause zurückgekehrt, wieder in Tränen aus. Pao war tot. »Natürlich ist es nicht deine Schuld«, entgegnete ich. Aber nach zwei Tagen beschwichtigten sich meine Gewissensbisse doch.

Ich hatte keine offizielle Benachrichtigung von der chinesischen Botschaft erhalten – vielleicht weil sie meine Adresse nicht kannten, denn ich hatte mich gehütet, mich dort blicken zu lassen. Nun empfahl mir Kuangti dringend, den chinesischen Botschafter aufzusuchen. Es war eine eisige Begegnung. Der Botschafter – nicht mehr Dr. Wellington Koo, sondern ein Dr. Tscheng – hatte nichts gehört . . . wußte von nichts. Nach drei Minuten war ich wieder draußen. Einen Tag später erhielt die Botschaft die Nachricht und schickte mir eine große, mit roten Wachssiegeln verschlossene Urkunde des Inhalts, daß Pao »sein Leben ehrenvoll auf dem Schlachtfeld geopfert« habe. Gleichzeitig wurde mir als seiner Witwe die Summe von zehn Millionen chinesischer Dollar zuerkannt. Im Oktober 1947 hieß das

meines Wissens etwa £ 3 Sterling. Ich machte mir erst gar nicht die Mühe, das Geld abzuholen.
Bald darauf erhielt ich einen Brief von Drittem Onkel, in dem er mich drängte, zu Paos Beerdigung zurückzukehren; die Anwesenheit der Witwe »des Helden, ihr Kind an der Hand«, sei unerläßlich. In einer Nachschrift deutete er an, daß »ein gewisses Fräulein Sun« den Anspruch erhob, Paos rechtmäßige Frau zu sein, und daß deshalb die Erbschaft bedroht sei, falls ich mich nicht zeigte. Ich erklärte Kuangti, ich sei an der Erbschaft nicht interessiert.
Kuangti, der mir gegenüber saß, runzelte die Stirn; er überlegte angestrengt, wie er mich dazu bringen konnte, den Vorschlag seines Vaters zu befolgen und der Tradition Genüge zu tun. Sollte es möglich sein, daß ich willens war, eine andere Frau dem Sarg meines Mannes folgen und an meiner Statt die Trauerriten ausführen zu lassen? »Ja, warum nicht?« entgegnete ich. Daraufhin telegraphierte Kuangti meine Weigerung und motivierte sie mit Krankheit – natürlich eine leicht durchschaubare Ausrede. Der nächste Brief kam an, diesmal von meinem Vater; auch er beschwor mich, zurückzukehren und meine »Rechte« geltend zu machen, denn Fräulein Sun behaupte, ich sei verstoßen worden, und sie die rechtmäßige Frau. Aber die toten Vögel des Sommers erwachten für mich nicht zu neuem Leben. Ich dachte nicht daran, die Komödie der trauernden Witwe zu spielen. »Jetzt haben wir Oktober, und im Januar steige ich ins Schlußexamen. Pao ist tot. Und ich habe kein Geld für die Reise.«
Nun schaltete sich der chinesische Botschafter ein, ein ehrenwerter alter Mann, der seine Tage als Chinaexperte in den Vereinigten Staaten beschloß. Er zitierte mich zu sich und klärte mich darüber auf, daß ich als Frau eines Helden verpflichtet sei, mit meiner Tochter in den Schoß von Paos Familie, zu Paos Mutter, heimzukehren. Nach alter chinesischer Tradition war es jetzt meine Pflicht, ihr in ihrem Schmerz eine Stütze zu sein. Als ich darauf erwiderte, mir fehle das Geld für die Rückreise, antwortete Dr. Tscheng, der bereits eine Forderung meinerseits

an die Botschaft auf sich zukommen sah (immerhin besaß ich meinen Diplomatenpaß noch), hastig: »Sie müssen ein Vorbild geben. Und das heißt, Sie müssen Ihrer Schwiegermutter schreiben. Genauer, Sie müssen Ihrer Schwiegermutter alle zehn Tage schreiben. Das verlangt die Tradition.«
Die Beerdigung mußte ohne mich stattfinden; nach meiner Auffassung bestand meine Pflicht darin, in zwei Monaten das Examen abzulegen. Ich versuchte Kuangti auf den Zahn zu fühlen, ob er sich überhaupt darüber klar war, daß sich die Dinge in China durch den Bürgerkrieg grundlegend ändern würden. Aber wie damals viele Chinesen in London und vielleicht auch in China sprach er nicht gern über Politik, während ein Begräbnis immer noch ein Begräbnis war und die Witwe daran teilzunehmen hatte. Da ich für ihn Ältere Schwester war, und er mir als der Jüngere Achtung schuldete, konnte er nicht direkt gegen das, was ich sagte, protestieren, aber etwas ungehalten war er offensichtlich doch. »Ich werde also schreiben, daß du dich nicht wohlfühlst und deshalb nicht kommen kannst, und daß dich jemand bei der Beerdigung vertreten soll.« Und dann beratschlagten wir noch ein langes und breites, wer das wohl tun könne, ohne zu einem Ergebnis zu kommen. Doch dann fiel die ganze Mandschurei, und die Heere der Kommunisten fegten triumphierend durch China, und von Beerdigungen oder Tradition oder Fräulein Sun war nichts mehr zu hören.
Während der ersten schmerzlichen Zeit ging mir einmal kurz durch den Kopf, daß Pao mich gebeten hatte, im Falle seines Ablebens Hand an mich zu legen, um einen ehrenvollen Namen als keusche Witwe zu hinterlassen und Tugend auf seine tugendreiche Familie zu häufen. Aber ich hatte mich nie zu einem solchen Versprechen bewegen lassen. Und nach einer Woche steckte ich wieder bis über beide Ohren in der Arbeit.
Ende November traf ein Päckchen ein: Paos Tagebuch, das er noch selbst an mich aufgegeben hatte. Beigelegt war ein von Anfang Oktober datierter Brief, den er etwa zehn Tage vor seinem Tod geschrieben hatte.
Es waren nur fünf oder sechs Zeilen, in denen er mir mitteilte:

»Ich komme jetzt an die Front in den Kampf; ich weiß nicht, was geschehen wird; aber ich glaube, daß wir alle verloren sind. Ich habe Dich nicht immer gut behandelt, aber wenn mich der Himmel am Leben läßt, will ich Dich später besser behandeln.«

Da war also das Tagebuch; ohne Einband, der vielleicht weggenommen worden war, um das Päckchen leichter zu machen; nur die beschriebenen Seiten; die geschlossene, ebenmäßige Handschrift, die Kalligraphie, die er zur moralischen Ertüchtigung und zur Erklimmung der Leiter zum Erfolg geübt hatte, die einzelnen Zeichen nicht schlampig oder ungelenk hingeschmiert, sondern fest und energisch in den senkrechten Strichen; ebenmäßig und somit ein Beweis für Selbstzucht ... Ich ließ die Seiten durch die Finger gleiten; dann verbrannte ich das Tagebuch im Küchenofen.

Da und dort sprang mir ein Wort ins Auge, ein Abschnitt ... Pao hätte gern gehabt, daß ich seine edlen Gedanken lese; seine seltsam verdrehte Loyalitätsauffassung fiel mir wieder ein; seine Liebe zu mir ... allein das Wort »Tagebuch« drohte mich aus dem Gleichgewicht zu bringen, mich in hysterisches Gelächter zu stürzen. Aber ich mußte an mein Schlußexamen denken, ich konnte mir keine hysterischen Anfälle, Aufregungen, Sorgen, Gefühle, Erinnerungen, Gewissensbisse leisten. Vorwärts, schnell an mir selber vorbei, ich habe keine Zeit für Tränen, ich muß weiter ...

Fünf Jahre später – ich hielt mich damals gerade in Hongkong auf – bekam ich einen Brief von Yuenling, die mir Näheres über Paos Tod mitteilte. Yuenling lebte damals auf Taiwan, wohin sie Tschiang Kai-schek gefolgt war. Sie lud mich ein, sie zu besuchen und erzählte mir, sie habe sich der Landschaftsmalerei zugewandt, geheiratet und einen Sohn. Außerdem schickte sie mir ein paar Schnappschüsse von sich, groß, hübsch, glücklich ... Und überdies klärte sie mich, wie gesagt, über Paos Tod auf.

Obwohl ich nie danach fragte, sind mir in den vergangenen zwanzig Jahren vier Versionen über Paos Tod zu Ohren gekom-

men. Nach der offiziellen war Pao auf dem Schlachtfeld bis zum letzten Widerstand leistend im Kugelregen gefallen.
Nach einer inoffiziellen Darstellung waren Paos Soldaten, wie so viele der Kuomintang-Truppen, scharenweise zur Roten Armee übergelaufen, das Gefecht endete mit einer vollständigen Niederlage, und Pao bat den einzigen Getreuen, der ihm verblieben war, ihm das Schwert durch den Leib zu rennen. Aber da sich der Mann weigerte, brachte er sich selbst auf eine nicht näher bekannte Art und Weise um.
Nach einer dritten, noch ausgefeilteren Version hatten sich Paos eigene Truppen gegen ihn aufgelehnt und ihn erschossen.
Yuenlings Version war die schaurigste von allen. Sie hatte mir »in Liebe« eine schöne Landschaft gewidmet, ein Bild von Bergen und einem Fluß und einem in Kontemplation versunkenen Weisen, und drückte die Hoffnung aus, ich würde nach Taiwan kommen: zu Tschiang Kai-schek.
»Die Kommunisten sind schlimmer als wilde Tiere«, schrieb sie. »Sie töten auf eine unvorstellbar barbarische Weise! Vertraue ihnen nie, liebe Freundin. Ich fürchte, Du fühlst Dich versucht, sie legen es wohl darauf an, Dich für sich zu gewinnen ... Aber vergiß nie, was sie Deinem Mann antaten. Als sie ihn gefangen hatten, stachen sie ihm die Augen aus, zogen ihm die Haut ab, banden ihn an ein Pferd und ließen ihn zu Tode schleifen ...«
Doch als Yuenling das schrieb, war sie bereits seit ein paar Jahren in Taiwan, und manche Geschichten schmücken sich mit der Zeit gewissermaßen von selber aus ...
1958 kam ich in Peking auf all diese Varianten zu sprechen, teils aus reuevoller Erinnerung, teils aus der Hoffnung heraus, daß mir meine Freundin Kung Peng sagen könne, wie es wirklich war. Aber sie äußerte sich mit keinem Wort dazu.
So viel Blut war in den dreißig Jahren vergossen worden ... so viele waren auf dem Schlachtfeld in der langen, unendlich langen Auseinandersetzung, auf dem Großen Marsch und im Bürgerkrieg gefallen; so viele erfuhren nie, was aus Frau, Kind, Eltern, Geliebten geworden war ... andere hatten mit eigenen Augen zusehen müssen, wie ihre Angehörigen gefoltert wur-

den ... wieder andere wie Mao Tse-tung selbst hatten ihre Kinder auf dem Großen Marsch bei Bauern untergebracht und nie wieder zu Gesicht bekommen. Und wie es für mich ein sinnentleertes Ritual gewesen wäre, an Paos Beerdigung teilzunehmen, so war auch die Art seines Todes letztlich ein bedeutungsloses Detail.

Der militärische Triumph der Kommunistischen Partei und ihrer Armee, der 1949 seinen Höhepunkt erreichte, muß im Grunde als Fortsetzung des heroischen Großen Marsches verstanden werden.
Anfangs war der Große Marsch genau besehen ein Rückzug gewesen, denn 1933 waren die Hauptstützpunkte der Roten in Südchina eingekreist worden. Tschiang hatte nahezu zwei Millionen Soldaten, Panzer und Flugzeuge für seinen fünften schrecklichen Vernichtungsfeldzug aufgeboten. Er verheerte weite Gebiete, um die Kommunisten in einer Zangenbewegung ins Meer zu treiben.
Aber obwohl Tschiang die Stützpunkte der Roten mit vier Ringen von Betonschanzen, Geschützstellungen und Schützengräben umzogen hatte, gelang der Roten Armee der Durchbruch. Sie erkämpfte sich einen Weg aus der Einkesselung und konnte im Herbst 1934 jenen erstaunlichen Treck antreten, den man den Großen Marsch nennt.
Damals war Mao Tse-tung trotz seiner Erfolge von einigen anderen kommunistischen Führern kritisiert worden. Das Zentralkomitee, das sich lange in Schanghai verborgen hielt, beschäftigte sich überwiegend mit theoretischen Fragen, verstand aber wenig von den praktischen Auswirkungen. Mao Tse-tung, sehr beliebt beim Volk und bei den Soldaten, konnte seine Ansichten ungefähr drei Jahre lang nicht durchsetzen, arbeitete aber dessenungeachtet seine Vorstellungen weiter aus. Auch die militärischen Techniken, die er ausgeklügelt hatte, wurden nicht befolgt, wodurch große Verluste entstanden. Später analysierte Mao Tse-tung die begangenen Fehler und tadelte u. a. die Distanzierung von General Tsai Tingkai und seiner 19. Armee,

die Schanghai 1932 so tapfer gegen die Japaner verteidigt hatte und von Tschiang Kai-schek verraten worden war. Mao Tse-tung hatte empfohlen, Verbindung mit den patriotischen nicht-kommunistischen Truppen des Generals aus der Provinz Fukien aufzunehmen, war aber überstimmt worden, da damals in bestimmten Führungskreisen die Politik der »geschlossenen Tür« vorherrschte.

Im Oktober 1934 gelang es nach schrecklichen Kämpfen, die Blockadelinien zu durchbrechen, und das Hauptkontingent der kommunistischen Armee und ihrer Anhänger – alles in allem rund 130 000 Mann – ergoß sich westwärts durch diese Bresche.

Zu Fuß, in langen Reihen, zogen sie durch die Herbstkälte nach Westen, wie einige behaupteten, nach Szetschuan. Die Frauen trugen die kleinen Kinder auf dem Rücken; Schweine, Reis, Maschinen (aus dem kleinen Arsenal des Roten Stützpunktes), Koffer, ein paar Karren für Schwangere – alles wurde mitgenommen. Die Kolonne war dreihundert Kilometer lang, die Nachhut eine Woche von der Vorhut entfernt. Täglich angegriffen, stündlich zu jeder Tages- und Nachtzeit aus der Luft beschossen, auf der Straße überfallen, setzten sie ihren Marsch fort.

So wurde aus diesem Treck der Große Marsch, der über ein Jahr dauerte, durch elf der achtzehn Provinzen über verschneite, zum Teil 4000 Meter hohe Pässe von achtzehn Gebirgsketten führte; insgesamt wurden bei einem Tagesdurchschnittstempo von 37 Kilometern 11 250 Kilometer zurückgelegt; von 130 000 erreichten 30 000 das Ziel, und überall unterwegs hatten sich ihnen neue angeschlossen.

Während der ersten beiden Monate des Großen Marsches hatte es in der Führung ernste Schwierigkeiten gegeben: über die Marschroute, über Ziel und Bestimmung des Trecks.

Im Januar 1935 beliefen sich die Verluste an der (ungefähr 40 000 Mann starken) Spitze des Zuges auf dreißig Prozent. In Tsunyi wurde der Marsch gestoppt und eine Konferenz abgehalten. Mao Tse-tung stimmte für einen Stützpunkt im Nordwesten, um von dort aus die japanischen Einfälle zurückzuschlagen, während die »Moskaupartei« der zurückgekehrten Studenten wie Li Lisan »Großstädte« angreifen und als »künftige, sichere Stützpunkte« einrichten wollte.

Die Tsunyi-Konferenz brachte die Entscheidung: Befehlshaber wie Gemeine waren mittlerweile von der Richtigkeit von Mao-Tse-tungs Ideen überzeugt. Er wurde zum Generalsekretär der Partei und des Zentralkomitees gewählt und seine taktische Konzeption einstimmig angenommen.

Als erstes befahl Mao, den Troß abzuhängen, da er den Vormarsch bremste und so die Kolonnen angreifbarer machte. Maschinen, Geld, Kleidung, selbst Gewehre wurden weggeworfen oder vergraben, Kinder in der Obhut von Bauern zurückgelassen, darunter auch zwei von Mao.

Dergestalt erleichtert, setzte die Rote Armee den Großen Marsch fort und konnte im Februar 1935 dank Mao Tse-tungs flexiblem Operationsprinzip vier Divisionen der Kuomintang-Truppen besiegen. Der härteste und mühsamste Teil des Marsches aber stand ihr erst bevor: die Überquerung der großen Gebirgsketten und Flüsse des Hinterlandes. In Peking lernte ich eine Frau kennen, eine von jenen, die den Großen Marsch überlebten; ihr neugeborenes Kind war zusammen mit anderen Lasten in einen Korb auf den Rücken eines Maultiers gepackt worden, das auf einer Paßhöhe auf einem schmalen Felsband ausrutschte und mitsamt seiner Last in einen fünfzehnhundert Meter tiefen Abgrund hinunterstürzte. Aber niemand hatte die Zeit, sich um das Kind zu kümmern und es zu suchen, denn die feindliche Armee folgte ihnen auf den Fersen. Und schließlich langte die Rote Armee in Jenan an.

Von 1937 bis 1945, also während des chinesisch-japanischen Krieges und des Zweiten Weltkrieges, kämpfte die Rote Armee gegen die Japaner und die chinesischen Strohtruppen. Durch diesen ständigen Kampf an und hinter der Front, durch die Schaffung von Guerilla-Stützpunkten hinter den japanischen Linien erstarkte die Rote Armee, denn der Kampf stählte sie nur, und unter dem Volk fand sie überall Anhänger; aus der Saat,

schen Errungenschaften sowie mit dem Aufbau und der Struktur der Kommunistischen Partei und ihrer Armee verbunden. Diese enge Verknüpfung erhielt im Bürgerkrieg von 1946 bis 1949 erhöhte Bedeutung.
Gleich nach der Kapitulation der Japaner im August 1945 setzte zwischen Tschiang und den Kommunisten ein Wettrennen um die ehedem von den Japanern besetzten Gebiete und Städte ein, wobei Tschiang dank amerikanischer Unterstützung seine Truppen von Anfang an in eine für den bevorstehenden Zusammenstoß günstigere Position bringen konnte.
Der erste Schritt wurde im August 1945 bereits wenige Tage nach Japans Kapitulation unternommen: General MacArthur, der Oberbefehlshaber in Tokio, befahl der japanischen Armee in seinem Allgemeinen Befehl Nr. 1, sich nur der Kuomintang zu ergeben, sonst aber für die »Aufrechterhaltung von Recht und Ordnung« zu sorgen. Worauf die Japaner, die einen Teil der Mandschurei bereits geräumt hatten, mit Billigung der Amerikaner die kommunistischen Guerillas in der Mandschurei bekämpften.
In der Zwischenzeit brachten (auf den direkten Befehl Washingtons hin) 235 amerikanische Dakota-Maschinen 110 000 von Tschiangs Männern in die Mandschurei und die nordchinesischen Städte.
Am 12. August marschierten Einheiten der Roten Armee von Jenan in die innere Mongolei und von dort quer durch Nordchina in die Mandschurei mit dem Ziel, die Verbindungslinien in ganz Nordchina und der Mandschurei vor Tschiang in die Hand zu bekommen. Einzelheiten dieser Bewegung konnte man über Radiomeldungen verfolgen.
Nun brachte die 5. US-Flotte zusätzlich 50 000 Marinesoldaten ins Land. So erhöhte sich die Zahl der amerikanischen Streitkräfte in China *nach* der Kapitulation der Japaner von 60 000 auf 135 000 Mann.
Anna Louise Strong, die damalige amerikanische Mandschurei-Korrespondentin, erzählt eine amüsante Anekdote über die Einfliegung der chinesischen Kuomintang (und der amerikanischen)

Truppen. Zur gleichen Zeit rackerten sich die kommunistischen Soldaten zu Fuß in Tagemärschen von 37 bis 45 Kilometern voran. Lin Piao, der von Mao den Auftrag erhalten hatte, die Guerillas in der Mandschurei zu organisieren, wurde ein Stück weit von einem Flugzeug der US-Verbindungsgruppe in Jenan, die eigentlich über Nordchina abgeschossene amerikanische Flieger aufklauben sollten, mitgenommen, und kam so sehr beizeiten in der Mandschurei an. »Ob die Amerikaner wohl ahnten«, fragt Frau Strong, »welch wichtige Rolle dieser schlanke Intellektuelle spielen sollte?« Allem Anschein nach nicht; hätten sie sonst diesen unscheinbaren, ruhigen Mann mitgenommen und so, ohne es zu wollen, zur Niederlage von Tschiangs Heeren in der Mandschurei beigetragen?
Lin Piao führte den Feldzug um die Mandschurei nach den von Mao Tse-tung festgelegten Richtlinien. Kein Wunder also, daß er, der Sieger von Ping Hsin Kuan, der Sieger in der Mandschurei, der Sieger in Nordchina, der Mann, der die Überquerung des Großen Flusses nach Südchina leitete, in der Kulturrevolution von heute – einem weit vielschichtigeren, schwierigeren Kampf als jedem Bürgerkrieg – sich als rechte Hand, als Nachfolger Maos etabliert, war er doch wohl derjenige, der das militärische Denken, das die chinesische Revolution 1949 zum Sieg führte, am besten verstand und am getreuesten anwandte.
Ende August 1945 flog Mao Tse-tung nach Tschungking, wo die Verhandlungen um eine »Koalitionsregierung« weitergingen und die Amerikaner die Rolle eines »Schiedsrichters und Vermittlers« übernahmen. Trotzdem fanden in der Zwischenzeit die beschriebenen Truppenbewegungen statt, und allenthalben kam es zwischen Kommunisten und Kuomintang, stets auf Betreiben der letzteren, zu kleineren Zusammenstößen.
Am 10. Oktober wurde eine Übereinstimmung erzielt. Dennoch fuhren die Vereinigten Staaten fort, einseitig und ausschließlich Tschiang zu unterstützen. Tschiang seinerseits pflasterte die Mandschurei mit Soldaten. Und Lin Piao organisierte die einheimischen Guerillas und bildete aus ihnen und jenen, die aus Jenan nachkamen, ein 300 000 Mann starkes Volksheer. Die

Amerikaner richteten »Waffenstillstandslager« in den Städten ein, und Tschiang bat die Russen, die am 9. August 1945 in den Krieg eingetreten waren und ein paar mandschurische Städte eingenommen hatten, die Mandschurei noch nicht zu räumen, um das Eindringen der kommunistischen Truppen in die russisch besetzten Zonen zu verhindern.
Mittlerweile flogen die Vereinigten Staaten weiterhin Truppen für Tschiang ein, und am 12. Dezember 1945 gestatteten die Russen Tschiangs Soldaten den Einzug in ihre Zone.
Lin Piao dagegen erhielt von den Russen keinerlei Unterstützung. Anna Louise Strong bringt diesen Punkt direkt zur Sprache. Auf ihre Frage: »Welche Hilfe wurde Ihnen von den Russen zuteil?« antwortete Lin Piao kategorisch: »Keine; keine Truppen, keine Waffen, keine Berater, nichts. Die Sowjetarmee nahm beim Rückzug aus der Mandschurei alles mit, was sie aus der Sowjetunion mitgebracht hatte sowie die den Japanern abgenommenen Waffen- und Munitionsvorräte, soweit sie sie nicht auf der Stelle zerstörten.«
Zunächst aber beschützten die Sowjets monatelang Tschiangs Leute in den mandschurischen Städten. »Die chinesischen Kommunisten waren sehr verärgert«, bemerkte ein russischer Major zu Anna Louise Strong, »als wir sie aus Mukden hinauswarfen und statt dessen Tschiangs Männer hereinholten. Aber was sollten wir machen? Wir hatten unseren Vertrag mit Tschiang.«
In der Zwischenzeit war von amerikanischer Seite General Marshall als »Schiedsrichter« beauftragt worden, in China Frieden zu stiften. Am 10. Januar 1946 wurde erneut eine Einigung zwischen Kommunisten und Tschiang erzielt; aber auch diesmal brachen Kämpfe aus, und zwar wiederum auf Tschiangs Betreiben; selbst US-Beobachter ließen darüber keinen Zweifel. Sogar Marshall bestätigte, daß »die Regierung nicht einmal dem Anschein nach demokratisch verfuhr, sondern die Politik einer Militärdiktatur einschlug«.
Der Bürgerkrieg durchlief im wesentlichen zwei Phasen: Die erste dauerte vom Sommer 1946 bis zum Sommer 1947 und wurde nach Maos Devise »Rückzug, wenn der Feind vorrückt«,

abgewickelt. In dieser Zeit sah es ganz so aus, als würde die Kuomintang auf der ganzen Linie den Sieg davon tragen. Sie hatte alle größeren mandschurischen Städte in der Hand. Aber Lin Piao sagte: »All diese Städte werden ebenso viele Lasten auf Tschiangs Rücken sein.«

Die Kuomintang zersplitterte ihre Kraft durch die Eroberung, Besetzung und Befestigung von Städten, in die sich die Generale, absolut kampfunwillig, verkrochen und in denen schon bald die Korruption überhandnahm. Die Kommunisten dagegen organisierten in der Zwischenzeit das umliegende Land.

In jenem Jahr brachte die Rote Armee in der Mandschurei unter Lin Piao ebensoviel Zeit mit Bodenreform, Roden, Pflanzen, Ernten (denn sie wollte den Bauern nicht zur Last fallen) und der Erziehung des Volkes zu wie mit Kämpfen. Und diese Politik führte letztlich auch zum Erfolg; daß sie nicht so sehr ein Werkzeug des Tötens als vielmehr eine ideologische Armee war, die revolutionäre Ideen und Methoden lehrte und praktizierte, machte die Rote Armee unschlagbar.

Immer wieder stellten ausländische Militärexperten Rechnungen an: fünf zu eins für Tschiang, drei zu eins für Tschiang. Die Kommunisten waren zahlenmäßig eindeutig unterlegen – Tschiang verfügte über weit mehr Soldaten und obendrein über amerikanische Ausrüstung. Aber seine zwangsrekrutierten, schlecht genährten, schlecht behandelten und immer wieder verratenen Truppen konnten sich nicht entfernt mit den einsatzbereiten, politisch bewußten und geschulten Männern Mao Tsetungs vergleichen.

Seiner Devise getreu überließ Mao Tse-tung sogar Jenan Hu Tsungnan.

Der Rückzug aus dem roten Stützpunkt war ein Meisterstück; alles wurde mitgenommen, nichts zurückgelassen; bereits zwei Tage vor dem Abzug der Truppen schafften die Ärzte und Krankenschwestern die Kranken in die Berge; die Wöchnerinnen wurden auf Bahren über die steilen Abhänge in Höhlen hinuntergetragen. Und zwei Tage, nachdem Mao Jenan geräumt hatte, marschierte Hu Tsungnan mit seinen verweichlichten

Einheiten ein, die jahrelang nichts getan hatten. Dieser Einzug wurde als großer Sieg hingestellt, obwohl die Kommunisten längst über alle Berge waren. Zur Feier des Tages entschloß sich Hu Tsungnan zu heiraten – allem Anschein nach hatte er ein Gelübde abgelegt, sich erst zu verehelichen, wenn Jenan genommen war.

Im nur zweiundzwanzig Kilometer entfernten Wah Yao Pu begrüßte das Zentralkomitee der Kommunistischen Partei die Nachricht mit den Worten: »Hu Tsungnan ist also tatsächlich in die Falle gegangen.«

Danach war alles ein Kinderspiel; Maos Truppen lockten Hu Tsungnans Soldaten in weitem Bogen durch Nordchina. Hu trieb seine Männer zu heißer Verfolgung an, aber sie waren weder Kampf noch Marsch gewohnt. »Sobald der Feind erschöpft ist, greifen wir an.« Doch Hu Tsungnan hatte seine Vorräte überschätzt, und für Nachschub war nur mangelhaft gesorgt; die Soldaten waren erschöpft – da stürzte sich die Rote Armee auf ihn und machte kurzen Prozeß.

Im Sommer 1947 ging die Befreiungsarmee des Volkes ihrerseits allenthalben zur Offensive über.

Schon im Frühjahr hatte Lin Piao in der Mandschurei mit kleineren Streitkräften von etwa sechzigtausend Mann für Sondierungsangriffe nach der Angriff-Rückzug-Taktik gestartet. Das ermattete die Kuomintang-Truppen. Sie verkündeten Sieg um Sieg, waren aber nicht imstande, die Rote Armee zu verfolgen und schlossen sich wieder in ihren befestigten Städten ein. Die vierte Offensive im Mai, bis in alle Einzelheiten vorbereitet und perfekt ausgeführt, war ein durchschlagender Erfolg; Lin Piao griff Tschiang Kai-scheks Truppen mit einem Heer von 200 000 und einer Volkswehr von zwei Millionen Mann unter aktiver Mitwirkung der mandschurischen Bevölkerung in einem klassischen Volkskrieg an.

Damit aber war die Lawine ausgelöst: Die roten Truppen rollten weiter; vorbei an Mukden, Tschangtschun, Kirin, kreisten die von der Kuomintang gehaltenen Städte ein. Am 10. Juli hatten sie den Kuomintang-Soldaten bereits die halbe Mandschurei ab-

genommen; außerdem waren die Kuomintang-Einheiten durch Desertionen auf über die Hälfte zusammengeschrumpft.
Die fliehenden Garnisonen ließen ganze Depots und Nachschubtrains, Fahrzeuge und Waffen im Stich. Die Zahl der Roten hingegen nahm (wie der amerikanische Konsul in Mukden Ende Mai 1947 berichtete) von nun an ständig zu; außerdem wurden sie von Untergrundeinheiten unterstützt, während sich unter den Kuomintang-Truppen, die unter der Unfreundlichkeit der Bevölkerung zu leiden hatten, Apathie, Groll, Defätismus ausbreiteten; dazu kam die wachsende Unzufriedenheit über den niedrigen Sold, während sich die Offiziere offensichtlich schamlos bereicherten. All das beschleunigte die Niederlage der Kuomintang.
Aber Tschiang gab nicht auf. Er entsandte seine besten Truppen in die Mandschurei, verlor jedoch hier schon die Schlacht um China.
Die sechste und siebente Offensive startete Lin Piao im zweiten Halbjahr 1947. Die unwahrscheinliche Raffsucht und Habgier der Kuomintang-Generale und -offiziere (die sogar die alten Herrschergräber plünderten) hatten die Bevölkerung vollends abgestoßen.
In militärischen Führungskreisen ging es drunter und drüber; Tschiang blieb seiner alten Gewohnheit treu; erließ Befehle, die sich oft gegenseitig aufhoben, setzte sich in wilder Willkür über den Dienstweg hinweg.
Und die Whangpu-Clique riß sich nach wie vor um die Macht. Die Kommandoposten wurden immer schneller verschoben; General um General wollte sein Schäfchen bei der Plünderung der Mandschurei scheren ... »Unzufriedenheit«, schreibt F. F. Liu (er diente bei den Kuomintang-Truppen und lehrt heute in Princeton), »griff schließlich sogar in den untersten Rängen um sich.«
Am 15. September 1947 begann die letzte Offensive. Es ging um die Bahnstrecke Peking–Mukden, also darum, die Mandschurei von Nordchina abzuschneiden.
Diesmal setzten die Kommunisten überraschenderweise Panzer

und Artillerie ein. Tschiang berief den Kommandierenden General ab und schickte an seiner Stelle Hsiung Schih-hui, den Leiter des mandschurischen Generalstabsquartiers, der vor ein paar Jahren die Mission nach England angeführt hatte, und Tu Yuming in die Mandschurei. All diese Whangpu-Zöglinge waren für ihre Arroganz berüchtigt. Unter Hsiung hatte Pao ein Kommando in der Mandschurei erhalten.

Mittlerweile führte der Kampf in China selbst, von seiten der Kommunisten nach Maos strategischem Konzept vorgetragen, zur Konsolidierung großer neuer roter Stützpunkte in Schansi und Honan. Am 25. Dezember 1947 schrieb Mao Tse-tung: »Dies ist ein Wendepunkt in der Geschichte. Von nun an wird es mit Tschiang Kai-scheks zwanzigjähriger konterrevolutionärer Herrschaft bergab gehen. Anstatt weiterhin zu wachsen, wird die imperialistische Herrschaft in China nun untergehen ... Die Befreiungsarmee des Volkes hat das Rad der Konterrevolution und des US-Imperialismus zurückgedreht und Tschiang Kai-scheks Banditenbande samt all diesen Erscheinungen in den Untergang geschickt.«

In jenem Herbst bzw. Frühwinter 1947 wurde Pao von seinen Truppen in der Mandschurei entweder im Stich gelassen oder umgebracht. Damals liefen die Soldaten divisionsweise zu den Kommunisten über. Und kaum hatten sie die Seite gewechselt, waren sie wie ausgewechselt und kämpften tapfer ...

Im Sommer 1948 hatte die Kuomintang dreihunderttausend Mann in den mandschurischen Städten stationiert, die ausschließlich durch die Amerikaner per Luft versorgt wurden, während die Bevölkerung hungerte.

Zwischen September und Dezember 1948 leiteten vier größere Feldzüge die Schlußphase ein; sie endeten mit der vollständigen Niederlage der Kuomintang-Truppen in der Mandschurei. Danach zogen Lin Piaos Truppen in Gewaltmärschen von fünfundvierzig Kilometern und mehr pro Tag nach Nordchina, wo ihnen eine Stadt nach der anderen in die Hand fiel – im Januar 1949 Tientsin und Peking; dann brach Lin Piao nach Südchina auf und überquerte im April den Großen Strom, den Jangtse (in

zwei Tagen führte er dreihunderttausend Mann über den kilometerbreiten Fluß) und stieß so nach Südchina vor.
Im Sommer 1949 war alles vorüber; China war befreit, die Herrschaft Tschiang Kai-scheks, Tai Lees und seiner Blauhemden gebrochen.

14

1945 hatten wir in England einen großartigen Sommer mit viel mehr Sonne als sonst; vielleicht aber kam es nur mir so vor, weil ich einmal nicht traurig und niedergedrückt war. Ich sah zur herrlichen Sonne, in den von Vögeln durchzogenen Himmel hinauf; ich sah die Hecken und Felder, die sich im milden Wind wiegten, das lange Gras, in das ich mich, erschöpft vom Radfahren, warf – die ganze schöne englische Landschaft, so reich und sanft, so lieblich und tief; ich roch die kleinen wilden Orchideen von Dorset und den süßen Duft der Wiltshire-Hügel, so betörend in ihrem sanften Schwung und aller Größe spottend.
Oft brummten die Bomber mit ihrem schrecklichen Lied auf dem Hin- und Rückflug geschwaderweise durch die Sommerluft. Ich erinnere mich an einen Nachmittag, an dem ich gewundene Landstraßen, dicht gesäumt mit Weißdornbüschen, entlangfuhr und jede einzelne Blüte als kleinen leuchtenden Stern empfand. Da dröhnte über meinem Kopf eine V-2 weg; aber die sanftgewellte Landschaft kümmerte sich nicht darum; so kauten auch wir ruhig unsere Sandwiches weiter, bedeckten unsere Augen und schauten ohne Zorn oder Angst zu dem Getöse hinauf.
Im April hatte ich mit meiner klinischen Ausbildung begonnen; da die School of Medicine in der Hunter Street von einer

V-2 getroffen worden war, wurden wir in Landkrankenhäuser nach Arlesey und St. Albans geschickt; in den nächsten zweieinhalb Jahren absolvierte ich an verschiedenen Hospitälern in der Umgebung von London sowie später, wieder in der Stadt zurück, am Elizabeth Garrett Anderson und am Royal Free-Krankenhaus dreimonatige Kurse in Heilmittelkunde, Chirurgie, etc. Ich lernte das Leben in Studentenbuden, die Kochkunst der Vermieterinnen kennen; lernte winzige Gasfeuer mit Shillings füttern, bei eisiger Kälte auf glatten Straßen radfahren; im Stehen fish and chips hinunterschlingen, statt Strümpfen lediglich Wollsocken anziehen, die, an einer Schnur über dem Gasfeuer aufgehängt, eine Woche zum Trocknen brauchten; hauste 1947 ein dreiviertel Jahr mit zwei anderen Mädchen zusammen in einer Zweieinhalbzimmerwohnung im Souterrain – und all das empfand ich als angenehm, bequem, ja luxuriös, kostete es doch nur £ 2 10 s im Monat. Wir hatten sogar eine kleine Küche, ein Bad und eine Katze namens Minnehaha, die uns in Gray's Inn Gardens aufgegabelt und seither nicht mehr verlassen hatte. Ich mußte regelmäßig den größten Teil ihrer Jungen ertränken, bis wir sie schließlich kastrieren ließen. Nach den Examina konnten wir sie nicht länger behalten und übergaben sie anderen Katzenliebhabern.

In einem nicht allzu sauberen weißen Mantel mit einem Stethoskop in der Tasche machte ich im Krankenhaus die Runden und konnte mich mir schon gar nicht mehr anders vorstellen. Nach all der jahrelangen Schufterei sah ich mich schließlich doch als Ärztin, und letztlich war alles, so beschwerlich es auch manchmal war, tröstlich und erfreulich. Denn ich hatte viele Freunde und konnte endlich – und das schätzte ich am meisten – so leben wie der Großteil der Briten selbst, mit denselben Lebensmittelrationen, in derselben heiteren Armut. Ich saß in Zügen herum, die fahrplanmäßig um fünf Uhr nachmittags abfahren sollten, aber stundenlang auf den Bahnhöfen herumstanden, ehe sie sich von der Stelle rührten; einmal brachte ich sogar sechseinhalb Stunden in einem überfüllten Abteil zu, und während der ganzen Zeit fiel kein einziges Wort. Oft war ich schmutzig, oft fror mich, aber all das war Glück; ich durchlebte damals eine äußerst glückliche Zeit, fühlte mich jung und frei von Sorgen, wenn es natürlich auch nicht ganz so glückliche Tage darunter gab.

Denn eine Sorge lauerte noch in jenem Sommer, in dem mein Herz zur Ruhe kam, die Sorge um Yungmei, die nun mit einem Male krank wurde. Ich war noch nicht fertig, noch keine Ärztin, und da erkrankte Yungmei.

Die dreißig Pfund, die ich allmonatlich vom British Council erhielt, deckten zwar die Lebenskosten für mich und die Gebühren, aber nicht die Ausgaben für Yungmei und Gillie. Für sie war keinerlei Vorsorge getroffen. Ich mußte das Geld mit anderen Mitteln beschaffen, durch den Verkauf meiner Kleider, Buchtantiemen, und schließlich nahm ich die Stelle eines Kurators am Pathologischen Museum des Royal Free Hospital an, die monatlich fünf Pfund einbrachte. Doch mein größter Trumpf war Gillie selbst.

Fast zwei Jahre lang, von 1945 bis 1946, war Gillie die Hauptstütze unseres Haushalts. Ihre Anhänglichkeit an Yungmei und ihr Geschick, Mittel und Wege ausfindig zu machen, um bei uns bleiben zu können – wobei die Mehrzahl ihrer Bekannten nicht fassen konnte, warum die sonst so konventionelle Gillie ausgerechnet bei mir, der unbestreitbar komischsten und umstrittensten Person, bleiben wollte – ermöglichten mir das Studium. Denn so gern ich mich als Ärztin qualifizieren wollte, und zwar in einer möglichst kurzen Zeit, so gern wollte ich auch Yungmei möglichst lange in einer gesicherten Umgebung wissen. Ich konnte sie nicht in den schmutzigen Studentenbuden und von Krankenhaus zu Krankenhaus mit mir herumziehen. Yungmeis Lebensstandard sollte nicht wie meiner sinken; und daß dies tatsächlich möglich war, habe ich ausschließlich Gillie zu verdanken, die für Wohlhabende arbeitete und Yungmei mitnahm und sich von mir nur ein Pfund pro Woche geben ließ. So verdiente Gillie Yungmeis Lebensunterhalt.

Natürlich hätte mich Gillie jederzeit mit der fünfjährigen Yungmei sitzen lassen können. Aber sie weigerte sich standhaft, sich von Yungmei zu trennen, sie übernahm eine Stelle nur, wenn sie Yungmei mitbringen durfte! Und da es kaum Kindermädchen gab und Gillie außerdem unvergleichlich geschickt war, fehlte es ihr nie an Angeboten. So war auch unsere Nachbarin in Winkfield, Lady F., deren riesigen Geflügelhof Yungmei so gern fütterte, hochzufrieden, daß sich Gillie bereit erklärte zu kommen, denn sie litt (wie jedermann in England im Krieg) unter Personalmangel. Um ihr Gehalt etwas aufzubessern, betreute Gillie also nun auch noch Lady F.'s Enkelkind, verlangte aber wegen Yungmei wesentlich weniger, als ihr eigentlich zugestanden hätte.

Trotzdem ging es mit Yungmei bergab; sie wurde trotzig, schwierig und aß sehr schlecht. In ihrem jungen Leben hatte sich zu viel geändert, und das spiegelte sich nun in ihrem Verhalten zu Gillie und Lady F. Es wollte ihr nicht in den Kopf, daß sie mich nur gelegentlich sehen sollte, daß ich so hart arbeiten mußte, daß einem Besucher manchmal eine unbedachte Bemerkung entfuhr. Schmerzhaft wurde ihr bewußt, daß das »kleine chinesische Mädchen« sie selber war; ihr stolzer Geist aber vertrug es nicht, gönnerhaft behandelt zu werden; so hängte sie sich an mich, wenn ich da war, wollte nicht essen und zeigte sich launisch, wenn ich fort war. Wie aber sollte ich ihr klarmachen, daß ich für uns beide arbeitete, daß ich das tun mußte, um genug für uns beide zu verdienen?

Natürlich versuchte ich immer, Yungmei am Wochenende zu sehen; andererseits jedoch wollte ich auch die Gastfreundschaft fremder Leute nicht überbeanspruchen. Aus diesem Grund holte ich sie einmal für zwei, drei Tage in ein kleines Hotel. Bei dieser Gelegenheit sah ich, wie das Zimmermädchen, das »Asthma« hatte, das Kind streichelte und küßte. Und etwa zwei Monate später bekam Yungmei eine Erkältung, die sich überhaupt nicht mehr bessern wollte. Sie begann sich zu erbrechen, bekam Fieber, nahm ab. Der Arzt, den Lady F. holen ließ, stellte die Diagnose Bronchitis; aber eine schreckliche Vorahnung veranlaßte mich, Yungmei nach London mitzunehmen und von der Kinderärztin des Royal Free Hospital, einer Spezialistin für

Kindertuberkulose, untersuchen zu lassen. Ich erklärte ihr, daß ich auf einen tuberkulösen Primärkomplex tippe.

»Wie kommen Sie darauf?« Die Kinderärztin zeigte sich skeptisch, denn Medizinstudenten neigen nicht selten dazu, neu besprochene Krankheiten an sich selbst oder an Bekannten festzustellen, und der tuberkulöse Primärkomplex hatte bei uns erst vor kurzem auf dem Lehrplan gestanden. Was lag also näher, als mein krankes Kind ausgerechnet darauf hin untersuchen zu lassen?

Ich erzählte der Ärztin die Geschichte von dem Zimmermädchen mit dem sogenannten Asthma und dem seltsam rauhen Husten und der heiseren Stimme, die Yungmei an sich gedrückt und abgeküßt hatte. Daraufhin wurde Yungmei in die Kinderabteilung zur Untersuchung aufgenommen und in einen großen Raum mit vielen anderen Kindern gelegt; binnen achtundvierzig Stunden hatte sie ihr mit so viel Mühsal erworbenes Aristokratenenglisch verlernt und sich den übelsten Cockneydialekt zugelegt. Als sie vier Wochen später in Gillies Obhut zurückkehrte, konnte sich diese gar nicht fassen über die Sprache, die Yungmei im Krankenhaus aufgeschnappt hatte.

Die Durchleuchtung ergab einen schweren Primärherd. Die Spezialistin fand den Fall besprechenswert, was Yungmei ungemein schmeichelte. »Die redet doch über mich, oder?« fragte sie den kleinen Jungen im Nachbarbett und erging sich in wenig ehrerbietigen Bemerkungen über die im Halbkreis um sie versammelten Studenten.

Der Fall war schwierig, ließ sich aber durch Bettruhe, gute Pflege und Ernährung wieder in Ordnung bringen; die Ärztin zeigte sich optimistisch. Yungmei kam zu Gillie und Lady F. zurück. Diese wogen sie, und als sich herausstellte, daß sie im Krankenhaus abgenommen hatte, nahm Lady F., ohnehin etwas verschnupft, triumphierend die Gelegenheit wahr, ihren Arzt herauszustreichen. Natürlich war es mir nicht darum gegangen, ihren Arzt durch meinen zu übertrumpfen; ich wollte lediglich wissen, was Yungmei wirklich fehlte. Aber unseligerweise faßte sowohl Lady F. als auch Gillie den Umstand, daß ich das Kind ins Krankenhaus geschafft hatte, obwohl der Ortsarzt so gut war, als Vorwurf gegen ihre Personen auf. Es hatte wenig Zweck, Erklärungen abzugeben. Außerdem setzte die sprachlich so verwilderte Yungmei nun ihren Ehrgeiz darein, möglichst ekelhaft zu sein und erbrach sich regelmäßig jede Nacht, weil sie bei mir sein wollte. Ich versuchte Gillie klarzumachen, daß das Erbrechen psychologische Hintergründe habe, aber gewisse wohlmeinende Bekannte erklärten Yungmeis Missetaten, die unter anderem einen kostbaren alten Stuhl von Lady F. aufgeschlitzt hatte, mit dem Hinweis auf ihre Rasse, so daß die arme liebe Gillie zwischen zwei Feuer geriet. Was Wunder, daß sie nun die Nerven verlor. Immerhin war das Kind ihrer Obhut anvertraut, empfand sie es fast als eigenes, da sie es die meiste Zeit um sich hatte, während ich mich nur selten blikken ließ.

Es gelang mir, mich eine Woche freizumachen, die ich mit Yungmei in Dorset bei Lulworth Cove verbrachte, auch wenn sie ein gewaltiges Loch in das kostbare, von *Destination Chungking* gehortete Geld riß. In dieser Zeit dachte Yungmei nicht daran, zu erbrechen; sie verschlang gierig, was ihr vorgesetzt wurde. Das bestärkte mich in der Überzeugung, daß es sich um einen tiefsitzenden Groll handelte. Ich konnte mich dem psychologischen Problem nicht länger verschließen: Yungmei zerstörte ihre Gesundheit offensichtlich planmäßig, und wenn sie sich gegen Gillie auflehnte und sagte: »Wenn meine Mammi da ist, brauche ich dich nicht« und sich überhaupt widerspenstig aufführte, so doch nur, weil sie todunglücklich war. Arme Gillie, die ihr Herz an Yungmei gehängt hatte, ihr Einkommen für sie ausgab und alles für sie (und damit auch für mich) tat! Und arme Yungmei, armes kleines fünfjähriges Kind, das das Familienleben wiederherstellen wollte! All das ging mir nachts durch den Kopf und nahm mir den Schlaf, und doch fand ich keinen Ausweg – und wieder wandte ich mich an eine Spezialistin. Diese empfahl mir, einmal einen Versuch mit der Caldecott School in Südengland zu machen. So schrieb ich hin und in der folgenden Woche kam die Direktorin, Miß Rendall, nach London. Miß Rendall war eine große, ziemlich starke, unwahrscheinlich energische und intelligente Person, mit der ich mich auf Anhieb verstand. Ich erzählte ihr meine Beobachtungen und stattete dann der Schule einen Besuch ab. Das Gebäude, ein sehr schönes Haus, lag inmitten eines großen Parks mit stattlichen Bäumen und ausgedehnten Rasenflächen. Es war als Heim für gestörte und entwurzelte Kinder eingerichtet, deren Eltern in unglücklichen oder ungelösten Verhältnissen lebten, was sich auf die Kinder auswirkte. Die Zöglinge stammten also aus verschiedenen Schichten. Danach sprach ich mit Gillie. Sie regte sich furchtbar auf, denn sie hatte sich für Yungmei immer eine »nette« Schule vorgestellt, die Art Schule, auf die die meisten ihrer früheren Schützlinge gegangen waren. Aber meiner Meinung nach war es höchste Zeit, Yungmei aus der verfeinerten, alles in allem unrealistischen Welt herauszunehmen; ich hatte gehofft, sie hier geborgen und glücklich zu sehen, aber vielleicht war es dumm von mir; vielleicht war ein Milieu, in dem sich die Kinder zum Tee umzogen und nicht schmutzig machen durften und am Sonntag in die Kirche gingen und Kindermädchen hatten und im genau richtigen Tonfall »danke« sagten, nicht das Richtige für Yungmei. Also steckte ich sie für die nächsten beiden Jahre, 1947 und 1948, in die Caldecott School. Das allerdings bedeutete endgültig die Trennung von Gillie, und das kostete mich schlaflose Nächte. Trotzdem war es für beide, für Gillie wie für Yungmei, das beste, denn die Gefühlsspannungen, wie sie die soziale Hierarchie in England hervorrufen kann, drohten Yungmei zu einem ernstlich gestörten Kind zu machen.

Sie mußte aus diesen Kreisen heraus und ihre eigene Ebene finden, die Ebene einer gemeinsamen Menschlichkeit. Und dabei konnte ihr die Caldecott School helfen.

Diese Institution war in jeglicher Hinsicht ideal. Es waren viele Kinder da, vornehmlich englische, aber auch französische und italienische; ein paar kamen aus wohlhabenden Familien, die meisten jedoch nicht. Der Umgang mit diesen Kindern würde Yungmei bestimmt gut tun, denn alle hatten gelitten, und Leiden ist ein gemeinsamer Nenner; unter ihnen würde sich Yungmei nicht länger einsam fühlen; mich als Mutter zu haben, wäre kein Unglück mehr; im Gegenteil, in einer Umgebung, in der Trennung und Unannehmlichkeiten als reale Gegebenheiten hingenommen wurden, während es so etwas in den guten Häusern, in denen sie gewesen war, nicht gab und nicht geben durfte, würde sie sich der Welt wieder öffnen und diese innere Ablehnung der anderen, die sich als rebellisches Aufbegehren äußerte, wieder ablegen.

Ich bin überzeugt, daß die Caldecott School Yungmei rettete; sie gedieh wieder, hatte nichts mehr auf der Brust. Ich erhielt die Sondererlaubnis, sie einmal monatlich zu besuchen statt nur dreimal im Jahr. Und so trat ich einmal im Monat die für damalige Begriffe lange Reise an, die mit Bus und Bahn einfach über zwei Stunden beanspruchte. Obwohl uns nicht viel Zeit blieb, legte Yungmei doch großes Gewicht darauf. Denn nun konnte sie den anderen gegenüber prahlen: »Meine Mammi hat mich lieb, sie besucht mich jeden Monat«, während die anderen Kinder nur einmal im Trimester Besuch bekamen. An diesen Treffen hingen wir beide sehr; außerdem versuchte ich die Verbindung zwischen uns durch einen nicht abreißenden Strom von Postkarten und Briefen aufrechtzuerhalten; Yungmei sollte wissen, daß sie geliebt wurde und daß uns nur die Umstände trennten. Nach etwa einem halben Jahr fühlte ich mich stark genug, Gillie zu schreiben und vorzuschlagen, mit mir und Yungmei einmal Tee zu trinken und einen Spaziergang zu machen. Gillie reagierte mit bemerkenswerter Feinfühligkeit und großem Verständnis. Mit erstaunlicher Großzügigkeit akzeptierte sie, was geschehen war, obwohl es für sie, nach allem, was sie getan hatte, ein schwerer Schlag gewesen sein mußte. So gehört sie auch heute noch in unwandelbarer Treue zu unseren besten Freunden, obwohl Yungmei mittlerweile bereits selbst Mutter ist (und zwar eine viel bessere als ich es je sein konnte).

Und so nahm das Leben seinen Lauf. Nur daß ich nun das Schulgeld für die Caldecott School aufbringen mußte, alles in allem rund vier Guineen in der Woche, die meine dreißig Pfund im Monat ganz schön zusammenschmelzen ließen. Aber ich plante und schränkte mich ein und sparte und wirtschaftete auf diese Weise sogar noch das Geld für die Fahrt, das Essen mit Yungmei und ein Spielzeug oder ein Buch oder Süßigkeiten heraus. Allerdings nicht zuletzt, weil Cherry half, die oft die Miete und das Essen zahlte.

Im Sommer 1947 wurde der Reiseverkehr auf den Kontinent wieder freigegeben, auch wenn man pro Kopf in britischer Währung nur fünf Pfund mitnehmen durfte. Yungmei hatte bereits Ferien, und so fuhren wir mit Cherry über den Ärmelkanal nach Belgien, nach Brüssel, wo wir Georgette Acker aufsuchten, die ich von meiner Studienzeit an der Universität Brüssel her kannte und die mich über die belgische Botschaft in London ausfindig gemacht hatte.

Damals, vor zehn Jahren, war Georgette Acker Kommunistin gewesen. 1937, bei Ausbruch des chinesisch-japanischen Krieges, gehörten sie und ihr Mann dem chinesisch-belgischen Freundschaftsbund an, wie auch Abbé Bolland, ein Priester, mit dem zusammen ich viele Vorträge über China hielt. Georgette hatte mir damals nach Abbé Bolland den größten Eindruck gemacht, weil sie alles mit unglaublichem Nachdruck anpackte. Als ich sie jetzt nach zehn Jahren wieder traf, war sie noch immer dieselbe liebenswerte, liebenswürdige Person, die mit Freuden ein keineswegs leichtes Leben auf sich nahm, ein durch und durch aufrichtiger Mensch, eine Frau, deren Selbstverleugnung aus einer geistigen Überzeugung erwuchs; eine Marxistin, die im Krieg in den Ardennen für die Résistance tätig war und nach ihrer Rückkehr zur Parteiarbeit in den tonangebenden Stellen eine Menge junger Leute vorfand, die sie ungeniert abkanzelten. Trotzdem war sie nach wie vor unerschütterlich davon überzeugt, daß nur der Kommunismus der Menschheit eine bessere Zukunft bescheren könne, und nannte die Kommunistische Partei Belgiens in beißendem Spott »die Bürger, die ihre Dividenden zählen«. »Die Zukunft der Welt liegt in China.

Warte es nur ab, die Revolution dort wird die ganze Welt erschüttern«; sagte sie lachend.

Dann traf ich, nicht ohne Rührung, Abbé Bolland wieder, der in der Zwischenzeit sehr gealtert und durch seinen hohen Blutdruck zu einem Leben in großer Zurückgezogenheit gezwungen war. Mit unvermindertem Interesse fragte er mich über China aus. »Wieder zerreißt Krieg das unglückliche Land«, sagte er. »Mein Gott, wie sehr wünsche ich China den Frieden.«

Dann gingen wir noch ans Meer nach Ostende, und drei Tage lang machte ich Jagd auf Verwandte und mußte schließlich feststellen, daß sie nicht mehr lebten. Außerdem sah ich auch Hers wieder. Ein Bekannter von Georgette erzählte mir, daß Hers in einem Büro der Banque de Bruxelles arbeite. Ich rief die Bank an und erkannte ihn auf Anhieb an der Stimme; er schien über meinen Anruf nicht weiter erstaunt, tat aber etwas fremd. Trotzdem lud er mich ein, ihn in der Bank zu besuchen, und da es zehn Uhr morgens war, machte ich mich gleich auf den Weg. Hers saß in einem imposanten Büro, alles aus braunem Leder und poliert und massiv. Er sah noch genauso aus wie früher und begrüßte mich mit »Ho, ho!« – »Na, du hast's ganz schön weit gebracht in der Welt«, sagte ich zu ihm, und er antwortete: »Ich bin jetzt verheiratet, ja, ich habe geheiratet.« – »Gratuliere«, entgegnete ich. Mit ausdruckslosem Gesicht fuhr er fort: »Ich habe eine sehr junge Frau genommen, ein blutjunges Ding; sie ist wahnsinnig eifersüchtig. Irgendwer hat ihr was über dich erzählt, und jetzt weigert sie sich, dich kennenzulernen. Sie ist höllisch eifersüchtig auf mich, auf meine Vergangenheit, auf alle meine Bekannten. Sie ist eben noch sehr jung. Deswegen möchte ich dich auch nicht mit ihr bekanntmachen, ich möchte keinen Streit daheim.« – »Aber sie hat doch keinerlei Grund, auf mich eifersüchtig zu sein«, erwiderte ich. »Weiß ich«, antwortete er. »Aber die Leute haben ihr den Floh ins Ohr gesetzt. Sie verabscheut dich.« Ich lachte auf, denn es kam mir lächerlich vor, daß Hers, den ich immer für so unabhängig, so energisch gehalten hatte, nun mit einem Male so ängstlich geworden sein sollte. »Du weißt ja, ich habe mich nie für ältere

Männer interessiert.« Der Satz war mir entschlüpft, ehe mir seine Gemeinheit zum Bewußtsein kam, denn 1947 war Hers sechzig und seine Frau vierzig Jahre jünger als er.
Ein paar Jahre später lernte ich seine Frau doch noch kennen und stellte zu meiner Überraschung fest, daß sie seiner Beschreibung überhaupt nicht entsprach; sie war eine außerordentlich schöne, charmante und kluge Frau. Hers wurde mit der Zeit ausgesprochen bigott. (»Das Haus ist immer voll von Priestern und Nonnen«, vertraute mir seine Frau gereizt an, »und ich darf in der Küche stehen und drei Kinder versorgen; zu etwas anderem bleibt mir keine Zeit.«) Sie war bildhauerisch begabt, aber Hers ließ nicht zu, daß sie ihr Talent ausbildete; er verstand es, sie an den Haushalt zu fesseln, bis sie schließlich ebenfalls revoltierte. Und als ich ihn 1947 so verlegen in seinen Papieren kramen sah und er mir mit den Augen auswich, konnte ich mich des Lachens kaum erwehren. Ich erzählte ihm, daß ich mein Medizinstudium wieder aufgegriffen hatte, Pao irgendwo in China Truppen befehligte, und daß auch ich nach Beendigung meiner Studien zurückgehen wollte. »Zurück nach China? Du bist verrückt, du bist schon immer verrückt gewesen«, sagte Hers. »Aber du wirst das Studium erst gar nicht abschließen.« »Irrtum«, entgegnete ich, »Ende des Jahres ist es soweit.«
Auch Louis' Schwester Jeanne suchte ich auf. Seit ich die Erbschaft abgelehnt hatte, standen wir im Briefwechsel. Jeanne lud Cherry und Yungmei und mich für eine Woche zu sich aufs Land ein. Wir nahmen die Einladung an, und ein keuchender kleiner Zug schockelte uns zu dem wallonischen Dorf, in dem Jeanne mit ihrem Sohn in einem Bauernhaus lebte. Im vorderen Hof türmte sich ein unerhörter Misthaufen, denn nach der Höhe desselben bemaß sich, wie heute noch in manchen Teilen Nordfrankreichs, der Reichtum eines Bauern. Das Brunnenwasser sollte jedoch sehr weich sein (was es auch war), und außerdem gab es so viel Schlagsahne und Milch wie man wollte – allerdings auch zahllose Fliegen. Yungmei erbrachte wieder einmal den Beweis für ihre Anpassungsfähigkeit; sie schloß sich Jeannes kleinem Sohn an, schaute zu, wie eine Kuh von einem

extra zu diesem Zweck geholten großen Bullen gedeckt wurde, schlug sich mit den Dorfrangen herum und plapperte den Ortsdialekt so gelungen nach, daß ich daran zweifelte, je wieder Englisch von ihr zu hören. Ebenso prompt eignete sie sich alle Unarten des kleinen Jungen an, wie Nasenbohren und mit den Fingern essen und betrachtete die Leute in den offenen Häuschen ebenso ungeniert. Jeanne konnte nicht begreifen, warum ich mein Leben nicht der wallonischen Sache opferte. Belgien, dieses »abscheuliche, idiotische Kunstprodukt«, wie sie es nannte, sollte überhaupt nicht existieren, denn auf der einen Seite waren die Flamen, auf der anderen die Wallonen, die zu Frankreich zurück wollten. Louis war ein glühender Anhänger der wallonischen Nationalpartei gewesen, die davon ausging, daß Flamen und Wallonen verschiedene Idiome sprachen, verschiedene Völker waren und daß die Wallonen als Minderheit unterdrückt wurden. Energisch protestierte die Partei gegen die Einführung des Flämischen als Amtssprache und gegen das Übergewicht der Flamen in der Regierung. Heute, zwanzig Jahre später, ist der Streit noch immer nicht gelöst; im Gegenteil, er hat sich noch verschärft, und zwar vornehmlich durch die handgreifliche materielle Not, in die die Wallonen abgesunken sind.

Der wallonischen Sache nun hatte sich Jeanne mit Leib und Seele verschrieben. Etwas anderes zählte für sie nicht, und so konnte sie nicht begreifen, warum ich nicht Louis' Andenken zuliebe mich ebenfalls dieser Sache widmete. Cherry gingen schließlich die Gerüche, die aufdringlichen Fliegen, Kühe, Hunde (die alle tollwütig schienen und knurrten und schnappten und mit Stöcken vertrieben werden mußten), das weiche Wasser (für das wir aber zu dritt nur ein kleines Waschbecken hatten), die Toilette auf freier Flur neben dem Kuhstall von einem bissigen Hund an einer langen Kette bewacht (der einen, wenn man sich nicht richtig vorbeidrückte, beinahe packen konnte, worauf er auch stets aus zu sein schien, so sehr zerrte er an der Kette und bellte und biß um sich), – Cherry ging das alles schließlich so sehr auf die Nerven, daß sie Georgette Acker brieflich bat, uns telegraphisch nach Brüssel zurückzurufen. Kaum hatten wir das Telegramm in Händen, zeigten wir es Jeanne, die uns keineswegs gern ziehen ließ. Außer uns gab es auf dem Bauernhof noch einen anderen Gast, einen strammen jungen Mann, über und über mit Pickeln besät (sogar auf dem Hintern, was man sehen konnte, wenn er in außerordentlich knapp sitzenden Badehosen zum Schwimmen ging), der Cherry mit einer solchen Ausdauer den Hof machte und nachlief, daß sie die Ruhe verlor und unsere Zimmertür nachts mit einem Stuhl verrammelte.

Auch ich fand diese ländliche Umgebung furchteinflößend. Nicht nur, daß mir angesichts der Sahne mit Fliegen der Appetit verging, ich machte mir dazuhin noch ständig Sorgen um Yungmei, der die rauflustigen Dorfbengel mit ihren spitzen Stöcken die Augen auszustechen drohten. Nach einem warmen Abschied bestiegen wir den Schneckenzug, der uns zu Georgettes freundlicher Wohnung in Brüssel zurückbrachte.

Als ich das nächstemal von Georgette Acker hörte, war sie bereits tot. Sie hatte uns während unseres Besuches von der kleinen Epithelioma auf ihrer Nase erzählt, die erfolgreich entfernt worden war; niemand ahnte damals, daß die Geschwulst auf ihren Körper übergreifen und sie töten sollte, für einen Hautkrebs auch etwas höchst Ungewöhnliches.

15

Immer wenn ich ehemaligen Kommilitoninnen vom Royal Free begegne, erstehen die Studentenjahre mit ihren Bedrängnissen, ihrem angeberischen Studentenkauderwelsch und ihrem Gelächter wieder vor mir. Wir sprechen von unseren damaligen Buden und Vermieterinnen, nennen die Spezialisten vom Krankenhaus, die uns einen heiligen Schrecken einflößten, weil sie uns durchkommen oder durchfallen lassen konnten, bei ihren Spitznamen. In jenen Kriegs- und Nachkriegsjahren zu studieren brachte mehr Dreck und mehr Kälte mit sich als gewöhnlich und auch mehr Hunger; ja, wir waren so an den Dreck gewöhnt, daß uns ein Jahr nach Kriegsende Mrs. Lloyd Williams, die Leiterin des Royal Free, zu etwas mehr Sauberkeit und Ordnung anhalten mußte.

Und während dieser Wochen und Monate verlor ich nie mein Ziel aus den Augen, lernte, strebte weiter, ohne jedes Verständnis für diejenigen, die die Sache leichtnahmen, die Krankenhausvisiten, die Untersuchungen nicht bis ins letzte auswerteten. Sobald ich zugelassen wurde, meldete ich mich zu den Prüfungen an und legte das Schlußexamen bereits nach zweidreiviertel Jahren ab; damit hatte ich mich also tatsächlich in der kürzestmöglichen Zeit als Ärztin qualifiziert.

Diese Hast, diese Eile, dieses aggressive Strebertum machten mich nicht gerade bei allen beliebt. Ich arbeitete wie besessen, und als ich Chirurgin im Krankenhaus wurde, trieb mich dieselbe Energie, alle Reservebetten zu belegen, so daß ich schließlich doppelt so viele Patienten hatte wie die andere Hausärztin, was ihr gegenüber wohl nicht fair war. Aber Zeit und Not drängten mich, denn da war nicht nur Yungmei, sondern auch, wie schon zehn Jahre zuvor, China.

Keinen Augenblick lang zog ich in Betracht, in England zu bleiben. Ich mußte zurück, von diesem Ziel wich ich keinen Fingerbreit ab; ich gedachte nicht, mich zurückzulehnen und die Zeit zu vertrödeln und das Leben so dahinrinnen zu lassen; ich gedachte nach Kräften zu kämpfen und vor allem nach China zurückzukehren . . .

Keine Krankheit durchkreuzte meine Pläne. Die Professoren waren im großen und ganzen sehr nett zu mir, vor allem der Chirurg, Mr. Shattock. Ich erinnere mich nur an einen unangenehmen Vorfall; Mrs. Ledingham, die uns in Arzneimittel-

kunde unterrichtete, eine große, etwas überempfindliche Frau mit einer breiten Halskette, die eine Kropfoperation verdecken sollte, kam an zwei Nachmittagen wiederholt mit lauter Stimme darauf zu sprechen, daß Rassenmischung häufig zu Hautpigmentierung führe – eine medizinisch nicht erwiesene Behauptung, zu der sie ein portugiesischer Patient mit negroiden Zügen anregte. Die Sticheleien, Schwächen und Schrullen unserer Lehrkräfte, der Professoren und Fachärzte, die erhobenen Hauptes durch die Krankensäle schritten, während wir schüchtern hinterdrein schlichen oder sie ängstlich umstanden, waren Teil unseres Lebens. Wir gaben ihnen Spitznamen und äfften sie nach. Heute aber scheint mir, daß sie zu den feinsten Leuten gehörten, die ich kennenlernte.
Im August 1945 fühlte ich mich ein paar Tage lang durch die Bombe auf Hiroshima ganz verstört. Wir waren damals gerade in Welwyn Garden City, und ich werde jenen wunderbaren Augustnachmittag, die grünen Hecken und die großen fetten Schlagzeilen in den Zeitungen, die alle Welt kaufte, nie vergessen. Jahre später bekam ich Kingsley Martins Reaktion darauf zu lesen. Auch ihn hatte offensichtlich Entsetzen gepackt, auch ihn erfüllte eine bohrende Entrüstung. Ich jedenfalls fand damals keine Ruhe, zwang Cherry, mit mir die sonnengebadete Hauptstraße auf- und abzugehen und setzte ihr auseinander, daß dies das größte Verbrechen der Geschichte sei. Ich weiß noch, wie entsetzt ich war, wie ungeheuerlich und uns alle bedrohend ich das Ereignis empfand. Und Cherrys Kommentar, die wie fast alle Studenten meinte, die Bombe »kürze doch immerhin den Krieg ab«, machte mich unbeschreiblich wütend. Was immer die Japaner getan hatten, das jedenfalls hatten sie nicht verdient. Vor allem ging es ja an der hilflosen Stadtbevölkerung aus. Die anderen dagegen schienen zufrieden, ja freudig berührt, und eine Chirurgin hielt es sogar für wünschenswert, ganz Japan durch solche Bomben in Schutt und Asche zu legen. Auch meine unerklärliche Angst ließ im Lauf der Zeit etwas nach, ohne allerdings je zu schwinden.
Im September 1946 arbeitete ich zwei Monate als Geburtshelfe-

rin in Irland am Rotunda Hospital. Zusammen mit Cherry fuhr ich nach Dublin. An das »Wochenei« in dem immer noch rationierten England gewöhnt, erschien uns die Eierschwemme in Irland (zwei bis drei zum Frühstück) als ein geradezu unvorstellbarer Luxus. Nicht weniger verblüfften uns die Flohscharen in den Häusern der Armen. Noch nie hatte ich solch dicke, fette Flöhe gesehen. »Das sind die Cabraflöhe«, erklärte das Zimmermädchen in ihrem breiten irischen Englisch.
Das Armenviertel war etwas sechs Kilometer vom Krankenhaus entfernt. Wenn wir dorthin gerufen wurden, mußten wir immer mit dem Fahrrad fahren, kamen aber trotzdem sehr oft zu spät. In Cabra wohnten nur besonders Arme und Arbeitslose mit mindestens fünf Kindern. Und doch wurden wir immer mit Segenswünschen begrüßt, und Weißbrot mit Butter und Tee wartete schon auf die »Doktorinnen«. »Es tut mir wirklich so leid, Frau Doktor, aber ich habe es einfach nicht mehr halten können«, entschuldigte sich die Mutter, wie wenn sie sich danebenbenommen hätte, während wir schafsmäßig die Nabelschnur durchschnitten und mit Jod abtupften ...
Am Rotunda Hospital, einem innen wie außen imposanten Gebäude, blieb uns wenig Zeit, Daumen zu drehen. In einer Vielzahl von Kreißsälen lagen, lediglich durch Wandschirme voneinander getrennt, Reihen von Frauen, die alle denselben Schmerz und denselben Triumph erlebten. Hier wiederholte sich das Wunder der Geburt unentwegt, bildete eine ganze Welt für sich, denn hinter dem einen oder anderen Schirm kam stets ein Kind zur Welt. Wir versenkten uns in diese Welt, lernten aber gerade hier, wann man sich nicht einmischt.
Am Rotunda fehlte es nicht an Medizinstudenten, die nur zu gern ein Mädchen in die Dubliner Kneipen geführt hätten. Meine Abneigung gegen Männer aber hatte in Irland nicht nachgelassen. Im Gegenteil, sie war noch gewachsen, nachdem gleich in der ersten Nacht in etwa zehnminütigem Abstand zweiundvierzig Bierflaschen gegen unsere versperrte Tür geflogen waren. Cherry gabelte bald einen jungen Arzt auf, von dem sie sich nach Wicklow ausführen ließ; unseren nettesten Abend

jedoch verbrachten wir in der irisch-jüdischen Familie eines außerordentlich angesehenen Chirurgen, der am Fitzwilliam Square wohnte. Der Sohn, ein äußerst fleißiger und nicht dem Trunk ergebener Student, war der dritte in unserer Gruppe und nahm uns mit nach Hause, wo wir ein üppiges Mahl aufgetischt und die irische Geschichte mit zitternder Stimme und Tränen der Entrüstung über die Gemeinheit der (in Dublin nicht eben beliebten) Engländer vorgesetzt bekamen. Auf diese Weise sahen wir immerhin einiges von Dublin, wenn auch leider nie genug. Wie gern wären wir den winkligen kleinen Straßen in dem grauen Licht weiter gefolgt und am malerisch getönten Fluß entlanggegangen, aber stets hatten wir es eilig auf dem Weg in die übervölkerten Slums, nur um dort wieder einmal zu spät, erst nach der Geburt, anzukommen. Wie oft flehten uns die Frauen an, neue Schwangerschaften zu verhüten, aber wir durften sie lediglich über die sicheren Tage aufklären, und eine solche Aufklärung war höchst unbefriedigend. Dafür brachten wir jedesmal, und das erinnerte mich an die Wanzen von Szetschuan, Flöhe mit nach Hause, die wir dann mit Antiflohpuder bekämpften.

Während ich noch am Rotunda arbeitete, tauchte John Coast, ein junger Engländer, in Dublin auf, und zwar meinetwegen. Trotz meiner Männerfeindschaft hatte er versucht, mein Interesse zu wecken. Ich hatte ihn über Dorothy Woodman kennengelernt, die nach dem Krieg verschiedene Asienkomitees organisierte. Stets großzügig, aufgeschlossen, weltweit interessiert, hatte Dorothy ihre Arme und ihr Haus sowie ihr reizendes kleines Landhaus weit für asiatische Studenten geöffnet; und da die Vermieterinnen von Studentenbuden oft sehr am Essen zu sparen verstanden, nahm ich so oft wie möglich meine Zuflucht zu Dorothys Donnerstagsfreitisch, wenn sie für ein Heer vage links orientierter (zum Teil echter linker) asiatischer Intellektueller gewaltige Mengen kochte, sehr wohlschmeckend und durch und durch vegetarisch.

Dorothy Woodman und Kingsley Martin waren im Grund ein Produkt des britischen Verwaltungsgenies, der linke Flügel des

Establishments. Auch sie besaßen die Klugheit der Briten, ihre zukünftigen Gegner zu nähren und aufzuziehen und ihren Schmähreden wohlwollend zuzuhören, wohl wissend, daß die Erinnerung an diese Freundlichkeit zu gegebener Zeit Früchte tragen würde! In Dorothys geräumiger Wohnung durfte man frei von der Leber weg reden und solch herrlich gewagte, nonkonformistische Dinge sagen; gewiß denken noch heute manche Asiaten an diese Zeit als die schönste ihres Lebens zurück ...

In ein asiatisch anmutendes Gewand gehüllt, tischte uns Dorothy Berge von Essen auf und brachte die Diskussion durch geschickte Bemerkungen in Gang; außerdem nahm sie »ihre« Asiaten auch gern ins Konzert, ins Kino und in Ausstellungen mit.

Ich gehörte nicht zu Dorothys Stars, denn weder war ich in Politik gut noch taugte ich viel beim Argumentieren. Mein Beitrag beschränkte sich auf einen enormen Appetit. Zu sehr mit Essen beschäftigt, um reden zu können, erschien ich Dorothy, zumal ich auch alles in größter Hast verschlang (denn mein Tagesablauf folgte einem strikten Stundenplan), als hoffnungsloser Fall, als »Dilettantin«, wie sie mich, aber sicher zu Unrecht, nannte. »Du bist verschlossen wie eine Muschel«, sagte sie. »Auf einem Sandwich«, hätte sie hinzufügen sollen. Zustimmend nickte ich, auf beiden Backen kauend, ohne ein Wort zu sagen. Trotzdem war Dorothy – Beweis für ihre Herzensgüte, denn ich gab ihr ja genaugenommen nichts dafür – sehr freundlich zu mir. Ich sehe sie noch vor mir in ihrem burmesischen *Longyi* oder in einem indonesischen Sarong oder einem indischen Sari oder irgendeinem *Djellabah* mit Korallenketten, wie sie von Grüppchen zu Grüppchen eilte und freudig ausrief: »Stellt euch vor, ich habe zwanzig Pfund abgenommen.« Sie nahm bald zu, bald ab, was nie unbesprochen blieb.

Dorothy interessierte sich sehr für China und nahm mich zu einer Veranstaltung des China Campaign Committee mit, auf der Michael Lindsay einen Vortrag über Jenan halten sollte.

Lindsay, damals noch kein Lord, hatte sich einige Jahre lang in Nordchina, darunter auch beträchtliche Zeit in Jenan aufgehalten, wo er Mao Tse-tung, Tschu En-lai und Tschu Te kennenlernte und eine Chinesin heiratete. Nach seiner Rückkehr nach England hielt er Vorträge über die Ereignisse in China und äußerte sich stets sehr positiv über Jenan.

Es war noch zu früh, um einen Sieg der Kommunisten zu prophezeien, aber Lindsay ließ keinen Zweifel daran, daß das chinesische Volk seine Hoffnung auf sie setzte. Als ich ihm zwanzig Jahre später, 1966, bei einem Teach-in über China an der Universität Toronto wieder begegnete, hatte er seine Meinung grundlegend geändert. Er war nun ein erbitterter Gegner des neuen China und Mao Tse-tungs und ebenso seine Frau, jenes Mädchen, das einst Mao in die Höhlen von Jenan gefolgt war.

An jenem Abend machte mich Dorothy Woodman mit John Coast bekannt; er war beim Bau der Eisenbahn in Siam dabei gewesen, hatte vier Jahre in japanischer Kriegsgefangenschaft verbracht und war nun nach England zurückgekehrt, wo gerade sein Buch *Railroad of Death* erschien. John saß hinter mir; er bestand darauf, mich am nächsten Tag zum Essen auszuführen und machte mir auf der Stelle einen Heiratsantrag, denn er habe sich, erklärte er, in meinen Hinterkopf verliebt.

Da ich mir eine Liebesgeschichte für meinen Teil überhaupt nicht vorstellen konnte, war ich weder beleidigt noch auch besorgt. Ich erwiderte ihm, ich wisse sehr wohl, daß er sich einen Spaß erlaube, und daß ich nicht im Schlaf daran dächte, darauf einzugehen, da ich mich nicht im geringsten für Männer interessiere. Doch das machte John nur hartnäckiger; er lud mich ins Ballett ein, und ein paar Monate lang nahm er mich, in der Hoffnung auf einen Sinneswandel, alle zwei Wochen ins Ballett oder Konzert mit.

Aber ich war, was er nicht merkte, müde, die ganze Zeit todmüde, so müde, daß ich bei den Ballettvorführungen beinahe und bei den Konzerten tatsächlich einschlief. Nur wenn ich eine Melodie, die wir miteinander gehört hatten, nicht wiedererkannte, wurde er wütend. Ich bin schrecklich müde, entschuldigte ich mich. Aber John konnte nicht begreifen, warum ich mich so wahnsinnig hinter das Studium klemmte und daß es mir zu-

zeiten das liebste gewesen wäre, er hätte mich nicht ausgeführt, sondern einfach schlafen lassen. Unromantisch, schlecht gekleidet, schlecht frisiert, wollte ich bleiben, wie ich war. Er jedoch glaubte steif und fest, mich bessern zu können. »Du wärst so hübsch . . . Wenn du nur nicht immer in diesen Pfadfinderhosen herum laufen wolltest.« Aber bei mir war Hopfen und Malz verloren, und als er nichts ausrichten konnte, nannte er mich »humorlos« und stellte mir die wohl gar nicht so falsche Diagnose »Ernsthafteritis«.
John brachte eine indonesische Ballett-Truppe nach England. Der Begleiter der Truppe, Suripno, ein kleiner junger Indonesier mit lebhaften Augen, ist mir bis heute in Erinnerung geblieben, denn er hatte etwas Brillantes an sich. Zwei Jahre später, 1948, wurde er anläßich der Madiun-Affäre in Indonesien als Kommunist erschossen und starb mit dem Ruf »Lang lebe die Revolution«. Das indonesische Ballett kam in England sehr gut an, und später vermittelte John eine andere Truppe nach Amerika.
Während ich also als Hebamme am Rotunda arbeitete, kam er für drei Tage nach Dublin. Er nahm es mir nicht übel, aber allmählich gingen ihm doch die Augen auf, daß es nicht ganz so einfach war, mich in eine gut angezogene, entspannte und gelassene Schönheit zu verwandeln. Daraufhin verliebte er sich bald in eine andere, aber wir blieben gute Freunde. Später erhielt er eine Anstellung beim Auswärtigen Amt und ging als Kulturattaché nach Bangkok, dann nach Indonesien, wo er zwei weitere ausgezeichnete Bücher schrieb, *Recruit to Revolution* und *Dancing out of Bali*.
Dorothy hatte John Coast von Anfang an unter ihre Fittiche genommen; er gehörte zu ihren Lieblingsschützlingen wie Maung Ohn, ein junger Burmese mit einem Hüftleiden. Als John nach Bangkok abreiste, brachten wir ihn gemeinsam zum Flugplatz, ich noch immer unerweicht und Dorothy wie eine Gluckhenne um sein Wohl besorgt. Ich glaube, sie hat mir nie verziehen, daß ich ihn nicht erhörte, und auch John betonte diese Seite an unserer Freundschaft, indem er mir zum Abschied eine Orchidee und Dorothy eine tiefrote Rose schenkte.

Abgesehen von dieser Romanze, die keine war, tat sich nichts auf diesem Gebiet. Der segensreiche Zustand der Gleichgültigkeit hielt während der ganzen vier Jahre meines Medizinstudiums an, in London wie in Dublin, in den Buden wie in Glyndebourne. Ich war einfach nicht aus der Ruhe zu bringen; meine Energie floß in einen anderen Kanal; all die Liebe und Fürsorge, die ich noch aufbringen konnte, gehörten ausschließlich Yungmei. Es war eine Zeit der Dürre, nicht der Stürme und Aufregungen, der Ängste, des Zorns, der Leidenschaftsausbrüche und Fehlschläge, sondern harten, unermüdlichen Strebens. Trotzdem hatte ich noch Augen für die Landschaft; allerdings kämpfte ich die Neigung zum Träumen nieder und fuhr so lange Fahrrad, bis die ganze Umgebung auf Kilometer guter Straße, Wind auf meinem Gesicht, Schweiß und Erschöpfung zusammenschrumpfte.

Nur Yungmei bildete eine Ausnahme; ich empfand sie beruhigend wie Balsam, wie das singende Wasser im Taoisten-Tempel in Szetschuan. Nur ihr Lächeln bedeutete mehr als Fröhlichkeit, hüllte mich warm ein, war wie das Rauschen im Laub der Bäume entlang der Landstraßen. Reine Freude erfüllte mich, wenn Yungmei, nun fest auf den Beinen mit rosig durchbluteter Haut und ernstem Gesicht im Frühling einen Hahnenfußstrauß pflückte. Nur manchmal, wenn ich ihr zuschaute und mich über ihr gesundes Aussehen freute, fiel mir der tuberkulöse Primärkomplex wieder ein, und ich fragte mich, ob er wohl eines Tages in aller Stille wieder aufbrechen würde ... Dann wurde mir mit einem Male kalt vor Angst und ich erstarrte vor Spannung. Ich mußte an die Arbeit zurück, zurück an die Arbeit ... nur mein Erfolg konnte Yungmei vor allem Bösen bewahren.

Im Januar 1948 legte ich das Examen ab und konnte mich daraufhin im Royal Free Hospital um eine Anstellung als Anstaltsärztin bewerben. Außerdem hatte ich am Pathologischen Museum in der Hunter Street gearbeitet und im letzten halben Jahr Kurse an der School of Tropical Medicine and Public

Health besucht, denn ich wollte mich auch auf Krankheiten wie Cholera, Typhus, Pest und Lepra vorbereiten, die in Europa fast ausgestorben sind, nicht jedoch in China. Später legte ich noch ein Zusatzexamen mit Auszeichnung in Chirurgie und Pathologie ab.

Während meines ganzen Studiums konnte ich mich nie des Eindrucks erwehren, daß die Auslegungen, die man uns mit soviel Ernst vortrug und eintrichterte, keineswegs die einzig möglichen waren. Und das galt meiner Meinung nach sowohl für die innere Medizin mit ihrer hochgradigen Spezialisierung als auch für die Chirurgie, Gynäkologie und die Geburtshilfe. Bei der inneren Medizin fühlte ich mich nie wohl, wenn die Fachärzte den Zustand eines Patienten ausschließlich von einem einzigen Organ her beurteilten. Für manche schien alles vom Herz, für andere von der Leber oder vom Magen abzuhängen. Dieser bei Spezialisten nicht unverständliche Hang wäre wohl zum Lachen gewesen, hätte er nicht zu allerlei Fehlschlägen geführt. Womöglich noch schlimmer jedoch wirkte sich diese Neigung in der Chirurgie aus, denn in vielen Fällen hätten Magen, Schilddrüse oder irgendein anderes Organ nicht unbedingt mit dem Messer behandelt werden müssen.

Aber ich wagte nicht, meine Zweifel zu äußern. Wer war ich schließlich schon? Ich studierte nur um so eifriger Hans Selyes Buch über den Streß und psychosomatische Krankheiten, die allmählich allgemeine Beachtung fanden. Immer mehr neigte ich zu der Ansicht, daß eine gute Behandlung, bei welchen Beschwerden auch immer, eine Untersuchung der ganzen Person voraussetzte. Aber viele Behandlungsmethoden waren nur allzu eingefleischt und mit berühmten Namen verbunden. So wurde uns, zum Teil wider besseres Wissen, manch Falsches gelehrt, z. B. daß akutes Kopfrheuma in Asien ebensowenig vorkomme wie hoher Blutdruck, der aufgrund der Reisernährung und des »passiveren Temperaments« der Asiaten nicht auftrete; mittlerweile hat man diese beiden Mythen fallen lassen. Vielfach schien mir auch die Unvollständigkeit der Diagnose Anlaß zu Besorgnis zu geben. Später, während der fünfzehn Jahre, die

ich in Asien unter Chinesen, Malaien und Indern als Ärztin tätig war, habe ich, nachdem ich (eben weil ich mich lieber an den Buchstaben hielt, statt mir die Zeit zu nehmen, mir die ganze Person anzuschauen) selbst Fehler gemacht hatte, ein Gutteil dessen, was ich gelernt hatte, über Bord gehen lassen. Fehler aber, die womöglich gar den Tod oder die Invalidität des Patienten zur Folge haben, vergißt man nie, das Gefühl der Schuld nimmt nie ab. Die geistige Komponente, die langen, tiefreichenden Wurzeln der Krankheit, die bis ins Verhalten und die Erlebnisreaktion, in die ganze Weltauffassung hineinreichen und die Einstellung eines Menschen zu Leid und Unglück, zu Fehlschlägen und Sorgen als Kehrseite von Freude und Glück bestimmen – diese zu berücksichtigen, schien mir für die Heilkunst unerläßlich, und da wiederum vielleicht vor allem bei Frauen und Kindern.
In den gynäkologischen Abteilungen der Krankenhäuser kam eine Beschwerde immer wieder vor, die meiner Ansicht nach durch die übliche Behandlung keineswegs geheilt, sondern nur verschlimmert wurde, der Vaginismus, jene Zusammenziehung und Versteifung der Scheidenmuskulatur beim Koitus. Zur Behebung dieses Übels wurde die Vagina operativ erweitert und danach für eine Woche eine gläserne Penisnachbildung eingeführt, um die Kranke an den normalen Geschlechtsverkehr zu gewöhnen. Da ich in den letzten Jahren mit Pao selbst unter Vaginismus gelitten hatte, ohne mich an einen Gynäkologen zu wenden, wußte ich, daß es keine angeborene, sondern eine erworbene Schwäche war, die sich meines Erachtens nicht durch operative Eingriffe beheben ließ, da die Ablehnung des anderen Körpers vom Geist ausging. Im Gegenteil, durch den Schmerz und das Trauma wurde die psychische Verwirrung womöglich nur noch vergrößert. Eine Frauenfachärztin am Elizabeth Garrett Anderson immerhin war derselben Auffassung und brummte bei der Untersuchung nicht selten vor sich hin: »Alles, was wirklich fehlt, ist ein guter Liebhaber.« Dennoch hielt auch sie sich an das übliche Verfahren. Mich drängte es immer, den Patientinnen zu erzählen, daß es mir ebenso ergangen war,

daß eine Aussprache mit ihrem Mann oder eine Revolte Wunder wirken konnten. Aber wir waren in einem System gefangen, das noch immer dem Leitsatz huldigte: »Wenn's nicht klappt, wird es herausgeschnitten«, und Sex war noch mit so vielen Tabus belegt, die Öffentlichkeit noch so prüde und empfindlich, daß wir nicht einmal unter uns über diese Operationen sprachen.

Auch eine andere, im Krieg häufig auftretende Erscheinung war nicht angeboren, sondern durch die Umstände bedingt: Gefühlsbindungen zwischen Frauen, die gelegentlich zu Verirrungen führten. Von dieser sogenannten Verirrung – im Grunde nur eine normale affektive Reaktion – erfuhr ich erstmals im Royal Free Hospital, an dem ausschließlich Medizinstudentinnen arbeiteten. Das Vorurteil gegen Ärztinnen war immer noch so tief verwurzelt, daß nur wenige Studentinnen (an manchen Krankenhäusern überhaupt keine) zugelassen wurden. Das Royal Free nun konnte diesbezüglich auf eine lange, militante und ruhmreiche Tradition zurückblicken, was mir, wie jeder Asiatin, natürlich schwer imponierte. Aber am Free ging mir schlagartig auf, was Pao damals gemeint hatte, als ich mich an Margery Fry um Hilfe wandte, und wie gemein seine Beschuldigungen gewesen waren. Denn eines Abends – ich hatte das Examen schon hinter mir und arbeitete als Assistentin in der chirurgischen Abteilung – kam eine Schwester, eine sehr tüchtige, zuverlässige Person, in mein Zimmer und erzählte mir ihre Lebensgeschichte. Sie hatte sich verlobt, war sich aber keineswegs sicher, ob sie sich zum Ehestand eigne, da sie die Männer im Grunde verabscheute, immer nur Freundinnen gehabt und sich in manche sogar verliebt hatte. Sie redete und redete, wahrscheinlich tat es ihr gut, sich einmal alles vom Herzen zu reden und womöglich vollzog sich durch diese Katharsis der Durchbruch zur sogenannten Normalität. Während der Kriegs- und Nachkriegsjahre, als ein Großteil der Männer im Feld bzw. in Lagern war, schienen lesbische Beziehungen natürlicher als heterosexuelle; auch unter Männern war Homosexualität außerordentlich verbreitet. Die gleichzeitig zimperliche und ungeheuerlich abschätzige Behandlung des Themas Sex, die Unmöglichkeit, normal über die Aufgaben von Mann und Frau zu reden oder auch nur zu denken, die Aura von Sünde, die alles Geschlechtliche umgab, die in den Frauen durch das Gesellschaftssystem und die getrennte Erziehung gezüchtete Feindseligkeit . . . und viele andere Faktoren mehr trugen zu solchen Bindungen bei. Heute werden sie ja fast als normal akzeptiert, und so ist zu hoffen, daß auch die mit ihnen verbundene Gefühlsverwirrung eines Tages wegfallen wird.

Nach dem Ersten Weltkrieg mit seinem ungeheuerlichen Blutbad lehnten viele Mädchen, die die Unabhängigkeit geschmeckt hatten, die Bande der Ehe ab; nicht so nach dem Zweiten Weltkrieg, in dem weit weniger Männer gefallen waren. Die meisten jungen Mädchen heirateten und führten für den Rest ihres Lebens einen mehr oder minder glücklichen Ehestand.

Was mich betraf, so konnte mich weder Mann noch Frau aus dem Zustand der Erstarrung, der Kälte, in den mich Pao versetzt hatte, erwecken; in meinen Freundschaften klang zuweilen ein Ton von Gleichgültigkeit und Groll an. Wie die Eiskönigin wußte ich, daß die Fähigkeit zu begehren in mir zerstört war, und aus diesem Wissen schöpfte ich Kraft; es verlieh mir eine Unansprechbarkeit, auf die ich stolz war. Würde dieses Sibirien je auftauen? O nein, nein, dachte ich, nie wieder will ich so töricht sein. Laß mich in diesem Sommer und für immer von der Drohung der Liebe, der nie beklagten Liebe, und ihren Verirrungen frei sein. Ich werde alt und grau werden und mich an der Kraft erfreuen, die mir aus der Einsamkeit erwächst; die fallenden Blätter der Laubbäume sollen mich nicht wehmütig stimmen; laß es immer Winter sein; nie wieder möchte ich betrogen, hintergangen werden, nie wieder die trügerischen Freuden, diese Verzweiflung erleben . . .

Ende 1948 hatte ich ein Jahr als Anstaltschirurgin am Royal Free Hospital abgeleistet; ich stand nun vor der Wahl, entweder in England zu bleiben und weitere Krankenhausstellen anzunehmen oder nach Asien zurückzukehren, wobei der erstgenannte Weg wesentlich einfacher zu begehen und wohl auch vernünftiger war.

Denn in China überstürzten sich die Ereignisse, das Ende des Bürgerkrieges, der Triumph der Revolution zeichnete sich bereits deutlich ab. Ich jubelte über Mao Tse-tungs Siege, denn alles war besser als die Kuomintang; auf der anderen Seite aber machte ich mir auch Sorgen, denn niemand ahnte, wie es hinterher weitergehen sollte. Die Tragödie, die die ehrgeizigen Pläne der USA letztlich zum Scheitern verdammte, begann sich allmählich in vollem Ausmaß zu enthüllen; es war Narrheit gewesen, eine Regierung, die bis ins Mark verrottet war und von mindestens fünfundachtzig Prozent des chinesischen Volkes gehaßt und abgelehnt wurde, mit nahezu totalem Einsatz zu unterstützen. Und doch hörten die Amerikaner nicht auf, Tschiang Kai-schek mit gewaltigen Geldspritzen und Waffenlieferungen unter die Arme zu greifen, was andererseits Plünderung bedeutete, denn um des Geldes und der Waffen willen vergab Tschiang die Luft und die Seen und Flüsse sowie sämtliche Handelsprivilegien an die USA; hätte er den Krieg gewonnen, so wäre China wohl auf alle Zeiten eine amerikanische Kolonie geblieben.

Die ausländischen Truppen in China, die unter dem Vorwand, das augenblickliche Regime zu stützen, eingeschleust worden waren, beschleunigten Tschiang Kai-scheks Sturz nur noch; sie zogen Groll und Haß auf sich, denn Amerika wurde mit Tschiang gleichgesetzt. Außerdem hatte ihre Stationierung rückwirkend eine traumatische Wirkung auf die Vereinigten Staaten selbst, denn sie hielt die Illusion von Allmacht wach, auch wenn diese hinter hochtrabenden moralischen Reden versteckt wurde, und der Machtwahn der Amerikaner Niederlage und Mißerfolg nur mit lauten Klagen über den Verrat hinnehmen konnte.

Das wahnsinnige Getriebe (denn ein anderes Wort gibt es nicht dafür), das die Amerikaner während des Bürgerkrieges in China entfalteten, läßt sich also nur als Teil eines umfassenden Beherrschungsplanes erklären. Denn bis zum letzten Tag versuchten habgierige, raffsüchtige amerikanische Kaufleute, aus den Trümmern zu retten, was zu retten war, unterzeichneten Kontrakte, stellten Spekulationen über die Monopolisierung des Marktes an, entwarfen Pläne, chinesische Städte mit amerikanischen Gebrauchsgütern zu überschwemmen. Das amerikanische Volk allerdings erfuhr davon nichts. Erst heute wird durch den Vietnam-Krieg, den Höhepunkt dieser unseligen Politik, die Herrschaft in Asien an sich zu reißen, weiten Kreisen klar, daß sie seit langem belogen worden sind.

Ende 1946 waren siebenundfünfzig Kuomintang-Divisionen von einer Gesamtstärke von 707 200 Mann von den Amerikanern für den Bürgerkrieg ausgebildet und ausgerüstet worden; die Ausbildung der Geheimagenten dauerte noch an. Dreizehn Kuomintang-Armeen von 473 000 Mann waren von amerikanischen Marine- und Lufteinheiten zum Einsatz gegen die Roten geflogen bzw. verschifft worden, davon acht Armeen und zwölf Pionierregimenter und technische Einheiten in die Mandschurei gegen Lin Piao. Zwischen 1945 und 1949 bezahlte Amerika insgesamt die Ausbildung und Ausrüstung von 850 000 nationalchinesischen Soldaten ...

Wie bei allen Revolutionen machte sich die Woge der amerikafeindlichen Gefühle im Januar 1947 zunächst in Studentenbewegungen in sämtlichen größeren Städten Chinas Luft. Den Anstoß gab die Vergewaltigung eines jungen Mädchens durch amerikanische Marinesoldaten in Peking, obwohl es sehr häufig zu Vorfällen dieser Art kam. Mein Vater beschrieb mir später den Haß, den die Amerikaner überall auslösten, mit lebhaften Worten.

»Sie konnten machen, was sie wollten, sie beschimpften jedermann, stießen nach den Rikscha-Kulis und ließen sie wie Tiere zu Wettrennen antreten.«

Und ein Bekannter, den ich später in Hongkong traf, schilderte die Vorgänge folgendermaßen: »Jeden Ort, in den sie kamen, machten die Amerikaner zum Bordell. Sie waren eine Besatzungsarmee und spielten sich auch als solche auf, brachten alles in Hülle und Fülle mit und verschleuderten es. Von allem hatten sie zu viel und machten es deshalb zu Geld. Die Matrosen verkauften Zigaretten, Fleischkonserven, Strümpfe ... manche Frauen zogen mit ihnen herum, um einen Lippenstift, einen Seiden- oder Nylonstoff und etwas zu essen zu ergattern. Die Amerikaner fuhren mit ihren Autos durch die Straßen, wo der Hunger die Leute zum Aufstand trieb. Sie bezahlten keinen Pfennig für das, was sie kauften, schlugen jedermann, dessen Visage ihnen nicht gefiel, zusammen. Kurzum, es ging in den Städten übel zu. Alle haßten sie, sogar diejenigen, die von ihnen lebten. Mit einem Wort eine Besatzungsarmee.« Und die GIs selbst wußten sehr wohl, wie verhaßt sie waren: »Dieses Volk haßt uns. Weshalb sind wir überhaupt da?«

Die Studenten veranstalteten große antiamerikanische Demonstrationen: »*Americans go home.*« In Schanghai, in Peking, in Nanking, in Tientsin: »*GI go home*«.

Aber die Amerikaner konnten sich bis zum Schluß nicht entschließen, den Bürgerkrieg entweder ganz zu ihrer Sache zu machen, was allerdings die Stationierung von einer Million GIs erfordert hätte, noch sich aus China zurückzuziehen.

1948, als Tschiang auf Taiwan übersetzte, konnte er Goldbarren im Wert von 450 Millionen US-Dollar mitnehmen; alles in allem hatte dieses Abenteuer die Vereinigten Staaten 5,9 Milliarden Dollar gekostet, und die Bitterkeit der Niederlage führte zu den Hexenjagden und der Tragödie der McCarthy-Zeit in Amerika.

Ich beschloß, England zu verlassen und trotz aller gegenteiligen Ratschläge zurückzukehren. Isobel Cripps hielt es für sehr gewagt. Ich erklärte ihr, daß ich, auch wenn ich nicht nach China selbst zurückginge, doch näher am Schuß sein möchte. Seit sechs Jahren war ich nun fort und fühlte mich allmählich recht unruhig, ja rastlos, denn schließlich hatte ich das Medizinstudium nicht um einer sicheren Anstellung in England willen wieder aufgegriffen. Yungmei allerdings machte die Dinge wesentlich komplizierter. »Da ist eine Revolution in Gang, und Sie wollen Ihr Kind mit sich herumziehen und mitten ins Feuer dieser

Hölle schleppen.« Miß Rendell, die Direktorin der Caldecott School, fand allein schon die Idee empörend. Ich wurde tatsächlich schwankend. Auf Vermittlung eines Chirurgen, für den ich arbeitete, erhielt ich eine sehr gute Stelle als Anstaltsärztin in einem anderen Krankenhaus angeboten. Außerdem machte mir die Burroughs Wellcome Organisation, da ich in Pathologie wie in Chirurgie mit Auszeichnung abgeschnitten hatte, das Angebot, in ihre pathologische Abteilung einzutreten. Ich ging hin, um mich vorzustellen, lehnte schließlich aber zur Überraschung aller doch ab, mit der Begründung, ich müsse nach Asien zurück. Erbost empfahl mir der Personalchef: »Werfen Sie nicht Ihr ganzes Brot ins Wasser.« Andere Angebote lehnte ich ab.

Im Dezember 1948, zwei Tage nach Beendigung meiner einjährigen Assistentenzeit, packte ich die Koffer, holte Yungmei aus der Caldecott-School und bezahlte vom Rest des Honorars für *Destination Chungking* zwei Flugkarten. Anfang Januar 1949 flogen wir nach Hongkong ab. Während meiner Assistentenzeit am Royal Free Hospital hatte ich rund £ 2 wöchentlich bekommen, aber Zimmer und Mahlzeiten waren immerhin frei.

Als das Flugzeug donnernd abhob (und wie romantisch, wie aufregend damals ein Flug war, wie ehrfurchteinflößend für Cherry und Mary und Betty und andere Bekannte, die uns zum Flugplatz begleitet hatten), ergriff mich das Gefühl, am Ende eines Lebensabschnittes angelangt zu sein, den ich nun gewissermaßen zu den Akten legen konnte; mochte er dort zusammen mit der schmerzlichen Erinnerung an andere Metamorphosen und Umwandlungen meiner Person schlummern. Jenes zehn Jahre jüngere Ich von 1938 fiel mir wieder ein, das ebenfalls von Europa nach China zurückkehrte. Damals war ich Feuer und Flamme gewesen, hatte nur Sinn für China gehabt – und war so schlecht behandelt worden . . . warum gab ich wieder alles auf, Sicherheit, Güte, eine vielversprechende Laufbahn, und schleppte nun auch noch Yungmei mit – was wollte ich überhaupt? Woher dieser unerbittliche Drang zu gehen? Sollte ich erneut die Hölle durchleben? Hatte ich denn nichts dazu gelernt?

Aber ich schob solche Erwägungen beiseite. Doch, ich hatte etwas dazu gelernt. Ich war viel vorsichtiger, viel mißtrauischer, nicht mehr so vertrauensselig. Und obwohl ich nie in den albernen Fehler verfiel, ganz China nach Pao zu beurteilen, und obwohl mich dieser Drang, tiefer verwurzelt als Sicherheitsstreben oder Liebe, wieder zurücktrieb, war ich fest entschlossen, diesmal auf Nummer Sicher zu gehen. Ich dachte nicht daran, mich wieder mitten hinein zu stürzen; diesmal wollte ich am Rand bleiben und beobachten, warten und zusehen ... Das letzte, was ich von der chinesischen Botschaft in London gehört hatte, war, daß etliche Diplomaten Häuser und Restaurants kauften, während sich andere nach Amerika absetzten ...

»Du begibst dich in die Höhle des Löwen«, hatte Cherry gemeint. Aber das stimmte nicht. Denn ich wußte jetzt, daß »guter Wille« allein nicht genügte; daß auf meinem Gesicht nicht geschrieben stand: »Ich möchte mich nützlich machen«; daß die Chancen, auch unter den Marxisten eine ganze Menge Paos anzutreffen, ziemlich groß waren ... Nicht einmal damals konnte ich glauben, daß eine Revolution mit dem Tag vollbracht ist, an dem die voraufgehenden Machthaber gestürzt sind – was würde nun geschehen?

Ich hatte zu fest an Chinas gute Sache im Krieg geglaubt, zu romantisch; hatte mir selbst eingeredet, daß eine gerechte Sache alle adle, die sich dafür einsetzen. Aber mittlerweile wußte ich, daß der Mensch unter ergreifenden moralischen Beteuerungen die scheußlichsten Verbrechen begehen kann – würde es auch diesmal wieder dahin kommen?

Nun hatte in China eine Revolution militärisch triumphiert und fegte die Laster der Alten Ordnung hinaus – aber traf das auch wirklich zu? Oder kehrten die alten Laster nur in neuem Gewand wieder? Und was ist überhaupt eine Revolution? Darauf wußte ich keine Antwort, außer dem, was ich über die russische Revolution gehört und gelesen hatte. Und das war nicht dazu angetan, mich davon zu überzeugen, daß ich mit offenen Armen aufgenommen würde. Denn auch ich gehörte dieser Alten Ordnung an; ich war Paos Frau gewesen. Würde ein revolutionäres

Regime es so genau machen, würde es nun, da der ungeheure Sturm Hunderte Millionen von Menschen hinwegfegte, riesige Armeen erschütterte, Millionenstädte eroberte – würde es da Zeit für mich haben? Würde in der gewaltigen Springflut, die über China hinwegdonnerte, in dem Orkan, der so viele Einrichtungen der vergangenen Jahrzehnte entwurzelte, eine vereinzelte unbedeutende, unwissende Person verschont bleiben?
Aber ebensowenig konnte ich in England »in Frieden« leben, während das ganze riesige China wie der Phönix aus der Asche des mörderischen Krieges der Massen neu geboren wurde. Ich vermochte es einfach nicht. Wenigstens wollte ich vor den Toren stehen, beobachten und zusehen; aufgeben, China den Rücken wenden, konnte ich nicht ...
Denn China war nicht Pao, nicht die Grausamkeit, die ich erfahren, erlitten hatte, auch nicht das verabscheuungswürdige Regime Tschiangs und seiner Verwaltung. China war weit mehr als das. Es war das Volk, das Lasten schleppte, schwitzte, hungerte, kämpfte, starb, die Millionen und Abermillionen – für sie war die Revolution ...
»Wohin führt die Reise, Madam?« Der Steward beugte sich vor, um Yungmei, die auf ihrem Sitz angeschnallt war, noch ein Bonbon zu geben. »Hongkong, wir wollen nach Hongkong.« Ich hob Yungmei zum Fenster hinauf; unter uns lag England mit seinen ebenen Feldern und der sich weiß gegen die blaue See abhebenden Küste im Spiel der Nachmittagssonne. Ich schlug meinen Paß auf und zeigte Yungmei ihr Photo als Baby; laut Paß war ich immer noch die Frau von Tang Paohuang, denn ich hatte noch immer den Diplomatenpaß, der bis 1951 Gültigkeit besaß.
Bald, in fünf Tagen, würden wir nach sämtlichen Zwischenlandungen in Hongkong sein, dem Tor zu China, in Hongkong, das chinesisch war, auch wenn es nominell zu den britischen Kolonien gehörte, und dort sollte Yungmei eine chinesische Schule besuchen, während ich mit gespannter Aufmerksamkeit geduldig warten und beobachten wollte, bis ich für uns beide weiter sah.